Fritz Keidel,

Handbuch des Verfahrens der Gerichte in Angelegenheiten der freiwilligen Gerichtsbarkeit für Bayern.

Handbuch

des

Verfahrens der Gerichte in Angelegenheiten der freiwilligen Gerichtsbarkeit für Bayern

ausschließlich der Registersachen, der Fideikommißangelegenheiten und der standesherrlichen Vormundschaftssachen.

Von

Fritz Keidel,
K. Amtsrichter in München.

München 1903.
J. Schweitzer Verlag (Arthur Sellier).

K. B. Hof- & Universitäts-Buchdruckerei Fr. Junge (Junge & Sohn) Erlangen.

Vorwort.

Zugleich mit dem bürgerlichen Recht hat auch das Verfahren in der freiwilligen Gerichtsbarkeit eine Neugestaltung erfahren. Die Reichsgesetzgebung hat sich auf Grund der Reichsverfassung auch dieses Verfahren zu eigen gemacht, nicht erschöpfend, aber grundlegend. Der Landesgesetzgebung oblag in verschiedenen Beziehungen auf Grund der reichsrechtlichen Vorbehalte die Ergänzung und der Ausbau des neuen Rechts. Aeltere Bestimmungen des Landesrechts sind zum Teil aufrecht erhalten.

Eine systematische Darstellung des für Bayern geltenden Rechts, wie es sich auf Grund der Reichs- und der Landesgesetzgebung gestaltet hat, als Hand- und Nachschlagebuch für den Praktiker, als Lehrmittel für denjenigen, der sich mit der Materie vertraut machen will, ist hier versucht. Die bayerischen Ausführungsvorschriften und Sonderbestimmungen haben vollständige Berücksichtigung gefunden.

Zur Rechtfertigung des Umfanges des dargestellten Rechtsstoffes sei hier bemerkt, daß für den Ausschluß der Registersachen, der Fideikommißangelegenheiten und der standesherrlichen Vormundschaftssachen rein praktische Erwägungen maßgebend waren. Es wäre der Umfang des Buches durch Aufnahme dieser Angelegenheiten unverhältnismäßig erhöht worden, während der Interessentenkreis für dieselben vielfach ein anderer, teilweise ein viel geringerer ist als für die übrigen Angelegenheiten der freiwilligen Gerichtsbarkeit. Unter Registersachen sind dabei nur diejenigen Angelegenheiten verstanden, welche zur Zuständigkeit der mit der Führung des Handelsregisters betrauten Gerichte gehören. Eine vollständige Zusammenstellung der für die Registerführung geltenden reichs- und landesrechtlichen Vorschriften findet sich ohnedies in der Bekanntmachung vom 24. Dezember 1899, die Registerführung bei den Amtsgerichten betreffend (J.M.Bl. 1899 S. 789/1055).

München, im Mai 1903.

Der Verfasser.

Inhaltsübersicht

I. Abschnitt. — Allgemeiner Teil.

II. Abschnitt. — Vormundschaftssachen.

Seite

III. Abschnitt.

IV. Abschnitt.

V. Abschnitt. — Nachlaß- und Teilungssachen.

VI. Abschnitt.

Sonstige Angelegenheiten der freiwilligen Gerichtsbarkeit.

VII. Abschnitt.

Landesrechtliche Angelegenheiten der freiwilligen Gerichtsbarkeit.

VIII. Abschnitt.

Abkürzungen und Literaturangaben.

A.G.	= Ausführungsgesetz.
Bek.	= Bekanntmachung.
BecherL.C.R.	= Landescivilrecht und -Civilprozeßrecht.
Becher, Mat.	= Die gesamten Materialien zu den das B.G.B. und seine Nebengesetze betr. bayer. Gesetzen 2c.
B.G.B.	= Bürgerliches Gesetzbuch.
Bl. f. R.A.	= Blätter für Rechtsanwendung.
B.Sch.G.	= Binnenschiffahrtsgesetz.
B. u. St.G.	= Bundes- und Staatsangehörigkeitsgesetz.
C.Bl.	= Centralblatt für freiwillige Gerichtsbarkeit.
C.P.O.	= Civilprozeßordnung.
D.	= Denkschrift.
E.G.	= Einführungsgesetz.
Entsch.	= Entscheidungen in Angelegenheiten der freiwilligen Gerichtsbarkeit und des Grundbuchrechts.
Fl.G.	= Flößereigesetz.
Flur.B.	= Flurbereinigungsgesetz.
G.B.O.	= Grundbuchordnung.
Geb.G.	= bayerisches Gebührengesetz.
Gen.G.	= Genossenschaftsgesetz.
G.F.G.	= Gesetz über die Angelegenheiten der freiwilligen Gerichtsbarkeit.
G.K.G.	= Reichs-Gerichtskostengesetz.
G.V.Bl.	= Gesetz- und Verordnungsblatt.
G.V.G.	= Gerichtsverfassungsgesetz.
H.G.B.	= Handelsgesetzbuch.
J.M.Bl.	= Justizministerialblatt.
Mat.	= Materialien.
Mot.	= Motive.
Nachl.O.	= Bek. v. 20. März 1903, das Nachlaßwesen betr. (Nachlaßordnung).
Nachl.G.	= Gesetz, das Nachlaßwesen betr.
Not.G.	= Notariatsgesetz.
Pol.Str.G.	= Polizeistrafgesetzbuch.
Rechtspr.	= Rechtsprechung der Oberlandesgerichte auf dem Gebiete des Landescivilrechts.
R.G.	= Entscheidungen des Reichsgerichts in Civilsachen.
R.Verf.	= Reichsverfassung.
Samml.	= Sammlung von Entscheidungen des Obersten Landesgerichts in Civilsachen.
Seuffert	= Archiv für Entscheidungen der obersten Gerichte.
U.G.	= Unschädlichkeitsgesetz.
Ueberg.G.	= Ges., Uebergangsvorschriften zum B.G.B. betr.
Vorm.O.	= Bek. vom 19. Januar 1900, das Vormundschaftswesen betr. (Vormundschaftsordnung).
Z. f. D.C.P.	= Zeitschrift für Deutschen Civilprozeß.
Z.V.G.	= Zwangsversteigerungsgesetz.

Kommentare, Handbücher 2c. sind mit dem Namen des Verfassers bezeichnet.

Berichtigungen und Nachträge.

S. 15 Zeile 5 von unten lies statt „(§ 105 . . . S. 1)“: „(§ 142 der Bek. vom 20. März 1903, das Nachlaßwesen betr., J.M.Bl. S. 111)“ *).

„ 29 „ 4 von oben lies statt § 101 J.M.Bl. 1900 S. 1, 34: vom 20. März 1903 § 138, J.M.Bl. S. 111.

„ 33 „ 21 von oben lies statt § 40 der Bek. vom 31. Dez. 1898: § 52 Abs. 2 der Bek. vom 20. März 1903.

„ 68 nach Zeile 29 von oben ist einzuschalten: Die Anwendung des unmittelbaren Zwanges kann dem Gerichtsvollzieher übertragen werden; vergl. hiezu §§ 203 f. die Geschäftsanweisung für die Gerichtsvollzieher, J.M.Bl. 1900 S. 622/738.

„ 79 nach Zeile 9 von oben ist einzuschalten: Für die Festsetzung der Kosten, sowie für Aenderung der Festsetzung wird eine Gebühr von $^{1}/_{10}$ der Sätze des § 8 G.K.G. erhoben (Art. 140 Geb.G. mit § 38 Ziff. 1 G.K.G.).

„ 96 nach Zeile 17 von oben ist einzuschalten: Ueber den Verkehr mit den in Bayern zugelassenen fremden Konsularbehörden siehe die Bek. vom 7. März 1903, J.M.Bl. S. 43.

„ 101 Zeile 5 bis 7 von oben lies statt § 106 2c. 2c.: § 2 Nachl.O.

---

*) Der erste Teil des Buches war schon unter der Presse als die neue Nachlaßordnung erschien.

I. Abschnitt.

Allgemeiner Teil.

§ 1.

Begriff und Wesen der freiwilligen Gerichtsbarkeit.

Das Verfahren in Angelegenheiten des Civilrechts — im Gegensatze zum Strafrecht und zum Verwaltungsrecht — weist zwei Hauptgattungen auf, die sogenannte streitige (Civilprozeß) und die freiwillige Gerichtsbarkeit.

Nach einer Begriffsbestimmung der letzteren im Gegensatze zur ersteren zu suchen ist praktisch ohne erhebliche Bedeutung. Die Bestimmung der Grenzen zwischen beiden und die Zuteilung einer Angelegenheit zur einen oder anderen ist Aufgabe des positiven Rechtes.

Der wissenschaftliche Streit um eine Begriffsbestimmung[1]) hat praktischen Wert nur für die Gesetzesauslegung in den seltenen Fällen, in welchen allenfalls die Fassung des Gesetzes Zweifel läßt, ob es sich um eine Angelegenheit der streitigen oder der freiwilligen Gerichtsbarkeit handelt.

Der innere Unterschied beider liegt darin, daß die streitige Gerichtsbarkeit bezweckt, bestehende Privatrechte zu schützen und zu erhalten, die freiwillige Gerichtsbarkeit, bei Gestaltung der Privatrechtsordnung mitzuwirken.

An dieser Unterscheidung hat jedoch bisher die Gesetzgebung selbst nicht durchweg festgehalten, indem sie Angelegenheiten, wie die Entmündigung und die Todeserklärung, welche ihrem Wesen nach zur freiwilligen Gerichtsbarkeit zu zählen wären, den Gerichten der streitigen Gerichtsbarkeit zuwies.

Angelegenheiten der freiwilligen Gerichtsbarkeit sind hienach alle diejenigen Gegenstände, welche das Gesetz — Reichsgesetz oder Landesgesetz — entweder unmittelbar oder

[1]) Vergl. Rausnitz, S. 2, Dorner, S. 2 und die Literaturangaben dortselbst; auch Schneider, Einleitung S. V ff.

durch Zuweisung an Behörden der freiwilligen Gerichtsbarkeit — Vormundschaftsgericht, Nachlaßgericht, Registerbehörde — als solche bezeichnet.

Erst soferne das Gesetz eine klare Bestimmung nicht enthält, kann die Auslegung nach obigen Unterscheidungsmerkmalen eintreten.

§ 2.

Quellen; Auslegung und Anwendung der Gesetze.

I. Gemäß Art. 4 Nr. 13 der Reichsverfassung in der Fassung des Gesetzes vom 24. Dezember 1873 unterliegt auch das Verfahren in der freiwilligen Gerichtsbarkeit der Gesetzgebung des Reiches[1]).

Nach dem bisher geltenden Rechte war die Zuständigkeit und das Verfahren in den Angelegenheiten der freiwilligen Gerichtsbarkeit im wesentlichen durch Landesgesetz geordnet. Auch die Reichsgesetze, welche Zuweisungen von Gegenständen an die Behörden der freiwilligen Gerichtsbarkeit enthielten (z. B. das Handelsgesetzbuch, das Genossenschaftsgesetz, das Personenstandsgesetz) überließen die Regelung der Zuständigkeit und des Verfahrens in der Hauptsache der Landesgesetzgebung.

Eine einheitliche Regelung des Verfahrens war in Bayern nicht erfolgt. Bruchstückweise Vorschriften waren enthalten in den Gesetzen zur Ausführung der Reichscivilprozeßordnung und Konkursordnung, sowie des Gerichtsverfassungsgesetzes und in Verordnungen und Entschließungen.

Der Art. 1 des Einführungsgesetzes zum Bürgerlichen Gesetzbuche[2]) machte eine reichsrechtliche Regelung des Verfahrens notwendig, welche durch das „Gesetz über die Angelegenheiten der freiwilligen Gerichtsbarkeit vom 17. Mai 1898" (R.G.Bl. S. 189ff., neue Publikation in der Fassung der Bekanntmachung vom 20. Mai 1898 S. 771ff.) erfolgte.

Dieses Gesetz, welches gleichzeitig mit dem Bürgerlichen Gesetzbuche in Kraft trat (§ 185 Abs. 5 G.F.G.)[2]), ist für das Verfahren grundlegend, ohne jedoch dasselbe erschöpfend zu regeln. Die Regelung ist nur soweit erfolgt, als es zur gleichmäßigen Durchführung der Vorschriften des gemeinsamen Privatrechtes erforderlich war. Gesetzliche Verfahrensvorschriften sind weiter enthalten:

1. in den auch das materielle Recht regelnden Reichsgesetzen für die einzelnen dort behandelten Gegenstände (z. B. im B.G.B., im H.G.B., im B.Sch.G., im Gen.G.);

[1]) „Der Beaufsichtigung seitens des Reichs und der Gesetzgebung desselben unterliegen die nachstehenden Angelegenheiten:

13. Die gemeinsame Gesetzgebung über das gesamte bürgerliche Recht, das Strafrecht und das gerichtliche Verfahren."

[2]) „Das Bürgerliche Gesetzbuch tritt am 1. Januar 1900 gleichzeitig mit ... einem Gesetz über die Angelegenheiten der freiwilligen Gerichtsbarkeit in Kraft" (Art. 1 E.G. z. B.G.B.).

2. in Landesgesetzen; hier kommen Vorschriften doppelter Art in Betracht, nämlich:

Verfahrensvorschriften, welche neben oder an Stelle reichsgesetzlicher Vorschriften treten, das sind solche, welche zur Ergänzung und Ausführung des Reichsgesetzes dienen (§ 200 Abs. 1 G.F.G.) und solche, welche von Vorbehalten zu Gunsten der Landesgesetzgebung Gebrauch machen,

ferner Verfahrensvorschriften in Angelegenheiten, bezüglich derer auch die materielle Regelung der Gesetzgebung der Bundesstaaten vorbehalten bleibt.

Die landesgesetzlichen Vorschriften ersterer Art sind in der Hauptsache enthalten:

1. in dem Ausführungsgesetze zum Bürgerlichen Gesetzbuche vom 9. Juni 1899 (Art. 129 bis 133);

2. in dem durch Art. 167 des vorgenannten Gesetzes abgeänderten Ausführungsgesetze vom 23. Februar 1879 zum Reichsgerichtsverfassungsgesetze;

3. in dem Gesetze, Uebergangsvorschriften zum Bürgerlichen Gesetzbuche betr., vom 9. Juni 1899 (Art. 34 ff.);

4. in dem Gesetze vom 9. August 1902, das Nachlaßwesen betr.;

5. in dem Gesetze über das Gebührenwesen in der Fassung der Bekanntmachung vom 11. November 1899.

Als weitere Rechtsquellen kommen Verordnungen und Ministerialbekanntmachungen in Betracht. Dieselben sind bei den einzelnen Materien angeführt.

II. Was die Auslegung und Anwendung der Gesetze anlangt, so gibt § 185 Abs. 2 G.F.G. in Verbindung mit Art. 2 bis 5, 32 E.G. z. B.G.B. folgende allgemeine Normen:

1. Gesetz im Sinne des Reichsgesetzes vom 17. Mai 1898 wie des Bürgerlichen Gesetzbuches und des Einführungsgesetzes hiezu ist jede Rechtsnorm; es gehören hieher also auch die Verordnungen im formellen Sinne[3]), soweit sie Rechtssätze enthalten (Art. 2 E.G. z. B.G.B.).

2. Als Bundesstaat im Sinne der nämlichen Gesetze gilt auch das Reichsland Elsaß-Lothringen (Art. 5 E.G. z. B.G.B.).

3. Soweit in Reichsgesetzen oder in Landesgesetzen auf Vorschriften verwiesen ist, welche durch das Bürgerliche Gesetzbuch oder das Einführungsgesetz hiezu oder das Reichsgesetz vom 17. Mai 1898 außer Kraft gesetzt werden, treten an deren Stelle die entsprechenden Vorschriften der genannten Gesetze (Art. 4 E.G. z. B.G.B.).

4. Die Vorschriften der bisherigen Reichsgesetze bleiben in Kraft; sie treten jedoch insoweit außer Kraft, als sich aus dem Bürgerlichen Gesetzbuche, aus dem Einführungsgesetze hiezu oder dem Reichsgesetze vom 17. Mai 1898 die Aufhebung ergibt (Art. 32 E.G. z. B.G.B.).

Im übrigen gelten für die Gesetzesauslegung die allgemeinen Regeln.

---

[3]) Vergl. Laband, Staatsrecht Bd. I S. 562 f., Seydel, Staatsrecht Bd. III S. 542, 582.

§ 3.

Anwendungsgebiet der allgemeinen Vorschriften.

Das Gesetz über die Angelegenheiten der freiwilligen Gerichtsbarkeit enthält in seinem I. Abschnitte (§§ 1 bis 34) allgemeine Vorschriften über das Verfahren.

Das Anwendungsgebiet derselben ist für reichsrechtlich geregelte Angelegenheiten der freiwilligen Gerichtsbarkeit in § 1 G.F.G., für landesgesetzliche Angelegenheiten in Art. 129 A.G. z. B.G.B. näher geregelt.

I. § 1 G.F.G. beschränkt die Anwendung ausdrücklich auf die durch Reichsgesetz den Gerichten überwiesenen Angelegenheiten; damit ist gleichzeitig die Geltung für alle durch Reichsgesetz geregelten Gegenstände ausgesprochen; sie finden also nicht bloß für diejenigen Sachen, welche in dem nämlichen Gesetze geregelt sind, sondern auch für die in anderen gleichzeitig in Kraft tretenden oder schon in Kraft befindlichen, ferner für die erst durch künftig zu erlassende Reichsgesetze etwa den Gerichten der freiwilligen Gerichtsbarkeit übertragenen Angelegenheiten Anwendung.

Eine weitere Beschränkung geht dahin, daß die allgemeinen Vorschriften nur insoweit gelten, als Angelegenheiten ausschließlich den Gerichten übertragen sind. Die Anwendung ist also nicht bloß für die anderen Behörden und Beamten, z. B. dem Standesbeamten, dem Patentamte, den Notaren übertragenen Gegenstände, sondern auch für die dem Gerichte oder den Notaren wahlweise zugewiesenen Angelegenheiten, ferner für diejenigen Angelegenheiten ausgeschlossen, bezüglich deren das Reichsrecht es der Landesgesetzgebung überläßt, die zuständige Behörde zu bestimmen (z. B. das Grundbuchamt). Die allgemeinen Vorschriften gelten daher insbesondere nicht für die im X. Abschnitte des Gesetzes vom 17. Mai 1898 geregelte Errichtung gerichtlicher Urkunden, ferner für die Abnahme einer Versicherung an Eidesstatt nach § 2356 B.G.B. oder sonst zur Glaubhaftmachung von Tatsachen.

Auch die in den Bereich des bayerischen Gebührengesetzes fallenden Streitigkeiten sind nicht Sachen der freiwilligen Gerichtsbarkeit, auch wenn sie Akte der freiwilligen Gerichtsbarkeit betreffen (B. Oberst.L.G. 29. Okt. 1901, Bl. f. R.A. Bd. 67 S. 374; Sammlg. Bd. I S. 502, Bd. II S. 672.)

II. Für diejenigen Angelegenheiten der freiwilligen Gerichtsbarkeit, für welche die landesgesetzlichen Vorschriften maßgebend sind, gelten die allgemeinen Vorschriften mit Ausnahme derjenigen des § 28 G.F.G. über die Zuständigkeit für die weitere Beschwerde, welche im Hinblick auf Art. 42 Abs. 3 A.G. z. G.V.G. in der Fassung des Art. 167 Nr. XII A.G. z. B.G.B. ausscheidet.

III. Sowohl in reichsrechtlichen als in landesrechtlichen Angelegenheiten ist die Anwendung der allgemeinen Vorschriften insofern beschränkt, als sie nur Geltung haben sollen, soweit nicht ein anderes bestimmt ist, also soweit nicht für einzelne Materien in den maßgebenden Gesetzen spezielle abweichende Bestimmungen getroffen sind.

§ 4.

Sachliche Zuständigkeit.

I. Nach den reichsgesetzlichen Vorschriften können Angelegenheiten der freiwilligen Gerichtsbarkeit von Gerichten, Notaren und „anderen als gerichtlichen Behörden" besorgt werden.

In Bayern kommen, da von den Vorbehalten des Art. 147 E.G. z. B.G.B. und der §§ 190, 191 G.F.G. kein Gebrauch gemacht ist (und die Geschäfte des Grundbuchamts den Amtsgerichten übertragen sind, Art. 1 A.G. z. G.B.O. u. Z.V.G.), als Behörden der freiwilligen Gerichtsbarkeit nur Gerichte und Notare in Betracht[1]).

II. Die sachliche Zuständigkeit der Gerichte ist für Angelegenheiten der freiwilligen Gerichtsbarkeit kraft Reichsrechtes teils in den besonderen Bestimmungen des Gesetzes über die freiwillige Gerichtsbarkeit, teils in denjenigen Gesetzen, durch welche die betreffenden Gegenstände den Gerichten übertragen sind, bestimmt; soweit eine reichsgesetzliche Regelung der Zuständigkeit nicht erfolgt, ist es Aufgabe der Landesgesetzgebung, nach § 200 Abs. 1 G.F.G. das sachlich zuständige Gericht zu bestimmen.

Soweit landesrechtlich Angelegenheiten den Behörden der freiwilligen Gerichtsbarkeit zugewiesen sind, bestimmt auch die Landesgesetzgebung die sachliche Zuständigkeit.

III. Im einzelnen ist hinsichtlich der Zuständigkeit der Instanzgerichte zu bemerken:

1. Als Regel ist die erstinstanzielle Zuständigkeit der Amtsgerichte anzusehen. Die Ausnahmen werden bei den einzelnen Materien behandelt werden.

Eine allgemeine Norm enthält in dieser Richtung Art. 15 A.G. z. G.V.G. Nach Abs. 1 daselbst sind die Amtsgerichte, soweit nicht

[1]) Durch Art. 147 Abs. 1 E.G. z. B.G.B., welcher die Uebertragung der dem Vormundschaftsgerichte und dem Nachlaßgerichte obliegenden Verrichtungen nur an andere als gerichtliche Behörden zuläßt, dagegen die Zuständigkeit von Gerichten, die auf Privatgerichtsbarkeit beruhen, ausschließt, ist die durch die Allerhöchste Deklaration vom 27. März 1812 dem Fürsten von Thurn und Taxis bestätigte Gerichtsbarkeit über dessen sämtliche Dienerschaft zu Regensburg, sowie über deren Hausgenossen, welche durch das Gesetz vom 29. April 1869, die Fürstlich Thurn und Taxis'schen Civilgerichte in Regensburg betr., auf die Angelegenheiten der freiwilligen Gerichtsbarkeit beschränkt war, auch in diesen Angelegenheiten beseitigt.

Die am 1. Januar 1900 bei den Fürstlichen Gerichten anhängigen Vormundschaftsachen und Nachlaßsachen gehen auf die Amtsgerichte über (Art. 106 G.Ueberg. betr.)

andere Bestimmungen getroffen sind, für diejenigen Angelegenheiten zuständig, welche zur Zuständigkeit der Stadt- und Landgerichte gehört haben. Mit dieser Vorschrift ist einerseits den reichsrechtlichen Vorschriften Rechnung getragen, welche eine Anzahl Angelegenheiten den Amtsgerichten übertragen, welche nicht zur Zuständigkeit der Stadt- und Landgerichte gehört haben, anderseits zum Ausdruck gebracht, daß von den reichsgesetzlichen Vorbehalten zu Gunsten nicht richterlicher Behörden ein Gebrauch nicht gemacht werden wolle.

Der Abs. 2 des Art. 15 grenzt die Zuständigkeit der Amtsgerichte und der Notare in Ansehung des Beurkundungswesens ab[2]).

Eine wesentliche Erweiterung hat die sachliche Zuständigkeit der Amtsgerichte durch die Uebertragung der Handelsregisterführung an dieselben und damit aller dem Registergericht zukommenden Geschäfte erfahren (§ 125 G.F.G.).

2. Zur Zuständigkeit der Landgerichte gehören, soweit nicht andere Bestimmungen getroffen sind, alle Angelegenheiten, für welche früher die Bezirksgerichte in erster Instanz zuständig waren (Art. 28 A.G. z. G.V.G.[3]).

Als Beschwerdegericht ist das Landgericht nach § 19 Abs. 2 G.F.G. mit Art. 129 A.G. z. B.G.B. in reichsrechtlichen Angelegenheiten der freiwilligen Gerichtsbarkeit, für welche die allgemeinen Vorschriften des G.F.G. gelten, ferner in solchen Angelegenheiten, für welche die Landesgesetze maßgebend sind, endlich nach Art. 27 A.G. z. G.V.G. in den Angelegenheiten, welche durch dieses Gesetz den Amtsgerichten zugewiesen sind, zuständig.

3. Eine Zuständigkeit der Oberlandesgerichte ist nur im Falle des § 5 G.F.G. (§ 5 III unten) und des § 183 Abs. 3 G.V.G., auf welch letzteren sich Art. 42 A.G. z. G.V.G. nicht erstreckt, gegeben; § 28 G.F.G. findet in Bayern auch in reichsrechtlichen Angelegenheiten keine Anwendung; s. Nr. 4.

4. Dem Obersten Landesgerichte ist nach Maßgabe des § 199 Abs. 1 G.F.G. in Art. 42 Abs. 3 A.G. z. G.V.G. die Entscheidung über das Rechtsmittel der weiteren Beschwerde in Angelegenheiten der freiwilligen Gerichtsbarkeit zugewiesen.

---

[2]) „Die Amtsgerichte sind neben den Notaren zuständig für die Beurkundung von Vereinbarungen zwischen dem Vater eines unehelichen Kindes und diesem über den Unterhalt für die Zukunft oder über eine an Stelle des Unterhalts zu gewährende Abfindung sowie für die Beurkundung einer Vereinbarung zwischen dem Vater eines unehelichen Kindes und der Mutter über die der Mutter aus der Beiwohnung und der Entbindung entstandenen Ansprüche, sofern diese Vereinbarung mit der Vereinbarung über den Unterhalt des Kindes in derselben Urkunde verbunden wird. Die Amtsgerichte sind nicht zuständig für die Beurkundungen, die nach den Vorschriften der Reichsgesetze durch ein Gericht oder einen Notar zu bewirken sind, sowie für die öffentliche Beglaubigung einer Unterschrift oder eines Handzeichens."

Ueber die Zuständigkeit der Notare vergl. Art. 1 bis 3 Not.G.

[3]) Ueber erstinstanzielle Zuständigkeit der Landgerichte in Vormundschaftssachen siehe § 1878 Abs. 2 B.G.B.

Das Oberste Landesgericht tritt zugleich für die Beschwerde gegen eine Verfügung des Landgerichts an die Stelle des reichsrechtlich nach § 64 (Entlassung eines Familienrats) und § 143 Abs. 2 G.F.G. (Löschungen im Handelsregister) zuständigen Oberlandesgerichts. Auch gilt es im Sinne der §§ 5, 46 G.F.G. als gemeinschaftliches oberes Gericht für alle Gerichte des Bundesstaats (§ 199 Abs. 2 G.F.G.).

Es entscheidet auch über die weitere Beschwerde in Gebührensachen (Art. 49 Abs. 2 Geb.G.).

IV. Eine Verletzung der Vorschriften über die sachliche Zuständigkeit hat die Nichtigkeit der von dem unzuständigen Gerichte vorgenommenen Amtshandlung zur Folge.

V. Eine Ausnahme von der Zuständigkeit der ordentlichen Civilgerichte in Angelegenheiten, welche diesen regelmäßig überwiesen sind, besteht

1. für Vormundschafts- und Nachlaßsachen des Königs und der Prinzen und Prinzessinnen des Königlichen Hauses[4]);
2. hinsichtlich der Vormundschaften und nichtstreitigen Nachlaßverhandlungen von Mitgliedern standesherrlicher Familien[5]);
3. im Falle einer Mobilmachung für Truppenteile, die ihre Garnison verlassen haben oder sich dauernd im Auslande aufhalten[6]);

---

[4]) Tit. IX §§ 3 bis 9, Tit. III § 1 des Familienstatuts vom 5. August 1819; Art. 57 E.G. z. B.G.B.; siehe Becher, S. 74, 75, 78.

[5]) Standesherrn sind alle seit 1806 im ehemaligen deutschen Reiche infolge der Mediatisierung aus der Reihe selbständiger Reichsstände in das Landesuntertanenverhältnis getretene Fürsten, Grafen und Herren.

§ 10 der IV. Beilage zur Verfassungsurkunde: „Die Vormundschaftssachen der standesherrlichen Familienglieder können von dem Haupte des Hauses bestellt werden. Ist dasselbe dabei beteiligt, und ein Vormund oder Kurator von Obrigkeitswegen aufzustellen, so geschieht dieses durch das Appellations- (Oberlandes-) Gericht des einschlägigen Regierungsbezirkes mit Vorbehalt des Rekurses an das Ober-Appellations- (Oberstes Landes-) Gericht.

Die Oberaufsicht über standesherrliche Vormundschaftssachen wird dem Königlichen Staatsministerium der Justiz vorbehalten, welches zu diesem Ende von der getroffenen Anordnung einer Vormundschaft in Kenntnis zu setzen ist."

§ 7: „Verlassenschaftsverhandlungen, welche Mitglieder der Familie betreffen, kann das Haupt des Hauses durch seine Kanzlei vornehmen und erledigen lassen, solange kein Rechtsstreit entsteht."

Diese Vorschriften behalten ihre Geltung im Hinblick auf § 189 G.F.G. mit Art. 58 E.G. z. B.G.B.

Vergl. auch Becher, S. 94.

[6]) Nach Art. 32 E.G. z. B.G.B. mit § 39 Abs. 3 des Reichsmilitärgesetzes vom 2. Mai 1874 sind die Bestimmungen in §§ 9 und 11 des Gesetzes, betr. die Militärgerichtsbarkeit in bürgerlichen Rechtssachen, vom 15. August 1828 (G.Bl. S. 42) aufrecht erhalten, wonach, wenn im Kriege die Armee ins Feld rückt, die Auditeure die gesamte bürgerliche Gerichtsbarkeit in Personalsachen, vorbehaltlich des Instanzenzuges an die Civilgerichte zweiter Instanz, auszuüben haben und eine gleichartige Regelung für den Fall einer Zusammenziehung der Armee außer Kriegszeiten der Königlichen Verordnung vorbehalten ist.

4. in Angelegenheiten der Personen, welche das Recht der Exterritorialität genießen[7]).

§ 5.

Oertliche Zuständigkeit.

I. Allgemeines.

Die örtliche Zuständigkeit bestimmt sich nach den besonderen, die einzelnen Angelegenheiten regelnden Vorschriften und wird auch hier bei den einzelnen Materien erörtert werden. Eine allgemeine Regelung derselben war bei der Verschiedenheit der hierher gehörigen Angelegenheiten nicht tunlich.

Soweit nach den besonderen Vorschriften für die örtliche Zuständigkeit der Wohnsitz maßgebend ist[1]), kommen die §§ 7 bis 11 B.G.B. zur Anwendung.

In Angelegenheiten von Deutschen, welche das Recht der Exterritorialität genießen, sowie von Beamten des Reichs oder eines Bundesstaates, welche im Auslande angestellt sind, gelten hinsichtlich des Wohnsitzes dieser Personen die Vorschriften des § 15 C.P.O. (§ 3 G.F.G.). Hienach behalten dieselben in Ansehung des Gerichtsstandes den Wohnsitz, den sie im Heimatstaate hatten; in Ermangelung eines solchen Wohnsitzes gilt die Hauptstadt des Heimatstaates als ihr Wohnsitz; ist die Hauptstadt in mehrere Gerichtsbezirke geteilt, so wird der als Wohnsitz geltende Bezirk von der Landesjustizverwaltung durch allgemeine Verordnung bestimmt. Gehört ein Deutscher einem Bundesstaate nicht an[2]), so gilt als sein Wohnsitz die Stadt Berlin; ist diese in mehrere Gerichtsbezirke geteilt, so wird der als Wohnsitz geltende Bezirk vom Reichskanzler durch allgemeine Verordnung bestimmt. Auf Wahlkonsuln finden diese Vorschriften nicht Anwendung.

Das Recht der Exterritorialität genießen als Deutsche nach §§ 18 bis 21 G.V.G.:

---

[7]) Diese sind nach völkerrechtlichen Grundsätzen von der Gerichtsbarkeit der deutschen Gerichte bezw. der Gerichte des Bundesstaats, in welchem sie sich befinden, auch in Angelegenheiten der freiwilligen Gerichtsbarkeit befreit.

Exterritorial sind:

a) Die Chefs und Mitglieder der bei dem Deutschen Reiche oder einem Bundesstaate beglaubigten Missionen,

b) deren Familienglieder, das Geschäftspersonal und solche Bedienstete, welche nicht Deutsche sind,

c) die im Deutschen Reiche angestellten Konsuln, soferne in Verträgen des Deutschen Reichs mit anderen Mächten Vereinbarungen über die Befreiung der Konsuln von der inländischen Gerichtsbarkeit getroffen sind.

Ueber die Befreiungen siehe Becher, S. 61 ff.

[1]) Vergl. z. B. §§ 36, 40, 43, 45, 66, 73, 99 G.F.G.

[2]) Gesetz, betr. die Rechtsverhältnisse der Schutzgebiete vom 17. April 1886, R.G.Bl. 1886 S. 75, 1888 S. 71.

1. die Chefs und Mitglieder einer im Auslande beglaubigten Mission des Deutschen Reiches oder eines Bundesstaates (§ 18 Abs. 1 G.V.G.);

2. die Chefs und Mitglieder der bei einem Bundesstaate beglaubigten Missionen eines anderen Bundesstaates (§ 18 Abs. 2 Satz 1 G.V.G.);

3. die nicht von Preußen abgeordneten Mitglieder des Bundesrats (§ 18 Abs. 2 Satz 2 G.V.G., Art. 10 R.Verf.);

4. die Familienglieder und das Geschäftspersonal der unter 1 bis 3 erwähnten Personen (§ 19 G.V.G.);

5. die Bediensteten der unter 1 bis 3 erwähnten Personen, wenn sie Deutsche sind und wenn sie im Falle 2 nicht Angehörige des Bundesstaates, bei welchem die Beglaubigung erfolgt ist, im Falle 3 nicht preußische Staatsangehörige sind (§ 19 G.V.G.);

6. Deutsche, welche im Auslande als Reichskonsuln angestellt und durch Staatsverträge von der ausländischen Gerichtsbarkeit befreit sind.

Zu den im Auslande angestellten Beamten gehören insbesondere die Berufskonsuln, welche nicht nach Staatsverträgen exterritorial sind.

Ueber den Wohnsitz von Militärpersonen entscheidet allein § 9 B.G.B.; § 14 C.P.O. in seiner neuen Fassung findet nicht Anwendung[3]).

Diese Vorschriften gelten reichsgesetzlich nur für Angelegenheiten, auf welche nach § 1 G.F.G. die allgemeinen Vorschriften dieses Gesetzes Anwendung finden, nach Art. 129 A.G. z B.G.B. jedoch auch für diejenigen Angelegenheiten, für welche die landesgesetzlichen Vorschriften maßgebend sind.

II. Zusammentreffen mehrerer örtlich zuständiger Gerichte.

Unter mehreren örtlich zuständigen Gerichten gebührt ohne Rücksicht darauf, welches Gericht etwa früher um Behandlung der Sache angegangen worden ist, demjenigen Gerichte der Vorzug, welches zuerst in der Sache tätig gewesen ist (§ 4 G.F.G.). Dieses ist das für die Sachbehandlung allein zuständige Gericht.

Die Anwendung dieser Vorschrift setzt voraus:

1. daß eine mehrfache örtliche Zuständigkeit begründet ist; dies ist insbesondere infolge mehrfachen Wohnsitzes einer Person möglich (§ 7 Abs. 2 B.G.B.); nehmen dagegen mehrere Gerichte, von welchen nur eines örtlich zuständig ist, ihre örtliche Zuständigkeit an, so trifft § 4 G.F.G. nicht zu;

---

[3]) § 14 C.P.O. regelt die Zuständigkeit für den Civilprozeß für den Fall, daß der Garnisonsort in mehrere Gerichtsbezirke geteilt ist. In Angelegenheiten der freiwilligen Gerichtsbarkeit ist in diesem Falle für die Zuständigkeit entscheidend, in welchem Gerichtsbezirk die Militärperson wohnt; a. M. Dorner, Note 8 zu § 3, welcher die Lage der Kaserne des betreffenden Truppenteils oder das Bureau der Kommandobehörde für bestimmend hält.

2. daß die etwa bei den mehreren Gerichten schon in Behandlung genommenen Angelegenheiten völlig identisch sind. Die Identität ist zweifellos, wenn z. B. Einleitung einer Vormundschaft oder eine Nachlaßauseinandersetzung in Frage kommt, dagegen z. B. nicht gegeben in Sachen, welche das eheliche Güterrecht betreffen, wenn die gestellten Anträge zwar das Vermögen der nämlichen Eheleute zum Gegenstand, aber nicht den nämlichen Inhalt haben (der eine Antrag stützt sich auf § 1379 B.G.B., der andere auf § 1402 B.G.B.).

Was als Tätigkeit in der Sache anzusehen ist, richtet sich nach der Natur des einzelnen Gegenstandes; nicht hieher zu zählen sind bloße Vorerhebungen zur Feststellung der eigenen Zuständigkeit. Dagegen ist es im übrigen gleichgültig, wenn etwa die Handlungen des später tätig gewordenen Gerichtes für die Sachbehandlung von weitergehender Bedeutung sind als diejenigen des anderen Gerichtes.

Erhält ein Gericht Kenntnis, daß ein anderes sachlich und örtlich zuständiges Gericht bereits früher in der Sache tätig war, so hat es sofort seine Tätigkeit einzustellen.

Hinsichtlich Streitigkeiten über die Zuständigkeit zur weiteren Sachbehandlung siehe Ziff. III.

III. **Bestimmung des zuständigen Gerichts durch ein höheres Gericht.**

Besteht Streit oder Ungewißheit darüber, welches von mehreren Gerichten örtlich zuständig ist, so wird das zuständige Gericht durch das gemeinschaftliche obere Gericht bestimmt (§ 5 Abs. 1 Satz 1 G.F.G.).

Zuständig für die Bestimmung des örtlich zuständigen Gerichts ist sonach bei Amtsgerichten im Bezirke des nämlichen Landgerichts das letztere, bei Amtsgerichten im Bezirke verschiedener Landgerichte aber desselben Oberlandesgerichts dieses, bei Amtsgerichten im Bezirke verschiedener in Bayern gelegener Oberlandesgerichte das bayerische oberste Landesgericht (§ 199 Abs. 2 Satz 2 G.F.G., Art. 129 A.G. z. B.G.B., Sammlg. Bd. I S. 134, 264, 410), bei Amtsgerichten verschiedener Bundesstaaten das Reichsgericht.

Durch diese Vorschrift ist jedoch die Beschwerde gegen die Entscheidung des Gerichts, welches seine Zuständigkeit oder Unzuständigkeit ausspricht, im ordentlichen Instanzenzuge nicht ausgeschlossen.

A. Streit über die örtliche Zuständigkeit kann bestehen:

1. zwischen mehreren Gerichten, wenn nämlich verschiedene Gerichte sich für zuständig halten (positiver Kompetenzkonflikt, hierher gehört auch der Fall des § 4 G.F.G.), oder wenn verschiedene Gerichte, von denen eines das örtlich zuständige ist, sich für unzuständig halten (negativer Kompetenzkonflikt), Rechtspr. Bd. I S. 137;

2. zwischen den Beteiligten, soferne diese verschiedene Gerichte für örtlich zuständig halten. Erholung einer Entscheidung der

mehreren für zuständig gehaltenen Gerichte oder eines derselben ist nicht erforderlich.

Die Entscheidung des oberen Gerichts kann im ersten Falle von jedem der streitenden Gerichte, im zweiten Falle von jedem Beteiligten beantragt werden.

Eine Meinungsverschiedenheit zwischen Gericht und Beteiligten über die örtliche Zuständigkeit kann nur im ordentlichen Beschwerdewege zur Entscheidung gebracht werden durch Anfechtung der gerichtlichen Verfügung, aus welcher sich die Annahme der örtlichen Zuständigkeit ergibt, bezw. der die Vornahme gerichtlicher Geschäfte wegen mangelnder Zuständigkeit ablehnenden Verfügung.

B. Ungewißheit über die örtliche Zuständigkeit liegt vor, wenn sich die tatsächlichen Verhältnisse, welche für die rechtliche Beurteilung der Zuständigkeit von Bedeutung sind, nicht mit Sicherheit feststellen lassen, oder wenn mehrere Gerichte sich rechtskräftig für zuständig oder verschiedene Gerichte, von denen eines zuständig ist, sich rechtskräftig für unzuständig erklärt haben. (Sammlg. Bd. I S. 550, Rechtspr. Bd. I S. 137, Bd. II S. 262).

Auch in diesem Falle kann jedes der möglicherweise als zuständig in Betracht kommenden Gerichte, sowie jeder Beteiligte, der ungewiß ist, an welches Gericht als das zuständige er sich zu wenden hat, die Bestimmung des zuständigen Gerichts beantragen.

Eine Anfechtung der Entscheidung des gemeinschaftlichen oberen Gerichtes, welche den Beteiligten bekannt zu machen und den in Betracht kommenden Gerichten mitzuteilen ist, findet nicht statt (§ 5 Abs. 2 G.F.G.). Abänderung von Amtswegen nach Maßgabe des § 18 G.F.G. ist zulässig.

IV. Eine Aenderung in den die örtliche Zuständigkeit bedingenden Verhältnissen ist regelmäßig ohne Einfluß, das einmal mit der Sache befaßte Gericht bleibt mit derselben bis zu ihrer Erledigung befaßt. Eine Ausnahme besteht für Vormundschaftsachen und die Nachlaßpflegschaft (§§ 46, 75 G.F.G.).

V. Eine Verletzung der Vorschriften über die örtliche Zuständigkeit hat keine Unwirksamkeit der von dem unzuständigen Richter vorgenommenen Handlungen zur Folge (§ 7 G.F.G.).

VI. Eine Vereinbarung der Zuständigkeit eines an sich unzuständigen Gerichts ist, mit Ausnahme des in § 164 G.F.G. erwähnten Falles (Untersuchung und Verwahrung von Sachen) in der freiwilligen Gerichtsbarkeit ausgeschlossen.

§ 6.

Besetzung der Gerichte.

Die Gerichte der freiwilligen Gerichtsbarkeit sind die nämlichen, welche nach Maßgabe des Gerichtsverfassungsgesetzes für die streitige Gerichtsbarkeit bestehen. Ausdrücklich geregelt ist die Besetzung nur für die Gerichte höherer Ordnung als Beschwerdegerichte (§ 36 G.F.G.). Die Besetzung ist aber auch die nämliche, wo diese Gerichte entweder als erste Instanz (z. B. das Landgericht gemäß § 1878 Abs. 2 B.G.B.) oder als gemeinschaftliches oberes Gericht (§§ 5, 46, 75 G.F.G.) tätig sind.

Im einzelnen ist die Besetzung folgende:

I. Amtsgerichte: Jeder Amtsrichter erledigt die aus dem Wirkungskreise des Gerichts ihm zugewiesenen Geschäfte selbständig als Einzelrichter; denselben trifft die dafür gesetzlich bestehende Haftung und Dienstverantwortlichkeit (§ 22 Abs. 2 G.V.G., Art. 18 A.G. z. G.V.G.).

Bei den mit mehreren Richtern besetzten Amtsgerichten werden die Geschäfte auf die Dauer eines Geschäftsjahres im voraus verteilt. Die Verteilung erfolgt durch denjenigen Amtsrichter, welchem die allgemeine Dienstaufsicht übertragen ist. Ist die Dienstaufsicht zwischen mehreren Amtsrichtern geteilt, so bestimmt das Staatsministerium der Justiz denjenigen, welchem die Verteilung der Geschäfte zusteht. Sowohl dem Präsidium des Landgerichts als dem Staatsministerium der Justiz ist ein Einfluß auf die Geschäftsverteilung eingeräumt (Art. 17 A.G. z. G.V.G.).

Mehrere Richter desselben Amtsgerichts vertreten sich gegenseitig (Art. 19 Abs. 1 A.G. z. G.V.G.

II. Landgerichte: Diese entscheiden regelmäßig in Civilkammern mit einer Besetzung von drei Mitgliedern mit Einschluß des Vorsitzenden (§ 77 G.V.G., Art. 29, 30 A.G. z. G.V.G., § 30 Abs. 1 G.F.G., Art. 50 Geb.G.).

Ist bei einem Landgerichte eine Kammer für Handelssachen gebildet, so tritt diese für Handelssachen im Sinne des Gesetzes über die freiwillige Gerichtsbarkeit (VII. Abschnitt dieses Gesetzes) an Stelle der Civilkammer (§ 30 Abs. 1 Satz 2, § 143 Abs. 1 Satz 2 G.F.G.).

Die Kammern für Handelssachen entscheiden in der Besetzung mit einem Mitgliede des Landgerichts als Vorsitzenden und zwei Handelsrichtern, welche sämtlich gleiches Stimmrecht haben (§ 109 Abs. 1 und 2 G.V.G.); hinsichtlich der Besetzung vergl. im übrigen §§ 111 bis 117 G.V.G.).

III. Oberlandesgerichte: Diese entscheiden in Civilsenaten mit einer Besetzung von fünf Mitgliedern mit Einschluß des Vorsitzenden (§ 124 G.V.G., Art. 38 A.G. z. G.V.G., Art. 50 Abs. 1 Geb.G.)[1]).

IV. Oberstes Landesgericht: Bei diesem sind mehrere Civilsenate gebildet. Dieselben entscheiden in den Angelegenheiten, für

---

[1]) Die Vorschriften der §§ 61 bis 68, 77, 121, 124 G.V.G. über Besetzung, Stellvertretung 2c. bei den Landgerichten und Oberlandesgerichten gelten auch für die zur Zuständigkeit dieser Gerichte gehörenden Angelegenheiten, für welche die Vorschriften der Landesgesetze maßgebend sind (Art. 30 Abs. 1, Art. 38 A.G. z. G.V.G.).

welche die Vorschriften der Landesgesetze maßgebend sind, in der Besetzung von sieben Mitgliedern mit Einschluß des Vorsitzenden, über das Rechtsmittel der weiteren Beschwerde gegen Entscheidungen der Landgerichte als Beschwerdegerichte und über die Bestimmung des zuständigen Gerichts jedoch in der Besetzung von fünf Mitgliedern mit Einschluß des Vorsitzenden (§ 10 Abs. 3 E.G. z. G.V.G., Art. 44, 48 A.G. z. G.V.G.).

Plenarentscheidungen finden in Angelegenheiten der freiwilligen Gerichtsbarkeit nicht statt (§ 10 Abs. 3 E.G. z. G.V.G.)[2]).

V. Reichsgericht: Dieses entscheidet in Civilsenaten stets mit einer Besetzung von sieben Mitgliedern mit Einschluß des Vorsitzenden (§ 30 Abs. 1 G.F.G., §§ 132, 140 G.V.G.).

Will jedoch in einer Rechtsfrage ein Civilsenat von der Entscheidung eines anderen Civilsenats oder der vereinigten Civilsenate abweichen, so ist über die streitige Rechtsfrage eine Entscheidung der vereinigten Civilsenate einzuholen. Einer Entscheidung der Rechtsfrage durch das Plenum bedarf es, wenn ein Civilsenat von der Entscheidung eines Strafsenats oder der vereinigten Strafsenate oder von der früher eingeholten Entscheidung des Plenums abweichen will (§ 30 Abs. 2 G.V.G. mit § 137 Abs. 1 und 2 G.V.G.).

Zur Fassung von Plenarentscheidungen und von Entscheidungen der vereinigten Civilsenate ist die Teilnahme von mindestens zwei Dritteilen aller Mitglieder mit Einschluß des Vorsitzenden erforderlich. Die Zahl der Mitglieder mit entscheidender Stimme muß eine ungerade sein; eventuell hat der zuletzt ernannte, bei gleichem Dienstalter der der Geburt nach jüngere Rat oder wenn dieser Berichterstatter ist, der nächstältere kein Stimmrecht (§ 139 G.V.G.).

§ 7.

Verhinderung an der Ausübung des Richteramts.

I. Für den Fall, daß ein Gericht an der Ausübung seiner gesamten amtlichen Tätigkeit behindert ist, hat weder das Reichsgesetz noch ergänzend die Landesgesetzgebung Vorsorge getroffen. Daraus ergibt sich, daß in solchen Fällen (z. B. Krieg, Krankheit und dergl.) jedes Verfahren ruht.

II. Ist dagegen das zuständige Gericht in einem einzelnen Falle an der Ausübung des Richteramts rechtlich oder tatsächlich verhindert, so erfolgt die Bestimmung des Gerichts, welches die Sache zu erledigen hat, durch das im Instanzenzuge vorgeordnete Gericht (§ 5 Abs. 1 Satz 2 G.F.G.)[1]).

[2]) Art. 46 A.G. z. G.V.G. ist durch Art. 167 Nr. XXV A.G. z. B.G.B. aufgehoben.

[1]) Die Vorschrift des § 5 gilt auch für diejenigen Angelegenheiten der freiwilligen Gerichtsbarkeit, für welche die landesgesetzlichen Vorschriften maß-

Die Verhinderung kann in diesem Falle stets nur einen einzelnen Richter, nicht ein Gericht als solches betreffen.

1. **Tatsächliche Verhinderung** tritt hienach ein bei einem **Amtsgerichte**

a) im Falle es nur mit einem Richter besetzt, wenn sowohl dieser als dessen ständiger Stellvertreter (§ 20 A.G. z. G.V.G.)[2]) verhindert ist;

b) wenn es mit mehreren Richtern besetzt ist, soferne für sämtliche Mitglieder des Gerichts Hinderungsgründe vorliegen[3]);

bei einem **Gerichte höherer Ordnung**, wenn von seinen Mitgliedern so viele verhindert sind, daß eine legale Besetzung der Kammer bezw. des Senats nicht mehr möglich ist[4]).

---

gebend sind (Art. 129 A.G. z. B.G.B.). Mit § 5 im wesentlichen gleichlautend bestimmt Art. 10 A.G. z. G.V.G.:

„Ist die örtliche Zuständigkeit in einer durch das gegenwärtige Gesetz den ordentlichen Gerichten übertragenen, nicht zur ordentlichen streitigen Gerichtsbarkeit gehörenden Angelegenheit zwischen zwei oder mehreren Gerichten streitig, so entscheidet das nächste gemeinsame Obergericht und beim Mangel eines solchen das Oberste Landesgericht.

Ist das an sich zuständige Gericht in einer der in Abs. 1 bezeichneten Angelegenheiten an der Ausübung des Richteramts rechtlich oder tatsächlich verhindert, so hat, vorbehaltlich der in Art. 21 des gegenwärtigen Gesetzes für die Amtsgerichte gegebenen besonderen Vorschriften, gleichfalls das nächst höhere Gericht das örtlich zuständige Gericht zu bestimmen."

Die Vorschrift hat nur für Angelegenheiten Bedeutung, für welche die allgemeinen Bestimmungen des I. Abschnittes der G.F.G. keine Anwendung finden.

[2]) Art. 20 lautet:

„Für diejenigen Amtsgerichte, an welchen nur ein Richter angestellt ist, wird von dem Präsidium des Landgerichts ein Richter eines benachbarten Amtsgerichts oder ein Mitglied des Landgerichts ständig mit der Stellvertretung des Amtsrichters beauftragt und die Aufstellung im Amtsblatte des Kreises veröffentlicht.

Wird in einzelnen Fällen die Anordnung einer weiteren Stellvertretung an einem Amtsgerichte nötig, so beauftragt das Präsidium des Landgerichts einen Richter eines benachbarten Amtsgerichts oder ein Mitglied des Landgerichts mit derselben."

Art. 21 A.G. z. G.V.G. in der Fassung des Art. 167 Nr. IV: „Die in Art. 20 Abs. 1 angeordnete Stellvertretung erstreckt sich nicht auf den Fall rechtlicher Verhinderung des Gerichts."

[3]) Art. 19 Abs. 1 A.G. z. G.V.G.:

„Mehrere Richter desselben Amtsgerichts vertreten sich gegenseitig."

[4]) Für die Stellvertretung an den **Landgerichten** gelten folgende Vorschriften:

§ 62 Abs. 1 G.V.G.: „Vor Beginn des Geschäftsjahres werden auf die Dauer desselben . . . die ständigen Mitglieder der einzelnen Kammern sowie für den Fall ihrer Verhinderung die regelmäßigen Vertreter bestimmt."

§ 65 Abs. 1 G.V.G.: „Im Falle der Verhinderung des ordentlichen Vorsitzenden führt den Vorsitz in der Kammer dasjenige Mitglied der Kammer, welches dem Dienstalter nach und bei gleichem Dienstalter der Geburt nach das älteste ist."

§ 66 G.V.G.: „Im Falle der Verhinderung des regelmäßigen Ver-

Rechtliche Verhinderung liegt vor, wenn ein Richter kraft Gesetzes von der Ausübung seines Amtes ausgeschlossen ist oder sich derselben wegen Befangenheit enthält (vergl. unter § 8 und § 6 G.F.G.).

Von der Verhinderung hat in jedem Falle das verhinderte Gericht dem vorgeordneten Gerichte Kenntnis zu geben. Die Entscheidung des letzteren ist unanfechtbar, auch wenn es die Bestimmung des zuständigen Gerichts ablehnt, weil es die Voraussetzungen hierfür nicht gegeben hält (§ 5 Abs. 2 G.F.G.). Dagegen ist eine Abänderung der Entscheidung von Amtswegen nach Maßgabe des § 18 G.F.G. nicht ausgeschlossen.

Die Entscheidung ist sowohl dem verhinderten und dem an dessen Stelle bestimmten Gerichte als auch den Beteiligten bekannt zu machen (§ 16 G.F.G.).

§ 8.

Ausschließung von Gerichtspersonen.

Gründe, aus welchen im einzelnen Fall eine Enthaltung des Richters[1]) vom Richteramt eintritt, kennt das Gesetz über die freiwillige Gerichtsbarkeit zwei:

I. Ausschließungsgründe, welche gesetzlich genau fixiert sind und bei deren Vorliegen sich der Richter von der Ausübung des Richteramtes enthalten muß (§ 6 Abs. 1 G.F.G.).

II. Befangenheit, wegen deren Vorliegen er sich der Ausübung des Richteramts enthalten kann (§ 6 Abs. 2 Satz 1 G.F.G.).

---

treters eines Mitgliedes wird ein zeitweiliger Vertreter durch den Präsidenten bestimmt."

Art. 30 Abs. 1 und 2 A.G. z. G.V.G.: „Die Vorschriften der §§ 61 bis 68, 77 G.V.G. gelten auch für die zur Zuständigkeit der Landgerichte gehörenden Angelegenheiten, für welche die Vorschriften der Landesgesetze maßgebend sind.

Die Bestimmungen über die Bestellung der Vorsitzenden der Kammer für Handelssachen und über die Stellvertretung derselben werden im Verordnungswege getroffen.

Für die Stellvertretung an den Oberlandesgerichten:

§ 121 G.V.G.: „Die Bestimmungen der §§ 61 bis 68 finden . . . Anwendung."

Art. 38 A.G. z. G.V.G.: „Die Vorschriften der §§ 121, 124 G.V.G. gelten auch für die zur Zuständigkeit der Oberlandesgerichte gehörenden Angelegenheiten, für welche die Vorschriften der Landesgesetze maßgebend sind."

[1]) Dem Gerichtsschreiber und dem Bürgermeister sollen in den im § 6 des G.F.G. bezeichneten Fällen Verrichtungen in Nachlaßsachen nicht übertragen werden (§ 105 der J.M.Bek. vom 31. Dezember 1899, das Nachlaßwesen betr., J.M.Bl. 1900 S. 1); die gesetzlichen Vorschriften über Ausschließung von Gerichtspersonen finden auf den Gerichtsschreiber nicht Anwendung; vergl. jedoch §§ 170 bis 172 G.F.G. über Ausschließung von der Mitwirkung bei Beurkundungen.

Die Ablehnung eines Richters ist ausgeschlossen (§ 6 Abs. 2 Satz 2 G.F.G.)[2])[3]).

Die Vorschriften des § 6 finden auch auf den Richter, der Vorsitzender des Familienrats ist (Rausnitz S. 37, a. M. Birkenbihl N. 2 z. § 6), ferner auf den Dolmetscher Anwendung (§ 9 Satz 2 G.F.G.).

I. Ausschließung.

1. Bedeutung und Geltendmachung.

Die Bedeutung der Ausschließungsgründe liegt darin, daß es für den Richter Amtspflicht ist, sich der Ausübung seines Amtes zu enthalten, wenn er von dem Vorliegen eines der unten aufzuzählenden Gründe Kenntnis hat. Ueber das Vorhandensein von Ablehnungsgründen entscheidet zunächst der Richter, in dessen Person sie vorliegen, selbst.

Die Beteiligten können zwar den Richter auf das Vorliegen von Ausschließungsgründen hinweisen, ein formelles Antragsrecht zu dem ausgeschlossenen Richter selbst oder zu einer höheren Instanz, um die Amtsenthaltung zu erwirken, steht ihnen nicht zu.

Dagegen können die Beteiligten Verfügungen, welche ein ausgeschlossener Richter erlassen hat, mit dem gegen die betreffende Verfügung gegebenen Rechtsmittel-Beschwerde oder sofortige Beschwerde — wegen Verletzung der Vorschriften des § 6 Abs. 1 G.F.G. anfechten. Ist eine Verfügung unanfechtbar, so ist jede Geltendmachung der Ausschließungsgründe durch die Beteiligten ausgeschlossen.

2. Wirkung:

Bei Annahme eines Ausschließungsgrundes tritt an die Stelle des ausgeschlossenen Richters der nach der Geschäftsverteilung des Gerichts zu seiner Vertretung berufene Richter; eventuell ist dem Gerichtsvorstande behufs Benennung eines Ersatzrichters Anzeige zu erstatten; dem Vorstande steht jedoch keine materielle Entscheidung zu, er kann insbesondere den Richter nicht wider dessen Willen — vorbehaltlich disziplinären Einschreitens — zur Behandlung der Sache zwingen.

Zweckmäßig, wenn auch nicht vorgeschrieben, ist eine kurze Konstatierung des Ausschließungsgrundes in den Akten.

Tritt infolge von Ausschließungsgründen eine Verhinderung des Gerichts, d. i. aller Richterpersonen des zuständigen Gerichts oder doch so vieler ein, daß eine legale Besetzung nicht mehr möglich ist, so ist dem im Instanzenzug vorgeordneten Gericht Anzeige zu machen.

---

[2]) In Gebührensachen finden die Vorschriften der C.P.O über die Ausschließung und Ablehnung der Gerichtspersonen (§§ 41 ff.) entsprechende Anwendung (Art. 50 Abs. 3 Geb.G.).

[3]) Soweit der Richter eine Beurkundung vornimmt, z. B. als Nachlaßrichter nach §§ 91, 93 G.F.G. oder als Vormundschaftsrichter nach Art. 15 A.G. z. G.V.G., kommen weiter die Ausschließungsgründe der Art. 170, 171 G.F.G. in Betracht.

Dieses bestimmt das Gericht, welches sich mit der Sache zu befassen hat (§ 5 Satz 2 G.F.G.); zu einer Beanstandung der geltend gemachten Ausschließungsgründe ist es nicht befugt.

Die Wirkung der Nichtbeachtung von Ausschließungsgründen ist lediglich die schon erwähnte Möglichkeit der Anfechtung der erlassenen Verfügung. Dagegen sind die von dem ausgeschlossenen Richter vorgenommenen gerichtlichen Handlungen nicht kraft Gesetzes unwirksam (§ 7 G.F.G.).

3. Die einzelnen Ausschließungsgründe.

Ein Richter ist von der Ausübung des Richteramts kraft Gesetzes ausgeschlossen:

a) in Sachen, in denen er selbst beteiligt ist oder in denen er zu einem Beteiligten in dem Verhältnis eines Mitberechtigten oder Mitverpflichteten steht[4]);

b) in Sachen seiner Ehefrau, auch wenn die Ehe nicht mehr besteht; der Fall liegt nicht vor, wenn die Ehe wegen Formmangels oder unterbliebener Eintragung ins Heiratsregister als nicht bestehend gilt (§ 1324 B.G.B.) oder auf Nichtigkeits- oder Anfechtungsklage für nichtig erklärt wurde;

c) in Sachen einer Person, mit der er in gerader Linie oder im zweiten Grade der Seitenlinie verwandt oder verschwägert ist; zu den Verwandten gehören auch die durch Annahme an Kindesstatt Verbundenen (§ 1757 B.G.B.)[5]); Verwandtschaft oder Schwägerschaft zu dem gesetzlichen Vertreter des Beteiligten ist kein Hindernis;

d) in Sachen, in denen er als Vertreter eines Beteiligten bestellt oder als gesetzlicher Vertreter eines solchen aufzutreten berechtigt ist[6]).

Vernehmung als Zeuge oder Sachverständiger in der Sache ist kein Ausschließungsgrund[7]).

II. Befangenheit.

Befangenheit ist jeder Grund, der geeignet ist, ein Mißtrauen gegen die Unparteilichkeit des Richters zu rechtfertigen.

Ob ein solcher Grund vorliegt, entscheidet allein der Richter nach seinem Ermessen; einer Anzeige von den Umständen, welche die

---

[4]) Ueber das Verhältnis der Beteiligung und Mitbeteiligung siehe Josef S. 55, Rausnitz, Note 6 zu § 6, Dorner, Note 4a zu § 6, Schneider, Note 3, 4 zu § 6. Ein Mitglied einer Handelskammer, die als Beteiligte zu erachten ist, ist von der Ausübung des Richteramts als Handelsrichter (in der Beschwerdeinstanz) nicht ausgeschlossen (Entsch. Bd. II S. 172). Ein Richter ist nicht ausgeschlossen, wenn es sich um Eintragung eines Vereines handelt, dessen Mitglied er ist (Rechtspr. Bd. I S. 115; Samml. Bd. II S. 753).

[5]) Vergl Rausnitz, Note 7ff. zu § 6, Dorner, Note 4c zu § 6, Schneider, Note 6 zu § 6.

[6]) Zu bemerken die wesentlich weitere Fassung des § 41 Ziff. 3 und 4 C.P.O.

[7]) Vergl. dagegen § 41 Ziff. 5 C.P.O.

Befangenheit begründen, und einer Entscheidung hierüber bedarf es nicht; der Richter ist ohne weiteres berechtigt, sich der Ausübung des Amtes wegen Befangenheit zu enthalten; aber auch die Bejahung dieser Frage bildet für den Richter keinen zwingenden Grund, sich der Ausübung seines Amtes zu enthalten.

Den Beteiligten steht in dieser Richtung kein Antragsrecht zu; jedoch als Beschwerdegrund hinsichtlich der von dem Richter erlassenen Verfügungen kann die Amtsausübung, obwohl nach Ansicht der Beteiligten Befangenheit vorliegt, verwertet werden.

Ein Einschreiten im Dienstaufsichtswege wegen unberechtigter Amtsenthaltung ist nicht ausgeschlossen.

Für den Ersatz des befangenen Richters gilt das nämliche wie für denjenigen des ausgeschlossenen Richters (siehe oben I Ziff. 2).

§ 9.

Beteiligte, Bevollmächtigte, Beistände.

I. Beteiligte.

1. Ueber die Fähigkeit, vor Gericht in Angelegenheiten der freiwilligen Gerichtsbarkeit als Beteiligter aufzutreten, bestehen gesetzliche Vorschriften nicht[1]).

Soweit der Abschluß von Rechtsgeschäften vor Gericht in Frage kommt (z. B. bei der Nachlaßauseinandersetzung), kommen die Vorschriften der §§ 104 ff. B.G.B. über die Geschäftsfähigkeit zur Anwendung; Geschäftsunfähige und in der Geschäftsfähigkeit Beschränkte in den dort näher bezeichneten Umfange sind daher in solchen Fällen als Beteiligte nicht zuzulassen.

Auch sonst sind die Vorschriften des bürgerlichen Rechts über die Geschäftsfähigkeit analog anzuwenden, soweit formelle Antragstellung vor Gericht in Frage kommt; Geschäftsunfähige und in der Geschäftsfähigkeit beschränkte Personen werden durch ihre gesetzlichen Vertreter vertreten (§§ 1627, 1630, 1793, 1897 B.G.B.); an letztere erfolgen die Bekanntmachungen in dem Verfahren, sie üben regelmäßig das Beschwerderecht aus; ausnahmsweise ist in Vormundschaftssachen ein unter elterlicher Gewalt stehendes Kind oder ein unter Vormundschaft stehender Mündel in den seine Person betreffenden Angelegenheiten selbständig beschwerdeberechtigt (§ 59 G.F.G.). In Handelssachen gibt die nach § 112 B.G.B. erteilte Ermächtigung zum selbständigen Betriebe eines Handelsgeschäftes dem Minderjährigen die Fähigkeit, ohne gesetzliche Vertretung Beteiligter zu sein; vergl. hiezu Josef, S. 68, Rausnitz, S. 64.

---

[1]) Als technische Bezeichnung ist der Ausdruck „Beteiligter" bei den Vorschriften des X. Abschnittes des G.F.G. über die Beurkundung von Rechtsgeschäften gebraucht.

In allen übrigen Fällen, soweit es sich bloß um Anhörung von Beteiligten oder Entgegennahme von Erklärungen oder Anregungen im Offizialverfahren handelt, ist ein Verkehr des Gerichts auch mit Geschäftsunfähigen und in der Geschäftsfähigkeit Beschränkten nicht ausgeschlossen. Anhörung Minderjähriger ist mehrfach vorgeschrieben z. B. §§ 4, 1837 B.G.B.

2. Wer als Beteiligter an einer einzelnen Angelegenheit erscheint, ist nach der rechtlichen Natur der Angelegenheiten und den besonderen tatsächlichen Verhältnissen zu entscheiden. (Vergl. hierzu Josef S. 62 und in C.Bl. Bd. II S. 309.) Die Feststellung hat für die Ausschließung vom Richteramt (§ 6 G.F.G.), von der Mitwirkung bei Beurkundung von Rechtsgeschäften (§§ 170 ff. G.F.G.), für das Zeugnisweigerungsrecht und die Frage der Beeidigung von Zeugen (§ 15 G.F.G. mit §§ 383, 393 C.P.O.), für die Frage, an wen Verfügungen bekannt zu machen sind, für das Beschwerderecht Bedeutung. Als Beteiligte können bei dem öffentlichen Interesse einer Anzahl von Angelegenheiten auch öffentliche Behörden und Korporationen in Betracht kommen.

II. Bevollmächtigung.

1. Begriff und Zulässigkeit. Bevollmächtigter ist diejenige Person, welche kraft erklärten Willens eines Beteiligten mit Wirksamkeit für diesen handeln, Erklärungen abgeben, Erklärungen und Zustellungen entgegennehmen kann.

Beteiligte können sich in jeder Lage des Verfahrens durch Bevollmächtigte vertreten lassen, soweit nicht das Gericht das persönliche Erscheinen anordnet (§ 13 Satz 2 G.F.G. Art. 129 A.G. z. B.G.B.) oder besondere gesetzliche Bestimmungen persönliches Erscheinen oder Handeln der Beteiligten fordern.

Anderseits besteht ein Zwang, sich durch Bevollmächtigte vertreten zu lassen (Anwaltszwang), regelmäßig nicht; eine Ausnahme macht § 29 Abs. 1 G.F.G., Art. 49 Abs. 3 Geb.G. (weitere Beschwerde in Gebührensachen) für die schriftliche Einlegung der weiteren Beschwerde.

2. Die Fähigkeit zur Vollmachterteilung haben alle Personen, welche in eigener Person vor Gericht — für sich oder als gesetzliche Vertreter anderer — handeln können. Da die Vollmachterteilung ein Privatrechtsgeschäft ist, muß zur Gültigkeit derselben regelmäßig unbeschränkte Handlungsfähigkeit des Vollmachtgebers gefordert werden. Soweit jedoch in der Handlungsfähigkeit beschränkten Personen ein Recht, ihre Angelegenheiten ohne Vermittelung des gesetzlichen Vertreters vor Gericht zu vertreten, eingeräumt ist (vergl. z. B. § 59 G.F.G.), muß ihnen auch die Befugnis, sich durch Bevollmächtigte vertreten zu lassen, gewährt werden; sie können also insoweit eine für das Verfahren vor Gericht gültige Vollmacht ausstellen; welche Verbindlichkeiten aus einer solchen Voll-

macht entstehen und für wen (auf Bezahlung einer Entschädigung), ist eine Frage des Civilrechts.

3. Wer bevollmächtigt werden kann, bestimmt das Gesetz nicht. Jedenfalls sind auch andere Personen als Rechtsanwälte als bevollmächtigte Vertreter zuzulassen. Anwaltszwang besteht nur für die schriftliche Einlegung der weiteren Beschwerde (§ 29 Abs. 1 G.F.G., Art. 49 Abs. 3 Geb.G.).

Im übrigen sind nur geschäftsfähige Personen als Bevollmächtigte zuzulassen. Der Bevollmächtigung geschäftsunfähiger (§ 104 B.G.B.) und in der Geschäftsfähigkeit beschränkter Personen (§§ 106, 114 B.G.B.) steht schon civilrechtlich ein Hindernis entgegen; das Gericht hat aber die Verpflichtung, die Vollmacht auf ihre Gültigkeit und Wirksamkeit zu prüfen (Josef S. 79).

Dem Gerichte, das von Amtswegen für einen geordneten Fortgang des Verfahrens zu sorgen hat, muß auch ohne eine diesbezügliche gesetzliche Bestimmung (vergl. § 157 Abs. 1 C.P.O.) das Recht eingeräumt werden, Bevollmächtigten, denen die Fähigkeit zum geeigneten Vortrage mangelt, den weiteren Vortrag zu untersagen (ebenso Birkenbihl S. 46, Jastrow S. 31, Dorner S. 79, a. M. Schneider S. 24, Rausnitz S. 80, Josef S. 81). Das Gericht kann sodann das persönliche Erscheinen des betreffenden Beteiligten anordnen, wenn er nicht einen geeigneten Vertreter bestellt, ohne dasselbe jedoch durch Ordnungsstrafen erzwingen zu können.

Für das innere Verhältnis zwischen Vollmachtgeber und Bevollmächtigtem ist das bürgerliche Recht maßgebend (§§ 164 ff. B.G.B.).

4. Umfang der Vollmacht. Dieser ist nicht, wie durch die Civilprozeßordnung für die streitige Gerichtsbarkeit, gesetzlich geregelt. Wie weit die Vollmacht reicht, ob sie bloß zur Vertretung in einem Termine oder zur Abgabe einer bestimmten Erklärung oder zu allen Rechtshandlungen in der Instanz oder auch zur Einlegung von Rechtsmitteln und zur Vertretung vor allen Instanzen erteilt ist, bestimmt sich nach dem Inhalte der Vollmacht. Als Auslegungsregel darf gelten, daß eine ohne Einschränkungen erteilte Vollmacht zur Vertretung in einer Sache bis zu deren Erledigung, also vor allen Instanzen, gilt.

Darnach entscheidet sich auch, ob Zustellungen an den Beteiligten oder den Vertreter zu richten sind.

5. Form der Vollmacht. Den Nachweis der Bevollmächtigung wird das Gericht stets verlangen (vergl. C.Bl. Bl. II S. 667).

Es genügt regelmäßig einfache schriftliche Vollmacht, das ist eine vom Vollmachtgeber unterschriebene Urkunde, aus welcher sich die Bevollmächtigung ergibt, oder auch mündliche Erteilung der Vollmacht vor Gericht; im letzteren Falle wird die Vollmachterteilung im Protokoll festzustellen sein.

Die Bevollmächtigung ist, soweit nicht schon durch spezielle Vorschriften eine bestimmte Form der Vollmacht verlangt ist (z. B.

§§ 1945, 1955 B.G.B.), durch öffentlich beglaubigte Vollmacht nachzuweisen,

a) wenn das Gericht es anordnet; die Anordnung steht im Ermessen des Gerichts; wird der Anordnung nicht Folge geleistet, so kann es den Bevollmächtigten zurückweisen;

b) wenn ein Beteiligter es verlangt; solange das Verlangen nicht erfüllt ist, muß das Gericht den Bevollmächtigten zurückweisen; denn es hat nicht darüber zu befinden, ob das Verlangen billig und gerechtfertigt erscheint (§ 13 Satz 3 G.F.G.).

Die öffentliche Beglaubigung erfolgt nach den Vorschriften des § 129 B.G.B., Art. 15 Abs. 2 A.G. z. G.V.G., Art. 1 Not.G.

Unberührt bleiben die Vorschriften, welche für bestimmte Fälle unbedingt öffentlich beglaubigte Vollmacht verlangen (vergl. z. B. §§ 1945 Abs. 2, 1955 B.G.B.).

6. Generalvollmacht. Eine solche muß auch zur Vertretung in Angelegenheiten der freiwilligen Gerichtsbarkeit als genügend erachtet werden, soweit nicht für einzelne Fälle Spezialvollmacht ausdrücklich verlangt ist.

Zustellungen an einen Generalbevollmächtigten sind zulässig (Art. 16 Abs. 2 G.F.G. mit § 173 C.P.O.).

7. Vermutete Vollmacht der Notare:

In einigen Fällen gilt der Notar auch ohne Nachweis einer Bevollmächtigung als ermächtigt, die Eintragung von Erklärungen in öffentliche Bücher oder Register zu beantragen (§ 71 G.F.G., Randvermerke im Standesregister, § 100 G.F.G. mit § 15 G.B.O., Eintragungen ins Schiffsregister, § 129 G.F.G., ins Handelsregister, § 147 G.F.G., ins Genossenschaftsregister, § 159 G.F.G., ins Vereinsregister, § 161, ins Güterrechtsregister).

Gemeinsame Voraussetzung ist, daß der Notar die zu der Eintragung erforderliche Erklärung beurkundet oder beglaubigt hat.

Der Notar, der in einer Angelegenheit einen Antrag bei dem Gericht erster Instanz gestellt hat, ist auch zur Einlegung der Beschwerde und der weiteren Beschwerde gegen eine ablehnende Verfügung ermächtigt (§ 29 Abs. 1 G.F.G.; vergl. auch Entsch. Bd. I S. 153, Bd. II S. 107, Rechtspr. Bd. I S. 266, C.Bl. Bd. II S. 203, 482).

Zur Zurücknahme des Antrages oder der Beschwerde gilt der Notar nicht ohne weiteres als ermächtigt (C.Bl. Bd. II S. 486, 535).

III. Verbeistandung.

Beistand ist diejenige Person, welche nicht an Stelle eines Beteiligten, sondern neben ihm auftritt. Die Legitimation des Beistandes gründet sich auf die Mitanwesenheit des Beteiligten selbst und erlischt mit dessen Entfernung.

Die Beteiligten und deren gesetzliche Vertreter können mit Beiständen erscheinen (§ 13 Satz 1 G.F.G.).

Schriftliche Erklärungen des Beistandes sind ausgeschlossen. Seine mündlichen Erklärungen und seine Handlungen haben die nämlichen Wirkungen, wie wenn sie von dem Beteiligten selbst abgegeben bezw. vorgenommen wären, soferne nicht der Beteiligte sofort ersichtlich macht, daß er denselben nicht zustimme. Bei Widerspruch zwischen Erklärungen des Beteiligten und des Beistandes sind die ersteren allein maßgebend (ebenso Birkenbihl S. 44, Keidel S. 17, Rausnitz S. 79, a. M. Dorner S. 44).

Wo Unterschrift der Beteiligten erforderlich ist, ersetzt die Unterschrift des Beistandes nicht diejenige des Beteiligten; der Beistand kann mitunterschreiben.

Für die Zurückweisung ungeeigneter Beistände gilt das Nämliche wie hinsichtlich der Bevollmächtigten (s. Dorner S. 79, Rausnitz S. 79, a. M. Schneider S. 22; siehe oben Nr. II Ziff. 3). In der Geschäftsfähigkeit beschränkte Personen können als Beistände auftreten.

§ 10.

Grundzüge des Verfahrens.

I. Offizialmaxime: Aus dem Wesen der freiwilligen Gerichtsbarkeit ergibt sich und wurde daher nicht besonders im Gesetz ausgesprochen, daß vorbehaltlich ausdrücklicher gesetzlicher Ausnahmen, welche die Einleitung des Verfahrens von dem Antrage eines Beteiligten abhängig machen[1]), der Richter von Amtswegen tätig zu werden und seine Anordnungen zu treffen hat. Von Amtswegen ist das Nötige zu ermitteln zur Feststellung, ob überhaupt eine gerichtliche Tätigkeit notwendig ist und ob die eigene Zuständigkeit gegeben ist.

Für das einmal eingeleitete Verfahren, gleichviel ob es nach der Regel von Amtswegen oder ausnahmsweise auf Antrag eingeleitet wurde, stellt § 12 G.F.G. den Grundsatz auf, daß das Gericht von Amtswegen die zur Feststellung der Tatsachen erforderlichen Ermittelungen zu veranstalten und die geeignet erscheinenden Beweise aufzunehmen hat[2]). Die Vorschrift des § 12 G.F.G. gilt auch für das Beschwerdegericht; dasselbe kann sich zu seinen Ermittelungen der Hilfe des Amtsgerichts bedienen, darf sich aber der Ermittelungspflicht nicht durch Zurückweisung der Sache an die erste Instanz entziehen (Rechtspr. Bd. IV S. 97; Dorner S. 77, Keidel S. 17).

---

[1]) Vergl. z. B. G.F.G. § 56 (Volljährigkeitserklärung), § 66 (Bestätigung der Annahme an Kindesstatt), §§ 86, 99 (Auseinandersetzung eines Nachlasses oder eines Gesamtgutes), § 100 (Eintragung im Schiffsregister), § 128 (Eintragungen im Handelsregister), §§ 150, 153 (Verrichtungen in Bezug auf die Dispache); B.G.B. § 59 (Eintragung ins Vereinsregister), § 1304 Abs. 2, § 1337 Abs. 1 (Verrichtungen in Ehesachen), § 1560 (Eintragung ins Güterrechtsregister), § 1981 (Nachlaßverwaltung), § 1994 (Bestimmung der Inventarfrist).

[2]) Vergl. das Nähere in § 14 unten.

Auch bei der Durchführung des Verfahrens ist also regelmäßig der Parteibetrieb ausgeschlossen[3]).

Ob und inwieweit den Beteiligten vor der Entscheidung Gelegenheit zur Aeußerung zu geben ist, hat das Gesetz stillschweigend der Beurteilung des Richters im einzelnen Falle überlassen (D. S. 35, Rausnitz S. 74). Nur für einzelne Fälle ist dem Richter die Pflicht auferlegt, die Beteiligten vor seiner Entscheidung zu hören (vergl. z. B. §§ 89, 142 Abs. 2, §§ 146, 159, 160, 164 bis 166 G.F.G. §§ 1308, 1673, 1690, 1826, 1827, 1847, 1862 B.G.B.). Das Gericht kann zu jeder Zeit das persönliche Erscheinen der Beteiligten anordnen, wenn dies zweckdienlich erscheint. Eine allgemeine Vorschrift, daß jeder, mit dem das Gericht etwas zu sprechen hat, durch Ordnungsstrafen angehalten werden kann, vor Gericht zu erscheinen, besteht jedoch nicht.

Auch nachdem das Gericht seine Entscheidung getroffen hat, ist es verpflichtet, geeignetenfalls von Amtswegen zu ermitteln, ob nicht eine Aenderung derselben angezeigt erscheint (vergl. § 18 G.F.G. und § 15 Ziff. III unten).

In streitigen Gebührensachen findet § 12 G.F.G. keine Anwendung (Sammlung Bd. II).

II. Ausschluß der Oeffentlichkeit: Es ist vom Gesetzgeber als selbstverständlich und eine ausdrückliche gesetzliche Bestimmung nicht für notwendig erachtet worden (Mat. S. 205), daß die Verhandlungen in der freiwilligen Gerichtsbarkeit nicht öffentlich zu führen sind. Der Grundsatz erleidet keinerlei Ausnahmen.

Mangels gesetzlicher Festlegung begründet jedoch ein Verstoß gegen das Prinzip des Ausschlusses der Oeffentlichkeit keine Beschwerde.

Das Gericht ist auch nicht berechtigt, ausnahmsweise Nichtbeteiligten ohne Zustimmung aller Beteiligten den Zutritt zu Verhandlungen zu gestatten (ebenso Dorner Note 6 zu § 8, a. M. Rausnitz N. 65 zu § 8).

III. Mündlichkeit und Schriftlichkeit: Das Verfahren ist teils mündlich, teils schriftlich.

1. Mündliches Verfahren tritt ein:

a) wo es im Gesetz ausdrücklich vorgeschrieben ist (z. B. bei Auseinandersetzung von Verlassenschaften und Gesamtgütern §§ 89 ff., 99 G.F.G., beim Einspruch gegen Strafverfügungen in Handelssachen §§ 134 ff. G.F.G., bei der Verhandlung über die Dispache §§ 153 ff. G.F.G.);

b) wenn nach dem Ermessen des Gerichts ein direkter Verkehr mit den Beteiligten zur Erledigung der Sache zweckentsprechend erscheint; über Anordnung persönlichen Erscheinens der Beteiligten vergl. oben Ziff. I.

---

[3]) Ausnahmen: § 87 Abs. 2 G.F.G. (Ergänzung des Antrages auf Nachlaßauseinandersetzung), § 154 G.F.G. (Ergänzung der Unterlagen der Dispache).

Mündliche Verhandlungen können auch durch Erscheinen von Beteiligten ohne Ladung veranlaßt sein.

Der Inhalt der mündlichen Verhandlungen ist regelmäßig, soweit es sich nicht etwa bloß um Anfragen an das Gericht handelt, welche sofortige Beantwortung finden, aktenmäßig zu machen.

Eine allgemeine Vorschrift, daß der gesamte Inhalt der Verhandlungen mit Beteiligten vom Richter in einem Protokoll festzustellen sei, besteht nicht; auch der Zuziehung eines Gerichtsschreibers bedarf es bei den Verhandlungen in der freiwilligen Gerichtsbarkeit nicht, auch nicht bei Beweisaufnahmen (Josef S. 61, Z. f. d. C.P. Bd. 29 S. 174). In einzelnen Fällen ist die Beurkundung der Erklärungen der Beteiligten ausdrücklich vorgeschrieben (vergl. z. B. §§ 91, 93, 99 G.F.G.); enthält die Beurkundung ein Rechtsgeschäft unter den Beteiligten, so sind für Form und Verfahren bei derselben die Vorschriften der §§ 168 ff. G.F.G. maßgebend.

Im übrigen kann der Inhalt mündlicher Verhandlungen in zweierlei Formen zu den Akten gebracht werden:

α) durch formlose Vormerkungen, welche der Richter zu den Akten macht,

β) in Form von Protokollen.

Die Wahl zwischen beiden Formen liegt im Ermessen des Richters; die protokollarische Form der Beurkundung amtlicher Vorgänge unter Zuziehung eines Protokollführers ist tunlichst zu beschränken (M.Bek. v. 28. April 1901 § 8, J.M.Bl. S. 363); maßgebend ist die Wichtigkeit der Sache; wo Beurkundung vorgeschrieben ist, wird regelmäßig ein Protokoll aufzunehmen sein.

2. Soweit nicht mündliches Verfahren einzutreten hat, können sowohl die Erklärungen der Beteiligten schriftlich abgegeben als auch die Verfügungen des Gerichts schriftlich abgefaßt und den Beteiligten durch Zustellung bekannt gemacht werden (vergl. unten §§ 15, 16).

§ 11.

Gerichtsort, Gerichtszeit, Gerichtsferien.

I. Gerichtsort: Das Gericht nimmt seine Amtshandlungen, insbesondere auch die Verhandlungen mit den Beteiligten, regelmäßig an der Gerichtsstelle vor.

Besondere Gründe, z. B. dauernde Verhinderung eines Beteiligten am Erscheinen vor Gericht, Notwendigkeit einer Augenscheinseinnahme an Ort und Stelle, können Veranlassung zur Vornahme von Amtshandlungen außerhalb der Gerichtsstelle geben. Ueber Ort der Einvernahme von Zeugen und Sachverständigen vergl. § 375 Abs. 2, §§ 382, 402 C.P.O. mit § 15 G.F.G.

Außerhalb seines Amtsbezirks darf ein Gericht Amtshandlungen regelmäßig nicht vornehmen, widrigenfalls die betreffenden Handlungen wegen mangelnder Gerichtsbarkeit am Orte der Vornahme überhaupt nicht als Amtshandlungen gelten können[1]).

Ausnahmsweise dürfen Amtshandlungen im Bezirke eines anderen Gerichts vorgenommen werden:

1. wenn das Amtsgericht, in dessen Bezirk die Amtshandlung vorgenommen wird, seine Zustimmung erteilt; Verweigerung der Zustimmung kann nur im Dienstaufsichtswege angefochten werden;
2. wenn Gefahr im Verzug obwaltet; ob dies der Fall ist, entscheidet das Gericht, welches die Handlung vornehmen will, ohne daß ein Irrtum hierüber der Gültigkeit der Amtshandlung schadet; dem Amtsgerichte des Ortes ist Anzeige zu erstatten (§ 167 G.V.G. mit § 2 G.F.G).[2]).

II. Gerichtszeit: Gerichtliche Verhandlungen sollen regelmäßig, von dringenden Fällen abgesehen, nicht an Sonn- und Feiertagen stattfinden.

Die Geschäftsstunden sind für die Regel auf die Zeit von acht bis zwölf Uhr vormittags und zwei bis sechs Uhr nachmittags festgesetzt. Der Beginn der Nachmittagsstunden kann mit Rücksicht auf besondere örtliche Verhältnisse durch den Gerichtsvorstand auf eine andere Zeit verlegt werden.

Dringende Geschäfte sind jederzeit auch außerhalb der üblichen Geschäftsstunden und an Sonn- und Feiertagen vorzunehmen.

III. Gerichtsferien. Auf das gerichtliche Verfahren und den Lauf der Fristen in Angelegenheiten der freiwilligen Gerichtsbarkeit sind die Gerichtsferien regelmäßig ohne Einfluß (§ 10 Satz 1 G.F.G., Art. 129 A.G. z. B.G.B.).

Eine Ausnahme besteht für Vormundschaftssachen und Nachlaßsachen im Sinne des Gesetzes über die freiwillige Gerichtsbarkeit. Die Bearbeitung dieser Sachen kann während der Gerichtsferien[3]) unterbleiben, wenn nach dem pflichtgemäßen Ermessen des mit der Sache befaßten Richters bezw. bei dessen Beurlaubung seines Stellvertreters das Bedürfnis einer Beschleunigung nicht vorhanden ist (§ 15 Satz 2 G.F.G.). Dem ersuchten Richter im Rechtshilfeverkehr kommt eine Prüfung der Frage, ob ein Bedürfnis der Beschleunigung besteht, nicht zu; er hat ein an ihn gestelltes Ersuchen auch während der Ferien zu erledigen.

---

[1]) § 7 G.F.G. trifft nicht zu, da es sich hier nicht um Mangel der örtlichen Zuständigkeit handelt.

[2]) Ueber die Entschädigungen für den Aufwand, welcher Beamten auf die Vornahme auswärtiger Dienstgeschäfte auch innerhalb des Gerichtsbezirkes erwächst, Tagegelder, Reisekosten (Diäten) siehe Diätenregulativ vom 11. Februar 1875 (J.M.Bl. S. 50) nebst Vollzugsvorschrift vom 2. März 1875 (J.M.Bl. S. 58), V.O. vom 13. Juli 1892 (G.V.Bl. S. 485).

[3]) Die Gerichtsferien beginnen am 15. Juli und endigen am 15. September (§ 201 G.V.G.).

Die Frist für die sofortige Beschwerde läuft auch in diesen Angelegenheiten während der Ferien.

Beschwerde nach Maßgabe der §§ 19 ff. G.F.G. wegen unterlassener Bearbeitung von Vormundschafts- oder Nachlaßsachen ist nicht zulässig; dagegen kann die Bearbeitung im Wege der Aufsichtsbeschwerde herbeigeführt werden.

Feriensachen in dem Sinne, daß ihre Bearbeitung während der Ferien unterbleiben müßte, gibt es in der freiwilligen Gerichtsbarkeit nicht.

§ 12.

Gerichtssprache.

I. Gerichtssprache ist die Sprache des Gerichts und die Sprache, in welcher der mündliche und schriftliche Verkehr mit Gerichten stattzufinden hat.

Die Vorschriften des Gerichtsverfassungsgesetzes finden mit den aus § 9 G.F.G. sich ergebenden Abweichungen in allen Angelegenheiten der freiwilligen Gerichtsbarkeit mit Ausnahme der Aufnahme gerichtlicher Urkunden, für welche besondere Vorschriften bestehen (§§ 1, 178 bis 180 G.F.G.), Anwendung (§ 8 G.F.G., Art. 129 A.G. z. B.G.B.).

Hienach ist die Gerichtssprache die **deutsche** (§ 186 G.V.G.).

Schriftliche Erklärungen oder Anträge in einer fremden Sprache brauchen vom Gerichte nicht entgegengenommen bezw. berücksichtigt zu werden.

II. Bei mündlicher Verhandlung mit Personen, **welche der deutschen Sprache nicht mächtig** sind, ist ein **Dolmetscher** zuzuziehen, soferne nicht der Richter der Sprache, in welcher sich die Beteiligten erklären, mächtig ist; ob die übrigen Beteiligten der fremden Sprache mächtig sind, ist (abweichend von § 187 Abs. 2 G.V.G.) unerheblich. Unter Beteiligten sind hier auch etwa zugezogene Zeugen zu verstehen (ebenso **Dorner** S. 67, **Birkenbihl** S. 35, **Keidel** S. 15, a. M. **Jastrow** S. 30, **Rausnitz** S. 81); (§ 187 Abs. 1 Satz 1 G.V.G., § 9 G.F.G.). Ob eine Person der deutschen Sprache nicht mächtig ist, entscheidet das Ermessen des Gerichts; die Behauptung dessen allein rechtfertigt die Zuziehung des Dolmetschers noch nicht, anderseits ist aber auch keine Beweisführung darüber erforderlich.

Die Protokolle über die Verhandlung werden in deutscher Sprache aufgenommen; die Führung eines Nebenprotokolls in der fremden Sprache findet nicht statt. Jedoch sollen Aussagen und Erklärungen in fremder Sprache, wenn und soweit der Richter dies mit Rücksicht auf die Wichtigkeit der Sache für erforderlich erachtet, auch in der fremden Sprache in das Protokoll oder in eine Anlage niedergeschrieben werden. In den dazu geeigneten Fällen soll dem

Protokolle eine durch den Dolmetscher zu beglaubigende Uebersetzung beigefügt werden (§ 187 Abs. 1 G.V.G.).

Personen, welche der deutschen Sprache nicht mächtig sind, leisten Eide in der ihnen geläufigen Sprache durch Nachsprechen der ihnen vom Dolmetscher oder Richter vorgesagten Eidesformel oder durch Ablesen derselben (§ 190 G.V.G., § 482 C.P.O.).

Werden vom Gericht schriftliche Erklärungen in einer fremden Sprache entgegengenommen, so ist analog die Zuziehung eines Dolmetschers zur Uebersetzung notwendig, wenn nicht der Richter der Sprache mächtig ist.

III. Mit tauben oder stummen Personen kann schriftliche Verständigung durch Niederschreiben von Fragen und Antworten erfolgen. Ist diese nicht möglich oder nach Ansicht des Gerichts nicht sachdienlich, so ist eine Person als Dolmetscher zuzuziehen, mit deren Hilfe die Verständigung in anderer Weise erfolgen kann. Jede Art der Verständigung ist zulässig (§ 188 G.V.G.).

Ob einer Person, welche taub ist, bei der mündlichen Verhandlung der Vortrag zu gestatten sei, bleibt dem Ermessen des Gerichts überlassen (§ 189 Abs. 1 G.V.G.).

IV. Der Dienst des Dolmetschers kann auch von dem zur Verhandlung zugezogenen Gerichtsschreiber versehen werden (§ 192 G.V.G.).

Der Dolmetscher hat regelmäßig einen Eid dahin zu leisten, daß er treu und gewissenhaft übertragen werde. Die Beeidigung unterbleibt:

1. wenn der Gerichtsschreiber den Dienst versieht (§ 192 Satz 2 G.V.G.),

2. wenn der Dolmetscher für Uebertragungen der Art im allgemeinen beeidigt ist, in welchem Falle die Berufung auf den geleisteten Eid genügt (§ 191 Abs. 2 G.V.G.),

3. bei Verhandlungen mit der deutschen Sprache nicht kundigen Personen, wenn die Beteiligten auf die Beeidigung verzichten (§ 9 Satz 1 G.F.G.)[1].

Auf den Dolmetscher finden die Vorschriften des § 6 G.F.G. über die Ausschließung des Richters (vergl. oben § 8) entsprechende Anwendung[2]. Die Ablehnung eines Dolmetschers ist hiernach unzulässig. Der Dolmetscher hat sich, wenn die Voraussetzungen vorliegen, selbst der Ausübung des Amtes zu enthalten und dem Gerichte entsprechende Mitteilung zu machen; für eine richterliche Entscheidung ist kein Raum gegeben (§ 9 Satz 2 G.F.G.); doch wird der Richter eine Person, hinsichtlich derer ihm das Vorliegen von

---

[1]) Auf die Beeidigung des Dolmetschers bei tauben und stummen Personen kann nicht verzichtet werden; ebenso Dorner, Note 10 zu § 9.

[2]) Dies gilt sowohl für den sprachenkundigen als den bei Beteiligung Tauber und Stummer beigezogenen Dolmetscher; ebenso Dorner, Note 12 zu § 9.

Ausschließungsgründen bekannt ist, als Dolmetscher nicht zuziehen. Mitwirkung eines kraft Gesetzes ausgeschlossenen Dolmetschers hat keinen Einfluß auf die Gültigkeit des Verfahrens (§ 7 G.F.G.).

§ 13.

Form von Anträgen und Erklärungen.

Anträge an das Gericht und Erklärungen gegenüber demselben können, soweit nicht ein anderes bestimmt, z. B. Erklärung in beglaubigter Form vorgeschrieben ist, erfolgen:

1. zum Protokolle des Gerichtsschreibers des zuständigen Gerichts oder des Gerichtsschreibers jeden Amtsgerichts (§ 11 G.F.G.). Die Gerichtsschreiber der Amtsgerichte haben in Angelegenheiten der freiwilligen Gerichtsbarkeit allgemein die Verpflichtung, Anträge und Erklärungen entgegenzunehmen und das aufgenommene Protokoll dem zuständigen Gerichte zu übermitteln (D. S. 35).

Ist eine Erklärung, welche innerhalb einer bestimmten Frist abgegeben werden muß, von dem Gerichtsschreiber eines anderen als des zuständigen Gerichts zu Protokoll genommen, so gilt sie nur dann als rechtzeitig erfolgt, wenn das Protokoll innerhalb der Frist dem zuständigen Gerichte vorgelegt wird; der Gerichtsschreiber hat für die rechtzeitige Vorlage Sorge zu tragen.

Ausnahmsweise können nur zu Protokoll des Gerichtsschreibers des zuständigen Gerichts, nämlich des Registergerichts, erklärt werden die Anmeldungen zum Handelsregister (§ 128), zum Genossenschaftsregister (§ 147), zum Vereinsregister (§ 159) und zum Güterrechtsregister (§ 161 G.F.G.).

Erklärung zu Gerichtsschreiberprotokoll ist ausgeschlossen bei Erklärungen, welche nach dem Gesetze vor dem Gerichte zu erfolgen haben, z. B. bei der gerichtlichen Beurkundung von Rechtsgeschäften, dagegen zulässig, soweit das Gesetz Erklärung gegenüber dem Gerichte verlangt (z. B. §§ 1342, 1491, 1492, 1597, 1945, 1955 B.G.B.). Da der Gerichtsschreiber für die öffentliche Beglaubigung nicht zuständig ist, ist Erklärung zu Gerichtsschreiberprotokoll ausgeschlossen, wo eine Erklärung in öffentlich beglaubigter Form abzugeben ist.

Ueber Einlegung der Beschwerde zu Gerichtsschreiberprotokoll siehe unten § 18.

2. in jeder beliebigen, sonstigen Form, also insbesondere

a) schriftlich (über die Formen vergl. M.Bek. vom 28. April 1901, J.M.Bl. S. 363);

b) mündlich gegenüber dem Richter, welcher alsdann selbst entsprechende Vormerkung zum Akt zu machen oder unter Zuziehung einer Schreibkraft ein Protokoll aufzunehmen hat (vergl. hiezu § 10 Ziff. III Nr. 1 oben).

Vergl. über Anträge in Nachlaßsachen J.M.Bek. das Nachlaßwesen betr. § 101, J.M.Bl. 1900 S. 1, 34.

§ 14.

Beweis und Glaubhaftmachung.

Das Beweisaufnahmeverfahren in der freiwilligen Gerichtsbarkeit ist weder reichsrechtlich noch ergänzend durch die Landesgesetzgebung erschöpfend geregelt. Eine entsprechende Anwendung der Civilprozeßordnung ist nicht weiter als in § 15 G.F.G. vorgeschrieben zulässig.

I. Beweismittel.

Als solche kommen neben Zeugen und Sachverständigen, wenn auch im Gesetze nicht erwähnt, jedenfalls der gerichtliche Augenschein und der Beweis durch Urkunden[1]) in Betracht. Bei Erbschafts- und Gütergemeinschaftsteilungen kann das Gericht die Vorlage der Handelsbücher zur Kenntnisnahme von ihrem ganzen Inhalte anordnen (§ 47 H.G.B.).

Der Parteieid ist durch die Natur des Verfahrens ausgeschlossen; das Gleiche muß auch für die Auflage des richterlichen Eides an einen Beteiligten gelten, da das Gesetz dadurch, daß es das Verfahren und die Folgen der Leistung und Nichtleistung des Eides nicht geregelt hat, zum Ausdruck bringt, daß dieses Beweismittel keine Anwendung finden soll[2]).

In einzelnen Fällen ist die Anhörung bestimmter Personen als Auskunftspersonen vorgeschrieben (z. B. § 1673 Abs. 2, § 1847 Abs. 1 B.G.B.); dieselbe kann formlos, also auch schriftlich, erfolgen, jedenfalls finden die Vorschriften über den Zeugenbeweis keine An-

---

[1]) Soweit das Gericht Urkunden oder Akten anderer Behörden als Beweismittel bedarf, kommt der nach § 2 G.F.G. anwendbare § 169 G.V.G. in Betracht:
„Die in einem Bundesstaate bestehenden Vorschriften über die Mitteilung von Akten einer öffentlichen Behörde an ein Gericht dieses Bundesstaates kommen auch dann zur Anwendung, wenn das ersuchende Gericht einem anderen Bundesstaate angehört."
ferner Art. 3 A.G. z. C.P.O. in der Fassung des Art. 166 I A.G. z. B.G.B.:
„Von Urkunden, welche sich bei einer öffentlichen Behörde befinden, hat diese, unbeschadet der Vorschriften der §§ 810, 811 B.G.B., sowie vorbehaltlich besonderer gesetzlicher Bestimmungen, Vorlage und Einsicht zu gewähren und beglaubigte Abschrift zu erteilen, wenn die Zustimmung desjenigen, auf dessen Antrag oder in dessen Interesse die Urkunde bei der Behörde errichtet oder hinterlegt wurde, beigebracht oder seine Verpflichtung hierzu rechtskräftig ausgesprochen ist."
Vergl. hierzu auch Dorner, Note 5 Ziff. X zu § 2.

[2]) Ebenso Rausnitz, N. 16 zu § 12, N. 117 zu § 15 und bezüglich des Parteieides Dorner, N. 1 zu § 15, Schneider, N. 4 zu § 15; a. M. hinsichtlich des richterlichen Eides Dorner, a. a. O.

wendung. Das Erscheinen derselben vor Gericht kann nicht erzwungen werden.

II. Beweisverfahren.

Das Beweisverfahren ist Offizialverfahren; das Gericht entscheidet nach seinem Ermessen, ob und inwieweit ein Beweis erforderlich ist und hat von Amtswegen die ihm geeignet erscheinenden Beweise aufzunehmen (§ 12 G.F.G.). Das Gericht kann Beweisvorschläge entgegennehmen, auch verlangen, ist aber nicht an dieselben gebunden; die §§ 373, 374, 379, 391 Abs. 2, 399, 403, 404 Abs. 4 C.P.O. finden keine Anwendung (ebenso Dorner S. 112 ff., Birkenbihl S. 64, Jastrow S. 199, Rausnitz S. 91, 93, 101, 106, 107[3]). (Rechtspr. Bd. I S. 309, Bd. IV S. 97, C.Bl. Bd. II S. 526, 667).

Die Anordnung eines Beweises unterliegt nicht der Beschwerde nach Maßgabe der §§ 19 ff. G.F.G. (Rechtspr. Bd. II S. 139, C.Bl. Bd. I S. 782; a. M. ebenda S. 545.)

Unzulässig ist es in dem Offizialverfahren, die Erhebung von Beweisen von der Vorschußerlage seitens Beteiligter abhängig zu machen; § 379 B.P.O. kann keine Anwendung finden.

Für die Beweisanordnung ist eine Form, insbesondere Erlassung eines Beweisbeschlusses nicht vorgeschrieben. Von Beweismitteln, welche bereit stehen (vorgelegte Urkunden, mitgebrachte Zeugen und Sachverständige), kann ohne weiteres Verfahren Gebrauch gemacht werden.

Andernfalls ist allerdings eine gerichtliche Verfügung zur Herbeischaffung der Beweismittel notwendig; bei Zeugen und Sachverständigen besteht diese in der Anordnung der Ladung.

Die Vorlage von Beweismitteln (Urkunden, in Augenschein zu nehmenden Gegenständen) kann nach Art. 130 A.G. z. B.G.B. erzwungen werden, vergl. unten § 21.

Beiziehung der Beteiligten zur Beweisaufnahme ist nicht vorgeschrieben, jedoch nach dem Ermessen des Gerichts jedenfalls zulässig.

Ohne ausdrückliche gesetzliche Feststellung ist für die freiwillige Gerichtsbarkeit ausnahmslos der Grundsatz freier richterlicher Beweiswürdigung aufzustellen; das Gericht entscheidet nach seiner Ueberzeugung über das Ergebnis der Ermittelungen und einer etwaigen Beweisaufnahme.

III. Beweis durch Zeugen und Sachverständige insbesondere.

Die Vorschriften der Civilprozeßordnung über den Zeugenbeweis (§§ 373 bis 401) und über den Beweis durch Sachverständige

[3]) Eine Ausnahme enthält § 2358 B.G.B., woselbst das Nachlaßgericht bei Erteilung eines gemeinschaftlichen Erbscheines angewiesen ist, die vom Antragsteller angegebenen Beweismittel zu benützen.

[4]) Damit entfällt auch die Bezugnahme auf den Beweisbeschluß bei der Ladung von Zeugen und Sachverständigen (vergl. § 377 C.P.O.).

(§§ 402 bis 414) finden entsprechende Anwendung (§ 15 Abs. 1 Satz 1 G.F.G.). Aus §§ 401, 413 C.P.O. ergibt sich auch die Anwendbarkeit der Gebührenordnung für Zeugen und Sachverständige vom 30. Juni 1878 in der Fassung der Bek. vom 20. Mai 1898 (R.G.Bl. S. 689)[5]); ebenso Schneider S. 27, Jastrow S. 216, Birkenbihl S. 64; a. M. Dorner S. 105.

Durch entsprechende Anwendung, sowie durch die Sonderbestimmungen des § 15 Abs. 1 Satz 2 G.F.G. erleiden die Bestimmungen der Civilprozeßordnung folgende Modifikationen:

1. Keine Anwendung finden die Vorschriften über Beweisantretung (§§ 373, 374, 403 C.P.O.), über Vorschußpflicht für Zeugen und Sachverständige (§§ 379, 402 C.P.O.), über Fragerecht der Beteiligten (§§ 397, 402 C.P.O.) — dem Gerichte steht es frei, Fragen von Beteiligten zuzulassen —, über Verzicht auf vorgeschlagene Zeugen (§ 399 C.P.O.); siehe oben Ziff. II.

2. Ob das Gericht die Beteiligten von dem Eingang einer auswärts erfolgten Beweiserhebung benachrichtigen will, liegt mit Rücksicht darauf, daß die Beteiligten kein Recht auf Teilnahme an der Beweiserhebung haben, in seinem Ermessen (abweichend von § 386 Abs. 4 C.P.O., a. M. Rausnitz N. 34 zu § 15, Dorner N. 47 zu § 15, C.Bl. Bd. I S. 782).

3. Ueber die Rechtmäßigkeit der Zeugnisweigerung (§ 387 C.P.O.) wird durch Beschluß entschieden; Anhörung der Beteiligten ist nicht erforderlich.

4. Auf die Strafen gegen ungehorsame Zeugen und Sachverständige (§§ 380, 390, 409 C.P.O.) findet § 33 G.F.G. keine Anwendung.

Die Haft ist im Falle des § 390 C.P.O. von Amtswegen anzuordnen; die Vollstreckung erfolgt nach Maßgabe der §§ 904 bis 913 C.P.O., ohne daß jedoch ein Kostenvorschuß seitens eines Beteiligten zu leisten wäre.

5. Die Beeidigung von Zeugen und Sachverständigen ist nicht wie im Civilprozeß obligatorisch, sondern liegt vollkommen im Ermessen des Gerichts; die Unterlassung gibt daher keinen Grund zur weiteren Beschwerde (C.Bl. Bd. I S. 915, Seuffert 1901 Nr. 143). Beeidigung von Personen, welche gemäß §§ 393, 402 C.P.O. unbeeidigt zu vernehmen sind, ist jedoch ausgeschlossen (§ 15 Abs. 1 Satz 2 G.F.G.). Damit entfällt auch die Anwendbarkeit der Bestimmungen des § 391 Abs. 2 und des § 410 Abs. 1 C.P.O. über Verzicht auf die Beeidigung von Zeugen und Sachverständigen.

6. Beschwerde: Auf das Verfahren

a) bei Einlegung der Beschwerde gegen die Bestrafung wegen Nichterscheinens eines Zeugen oder Sachverständigen (§ 380 Abs. 3, § 409 Abs. 2 C.P.O.), gegen die Bestrafung wegen

---

[5]) Ueber die Höhe der Gebühren im Falle der Vernehmung vor einem ersuchten Gerichte vergl. § 166 G.V.G.

Verweigerung des Zeugnisses oder Gutachtens oder die hiewegen angeordneten Zwangsmaßregeln (§ 390 Abs. 3, § 402 C.P.O.),

b) bei Einlegung der sofortigen Beschwerde gegen die Entscheidung über die Rechtmäßigkeit der Verweigerung des Zeugnisses oder Gutachtens (§ 387 Abs. 3, §§ 402, 408 C.P.O.).

finden die Vorschriften der §§ 19 ff. G.F.G., nicht diejenigen der §§ 568 ff. C.P.O. Anwendung[6]).

Dagegen regelt sich die Beschwerde gegen die Festsetzung der Entschädigung von Zeugen und Sachverständigen nach Art. 46 Geb.G. (B. Oberst.L.G. 29. Okt. 1901, Bl. f. R.A. Bd. 67 S. 374, § 2 K.V.O. vom 22. Sept. 1879)[7]).

Ist die anzufechtende Entscheidung nicht vom Amtsgericht, sondern vom Landgericht erlassen, so findet hinsichtlich des Instanzenzuges auch § 568 Abs. 1 C.P.O. entsprechende Anwendung: es entscheidet über die Beschwerde das im Instanzenzuge zunächst höhere Gericht, d. i. das oberste Landesgericht, dessen Entscheidung unanfechtbar ist (Art. 129 Satz 2 A.G. z. B.G.B.).

IV. Verfahren bei Abnahme von Eiden.

Die Abnahme von Eiden findet in der freiwilligen Gerichtsbarkeit nicht nur im Beweiserhebungsverfahren durch die fakultative Vereidigung von Zeugen und Sachverständigen statt, sondern auch durch Vereidigung von Beteiligten, so als Mittel der Glaubhaftmachung und durch Abnahme des Offenbarungseides.

In allen Fällen finden die Vorschriften der Civilprozeßordnung (§§ 478 bis 484) über das Verfahren bei Abnahme von Eiden entsprechende Anwendung (§ 15 Abs. 1 Satz 1 G.F.G.).

Der Gebrauch von Beteuerungsformeln an Stelle des Eides (§ 484 C.P.O.) ist nur Mitgliedern von Religionsgesellschaften gestattet, deren Bekenntnis die Eidesleistung untersagt (Art. 15 A.G. z. C.P.O. und Konk.O. in der Fassung der Bek. vom 26. Juni 1899, G. und V.Bl. S. 401). Als solche Religionsgesellschaft kommen in Bayern, da die Philipponen nicht zu den verfassungsmäßig anerkannten Gesellschaften gehören, nur die Mennoniten in Betracht. Diesen gestattet die Verord. vom 20. Okt. 1811 (Reg.Bl. S. 1601) unter der Voraussetzung, daß sie die Zugehörigkeit zu dem Bekenntnisse durch Zeugnis eines Lehrers, Aeltesten oder Vorstehers für einen Zeitraum von mindestens einem Jahre und ebenso die bisherige Führung eines untadelhaften Wandels nachweisen, den Gebrauch des Handschlags mit der Formel:

„Ich verspreche mit gegenwärtigem Handschlage wie bei meinem Taufbunde, die reine Wahrheit zu sagen.“

---

[6]) Ebenso Dorner, N. 4 lit. e, f, g zu § 15, Rausnitz, N. 38 zu § 15.

[7]) Ebenso Pfaff-Reisinger, Geb.G. N. 1 zu § 46.

V. Glaubhaftmachung.

In Angelegenheiten der freiwilligen Gerichtsbarkeit wird in einer Anzahl von Fällen[8]) Glaubhaftmachung tatsächlicher Behauptungen gefordert.

Glaubhaftmachung ist diejenige Art der Beweisführung, bei welcher in dem Richter nicht die volle Ueberzeugung von der Richtigkeit der zu beweisenden Tatsache, sondern lediglich der Glaube daran, gestützt auf Wahrscheinlichkeitsgründe, herbeigeführt werden muß.

Hinsichtlich der Mittel der Glaubhaftmachung besteht keine Beschränkung; das Ermessen des Gerichts entscheidet, ob die gebrauchten Mittel ausreichend sind; § 294 C.P.O. findet keine entsprechende Anwendung.

Behufs der Glaubhaftmachung einer tatsächlichen Behauptung kann ein Beteiligter zur Versicherung an Eidesstatt zugelassen werden (§ 15 Abs. 2 G.F.G.).

Zuständig zur Abnahme eidesstattlicher Versicherungen ist jedenfalls der Richter sowie der Gerichtsschreiber, ferner der Notar (Art. 3 Abs. 1 Not.Ges.); nicht zuständig sind Rechtsanwälte, da ihnen die Beamteneigenschaft fehlt.

Ueber die Abnahme einer eidesstattlichen Versicherung nach § 2356 B.G.B. (zur Erlangung des Erbscheins) schreibt § 40 der Bek. vom 31. Dez. 1899, das Nachlaßwesen betr., Aufnahme eines Protokolles vor; die Vorschriften des ersten Abschnittes der G.F.G. findet auf dieselbe wegen der alternativen Zuständigkeitsbestimmung keine Anwendung.

Personen, welche das sechzehnte Lebensjahr nicht zurückgelegt haben, darf, soweit nicht die Reichsgesetze darüber bestimmen, eine Versicherung an Eidesstatt nicht abgenommen werden (Art. 14 A.G. z. C.P.O. und Konk.O. in der Fassung der Bek. vom 26. Juni 1899, G. und V.Bl. S. 401).

Der Eid als Glaubhaftmachungsmittel ist durch die Zulassung der eidesstattlichen Versicherung, falls sich der Richter durch diese nicht genügend überzeugt sieht, nach der Tendenz des Gesetzes nicht unbedingt ausgeschlossen (Dorner, N. 6 zu § 15).

§ 15.

Beratung und Abstimmung.

Für die im Wege der freiwilligen Gerichtsbarkeit zu erledigenden Angelegenheiten finden die Vorschriften des Gerichtsverfassungsgesetzes über die Beratung und Abstimmung entsprechende Anwendung (§ 8 G.F.G., Art. 129 A.G. z. B.G.B.).

[8]) z. B. §§ 22 Abs. 2, 34, 85, 92, 93, 137 G.F.G., §§ 386, 406 C.P.O. mit § 15 G.F.G., §§ 1597, 1953, 1994, 2010, 2228, 2264 B.G.B.

Hiernach dürfen bei Entscheidungen Richter nur in der gesetzlich bestimmten Anzahl mitwirken (§ 194 Abs. 1 G.V.G.), auch nicht mehr Richter als gesetzlich bestimmt ist. Die Ausnahmebestimmung des § 194 Abs. 2 G.V.G. wird in der freiwilligen Gerichtsbarkeit kaum praktisch werden.

Bei der Beratung und Abstimmung dürfen außer den zur Entscheidung berufenen Richtern nur die bei demselben Gerichte zu ihrer juristischen Ausbildung beschäftigten Personen zugegen sein, soweit der Vorsitzende deren Anwesenheit gestattet (§ 195 G.V.G.).

Der Vorsitzende leitet die Beratung, stellt die Fragen und sammelt die Stimmen. Meinungsverschiedenheiten über den Gegenstand, die Fassung und die Reihenfolge der Fragen oder über das Ergebnis der Abstimmung entscheidet das Gericht (§ 196 G.V.G.).

Kein Richter und kein Mitglied eines Familienrates darf die Abstimmung über eine Frage verweigern, weil er bei der Abstimmung über eine vorhergegangene Frage in der Minderheit geblieben ist (§ 197 G.V.G.).

Die Entscheidungen erfolgen, da das Gesetz über die freiwillige Gerichtsbarkeit nicht ein anderes bestimmt, stets nach der absoluten Mehrheit der Stimmen. Bilden sich in Beziehung auf Summen, über welche zu entscheiden ist, mehr als zwei Meinungen, deren keine die Mehrheit für sich hat, so werden die für die größte Summe abgegebenen Stimmen den für die zunächst geringere abgegebenen so lange hinzugerechnet, bis sich eine Mehrheit ergibt (§ 198 G.V.G.).

Die Reihenfolge bei der Abstimmung richtet sich nach dem Dienstalter, bei den Kammern für Handelssachen nach dem Lebensalter; der Jüngste stimmt zuerst, der Vorsitzende zuletzt. Wenn ein Berichterstatter ernannt ist, so gibt dieser seine Stimme zuerst ab (§ 199 G.V.G.). Bei Abstimmungen im Familienrat ist das Lebensalter maßgebend.

Die Mitglieder des Familienrates haben über den Hergang bei der Beratung und Abstimmung Stillschweigen zu beobachten (§ 200 G.V.G.).

Eine Verletzung der Vorschrift des § 194 Abs. 1 G.V.G. kann im Wege der Beschwerde, sowie der weiteren Beschwerde gerügt werden (§ 27 G.F.G., § 551 Ziff. 1 C.P.O.).

Die Vorgänge bei der Beratung und Abstimmung sind innere Angelegenheiten des Gerichts, auf welche sich die Verpflichtung zur Amtsverschwiegenheit erstreckt. Dieselben können daher Anlaß zu einer Beschwerde nicht geben.

§ 16.

Die gerichtlichen Verfügungen.

I. Bezeichnung, Form und Inhalt.

1. Nach der Terminologie des Gesetzes über die freiwillige Gerichtsbarkeit ist die allgemeinste Bezeichnung für jede richterliche Tätigkeit „gerichtliche Handlung" (§ 7 G.F.G.).

Für richterliche Entscheidungen kommt am häufigsten die Bezeichnung „Verfügungen“ (z. B. §§ 16, 18, 19 bis 22, 24, 31, 32, 55, 56 u. s. w.), seltener und namentlich für die Verfügungen der Beschwerdeinstanz der Ausdruck „Entscheidungen“ (§§ 25 bis 30 G.F.G.), nur ausnahmsweise die Bezeichnung „Beschluß“ (z. B. §§ 67, 68, 96, 139 G.F.G.) vor. Ein sachlicher Unterschied je nach der Bezeichnung besteht nicht.

2. Allgemeine Vorschriften über die Form der gerichtlichen Verfügungen sind nicht gegeben. Schriftliche Form ist für Verfügungen erster Instanz nicht unbedingt notwendig, wird jedoch die Regel bilden, jedenfalls ist ein Vermerk zu den Akten, bezw. im Protokoll über die erfolgte Bekanntmachung zu machen[1]) (§ 16 Abs. 2 Satz 2 und Abs. 3 G.F.G.).

Die Entscheidungen des Beschwerdegerichts müssen, wie sich aus § 25 G.F.G. ergibt, schriftlich abgefaßt werden.

3. Bei einer Verfügung erster Instanz liegt es im Ermessen des Richters, ob er derselben eine Begründung beifügen will. Die Entscheidung des Beschwerdegerichts ist mit Gründen zu versehen (§ 25 G.F.G.).

Bei schriftlicher Abfassung der Verfügung ist jedenfalls die Unterschrift des bezw. der Richter notwendig.

II. Wirksamkeit.

1. Bedeutung: Der Eintritt der Wirksamkeit einer gerichtlichen Verfügung hat je nach deren Inhalt entweder die Bedeutung, daß nunmehr der rechtliche Zustand, welcher durch dieselbe bezweckt wird, eintritt[2]), oder, soferne sie erst einer Ausführung bedarf, daß die Verfügung nun vollzogen werden kann[3]).

2. Zeitpunkt des Eintrittes: Die gerichtlichen Verfügungen werden regelmäßig mit der Bekanntmachung an denjenigen wirksam, für welchen sie ihrem Inhalte nach bestimmt sind (§ 16 Abs. 1 G.F.G.), wenn mehrere solche Personen vorhanden sind, für jeden mit der Bekanntmachung an ihn.

Ausnahmsweise tritt die Wirksamkeit bei einzelnen im Gesetze aufgeführten Verfügungen ein

a) erst mit der Rechtskraft, vergl. z. B. § 26 Abs. 1, 53 Abs. 1, 70 Satz 2, 97 bis 99 G.F.G.);
b) bei Verfügungen, welche für mehrere Personen bestimmt sind, mit der Bekanntmachung an eine derselben für alle (z. B. § 51 Abs. 1 und 2, § 67, 196 Abs. 2 G.F.G.

---

[1]) Eine Verfügung an einen Beteiligten kann mittelst Schreibens an denselben erlassen werden, ohne daß der wörtliche Text desselben zu den Akten konstatiert wird.

[2]) z. B. Entlassung von Vormündern, Pflegern 2c., Genehmigung eines Rechtsgeschäftes.

[3]) z. B. Anordnungen über die Unterbringung eines Kindes oder Mündels (§§ 1666, 1838 B.G.B.), Anordnung der Hinterlegung von Wertpapieren und Kostbarkeiten.

3. Unterbrechung und Aufhebung der Wirksamkeit.

a) Die Einlegung der Beschwerde hat regelmäßig aufschiebende Kraft hinsichtlich der Wirksamkeit der angefochtenen Verfügung nicht. Ausnahmen bestehen hinsichtlich solcher Verfügungen, welcher einer Vollziehung bedürfen:

α) Sowohl das Gericht, dessen Verfügung angefochten wird, als das Beschwerdegericht kann anordnen, daß die Vollziehung der angefochtenen Verfügung auszusetzen sei (§ 24 Abs. 2 und 3 G.F.G.);

β) Kraft Gesetzes hat die Beschwerde aufschiebende Wirkung, wenn sie gegen eine Verfügung gerichtet ist, durch die eine Strafe festgesetzt wird, so daß also die Strafe nicht mehr vollstreckt werden kann, bezw. die Vollstreckung zu unterbrechen ist (§ 24 Abs. 1 G.F.G.)[4]).

b) Der Einfluß der Abänderung oder Aufhebung einer gerichtlichen Verfügung, sei es, daß sie durch das Gericht erfolgt, welches dieselbe erlassen hat, oder durch das Beschwerdegericht, ist nur für den Fall besonders geregelt, daß durch die Verfügung jemand die Fähigkeit oder die Befugnis zur Vornahme eines Rechtsgeschäfts oder zur Entgegennahme einer Willenserklärung erlangt hat (z. B.G. §§ 112, 113, 1397, 1402, 1447, 1451, 1685, 1773, 1909 B.G.B., §§ 145, 146 H.G.B.).

Erweist sich eine solche Verfügung aus anderen Gründen als wegen Mangels der sachlichen Zuständigkeit des Gerichts als ungerechtfertigt, so ist die Aufhebung der Verfügung auf die Wirksamkeit der inzwischen von oder gegenüber der betreffenden Person vorgenommenen Rechtsgeschäfte ohne Einfluß, hat also keine rückwirkende Kraft (§ 32 G.F.G.). Der Mangel der sachlichen Zuständigkeit macht die aufgehobene Verfügung von Anfang an unwirksam.

Ob im übrigen die Wirkungen der nachträglichen Aenderung ex nunc oder ex tunc eintreten, bestimmt sich nach den Umständen des Einzelfalles; eine allgemeine Regel hierüber ist nicht aufgestellt.

III. Abänderung gerichtlicher Verfügungen.

Eine Abänderung gerichtlicher Verfügungen kann sowohl durch das verfügende Gericht selbst als nach Einlegung des zulässigen Rechtsmittels durch ein Gericht höherer Instanz erfolgen. Von ersterer allein wird hier zunächst gehandelt.

---

[4]) Die Vorschrift findet auf die gegen ungehorsame Zeugen ausgesprochene Strafe (§ 390 C.P.O.) keine Anwendung.

[5]) Die Fähigkeit zur Vornahme von Rechtsgeschäften wird z. B. erlangt durch die Volljährigkeitserklärung (§ 3 B.G.B.); die Befugnis hierzu oder zur Entgegennahme von Willenserklärungen kann erlangt werden zum Handeln im eigenen Namen durch Ermächtigung eines Minderjährigen zum selbständigen Betrieb eines Erwerbsgeschäfts, zum Eintritt in Dienst oder Arbeit (§§ 112, 113 B.G.B.), durch Ersetzung der Zustimmung eines Ehegatten zu Rechts-

1. Recht zur Abänderung: Zur Abänderung einer von ihm erlassenen Verfügung ist das Gericht erster und zweiter Instanz befugt. Als Instanzgericht ist das jeweils mit der Sache in der Instanz befaßte Gericht zu verstehen; wenn also nach §§ 46, 75 G.F.G. Abgabe einer Vormundschaft oder einer Nachlaßpflegschaft an ein anderes Vormundschafts- oder Nachlaßgericht erfolgt ist, so ist auch dieses letztere Gericht zur Abänderung einer Verfügung berechtigt, welche das abgebende Gericht erlassen hat (§ 18 Abs. 1 Satz 1 G.F.G.). Die Entscheidungen über Wertfestsetzungen oder über Erinnerungen gegen den Kostenansatz können von dem Gerichte, welches die Entscheidung getroffen hat, oder von dem Gerichte der höheren Instanz jederzeit, auch nach Beendigung des Verfahrens, von Amtswegen geändert werden (Art. 45 Geb. G.).

2. Zulässigkeit: Eine gerichtliche Verfügung kann abgeändert werden, soweit nicht das Gesetz ausdrücklich Ausnahmen macht. Die Ausnahmen sind teils allgemeiner Natur, teils beziehen sie sich nur auf besondere Angelegenheiten der freiwilligen Gerichtsbarkeit.

Allgemeine Ausnahmen. Der Abänderung sind entzogen:

a) Alle mit sofortiger bezw. sofortiger weiterer Beschwerde anfechtbaren Verfügungen, auch solange das Rechtsmittel nicht eingelegt ist (§ 18 Abs. 2 G.F.G.),

b) Verfügungen des Gerichts erster Instanz sowohl als des Beschwerdegerichts, sobald gegen den Beschluß des Beschwerdegerichts weitere Beschwerde eingelegt wurde, nicht schon, wenn sie an sich zulässig ist, jedoch nur insoweit als die weitere Beschwerde die Verfügung angreift (§ 29 Abs. 3 G.F.G.),

c) einen Antrag zurückweisende Entscheidungen, soferne die beantragte Verfügung nur auf Antrag, nicht auch von Amts wegen erlassen werden kann; eine Aenderung darf jedoch auf Antrag erfolgen. Die einem solchen Antrage stattgebende Verfügung unterliegt der Abänderung, soweit nicht andere Ausnahmen zutreffen.

Besondere Ausnahmen enthalten § 55 Abs. 1 und 2, § 67 Abs. 3 G.F.G.; das Nähere siehe bei den einzelnen Materien.

Die Befugnis zur Abänderung erlischt im Falle einer Beschwerde mit der Vorlage der Akten an die Beschwerdeinstanz (Rechtspr. Bd. I S. 267; C.Bl. Bd. I S. 62, 257; a. M. Keßler C.Bl. Bd. I S. 269).

3. Art und Weise: Die Aenderung kann in der Weise erfolgen, daß an Stelle der Verfügung eine andere — beschränkenden oder erweiternden Inhalts — gesetzt wird (z. B. es wird einem

---

geschäften des anderen (§§ 1379, 1402, 1447, 1451 B.G.B.) oder zum Handeln für Dritte durch Bestellung als Vormund oder Pfleger (§§ 1773, 1909 B.G.B.), durch Uebertragung der elterlichen Gewalt auf die Mutter (§ 1685 B.G.B.), durch Bestellung als Liquidator einer Handelsgesellschaft (§ 196 Abs. 2 H.G.B., § 145 G.F.G.).

[6]) Dies ergibt die Fassung: „Darf der weiteren Beschwerde nicht abhelfen."

Antrage, welchem vorher völlig stattgegeben war, nur mehr teilweise stattgegeben oder umgekehrt), oder in der Weise, daß die Verfügung ganz oder teilweise aufgehoben wird, ohne daß eine neue Verfügung materiellen Inhalts an ihre Stelle gesetzt wird.

4. Veranlassung: Die Aenderung ist von Amts wegen, wie auf Antrag zulässig; auch die Einlegung einfacher Beschwerde, welche das Gericht für begründet hält, kann die Aenderung veranlassen.

Der innere Grund der Aenderung kann in einer veränderten tatsächlichen oder rechtlichen Beurteilung des Sachverhalts liegen oder in der Feststellung, daß der der Verfügung zugrunde gelegte Sachverhalt unrichtig angenommen war, oder endlich in dem nachträglichen Eintritte einer Aenderung des der Verfügung zugrunde liegenden Sachverhaltes; insbesondere eine solche Aenderung der tatsächlichen Verhältnisse kann jederzeit den Anstoß zu einer Aenderung einer Verfügung geben, welche der jetzigen Sachlage nicht mehr entspricht.

5. Wirkung: Die Wirksamkeit der abändernden Verfügung tritt nach den für Verfügungen des betreffenden Inhalts geltenden Regeln ein.

Die Wirkung der Abänderung ist beschränkt bei Verfügungen durch die jemand die Fähigkeit oder die Befugnis zur Vornahme eines Rechtsgeschäfts oder zur Entgegennahme einer Willenserklärung erlangt; vergl. oben Ziff. II Nr. 3 lit. b und Note 5.

§ 17.

Bekanntmachung gerichtlicher Verfügungen.

(§ 16 G.F.G., J.M.Bek. vom 16. Dezember 1899, die Ausführung der Zustellungen von Amts wegen betr., J.M.Bl. S. 475.)

Die Bekanntmachung gerichtlicher Verfügungen erfolgt in der freiwilligen Gerichtsbarkeit in allen Fällen von Amts wegen.

Das G.F.G. kennt zwei Hauptformen der Bekanntmachung gerichtlicher Verfügungen, die Verkündigung und die Zustellung; letztere vollzieht sich wieder in verschiedener Form, wenn mit der Bekanntmachung der Lauf einer Frist beginnt und wenn dies nicht der Fall ist (§ 16 G.F.G.).

I. Was ist bekannt zu machen?

Bekannt zu machen sind alle Verfügungen, Entscheidungen und Beschlüsse des Gerichts, welche sich an die Beteiligten richten, in deren Rechtssphäre eingreifen, nicht aber solche, welche lediglich geschäftsleitender Natur sind und Maßnahmen des Gerichts enthalten, auf welche den Beteiligten kein Einfluß zusteht. Nicht zuzustellen sind daher Anordnungen des Richters an den Gerichtsschreiber, Ersuchen an andere Behörden, ferner z. B. die Verfügung über Anordnung der Ladung von Zeugen und Sachverständigen, da die Beweisaufnahme von Amts wegen erfolgt und den Beteiligten weder auf die Art noch den Umfang derselben ein Einfluß zukommt.

II. An wen ist bekannt zu machen?

Die Bekanntmachung erfolgt an die Beteiligten, das sind diejenigen, für welche die Verfügung ihrem Inhalte nach bestimmt ist (§ 16 Abs. 1 G.F.G.). Wer hienach als Beteiligter zu erachten ist, kann nur jeweils im einzelnen Falle entschieden werden und ist teils Rechts-, teils Tatfrage. Vielfach wird die Beschwerdeberechtigung einer auch noch nicht tatsächlich beim Verfahren mitwirkenden Person Bekanntmachung an dieselbe nötig machen.

An wen bekannt zu machen ist, wenn ein Beteiligter geschäftsunfähig oder in der Geschäftsfähigkeit beschränkt oder durch Bevollmächtigte vertreten ist, regelt das G.F.G. nicht. Soweit die Bekanntmachung durch Zustellung nach Maßgabe der Vorschriften der C.P.O. erfolgt (vergl. unten Ziff. III), kommen die betreffenden Vorschriften der C.P.O. entsprechend zur Anwendung.

Im übrigen darf folgendes gelten:

Für Geschäftsunfähige erfolgt die Bekanntmachung immer, für in der Geschäftsfähigkeit beschränkte Personen regelmäßig an deren gesetzliche Vertreter, ausnahmsweise auch an sie selbst, wenn ihnen ein selbständiges Beschwerderecht zusteht (§ 59 G.F.G.).

Ob die Bevollmächtigung auch auf die Entgegennahme der Bekanntmachung gerichtlicher Verfügungen sich erstreckt, ist der Vollmacht selbst zu entnehmen; mangels Beschränkung der Vollmacht ist die Frage zu bejahen (vergl. oben § 9 Ziff. II Nr. 4).

Für Behörden, juristische Personen und rechtsfähige Vereine erfolgt die Bekanntmachung an deren gesetzlichen Vertreter; Bekanntmachung an einen von mehreren mit gleichen Rechten ausgestatteten gesetzlichen Vertreter muß als genügend erachtet werden.

III. Formen der Bekanntmachung.

A. Verkündigung.

Die Verkündigung ist die in allen Fällen — auch wenn mit der Bekanntmachung der Lauf einer Frist beginnt (Entsch. Bd. II S. 53; Rechtspr. Bd. IV S. 347, C.Bl. Bd. II S. 37) — ausnahmslos zulässige Form der Bekanntmachung; im Gesetze ist sie als Bekanntmachung zu Protokoll bezeichnet (§ 16 Abs. 3 G.F.G.)

Sie kann wirksam nur an einen Anwesenden erfolgen. Ist derjenige, dem zugestellt werden soll, bei Gericht anwesend, so soll ihm, wenn nicht besondere Gründe vorliegen, die Verfügung stets zu Protokoll bekannt gemacht werden (§ 52 Bek.) Ist die Verfügung mehreren Personen bekannt zu machen, so ist die Verkündigung zulässig, auch wenn nicht alle anwesend sind, aber nur den Anwesenden gegenüber wirksam; den übrigen ist die Verfügung zuzustellen.

Die verkündete Verfügung ist wörtlich in das Protokoll aufzunehmen.

Der Person, an welche die Bekanntmachung zu Protokoll erfolgte, muß auf deren Verlangen eine Abschrift der Verfügung — nicht des ganzen Protokolles — erteilt werden. Beglaubigung der Abschrift ist nicht vorgeschrieben. Die Kosten der Abschrift gehören zu den Kosten des Verfahrens.

Ausgeschlossen ist die Bekanntmachung zu Protokoll in den Fällen der §§ 60, 73 B.G.B. (Vereinssachen), in welchen sofortige Beschwerde nach den Vorschriften der C.P.O. stattfindet, da in § 577 Abs. 2 C.P.O. als Zeitpunkt des Beginnes der Beschwerdefrist die Zustellung bezeichnet ist.

B. Zustellung[1]).

1. Die Bekanntmachung erfolgt, wenn mit ihr der Lauf einer — gesetzlichen oder richterlich bestimmten — Frist beginnt durch Zustellung nach den für die Zustellung von Amtswegen geltenden Vorschriften der Civilprozeßordnung (§ 16 Abs. 2 Satz 1 G.F.G.). Auf die von Amtswegen zu bewirkenden Zustellungen finden die Vorschriften über die Zustellungen auf Betreiben der Parteien entsprechende Anwendung, soweit sich nicht aus den §§ 209 bis 213 C.P.O. Abweichungen ergeben (§ 208 C.P.O.).

a) An wen zuzustellen ist, regeln näher die §§ 171 ff. C.P.O.

Die Zustellungen, welche an einen Beteiligten bewirkt werden sollen, erfolgen für die nicht prozeßfähigen Personen an die gesetzlichen Vertreter derselben. An Stelle der prozeßunfähigen Personen treten in der freiwilligen Gerichtsbarkeit die geschäftsunfähigen und in der Geschäftsfähigkeit beschränkten Personen. Soweit jedoch Bekanntmachungen an letztere persönlich zu machen sind (siehe oben Ziff II), ist auch die Zustellung an sie, nicht an ihre gesetzlichen Vertreter, zu adressieren.

Bei Behörden, Gemeinden und Korporationen, sowie bei Vereinen, welche als solche klagen oder verklagt werden können, genügt die Zustellung an die Vorsteher (§ 171 Abs. 2); über Angabe des Namens auf der Adresse siehe § 11 Abs. 2 der Bek.

Bei Behörden ist daher der Amtsvorstand, bei Stadt- und Landgemeinden der Bürgermeister, bei Distriktsgemeinden der Bezirksamtmann als Vorstand des Distriktsausschusses, bei Kreisgemeinden der Regierungspräsident als Vorstand der Kreisregierung, welch letztere Vertreterin der Kreisgemeinde nach außen ist, der Zustellungsadressat.

Zustellungen an rechtsfähige Vereine (§§ 21, 22 B.G.B.) sind an den Vorstand (§ 26 B.G.B.) zu richten. Nicht rechtsfähigen

[1]) Ueber Portopflicht der Zustellungen von Amts wegen siehe die Bek. vom 16. März 1900, J.M.Bl. S. 591.

Vereinen ist in § 50 Abs. 2 C.P.O. eine beschränkte Parteifähigkeit verliehen, sie können verklagt und dann im Prozeß durch ihren Vorstand vertreten werden; auf die freiwillige Gerichtsbarkeit kann diese Vorschrift ihrem Inhalte nach nicht Anwendung finden, weshalb auch Zustellungen an nicht rechtsfähige Vereine nicht an deren Vorstand erfolgen können; Beteiligte und deswegen Zustellungsadressaten sind hier die einzelnen Mitglieder.

Die Zustellung an eine offene Handelsgesellschaft kann an jeden Gesellschafter erfolgen (§§ 125 bis 127 H.G.B.); die Zustellung an eine Aktiengesellschaft, eine Kommanditgesellschaft auf Aktien, sowie eine Genossenschaft erfolgt an deren Vorstand (§§ 231, 320 H.G.B.), § 24 Gen. G. vom 1. Mai 1889 in der Fassung der Bek. vom 20. Mai 1898).

Bei mehreren gesetzlichen Vertretern, sowie bei mehreren Vorstehern genügt die Zustellung an einen derselben (§ 171 Abs. 2 C.P.O.).

Die Zustellung für einen Unteroffizier (Feldwebel, Wachtmeister oder ihnen gleich- oder nachstehende Avancierte) oder einen Gemeinen des aktiven Heeres oder der aktiven Marine erfolgt an den Chef der zunächst vorgesetzten Kommandobehörde unter der Adresse des Soldaten jedoch unter Bezeichnung des Truppenteils mit dem Zusatz „zu Handen des Chefs . . .“ (Chef der Kompagnie, Eskadron, Batterie u. s. w.) (§ 172 C.P.O. Art. 130 A.G. z. C.P.O. i. d. Fassung der Bek. vom 26. Juni 1899, G. u. V.Bl. S. 401, § 11 Abs. 5 Bek.).

Hat ein Beteiligter einen Generalbevollmächtigten oder ist in einem Handelsgeschäfte ein Prokurist bestellt, so kann die Zustellung auch an den Generalbevollmächtigten bezw. den Prokuristen erfolgen, an letzteren jedoch nur in Handelssachen (§ 173 C.P.O.).

Benennung eines Zustellungsbevollmächtigten kann auch in der freiwilligen Gerichtsbarkeit vorkommen.

Wenn ein Beteiligter nicht im deutschen Reiche wohnt, so ist derselbe kraft Gesetzes ohne richterliche Anordnung zur Benennung eines Zustellungsbevollmächtigten verpflichtet, falls er nicht einen am Orte des Sitzes des mit der Sache befaßten Gerichts oder innerhalb des Amtsgerichtsbezirkes, in welchem jenes Gericht seinen Sitz hat, wohnhaften Bevollmächtigten bestellt hat (§ 174 Abs. 2 C.P.O.)

Die gerichtliche Anordnung der Benennung eines Zustellungsbevollmächtigten, wenn ein Beteiligter weder am Orte des mit der Sache befaßten Gerichts noch innerhalb des Amtsgerichtsbezirks, in welchem jenes Gericht seinen Sitz hat, tritt nur auf Antrag ein, kommt also nur in Betracht, wo in dem Verfahren dem betreffenden Beteiligten ein Gegner gegenübersteht (Dorner N. 8d zu § 16, a. M. Rausnitz N. 15 zu § 16 und Jastrow S. 185, welche die Anwendung der §§ 174, 175 C.P.O. für ausgeschlossen halten). Die Anordnung unterliegt keiner Anfechtung (§ 174 Abs. 1 C.P.O.).

Als die Gelegenheit, in welchem die Benennung erfolgen muß, ist entsprechend die nächste Verhandlung vor Gericht, die in der Sache stattfindet, oder die nächste an das Gericht gerichtete Erklärung anzunehmen. Nicht rechtzeitige Benennung hat zur Folge, daß alle späteren Zustellungen bis zur nachträglichen Benennung in der Art bewirkt werden, daß das zu übergebende Schriftstück unter der Adresse des Beteiligten nach dessen Wohnort zur Post gegeben wird (§ 175 Abs. 1 und 2 C.P.O.).

Die Uebergabe an die Post besorgt der Gerichtsschreiber (§ 209 C.P.O.). Der Gerichtsschreiber hat in den Akten zu vermerken, zu welcher Zeit und unter welcher Adresse die Aufgabe geschehen ist. Der Aufnahme einer Zustellungsurkunde bedarf es nicht (§ 213 C.P.O.).

Die Zustellung wird mit der Aufgabe zur Post als bewirkt angesehen, auch wenn die Sendung als unbestellbar zurückkommt (§ 175 Abs. 1 Satz 3 C.P.O.).

Die Postsendungen sind mit der Bezeichnung „Einschreiben" zu versehen, wenn der Beteiligte es verlangt und zur Zahlung der Mehrkosten sich bereit erklärt (§ 175 Abs. 2 C.P.O.).

Die Vorschriften der Civilprozeßordnung über Zustellung an Prozeßbevollmächtigte finden hier entsprechend Anwendung auf die Zustellung an Bevollmächtigte (siehe oben Ziff. II und § 9 Ziff. II).

Ob die Vollmacht sich auf die Empfangnahme von Zustellungen bezieht, ist Tatfrage. Bejahendenfalls muß die Zustellung, welche in einem anhängigen Verfahren geschehen soll, um gültig zu sein, an den Bevollmächtigten geschehen (§ 176 C.P.O., Entsch. Bd. II S. 210, Rechtspr. Bd. IV S. 3 C.Bl. Bd. II S. 560, Dorner, Note 8 Ziff. II lit. e zu § 16 a. M. Josef, S. 128, Z. f. d. C.P. Bd. XXIX S. 129, Rausnitz Note 10, 15 z. § 16, Werle im C.Bl. Bd. III S. 1). Anhängig ist ein Verfahren, sobald sich das Gericht mit der Angelegenheit befaßt hat.

Ist der Aufenthalt eines Bevollmächtigten unbekannt, so hat das Gericht von Amts wegen die Zustellung an den Zustellungsbevollmächtigten, in Ermangelung eines solchen an den Beteiligten selbst anzuordnen. Eine Anfechtung dieser Anordnung findet nicht statt (§ 177 C.P.O.).

b) Verfahren bei der Zustellung.

Bei der Zustellung von Amtswegen kommt die Mitwirkung des Gerichtsvollziehers stets in Wegfall. Für die ordnungsmäßige Bewirkung der Zustellung hat der Gerichtsschreiber Sorge zu tragen (§ 209 C.P.O., § 4 der Bek.).

Die Zustellung besteht, wenn eine Ausfertigung zugestellt werden soll, in deren Uebergabe, in den übrigen Fällen in der Uebergabe einer beglaubigten Abschrift des zuzustellenden Schriftstücks.

Die Ausfertigung wird von dem Amtsrichter unterschrieben, der die Angelegenheit behandelt (Art. 22 A.G. z. G.V.G. in der Fassung des Art. 167 Ziff. V A.G. z. B.G.B.); die Beglaubigung geschieht durch den Gerichtsschreiber (§ 5 der Bek.)

Die Zustellung kann erfolgen:

1. durch den Gerichtsdiener (Diener- und Botenpersonal), §§ 14 ff. Bek.,
2. durch die Post, §§ 33 ff. Bek.,
3. durch Aufgabe zur Post, §§ 38 ff. Bek.

Der Gerichtsdiener kann Zustellungen nur innerhalb des Bezirkes oder am Sitze des Gerichts ausführen, bei dem er aufgestellt ist. Zustellungen durch die Post können nach jedem Orte des Deutschen Reichs bewirkt werden. Bei Zustellungen durch Aufgabe zur Post kommt es nicht darauf an, wo der Bestimmungsort gelegen ist; sie findet insbesondere auch dann statt, wenn die Sendung in einem nicht deutschen Lande zu bestellen ist.

Eine Mitwirkung des Gerichtsvollziehers als solchen findet bei der Zustellung von Amtswegen nicht statt; dagegen kann der Gerichtsvollzieher in seiner Eigenschaft als Amtsgerichtsdiener Zustellungen von Amtswegen vornehmen (§ 6 der Bek.).

Die Zustellung durch Aufgabe zur Post ist nur in den gesetzlich bestimmten Fällen zulässig (vergl. z. B. §§ 175, 179 der C.P.O.).

Ob die Zustellung durch den Gerichtsdiener oder durch die Post zu wählen ist, hat der Gerichtsschreiber im einzelnen Falle nach pflichtmäßigem Ermessen zu bestimmen. Bei Zustellungen am Gerichtssitze wird in kleineren Orten in der Regel die Zustellung durch den Gerichtsdiener zu wählen sein. Der Gerichtsvorstand kann allgemein anordnen, daß gewisse Zustellungen durch den Gerichtsdiener vorzunehmen sind oder daß gewisse Zustellungen nicht durch den Gerichtsdiener vorgenommen werden dürfen (§ 7 der Bek.)

Der Gerichtsschreiber hat, wenn die Zustellung durch den Gerichtsdiener oder durch die Post erfolgt, das zu übergebende Schriftstück in einem durch das Gerichtssiegel verschlossene, mit der Adresse der Person[3]), an welche zugestellt werden soll versehenen und mit

---

[3]) Die auf den Briefumschlag zu setzende Adresse muß eine tunlichst genaue sein. Sie muß die Person, an die zugestellt werden soll, nach Namen, Stand oder Gewerbe und Wohnort, so genau bezeichnen, daß sie leicht und sicher aufgefunden werden kann und Verwechslungen ausgeschlossen sind. Bei Zustellungen an Dienstboten oder Gewerbegehilfen soll, wenn tunlich, der Name des Dienstherrn oder Arbeitgebers beigefügt werden. Bei Zustellungen, die in größeren Städten zu bewirken sind, ist womöglich die Straße und die Hausnummer anzugeben. Bei häufig vorkommenden Familiennamen und bei Ortsnamen, welche den Namen anderer Ortschaften gleich oder ähnlich sind, ist besondere Sorgfalt geboten, insbesondere ist bei solchen Ortsnamen die Gemeinde oder das Amtsgericht, in dessen Bezirke sie liegen, anzugeben. Bei Briefen nach Orten ohne Postanstalt soll außer dem eigentlichen Bestimmungsorte noch die Postanstalt angegeben werden, von welcher aus die Bestellung des Briefes bewirkt werden soll (§ 10 der Bek.).

einer Geschäftsnummer[4]) bezeichneten Briefumschlag einem Gerichtsdiener oder der Post zur Zustellung auszuhändigen. Auf den Briefumschlag ist bei der Zustellung durch den Gerichtsdiener der Vermerk zu setzen: „Vereinfachte Zustellung"; bei der Zustellung durch die Post ist der Entwurf der vom Postboten aufzunehmenden Zustellungsurkunde offen beizufügen und dies auf dem Briefumschlage zu vermerken.

Die auf dem Umschlag angegebene Geschäftsnummer ist in den Akten zu vermerken (§ 211 Abs. 1 und 2 C.P.O., §§ 9, 33 Bek.)[5]).

Für die Zustellung durch die Post (vergl. hierzu auch die Anweisung zur postdienstlichen Behandlung der Schreiben mit Zustellungsurkunden, J.M.Bl. 1900 S. 504) und die Zustellung durch den Gerichtsdiener gelten folgende gemeinsame Vorschriften:

1. Die Uebergabe erfolgt regelmäßig an den Adressaten selbst. Sie kann an jedem Orte erfolgen, wo die Person, welcher zugestellt werden soll, angetroffen wird. Hat die Person an diesem Orte eine Wohnung oder ein Geschäftslokal, so ist die außerhalb der Wohnung oder des Geschäftslokals an sie erfolgte Zustellung nur gültig, wenn die Annahme nicht verweigert ist (§ 180 C.P.O., §§ 16, 17 Bek.).

Wird die Person, welcher zugestellt werden soll, in ihrer Wohnung nicht angetroffen, so kann die Zustellung in der Wohnung an einen zu der Familie gehörenden erwachsenen Hausgenossen oder an eine in der Familie dienende erwachsene Person erfolgen[6]). Wird eine solche Person nicht angetroffen, so kann die Zustellung an den in demselben Hause wohnenden Hauswirt oder Vermieter erfolgen, wenn diese zur Annahme des Schriftstücks bereit sind (§ 181 C.P.O., § 18 der Bek.).

Ist die Zustellung nach diesen Bestimmungen nicht ausführbar,

---

[4]) Der Nummer des Registers für Zustellungen von Amts wegen; siehe unten § 22.

[5]) Auf der Aufschriftseite des Briefes ist die Gerichtsschreiberei als Absender zu bezeichnen.

Auf der Urschrift des zuzustellenden Schriftstücks und zwar in der unteren rechten Ecke der letzten Seite hat der Gerichtsschreiber zu vermerken:

1. im Falle der Aushändigung an einen Gerichtsdiener:
„An den Gerichtsdiener zur Zustellung
am . . . . . . unter Nr. . . ."
2. im Falle der Aushändigung an die Post:
„Zur Post am . . . . . . unter Nr. . . ."
oder wenn hierbei die Hilfe eines Gerichtsdieners benützt worden ist:
„Zur Post durch den Gerichtsdiener
am . . . . . . unter Nr. . . ."

Die Vermerke können unter Benutzung eines Stempels hergestellt werden und sind vom Gerichtsschreiber zu unterschreiben (§ 9 der Bek., J.M.Bek. vom 26. März 1902. die Zustellungen von Amtswegen betr.; J.M.Bl. S. 519).

[6]) Die Zustellung an eine der genannten Personen ist nur in der Wohnung des Empfängers zulässig; an einem dritten Ort kann ihnen nicht mit Rechtswirksamkeit zugestellt werden. Daß die in der Familie dienende Person auch im nämlichen Hause wohne, ist nicht erforderlich (§ 181 Abs. 1 der C.P.O.).

so kann sie dadurch erfolgen, daß das zu übergebende Schriftstück auf der Gerichtsschreiberei des Amtsgerichts, in dessen Bezirke der Ort der Zustellung gelegen ist, oder an diesem Orte bei der Postanstalt oder dem Gemeindevorsteher oder dem Polizeivorsteher niedergelegt und die Niederlegung sowohl durch eine an der Thüre der Wohnung zu befestigende schriftliche Anzeige, als auch, soweit tunlich, durch mündliche Mitteilung an zwei in der Nachbarschaft wohnende Personen bekannt gemacht wird (§ 182 C.P.O., §§ 19, 20 der Bek.)[7]).

In den Wohnungen von Personen, die von der inländischen Gerichtsbarkeit befreit sind, darf die Zustellung ohne schriftliche Zustimmung des Inhabers der Wohnung nicht erfolgen; wird letztere verweigert, so ist öffentliche Zustellung notwendig (s. unten lit. c., Bek. vom 5. April 1893 [J.M.Bl. S. 75] und vom 15. Dez. 1899 J.M.Bl. S. 515).

Für Gewerbetreibende, welche ein besonderes Geschäftslokal haben, kann, wenn sie in dem Geschäftslokale nicht angetroffen werden, die Zustellung an einen darin anwesenden Gewerbegehilfen erfolgen (§ 183 Abs. 1 C.P.O.; § 21 der Bek.).

Wird ein Rechtsanwalt, ein Notar oder ein Gerichtsvollzieher in seinem Geschäftslokale nicht angetroffen, so kann die Zustellung an einen darin anwesenden Gehilfen oder Schreiber erfolgen (§ 183 Abs. 2 C.P.O., § 22 der Bek.).

Wird der gesetzliche Vertreter oder der Vorsteher einer Behörde, einer Gemeinde, einer Korporation oder eines Vereins, welchem zugestellt werden soll, in dem Geschäftslokale **während der gewöhnlichen Geschäftsstunden** nicht angetroffen, oder ist er an der An-

---

[7]) Bei Zustellungen am Sitze des Gerichts hat der Gerichtsdiener die Niederlegung stets auf der Gerichtsschreiberei zu bewirken.

Die Niederlegung hat, wenn sie bei dem Gemeindevorsteher oder dem Polizeivorsteher geschehen soll, stattzufinden:

a) in den Landesteilen rechts des Rheins bei dem Bürgermeister oder dessen Stellvertreter, in Landgemeinden in den vom Wohnsitze des Bürgermeisters entfernten Orten bei dem als Gehilfe der Polizeiverwaltung aufgestellten Mitgliede des Gemeindeausschusses oder Ortsführers (Art. 139 Abs. 2 der Gemeindeordnung für die Landesteile diesseits des Rheins),

b) in der Pfalz bei dem Bürgermeister oder dessen Stellvertreter, ferner in den vom Wohnsitze des Bürgermeisters entfernten Orten bei dem dort aufgestellten Adjunkten und in denjenigen im Verband einer Bürgermeisterei befindlichen Gemeinden, in welchen der Bürgermeister nicht seinen Wohnsitz hat, bei dem Adjunkten, welchem die Handhabung der Polizei in der Gemeinde übertragen ist (Art. 82 Abs. 3 der Gemeindeordnung für die Pfalz).

Die Niederlegung bei der Postanstalt, bei dem Gemeindevorsteher oder dem Polizeivorsteher ist nur zulässig, wenn die Postanstalt, der Gemeindevorsteher oder Polizeivorsteher sich am Orte der Zustellung befinden; ist dies nicht der Fall, so kann die Niederlegung nur auf der Gerichtsschreiberei des Amtsgerichts erfolgen.

Vergl. hierzu ferner Bek. der kgl. Staatsministerien der Justiz und des Innern vom 26. Dezember 1899 (J.M.Bl. 1900 S. 110).

nahme verhindert, so kann die Zustellung an einen anderen in dem Geschäftslokale anwesenden Beamten oder Bediensteten bewirkt werden.

Wird der gesetzliche Vertreter oder der Vorsteher in seiner Wohnung nicht angetroffen, so ist Ersatzzustellung nach Maßgabe der §§ 181, 182 C.P.O. an ihn nur zulässig, wenn ein besonderes Geschäftslokal nicht vorhanden ist (§ 184 C.P.O.; § 18 Abs. 4, § 23 der Bek.).

Die Ersatzzustellung an eine der in den §§ 181, 183 und 184 Abs. 1 bezeichneten Personen hat zu unterbleiben, wenn die Person in dem Verfahren in einem entgegengesetzten Interesse zu der Person, an welche die Zustellung erfolgen soll, beteiligt ist[8]) (§ 185 C.P.O.).

Wird die Annahme der Zustellung ohne gesetzlichen Grund verweigert, so ist das zu übergebende Schriftstück am Orte der Zustellung zurückzulassen (§ 186 C.P.O.); diese Vorschrift findet sowohl auf den Beteiligten selbst und die ihm gleichstehenden Personen (§§ 171 bis 176 C.P.O.), als auch auf die Personen, an welche Ersatzzustellung vorgenommen werden kann, Anwendung, jedoch nicht auf den Hauswirt oder Vermieter (§ 181 Abs. 2 C.P.O.).

Ueber Zustellung an Strafgefangene siehe J.M.Bek. vom 1. März 1900, J.M.Bl. S. 584.

Eine gegen die Vorschriften der §§ 181 bis 186 C.P.O. verstoßende Zustellung ist unwirksam. Ergibt sich jedoch aus den Erklärungen eines Beteiligten, daß eine ihr unter Verletzung dieser Vorschriften zugestellte Ladung in ihre Hände gelangt ist, so ist die Zustellung als mit dem Zeitpunkte bewirkt anzusehen, in welchem der Beteiligte nach seinen Erklärungen die Ladung erhalten hat (§ 187 C.P.O.). Auf andere Schriftstücke als Ladungen findet die Vorschrift nicht Anwendung.

Zur Nachtzeit, sowie an Sonntagen und allgemeinen Feiertagen darf eine Zustellung, sofern sie nicht durch Aufgabe zur Post bewirkt wird, nur mit richterlicher Erlaubnis erfolgen. Die Nachtzeit umfaßt in dem Zeitraume vom 1. April bis 30. September die Stunden von neun Uhr abends bis vier Uhr morgens und in dem Zeitraume vom 1. Oktober bis 31. März die Stunden von neun Uhr abends bis sechs Uhr morgens[9]).

Die Erlaubnis wird von dem Vorsitzenden des Gerichts erteilt,

---

[8]) Ist aus den Akten ein solches Verhältnis ersichtlich und dem Gerichtsschreiber sonst bekannt, so hat der Gerichtsschreiber auf den Briefumschlag und auf die Zustellungsurkunde mit roter Tinte unmittelbar unter dem Namen des Adressaten den Vermerk zu machen:

„Eine Zustellung an . . . . . . (z. B. an die Ehefrau oder an das Dienstmädchen N.) darf nicht stattfinden"

[9]) Soll die Zustellung an einem Sonntag oder allgemeinen Feiertag erfolgen, so ist dies von dem Gerichtsschreiber auf der Aufschrift besonders zu vermerken.

bei welchem die Sache, in der die Zustellung erfolgt, behandelt wird, und in Angelegenheiten, welche durch einen beauftragten oder ersuchten Richter zu erledigen sind, von diesem.

Die Verfügung, durch welche die Erlaubnis erteilt wird, ist bei der Zustellung abschriftlich mitzuteilen.

Eine Zustellung, bei welcher die Bestimmungen dieses Paragraphen nicht beobachtet sind, ist gültig, wenn die Annahme nicht verweigert ist (§ 188 C.P.O., § 27 der Bek.).

Ist bei einer Zustellung an den Vertreter mehrerer Beteiligter oder an einen von mehreren Vertretern desselben Beteiligten die Uebergabe der Ausfertigung oder Abschrift eines Schriftstücks erforderlich, so genügt die Uebergabe nur einer Ausfertigung oder Abschrift.

Einem Zustellungsbevollmächtigten mehrerer Beteiligter sind so viele Ausfertigungen oder Abschriften zu übergeben, als Beteiligte vorhanden sind (§ 189 C.P.O., § 28 der Bek.).

2. Ueber die Zustellung hat der Gerichtsdiener oder der Postbote eine **Urkunde** (Formulare für Zustellungen durch den Gerichtsdiener J.M.Bl. 1899 S. 505 ff.) aufzunehmen. Dieselbe muß enthalten:

1. Ort und Zeit der Zustellung,
2. Bezeichnung der Person, an welche zugestellt werden soll,
3. Bezeichnung der Person, welcher zugestellt ist, in den Fällen der §§ 181, 183, 184 C.P.O. (§§ 18, 21 bis 23 der Bek.), die Angabe des Grundes, durch welchen die Zustellung an die bezeichnete Person gerechtfertigt wird, wenn nach § 182 C.P.O. verfahren ist, die Bemerkung, wie die darin enthaltenen Vorschriften befolgt sind,
4. im Falle der Verweigerung der Annahme die Erwähnung, daß die Annahme verweigert und das zu übergebende Schriftstück am Orte der Zustellung zurückgelassen ist,
5. die Bemerkung, daß der seinem Verschlusse, seiner Adresse und seiner Geschäftsnummer nach bezeichnete Briefumschlag übergeben und der Tag der Zustellung darauf vermerkt ist,
6. die Unterschrift des die Zustellung vollziehenden Gerichtsdieners oder Postboten.

Eine Abschrift der Zustellungsurkunde ist nicht zu übergeben; auf dem Briefumschlag ist jedoch der Tag der Zustellung zu vermerken.

Die Zustellungsurkunde ist dem Gerichtsschreiber zu überliefern (§§ 212, 195 Abs. 2; 191 C.P.O., § 29 der Bek.)[10]).

Die Zustellung **durch Aufgabe zur Post** wird in der Weise

---

[10]) Siehe auch Bek. vom 5. Januar 1902, die Formblätter für Postzustellungsurkunden betr., J.M.Bl. S. 240.

bewirkt, daß das zu übergebende Schriftstück unter der Adresse der Partei nach ihrem Wohnorte zur Post gegeben wird.

Ist die Zustellung durch Aufgabe zur Post bewirkt, so hat der Gerichtsschreiber in den Akten zu vermerken, zu welcher Zeit und unter welcher Adresse die Aufgabe geschehen ist; der Vermerk ist vom Gerichtsschreiber zu unterschreiben. Der Aufnahme einer Zustellungsurkunde bedarf es nicht (§ 175, 213 C.P.O., §§ 38 bis 40 Bek., J.M.Bek. vom 26. März 1902, die Zustellungen von Amtswegen betr. J.M.Bl. S. 519)[11]).

c) Die öffentliche Zustellung.

Diese ist in der freiwilligen Gerichtsbarkeit zulässig, soweit sie nicht durch besondere Vorschriften ausgeschlossen ist (vergl. § 89 Abs. 2 G.F.G.).

Sie kann nur erfolgen, wenn die Voraussetzungen für ihre Zulässigkeit in der Person eines Beteiligten zutreffen; hinsichtlich Bevollmächtigter gilt § 177 C.P.O. (vergl. oben III Ba am Ende).

1. Voraussetzungen: die öffentliche Zustellung ist zulässig:

1. Wenn der Aufenthalt eines Beteiligten unbekannt ist;
2. wenn bei einer im Auslande zu bewirkenden Zustellung die Befolgung der für diese bestehenden Vorschriften unausführbar ist oder keinen Erfolg verspricht;
3. wenn die Zustellung an eine der inländischen Gerichtsbarkeit unterworfene Person aus dem Grunde nicht bewirkt werden kann, weil die Wohnung einer nach den §§ 18, 19 des Gerichtsverfassungsgesetzes der Gerichtsbarkeit nicht unterworfenen Person der Ort der Zustellung ist (§ 203 C.P.O.; vergl. zu Nr. 3 Bek. vom 15. Dez. 1899, die Vornahme von Zustellungen in den Wohnungen von Personen, die der inländischen Gerichtsbarkeit nicht unterworfen sind, betr., J.M.Bl. S. 515).

2. Verfahren. Das Gericht ordnet die öffentliche Zustellung von Amts wegen an; eines Antrages eines Beteiligten bedarf es, soweit die Zustellungen von Amtswegen zu betätigen sind, nicht. Ob die Voraussetzungen gegeben sind, entscheidet das Gericht nach seinem Ermessen.

Erweist sich eine vom Gerichtsschreiber zunächst im gewöhnlichen Verfahren versuchte Zustellung wegen unbekannten Aufenthalts des Beteiligten als unausführbar, so legt der Gerichtsschreiber dem Richter die Akten zur Bewilligung der öffentlichen Zustellung vor.

Die Zustellung selbst besorgt der Gerichtsschreiber von Amts wegen (§ 204 Abs. 1 C.P.O.).

---

[11]) Die Zustellung durch Aufgabe zur Post darf mit Rücksicht auf den von dem Gerichtsschreiber nach § 40 auszustellenden Vermerk nur in der Art bewirkt werden, daß der Gerichtsschreiber selbst das Schriftstück am Postschalter einliefert oder, wenn es nicht mit der Bezeichnung „Einschreiben“ versehen ist, in einem Postbriefkasten legt.

Sie erfolgt durch Anheftung der zuzustellenden Ausfertigung oder einer beglaubigten Abschrift des zuzustellenden Schriftstücks an die Gerichtstafel. Enthält das Schriftstück eine Ladung, so ist außerdem die zweimalige Einrückung eines Auszugs des Schriftstücks in dasjenige Blatt, welches für den Sitz des Prozeßgerichts zur Veröffentlichung der amtlichen Bekanntmachungen bestimmt ist, sowie die einmalige Einrückung des Auszugs in den Deutschen Reichsanzeiger erforderlich. Das Gericht kann anordnen, daß der Auszug noch in anderen Blättern und zu mehreren Malen eingerückt werde (§ 204 Abs. 2 und 3 C.P.O.). In dem Auszuge des Schriftstücks muß das mit der Sache befaßte Gericht, die Angelegenheit, in welcher die Bekanntmachung erfolgt, der Zweck der Ladung und die Zeit, zu welcher der Geladene erscheinen soll, bezeichnet werden (§ 205 C.P.O.; vergl. auch §§ 14 ff. der Geschäftsanweisung für die Gerichtsschreibereien J.M.Bl. 1902 S. 16).

3. Wirkung und Wirksamkeit: Das eine Ladung enthaltende Schriftstück gilt als an dem Tage zugestellt, an welchem seit der letzten Einrückung des Auszugs in die öffentlichen Blätter ein Monat verstrichen ist. Das Gericht kann bei Anordnung der öffentlichen Zustellung den Ablauf einer längeren Frist für erforderlich erklären. (Ueber die Berechnung der Frist siehe § 222 C.P.O., § 187 Abs. 1, § 188 Abs. 2 B.G.B.)

Enthält das Schriftstück keine Ladung, so ist dasselbe als zugestellt anzusehen, wenn seit der Anheftung des Schriftstücks an die Gerichtstafel zwei Wochen verstrichen sind.

Auf die Gültigkeit der Zustellung hat es keinen Einfluß, wenn das anzuheftende Schriftstück von dem Orte der Anheftung zu früh entfernt wird (§ 206 C.P.O.).

Ebensowenig ist es auf die Wirksamkeit der öffentlichen Zustellung von Einfluß, wenn sich nachträglich ergibt, daß die Voraussetzungen für die Anordnung nicht gegeben waren.

Soweit es sich nur um die Bewirkung einer Benachrichtigung an Beteiligte handelt (vergl. z. B. §§ 1342, 1953, 2081, 2262 des B.G.B.), findet eine öffentliche Zustellung nicht statt. Es bleibt dem Ermessen des Gerichts überlassen, geeigneten Falles, wenn eine Zustellung nach den sonstigen Vorschriften nicht ausführbar ist, den Versuch zu machen, derartige Mitteilungen auf anderem Wege (z. B. durch Aushang, durch Einrücken in eine inländische oder ausländische Zeitung) zur Kenntnis der Beteiligten zu bringen.

d) Zustellungen im Auslande.

Ist die Adresse desjenigen, dem zugestellt werden soll, genau bekannt, so können Zustellungen im Auslande durch die Post mittels Einschreibsendungen gegen Rückschein bewirkt werden. Zur Erleichterung der postalischen Behandlung dieser Schreiben empfiehlt es sich, für die Adresse lateinische Schriftzeichen anzuwenden.

In wichtigen Fällen soll übrigens die Zustellung auf diplomatischem Wege oder, soweit der unmittelbare Verkehr mit ausländischen Behörden gestattet ist, durch deren Vermittelung bewirkt werden (§ 16 Abs. 2 Satz 1 G.F.G., § 47 der Bek., J.M.Bl. 1887 S. 283, 1893 S. 227; vergl. auch unten § 27).

e) Die Zustellung an Exterritoriale.

An Personen, die nach §§ 18, 19 des Gerichtsverfassungsgesetzes von der inländischen Gerichtsbarkeit befreit sind (siehe oben § 4 Note 7), können Zustellungen in gerichtlichen Angelegenheiten nur auf diplomatischem Wege erfolgen (J.M.Bek. vom 5. April 1893 J.M.Bl. S. 75).

2. Wenn mit der Zustellung der Lauf einer Frist nicht beginnt, so wird die Bekanntmachung in der Regel durch Uebersendung mittels einfachen Briefes oder durch Behändigung ohne Beurkundung zur Ausführung gebracht. Sind der Verfügung wichtige Urkunden, z. B. die Ausfertigung eines Erbscheins, beigegeben, so ist die Postsendung mit der Bezeichnung „Einschreiben" zu versehen und im Falle der Bekanntmachung durch Behändigung anzuordnen, daß die Behändigung nur gegen einen Empfangsschein erfolgt.

Wenn es für denjenigen, dem zugestellt werden soll, offenbar gleichgiltig ist, ob von dem Inhalte des auszuhändigenden Schriftstückes Dritte Kenntnis erhalten, kann die Uebersendung mittels einer Postkarte geschehen.

Dem Gerichtsdiener können die auszuhändigenden Schriftstücke von dem Gerichtsschreiber offen übergeben werden. Wird derjenige, dem zugestellt wird, nicht angetroffen, so kann der Gerichtsdiener das Schriftstück einer der im § 18 bezeichneten Personen aushändigen. Schriftstücke, die ihm vom Gerichtsschreiber offen übergeben worden sind, hat er solchen Falles zu verschließen und den Umschlag mit der Adresse des Empfängers zu versehen.

Das Gericht kann anordnen, daß die Bekanntmachung nach den für die Zustellung von Amtswegen in bürgerlichen Rechtsstreitigkeiten geltenden Vorschriften erfolgt, wenn dies nach Lage der Verhältnisse angezeigt erscheint. Die Anordnung wird regelmäßig bei Ladungen oder in anderen Fällen, in denen an die Nichtbefolgung der Verfügung Nachteile geknüpft sind, zu treffen sein.

Das Gericht kann die Uebersendung mittels eingeschriebenen Briefes oder die Aushändigung gegen Empfangsschein auch in anderen Fällen als den im § 49 Abs. 1 der Bek. bezeichneten anordnen.

In allen Fällen ist in den Akten zu vermerken, in welcher Weise, an welchem Orte und an welchem Tage die Bekanntmachung zur Ausführung gebracht ist.

Im Falle der Uebersendung mittels einfachen Briefes oder Postkarte und im Falle der Behändigung ohne Beurkundung genügt die Angabe der Art der Bekanntmachung sowie des Tages, an dem der Brief oder die Karte zur Post gegeben oder der Auftrag zur

Behändigung erteilt wird; dem Gerichte bleibt unbenommen, eine Vollzugsanzeige des Gerichtsdieners zu verlangen.

Die Vermerke können auch durch Verwendung von Stempeln gemacht werden (vergl. § 9 der Bek.), z. B. im Falle der Uebersendung mittels einfachen Briefes oder Postkarte:

„am .... durch einfachen Brief (Postkarte) bekannt gemacht."

(§§ 49 bis 51 der Bek., § 16 Abs. 2 Satz 2 G.F.G.; vergl. über die Wahl der vereinfachten Zustellung auch J.M.Bek. vom 8. Januar 1902, J.M.Bl. S. 305, 307.)

§ 18.

Beschwerde.

I. Einleitung.

Das einzige Rechtsmittel, durch welches die Abänderung gerichtlicher Verfügungen durch eine höhere Instanz herbeigeführt werden kann, ist die Beschwerde.

Das Beschwerdeverfahren ist für diejenigen Angelegenheiten, welche durch Reichsgesetz den Gerichten übertragen sind, in den §§ 19 bis 30 G.F.G. in seinen Grundzügen geregelt.

Diese Vorschriften finden auch für diejenigen Angelegenheiten der freiwilligen Gerichtsbarkeit, für welche die landesgesetzlichen Vorschriften maßgebend sind, mit Ausnahme des § 28 Anwendung (Art. 129 A.G. z. B.G.B.). Nach § 28 entscheidet über die weitere Beschwerde das Oberlandesgericht, bezw. das auf Grund § 199 Abs. 1 G.F.G. an dessen Stelle tretende Oberste Landesgericht und in bestimmten Fällen des Reichsgericht; die Zuständigkeit des Reichsgerichts kann in Angelegenheiten, für welche die Landesgesetze maßgebend sind, nicht in Frage kommen, für die Entscheidung über das Rechtsmittel der weiteren Beschwerde ist aber in Art. 42 Abs. 3 A.G. z. G.V.G. schon ohnedies das Oberste Landesgericht für zuständig erklärt (siehe unten Ziff. II lit. B.).

In der Terminologie des Gesetzes finden wir unterschieden die Beschwerde, die sofortige Beschwerde, die weitere und die sofortige weitere Beschwerde. Die Beschwerde findet gegen Verfügungen der ersten Instanz (§ 19 G.F.G.), die weitere Beschwerde gegen Entscheidungen des Beschwerdegerichts statt (§ 27 G.F.G.). Die sofortige bezw. die sofortige weitere Beschwerde unterscheidet sich lediglich dadurch, daß sie an eine Frist gebunden ist (§ 22, 29 Abs. 2 G.F.G.); ist aber kein besonderes Rechtsmittel; es finden auf dieselbe im übrigen die für die einfache und die weitere Beschwerde geltenden Vorschriften Anwendung.

II. Zulässigkeit der Beschwerde und der weiteren Beschwerde.

A. Beschwerde: Gegen die Verfügungen des Gerichts erster Instanz findet das Rechtsmittel der Beschwerde statt (§ 19 Abs. 1 G.F.G.).

Hienach ist die Beschwerde zulässig

1. nur gegen Verfügungen des Gerichts — auch mündliche (Entsch. Bd. II S. 151 C.Bl. Bd. II S. 363) —, d. i. gegen sachliche Anordnungen (Anordnungen, Verfügungen, Entscheidungen, Beschlüsse), nicht gegen solche Entschließungen, die nur zur Vorbereitung einer sachlichen Entscheidung dienen und weder in sich schon eine Beeinträchtigung enthalten, noch zur Bekanntmachung an Beteiligte bestimmt sind, z. B. Beweisanordnungen (Rechtspr. Bd. II S. 139, C.Bl. Bd. I S. 782; a. M. ebenda S. 545), nicht gegen bloße Verrichtungen des Gerichts, wie gerichtliche Beurkundungen von Rechtsgeschäften, ferner nicht gegen reine Unterlassungen des Gerichts. Gegen letztere kann im Wege der Aufsichtsbeschwerde Abhilfe gesucht werden; auf diese Beschwerde, welche die Justizverwaltung, insbesondere die Art des Geschäftsbetriebes betrifft, finden die Vorschriften des Reichsgesetzes nicht Anwendung; dieselbe ist landesgesetzlich geregelt.

2. gegen Verfügungen des Gerichts erster Instanz.

Gericht erster Instanz ist dasjenige Gericht, welches nach den bestehenden Zuständigkeitsvorschriften mit Angelegenheiten der betreffenden Art als unterste Instanz befaßt ist. Dies ist regelmäßig das Amtsgericht. Es kann jedoch auch ein Gericht höherer Ordnung als Gericht erster Instanz in Betracht kommen, so z. B. das Landgericht in den Fällen des § 1878 Abs. 2 B.G.B., § 64 G.F.G. und § 143 Abs. 2 G.F.G.

Ist nach §§ 1858, 1859 B.G.B. ein Familienrat eingesetzt, so gelten dessen Verfügungen im Hinblick auf § 1872 B.G.B. als erstinstanzielle; es findet daher gegen dieselben, wie gegen gerichtliche Verfügungen die Beschwerde statt[1]).

3) gegen alle Verfügungen, soweit sie nicht ausdrücklich der Anfechtung entzogen sind[2]).

---

[1]) Das Beschwerdeverfahren findet nach Maßgabe der §§ 19 ff. G.F.G. auch dann statt, wenn ein Gesuch um Bewilligung des Armenrechts abschlägig verbeschieden wird (§ 14 G.F.G. mit § 127 C.P.O.), ferner gegen die Strafverfügungen gegen ungehorsame Zeugen und Sachverständige (§ 15 G.F.G. mit § 380 Abs. 3, § 390 Abs. 3, § 409 Abs. 2 C.P.O.); nicht zur Anwendung gelangen die Vorschriften der C.P.O. über das Beschwerdeverfahren. Ueber die Beschwerde in Gebührensachen siehe § 25 Nr. II lit. A Ziff. 4; Streitigkeiten über Ansätze von Gebühren, Nachforderungen von solchen und dergleichen sind nicht Angelegenheiten der freiwilligen Gerichtsbarkeit, sondern Angelegenheiten des Gebührenwesen, weshalb für das Beschwerdeverfahren die Vorschriften der §§ 19 ff. G.F.G. keine Anwendung finden (Sammlg. Bd. I S. 502, Bd. II S. 672, Bl. f. R.A. Bd. 67 S. 374).

[2]) Vergl. z. B. § 5 Abs. 2, § 46 Abs. 2, § 47 Abs. 2, § 68 Abs. 1,

B. Weitere Beschwerde. Gegen die Entscheidung des Beschwerdegerichts ist das Rechtsmittel der weiteren Beschwerde zulässig, wenn die Entscheidung auf einer Verletzung des Gesetzes beruht. Die Einlegung kann gültig schon vor der Zustellung der anzufechtenden Verfügung erfolgen (R.G. Bd. 29 S. 314). Die Vorschriften der §§ 550, 551, 561, 563 der Civilprozeßordnung finden entsprechende Anwendung (§ 27 G.F.G.).

Die weitere Beschwerde ist hienach zulässig

1. nur gegen Verfügungen des Beschwerdegerichts.

Beschwerdegericht ist im Hinblick auf § 19 Abs. 2 G.F.G. das Landgericht, welches als zweite Instanz über die Beschwerde gegen eine Verfügung des Amtsgerichts entschieden hat.

In denjenigen Fällen, in welchen bereits das Landgericht erste Instanz und Beschwerdegericht ein Gericht höherer Ordnung ist, wird die weitere Beschwerde mit Rücksicht darauf, daß ohnehin schon das Gericht höchster Instanz entschieden hat, stets durch besondere Vorschriften ausgeschlossen[3])[4]).

2) nur wenn die Entscheidung des Beschwerdegerichts auf einer Verletzung des Gesetzes beruht.

a) Es muß eine Gesetzesverletzung vorliegen; das ist der Fall, wenn eine Rechtsnorm nicht oder nicht richtig angewendet worden ist (§ 550 C.P.O.).

Die Rechtsnorm kann dem Reichsrecht oder dem Landesrecht angehören, sie kann in Gesetzen, Staatsverträgen oder auf Grund gesetzlicher Ermächtigung erlassenen Verordnungen, nicht aber in bloß reglementären Entschließungen (Ministerialbekanntmachungen) enthalten sein; auch gewohnheitsrechtliche Normen können in Frage kommen; ebenso kann die Verletzung bloßer Ordnungsvorschriften (z. B. § 1673 B.G.B.) die weitere Beschwerde begründen (Sammlg. Bd. II S. 152, 527, Bd. III S. 20.

Die Entscheidung ist nach § 551 C.P.O. stets als auf einer Gesetzesverletzung beruhend anzusehen,

1. wenn das erkennende Gericht nicht vorschriftsmäßig besetzt war; dies trifft jedenfalls zu, wenn bei der Entscheidung nicht Richter in der gesetzlich bestimmten Zahl mitgewirkt haben[5]);

2. wenn bei der Entscheidung ein Richter mitgewirkt hat, welcher von der Ausübung des Richteramts kraft Gesetzes ausgeschlossen war;

---

§§ 75, 76 Abs. 1, §§ 84, 122, 132 Abs. 2, § 146 Abs. 3, § 148 Abs. 2, § 164 Abs. 2 G.F.G., Art. 129 Satz 2 A G. z. B.G.B.

[3]) Vergl. § 64 Satz 2, § 143 Abs. 2, §§ 144, 147, 159, 161 G.F.G.

[4]) Inwieweit in den Fällen der Entscheidung über ein Armenrechtsgesuch oder die Verhängung von Ordnungsstrafen in Ausübung der Sitzungspolizei und über ungehorsame Zeugen und Sachverständige die weitere Beschwerde zulässig ist, entscheidet sich nach den Vorschriften der C.P.O.

[5]) Ueber weitere zum Teil streitige Gründe mangelhafter Besetzung siehe Dorner, Note 5 lit. d zu § 27.

3. wenn das Gericht seine sachliche oder örtliche Zuständigkeit oder Unzuständigkeit mit Unrecht angenommen hat[6]);

4. wenn ein Beteiligter in dem Verfahren nicht vorschriftsmäßig vertreten war, soferne er nicht die Sachbehandlung ausdrücklich oder stillschweigend genehmigt hat; diese Vorschrift gilt sowohl für die gesetzliche Vertretung als diejenige kraft Vollmacht; sie kann aber nur in Betracht kommen, soferne die Person, welche vertreten wurde oder der Vertretung durch ihren gesetzlichen Vertreter bedurft hätte, in das Verfahren bestimmend eingegriffen hat;

5. wenn die Entscheidung nicht mit Gründen versehen war.

Begründung der Entscheidungen des Beschwerdegerichts ist stets vorgeschrieben (§ 25 G.F.G.). Die Entscheidung ist nicht mit Gründen versehen nicht nur, wenn es äußerlich überhaupt an Entscheidungsgründen fehlt, sondern auch schon dann, wenn aus der beigefügten Begründung nicht hervorgeht, aus welchen tatsächlichen und rechtlichen Erwägungen das Gericht zu seiner Entscheidung gelangte.

Die Anwendung der Ziffer 3 des § 551 C.P.O. (Mitwirkung eines abgelehnten Richters) ist durch § 6 Abs. 2 G.F.G. ausgeschlossen, diejenige der Ziffer 6 (Verletzung der Vorschriften über die Oeffentlichkeit) dadurch, daß in der freiwilligen Gerichtsbarkeit Vorschriften über die Oeffentlichkeit nicht bestehen und überhaupt regelmäßig nicht öffentlich verhandelt wird.

b) Es muß die Entscheidung auf der Gesetzesverletzung beruhen; es muß sich also zwischen der Gesetzesverletzung und der Entscheidung, wie sie gefällt wurde, ein Kausalzusammenhang nachweisen lassen. In den Fällen des § 551 C.P.O. ist derselbe stets als gegeben zu erachten.

c) Die Entscheidung darf nicht aus anderen Gründen gerechtfertigt sein.

Ergeben die Entscheidungsgründe zwar eine Gesetzesverletzung, stellt sich die Entscheidung selbst aber aus anderen Gründen als richtig dar, so ist die weitere Beschwerde zurückzuweisen (§ 563 C.P.O.).

III. Beschwerdegericht.

A. Zuständigkeit zur Entscheidung über Beschwerden gegen Verfügungen der ersten Instanz.

1) Sachliche: Ueber die Beschwerde entscheidet das Landgericht (§ 19 Abs. 2 G.F.G.). Diese Vorschrift trifft nur den Fall, daß als Gericht erster Instanz das Amtsgericht verfügt hat. Soweit Gerichte höherer Ordnung in erster Instanz entscheiden, ist teils die Beschwerde ausgeschlossen, teils besonders geregelt.

---

[6]) Die Bestimmungen über Zugehörigkeit vor eine Civilkammer oder die Handelskammer (§ 30 Abs. 1 Satz 2 G.F.G.) betreffen nicht die Zuständigkeit sondern die Geschäftsverteilung.

Dagegen ist das Landgericht auch Beschwerdegericht, wenn Verfügungen des Familienrates angefochten werden (§ 1872 B.G.B.); auch gegen Verfügungen des Vormundschaftsrichters als Vorsitzenden des Familienrates geht die Beschwerde ans Landgericht (§§ 1875, 1876 B.G.B.)[7]).

Ueber die Besetzung des Landgerichts als Beschwerdegericht siehe oben § 6 Nr. II.

2. Oertlich zuständig ist in Ermangelung einer anderweitigen Bestimmung das dem Amtsgerichte, dessen Verfügung angefochten wird, vorgesetzte Landgericht.

B. Zuständigkeit zur Entscheidung über die weitere Beschwerde.

1. Ueber die weitere Beschwerde entscheidet regelmäßig das Oberste Landesgericht (§ 42 Abs. 3 A.G. z. G.V.G.). In Bayern ist von der durch § 199 Abs. 1 G.F.G. der Gesetzgebung der Bundesstaaten gegebenen Ermächtigung, die Entscheidung über das Rechtsmittel der weiteren Beschwerde, zu welcher reichsgesetzlich das Oberlandesgericht zuständig wäre (§ 28 Abs. 1 G.F.G.), dem Obersten Landesgerichte zuzuweisen, Gebrauch gemacht.

2. In Angelegenheiten der freiwilligen Gerichtsbarkeit, für welche die landesgesetzlichen Vorschriften maßgebend sind, ist die Zuständigkeit des Obersten Landesgerichts eine ausschließliche, da § 28 G.F.G. nicht für anwendbar erklärt ist (Art. 129 A.G. z. B.G.B.).

In reichsgesetzlichen Angelegenheiten der freiwilligen Gerichtsbarkeit entscheidet das Reichsgericht über die weitere Beschwerde unter folgenden Voraussetzungen:

a) wenn das Oberste Landgericht bei der Auslegung einer reichsgesetzlichen — nicht auch einer landesgesetzlichen — Vorschrift, welche eine der in § 1 G.F.G. bezeichneten Angelegenheiten betrifft, von einer über die Rechtsfrage schon ergangenen Entscheidung abweichen will und wenn

b) diese Entscheidung entweder von einem anderen nicht bayerischen Oberlandesgerichte bei Gelegenheit der Entscheidung über eine weitere Beschwerde in einer Angelegenheit der sub a bezeichneten Art oder von dem Reichsgericht, gleichviel ob als Beschwerdegericht, erlassen worden ist.

Das Oberste Landesgericht hat sich in diesen Fällen also zunächst über die weitere Beschwerde schlüssig zu machen und, wenn es zu einer abweichenden Ansicht gelangt, die Vorlegung an das Reichsgericht zu beschließen und zu betätigen und dem Beschwerdeführer den Beschluß über die Vorlegung bekannt zu machen (§ 28 Abs. 2 und 3 G.F.G.).

Ueber die Besetzung des Obersten Landesgerichts und des Reichsgerichts siehe oben § 6 Nr. IV und V.

---

[7]) Welches Gericht in den in Note 4 bezeichneten Fällen Beschwerdegericht ist, beurteilt sich nach der Civilprozeßordnung.

IV. Beschwerdeberechtigung[7a]).

A. Die Beschwerde und ebenso die weitere Beschwerde steht vorbehaltlich besonderer Vorschriften für einzelne Fälle jedem zu, dessen Recht durch die Verfügung beeinträchtigt ist (§ 20 Abs. 1, § 29 Abs. 4 G.F.G.).

Voraussetzung der Beschwerdeberechtigung ist hienach,

1. daß ein Recht beeinträchtigt wurde; ein bloßes Interesse an dem Ausgange der Sache, eine bloße Rückwirkung der Entscheidung auf rechtliche Beziehungen einer Person genügt nicht, es muß ein bestehendes, gleichviel ob dem Privatrecht oder dem öffentlichen Rechtsgebiete angehöriges Recht beeinträchtigt sein[8]);
2. daß ein solches Recht beeinträchtigt, d. h. verletzt wurde (Rechtspr. Bd. 3 S. 71),
3. daß eine Beeinträchtigung eines Rechts behauptet wird; von dem Nachweise der Beeinträchtigung hängt nicht das Beschwerderecht ab, sondern nur der materielle Erfolg der Beschwerde.

B. Das Beschwerderecht ist beschränkt für den Fall, daß eine Verfügung nur auf Antrag erlassen werden kann und der Antrag zurückgewiesen worden ist; hier steht die Beschwerde nur dem Antragsteller zu (§ 20 Abs. 2 G.F.G.).

Antrag ist wohl zu unterscheiden von Anregung. Auf Fälle, in welchen — wie regelmäßig — das Gericht von Amtswegen tätig zu werden hat und seine Tätigkeit auf Anregung oder Mitteilungen einer Person hin entfaltet hat, findet die Vorschrift nicht Anwendung, sondern nur auf solche, in welchen das Gericht ohne einen formellen Antrag nicht tätig werden kann.

Uebrigens genügt die Zurückweisung des Antrags allein nicht zur Begründung des Beschwerderechtes des Antragstellers; es muß auch Beeinträchtigung eines Rechtes behauptet werden können. Dritte

---

[7a]) Siehe hierüber D. S. 39, Z. f. d. C.P. Bd. 29 S. 213.

[8]) Dorner, Note 3 und 4 zu § 20, Rausnitz, Note 2 zu § 20, Schneider, Note 2 zu § 20, Keidel, Note zu § 20 Abs. 1, Josef, S. 173.

Vergl. über Beschwerdeberechtigung auch Entsch. Bd. I S. 87 (Gemeindewaisenrat), Bd. II S. 10, 158, Rechtspr. Bd. II S. 177 (standesamtliche Aufsichtsbehörden), Entsch. Bd. II S. 55 (ausländische Behörde, welche die Vormundschaft übernehmen will), Bd. II S. 108, 207, Bd. III S. 55, C.Bl. Bd. III S. 49 (unterstützungspflichtige Armenanstalten), Rechtspr. Bd II S. 36 (Auseinandersetzungsverfahren), S 65 (Pfleger), S. 450, Bd. IV S. 97, Sammlg. Bd. II S. 195, 240, 358, Bl. f. R.A. Bd. 66 S. 427, Recht 1900 S. 463, 583, Z. f. d. C.P. Bd. 29 S. 213, Bd 30 S. 300 C.Bl. Bd. II S. 368, 430.

In einzelnen bestimmten Fällen ist für die Beschwerdeberechtigung ein rechtliches, in anderen ein berechtigtes Interesse an der Aenderung der Verfügung verlangt (vergl. z. B. § 57 Abs. 1 Nr. 1, 3 und 9 G.F.G.); über den Unterschied siehe Rausnitz, Note 3 und 36 zu § 57, Dorner, Note 5 und 17 zu § 57, Schneider, Note 6 und 26 zu § 57, Keidel, Note zu § 57 Abs. 1 Nr. 1 und 9.

dagegen haben das Beschwerderecht auch dann nicht, wenn ein Recht derselben beeinträchtigt ist.

C. Durch spezielle Vorschriften ist für bestimmte Fälle das nach Ziff. I bestehende Beschwerderecht teils beschränkt, teils erweitert, teils nur näher präzisiert, so für Vormundschaftssachen in § 57 G.F.G., für Handelssachen in § 126 G.F.G.

D. Die Beschwerde kann sowohl durch den Beschwerdeberechtigten selbst als durch einen Bevollmächtigten eingelegt werden (vergl. oben § 9 Nr. II).

Der gesetzliche Vertreter allein ist zur Beschwerdeeinlegung befugt für geschäftsunfähige und in der Geschäftsfähigkeit beschränkte Personen; hinsichtlich letzterer besteht eine Ausnahme in Vormundschaftssachen nach § 59 G.F.G.

V. Verfahren.

A. Einlegung der Beschwerde.

1. Ort: Die Beschwerde kann bei dem Gerichte, dessen Verfügung angefochten wird, oder bei dem Beschwerdegericht eingelegt werden (§ 21 Abs. 1 G.F.G.). Dies gilt auch für die sofortige Beschwerde.

Die weitere und die sofortige weitere Beschwerde kann bei jedem der drei Instanzgerichte eingelegt werden (§ 29 Abs. 1 G.F.G.).

Aus diesen Vorschriften ist trotz mangels einer bezüglichen Bestimmung abzuleiten, daß in den Fällen, in welchen das Landgericht ausnahmsweise erste Instanz und das Oberste Landesgericht Beschwerdegericht ist, die Beschwerde sowohl beim Landgericht als beim Obersten Landesgericht eingelegt werden kann.

2. Form: Die Einlegung erfolgt durch Einreichung einer Beschwerdeschrift oder durch Erklärung zum Protokolle des Gerichtsschreibers desjenigen Gerichts, dessen Verfügung angefochten wird, oder des Gerichtsschreibers des Beschwerdegerichts. Unrichtige Bezeichnung des Beschwerdegerichts ist unschädlich (Sammlg. Bd. I S. 454, 737. J.M.Bl. 1901 S. 357).

a) Beschwerdeschrift: Für diese ist weder die Form noch der wesentliche Inhalt allgemein vorgeschrieben. Es muß für die Regel jede Kundgabe des Willens, eine bestimmte Verfügung anfechten zu wollen, genügen.

Einen bestimmten Antrag braucht die Beschwerdeschrift nicht zu enthalten (Rausnitz N. 7 zu § 21, Keidel N. zu § 21; a. M. Birkenbihl N. 2 zu § 21).

Eine Begründung ist bei der Beschwerde gegen eine erstinstanzielle Verfügung regelmäßig auch nicht erforderlich. Ausnahmsweise ist sie notwendig bei der Beschwerde gegen den Bestätigungsbeschluß im Nachlaßauseinandersetzungsverfahren; da hier die Beschwerde nur darauf gestützt werden kann, daß die Vorschriften über das Verfahren nicht beobachtet sind (§ 96 G.F.G.), muß die

Beschwerde die Behauptung einer Verletzung solcher Vorschriften enthalten.

Die weitere Beschwerde muß die Behauptung der Verletzung einer Rechtsnorm enthalten (§ 27 G.F.G.). Dabei ist jedoch nicht die ausdrückliche Bezeichnung der verletzten Bestimmung notwendig, wenn sich nur aus der Beschwerdebegründung ergibt, inwiefern die angefochtene Entscheidung rechtsirrtümlich sein soll (Sammlg. Bd. II S. 852, C.Bl. Bd. II S. 895). Sie muß ferner von einem Rechtsanwalt unterzeichnet sein; der Zuziehung eines Rechtsanwalts bedarf es nur dann nicht, wenn die Beschwerde von einer Behörde oder von einem Notar eingelegt wird, der in der Angelegenheit für den Beschwerdeführer einen Antrag bei dem Gericht erster Instanz gestellt hat (§ 29 Abs. 1 G.F.G.). Durch die Ermächtigung zur Antragstellung bei der ersten Instanz (vergl. § 100 Abs. 2 Satz 2 G.F.G. mit § 15 G.B.O., §§ 129, 159, 161 G.F.G.) gilt übrigens der Notar nicht ohne besonderen Auftrag auch zur Beschwerdeführung ermächtigt[9]). Der Notar, welcher in der Sache nicht tätig geworden ist, solange sie beim Gericht erster Instanz anhängig war, ist zur Einlegung der weiteren Beschwerde nicht ermächtigt (Sammlg. Bd. II S. 213, Entsch. Bd. II S. 107). In eigener Sache (als Notar) bedarf der Notar der Zuziehung eines Rechtsanwalts nicht (Entsch. Bd. II S. 151, C.Bl. Bd. II S. 482).

Für jede Art der Beschwerde muß auch die Behauptung der Beeinträchtigung eines Rechtes gefordert werden, sofern sich eine solche Beeinträchtigung nicht aus der Sachlage ergibt.

b) Gerichtsschreiberprotokoll: Eingelegt wird die Beschwerde nur durch Erklärung zu Protokoll des Gerichtsschreibers der oben bezeichneten Gerichte, die weitere Beschwerde durch Erklärung zu Protokoll eines der drei Instanzgerichte, nicht dagegen zu Protokoll des Gerichtsschreibers eines anderen als des erstinstanziell zuständigen Amtsgerichts (§ 29 Abs. 1 G.F.G., Entsch. Bd. I S. 1). Erklärt kann sie dagegen auch zu Protokoll des Gerichtsschreibers jedes anderen deutschen Amtsgerichtes werden (§ 11 G.F.G.); im letzteren Fall gilt das Gerichtsschreiberprotokoll aber als Beschwerdeschrift, wenn sie die Eigenschaften einer solchen hat (Rausnitz N. 6 zu § 21); die Einlegung der Beschwerde erfolgt erst durch die Einreichung des Protokolls bei einem der sub Ziff. 1 bezeichneten Gerichte. Dies ist in zweifacher Beziehung von praktischer Bedeutung einmal für die weitere Beschwerde, welche hienach nicht durch den Beteiligten selbst, sondern nur durch einen Rechtsanwalt, der das Protokoll zu unterschreiben hätte, bei dem Gerichtsschreiber eines

---

[9]) In Schiffsregistersachen ist die Zuziehung eines Rechtsanwalts nicht erforderlich, wenn die Beschwerde von dem Notar eingelegt wird, welcher die zu der Eintragung erforderliche Erklärung beurkundet oder beglaubigt und im Namen der Antragsberechtigten den Eintragungsantrag gestellt hat (§ 124 G.F.G.).

anderen als des erstinstanziell zuständigen Amtsgerichts erklärt werden kann, ferner für die sofortige und die sofortige weitere Beschwerde, insofern die Frist für dieselbe erst durch die Einreichung des Protokolls bei dem zur Entgegennahme der Beschwerde zuständigen Gerichte gewahrt wird.

Bei der Einlegung der weiteren Beschwerde zu Gerichtsschreiberprotokoll muß das ganze Protokoll vom Gerichtsschreiber verfaßt sein; der Formvorschrift des § 29 Abs. 1 G.F.G. ist nicht genügt, wenn zur Begründung der Beschwerde auf eine vom Beschwerdeführer übergebene und nicht von einem Rechtsanwalt unterzeichnete Schrift Bezug genommen wird (Sammlg. Bd. II S. 238, Rechtspr. Bd. III S. 71, 395) oder wenn der Gerichtsschreiber eine vom Beschwerdeführer verfaßte Beschwerdeschrift durch Eingangs- und Schlußworte zu einem Protokoll verarbeitet und unterschreibt (Entsch. Bd. II S. 209, C.Bl. Bd. II S. 558).

Die Einlegung der Beschwerde zu Protokoll des Richters ist ausgeschlossen, da § 21 Abs. 2 G.F.G. die Formen der Einlegung erschöpfend regelt (Rausnitz N. 6 zu § 21, Dorner N. 4 zu § 21, Entsch. Bd. I S. 41, Rechtspr. Bd. I S. 189, C.Bl. Bd. I S. 159).

3. Frist und Wiedereinsetzung gegen Fristversäumnis:

a) Die Beschwerdeeinlegung ist regelmäßig an eine Frist nicht gebunden. Eine Ausnahme besteht für die Fälle, in welchen das Gesetz gegen eine Verfügung nur die sofortige Beschwerde zuläßt.

Diese ist, wie schon oben sub I ausgeführt ist, kein besonderes Rechtsmittel, sondern nur eine für besondere Fälle vorgesehene Qualifikation des einen Rechtsmittels der Beschwerde.

Die sofortige Beschwerde ist binnen einer Frist von zwei Wochen einzulegen. Die Frist beginnt mit dem Zeitpunkt, in welchem die Verfügung dem Beschwerdeführer bekannt gemacht worden ist (§ 22 Abs. 1 G.F.G.). Die Frist kann sohin — verschieden von § 577 Abs. 2 C.P.O. — stets sowohl mit der Verkündigung als mit der Zustellung der angefochtenen Entscheidung beginnen. Sind mehrere Personen beschwerdeberechtigt, so beginnt die Frist für jede mit der Bekanntmachung an sie[10]). Die Einlegung ist schon vor Zustellung der anzufechtenden Entscheidung oder deren Bekanntmachung zu Protokoll statthaft (Sammlg. Bd. II S. 435, 581; Rechtspr. Bd. IV S. 3). Ueber Berechnung der Frist siehe § 17 G.F.G. und unten § 24.

Soweit eine Verfügung der sofortigen Beschwerde unterliegt, findet auch gegen die Entscheidung des Beschwerdegerichts die sofortige weitere Beschwerde statt (§ 29 Abs. 2 G.F.G.). Dabei kommt es nicht darauf an, ob die landgerichtliche Entscheidung auch

---

[10]) Ausnahmen bestehen nach § 60 Abs. 2 und § 77 Abs. 3 G.F.G.

einen solchen Inhalt hat, daß sie, falls sie in erster Instanz erlassen wäre, der Anfechtung durch sofortige Beschwerde unterliegen würde (Entsch. Bd. II S. 1; Rechtspr. Bd. II S. 264; Beispiel: das Amtsgericht ordnet die vorläufige Vormundschaft an, das Beschwerdegericht hebt die Entscheidung auf; trotz des Wortlautes des § 60 Abs. 1 Nr. 5 G.F.G. sofortige weitere Beschwerde). Es ist also in solchen Fällen auch die weitere Beschwerde an eine Frist von zwei Wochen gebunden.

b) Wiedereinsetzung findet gegen die Versäumung der Frist für die sofortige Beschwerde unter folgenden Voraussetzungen statt (§ 22 Abs. 2 G.F.G.):

1. Der Beschwerdeführer muß an der Wahrung der Frist verhindert gewesen sein; es genügt jede tatsächliche Verhinderung, sie braucht nicht durch Naturereignisse oder unabwendbaren Zufall herbeigeführt sein. Hat der Beschwerdeführer einen gesetzlichen oder bevollmächtigten Vertreter, so muß die Verhinderung in dessen Person vorliegen; auch für die Versäumung des Vertreters gelten die weiteren Voraussetzungen, insbesondere Mangel eines Verschuldens auf Seite desselben.

2. Die Verhinderung muß eine unverschuldete, sie darf vom Beschwerdeführer weder vorsätzlich noch fahrlässig herbeigeführt sein (vergl. Sammlg. Bd. II S. 721).

3. Es muß die Wiedereinsetzung beantragt werden; mit dem Antrage sind die Tatsachen, welche denselben begründen, glaubhaft zu machen (vergl. § 15 Abs. 2 G.F.G. und oben § 14 Nr. V).

Dem Antrag ist nur stattzugeben, wenn die Beschwerde selbst binnen einer zweiwöchentlichen Frist nach Beseitigung des Hindernisses eingelegt ist. Die Beschwerde und der Wiedereinsetzungsantrag brauchen hienach nicht mit einander verbunden zu werden; es kann insbesondere der Wiedereinsetzungsantrag, wenn die Beschwerde innerhalb der angegebenen Frist eingelegt wurde, auch noch nachträglich, selbst nach Ablauf der nur für die Beschwerde geltenden Frist gestellt werden (a. M. Rausnitz N. 7 zu § 22).

Nach dem Ablaufe eines Jahres, von dem Ende der versäumten Frist an gerechnet, kann die Wiedereinsetzung nicht mehr beantragt werden.

Ueber den Antrag entscheidet das Beschwerdegericht.

Gegen die Entscheidung über den Antrag findet die sofortige weitere Beschwerde statt. Ist dem Antrage stattgegeben, so ist jeder Beteiligte nach § 20 Abs. 1 G.F.G. beschwerdeberechtigt; gegen eine den Antrag ablehnende Entscheidung ist nur der Antragsteller beschwerdeberechtigt (§ 20 Abs. 2 G.F.G.)[11]).

4. Inhalt der Beschwerde: Die Beschwerde kann auf Ge-

[11]) Die Wiedereinsetzung ist ausgeschlossen im Falle des § 68 Abs. 2 G.F.G. (Versagung der Bestätigung der Annahme an Kindesstatt).

setzesverletzungen wie auf Verletzungen in der Würdigung von Tatsachen und Beweisen gestützt werden, ferner auf neue Tatsachen und Beweise (§ 23 G.F.G.), das sind solche, welche in der Vorinstanz noch nicht vorgebracht sind, gleichviel ob sie schon vor der erstinstanziellen Entscheidung entstanden oder dem Beschwerdeführer bekannt waren oder erst nachher entstanden oder ihm bekannt geworden sind. Eine Aenderung in den tatsächlichen Voraussetzungen kann also der Beschwerde Erfolg verschaffen, und zwar auch dann, wenn das Beschwerdegericht infolge der von ihm angestellten Ermittelungen neue Tatsachen festgestellt hat (Rausnitz N. 3 zu § 23).

Dies gilt nicht für die weitere Beschwerde. Diese kann nur auf Verletzung einer Rechtsnorm gestützt werden. Es kann weder die tatsächliche Würdigung der zweiten Instanz bemängelt, noch können neue Tatsachen oder Beweise vorgebracht werden (§ 27 G.F.G.).

5. Verzicht auf die Beschwerde und Zurücknahme derselben. Diese regelt das Gesetz nicht. Gleichwohl ist die Zulässigkeit beider nicht in Zweifel zu ziehen.

Berechtigt zum Verzicht wie zur Zurücknahme ist jeder, der zur Beschwerdeeinlegung berechtigt ist, aber nur mit Wirkung für seine Person.

Verzicht und Zurücknahme können in jeder der allgemein für Erklärungen gegenüber dem Gerichte zulässigen Form erklärt werden, also schriftlich oder zu Protokoll eines Gerichtsschreibers oder auch unmittelbar gegenüber dem Gericht.

Das Gericht erster Instanz ist durch einen Verzicht auf Beschwerde nicht gebunden, es kann seine Verfügung, soweit nach § 18 G.F.G. zulässig, abändern. Ebensowenig ist es durch Zurücknahme der Beschwerde an einer Abänderung gehindert. Dagegen ist eine Abänderung durch das Beschwerdegericht beim Vorliegen eines gültigen Verzichtes oder einer Zurücknahmeerklärung ausgeschlossen, da die Tätigkeit des Beschwerdegerichts eine gültige und wirksame Beschwerde voraussetzt (ebenso Rausnitz Note 7 und 8 zu § 19, Dorner N. zu § 21).

B. Verfahren nach Einlegung der Beschwerde.

1. Ist die Beschwerde bei dem Gerichte erster Instanz eingelegt, so hat sich dieses, soferne es sich nicht um eine sofortige Beschwerde handelt (§ 18 Abs. 2 G.F.G.), darüber schlüssig zu machen, ob es der Beschwerde abhelfen will.

Bejahendenfalls hat es entsprechende Verfügung zu treffen, welche selbst wieder mit Beschwerde anfechtbar ist.

Verneinendenfalls hat es die Beschwerde samt Akten mit dem Berichte, daß es der Beschwerde nicht abhelfen könne oder wolle, dem Beschwerdegericht vorzulegen.

2. Ist die Beschwerde beim Beschwerdegericht eingelegt, so kann dieses zunächst die Beschwerde dem Gerichte erster Instanz zur

Kenntnisnahme und Würdigung, ob es derselben nicht selbst abhelfen will, mitteilen; das Beschwerdegericht hat aber kein Recht darauf, daß die Vorinstanz die Beschwerde vorprüfe. Ist das Gericht erster Instanz zur Abhilfe bereit, so ist damit die Tätigkeit des Beschwerdegerichts beendet. Dieses prüft nicht von Amtswegen nach, ob die neuerliche Verfügung jenes Gerichts tatsächlich der Beschwerde nach jeder Richtung hin abhilft. Ist der Beschwerdeführer durch die Verfügung des Gerichtes erster Instanz nicht befriedigt, so muß er mit neuer Beschwerde Abhilfe suchen.

3. Wird eine Entscheidung des Beschwerdegerichts notwendig, entweder weil das Gericht erster Instanz Abhilfe nicht schafft oder weil die Beschwerde eine sofortige ist, so hat es zunächst zu prüfen, ob der Beschwerdeführer beschwerdeberechtigt ist, ob die Beschwerde formgerecht eingelegt ist, bei der sofortigen Beschwerde, ob die Beschwerdefrist gewahrt ist, zuletzt, ob die Beschwerde materiell begründet ist.

Das Beschwerdegericht darf die angefochtene Entscheidung nicht zu Ungunsten des Beschwerdeführers ändern. Die Entscheidung über die Beschwerde ist mit Gründen zu versehen (§ 25 G.F.G.); eine Bezugnahme auf die Gründe des Erstrichters ist nicht ausgeschlossen.

Das Beschwerdegericht hat seine Entscheidung selbst dem Beteiligten bekannt zu machen.

4. Der endgültigen Entscheidung des Beschwerdegerichts über die Beschwerde können einstweilige Anordnungen vorausgehen.

Es kann nämlich sowohl das Gericht erster Instanz als das Beschwerdegericht anordnen, daß die Vollziehung der angefochtenen Entscheidung auszusetzen sei (§ 24 Abs. 2 und 3 G.F.G.).

Das Beschwerdegericht kann durch einstweilige Anordnung auch Verfügungen anderen Inhalts treffen, so Handlungen gestatten oder anordnen, welche die Vorinstanz nicht gestattet oder verbietet, oder bereits in Wirksamkeit getretene Verfügungen einstweilen außer Wirksamkeit setzen (§ 24 Abs. 3 G.F.G.).

Sämtliche Anordnungen können sowohl von Amtswegen als auf Antrag erlassen werden.

Sie werden wirksam mit der Bekanntmachung. Eine Anfechtung dieser Anordnungen des Beschwerdegerichts mit weiterer Beschwerde ist unzulässig (Entsch. Bd. III S. 1, Rechtspr. Bd. III S. 394, C.Bl. Bd. II S. 763).

Mit der endgültigen Entscheidung des Beschwerdegerichts treten sie von selbst außer Wirksamkeit; im Falle der Zurücknahme der Beschwerde sind sie von Amtswegen aufzuheben.

C. Verfahren nach Einlegung der weiteren Beschwerde.

1. Ist weitere Beschwerde eingelegt, so hat weder das Gericht erster Instanz noch das Beschwerdegericht das Recht, derselben abzuhelfen (§ 29 Abs. 3 G.F.G.). Ist also bei einer dieser Instanzen

die weitere Beschwerde eingelegt, so hat sie dieselben mit den Akten sofort dem Obersten Landesgericht vorzulegen.

2. Das Oberste Landesgericht prüft, ob der Beschwerdeführer beschwerdeberechtigt ist, ob die Beschwerde form- und eventuell fristgerecht eingelegt ist, ob eine Gesetzesverletzung vorliegt, auf welcher die Entscheidung der Vorinstanz beruht.

Die Entscheidung ist mit Gründen zu versehen (§§ 25, 29 Abs. 4 G.F.G.).

Ueber das Verfahren, wenn das Oberste Landesgericht von einer auf weitere Beschwerde ergangenen Entscheidung eines Oberlandesgerichts oder einer Entscheidung des Reichsgerichts abweichen will, siehe oben Nr. III lit. B Ziff. 2.

3. Vor der endgiltigen Entscheidung des Obersten Landesgerichts kann sowohl dieses Gericht als das Beschwerdegericht — nicht auch das Gericht erster Instanz — anordnen, daß die Vollziehung der Entscheidung des Beschwerdegerichts auszusetzen sei.

Das Oberste Landesgericht kann auch andere einstweilige Anordnungen treffen (§ 24 Abs. 2 und 3, § 29 Abs. 4 G.F.G.; vergl. oben lit. B Ziff. 4).

Die gleichen Befugnisse stehen auch dem Reichsgerichte zu, wenn es zur Entscheidung über die weitere Beschwerde zuständig ist.

VI. Wirkung der Beschwerde.

I. Suspensiveffekt.

Die Beschwerde hat regelmäßig keine aufschiebende Wirkung. Die Einlegung derselben hindert also weder die Ausführung der Verfügung der Vorinstanz, noch hat sie auf die bereits eingetretene Wirksamkeit der Verfügung derselben Einfluß (§ 24 Abs. 1, § 29 Abs. 4 G.F.G.).

Jedoch kann sowohl das Gericht, dessen Verfügung angefochten wird, als auch das zur Entscheidung über die Beschwerde beziehungsweise weitere Beschwerde berufene Gericht anordnen, daß die Vollziehung auszusetzen sei (§ 24 Abs. 2 und 3, § 29 Abs. 4 G.F.G.; vergl. oben sub V lit. B Ziff. 4 und lit. C Ziff. 4).

Ausnahmsweise hat die Beschwerde aufschiebende Wirkung, wenn sie gegen eine Verfügung gerichtet ist, durch die eine Strafe festgesetzt wird (§ 24 Abs. 1 G.F.G.). Diese Vorschrift hat keinen Bezug auf die Ordnungsstrafen in Ausübung der Sitzungspolizei und gegen ungehorsame Zeugen und Sachverständige; vergl. § 20.

II. Devolutiveffekt.

Durch Einlegung der Beschwerde wird die Entscheidung der Sache dem Gerichte höherer Instanz übertragen,

1. wenn in den Fällen einfacher Beschwerde das Gericht erster Instanz von der Befugnis zur Aenderung seiner angefochtenen Verfügung keinen Gebrauch macht; deshalb ist eine Abänderung der an-

gefochtenen Verfügung nach Vorlage an die Beschwerdeinstanz ausgeschlossen (Rechtspr. Bd. I S. 267);

2. in den Fällen, in welchen sofortige Beschwerde zulässig ist (§ 18 Abs. 2 G.F.G.);

3. bei der weiteren und sofortigen weiteren Beschwerde (§ 29 Abs. 3 G.F.G.).

III. Ueber die Wirkung der Abänderung einer Verfügung durch das Beschwerdegericht vergl. § 32 G.F.G. und oben § 15 Ziff. II Nr. 3 lit. b und Note 5[12]).

§ 19.

Rechtskraftzeugnis.

Die Unanfechtbarkeit einer Verfügung ist auf Antrag eines Beteiligten durch ein Rechtskraftzeugnis festzustellen (§ 31 G.F.G., § 129 A.G. zum B.G.B., Art. 140 Geb.G.).

I. Zuständig zur Erteilung des Zeugnisses ist ausschließlich der Gerichtsschreiber erster Instanz.

II. Berechtigt das Zeugnis zu verlangen ist jeder, der in dem Verfahren als Beteiligter oder Beschwerdeberechtigter in Frage kommen kann, auch wenn er an dem Verfahren nicht teil genommen hat; nötigenfalls hat der Antragsteller sein berechtigtes Interesse glaubhaft zu machen (a. M. Rausnitz, N. 4 zu § 31, der auch jeden Nichtbeteiligten für berechtigt hält).

III. Voraussetzung der Erteilung des Zeugnisses ist der Eintritt der formellen Rechtskraft der Verfügung. Diese tritt ein

1. durch Ablauf der Frist für die sofortige Beschwerde, ohne daß dieses Rechtsmittel von einem Beschwerdeberechtigten eingelegt wurde,
2. durch Verzicht auf das Rechtsmittel,
3. durch Zurücknahme desselben,
4. bei Entscheidungen letzter Instanz mit der Bekanntmachung (§ 16 Abs. 1 G.F.G.).

---

[12]) Uebergangsvorschrift: Für die zur Zeit des Inkrafttretens des Bürgerlichen Gesetzbuches anhängigen Beschwerden in allen Angelegenheiten der freiwilligen Gerichtsbarkeit verbleibt es bei den bisherigen Vorschriften der Art. 56 bis 68 A.G. z. R.C.P.O. und K.O. bisheriger Fassung. Dies gilt insbesondere auch von der Anfechtung der Entscheidung des Beschwerdegerichts durch weitere Beschwerde; die Entscheidung des Beschwerdegerichts wird also erst rechtskräftig, wenn die im Art. 64 l. c. bestimmte Notfrist von einem Monat abgelaufen ist, ohne daß weitere Beschwerde eingelegt wurde.

In den Angelegenheiten, für welche bisher nach Art. 28 A.G. z. G.V.G. die Landgerichte in erster Instanz zuständig waren, künftig aber die Amtsgerichte zuständig sind, verbleibt es für die Beschwerde gegen eine Entscheidung des Landgerichts bei den bisherigen Vorschriften auch wenn die Beschwerde zur Zeit des Inkrafttretens des Bürgerlichen Gesetzbuches noch nicht eingelegt ist (Art. 34 G. Ueberg. betr.).

Das Zeugnis wird auf Grund der Akten erteilt. Da die Beschwerde auch bei den höheren Instanzen eingelegt werden kann, hat der Gerichtsschreiber erster Instanz sich eine Bestätigung des Gerichtsschreibers höherer Instanz zu erholen, daß eine Beschwerde nicht eingelegt wurde. Vor der Erteilung hat der Gerichtsschreiber zu prüfen, ob die Verfügung rechtsförmlich an alle Personen, für die sie bestimmt ist, zugestellt wurde und ob hienach für alle Beschwerdeberechtigten die Frist abgelaufen ist. Bei der Bekanntmachung an mehrere wird von der zeitlich letzten Bekanntmachung ab gerechnet.

Ein Gesuch um Wiedereinsetzung gegen die Versäumung der Beschwerdefrist hindert die Erteilung des Zeugnisses nicht und braucht die etwa erfolgte Stellung eines solchen Gesuches in dem Zeugnisse nicht erwähnt zu werden (ebenso Rausnitz N. 3, a. M. Dorner N. 3 zu § 31).

Ein Verzicht ist nur für den Verzichtenden wirksam; das Gleiche gilt für die Zurücknahme der Beschwerde.

IV. Im Falle der Ablehnung der Erteilung des Zeugnisses ist die Entscheidung des Gerichts anzurufen, gegen dessen Verfügung erst die Beschwerde stattfindet (ebenso Dorner N. 4 zu § 31, Rausnitz N. 5).

V. Schreibgebühren werden für das Rechtskraftzeugnis nicht erhoben (Art. 39 Geb.G. mit § 80a Ziff. 5 G.K.G.).

§ 20.

Gerichtspolizei.

Von Sitzungspolizei im Sinne des Gerichtsverfassungsgesetzes und der Civilprozeßordnung kann in der freiwilligen Gerichtsbarkeit nicht die Rede sein, da hier Sitzungen im Sinne dieser Gesetze nicht stattfinden. Gleichwohl hat § 8 G.F.G. — für landesrechtliche Angelegenheiten Art. 129 A.G. z. B.G.B. und Art. 78 A.G. z. G.V.G. — die betreffenden Bestimmungen des Gerichtsverfassungsgesetzes auf die in der freiwilligen Gerichtsbarkeit stattfindenden Verhandlungen für entsprechend anwendbar erklärt.

Anwendung finden hienach die §§ 177 bis 185 G.V.G.

1. Maßnahmen zur Aufrechterhaltung der Ordnung:

Die Aufrechterhaltung der Ordnung während der Verhandlung obliegt dem Vorsitzenden, beim Amtsgericht dem Amtsrichter; dieser hat alle Anordnungen zu treffen, welche zur geordneten und ungestörten Durchführung der Verhandlung erforderlich sind (§ 177 G.V.G.). Diese Anordnungen sind keine Verfügungen im Sinne des § 19 G.F.G., daher nicht mit Beschwerde anfechtbar.

Sachbeteiligte sowie deren Vertreter, soferne sie nicht Rechtsanwälte sind, Zeugen, Sachverständige, Auskunftspersonen und bei der Verhandlung nicht beteiligte Personen, welche den zur Aufrechterhaltung der Ordnung erlassenen Befehlen des Vorsitzenden nicht gehorchen, können auf Beschluß des Gerichts aus dem Verhandlungsraume entfernt, auch zur Haft abgeführt und während einer in dem Beschlusse zu bestimmenden Zeit, welche vierundzwanzig Stunden nicht übersteigen darf, festgehalten werden (§ 178 G.V.G.).

Diese Maßregeln verhängt also bei Kollegialgerichten nicht der Vorsitzende allein.

Gegen Militärpersonen ist die Anordnung dieser Zwangshaft nicht zulässig, wohl aber deren Entfernung aus dem Verhandlungsraume.

Auf Grund des § 178 G.V.G. Entfernte gelten als nichterschienen im Sinne der §§ 91 Abs. 3 und 92 Abs. 2 G.F.G.

Beschwerde findet im Hinblick auf § 183 G.V.G. auch gegen diese vom Gerichte verhängten Maßregeln nicht statt.

2. Ordnungsstrafen:

a) Zulässigkeit:

Gegen Sachbeteiligte und deren Vertreter, soferne sie nicht Rechtsanwälte sind, gegen Zeugen, Sachverständige, Auskunftspersonen und bei der Verhandlung nicht beteiligte Personen — soweit letzteren der Zutritt gestattet worden ist —, welche sich in dem Verhandlungsraume einer Ungebühr schuldig machen, kann das Gericht vorbehaltlich der strafgerichtlichen Verfolgung eine Ordnungsstrafe bis zu 100 Mk. oder bis zu drei Tagen Haft festsetzen und sofort vollstrecken lassen (§ 179 G.V.G.). Nachträgliche Umwandelung einer nicht vollstreckbaren Geldstrafe in Haftstrafe ist unzulässig.

Gegen bei der Verhandlung beteiligte Rechtsanwälte kann das Gericht im gleichen Falle vorbehaltlich der strafgerichtlichen oder disziplinären Verfolgung lediglich eine Ordnungsstrafe bis zu 100 Mk. festsetzen (§ 180 G.V.G.).

Die Strafen der §§ 179, 180 G.V.G. sind nicht Ordnungsstrafen im Sinne des § 33 G.F.G., weshalb deren vorgängige Androhung nicht erforderlich ist.

Die Vollstreckung der Ordnungsstrafen hat der Vorsitzende unmittelbar zu veranlassen (§ 181 G.V.G.). Ob im Falle des § 179 G.V.G. die verhängte Haftstrafe sofort vollstreckt werden soll, steht jedoch im Ermessen des Gerichts, nicht des Vorsitzenden.

Die Vorschrift des § 182 G.V.G., wonach die in den §§ 177 bis 181 bezeichneten Befugnisse auch dem Einzelrichter bei Vornahme von Amtshandlungen außerhalb der Sitzung zustehen, haben in der freiwilligen Gerichtsbarkeit nur für den beauftragten oder ersuchten Richter im Gegensatz zu dem zur Sachbehandlung zuständigen Richter Bedeutung, da ohnedies schon alle Verhandlungen nicht in einer „Sitzung“ (s. o.) erledigt werden.

b) Formvorschriften:

Wird eine Ordnungsstrafe wegen Ungebühr festgesetzt (§§ 179, 180, 182 G.V.G.) oder wird eine Person in Haft abgeführt oder eine bei der Verhandlung beteiligte Person entfernt (§ 178 G.V.G.), so ist der Beschluß des Gerichtes und dessen Veranlassung in das Protokoll über die gepflogene Verhandlung aufzunehmen (§ 184 G.V.G.).

Werden während einer Verhandlung strafbare Handlungen begangen, so hat das Gericht den Tatbestand gleichfalls im Protokoll festzustellen und der zuständigen Behörde das Protokoll mitzuteilen, in geeigneten Fällen die Festnahme des Täters zu verfügen (§ 185 G.V.G.).

Diese Vorschriften gelten auch für den beauftragten und den ersuchten Richter.

c) Beschwerde:

Die Beschwerde ist gegen alle nach §§ 179, 180, 182 G.V.G. verhängten Ordnungsstrafen zulässig. Sie ist ausgeschlossen gegen die vom Reichsgericht, vom Obersten Landesgericht oder von einem Oberlandesgericht erlassenen Strafverfügungen (§ 183 G.V.G.).

Ueber die Beschwerde entscheidet, gleichviel ob die Strafe von einem Amtsgericht oder einem Landgericht verhängt wurde, das vorgesetzte Oberlandesgericht in einem Civilsenat; eine weitere Beschwerde ist nicht zulässig (§ 183 Abs. 3 G.V.G.).

Die Beschwerde findet nur binnen einer Frist von einer Woche nach der Bekanntmachung der Entscheidung statt (§ 183 Abs. 1 G.V.G.)[1].

Aufschiebende Wirkung hat die Beschwerde nur hinsichtlich der Strafverfügungen gegen Rechtsanwälte (§ 180 G.V.G.) und in den Fällen des § 182 G.V.G. (§ 183 Abs. 2 G.V.G.). Die Vollziehung der Strafverfügung kann jedoch nach Maßgabe des § 24 Abs. 2 und 3 G.F.G. ausgesetzt werden.

§ 21.

Zwangsmaßregeln; Ordnungsstrafen.

Allgemeine Vorschriften über Anwendung von Zwang zur Herbeiführung von Handlungen oder Unterlassungen auf dem Gebiete der freiwilligen Gerichtsbarkeit enthält weder die Reichs- noch die Landesgesetzgebung.

Das Bürgerliche Gesetzbuch hat für einzelne bestimmte Fälle besondere Zwangsmittel gegeben (vergl. z. B. §§ 1670, 1760, 1844 B.G.B. mit § 54 G.F.G.).

Erzwingung des Erscheinens vor Gericht durch Vorführung ist Beteiligten gegenüber unbedingt ausgeschlossen[1]).

---

[1]) Der Auffassung, daß die Beschwerde nach § 183 G.V.G. sich als sofortige Beschwerde charakterisiere (vergl. so auch Dorner zu § 8 Note 4 Ziff. VI b), kann nicht beigepflichtet werden, da weder nach der Civilprozeßordnung noch nach dem Gesetz über die freiwillige Gerichtsbarkeit jede an irgend eine Frist gebundene Beschwerde eine sofortige ist. Wo das Gesetz letztere zuläßt, bezeichnet sie dieselbe ausdrücklich als solche.

[1]) Gegenüber Zeugen ist die Anordnung der Vorführung nach § 380 Abs. 2 C.P.O. mit § 15 G.F.G. zulässig (Becher, Mat. Abt. IV/V Bd. I S. 671).

Zwangsmaßregeln allgemeiner Art sind zweierlei Arten vorgesehen:

1. Anwendung unmittelbaren Zwanges zur Durchführung einzelner bestimmter Maßregeln,
2. Ordnungsstrafen zur indirekten Erzwingung von Handlungen in den gesetzlich bestimmten Fällen.

ad 1. Unmittelbare Zwangsanwendung ist, soweit nicht ein anderes vorgeschrieben ist, zum Vollzug von Verfügungen zulässig (Art. 130 Abs. 1 A.G. z. B.G.B.),

a) durch welche die Herausgabe einer Sache angeordnet wird (vergl. z. B. § 2361 Abs. 1 B.G.B., Herausgabe eines Erbscheines);
b) durch welche die Herausgabe der Person eines Kindes, Mündels oder Pflegebefohlenen angeordnet wird; hieher gehören insbesondere die Fälle der Herausgabe dieser Personen zum Vollzug einer die Sorge für die Person betreffenden Verfügung (§ 1635 Abs. 1, § 1666 Abs. 1, § 1838 B.G.B.), Anordnungen, welche gegen die unselbständige Person selbst gerichtet sind (§ 1631 Abs. 2, § 1838 B.G.B.), endlich Anordnungen, durch welche im Falle einer Ehescheidung der persönliche Verkehr des Ehegatten, dem die Sorge für die Person des Kindes nicht zusteht, mit dem Kinde geregelt wird (§ 1636 B.G.B.);
c) durch welche eine sonstige Maßregel angeordnet wird, welche die Anwendung unmittelbaren Zwanges erfordert[2]).

Zuständig zur Anordnung der Zwangsmaßregeln ist das Gericht erster Instanz (Art. 130 Abs. 2 A.G. z. B.G.B.). Dieses bestimmt die nach Lage der Sache angemessene Zwangsmaßregel und die Art ihrer Durchführung vorbehaltlich der Beschwerde.

Wird die herauszugebende Person oder Sache nicht vorgefunden, so kann der zur Herausgabe Verpflichtete durch das Gericht von Amtswegen zur Leistung des Offenbarungseides dahin angehalten werden, „daß er die Person oder die Sache nicht besitze, auch nicht wisse, wo sie sich befinde"; das Gericht kann eine der Lage der Sache entsprechende Aenderung der Eidesnorm beschließen. Das Verfahren beginnt mit der Ladung des Eidespflichtigen, welche von Amts wegen durch Zustellung des Beschlusses, in welchem die Eidesleistung angeordnet wird, erfolgt. Falls der Eidespflichtige im Termin nicht erscheint oder die Leistung des Eides ohne Grund verweigert, hat das Gericht zur Erzwingung der Eidesleistung von Amts wegen die Haft anzuordnen. Die Vorschriften der Civilprozeßordnung über nachträgliche Eidesabnahme, Zulässigkeit und Vollzug der Haft finden

---

[2]) Direkter Zwang ist hienach immer ausgeschlossen, wo Ordnungsstrafen zur Erzwingung zugelassen oder vorgeschrieben oder anderweitige bestimmte Zwangsmittel gegeben sind (z. B. § 1670 Satz 2 B.G.B.).

entsprechende Anwendung (Art. 130 Abs. 3 mit § 883 Abs. 2, 3, § 900 Abs. 1 und §§ 901, 902, 904—910, 912, 913 C.P.O.).

ad 2. Ordnungsstrafen. Für Ordnungsstrafen, durch welche jemand zur Befolgung einer gerichtlichen Anordnung angehalten wird[3]), sei es, daß die betreffende Handlung unmittelbar vom Gesetz vorgeschrieben ist oder auf Grund allgemeiner gesetzlicher Vorschrift eine Handlung vom Richter verlangt wird, ist als allgemeine Norm vorgeschrieben (§ 33 G.F.G.):

1. der Festsetzung der Strafe muß eine Androhung vorausgehen; die Androhung muß vor jeder Straffestsetzung wiederholt werden (Sammlg. Bd. II S. 800, Seuffert Bd. 57 Nr. 194, C.Bl. Bd. II S. 735),
2. die einzelne Strafe darf den Betrag von 300 Mk. nicht überschreiten.

Das Verfahren bei Androhung und Festsetzung der Strafe ist allgemein nicht geregelt.

Die Androhung ist dem Betroffenen nach § 16 Abs. 2 Satz 2 oder Abs. 3 G.F.G. bekannt zu machen.

Zwischen der Androhung und der Straffestsetzung muß jedenfalls eine billige Frist liegen, um dem Betroffenen die Erfüllung der Anordnung zu ermöglichen; Bestimmung einer Frist ist nicht allgemein vorgeschrieben, aber auch nicht ausgeschlossen.

Gegen die Androhung findet eine Beschwerde nicht statt.

Die Beschwerde gegen die Straffestsetzung hat aufschiebende Wirkung (§ 24 Abs. 1 G.F.G.).

Die Strafe kann, soweit nicht ein anderes ausdrücklich vorgeschrieben ist, beliebig oft wiederholt werden, bis der Anordnung Folge geleistet ist oder sonst der Grund für die Bestrafung weggefallen ist.

Für die Vollstreckung der Ordnungsstrafen gelten die allgemeinen Vorschriften der Art. 285, 287 Geb.G.

Umwandelung der Geldstrafe in eine Freiheitsstrafe im Falle der Uneinbringlichkeit findet nicht statt.

§ 22.

Registerführung; Akten.

I. Register[1]).

1. Der Gerichtsschreiber hat ein Register der Angelegenheiten der freiwilligen Gerichtsbarkeit zu führen.

---

[3]) Für wirkliche Strafen zur Ahndung begangener Pflichtwidrigkeiten, auch wenn sie in Gesetzen als Ordnungsstrafen bezeichnet sind, ferner für die Strafen in Ausübung der Sitzungspolizei oder gegen ungehorsame Zeugen und Sachverständige gilt die Vorschrift nicht.

[1]) J.M.Bek. vom 28. Dezember 1899, das Register der Angelegenheiten der freiwilligen Gerichtsbarkeit betr. (J.M.Bl. 1900 S. 89).

In das Register werden alle Angelegenheiten der freiwilligen Gerichtsbarkeit eingetragen außer den Vormundschaften, Pflegschaften und Beistandschaften, den Nachlaß- und Teilungssachen, den Registersachen (Güterrechts-, Vereins-, Handels-, Genossenschafts-, Schiffs-, Börsen- u. s. w. Register), den Personenstandssachen und den die Feststellung des Datums einer Privaturkunde betreffenden Gesuchen[2]) (§ 1 Bek.).

---

[2]) In das Register werden hiermit eingetragen, z. B.:

die Bewilligung der öffentlichen Zustellung einer Willenserklärung (§ 132 des B.G.B.),

die Kraftloserklärung von Vollmachten (§ 176 des B.G.B.),

die Bestellung eines Vertreters des Grundstückeigentümers (§ 1141 des B.G.B.),

die Ergänzung der elterlichen Einwilligung in die Eheschließung (§ 1308 des B G.B.),

die Erteilung des Zeugnisses zum Zwecke der Wiederverheiratung des überlebenden Ehegatten (§ 1314 des B.G.B.), sofern nicht eine Vormundschaft, Pflegschaft oder Beistandschaft in Ansehung der Abkömmlinge anhängig ist,

die Verrichtungen des Vormundschaftsgerichts in den Angelegenheiten, welche die persönlichen Rechtsbeziehungen der Ehegatten zu einander oder das eheliche Güterrecht betreffen, sofern nicht für den Ehegatten oder sonstigen Beteiligten, auf den sich die Verrichtung bezieht, eine Vormundschaft oder Pflegschaft anhängig ist (vergl. insbesondere § 1357 Abs. 2, § 1358 Abs. 2, §§ 1379, 1402, 1447, 1451, § 1487 Abs. 1, § 1519 Abs. 2, § 1525 Abs. 2, § 1549 des B.G.B., Art. 14, 15 des E.G. z. B.G.B.);

die Verrichtungen des Vormundschaftsgerichts, welche die Fürsorge für ein unter elterlicher Gewalt stehendes Kind betreffen und weder zu einer anhängigen Pflegschaft oder Beistandschaft gehören, noch zur Einleitung einer solchen Anlaß bieten; hierher gehören also insbesondere die Genehmigung zur Ermächtigung des Kindes, ein Erwerbsgeschäft zu betreiben (§ 112), die Unterstützung des Vaters bei der Anwendung von Zuchtmitteln (§ 1631 Abs. 2), die Entziehung der Vertretungsmacht (§ 1630 Abs. 2), die Regelung der Sorge für die Person des Kindes im Falle der Ehescheidung (§ 1635 Abs. 1) und die Regelung des persönlichen Verkehrs des geschiedenen Ehegatten mit dem Kinde (§ 1636 Satz 2), die Entgegennahme des Verzeichnisses des dem Kinde bei dem Tode eines Elternteils oder später angefallenen Vermögens (§ 1640), die Durchführung der Anordnung eines Dritten in Ansehung der Verwaltung des Vermögens des Kindes (§ 1639), die Erteilung der Erlaubnis, das Vermögen des Kindes nicht mündelsicher anzulegen (§ 1642), die Erteilung der Genehmigung zu gewissen Rechtsgeschäften für das Kind (§§ 1643, 1644, 2282) oder zum Beginn eines Erwerbsgeschäfts für das Kind (§ 1645), die Erteilung der Erlaubnis, daß der Vater Geld des Kindes für sich verbraucht (§ 1653), die Entgegennahme des Verzichts des Vaters auf die Nutznießung (§ 1662), die Anordnung der wegen Verhinderung des Vaters oder wegen Gefährdung der Person oder des Vermögens des Kindes erforderlichen Maßregeln, z. B. die Zwangserziehung (§§ 1665—1673), sofern die Maßregel nicht in der Anordnung einer Pflegschaft besteht, ferner die Uebertragung der elterlichen Gewalt an die Mutter (§§ 1685 Abs. 2 des B.G.B.),

die Entscheidung in betreff des Unterhalts eines Kindes nach § 1612 des B.G.B.,

die Ersetzung der Zustimmung der Mutter in die Ehelichkeitserklärung (§ 1727 des B.G.B.), sofern nicht über das Kind eine Vormundschaft anhängig ist,

die Bestätigung der Annahme an Kindesstatt (§ 1741 des B.G.B.),

die im § 145 des Gesetzes über die Angelegenheiten der freiwilligen Gerichtsbarkeit bezeichneten Angelegenheiten,

Die Register- und Aktenführung bei Vormundschaften, Pflegschaften und Beistandschaften, in Nachlaßsachen ꝛc. wird jeweils bei den einzelnen Materien besprochen werden.

Bei jedem Amtsgericht wird nur ein Register nach nachstehendem Formular geführt[3]) (§§ 2, 3 Bek.).

Register
der Angelegenheiten der freiwilligen Gerichtsbarkeit.

Laufende Nummer	Namen, Beruf und Wohnort der Beteiligten	Bezeichnung der Angelegenheit	Angefallen am	Erledigt am	Bemerkungen, insbesondere darüber, wo die auf die Angelegenheit bezüglichen Aktenstücke sich befinden
1	*Diepolder August, Fabrikarbeiter in Pasing und dessen Kinder Anton und Anna*	*Einreichung des Vermögensverzeichnisses*	*3/I*	*5/III*	
2	*Ammler Christine, Bäckermeisterswitwe in Gauting*	*Wiederverehelichungszeugnis*	*4/I*	*4/I*	*s. V. V. 83/00*

In dem Register erhält jede Angelegenheit eine Nummer (Spalte 1). Die Nummern beginnen jedes Geschäftsjahr von neuem und laufen durch das ganze Geschäftsjahr hindurch. Als Aktenzeichen dient die Nummer des Registers mit den beiden letzten Ziffern der Jahreszahl. Als Abkürzung für das Register wird die Bezeichnung „F.G.R." verwendet.

Bei der Bezeichnung der Beteiligten (Spalte 2) sind, wenn es sich um das Rechtsverhältnis zwischen Eltern und einem Kinde handelt, der Vorname des Kindes, der Vor- und Familienname,

---

die Aufmachung und Feststellung der Dispache (§§ 149—158 des Ges. über die Angelegenheiten der freiw. Gerichtsbarkeit),

die Abnahme des Offenbarungseids, die Untersuchung und Verwahrung von Sachen, die Entscheidung im Falle des Pfandverkaufs nach § 1246 Abs. 2 des B.G.B. (§§ 163—166 des Ges. über die Angelegenheiten der freiw. Gerichtsbarkeit).

³) Der Umfang des Verzeichnisses ist so zu bemessen, daß es für mehrere Jahre ausreicht; bei größeren Amtsgerichten kann der Vorstand des Gerichts anordnen, daß für jedes Geschäftsjahr ein eigenes Verzeichnis geführt wird.

der Stand oder das Gewerbe und der Wohnort des Vaters beziehungsweise der Mutter, wenn es sich um die persönlichen Rechtsbeziehungen zwischen Ehegatten oder um das eheliche Güterrecht handelt, der Vor- und Familienname, der Stand oder das Gewerbe und der Wohnort des Ehemanns, in den übrigen Fällen der Vor- und Familienname, der Stand oder das Gewerbe und der Wohnort des Antragstellers anzugeben.

Die Angelegenheit (Spalte 3) muß jedenfalls soweit speziell bezeichnet werden, daß der auf sie bezügliche Eintrag später leicht aufgefunden werden kann.

Wird das Gericht in mehreren Angelegenheiten derselben Personen tätig, z. B. bei der Ermächtigung einer Ehefrau zum Eintritt in ein Dienstverhältnis (§ 1358) und bei der Ermächtigung derselben Frau zur Vornahme eines Rechtsgeschäfts mit Wirksamkeit gegen den Mann (§ 1402 des B.G.B.), so erhält jede Angelegenheit eine besondere Nummer, außer wenn die Angelegenheiten in demselben Antrage behandelt sind. In der Spalte „Bemerkungen" ist, wenn das Gericht zwischen denselben Ehegatten oder in Ansehung desselben Kindes oder desselben Inhabers der elterlichen Gewalt in mehreren Angelegenheiten tätig geworden ist, bei jeder derselben auf die Nummern, unter denen die Angelegenheiten im Register vorgetragen sind, zu verweisen; dies gilt auch dann, wenn der frühere Eintrag sich nicht in demselben Register befindet (§ 4 Bek.).

Zu dem Register wird ein alphabetisches Namensverzeichnis geführt, in welches die Namen sämtlicher Beteiligten, welche in der Spalte 2 des Registers angegeben sind, einzutragen sind (§ 5 Bek.).

2. Der Gerichtsschreiber hat ferner ein „Register für Zustellungen von Amts wegen" zu führen (Formular siehe J.M.Bl. 1899 S. 503), das jedoch nicht ausschließlich für die in Angelegenheiten der freiwilligen Gerichtsbarkeit erfolgenden Zustellungen dient. In das Register hat er die durch den Gerichtsdiener, durch die Post und durch Aufgabe zur Post zu bewirkenden Zustellungen nach der Zeitfolge und unter fortlaufenden Nummern (Geschäftsnummern) einzutragen.

Die Bestimmung des Zeitraums, für welchen ein Register anzulegen ist, wird dem Ermessen des Gerichtsvorstandes überlassen. Die in Spalte 1 einzusetzenden laufenden Nummern beginnen jedes Geschäftsjahr von neuem und laufen durch das ganze Geschäftsjahr hindurch. In Spalte 2 wird die Bezeichnung des Tages und Veranlassung der Zustellung (d. h. der Beauftragung des Gerichtsdieners oder des Ersuchens der Post) in der Form eines Bruches über die Bezeichnung des Tages der Erledigung (d. h. des Tages der Rücklieferung der Zustellungsurkunde) gesetzt, z. B. $\frac{23.\ \mathrm{VI}}{25.\ \mathrm{VI}}$. Bei der Zustellung durch Aufgabe zur Post wird nur der Tag der Erledigung d. h. der Aufgabe angegeben. In Spalte 5 ist außer dem Aktenzeichen auch der die Art der Rechtsangelegenheit bezeichnende Buchstabe (Nr. I der Bek. vom 11. Dez. 1880, J.M.Bl. S. 420) einzusetzen. In der Spalte 7, Bemerkungen, wird bei portopflichtigen Zustellungen die Postgebühr vermerkt.

Als Geschäftsnummer dient die Nummer des Registers mit den beiden letzten Ziffern der Jahreszahl (z. B. 397/00).

Der Vorstand des Gerichts kann anordnen, daß mehrere Register für Zustellungen von Amts wegen zu führen sind. Werden mehrere Register geführt, so ist jedes Register mit einer großen römischen Ziffer oder einem großen lateinischen Buchstaben zu bezeichnen; in jedem Register beginnt die Ordnungsnummer mit der Ziffer 1. Bei der Angabe der Geschäftsnummer muß die römische Ziffer oder der lateinische Buchstabe mit angegeben werden (§ 8 Bek. vom 16. Dez. 1899, J.M.Bl. S. 475).

II. Akten.

Die eingehenden zu derselben Angelegenheit gehörenden Aktenstücke werden in Aktenhüllen (Papierumschläge) eingelegt. Die Aktenhüllen sind mit entsprechender Aufschrift zu versehen.

Akten müssen mit den Aktenstücken gebildet werden, welche eine Zwangserziehung oder eine Annahme an Kindesstatt betreffen. Akten können in den übrigen Angelegenheiten dann gebildet werden, wenn die Anzahl der eingehenden Aktenstücke erheblich ist und die Angelegenheit sich voraussichtlich nicht bald erledigt. Zu den Akten ist ein Umschlag von blauer Farbe wie zu den Vormundschaftsakten zu verwenden.

Sämtliche einzelnen Aktenstücke, sämtliche Aktenhüllen und sämtliche Akten sind mit dem Aktenzeichen (s. oben S. 71) zu versehen. Auf den Aktenstücken ist es in der Mitte unten anzubringen.

Die in die Aktenhüllen eingelegten Aktenstücke und die Akten eines jeden Jahrganges sind in Sammelakten nach der Reihenfolge der Nummern des Registers aufzubewahren. Die Sammelakten sind mit entsprechender Aufschrift zu versehen.

Werden aus den Sammelakten Aktenstücke oder Akten entnommen, so ist in die Sammelakten ein Fehlblatt mit dem Vermerk über den Verbleib der Aktenstücke oder der Akten einzulegen. Gleicher Vermerk ist in der Spalte Bemerkungen des Registers zu machen (§§ 6, 7 Bek. vom 28. Dez. 1899).

§ 23.

Akteneinsicht und Erteilung von Abschriften.

Die Einsicht der Gerichtsakten kann jedem insoweit gestattet werden, als er ein berechtigtes Interesse glaubhaft macht. Das Gleiche gilt von der Erteilung einer Abschrift; die Abschrift ist auf Verlangen zu beglaubigen; vergl. jedoch die Ausnahmen sub Ziff. 8 (§ 34 G.F.G. Art. 129 A.G. z. B.G.B.).

1. Zuständig zur Gewährung der Akteneinsicht und der Gestattung der Erteilung von Abschriften ist ausschließlich der Richter, der Gerichtsschreiber bedarf der Ermächtigung des Richters.

2. Gegenstand der Einsicht oder Abschrifterteilung sind die Gerichtsakten mit allen in denselben befindlichen Urkunden, auch soweit sie nicht dauernd, sondern nur vorübergehend (z. B. zur Benützung als Beweismittel) sich in den Akten befinden, auch Adhibendakten.

3. Voraussetzung der Gewährung sowohl der Akteneinsicht als von Abschriften ist

a) Vorliegen eines berechtigten, d. i. nach vernünftigem Ermessen durch die Sachlage gerechtfertigten Interesses (vergl. hiezu C.Bl. Bd. II S. 354),

b) Glaubhaftmachung dieses Interesses, nicht bloß Darlegung desselben (vergl. § 11 G.B.O.); ob eine vorgelegte Bescheinigung genügt, bezw. was zur Glaubhaftmachung erforderlich ist, entscheidet das Ermessen des Richters; häufig wird übrigens das Interesse schon durch die Aktenlage glaubhaft gemacht sein.

Ohne Vorliegen dieser Voraussetzungen darf die Gewährung nicht erfolgen, bei deren Vorliegen kann sie, muß aber nicht geschehen; es ist vielmehr auch hier noch dem Ermessen des Richters Spielraum gegeben.

4. Die Personen, welchen Akteneinsicht oder Abschriften gewährt werden, müssen nicht an der Sache Beteiligte sein; auch an jeden Dritten kann die Gewährung bei Vorhandensein der vorstehenden Voraussetzungen erfolgen. Die Vorschriften des § 34 gelten nur für die Akteneinsicht durch Privatpersonen, nicht durch Behörden; vergl. über Akteneinsicht durch die Rentämter J.M.Bl. 1879 S. 1340.

5. Den Umfang der Einsicht und der Abschriften, ob vom ganzen Akte oder nur von einzelnen Produkten Einsicht gewährt, Abschriften von ganzen Urkunden oder nur von Teilen derselben erteilt werden sollen, bestimmt der Richter darnach, inwieweit ein berechtigtes Interesse glaubhaft gemacht ist, und nach seinem Ermessen.

6. Beglaubigung der Abschriften findet nur auf Verlangen desjenigen, dem sie erteilt wird, statt, muß aber auf Verlangen geschehen. Sie erfolgt durch den Gerichtsschreiber.

7. Beschwerde findet gegen Verweigerung oder Beschränkung der Akten- oder Abschrifterteilung statt, aber nicht wegen derselben allein, da kein Recht darauf besteht, deswegen auch kein Recht beeinträchtigt werden kann (§ 20 Abs. 1 G.F.G.), sondern nur wenn indirekt andere Rechte beeinträchtigt sind, z. B. behauptet wird, daß ohne Einsicht der Akten, ohne Besitz einer Abschrift die Geltendmachung eines Rechtes erschwert oder unmöglich gemacht ist (vergl.

auch Rechtspr. Bd. II S. 396); gegen Verweigerung der Beglaubigung einer Abschrift ist dagegen die Beschwerde stets zulässig.

Gegen die Gewährung der Akteneinsicht oder die Erteilung von Abschriften muß Personen, deren Recht auf Geheimhaltung des Akteninhalts dadurch verletzt wird, die Beschwerde eingeräumt werden, aber nur, solange nicht die Einsicht schon erfolgt bezw. die Abschrift an den Besteller schon hinausgegeben ist; denn nach diesen Zeitpunkten ist naturgemäß eine Abhilfe nicht mehr möglich.

8. Ausnahmen von der Regel des § 34 G.F.G. und Sondervorschriften bestehen in einer Anzahl von Fällen, so hinsichtlich des Handelsregisters sowie der zum Handelsregister eingereichten Schriftstücke (§ 9 H.G. B.), des Börsenregisters (§ 56 Börsengesetz vom 22. Juni 1896), des Vereinsregisters (§ 79 B.G.B.). des Güterrechtsregisters (§ 1563 B.G.B.), der Akten über eine erblose Verlassenschaft (§ 78 G.F.G.), ferner in einer Reihe von Nachlaßsachen hinsichtlich bestimmter Aktenprodukte (vergl. § 1597 Abs. 2 Satz 2, § 1953 Abs. 3 Satz 2, §§ 2010, 2228, 2264, 2384 B.G.B.).

9. Ueber Schreibgebühren für Abschriften siehe unten § 25.

§ 24.

Fristen.

Frist ist der Zeitraum, innerhalb dessen eine Handlung von rechtlicher Bedeutung vorzunehmen ist.

Die Fristen sind teils gesetzlich bestimmte (z. B. die Frist für die sofortige Beschwerde, § 22 G.F.G.) teils richterlich festgesetzte (vergl. z. B. § 127, § 141 Abs. 1, 142 Abs. 2 G.F.G.).

Für die Berechnung der Fristen gelten die Vorschriften des Bürgerlichen Gesetzbuchs (§ 17 Abs. 1 G.F.G.; Art. 129 A.G. z. B.G.B., Art. 6 Geb.G.).

1. Beginn: Ist für den Anfang einer Frist ein Ereignis, z. B. Bekanntmachung einer Verfügung, oder ein in den Lauf eines Tages fallender Zeitpunkt maßgebend, so wird bei der Berechnung der Frist der Tag nicht mitgerechnet, in welchen das Ereignis oder der Zeitpunkt fällt (§ 187 Abs. 1 B.G.B.).

Ist der Beginn eines Tages der für den Anfang einer Frist maßgebende Zeitpunkt, so wird dieser Tag bei der Berechnung der Frist mitgerechnet. Das Gleiche gilt von dem Tage der Geburt bei der Berechnung des Lebensalters (§ 187 Abs. 2 B.G.B.).

2. Berechnungsart: Unter einem halben Jahre wird eine Frist von sechs Monaten, unter einem Vierteljahre eine Frist von drei Monaten, unter einem halben Monat eine Frist von fünfzehn Tagen verstanden. Ist eine Frist auf einen oder mehrere ganze Monate und einen halben Monat gestellt, so sind die fünfzehn Tage zuletzt zu zählen (§ 189 B.G.B.).

Ist ein Zeitraum nach Monaten oder nach Jahren in dem Sinne

bestimmt, daß er nicht zusammenhängend zu verlaufen braucht, so wird der Monat zu dreißig, das Jahr zu 365 Tagen gerechnet (§ 191 B.G.B.).

Unter Anfang des Monats wird der erste, unter Mitte des Monats der fünfzehnte, unter Ende des Monats der letzte Tag des Monats verstanden (§ 192 B.G.B.).

Im Falle der Verlängerung einer Frist wird die neue Frist von dem Ablaufe der vorigen Frist an berechnet (§ 190 B.G.B.).

3. Ende: Eine nach Tagen bestimmte Frist endigt mit dem Ablaufe des letzten Tages der Frist. Eine Frist, die nach Wochen, nach Monaten oder nach einem mehrere Monate umfassenden Zeitraume — Jahr, halbes Jahr, Vierteljahr — bestimmt ist, endigt im Falle des § 187 Abs. 1 B.G.B. mit dem Ablaufe desjenigen Tages der letzten Woche oder des letzten Monats, welcher durch seine Benennung oder seine Zahl dem Tage entspricht, in den das Ereignis oder der Zeitpunkt fällt, im Falle des § 187 Abs. 2 B.G.B. mit dem Ablaufe desjenigen Tages der letzten Woche oder des letzten Monats, welcher dem Tage vorhergeht, der durch seine Benennung oder seine Zahl dem Anfangstage der Frist entspricht. Fehlt bei einer nach Monaten bestimmten Frist in dem letzten Monate der für ihren Ablauf maßgebende Tag, so endigt die Frist mit dem Ablaufe des letzten Tages dieses Monats (§ 188 B.G.B.).

Ist an einem bestimmten Tage oder innerhalb einer Frist eine Willenserklärung abzugeben oder eine Leistung zu bewirken und fällt der bestimmte Tag oder der letzte Tag der Frist auf einen Sonntag oder einen am Erklärungs- oder Leistungsorte staatlich anerkannten allgemeinen Feiertag, so tritt an die Stelle des Sonntags oder des Feiertags der nächstfolgende Werktag (§ 193 B.G.B.).

Auch wo nicht die Abgabe einer Willenserklärung oder die Vornahme einer Handlung in Frage steht, endigt die Frist, wenn das Ende auf einen Sonntag oder allgemeinen Feiertag fällt, mit dem Ablaufe des nächstfolgenden Werktags (§ 17 Abs. 2 G.F.G; Art. 6 Geb.G.).

Allgemeine Feiertage sind diejenigen Tage, welche an dem Orte, in welchem die betreffende Rechtshandlung vorzunehmen ist, nach dem dort geltenden Landesrechte als Feiertage gelten. Bei Einlegung der sofortigen Beschwerde ist der Sitz des Gerichts, dessen Verfügung angefochten wird, bezw. des Beschwerdegerichts im Hinblick auf § 21 Abs. 1 G.F.G. maßgebend.

§ 25.

Kosten- und Gebührenwesen; Armenrecht.

I. Kosten des Verfahrens.

Das Gesetz über die Angelegenheiten der freiwilligen Gerichtsbarkeit enthält keine allgemeinen Vorschriften darüber, wer die Kosten eines Verfahrens zu tragen hat[1]). Auf Grund des § 200 Abs. 1 G.F.G. hat die Landesgesetzgebung die erforderlichen Bestimmungen erlassen (Art. 131 bis 133 A.G. z. B.G.B.).

I. Kostentragung:

1. Die Kosten sind, soweit nicht besondere Vorschriften bestehen[1]), von demjenigen zu tragen, in dessen Angelegenheit die amtliche Verrichtung stattfindet (Art. 131 Abs. 1 Satz 1 A.G. z. B.G.B.), für die Verpflichtung des Hauptbeteiligten macht es keinen Unterschied, ob das Gericht von Amts wegen tätig wurde oder er selbst oder ein anderer Beteiligter durch seinen Antrag die amtliche Tätigkeit herbeigeführt hat (Böhm-Klein, Note 1 zu Art. 131).

2. Eine besondere Bestimmung ist für die Kosten der Auseinandersetzung in Ansehung eines Nachlasses zwischen mehreren Erben oder in Ansehung des Gesamtgutes einer aufgehobenen ehelichen oder fortgesetzten Gütergemeinschaft zwischen den Beteiligten getroffen; dieselben fallen, soweit sie durch das gemeinschaftliche Verfahren entstehen, im ersteren Falle dem Nachlaß, im letzteren Falle dem Gesamtgute zur Last (Art. 132 A.G. z. B.G.B.). Dagegen ist die Teilnahme des einzelnen Beteiligten dessen Angelegenheiten im Sinne des Art. 131 und fallen die besonderen hierauf erwachsenen Kosten ihm zur Last.

3. Die durch einen unbegründeten Antrag, eine unbegründete Beschwerde oder durch Verschulden eines Beteiligten (Versäumung eines Termins, einer Frist) verursachten Kosten fallen dem Beteiligten zur Last, welcher sie verursacht hat (Art. 131 Abs. 2 Satz 1 A.G. z. B.G.B.).

Besteht hiebei der kostenpflichtige Teil aus mehreren Personen, so haften dieselben für die Kosten nach Kopfteilen[2]). Bei einer erheblichen Verschiedenheit der Beteiligung kann nach dem Ermessen des Gerichts die Beteiligung zum Maßstabe genommen werden (Art. 131 Abs. 2 Satz 2 A.G. z. B.G.B. mit § 100 Abs. 1, 2 C.P.O.).

Gerichtsschreiber, gesetzliche Vertreter, Rechtsanwälte und andere Bevollmächtigte sowie Gerichtsvollzieher können durch das mit der Sache befaßte Gericht von Amts wegen zur Tragung derjenigen Kosten verurteilt werden, welche sie durch grobes Verschulden veranlaßt haben. Vor der Entscheidung ist der Betreffende zu hören. Gegen die Entscheidung findet sofortige Beschwerde nach Maßgabe der §§ 19 ff. G.F.G. statt (Art. 131 Abs. 2 Satz 2 A.G. z. B.G.B mit § 102 C.P.O.).

II. Kostenerstattung:

Eine solche findet in zwei Fällen statt:

1. Nimmt neben demjenigen, in dessen Angelegenheiten die amt-

---

[1]) Spezielle Vorschriften für bestimmte einzelne Fälle sind z. B. enthalten in §§ 138, 152 G.F.G., § 1035, § 1067 Abs. 1, § 1372 Abs. 2, § 1528 Abs. 2, § 1672 Abs. 2, § 1844 Abs. 3, § 2121 Abs. 4, § 2122, § 2314 Abs. 2 B.G.B., § 84 B.Sch.G.

[2]) Vergl. auch für die Gebührenerhebung Art. 39 Geb.G. mit § 91 G.K.G.

liche Verrichtung stattfindet, ein anderer Beteiligter an dem Verfahren teil, so sind diesem die ihm entstandenen Kosten, soweit die gemachten Aufwendungen zur zweckentsprechenden Erledigung der Angelegenheit notwendig waren, zu erstatten (Art. 131 Abs. 1 Satz 2 A.G. z. B.G.B.).

Kosten, welche ohne Nutzen für den Hauptbeteiligten aufgewendet wurden, hat derjenige, der sie aufgewendet hat, selbst zu tragen. Darüber entscheidet, vorbehaltlich der Beschwerde, das Gericht bei der Kostenfestsetzung.

2. Zu erstatten sind ferner die durch einen unbegründeten Antrag, eine unbegründete Beschwerde oder durch Verschulden eines Beteiligten verursachten Aufwendungen eines anderen Beteiligten, soweit sie den Umständen nach notwendig waren, von demjenigen, welcher sie verursacht hat (Art. 131 Abs. 2 Satz 1 A.G. z. B.G.B., Böhm-Klein Note 5).

Die Kostenerstattung umfaßt auch die Entschädigung des Gegners für die durch notwendige Reisen oder durch die notwendige Wahrnehmung von Terminen entstandene Zeitversäumnis; die für die Entschädigung von Zeugen geltenden Vorschriften (§§ 2, 5 bis 12 Geb.O. für Zeugen und Sachverständige) finden entsprechende Anwendung (Art. 131 Abs. 2 Satz 2 A.G. z. B.G.B. mit § 91 Abs. 1 Satz 1 C.P.O.).

Die Vorschriften des § 100 Abs. 1, 2 und des § 102 C.P.O. (siehe oben sub I a. E.) finden auch hier Anwendung.

III. Entscheidung über die Kostenpflicht und Kostenfestsetzung:

1. Eine ausdrückliche Entscheidung über die Pflicht zur Kostentragung und Kostenerstattung ist regelmäßig nicht notwendig und im Gesetze nicht vorgeschrieben. Die Verpflichtung tritt kraft Gesetzes ein.

Eine Ausnahme besteht, wo ausdrückliche Verurteilung zur Kostentragung vorgeschrieben ist[3]) oder eine Entscheidung nach Lage der Sache angemessen oder notwendig erscheint[4]).

2. Festsetzung der Kosten, welche einem Beteiligten zu erstatten sind, findet nur auf Antrag statt. Antragsberechtigt ist nur der Erstattungsberechtigte; der Antrag kann schriftlich, zu Protokoll des Gerichtsschreibers oder auch unmittelbar beim Richter angebracht werden; die in Ansatz gebrachten Kosten sind zu belegen (vergl. auch Böhm-Klein Note 3 zu Art. 133).

Zuständig zur Festsetzung ist das Gericht erster Instanz, in Vormundschaftssachen, falls ein Familienrat bestellt ist, der Vorsitzende.

Gegen die Verfügung, durch welche die Festsetzung erfolgt, findet

---

[3]) z. B. § 138 G.F.G., § 102 C.P.O., vergl. oben sub Ziff. I a. E.
[4]) z. B. in Fällen des § 100 Abs. 2 C.P.O., vergl. oben sub Ziff. I.

die sofortige Beschwerde nach Maßgabe der §§ 19 ff. G.F.G. statt (Art. 133 Abs. 1 A.G. z. B.G.B.).

Aus der Verfügung, durch welche die zu erstattenden Kosten festgesetzt werden, findet die Zwangsvollstreckung nach den Vorschriften statt, welche für die Zwangsvollstreckung aus den in bürgerlichen Rechtsstreitigkeiten erlassenen Kostenfestsetzungsbeschlüssen gelten (Art. 133 Abs. 2 A.G. z. B.G.B. mit § 794 Nr. 3, 795, 798 C.P.O.).

Die vollstreckbare Ausfertigung erteilt der Gerichtsschreiber (§§ 724 ff. C.P.O.).

II. Gebühren.

A. Gerichtsgebühren:

Für das Gebührenwesen in der freiwilligen Gerichtsbarkeit sind die Vorschriften des Bayerischen Gesetzes über das Gebührenwesen in der Fassung der Bekanntmachung vom 11. November 1899 maßgebend (G.V.Bl. S. 167 und 904 ff.). Vergl. hiezu die kgl. V.O. vom 23. Dezember 1899, die Ausführung des Reichsgerichtskostengesetzes und des Gesetzes über das Gebührenwesen betr., J.M.Bl. S. 335, ferner die Instruktion zum Vollzuge des Gerichtskostengesetzes und des Gesetzes über das Gebührenwesen, J.M.Bl. 1900, S. 343 ff.

Streitige Gebührensachen sind nicht Angelegenheiten der freiwilligen Gerichtsbarkeit, weshalb die Vorschriften des allgemeinen Teiles des G.F.G. nicht Anwendung finden (Sammlg. Bd. I S. 509, Bd. II S. 672, 852, Bl. f. R.A. Bd. 67 S. 374).

1. In den Angelegenheiten der freiwilligen Gerichtsbarkeit, welche von den Gerichten wahrgenommen werden, finden die Vorschriften des Gerichtskostengesetzes zum Teil entsprechende Anwendung (Art. 39 Geb.G.).

2. Zum Zwecke der Gebührenbewertung sind die Beteiligten verpflichtet, den Wert des Gegenstandes, wenn der Gegenstand nicht in einer bestimmten Geldsumme besteht oder aus früheren Anträgen erhellt, und auf Erfordern auch den Wert eines Teiles des Gegenstandes dem Gericht anzugeben. Die Angabe kann jeder Zeit berichtigt werden (Art. 40 Geb.G.).

Wo das Gesetz für den Ansatz der Gebühr einen Spielraum läßt, hat das Gericht den Gebührensatz unter Berücksichtigung des Umfanges und der Schwierigkeiten der Sache, der Bedeutung derselben für das bürgerliche Leben und der Leistungsfähigkeit des Pflichtigen zu bestimmen und die Entscheidung in den gebührenpflichtigen Beschluß mit aufzunehmen oder den bezüglichen Beurkundungen, Zeugnissen, Auszügen, Abschriften &c. am Rande beizusetzen (Art. 280 Geb-G., § 5 V.O. vom 23. Dez. 1899).

Die Festsetzung des Wertes erfolgt gebührenfrei durch Beschluß des Gerichts, bei welchem die Gebühr in Ansatz kommt, wenn die Festsetzung von dem Zahlungspflichtigen oder der Staatskasse beantragt oder nach der Natur des Gegenstandes erforderlich wird. Das Gericht kann eine Beweisaufnahme, insbesondere die Einnahme eines Augenscheins oder die Begutachtung durch Sachverständige, auf Antrag oder von Amts wegen anordnen. In dem Beschlusse, durch welchen der Wert festgesetzt wird, ist über die Kosten der Beweisaufnahme zu entscheiden. Die Kosten können ganz oder teilweise der Partei zur Last gelegt werden, welche durch Unterlassung der ihr obliegenden Wertangabe oder durch unrichtige Wertangabe oder unbegründete Beschwerde die Beweisaufnahme veranlaßt hat (Art. 43 Geb.G.). Die Wertfestsetzung ist für den Gerichtsschreiber bindend (§ 25 Instr.).

Ueber Erinnerungen des Zahlungspflichtigen oder der Staatskasse gegen den Ansatz von Gebühren und Auslagen entscheidet bei Gebühren, welche bei einem Gericht in Ansatz gebracht werden, dieses, bei Gebühren, welche bei einem Gerichtsvollzieher in Ansatz gebracht werden (z. B. bei Vollstreckung eines Kostenfestsetzungsbeschlusses, aus einer Nachlaßauseinandersetzung § 98 G.F.G., aus der Dispache § 158 Abs. 2 G.F.G.), das Amtsgericht (Art. 44 Geb.G.).

3. Die nach den Art. 43, 44 ergangenen Entscheidungen können von dem Gerichte, welches die Entscheidung getroffen hat, oder von dem Gerichte der höheren Instanz jederzeit, auch nach der Beendigung des Verfahrens, von Amts wegen geändert werden (Art. 45 Geb.G.).

4. Gegen die nach Art. 43, 44, 45 ergangenen Entscheidungen ist die Beschwerde zulässig. Das Beschwerdeverfahren ist analog den Vorschriften des G.F.G. geregelt.

Ueber die Beschwerde entscheidet das im Instanzenzuge zunächst höhere Gericht, und wenn das Landgericht in erster Instanz entschieden hat, das Oberste Landesgericht (Art. 46 Geb.G. mit § 199 Abs. 2. G.F.G.). Zuständig ist auch in Handelssachen die Civilkammer, nicht die Handelskammer des Landgerichts, da die Gebührensachen nicht Angelegenheiten der freiwilligen Gerichtsbarkeit sind (Sammlg. Bd. I S. 502).

Gegen die Entscheidung des Beschwerdegerichts ist das Rechtsmittel der weiteren Beschwerde zulässig, soferne nicht schon das Oberste Landesgericht entschieden hat (Art. 49 Abs. 1, Art. 50 Abs. 2 Geb.G.). Ueber die weitere Beschwerde entscheidet das Oberste Landesgericht (Art. 49 Abs. 2 Geb.G.).

Die Beschwerde kann bei dem Gerichte, dessen Verfügung angefochten wird, oder bei dem Beschwerdegericht durch Einreichung einer Beschwerdefrist oder Erklärung zum Protokolle des Gerichtsschreibers (Art. 48 Abs. 1 Geb.G.), die weitere Beschwerde in gleicher Form — nur muß die Beschwerdeschrift, wenn die weitere Beschwerde nicht von einer Behörde eingelegt ist, von einem Rechtsanwalt unterzeichnet sein — bei jedem Instanzgericht eingereicht werden (Art. 49 Abs. 3 l. c.).

Die Beschwerde kann auf neue Thatsachen und Beweise (Art. 48

Abs. 2 Geb.G.), die weitere Beschwerde nur auf Verletzung des Gesetzes gestützt werden, wobei die Vorschriften der §§ 550, 551, 559, 561, 563, 574 C.P.O. entsprechende Anwendung finden (Art. 49 Abs. 1 C.P.O.).

Die weitere Beschwerde ist nur binnen einer Notfrist von zwei Wochen zulässig; die Vorschriften des Art. 22 G.F.G. über Fristbeginn und Wiedereinsetzung gegen Fristversäumung finden Anwendung (Art. 49 Abs. 4 Geb.G.).

Hat der Zahlungspflichtige Beschwerde oder weitere Beschwerde eingelegt, so ist dieselbe der Regierungsfinanzkammer zur Aeußerung mitzuteilen, über die weitere Beschwerde ist der Staatsanwalt mit gutachtlicher Aeußerung zu hören (Art. 48 Abs. 3, Art. 49 Abs. 4 und 5 Geb.G.).

Beschwerde und weitere Beschwerde haben keine aufschiebende Wirkung (Art. 48 Abs. 4, Art. 49 Abs. 4 Geb.G.).

Die Entscheidung beider Beschwerdeinstanzen kann ohne mündliche Verhandlung erfolgen (Art. 50 Abs. 2 Geb.G.) und ist mit Gründen zu versehen (Art. 48 Abs. 5, Art. 49 Abs. 4 l. c.).

5. Gebühren werden nicht erhoben:

a) für Amtshandlungen, welche unabhängig von dem Verschulden einer Partei im öffentlichen Interesse von Amtswegen gepflogen werden;
b) wenn die Gebühr aus der Reichs- oder Staatskasse oder aus der Civilkasse des Königs bezahlt werden müßte,
c) wenn die Gebührenfreiheit durch Gesetze[5]), Verordnungen oder Staatsverträge ausgesprochen ist;
d) in Gegenständen der Dienstaufsicht und Disziplin.

Ist eine Entscheidung oder sonstige Amtshandlung, für welche eine Gebühr nicht zu erheben wäre, nach freier richterlicher Ueberzeugung mutwillig veranlaßt worden, so hat das Gericht von Amtswegen die besondere Erhebung von drei Zehnteilen der Gebühr des § 8 G.K.G. (nach dem Werte des Gegenstandes) zu beschließen. Gegen den Beschluß findet Beschwerde nach Maßgabe der Art. 46 bis 50 statt; weitere Beschwerde ist unzulässig (Art. 51 Geb.G.).

Anderseits sind die Gerichte befugt, Gebühren, welche durch unrichtige Behandlung der Sache ohne Schuld der Beteiligten entstanden sind, niederzuschlagen, und für abweisende Bescheide, wenn der Antrag auf nicht anzurechnender Unkenntnis der Verhältnisse oder auf Unwissenheit beruht, Gebührenfreiheit zu gewähren (§ 6 G.K.G. mit Art. 39 Geb.G.).

6. Bei der Rechtshilfe gegenüber einer nichtbayerischen Behörde kommen, wenn eine Amtshandlung vorgenommen wird,

[5]) So sind namentlich alle auf die öffentliche Armenpflege bezüglichen Angelegenheiten tax- und stempelfrei zu behandeln (Art. 9 Abs. 1 des G., die öffentliche Armen- und Krankenpflege betr., vom 29. April 1869 i. d. F. vom 30. Juli 1899, G.V.Bl. S. 461).

für welche besondere Gebühren gesetzlich bestimmt sind, diese Gebühren zur Erhebung vorbehaltlich ausnahmsweiser anderer Bestimmung der Staatsregierung. Bei sonstigen Amtshandlungen kann die Staatsregierung die Höhe der zu erhebenden Gebühren bestimmen. Bare Auslagen sind stets zu erstatten. Die Vornahme der Amtshandlung kann von der vorgängigen Erlage eines zur Deckung der Kosten hinreichenden Vorschusses abhängig gemacht werden. Bestehende Vereinbarungen mit anderen Staaten bleiben unberührt. Gebühren und Auslagen werden nicht erhoben, soweit die Gegenseitigkeit verbürgt ist; ob diese Voraussetzung gegeben ist, entscheidet die Staatsregierung (Art. 282 Geb.G.).

7. Gegenüber Personen, welche in Bayern nicht ihren ständigen Wohnsitz haben, kann bei Anträgen auf Einleitung eines amtlichen Verfahrens oder Vornahme einzelner Amtshandlungen, dringende Fälle ausgenommen, jede amtliche Tätigkeit in der Sache selbst von der vorgängigen Erlage eines zur Deckung der hiemit verbundenen Gebühren und Auslagen hinreichenden Vorschusses abhängig gemacht werden, auch wenn dieselben von einem bayerischen Rechtsanwalte vertreten sind (Art. 283 Geb.G.).

8. Die rechnerische Behandlung erfolgt durch den Gerichtsschreiber (siehe hiezu §§ 25 ff. Instr.).

Die Gebühren werden fällig, vorbehaltlich besonderer Bestimmung (vergl. z. B. Art. 87 bezüglich der Gebühren in Vormundschaftssachen), sobald das Verfahren oder die Instanz durch unbedingte Entscheidung über die Kosten, durch Vergleich oder Zurücknahme oder anderweite Erledigung beendigt ist (Art. 39 Geb.G. mit § 93 G.K.G.).

Die Auslagen der Gerichte werden bei der Entstehung fällig (Art. 53 Geb.G.).

9. Schreibgebühren kommen regelmäßig in Höhe von zehn Pfennig für die Seite mit mindestens zwanzig Zeilen von durchschnittlich zwölf Silben für alle Ausfertigungen und Abschriften in Ansatz (Art. 39 Geb.G. mit § 80 G.K.G.); dies gilt auch für die von Amts wegen zu erteilenden einfachen Ausfertigungen und beglaubigten Abschriften oder Auszüge (Art. 54 Abs. 4 Geb.G.) und die Ausfertigungen nnd Abschriften zuzustellender Schriftstücke (Art. 39 Geb.G. mit § 80b G.K.G.).

Schreibgebühren werden ausnahmsweise nicht erhoben:

1. für die von Amts wegen anzufertigenden Ausfertigungen und Abschriften in den Fällen der §§ 6 (Gebührenniederschlagung), 45 (Beschwerde), 47 G.K.G., sofern in denselben keine Gebühren zu erheben sind,
2. für die Vollstreckungsklausel,
3. für das Zeugnis der Rechtskraft (Art. 39 Geb.G. mit § 80a G.K.G.).
4. für die von Amts wegen zu erteilenden Ausfertigungen und

Abschriften in Vormundschafts-, Pflegschafts- oder Beistandssachen (Art. 93 Geb.G.).

B. Die Gebührenordnung für Zeugen und Sachverständige vom 30. Juni 1878 in der Fassung vom 20. Mai 1898 (R.G.Bl. S. 689) mit den zu ihrer Ausführung erlassenen Bestimmungen findet gemäß § 15 G.F.G. mit §§ 401, 413 C.P.O. auch in Angelegenheiten der freiwilligen Gerichtsbarkeit Anwendung (ebenso Schneider S. 27, Jastrow S. 216, Birkenbihl S. 64, a. M. Dorner S. 105).

III. Armenrecht.

Die Vorschriften der Civilprozeßordnung über das Armenrecht sowie die Vorschriften der §§ 34—36 der Rechtsanwaltsordnung finden entsprechende Anwendung (§ 14 G.F.G.)[6]).

I. Hienach hat das mit der Sache befaßte Gericht das Armenrecht zu bewilligen, wenn

1. ein zur Kostenzahlung verpflichteter Beteiligter außerstande ist, ohne Beeinträchtigung des für ihn und seine Familie notwendigen Unterhaltes die Kosten zu bestreiten (§ 114 Abs. 1 C.P.O.);

2. derselbe aus diesem Grunde ein Gesuch um Bewilligung des Armenrechts stellt, welches auch zu Protokoll des Gerichtsschreibers erklärt werden kann und in welchem das Sachverhältnis darzulegen ist (§ 118 Abs. 1 und 3);

3. dem Gesuche ein von der obrigkeitlichen Behörde des Beteiligten ausgestelltes Zeugnis beigefügt ist, in welchem unter Angabe des Standes oder Gewerbes, der Vermögens- und Familienverhältnisse des Beteiligten sowie das Betrages der von diesem zu entrichtenden direkten Steuern das Unvermögen zur Bestreitung der Kosten ausdrücklich bezeugt wird; für Personen, welche unter Vormundschaft oder Pflegschaft stehen, kann das Zeugnis auch von der vormundschaftlichen Behörde ausgestellt werden (§ 118 Abs. 2 C.P.O.); des Nachweises des Unvermögens bedarf es in der höheren Instanz nicht, wenn das Armenrecht in der vorherigen Instanz bewilligt war (§ 119 Abs. 2 Satz 1 C.P.O.);

4. bei Armenrechtsgesuchen an eine Beschwerdeinstanz, wenn die beabsichtigte Rechtsverfolgung oder Rechtsverteidigung nicht mutwillig oder aussichtslos erscheint (§ 114 Abs. 1 C.P.O.); diese Voraussetzung entfällt, wenn ein Gegner vorhanden ist und dieser die Beschwerde eingelegt hat.

II. Die Bewilligung des Armenrechts erfolgt für jede Instanz besonders (§ 119 Abs. 1 C.P.O.).

Ausländer haben auf das Armenrecht nur insoweit Anspruch

---

[6]) Vollzugsbestimmungen siehe J.M.Bl. 1879 S. 305, 1881 S. 4; Portofreiheit in Armensachen J.M.Bl. 1879 S. 1313, 1900 S. 939. Ueber Zulassung der Armenpflegen zum Armenrecht siehe Note 5.

als Gegenseitigkeit und zwar für Angelegenheiten der freiwilligen Gerichtsbarkeit verbürgt ist (§ 114 Abs. 2 C.P.O.)[7]).

III. Gegen den Beschluß, durch welchen das Armenrecht bewilligt wird, findet kein Rechtsmittel statt; gegen den Beschluß, durch welchen das Armenrecht verweigert oder entzogen oder die Nachzahlung von Kosten angeordnet wird, findet die Beschwerde nach Maßgabe der §§ 19 ff. G.F.G. (Dorner Note 4 lit. k zu § 14, C.Bl. II S. 289) statt (§ 127 C.P.O.).

Durch die Bewilligung des Armenrechts erlangt die Partei:

1. die einstweilige Befreiung von der Berichtigung der rückständigen und künftig erwachsenden Gerichtskosten, einschließlich der Gebühren der Beamten, der den Zeugen und den Sachverständigen zu gewährenden Vergütung und der sonstigen baren Auslagen, sowie der Stempelsteuer,

2. das Recht, daß ihr, insoweit eine Vertretuug durch Anwälte geboten ist, zur vorläufigen unentgeltlichen Wahrnehmung ihrer Rechte ein Rechtsanwalt beigeordnet werde; Vertretung durch Rechtsanwälte ist notwendig, wenn weitere Beschwerde durch Einreichung einer Beschwerdeschrift eingelegt wird (§ 115 Nr. 1 und 3 C.P.O., § 29 G.F.G.).

IV. Auch insoweit eine Vertretung durch Rechtsanwälte nicht geboten ist, kann nach dem Ermessen des Gerichts einem Beteiligten zur vorläufig unentgeltlichen Wahrnehmung seiner Rechte von dem mit der Sache befaßten Gericht ein Rechtsanwalt auf Antrag beigeordnet werden (§ 34 R.A.O.). Die Auswahl eines beizuordnenden Rechtsanwalts erfolgt bei Amtsgerichten durch den mit der Sache befaßten Richter, bei Gerichten höherer Ordnung durch den Vorsitzenden des Gerichts, d. i. der betreffenden Kammer oder des Senats, aus der Zahl der bei dem Gerichte zugelassenen Rechtsanwälte (§ 36 R.A.O.).

Gegen die Entscheidung, durch welche die Beiordnung eines Rechtsanwalts abgelehnt wird, steht dem Beteiligten, gegen die Auswahl des Rechtsanwalts dem Beteiligten und dem Rechtsanwalte die Beschwerde nach §§ 19 ff. G.F.G. zu (§ 35 R.A.O.).

Insoweit nicht eine Vertretung durch Rechtsanwälte geboten ist, oder ein Anwalt gemäß § 34 R.A.O. beigeordnet ist, kann einer armen Partei, welche nicht im Bezirke des mit der Sache befaßten Gerichts wohnt, zur unentgeltlichen Wahrnehmung ihrer Rechte in Terminen vor Gericht ein Justizbeamter, welcher nicht als Richter angestellt ist, oder ein Rechtskundiger, der die vorgeschriebene erste Prüfung für den Justizdienst bestanden hat, auf Antrag beigeordnet werden; die infolgedessen erwachsenden baren Auslagen werden von der Staats-

---

[7]) Vergl. Abkommen zur Regelung von Fragen des internationalen Privatrechts vom 14. November 1896, Art. 14—16, R.G.Bl. 1899 S. 285.

kasse bestritten und als Gerichtskosten in Ansatz gebracht (§ 116 C.P.O.).

V. Das Armenrecht erlischt

1. durch Entziehung, welche jederzeit durch das Gericht, bei welchem die Sache anhängig ist, erfolgen kann, wenn sich ergibt, daß eine Voraussetzung der Bewilligung nicht vorhanden war oder nicht mehr vorhanden ist (§ 121 C.P.O.),

2. mit dem Tode der Person, welcher es bewilligt ist (§ 122 C.P.O.).

VI. Der zum Armenrecht zugelassene Beteiligte ist zur Nachzahlung der Beträge, von deren Berichtigung er einstweilen befreit war, verpflichtet, sobald er ohne Beeinträchtigung des für ihn und seine Familie notwendigen Unterhalts dazu imstande ist (§ 125 Abs. 1 C.P.O.).

Zuständig zur Anordnung der Nachzahlung ist das Gericht erster Instanz und, solange das Verfahren noch schwebt, die eben mit der Sache befaßte Instanz.

Auf die Pflicht zur Kostenerstattung an einen Gegner ist die Bewilligung des Armenrechts ohne Einfluß.

§ 26.

Gebühren der Rechtsanwälte.

[Kgl. V.O. vom 26. März 1902, die Gebühren der Rechtsanwälte in Angelegenheiten der Rechtspflege betr., G.V.Bl. 1902 S. 133, J.M.Bl. S. 427; Bek. vom 27. März 1902 gleichen Betreffs, J.M.Bl. S. 441.]

Die Gebühren der Rechtsanwälte in Angelegenheiten der freiwilligen Gerichtsbarkeit sind reichsrechtlich nicht geregelt. Durch § 200 G.F.G. ist die Landesgesetzgebung ermächtigt, die nötigen Bestimmungen zu treffen. Letzteres ist für Bayern in der oben zitierten Verordnung geschehen.

I. Berechnung der Gebühr; Allgemeines.

Die Gebühr berechnet sich einmal nach dem Wert des Gegenstandes, dann nach der Art der Tätigkeit des Rechtsanwalts. In der Regel wird die Berufstätigkeit des Rechtsanwalts durch Einzelgebühren vergütet; ausnahmsweise sind Bauschgebühren zugebilligt, so im Verfahren zur Vermittelung einer Auseinandersetzung (siehe Nr. VII unten).

Die Einzelgebühr berechnet sich nach der vollen Gebühr aus dem Wert des Gegenstandes. Die volle Gebühr beträgt bei Gegenständen im Wert von

1.	bis 20 Mk. einschließlich					2 Mk.
2.	von mehr als	20	bis	60	Mk. einschl.	3 „
3.	„ „ „	60	„	120	„ „	4 „
4.	„ „ „	120	„	200	„ „	7 „

5.	von	mehr	als	200	bis	300	Mk.	einschl.	10	Mk.
6.	„	„	„	300	„	450	„	„	14	„
7.	„	„	„	450	„	650	„	„	19	„
8.	„	„	„	650	„	900	„	„	24	„
9.	„	„	„	900	„	1200	„	„	28	„
10.	„	„	„	1200	„	1600	„	„	32	„
11.	„	„	„	1600	„	2100	„	„	36	„
12.	„	„	„	2100	„	2700	„	„	40	„
13.	„	„	„	2700	„	3400	„	„	44	„
14.	„	„	„	3400	„	4300	„	„	48	„
15.	„	„	„	4300	„	5400	„	„	52	„
16.	„	„	„	5400	„	6700	„	„	56	„
17.	„	„	„	6700	„	8200	„	„	60	„
18.	„	„	„	8200	„	10000	„	„	64	„

Von 10000 bis 20000 Mk. steigen die Wertklassen um je 2500 Mk. und die Gebühren um je 4 Mk. und von 20000 Mk. an die Gebühren um je 5 Mk. und die Wertklassen bis 100000 Mk. um je 5000 Mk., bis 300000 Mk. um je 10000 Mk., bis eine Million Mark um je 25000 Mk. und darüber hinaus um je 50000 Mk. (Art. 5 V.O. mit § 9 R.A.G.O.).

Die niedrigste Gebühr ist auf eine Mark festgesetzt (Art. 27 V.O. mit § 8 R.A.G.O.).

Für die Ausführung eines Auftrags, dessen gemeinschaftliche Erledigung mehreren Rechtsanwälten übertragen ist, steht jedem derselben die volle Vergütung zu (Art. 27 mit § 2 R.A.G.O.).

Bei Ausführung von Aufträgen mehrerer Auftraggeber durch dieselbe Tätigkeit haftet jeder Auftraggeber dem Rechtsanwalte für denjenigen Betrag an Gebühren und Auslagen, welcher bei abgesonderter Ausführung seines Auftrags erwachsen sein würde. Die Mitverhaftung der anderen Auftraggeber kann dem Rechtsanwalte gegenüber nicht geltend gemacht werden (Art. 27 mit § 3 R.A.G.O.).

Bei dem Betrieb eigener Angelegenheiten kann der Rechtsanwalt von dem zur Erstattung der Kosten des Verfahrens verpflichteten Gegner Gebühren und Auslagen bis zu dem Betrage fordern, in welchem er Gebühren und Auslagen eines bevollmächtigten Rechtsanwalts erstattet verlangen könnte (Art. 27 mit § 7 R.A.G.O.).

II. Wertberechnung.

Für diese sind die §§ 3—9 C.P.O. — soweit diese Bestimmungen in Akten der freiwilligen Gerichtsbarkeit überhaupt Anwendung finden können — maßgebend.

Für Akte, welche nur einen Teil des Gegenstandes betreffen, sind die Gebühren nur nach dem Werte dieses Teiles zu berechnen. Sind von einzelnen Wertsteilen für gleiche Akte Gebühren zu berechnen, so darf nicht mehr erhoben werden, als wenn die Gebühr von dem Gesamtbetrage der Wertsteile zu berechnen wäre; treten für die Akte verschiedene Gebührensätze ein, so ist der höchste Satz maßgebend. Für Akte, welche nur die Kosten betreffen, ist der Betrag der Kosten maßgebend (Art. 15 Abs. 2, Art. 27 V.O. mit §§ 9, 12, 13 G.K.G.).

Ist der Gegenstand einer Schätzung nach Geld nicht fähig, so ist ein Wert von 200—50000 Mk., wenn aber das Geschäft für den Auftraggeber ausnahmsweise von besonders hoher Bedeutung ist, ein Wert bis zu 100000 Mk. anzunehmen. Ist mit einem nicht vermögensrechtlichen Anspruch ein aus ihm hergeleiteter vermögensrechtlicher verbunden, so ist nur ein einziger Anspruch und zwar der höhere maßgebend (Art. 15 Abs. 3 V.O.).

Die für die Gerichtsgebühren maßgebende Festsetzung des Wertes ist für die Berechnung der Gebühren der Rechtsanwälte maßgebend. Gegen den Beschluß, durch welchen der Wert des Gegenstandes festgesetzt wird, steht dem Rechtsanwalt die Beschwerde nach Maßgabe der §§ 567 Abs. 2 und 568—575 C.P.O. zu (Art. 27 V.O. mit §§ 11, 12 R.A.G.O.).

III. An Einzelgebühren sind folgende vorgesehen:

1. Informationsgebühr (Art. 6 V.O.).

a) Der Rechtsanwalt erhält eine Gebühr für die Information. Diese umfaßt die gesamte Tätigkeit, welche der Rechtsanwalt entwickelt, um sich die für die Behandlung der Sache erforderliche Kenntnis des Sachverhalts zu verschaffen; eingeschlossen sind auch die sämtlichen Besprechungen, die der Rechtsanwalt mit dem Auftraggeber oder mit Dritten zum Zweck der Information gepflogen hat, und die Einsicht der Akten.

Die Gebühr erhält der Rechtsanwalt auch dann, wenn es zu einer instanziellen Behandlung der Sache nicht kommt; er erhält sie aber auch neben allen sonst noch durch Behandlung der Sache anfallenden Gebühren.

In derselben Instanz erhält der Rechtsanwalt die Gebühr nur einmal. Vertritt der Rechtsanwalt den Auftraggeber in mehreren Instanzen, so erhält er die Gebühr in der höheren Instanz nur dann, wenn er in dieser zu seiner Information eine weitere Tätigkeit entwickelt hat.

b) Die Gebühr beträgt in der Regel zwei Zehnteile der vollen Gebühr, aber mindestens 2 Mk. Wenn jedoch der Rechtsanwalt, um sich zu informieren, eine besonders schwierige und zeitraubende Tätigkeit zu entwickeln hat, insbesondere wenn er zu diesem Zweck umfangreiche Akten einzusehen oder zahlreiche Besprechungen zu pflegen hat, kann die Gebühr bis zu fünf Zehnteilen der vollen Gebühr erhöht werden. Ob eine Erhöhung und welche Erhöhung einzutreten hat, ist nach der gesamten in der Instanz zum Zweck der Information entwickelten Tätigkeit zu bemessen und im Streitfalle vom Prozeßrichter zu entscheiden.

2. Gebühr für Raterteilung (Art. 7, 9 Abs. 3 V.O.).

a) Als Rat gilt nur eine Aeußerung, die für die Beurteilung

und Auffassung einer Angelegenheit und demnächst für die Art und Weise ihrer Behandlung von Einfluß und Bedeutung ist. Wird eine Angelegenheit in mehreren unmittelbar aufeinander folgenden Besprechungen behandelt, so liegt regelmäßig nur eine einmalige, wenn auch nach und nach, die ganze Angelegenheit umfassende Raterteilung vor.

Hat der Rechtsanwalt im Anschluß an die Erteilung des Rates ein weiteres Geschäft vorgenommen, für das eine besondere Gebühr anzusetzen ist, besteht also zwischen der Raterteilung und einem anderen von dem Rechtsanwalt vorgenommenen Geschäft ein innerer Zusammenhang, so erhält der Rechtsanwalt, wenn der Rat mündlich erteilt wurde, nicht die Gebühr für die Raterteilung und die für das weitere Geschäft nebeneinander, sondern die Gebühr für das letztere nur insoweit, als sie die Gebühr für den Rat übersteigt. Für den schriftlich erteilten Rat gilt diese Beschränkung nicht.

b) Die Gebühr beträgt ein Zehntel der vollen Gebühr.

c) Für die Ausarbeitung eines Gutachtens mit juristischer Begründung hat der Rechtsanwalt angemessene Vergütung zu beanspruchen. Ueber die Höhe derselben wird im Prozeßwege nach eingeholtem Gutachten des Vorstandes der Anwaltskammer entschieden (Art. 9 Abs. 3 V.O. mit § 88 R.A.G.O.).

3. Gebühr für die Fertigung von Eingaben an Behörden (Art. 8).

a) Für jeden Antrag, eine Erklärung oder Beschwerde bei einer Behörde erhält der Rechtsanwalt eine besondere Gebühr. Gleichgültig ist, ob die Eingabe an eine Staatsbehörde oder an eine Gemeindebehörde, ob an die in der Sache entscheidende oder an eine ersuchte oder sonst mit Ermittelungen befaßte Behörde gerichtet ist; es begründet auch keinen Unterschied, ob die Behörde als Trägerin staatlicher Funktionen oder als Vertreterin privatrechtlicher Interessen, z. B. als Vertreterin des Fiskus, angegangen wird.

Die Gebühr ist mit der Anfertigung, nicht erst mit der Einreichung verdient; es ist deshalb auch gleichgültig, ob der Rechtsanwalt das Schreiben selbst unterschreibt oder von dem Auftraggeber unterschreiben läßt; anderseits erhält der Rechtsanwalt die Gebühr auch dann, wenn er die Eingabe nicht selbst verfertigt hat, sondern lediglich unterschreibt (Art. 27 V.O. mit § 5 R.A.G.O.).

Hat der Rechtsanwalt die einem Antrag oder einer Erklärung zu Grunde liegende Urkunde entworfen und erhält er hiefür eine Gebühr nach Art. 12 V.O. (siehe unten Nr. 7), so steht ihm für den

---

[1]) Hat z. B. der Rechtsanwalt in derselben Instanz mehrere nach Art. 8 Abs. 1 zu vergütende Anträge und mehrere nach Art. 9 Abs. 1 zu vergütende Schreiben gefertigt und sind die Gebühren aus dem Gegenstandswert von 100 Mk. zu berechnen, so soll er aus Art. 6 mindestens 2 Mk., aus Art. 8 mindestens einmal 2 Mk. und aus Art. 9 mindestens einmal 1 Mk., zusammen also mindestens 5 Mk. erhalten, während die volle Gebühr nur 4 Mk. beträgt.

Antrag oder die Erklärung die Gebühr nur zu, wenn der Antrag oder die Erklärung eine das Sach- und Rechtsverhältnis entwickelnde Darstellung enthält und deren Einreichung vom Auftraggeber verlangt wird.

Nur Schreibgebühren erhält der Rechtsanwalt für bloße Benachrichtigungen, Beschleunigungsgesuche, kurze Anzeigen, Gesuche um Abschriften oder Ausfertigungen und für ähnliche Schreiben.

b) Die Gebühr beträgt regelmäßig zwei Zehnteile der vollen Gebühr, jedoch mindestens 2 Mk. Die Gebühr kann bis auf vier Zehnteile der vollen Gebühr erhöht werden, wenn die Tätigkeit des Rechtsanwalts besonders weitläufig oder schwierig ist; das sub 1 b hinsichtlich der Höhe und Festsetzung der erhöhten Gebühr Bemerkte gilt auch hier.

4. Gebühr für Schreiben an Privatpersonen (Art. 9 V.O.).

Die Gewährung einer solchen in Höhe von ein Zehnteil der vollen Gebühr hat zur Voraussetzung, daß das Schreiben rechtliche Ausführungen oder sachliche Auseinandersetzungen enthält. Sonst erhält der Rechtsanwalt nur Schreibgebühren. Insbesondere kann für Anfertigung und Uebersendung von Rechnungen über Gebühren und Auslagen und für Zahlungsaufforderungen wegen derselben keine Gebühr beansprucht werden (Art. 27 V.O. mit § 6 R.A.G.O.).

Enthält das Schreiben einen vom Auftraggeber erbetenen Rat, so erhält der Rechtsanwalt die Gebühr für den Rat, enthält es ein Gutachten mit juristischer Begründung, so erhält er eine angemessene Vergütung, über deren Höhe im Prozeßwege nach eingeholtem Gutachten des Vorstandes der Anwaltskammer zu entscheiden ist.

5. Terminsgebühr (Art. 10).

a) Für die Wahrnehmung eines Termines vor einer Behörde als Bevollmächtigter oder für die Verbeistandung der Partei in einem solchen Termine (Art. 27 V.O. mit § 4 R.A.G.O.), nicht auch für die sonstige Tätigkeit außerhalb seiner Geschäftsräume erhält der Rechtsanwalt die in Art. 10 Abs. 1 bestimmte Gebühr. Dieselbe fällt mit der Anwesenheit des Rechtsanwalts im Termine zum Zwecke der Wahrnehmung der Rechte des Auftraggebers an und ist in der Regel auch dann zu entrichten, wenn der Termin sofort vertagt wird, ohne daß es zu einer Tätigkeit des Rechtsanwalts in der Sache selbst kommt. Ob nicht der Anspruch auf eine Gebühr im einzelnen Falle wegfällt, weil die Hinderungsursache in der Person des Rechtsanwalts ihren Grund hat oder weil der Rechtsanwalt die Verlegung noch rechtzeitig vor dem Termine schriftlich hätte beantragen können, ist nach der Lage des Falles zu bestimmen.

b) Die Gebühr beträgt für einen oder den ersten Termin drei Zehnteile der vollen Gebühr, jedoch mindestens 3 Mark, für den zweiten und jeden weiteren in derselben Instanz wahrgenommenen Termin zwei Zehnteile, jedoch mindestens 2 Mk.; die Summe der

Terminsgebühren in einer Instanz darf jedoch den Betrag einer vollen Gebühr nicht überschreiten (Art. 14 Abs. 2 V.O.).

c) Für die Wahrnehmung eines Termins, der nur zur Uebernahme oder zur Ablieferung von Geld oder Wertpapieren bestimmt ist, erhält der Rechtsanwalt die Terminsgebühr nur dann, wenn die Uebernahme oder die Ablieferung in dem Termine nicht stattfindet. Die Gebühr beträgt in diesem Falle aber nur ein Zehnteil der vollen Gebühr, jedoch nicht mehr als die Gebühr für die Uebernahme oder Ablieferung betragen hätte.

Findet die Uebernahme oder die Ablieferung im Termine statt, so erhält der Rechtsanwalt nur die Gebühr hiefür (Art. 10 Abs. 2, 27 Abs. 1 V.O., § 87 R.A.G.O.).

6. Vergleichsgebühr (Art. 11).

Für die Mitwirkung beim Abschluß eines Vergleichs erhält der Rechtsanwalt die volle Gebühr. Wird der Vergleich in einem Termine vor der Behörde, bei welcher die Sache anhängig ist, oder vor einer ersuchten Behörde geschlossen, so soll der Rechtsanwalt neben der Vergleichsgebühr noch die Terminsgebühr erhalten; die sämtlichen Terminsgebühren in der Instanz, in welcher der Vergleich abgeschlossen worden ist, und die Vergleichsgebühr sollen jedoch zusammen fünfzehn Zehnteile der vollen Gebühr nicht überschreiten (Art. 14 Abs. 3 V.O.). Im Vermögensauseinandersetzungsverfahren erhält der Rechtsanwalt keine Vergleichsgebühr (siehe unten Nr. VII).

7. Gebühr für Urkundenentwurf (Art. 12).

Für das Entwerfen einer Urkunde über ein Rechtsgeschäft erhält der Rechtsanwalt zwei bis fünf Zehnteile der vollen Gebühr; wenn die Tätigkeit des Rechtsanwalts besonders weitläufig und schwierig ist, kann die Gebühr bis auf den Betrag der vollen Gebühr erhöht werden.

Sind zu demselben Geschäfte mehrere Entwürfe der Urkunde gefertigt worden, so ist nach Lage des einzelnen Falles zu entscheiden, ob für jeden derselben eine besondere Gebühr zu beanspruchen ist; nur eine Gebühr wird insbesondere dann am Platze sein, wenn der Rechtsanwalt zur Auswahl oder zu seiner eigenen Information mehrere Entwürfe gefertigt hat oder wenn durch Verschulden des Rechtsanwalts mehrere Entwürfe gefertigt werden mußten. Kann nur eine Gebühr für mehrere Entwürfe begehrt werden, so wird unter Umständen die Tatsache, daß mehrere Entwürfe gefertigt werden mußten, bei Bemessung der Höhe der Gebühr in Betracht zu ziehen sein.

8. Ist für das dem Rechtsanwalt übertragene Geschäft eine Gebühr nicht bestimmt, so erhält er eine unter entsprechender Anwendung der Vorschriften der Reichsgebührenordnung für Rechtsanwälte und der Verordnung vom 26. März 1902 zu bemessende Gebühr (Art. 26 V.O.).

IV. Minderung der Gebühren.

Hat der Rechtsanwalt eines der unter Ziff. III genannten Geschäfte vorbereitet oder begonnen, erledigt sich aber der Auftrag vor vollständiger Ausführung, so erhält der Rechtsanwalt eine unter entsprechender Anwendung der jeweils für das Geschäft gewährten Gebühren zu bemessende Gebühr (Art. 13 V.O.). Dies gilt auch dann, wenn der dem Rechtsanwalt erteilte Auftrag ausschließlich darauf gerichtet war, einen Vergleich zu schließen, und seine Bemühungen erfolglos waren.

V. Zusammentreffen mehrerer Gebühren.

Der Rechtsanwalt soll für die Information, Raterteilung, Eingaben und Schreiben in der Instanz zusammen nur eine volle Gebühr erhalten. Betragen die Mindestgebühren für die einzelnen vorgenommenen Geschäfte zusammen mehr als die volle Gebühr, so ist der Gesamtbetrag der Mindestgebühren maßgebend. Es kommt aber dabei von jeder Art der Geschäfte, die der Rechtsanwalt in der Instanz ausgeführt hat, nur ein Geschäft in Betracht (Art. 14 Abs. 1 V.O.).

An Terminsgebühren steht dem Rechtsanwalt in derselben Instanz nicht mehr als eine volle Gebühr zu; wenn er einen unter Art. 10 Abs. 1 (oben Ziff. III Nr. 5a, b) fallenden Termin wahrgenommen hat, erhält er mindestens 3 Mark (Art. 14 Abs. 2 V.O.).

Ueber die Beschränkung der Summe der Terminsgebühren und der Vergleichsgebühr auf ein Höchstmaß siehe Ziff. III Nr. 6.

VI. Keine Gebühr kann beansprucht werden für die mit der Erledigung eines Geschäfts verbundenen Nebengeschäfte und für die zur Vorbereitung eines Geschäfts erforderliche Tätigkeit, soweit nicht eine Gebühr hiefür bestimmt ist. Insbesondere kann hienach eine Gebühr nicht beansprucht werden für das Entwerfen einer dem Rechtsanwalt oder von dem Rechtsanwalte zu erteilenden Vollmacht, für das Entgegennehmen von Zustellungen sowie für Vermerke zu den Handakten des Rechtsanwalts, wenn sie nur den Zweck haben, Aufschluß über seine Tätigkeit und über den Stand der Sache zu geben (Art. 16 V.O.).

VII. Gebühr im Auseinandersetzungsverfahren (Art. 24 V.O.).

1. Höhe: Im Verfahren zur Vermittelung der Auseinandersetzung in Ansehung eines Nachlasses oder des Gesamtgutes einer ehelichen oder fortgesetzten Gütergemeinschaft erhält der Rechtsanwalt, soferne ihm die Wahrnehmung der Rechte des Auftraggebers in der Eigenschaft eines für das ganze Verfahren Bevollmächtigten oder Beistandes (Art. 27 V.O. mit § 4 R.A.G.O.) übertragen ist, je die volle Gebühr:

a) für den Geschäftsbetrieb einschließlich der Information,
b) für die Wahrnehmung der Termine vor dem Amtsgericht oder dem Notar einschließlich der Mitwirkung bei einer Vereinbarung

über vorbereitende Maßregeln und über den Auseinandersetzungsplan; eine besondere Vergleichsgebühr erhält der Rechtsanwalt nicht;

c) weitere fünf Zehnteile der vollen Gebühr, wenn er den Antrag auf Vermittelung der Auseinandersetzung gestellt hat.

Jede Gebühr kann der Rechtsanwalt in der Instanz nur einmal beanspruchen. Die Gebühren umfassen die gesamte Tätigkeit des Rechtsanwalts von dem Auftrage bis zur Beendigung der Instanz (Art. 27 Abs. 2 V.O. mit §§ 25, 29 Abs. 1 R.A.G.O.).

2. Berechnung: Diese erfolgt aus dem Werte des Anteils des Auftraggebers an dem Nachlaß oder dem Gesamtgut in Anwendung der §§ 9 bis 13 G.K.G. (Art. 27 Abs. 2 V.O. mit § 10 R.A.G.O.) nicht nach der gesamten Teilungsmasse; ein Abzug der Schulden findet nicht statt.

3. Beschränkt sich der Auftrag auf eine einzelne Tätigkeit oder auf mehrere einzelne Tätigkeiten in dem Verfahren, so erhält der Rechtsanwalt die Einzelgebühren nach Ziff. III; die Summe derselben darf aber die Gebühr für die Vertretung nicht übersteigen.

Wird der Rechtsanwalt, nachdem er in der Sache tätig war, zum Bevollmächtigten für das ganze Verfahren bestellt, so erhält er für die ihm vorher aufgetragenen Handlungen, soweit für dieselben die dem Bevollmächtigten zustehende Gebühr bestimmt ist, und als Bevollmächtigter zusammen nicht mehr an Gebühren, als ihm zustehen würden, wenn er vorher zum Bevollmächtigten bestellt worden wäre (Art. 25, 27 Abs. 2 V.O. §§ 48, 49 R.A.G.O.).

Wird der dem Rechtsanwalte erteilte Auftrag vor Beendigung der Instanz aufgehoben, so stehen dem Rechtsanwalte die Gebühren in gleicher Weise zu, als wenn die Instanz zur Zeit der Aufhebung des Auftrags durch Zurücknahme der gestellten Anträge erledigt wäre, unbeschadet der aus einem Verschulden sich ergebenden civilrechtlichen Folgen (Art. 27 Abs. 2 V.O. mit § 50 R.A.G.O.).

Bei Vertretung mehrerer stehen dem Rechtsanwalte die Gebühren nur einmal zu. Bei nachträglichem Beitritt von Auftraggebern erhöht sich durch jeden Beitritt die Gebühr für den Geschäftsbetrieb um zwei Zehnteile. Die Erhöhung wird nach dem Betrage berechnet, bei welchem die Vollmachtgeber gemeinschaftlich beteiligt sind; mehrere Erhöhungen dürfen den einfachen Betrag der Gebühr für den Geschäftsbetrieb nicht übersteigen (Art. 27 Abs. 2 V.O. mit § 51 R.A.G.O.).

Für die begonnene oder vorbereitete Ausführung eines vor der vollständigen Ausführung erledigten Auftrags erhält der Rechtsanwalt eine unter entsprechender Anwendung der vorstehenden Vorschriften (1 bis 3) zu bemessende Gebühr (Art. 27 Abs. 2 V.O. mit § 90 R.A.G.O.).

4. Für die Beschwerdeinstanz gelten die Vorschriften der Art. 6 ff. V.O., Ziff. III hier (J.M.Bl. 1902 S. 485).

VIII. Entsprechende Anwendung finden in allen Angelegenheiten die Vorschriften der Reichsgebührenordnung für Rechtsanwälte über Auslagen, Schreibgebühren, Reisekosten (§§ 76 bis 83), Einforderung von Gebühren und Auslagen (§§ 84 bis 86) und über die Inkassogebühr (§ 87) — Art. 27 Abs. 1 V.O.

IX. Vertragsmäßige Festsetzung der Vergütung.

Durch Vertrag zwischen dem Vertretenen und dem Rechtsanwalt, der schriftlich abzufassen ist, widrigenfalls der Auftraggeber nicht daran gebunden ist, kann die Vergütung abweichend von den vorausgehenden Vorschriften festgesetzt werden. Die Festsetzung durch Bezugnahme auf das Ermessen eines Dritten ist ausgeschlossen. Der Auftraggeber kann eine Berechnung der Vergütung, wie sie nach den vorstehenden Vorschriften zu entrichten wäre, verlangen. Hat der Rechtsanwalt durch den Vertragsabschluß die Grenzen der Mäßigung überschritten, so kann die vertragsmäßig festgesetzte Vergütung im Prozeßwege nach eingeholtem Gutachten des Vorstands der Anwaltskammer bis auf den in der V.O. bestimmten Betrag herabgesetzt werden.

Für das Verhältnis des Auftraggebers oder des Rechtsanwalts zu dem Erstattungspflichtigen kommt die vertragsmäßige Festsetzung der Vergütung nicht in Betracht (Art. 27 Abs. 1 V.O. mit §§ 93, 94 R.A.G.O.).

§. 27.

Rechtshilfe; schriftlicher Verkehr mit Behörden.

I. Rechtshilfeverkehr mit inländischen Gerichten.

Die Gerichte haben sich Rechtshilfe zu leisten; die §§ 158 bis 169 G.V.G. finden Anwendung. Diese Vorschrift gilt:

1. in reichsrechtlichen Angelegenheiten für das Verhältnis der Gerichte aller Bundesstaaten einschließlich Elsaß-Lothringen (§ 2, § 185 G.F.G. mit Art. 5 E.G. z. B.G.B.).

2. in Angelegenheiten, für welche die Landesgesetze maßgebend sind, für das Verhältnis der bayerischen Gerichte unter einander (Art. 129 A.G. z. B.G.B. mit § 2 G.F.G., Art. 77 A.G. z. G.V.G.).

Mit den Gerichten anderer Bundesstaaten ist in Angelegenheiten der letzteren Art der direkte Verkehr teils auf Grund von Staatsverträgen ausdrücklich gestattet, teils üblich (vergl. Becher S. 1254 Note 4).

Die bayerischen Gerichte haben auch den in anderen Bundesstaaten für die Besorgung von Geschäften der freiwilligen Gerichtsbarkeit bestellten nicht gerichtlichen Behörden Rechtshilfe zu leisten (§ 194 Abs. 1 und 4 G.F.G.).

1.) Sachlich zuständig zur Rechtshilfeleistung sind die Amtsgerichte, örtlich zuständig ist das Amtsgericht, in dessen Bezirke die Amtshandlung vorgenommen werden soll (§ 158 G.V.G.).

Im Felde sind beim Heere hinsichtlich der Militärpersonen des aktiven Heeres und der aktiven Marine und der in § 1 Nr. 6, 7, 8 der Militärgerichtsordnung bezeichneten Personen auch die Kriegsgerichtsräte für die Erledigung von Ersuchen um Rechtshilfe zuständig (§ 1 Nr. 3 des R.G. betreffend die freiwillige Gerichtsbarkeit und andere Rechtsangelegenheiten in Heer und Marine vom 28. Mai 1901 R.G.Bl. S. 185).

2.) Die Rechtshilfeleistung erfolgt auf Ersuchen; dieses darf nur abgelehnt werden, wenn es nicht von einem im Instanzenwege vorgesetzten Gerichte ausgeht und wenn zugleich:

a) dem ersuchten Gerichte die örtliche Zuständigkeit mangelt oder
b) die vorzunehmende Handlung nach dem Rechte des ersuchten Gerichts verboten ist (§ 159 G.V.G.).

Wird das Ersuchen abgelehnt oder wird der Vorschrift des § 159 zuwider dem Ersuchen stattgegeben, so entscheidet das Oberlandesgericht, zu dessen Bezirk das ersuchte Gericht gehört. Eine Anfechtung dieser Entscheidung findet nur statt, wenn dieselbe die Rechtshilfe für unzulässig erklärt und das ersuchende und das ersuchte Gericht den Bezirken verschiedener Oberlandesgerichte angehören. Ueber die Beschwerde entscheidet in reichsrechtlichen Angelegenheiten das Reichsgericht, auch wenn zwei bayerische Gerichte in Frage stehen, nicht das Oberste Landesgericht, da sich der Vorbehalt des § 199 Abs. 1 G.F.G. auf diese Beschwerde nicht erstreckt. Die Entscheidungen erfolgen auf Antrag der Beteiligten oder des ersuchenden Gerichts ohne vorgängige mündliche Verhandlung (§ 160 G.V.G.).

3.) Für Vollstreckungen, Ladungen und Zustellungen bedarf es einer Mitwirkung des Gerichts, in dessen Bezirke dieselben erfolgen sollen, also eines Ersuchens um Rechtshilfe, nicht. Nur wegen Erteilung eines Auftrags an einen Gerichtsvollzieher kann die Mitwirkung des Gerichtsschreibers des Amtsgerichts in Anspruch genommen werden, in dessen Bezirke der Auftrag auszuführen ist (§§ 161, 162 G.V.G.).

Die Vorschrift des § 163 G.V.G., wonach Freiheitsstrafen, welche die Dauer von sechs Wochen nicht übersteigen, in demjenigen Bundesstaate zu vollstrecken sind, in welchem der Verurteilte sich befindet, hat praktische Bedeutung hier nur für die gegen Zeugen gemäß §§ 380, 390 C.P.O. ausgesprochenen Strafen.

4.) Ueber die Formen des schriftlichen Verkehrs siehe M.Bek. vom 28. April 1901, die Vereinfachung des dienstlichen Verkehrs betreffend, J.M.Bl. 1901 S. 363, G.V.Bl. 1901 S. 379.

II. Mit anderen deutschen Behörden.

1. Die den Civil-Staatsministerien untergeordneten Stellen und Behörden haben mit allen öffentlichen Organen dieser Ministerien im ganzen Umfange des Königreiches dann in unmittelbaren Geschäftsverkehr zu treten, wenn weder eine Mitwirkung noch eine Kenntnis-

nahme von Seite derjenigen Stellen und Behörden notwendig ist, welche den Beteiligten zunächst vorgesetzt sind. Ansinnen an Behörden, welche dem veranlassenden Gerichte nicht untergeordnet sind, haben in Ersuchensform zu ergehen (§ 14 der Bek. vom 28. April 1901). Im übrigen ist für die Form des Schriftverkehrs die cit. Bekanntmachung maßgebend.

2. Ueber den Verkehr mit dem Reichstag, dem Bayerischen Landtag und mit den Landräten vergl. J.M.E. vom 8. März 1873, J.M.B. S. 91.

3. Die bayerischen Militärgerichte haben den Civilgerichten Rechtshilfe zu leisten, wobei die Vorschriften der §§ 158 bis 160, 162, 164, 167 G.V.G. entsprechende Anwendung finden (Art. 77 Abs. 3 A.G. z. G.V.G.).

4. Mit Behörden anderer Bundesstaaten ist der direkte Verkehr teils auf Grund von Staatsverträgen gestattet, teils üblich (Becher S. 1254 Note 4).

Das Reichsgesetz über die Gewährung von Rechtshilfe vom 21. Juni 1869 findet in Angelegenheiten der freiwilligen Gerichtsbarkeit keine Anwendung.

III. Mit dem Auslande.

Die maßgebenden Vorschriften über den Rechtshilfeverkehr der Justizbehörden mit dem Auslande sind in der Bekanntmachung vom 28. November 1887 (J.M.Bl. S. 279) enthalten. Vergleiche auch die Ergänzungen hiezu J.M.Bl. 1890 S. 291 (Adresse, Betreff, Aktenzeichen), J.M.Bl. 1893 S. 227 (Ersuchen um Zustellungen), J.M.Bl. 1901 S. 645 (Zustellungen an Angehörige der österreichisch-ungarischen Armee).

Ein direkter Schriftwechsel ist nach den bestehenden internationalen Vereinbarungen nur mit den Justizbehörden von Oesterreich-Ungarn und der Schweiz zulässig; im Verkehr mit ungarischen Behörden ist der diplomatische Verkehr vorzuziehen (J.M.Bl. 1887 S. 297, 300). Das Verzeichnis der Gerichtsbehörden der Schweiz, an welche die Ersuchsschreiben zu richten sind, siehe J.M.Bl. 1888 S. 95, 1890 S. 36 (letzteres nur für Canton Zürich).

Soll die Rechtshilfe in einem deutschen Schutzgebiete geleistet werden, so ist das Ersuchen an die daselbst zur Ausübung der Gerichtsbarkeit bestellten Behörden zu richten (§ 2 Schutzgebietgesetz i. d. F. vom 10. September 1900, R.G.Bl. S. 813). Ueber Kolonialgerichte siehe für Neu-Guinea V.O. vom 5. Juni 1886 und vom 13. Juli 1888, für die Marschall-Brown- und Providence-Inseln V.O. vom 13. September 1886, für die Salomons-Inseln V.O. vom 11. Jannar 1887, für das Schutzgebiet der deutsch-ostafrikanischen Gesellschaft V.O. vom 18. November 1887 und vom 1. Januar 1891, für das südwestafrikanische Schutzgebiet V.O. vom 21. Dezember 1887 und 10. August 1890, für die Schutzgebiete von Kamerun und Togo V.O. vom 2. Juli 1888, für Kiautschou V.O. vom 27. April 1898.

Ueber die Beförderung der Ersuchsschreiben und den Verkehr mit den Schutzgebieten siehe J.M.Bl. 1887 S. 284.

Wird Rechtshilfe in einem Lande gesucht, in welchem die Konsulargerichtsbarkeit geübt wird, so ist das Ersuchen an den Konsul zu richten, selbst wenn er zur eigenen Erledigung nicht zuständig ist (§§ 1, 5, 7, 18 R.G. über die Konsulargerichtsbarkeit vom 7. April 1900 R.G.Bl. S. 213). Die Konsulargerichtsbarkeit wird zur Zeit geübt in Bulgarien, China, Egypten (vergl. jedoch R.G. vom 30. März 1874, R.G.Bl. S. 23, V.O. vom 23. Dezember 1875, R.G.Bl. S. 381, vom 15. Februar 1897, R.G.Bl. S. 71, und vom 6. Januar 1901, R.G.Bl. S. 3), Japan, Marokko, Ostrumelien, Persien, Rumänien, Samoa (jedoch V.O. vom 17. Februar 1900, R.G.Bl. S. 136), Südseeinsel, Tongainseln, Türkei, Zanzibar.

Ueber den Verkehr mit den deutschen Konsuln siehe J.M.Bl. 1887 S. 285 und J.M.Bl. 1893 S. 227.

In den übrigen Fällen sind die Ersuchsschreiben an die im Auslande beglaubigten diplomatischen Vertreter des Reiches und Bayerns zu richten und zwar im Verkehr mit Staaten, in welchen bayerische Gesandtschaften bestehen, an diese. Bayerische Gesandtschaften sind zur Zeit noch in Paris für Frankreich und Belgien, in Italien und in Rußland.

Die Ersuchsschreiben müssen, wenn sie von einem Amtsgerichte oder Landgerichte ausgehen, dem Staatsanwalt an den einschlägigen Landgerichten, wenn sie von einem Oberlandesgerichte ausgehen, dem Oberstaatsanwalt und von den genannten staatsanwaltschaftlichen Beamten unmittelbar dem k. Staatsministerium der Justiz, in dringenden Fällen dem k. Staatsministerium des k. Hauses und des Aeußern in Vorlage gebracht werden (vergl. das Nähere in der cit. Bek. vom 28. November 1887).

Für Art und Umfang der Rechtshilfe sind die Staatsverträge maßgebend; vergl. insbesondere das Abkommen zur Regelung von Fragen des internationalen Privatrechts vom 14. November 1896 nebst Zusatzprotokoll (R.G.Bl. 1899 S. 285).

IV. Kosten der Rechtshilfe.

Rechtshilfekosten werden im Rechtshilfeverkehr zwischen deutschen Bundesstaaten seitens des ersuchenden Staates regelmäßig nicht erstattet (§ 165 G.V.G.); auch die baren Auslagen der ersuchten Behörde sind von der ersuchenden nicht zu erstatten; dies gilt auch für die gerichtliche Beurkundung von Rechtsgeschäften (J.M.Bek. vom 16. April 1901, J.M.Bl. S. 319).

Die Erhebung von Gebühren seitens der Beteiligten ist nicht ausgeschlossen.

Für die Erledigung des Ersuchens eines nichtbayerischen Gerichts kommen, wenn eine Amtshandlung vorgenommen wird, für welche besondere Gebühren gesetzlich bestimmt sind, diese Gebühren zur Erhebung, soferne nicht die Staatsregierung ausnahmsweise andere Gebührensätze bestimmt hat.

Ist um die Vornahme sonstiger Amtshandlungen ersucht, so können besondere Gebühren erhoben werden, deren Höhe die Staatsregierung bestimmt.

In beiden Fällen sind die mit der Erledigung des Ersuchens verbundenen baren Auslagen zu erstatten.

Die Vornahme der Amtshandlung kann von der vorgängigen Erlage eines zur Deckung der Kosten hinreichenden Vorschusses abhängig gemacht werden. Die bestehenden Vereinbarungen mit anderen Staaten werden hiedurch nicht berührt (vergl. hiezu § 9 der R.G. über den Beistand bei Einziehung von Abgaben und Vollstreckung von Vermögensstrafen vom 9. Juni 1895, R.G.Bl. S. 256).

Gebühren und Auslagen werden nicht erhoben, soweit die Gegenseitigkeit verbürgt ist; ob diese Voraussetzung gegeben ist, entscheidet die Staatsregierung (Art. 282 Geb.G.).

Im Rechtshilfeverkehr mit Baden werden Gebühren nicht erhoben (Bek. vom 22. Februar 1901, J.M.Bl. S. 266).

II. Abschnitt.

Vormundschaftssachen.

---

§ 28.

Vorbemerkung.

I. Vormundschaftssachen sind nach der Terminologie des Gesetzes über die freiwillige Gerichtsbarkeit (vergl. die Ueberschrift des 2. Abschnittes dieses Gesetzes) alle regelmäßig dem Vormundschaftsgericht obliegenden Verrichtungen.

Hieher gehören:

1. die den Gerichten obliegenden Verrichtungen bezüglich der Vormundschaften und Pflegschaften;
2. einzelne Verrichtungen in Bezug auf das Verhältnis zwischen geschäftsunfähigen oder in der Geschäftsfähigkeit beschränkten Personen und ihren gesetzlichen Vertretern außerhalb einer Vormundschaft oder Pflegschaft;
3. Verrichtungen hinsichtlich der persönlichen Rechtsbeziehungen der Ehegatten zu einander und des ehelichen Güterrechts.

Das Bürgerliche Gesetzbuch unterscheidet Vormundschaft im weiteren und im engeren Sinne.

Unter der ersteren sind auch die Pflegschaften mit inbegriffen (vergl. Ueberschrift und Inhalt des 3. Abschnittes des 4. Buches des B.G.B.); sie steht im Gegensatz zu dem oben sub Ziff. 2 und 3 bezeichneten Verrichtungen des Vormundschaftsgerichts.

Unter der Vormundschaft im engeren Sinn sind im Gegensatze zur Pflegschaft die Fälle einer allgemeinen Fürsorge für Geschäftsunfähige und in der Geschäftsfähigkeit beschränkte Personen zu verstehen, bei welchen sich also die Fürsorge auf die Person des Mündels und dessen Vermögen als Ganzes erstreckt.

Zu den Pflegschaften gehören:

1. die Fälle der Fürsorge für Geschäftsunfähige und in der Geschäftsfähigkeit beschränkte Personen, sei es, daß sie unter elterlicher Gewalt oder unter Vormundschaft stehen, bei Vorhandensein eines Fürsorgebedürfnisses nur hinsichtlich

einzelner Angelegenheiten oder eines bestimmten Kreises von Angelegenheiten;

2. die Fälle einer Fürsorge für geschäftsfähige Personen ohne Rücksicht, ob das Fürsorgebedürfnis ein allgemeines ist oder nur einzelne Angelegenheiten betrifft, sowie für Vermögenskomplexe.

II. Das Verfahren in Vormundschaftssachen ist reichsgesetzlich teils im Bürgerlichen Gesetzbuche, teils im 2. Abschnitt des G.F.G. geregelt; die allgemeinen Vorschriften der §§ 2 ff. G.F.G. finden Anwendung, soweit nicht in den §§ 35—64 ein anderes bestimmt ist. Landesgesetzliche Ausführungsbestimmungen enthalten die Art. 92 ff. A.G. z. B.G.B. Die wesentlichsten Ausführungsvorschriften für die formelle Behandlung der Vormundschaftssachen enthält die Justizministerialbekanntmachung vom 19. Januar 1900, das Vormundschaftswesen betr. (J.M.Bl. S. 181).

III. Die Bearbeitung der Vormundschaftssachen kann während der Gerichtsferien unterbleiben, soweit das Bedürfnis einer Beschleunigung nicht vorhanden ist (§ 10 G.F.G.; vergl. oben § 11).

1. Kapitel.

§ 29.

Zuständigkeit.

I. Das Bürgerliche Gesetzbuch überweist die Vormundschaftssachen dem Vormundschaftsgerichte und bezeichnet sie damit gleichzeitig als Angelegenheiten der freiwilligen Gerichtsbarkeit.

Die Entscheidung von Rechtsstreitigkeiten gehört auch in Vormundschaftssachen zu den Obliegenheiten der ordentlichen Gerichte, soweit nicht ausdrücklich die Entscheidung streitiger Punkte dem Vormundschaftsgerichte überwiesen ist.

Für die dem Vormundschaftsgerichte obliegenden Verpflichtungen sind regelmäßig die Amtsgerichte sachlich zuständig (§ 35 G.F.G.).

Von diesen Regeln bestehen folgende Ausnahmen:

1. Wenn ein Familienrat eingesetzt ist, hat dieser die Rechte und Pflichten des Vormundschaftsgerichts (§ 1872 Abs. 1 B.G.B.).
2. Das dem Vormundschaftsgerichte im Instanzenzug vorgeordnete Gericht ist zuständig, die Entlassung eines Familienratsmitgliedes gegen dessen Willen zu verfügen (§ 1878 Abs. 2 B.G.B.).
3. In Ansehung der Landesherren und der Mitglieder der landesherrlichen Familien sowie der fürstlichen Familie Hohenzollern, ferner der Mitglieder des vormaligen hannoveranischen Königshauses, des vormaligen kurhessischen und des vormaligen herzoglich-nassauischen Fürstentums können die Hausverfassungen oder die Landesgesetze, in Ansehung der vormals reichsständischen

und der denselben gleichgestellten Familien, ferner in Ansehung des vormaligen Reichsadels und der diesen gleichgestellten Familien können die Landesgesetze und nach Maßgabe derselben die Hausverfassungen abweichende Vorschriften enthalten (§ 189 Abs. 1 G.F.G. mit Art. 57, 58 E.G. z. B.G.B.)[1]).

4. Die von einem ausländischen Staate beim Reiche beglaubigten diplomatischen Personen sind von der Gerichtsbarkeit der deutschen Gerichte auch in Vormundschaftssachen nach Grundsätzen des Völkerrechts befreit; das Gleiche gilt für deren Familienmitglieder, Geschäftspersonal und Bedienstete[2]).

5. Ausnahmen von der Zuständigkeit der inländischen Gerichte bestehen ferner auf Grund von Staatsverträgen hinsichtlich der Vormundschaft über Ausländer und über im Auslande befindliche Deutsche. Insoweit diese Vorschriften nicht enthalten, ist nach den Bestimmungen des Art. 23 E.G. z. B.G.B. und des § 47 Abs. 1 G.F.G. zu entscheiden, ob eine Tätigkeit des inländischen Vormundschaftsgerichts veranlaßt erscheint.

Hienach kann eine Vormundschaft oder eine Pflegschaft im Inlande auch über einen Ausländer, soferne der Staat, dem er angehört, die Fürsorge nicht übernimmt, angeordnet werden, wenn der Ausländer nach den Gesetzen dieses Staates der Fürsorge bedarf oder im Inland entmündigt ist. Das deutsche Vormundschaftsgericht kann vorläufige Maßregeln treffen, solange eine Vormundschaft oder Pflegschaft nicht angeordnet ist.

Dagegen kann die Anordnung der Vormundschaft über einen Deutschen, der im Auslande seinen Wohnsitz oder Aufenthalt hat, im Inlande unterbleiben, wenn dies im Interesse des Mündels liegt, sofern die nach den Vorschriften des Bürglichen Gesetzbuches erforderliche Vormundschaft im Ausland angeordnet ist.

6. Auf Grund des Art. 147 E.G. z. B.G.B. ist die nach § 3 B.G.B. reichsgesetzlich dem Vormundschaftsgericht übertragene Volljährigkeitserklärung in Bayern dem Staatsministerium der Justiz übertragen (Art. 2 A.G. z. B.G.B.).

2. Kapitel.

§ 30.

Formelle Geschäftsbehandlung, Aktenbildung, Aktenführung.

I. Behandlung der standesamtlichen Anzeigen.

Die Todesanzeigen der Standesbeamten werden bei dem Amtsgerichte zunächst dem Richter zugeteilt, welcher mit der Bearbeitung der Nachlaßsachen betraut ist. Dieser leitet die Anzeigen, wenn nach

---

[1]) Für Bayern vergl. Note 4 und 5 zu § 4.
[2]) Vergl. Näheres Note 7 zu § 4.

der Todesanzeige als Erben minderjährige oder bevormundete oder unter Pflegschaft stehende Personen beteiligt sind, an den Vormundschaftsrichter. Der Vormundschaftsrichter fertigt auf einem besonderen Blatte zu seinen Akten von der Todesanzeige eine Abschrift oder einen Auszug und gibt die Anzeige dem Nachlaßgerichte zurück (§ 106 der Bekanntmachung, das Nachlaßwesen betr., vom 31. Dezember 1899, J.M.Bl. 1900 S. 36).

Wenn die Todesanzeige den Verstorbenen als verheiratet bezeichnet, in Bezug auf die Kinder jedoch keine Angabe oder die Angabe enthält, daß unbekannt ist, ob minderjährige Kinder hinterlassen sind, ist die Todesanzeige gleichfalls dem Vormundschaftsrichter vorzulegen; dieser hat durch Einvernahme der Hinterbliebenen oder der Polizeibehörde zu erheben, ob minderjährige oder unter Vormundschaft oder Pflegschaft stehende Personen beteiligt sind.

Die übrigen Anzeigen des Standesbeamten werden dem Vormundschaftsrichter unmittelbar vorgelegt.

Ist als Vormundschaftsgericht nicht das Gericht, an welches die Anzeige von dem Standesbeamten erstattet worden ist, sondern ein anderes zuständig, so übersendet der Vormundschaftsrichter von der Todesanzeige eine Abschrift oder einen Auszug, jede andere Anzeige aber in Urschrift an das zuständige Vormundschaftsgericht.

Der Vormundschaftsrichter hat sich ferner die Anzeigen der Standesbeamten über den Tod eines minderjährigen unehelichen Kindes oder eines ehelichen minderjährigen Kindes, dessen Eltern nach der Todesanzeige schon gestorben sind, vorlegen zu lassen und die durch die Beendigung der Vormundschaft veranlaßten Maßnahmen zu treffen. Wird die Vormundschaft nicht bei dem Amtsgericht, an welches die Todesanzeige erstattet worden ist, sondern bei einem anderen Amtsgerichte geführt, so ist diesem Nachricht zu geben (§§ 54, 55 Vorm.O.).

II. Anträge, Erklärungen, Beurkundungen.

Werden in Vormundschaftssachen Anträge und Erklärungen der beteiligten Personen bei dem zuständigen Gericht abgegeben, so sollen sie in der Regel vom Richter selbst entgegengenommen werden. Der Richter kann sich einer Schreibkraft bedienen (§ 50 Vorm.O.).

Wird von dem Vormundschaftsgericht ein Rechtsgeschäft beurkundet, z. B. die Vereinbarung zwischen dem unehelichen Kinde und dessen Vater über den Unterhalt für die Zukunft (§ 1714 des B.G.B.), so gelten für die Beurkundung die Formvorschriften der §§ 168 bis 173 des G.F.G. (siehe VI. Abschnitt).

Die Vorschriften der §§ 174, 177 des G.F.G. sollen auch dann beobachtet werden, wenn das Protokoll keine rechtsgeschäftlichen Erklärungen enthält (§ 51 Vorm.O.). Das Protokoll muß also vorgelesen, von den Beteiligten genehmigt und von ihnen eigenhändig unterschrieben werden. Im Protokoll muß festgestellt werden, daß dies geschehen ist. Auf Verlangen soll das Protokoll den Beteiligten auch zur Durchsicht vorgelegt werden. Erklärt ein Beteiligter, daß er nicht schreiben könne, so muß diese Erklärung im Protokoll festgestellt werden; bei der Vorlesung und der Genehmigung muß der Richter in diesem Falle einen Zeugen zuziehen.

Die mitwirkenden Personen, das ist der Richter und die etwa zugezogenen Zeugen, müssen zwar nicht bei Errichtung des Protokolls wohl aber bei der Vorlesung, Genehmigung und Unterzeichnung desselben zugegen sein und sodann das Protokoll selbst unterzeichnen; auch der Protokollführer hat zu unterzeichnen.

III. Ausfertigungen.

Die Ausfertigungen des Vormundschaftsgerichts, z. B. die Ausfertigungen von Bestallungen, von Wiederverehelichungszeugnissen, sind von dem Richter zu unterzeichnen (Art. 22 A.G. z. G.V.G.). Sie sind mit dem Gerichtssiegel zu versehen. Die Ausfertigungen derjenigen Protokolle, die eine rechtsgeschäftliche Erklärung enthalten, sind nach § 182 des G.F.G. von dem Gerichtsschreiber zu unterschreiben und mit dem Gerichtssiegel zu versehen. Insbesondere ist die vollstreckbare Ausfertigung der Vereinbarung zwischen dem unehelichen Vater und dem Kinde oder der Mutter über den Unterhalt des Kindes und die Ansprüche der Mutter (s. § 9 Vorm.O.) von dem Gerichtsschreiber gemäß § 797 Abs. 6 der C.P.O. zu unterzeichnen und mit dem Gerichtssiegel zu versehen (§ 52 Vorm.O.).

IV. Zustellungen.

Für die Bekanntmachung der Verfügungen und anderer Mitteilungen des Vormundschaftsgerichts gelten die allgemeinen Vorschriften (siehe oben § 17).

Die erforderlichen öffentlichen Bekanntmachungen hat der Richter selbst zu verfügen; die Abfassung derselben kann dem Gerichtsschreiber überlassen werden. Der Wortlaut der Bekanntmachung ist jedoch vor der Anheftung an die Gerichtstafel und vor der Absendung an das Blatt, in welchem sie veröffentlicht werden soll, stets dem Richter zur Genehmigung vorzulegen.

Auf eine leicht verständliche und knappe Fassung ist Bedacht zu nehmen. Erfolgen mehrere Bekanntmachungen desselben Gerichts gleichzeitig, so sind sie tunlichst zusammenzufassen. Der Bezeichnung des Gerichts braucht eine Namensunterschrift nicht beigefügt zu werden. Ueberflüssige Absätze sind zu vermeiden (§§ 49, 53 Vorm.O. mit § 104 der Bek. vom 31. Dez. 1899, das Nachlaßwesen betr., J.M.Bl. 1900 S. 35).

V. Akten.

Für jede Vormundschaft, Pflegschaft oder Beistandschaft sind bei ihrer Anordnung Akten (Vormundschaftsakten) mit einem Umschlag von blauer Farbe und entsprechender Aufschrift anzulegen[1]).

---

[1]) Auf dem Umschlage der Vormundschaftsakten sind unten links das Geschäftsjahr, in welchem die Vormundschaft, Pflegschaft oder Beistandschaft angefallen ist, und die Nummer des Vormundschaftsverzeichnisses (siehe unten Note 3)

Dies gilt auch, wenn mit der Vormundschaft, Pflegschaft oder Beistandschaft eine Vermögensverwaltung nicht verbunden ist oder wenn es sich nicht um eine dauernde, sondern nur um eine einzelne Pflegschaft handelt oder wenn der Beistand nicht für alle Angelegenheiten, sondern nur für einzelne oder nur für gewisse Gattungen von Angelegenheiten bestellt ist. Nur wenn der Rechtsgrund einer Pflegschaft eine Vormundschaft oder die elterliche Gewalt einer Mutter ist, welcher ein Beistand bestellt ist, werden besondere Akten nicht angelegt, vielmehr die erwachsenden Aktenstücke den Akten über die Vormundschaft oder Beistandschaft einverleibt. Geht eine anhängige Pflegschaft oder Beistandschaft in eine Vormundschaft über oder umgekehrt, so sind nicht neue Akten anzulegen, sondern die bisherigen Akten unter entsprechender Aenderung der Ueberschrift weiter zu verwenden.

Für die Nachlaßpflegschaft tritt an die Stelle des Vormundschaftsgerichts das Nachlaßgericht (§ 1962 des B.GB.); für Nachlaßpflegschaften werden deshalb nicht Vormundschaftsakten angelegt, sondern sie werden in den Nachlaßakten behandelt. Vormundschaftsakten werden ferner nicht angelegt für die bei der Auseinandersetzung in Ansehung eines Nachlasses oder eines Gesamtguts (§§ 88, 99 des G.F.G.) angeordneten Abwesenheitspflegschaften.

Der Richter hat die Anlegung der Akten zu verfügen (Formular für die Verfügung siehe J.M.Bl. 1900 S. 283).

Die Akten sollen ein Bild der gesamten auf die Vormundschaft, Pflegschaft oder Beistandschaft bezüglichen Tätigkeit des Richters liefern und haben deshalb alle Einläufe und Verhandlungen zu enthalten, welche von der Mitteilung der die Anordnung der Vormundschaft, Pflegschaft oder Beistandschaft veranlassenden Tatsache an bis zur Beendigung der Vormundschaft, Pflegschaft oder Beistandschaft erwachsen.

Die Aktenstücke sind in der Mitte unten mit fortlaufenden Nummern zu versehen [2]).

Die Vormundschaftsakten werden in ein Verzeichnis (Vormundschaftsverzeichnis) eingetragen (§§ 56 bis 59 Vorm.O.) [3]).

---

zu setzen. Die letztere bildet mit der Bezeichnung des Geschäftsjahrs das Aktenzeichen. Das Geschäftsjahr wird dabei nur mit den beiden letzten Ziffern der Jahreszahl angegeben. Das Aktenzeichen ist auf allen zu den Akten gehörenden Aktenstücken zu vermerken und in der Weise anzugeben, daß es der Abkürzung „V. V." beigefügt wird (§ 60 Vorm.O.).

[2]) Die Akten über anhängige Vormundschaften, Pflegschaften und Beistandschaften sind in der Handregistratur des Richters oder in der Gerichtsschreiberei aufzubewahren. Der Vorstand des Gerichts kann über die Art der Aufbewahrung allgemeine Anordnungen treffen. Nach vollständiger Erledigung der Vormundschaft, Pflegschaft oder Beistandschaft hat der Richter die Weglegung der Akten zu verfügen. Die Weglegung ist in dem Vormundschaftsverzeichnisse zu vermerken. Die weggelegten Akten sind nach dem Jahre des Anfalls der Vormundschaft, Pflegschaft oder Beistandschaft und innerhalb desselben nach der Reihenfolge der Aktennummern geordnet aufzubewahren.

[3]) Das Verzeichnis wird nach vorgeschriebenem Formular (J.M.Bl. S. 285)

Ueber die Aktenbildung in denjenigen Fällen, in welchen die Tätigkeit des Vormundschaftsgerichts nicht in einer Vormundschaft, Pflegschaft oder Beistandschaft besteht, trifft die Bekanntmachung vom 28. Dezember 1899, das Register der Angelegenheiten für freiwillige Gerichtsbarkeit betr. (J.M.Bl. 1900 S. 89), Vorsorge (§ 69 Vorm.O.; siehe oben § 22).

VI. Vormerkungsbogen, Uebersicht über den Stand des Vermögens.

Allen Akten über eine Vormundschaft, Pflegschaft oder Beistandschaft ist als erstes Blatt ein Vormerkungsbogen einzufügen[4]).

Ist mit einer Vormundschaft oder Pflegschaft eine Vermögensverwaltung verbunden oder dem Beistande die Vermögensverwaltung ganz oder teilweise übertragen, so ist den Vormundschaftsakten im unmittelbaren Anschluß an den Vormerkungsbogen eine Uebersicht über den Stand des Vermögens einzufügen (§ 62, 63 Vorm.O.).[5])

---

geführt. Bei jedem Amtsgerichte wird nur ein Vormundschaftsverzeichnis geführt. Der Umfang des Verzeichnisses ist so zu bemessen, daß es für mehrere Jahre ausreicht. Bei größeren Amtsgerichten kann der Gerichtsvorstand anordnen, daß für jedes Geschäftsjahr ein eigenes Verzeichnis angelegt wird. Jedes Geschäftsjahr beginnt in der Spalte 1 mit einer neuen Nummer. Die Nummern laufen durch das ganze Geschäftsjahr hindurch.

Die Führung des Verzeichnisses obliegt dem Gerichtsschreiber oder einem besonderen Registraturbeamten.

Zu dem Verzeichnis ist ein alphabetisches Namensverzeichnis nach vorgeschriebenem Formular (J.M.Bl. S. 287) zu führen (§ 59 Vorm.O.).

[4]) Formular mit Mustereinträgen siehe J.M.Bl. 1900 S. 289, 290; für die Führung des Vormerkungsbogens gelten folgende nähere Bestimmungen:

In der Spalte 2 sind die Vornamen der Mündel, Pfleglinge oder Kinder nach dem Lebensalter unter kleinen lateinischen Buchstaben je auf einer besonderen Zeile anzugeben.

In der Spalte 5 ist der Grund der Vormundschaft über einen Volljährigen durch die Angabe des Grundes der Entmündigung zu bezeichnen, also z. B.: „Vormundschaft wegen Geisteskrankheit". Der Grund der Beistandschaft ist durch die Angabe derjenigen Nummer des § 1687 des B.G.B., auf Grund deren die Beistandschaft angeordnet worden ist, zu bezeichnen.

Pflegschaften nach § 1909 des B.G.B. sind im Vormerkungsbogen nicht zu berücksichtigen.

Die vorläufige Vormundschaft ist in der Spalte 5 als solche zu bezeichnen; wird demnächst auf Grund der Entmündigung ein Vormund bestellt, so ist der die Vormundschaft als vorläufige kennzeichnende Vermerk rot zu unterstreichen.

[5]) Das vorgeschriebene Formular siehe J.M.Bl. 1900 S. 291, 292; für die Ausfüllung desselben gelten folgende Vorschriften:

Die Uebersicht soll bezüglich der Wertpapiere des Mündels, Pfleglings oder Kindes nicht nur den bei Beginn der Vormundschaft, Pflegschaft oder Beistandschaft vorhandenen Stand, sondern auch die Veränderungen ersehen lassen. Die Wertpapiere sind daher nach der Reihenfolge des Erwerbes sämtlich aufzuführen. Wertpapiere derselben Gattung, welche zu gleicher Zeit in Zugang kommen und denselben Nennwert haben, können zusammen vorgetragen werden, der Nennbetrag muß jedoch für die einzelnen Stücke angegeben und die Nummern müssen, auch wenn sie aufeinander folgen, einzeln bezeichnet werden. Fallen Papiere durch Verlosung oder aus anderen Gründen weg, so ist in der Spalte „Bemerkungen"

Eintretende Veränderungen, z. B. in dem Zeitraum, für welchen die Rechnung zu legen ist, in der Person des Vormundes oder Gegenvormundes, sind in dem Vormerkungsbogen und in der Vermögensübersicht nachzutragen. Der durch den neuen Eintrag erledigte Eintrag ist rot zu unterstreichen. Auch die Namen der Mündel, Pfleglinge oder Kinder, bezüglich deren die Vormundschaft, Pflegschaft oder Beistandschaft beendigt ist, sind, wenn mehrere Geschwister beteiligt sind, im Vormerkungsbogen rot zu unterstreichen (§ 64 Vorm.O.).

VII. Terminskalender.

Alle Termine, an welchen eine Verfügung zu treffen oder dem Richter eine Vorlage zu machen ist, z. B. die Vorlage eines Vermögensverzeichnisses (§ 1802 des B.G.B.), die Einreichung der Rechnung (§ 1840 des B.G.B.), die Erstattung von Berichten (§ 1839 des B.G.B.), sind in besondere je nach dem Bedürfnis auf mehrere Jahre im voraus anzulegende Kalender (Terminskalender) einzutragen, damit der Richter den Termin nicht übersieht[6]).

Der Terminskalender wird von dem Gerichtsschreiber oder einem besonderen Registraturbeamten geführt. Der Vorstand des Gerichts kann über die Führung allgemeine Anordnungen treffen.

Der in Vormundschaftssachen zu führende Terminskalender kann mit dem in Nachlaßsachen zu führenden (§ 113 der Bekanntmachung vom 31. Dez. 1899 J.M.Bl. 1900 S. 37) verbunden werden (§ 65 Vorm.O.).

VIII. Volljährigkeitskalender, Verzeichnis der volljährigen Mündel und Pfleglinge.

Um zu vermeiden, daß die Beendigung übersehen wird, ist

1. ein Verzeichnis der wegen Minderjährigkeit Bevormundeten sowie der unter Beistandschaft Stehenden und der mit der Volljährig-

---

die Ziffer des Aktenblatts, auf welchem der Abgang vorgetragen ist, anzugeben und die Nummer des Papiers rot zu unterstreichen.

Bezüglich der übrigen beweglichen Habe des Mündels, Pfleglings oder Kindes, sowie bezüglich des unbeweglichen Vermögens soll die Uebersicht lediglich das Auffinden in den Akten erleichtern. Bezüglich dieser Gegenstände ist deshalb in der Uebersicht nur anzugeben, auf welchem Aktenblatte sich die Gegenstände vorgetragen finden.

Der Besitz einer Sparurkunde ist in der Uebersicht besonders auszuweisen.

Sind bei der Pflegschaft oder Beistandschaft mehrere Geschwister beteiligt und haben sie ausgeschiedenes Vermögen, nicht bloß Anteile am gemeinschaftlichen Vermögen, so ist, soweit dies im Interesse der Uebersichtlichkeit erforderlich ist, für jedes der Geschwister eine besondere Vermögensübersicht anzulegen.

Die Angabe, ob das Vermögen des einzelnen Mündels, Pfleglings oder Kindes mehr als 1000 Mk. beträgt (Spalte 1), ist mit Rücksicht auf die Bestimmungen über die Sollstellung der Vormundschaftsgebühren (Art. 87 des Gebührengesetzes in der Fassung von 1899) und der Hinterlegungsgebühren (§ 2 Abs. 5 der Verordnung vom 25. Dezember 1899 J.M.Bl. S. 1075) vorgeschrieben.

[6]) Die Beendigung der Vormundschaft und die Aufhebung der Pflegschaft über einen unter elterlicher Gewalt stehenden Pflegling wegen erreichter Volljährigkeit sowie die Beendigung der Beistandschaft nach der Volljährigkeit des Kindes sind nicht in dem Terminskalender vorzumerken.

keit des Pfleglings aufzuhebenden Pflegschaften (Volljährigkeitskalender) [7]),

2. ein Verzeichnis der volljährigen Mündel und Pfleglinge nach vorgeschriebenem Formular (J.M.Bl. 1900 S. 295) zu führen.

Beide Verzeichnisse werden von dem Gerichtsschreiber oder einem besonderen Registraturbeamten geführt (§§ 66, 67 Vorm.O.).

IX. Statistik (J.M.Bek. vom 3. Febr. 1900, J.M.Bl. S. 486).

Diese wird über alle anhängig werdenden Vormundschaften, Pflegschaften und Beistandschaften geführt; sie muß während des Geschäftsjahres vorbereitet werden. Zu diesem Zwecke ist Folgendes angeordnet:

Während des Geschäftsjahres ist eine Tabelle (1) für Vormundschaften, Pflegschaften und eine weitere (2) für Beistandschaften zu führen.

Die Führung obliegt dem Richter, der das Vormundschaftswesen bearbeitet. Wird dasselbe bei einem Amtsgerichte von mehreren Richtern bearbeitet, so hat jeder Richter für die von ihm zu bearbeitenden Sachen die Tabellen zu führen.

Die Eintragungen haben sofort, nachdem die einzutragenden Zahlen feststehen, zu erfolgen.

Bei der Führung der Tabellen ist Folgendes zu beachten:

1. Die Spalte 1 der Tabellen haben den Hinweis auf die in Betracht kommenden Aktenverzeichnisse zu enthalten. Das Geschäftsjahr wird dabei nur dann beigesetzt, wenn es sich um das Vormundschaftsverzeichnis (Pflegschaftsregistraturverzeichnis, Vormundschaftsregister) eines früheren Geschäftsjahres handelt. Das Geschäftsjahr wird nur mit den beiden letzten Ziffern der Jahreszahl bezeichnet.

2. In den Tabellen 1 und 2 wird jede Vormundschaft, Pflegschaft oder Beistandschaft, die neu anhängig geworden ist, in den in Betracht kommenden Spalten Tabelle 1, Spalten 2 bis 11, 15 bis 19, Tabelle 2, Spalten 2 bis 7 der schon eingetragenen Zahl der Vormundschaften, Pflegschaften und Beistandschaften und der schon ein-

---

[7]) Formular siehe J.M.Bl. 1900 S. 293. Für die Pfleglinge bedarf es natürlich eines Eintrags in den Kalender nur dann, wenn die Pflegschaft bis zur Volljährigkeit des Mündels dauert; ist z. B. ein Pfleger zu bestellen, weil der Vater in Konkurs geraten ist (§ 1647 des B.G.B.), oder handelt es sich nur um eine Pflegschaft für eine einzelne Angelegenheit, z. B. um die Auseinandersetzung zwischen dem Vater und dem Kinde nach dem Tode der Mutter, so werden die Namen dieser Pfleglinge nicht im Kalender eingetragen.

Bei jedem Gerichte wird nur ein Kalender geführt, auch wenn das Gericht mit mehreren Vormundschaftsrichtern besetzt ist.

Der Eintrag in den Kalender erfolgt sofort mit der Anordnung der Anlegung der Akten in Bezug auf sämtliche bei der Vormundschaft, Pflegschaft oder Beistandschaft beteiligte Minderjährige. Die Namen der Mündel, Pfleglinge und Kinder sind in dem Monat, in welchem die Mündel, Pfleglinge oder Kinder volljährig werden, lediglich nach der Reihenfolge des Anfalles vorzutragen.

Wird die Vormundschaft, Pflegschaft oder Beistandschaft beendigt, so ist der Eintrag im Kalender durch Durchstreichen zu löschen.

getragenen Zahl der Mündel, Pfleglinge und Kinder hinzugerechnet. Sind beispielsweise bei der ersten im Jahre 1900 anhängig gewordenen Vormundschaft 3 und bei der zweiten 2 minderjährige eheliche Kinder beteiligt, so wird die zweite Vormundschaft in der Weise eingetragen, daß zur ersten eingetragenen Zahl in die Spalte 2 die Zahl 1 und in der Spalte 8 zur eingetragenen Zahl 3 die Zahl 2 hinzugerechnet, also in die Spalte 2 die Zahl 2, in die Spalte 8 die Zahl 5 eingetragen wird.

3. Bezüglich der Eintragung in die Tabelle 1 wird die vorläufige Vormundschaft als eine wirkliche behandelt. Wird demnächst auf Grund der erfolgten Entmündigung die vorläufige Vormundschaft in eine wirkliche verwandelt, so erfolgt ein abermaliger Eintrag nicht.

4. In die Spalten 12 bis 14, 20, 21 der Tabelle 1 und in die Spalten 8, 9 der Tabelle 2 werden unter Hinzurechnung zu den schon eingetragenen Zahlen die Zahlen eingetragen, die sich auf die Vormundschaften, Pflegschaften und Beistandschaften beziehen, die im Geschäftsjahre weggefallen sind, gleichviel, in welchem Geschäftsjahre sie anhängig geworden sind. Wird die Vormundschaft, Pflegschaft oder Beistandschaft nur in Ansehung eines von mehreren Mündeln, Pfleglingen oder Kindern beendigt, so sind nur die Spalten 13, 14 oder 21 der Tabelle 1 oder die Spalte 9 der Tabelle 2 auszufüllen, nicht auch die Spalten 12, 20 der Tabelle 1 oder die Spalte 8 der Tabelle 2. Die Unterscheidung der Spalten 12 und 20, ob die weggefallene Vormundschaft oder Pflegschaft vor oder nach dem 1. Januar 1900 anhängig geworden ist, hängt damit zusammen, daß nach der bisherigen Statistik nur die Zahl der Mündel, nicht auch die der Vormundschaften oder Pflegschaften berechnet wurde.

Geht eine Beistandschaft oder Pflegschaft in eine Vormundschaft über, oder umgekehrt, so wird die Beistandschaft, Pflegschaft oder Vormundschaft, die endigt, in die Spalten 12 bis 14 oder 20, 21 der Tabelle 1 oder die Spalten 8, 9 der Tabelle 2 eingetragen, die neu angeordnete Vormundschaft, Pflegschaft oder Beistandschaft wie eine neu anhängig gewordene behandelt.

3. Kapitel.

Die Organe der vormundschaftlichen Geschäftsführung.

§ 31.

Das Vormundschaftsgericht.

A. Aufgaben im Allgemeinen.

I. Das Vormundschaftsgericht hat stets von Amts wegen zu handeln, ohne Anträge der Beteiligten abzuwarten und ohne an solche gebunden zu sein. Es hat insbesondere auch von Amts wegen die zu seinen Verfügungen notwendigen Ermittelungen zu pflegen. Es trifft seine Entscheidungen, soweit nicht bindende gesetzliche Vorschriften vorhanden sind, nach seinem Ermessen.

Das Vormundschaftsgericht soll den Mündel hören:

1. vor der Entscheidung über die Entlassung aus dem Staatsverbande, soferne er das vierzehnte Lebensjahr vollendet hat;
2. vor der Entscheidung über die Genehmigung bestimmter Rechtsgeschäfte (§ 1827 B.G.B.).

Das Vormundschaftsgericht soll vor einer von ihm zu treffenden Entscheidung (jeder Art, nicht bloß über Genehmigung von Rechtshandlungen des Mündels) Verwandte oder Verschwägerte des Mündels hören, wenn es ohne erhebliche Verzögerung und ohne unverhältnismäßige Kosten geschehen kann (§ 1847 Abs. 1, 1897, 1915 B.G.B.):

1. von Amts wegen in wichtigen Angelegenheiten; solche sind insbesondere (die Volljährigkeitserklärung), die Ersetzung der Einwilligung zur Eheschließung im Falle des § 1304 B.G.B., die Ersetzung der Genehmigung zu einer anfechtbaren Ehe (§ 1337 B.G.B.), die Entlassung aus dem Staatsverbande und die Todeserklärung;
2. auf Antrag des Vormunds, Pflegers oder des Gegenvormunds in allen Fällen.

Die Verwandten und Verschwägerten können von dem Mündel Ersatz ihrer Auslagen verlangen, deren Betrag von dem Vormundschaftsgericht festzusetzen ist (§ 1847 Abs. 2 B.G.B.).

Die Anhörung ist in beiden Fällen an eine Form nicht gebunden, sie kann schriftlich, mündlich durch den Vormundschaftsrichter oder zu Protokoll eines Gerichtsschreibers erfolgen.

Die Erklärung kann nicht erzwungen werden.

Die Vorschrift über die Anhörung ist Ordnungsvorschrift; ihre Verletzung kann jedoch dann Grund zur weiteren Beschwerde geben, wenn infolge der Unterlassung der Anhörung die Entscheidung keine Gewähr einer erschöpfenden Würdigung des Verhältnisses bietet (Samml. Bd. II S. 527, Bd. III S. 20, Entsch. Bd. II S. 152, C.Bl. Bd. II S. 364).

II. Im wesentlichen sind die Aufgaben des Vormundschaftsgerichts folgende:

1. die Einleitung und Aufhebung der Vormundschaft und Pflegschaft (§§ 1774, 1883 f., 1897, 1908, 1915, 1919 ff. B.G.B.);
2. die Beaufsichtigung des Vormunds, Pflegers und Gegenvormunds (§§ 1837 ff., 1897, 1915 B.G.B.) und deren Entlassung (§§ 1886 ff., 1895, 1897, 1915);
3. die Erteilung der Genehmigung zu Handlungen des Vormunds und die Ersetzung der Genehmigung des Gegenvormunds;

4. die unmittelbare Sorge für den Mündel und dessen Vertretung in Ausnahmsfällen, nämlich
   a) an Stelle des noch nicht vorhandenen oder verhinderten Vormunds (§ 1846 B.G.B.),
   b) im Falle des § 1838 B.G.B.,
   c) bei Bestellung, Aenderung oder Aufhebung der Sicherheit des Vormunds (§ 1844 Abs. 2 B.G.B.);
5. die Einsetzung und Aufhebung des Familienrats (§§ 1858, 1879 f. B.G.B.);
6. eine Anzahl Verrichtungen in Sachen der elterlichen Gewalt und in Ehesachen (§§ 56 ff. unten).

Ueber die Verrichtungen des Vormundschaftsgerichts nach dem Zwangserziehungsgesetz siehe V. Abschnitt.

B. Das Aufsichtsrecht des Vormundschaftsgerichts.

Das Vormundschaftsgericht hat über die gesamte Tätigkeit des Vormunds, Pflegers, des Gegenvormunds und Beistands die Aufsicht zu führen.

Aus dem Aufsichtsrecht entspringen im allgemeinen folgende Rechte und Pflichten des Vormundschaftsgerichts:

1. das Recht und die Pflicht, durch geeignete Gebote und Verbote gegen Pflichtwidrigkeiten des Vormunds, Pflegers oder Gegenvormunds einzuschreiten, also dafür zu sorgen, daß die genannten Personen tun, was ihnen gesetzlich vorgeschrieben ist, nichts tun, was gesetzlich verboten oder wider das Interesse des Mündels ist, sowie daß die zulässigen Anordnungen dritter Personen (z. B. § 1803 B.G.B.) befolgt werden (§ 1837 B.G.B); das Vormundschaftsgericht ist aber, soweit nicht besondere Ausnahmen getroffen sind, vermöge seines Aufsichtsrechts nicht befugt, in Zweckmäßigkeitsfragen dem Vormund Anweisungen zu erteilen; die Selbständigkeit des Vormunds schließt anderseits nicht aus, daß der Vormund sich an das Vormundschaftsgericht um Rat wendet; es ist Pflicht des Vormundschaftsrichters, dem Vormunde stets an die Hand zu gehen und ihn nach bestem Wissen und Gewissen zu unterstützen (§ 12 Vorm.O.);
2. das Recht, von dem Vormunde, Pfleger und Gegenvormunde jederzeit über die Führung der Vormundschaft oder Pflegschaft und über die persönlichen Verhältnisse des Mündels Auskunft zu verlangen (§ 1839 B.G.B.);
3. die Pflicht zur Prüfung der vom Vormund und Pfleger zu stellenden Rechnung (§ 1840 Abs. 1, § 1843, § 1892 Abs. 2 B.G.B.);
4. die Entlassung des Vormunds, wenn deren Voraussetzungen vorliegen (§ 1886 B.G.B. und unten § 32 IV A I 2).

Dem Vormundschaftsgericht stehen zur Erzwingung der Pflichterfüllung und Verhinderung von Pflichtwidrigkeiten des Vormunds, Pflegers und Gegenvormunds folgende Zwangsmittel zu Gebote:

1. die Verhängung von Ordnungsstrafen, deren einzelne den Betrag von 300 Mark nicht übersteigen darf (§ 1847 Abs. 2, §§ 1897, 1915 B.G.B.; siehe auch oben § 21);
2. die Entlassung der genannten Personen (§§ 1886, 1895, 1897, 1915 B.G.B.).

Gegen eine Verfügung, durch die ein Antrag des Gegenvormunds, gegen den Vormund oder den Pfleger wegen pflichtwidrigen Verhaltens einzuschreiten, zurückgewiesen wird, steht dem Antragsteller die Beschwerde zu (§ 57 Nr. 6 G.F.G.).

C. Genehmigung von Rechtshandlungen des Vormunds.

I. Die Genehmigung, welche zu einem Rechtsgeschäfte des Inhabers der elterlichen Gewalt, des Vormunds, Pflegers oder Beistands erforderlich ist, kann wirksam nur diesen Personen gegenüber, nicht gegenüber dem dritten Kontrahenten erfolgen (§ 1643 Abs. 3, 1828, 1915, 1690 Abs. 1 B.G.B.).

Die Verfügung, durch welche die Genehmigung zu einem Rechtsgeschäft erteilt oder verweigert wird, wird dem Vormunde gegenüber mit der Bekanntmachung an ihn, dem anderen Teile gegenüber mit der Mitteilung der Genehmigung oder deren Verweigerung seitens des Vormunds an ihn wirksam (§ 1829 Abs. 1 B.G.B.).

Abweichend von der Regel des § 18 Abs. 1 G.F.G. kann eine Verfügung des vorgenannten Inhalts weder durch das Vormundschaftsgericht, noch durch das Beschwerdegericht abgeändert werden, insoweit die Genehmigung einem Dritten gegenüber wirksam geworden ist (§ 55 Abs. 1, §§ 62, 63 G.F.G.).

II. Die Genehmigung wird regelmäßig für jeden einzelnen Fall besonders erteilt. Ausnahmsweise kann das Vormundschaftsgericht dem Vormunde eine allgemeine Ermächtigung erteilen (§ 1825 Abs. 1 B.G.B.):

1. zu Verfügungen über Forderungen und andere Rechte, kraft deren der Mündel eine Leistung verlangen kann, sowie über Wertpapiere des Mündels, zu welchen regelmäßig die Genehmigung des Gegenvormunds erforderlich ist, ferner zur Eingehung der Verpflichtung zu solchen Verfügungen (§ 1812 B.G.B.);
2. zur Aufnahme von Geld auf den Kredit des Mündels (§ 1822 Nr. 8 B.G.B.);
3. zur Ausstellung von Schuldverschreibungen auf den Inhaber oder zur Eingehung von Verbindlichkeiten aus Wechseln und anderen indossablen Papieren (§ 1822 Nr. 9);
4. zur Uebernahme fremder Verbindlichkeiten, insbesondere zur Eingehung von Bürgschaften (§ 1822 Nr. 10).

Die Ermächtigung soll nur erteilt werden, wenn sie zum Zwecke der Vermögensverwaltung, insbesondere zum Betrieb eines Erwerbsgeschäfts, erforderlich ist (§ 1825 Abs. 2 B.G.B.).

III. Vor der Entscheidung über die zu einer Handlung des Vormunds erforderliche Genehmigung soll das Vormundschaftsgericht bestimmte Personen unter verschiedenen Voraussetzungen hören:

1. In allen Fällen soll der Gegenvormund gehört werden, wenn ein solcher vorhanden und die Anhörung tunlich ist (§ 1826 B.G.B.). Das Gericht ist jedoch an die Aeußerung des Gegenvormunds nicht gebunden. Eine Erklärungsabgabe kann durch Ordnungsstrafen erzwungen werden.
2. Der Mündel soll gehört werden:
   a) ohne Rücksicht auf sein Alter vor der Entscheidung über die Genehmigung eines Lehrvertrags oder eines auf die Eingehung eines Dienst- oder Arbeitsverhältnisses gerichteten Vertrags (§ 1827 Abs. 1 B.G.B.);
   b) wenn er das achtzehnte Lebensjahr vollendet hat, vor der Entscheidung über die Genehmigung zu einem der in § 1821 B.G.B. aufgezählten Rechtsgeschäfte in Bezug auf Grundstücke (siehe § 42 unten) sowie zu einem Vertrage, der auf entgeltlichen Erwerb oder die Veräußerung eines Erwerbsgeschäfts gerichtet ist, zu einem Gesellschaftsvertrage, der zum Betrieb eines Erwerbsgeschäfts eingegangen wird (§ 1822 Nr. 3), endlich zum Beginne oder zur Auflösung eines Erwerbsgeschäfts (§ 1827 Abs. 2 B.G.B.).

   Der Mündel kann zur Abgabe einer Erklärung nicht gezwungen werden.
3. Ueber Anhörung von Verwandten und Verschwägerten des Mündels siehe oben lit. A.

Die Anhörung ist in allen drei Fällen an keine Form gebunden; es gilt das oben unter A I Gesagte.

§ 32.

Vormund; Pfleger.

I. Bestellung. Die Voraussetzungen der Bestellung eines Vormundes oder Pflegers fallen mit denjenigen der Einleitung einer Vormundschaft oder Pflegschaft zusammen und gehören dem materiellen Vormundschaftsrechte an. Was im Nachstehenden von dem Vormunde gesagt ist, gilt in gleicher Weise auch für den Pfleger, soweit nicht ein Anderes bemerkt ist (§ 1915 B.G.B.).

1. Die Bestellung des Vormundes (Pflegers) erfolgt von Amts wegen. Dabei hat das Vormundschaftsgericht zu prüfen:
   a) ob eine zur Vormundschaft (Pflegschaft) gesetzlich berufene

Person[1]) vorhanden ist; dies erfährt das Vormundschaftsgericht durch Mitteilung des Gemeindewaisenrates, dem überhaupt die Pflicht obliegt, die zur Vormundschaft geeignete Person vorzuschlagen (§ 1849 B.G.B., § 49 G.F.G.), eventuell durch eigene Anfrage bei Verwandten des Mündels;

ist die Vormundschaft nicht einem nach § 1776 B.G.B. Berufenen zu übertragen, so hat das Vormundschaftsgericht den Gemeindewaisenrat aufzufordern, eine geeignete Person als Vormund vorzuschlagen (§ 1779, 1849 B.G.B.); die Angehörigen des Mündels können dem Vormundschaftsgericht

---

[1]) I. Als Vormünder sind bei der Vormundschaft über Minderjährige in nachstehender Reihenfolge berufen:

1. wer von dem Vater des Mündels als Vormund benannt ist;
2. wer von der ehelichen Mutter des Mündels als Vormund benannt ist;
3. der Großvater des Mündels von väterlicher Seite;
4. der Großvater des Mündels von mütterlicher Seite.

Voraussetzungen und Form der Berufung sind in § 1777 B.G.B. näher geregelt.

Die Großväter sind nicht berufen, wenn der Mündel von einem Anderen als dem Ehegatten seines Vaters oder seiner Mutter an Kindesstatt angenommen ist. Das Gleiche gilt, wenn derjenige, von welchem der Mündel abstammt, von einem anderen als dem Ehegatten seines Vaters oder seiner Mutter an Kindesstatt angenommen ist und die Wirkungen der Annahme sich auf den Mündel erstrecken (§ 1776, § 1762 B.G.B.).

Für eine Ehefrau darf der Mann vor den nach § 1776 B.G.B. Berufenen, für ein uneheliches Kind darf die Mutter vor dem Großvater zum Vormunde bestellt werden (§ 1778 Abs. 3 B.G.B.).

Ueber die Zulässigkeit der Uebergehung eines Berufenen siehe § 1778 Abs. 1 B.G.B., über Bestellung des Berufenen an Stelle des bisherigen Vormundes bei nur vorübergehender Verhinderung des ersteren siehe § 1778 Abs. 2 B.G.B.

II. Bei der dauernden Vormundschaft über Volljährige sind der Vater und die Mutter des Mündels nicht berechtigt, einen Vormund zu benennen oder jemanden von der Vormundschaft auszuschließen (§ 1898 B.G.B.).

Berufen sind in nachstehender Reihenfolge:

1. der eheliche Vater und nach ihm die eheliche Mutter, sofern nicht der Mündel von einem anderen als dem Ehegatten seines Vaters oder seiner Mutter an Kindesstatt angenommen ist und mit der Maßgabe, daß, wenn der Mündel aus einer nichtigen Ehe stammt, im Falle des § 1701 B.G.B. der Vater, im Falle des § 1702 l. c. die Mutter nicht berufen ist (§ 1899 B.G.B.);
2. bei ehelich Geborenen der Großvater des Mündels von väterlicher Seite;
3. der Großvater des Mündels von mütterlicher Seite (§ 1776 Abs. 1 Nr. 3 und 4, § 1897 B.G.B.).

Vor den Eltern und den Großvätern darf der Ehegatte des Mündels und zwar die Ehefrau ohne Zustimmung des Ehemannes, vor den Großvätern im Falle des § 1702 B.G.B. die eheliche Mutter, vor dem Großvater die uneheliche Mutter zum Vormund bestellt werden (§ 1900 B.G.B.).

III. Für die vorläufige Vormundschaft gelten die Vorschriften über die Berufung zur Vormundschaft überhaupt nicht (§ 1907 B.G.B.), für die Pflegschaft nur mit den sich aus der Natur derselben — in den Fällen der §§ 1913, 1914 B.G.B. ist eine Berufung an sich ausgeschlossen — und aus den Vorschriften der §§ 1916, 1917 B.G.B. ergebenden Abweichungen (§ 1915 B.G.B.).

eine Person als Vormund vorschlagen; das Vormundschaftsgericht soll auch über eine solche Person vorher den Gemeindewaisenrat hören, soferne nicht ohne weiteres klar ist, daß der Vorgeschlagene geeignet ist; dabei ist dem Gemeindewaisenrate gemäß § 1770 Abs. 2 B.G.B. auch die Religion des Mündels mitzuteilen (§ 5 Vorm.O.). (Formular für die Aufforderung und Anhörung siehe J.M.Bl. 1899 S. 565);

der Gemeindewaisenrat ist auch bei der Bestellung eines vorläufigen Vormundes (§ 1906 B.G.B.) um seinen Vorschlag zu ersuchen (§ 1907 B.G.B.); sofern jedoch zu besorgen ist, daß durch den mit der Befragung des Gemeindewaisenrats verbundenen Aufschub die Interessen des Mündels gefährdet werden, darf die Befragung unterbleiben, wenn dem Vormundschaftsgericht eine geeignete Person auch ohne Anhörung des Gemeindewaisenrats zur Verfügung steht (§ 11 Vorm.O.);

der Gemeindewaisenrat hat dem Vormundschaftsgericht eine zum Pfleger geeignete Person auch dann vorzuschlagen, wenn dem Pfleger die Sorge für die Person oder für persönliche Angelegenheiten des Pfleglings nicht zustehen soll; das Vormundschaftsgericht braucht aber in solchen Fällen den Gemeindewaisenrat vorher nicht zu hören (§ 37 Vorm.O.);

das Vormundschaftsgericht soll eine Person auswählen, die nach ihren persönlichen Verhältnissen und ihrer Vermögenslage sowie nach den sonstigen Umständen zur Führung der Vormundschaft geeignet ist; bei der Auswahl ist auf das religiöse Bekenntnis des Mündels Rücksicht zu nehmen; Verwandte und Verschwägerte des Mündels sind zunächst zu berücksichtigen (§ 1779 Abs. 2 B.G.B);

b) ob kein Grund vorliegt, aus welchem der Berufene oder sonst als Vormund Vorgeschlagene nicht bestellt werden kann oder soll[2]);

---

[2]) Das B.G.B. unterscheidet Personen, welche nicht zum Vormunde bestellt werden können, und solche, welche nicht bestellt werden sollen.

I. Es kann nicht zum Vormunde bestellt werden:

1. wer geschäftsunfähig ist (§ 104 B.G.B.);

2. wer wegen Geistesschwäche, Verschwendung oder Trunksucht entmündigt ist (§ 1780 B.G.B.).

II. Es soll nicht bestellt werden:

1. wer minderjährig oder unter vorläufige Vormundschaft gestellt ist;

2. wer nach § 1910 einen Pfleger für seine Vermögensangelegenheiten erhalten hat (siehe unten § 51);

3. wer in Konkurs geraten ist, während der Dauer des Konkurses;

4. wer der bürgerlichen Ehrenrechte für verlustig erklärt ist, soweit sich nicht aus den Vorschriften des Strafgesetzbuches ein anderes ergibt (siehe § 34 Nr. 6 Str.G.B. in der Fassung des Art. 34 Nr. I E.G. z. B.G.B.);

(§ 1781 B.G.B.);

c) ob eine etwaige Ablehnung[3]) der Vormundschaft begründet ist.

Das Vormundschaftsgericht entscheidet über die Ablehnung, sowie jede Weigerung zur Uebernahme der Vormundschaft.

Das Vormundschaftsgericht kann den von ihm zum Vormund

---

5. wer durch giltige letztwillige Anordnung des Vaters oder der ehelichen Mutter, welch' letztere sich nicht mit Anordnungen des Vaters in Widerspruch setzen darf, von der Vormundschaft ausgeschlossen ist (§ 1782 mit § 1777 B.G.B.);

6. eine Frau, die mit einem anderen, als dem Vater des Mündels verheiratet ist, soferne nicht der Mann seine Zustimmung erteilt (§ 1783 B.G.B.);

7. ein Beamter oder Religionsdiener, der nach den Landesgesetzen einer besonderen Erlaubnis zur Uebernahme einer Vormundschaft bedarf, solange nicht die vorgeschriebene Erlaubnis erteilt ist (§ 1784 B.G.B.). In Bayern ist sämtlichen Beamten und öffentlichen Dienern nur die Anzeige von der Uebernahme des Amtes als Vormund oder Pfleger an die zunächst vorgesetzte Stelle oder Behörde vorgeschrieben, welch' letztere aus dienstlichen Rücksichten die Fortführung des Amtes untersagen kann (V.O. vom 10. März 1868, Reg.=Bl. 1868 S. 449, auch J.M.Entschl. vom 28. Nov. 1868, J.M.Bl. 1868 S. 245); für Reichsbeamte vergl. § 19 des Reichsbeamtengesetzes vom 31. März 1873. Unberührt bleibt nach Art. 32 E.G. z. B.G.B. die Vorschrift des § 41 des Reichsmilitärgesetzes vom 2. Mai 1874, wonach die Militärpersonen des Friedensstandes und die Civilbeamten der Militärverwaltung zur Uebernahme einer Vormundschaft der Genehmigung ihrer Vorgesetzten bedürfen.

Diese Vorschriften gelten für die Vormundschaft über Minderjährige und über Volljährige (§ 1897 B.G.B.); auch auf die Pflegschaft finden sie sinngemäß Anwendung (§§ 1915, 1916 l. c.).

[3]) Jeder Deutsche hat die Vormundschaft (Pflegschaft), für die er von dem Vormundschaftsgericht ausgewählt wird, zu übernehmen, soferne nicht eines der in Note 2 aufgeführten Hindernisse der Bestellung vorliegt (§ 1785, § 1915 B.G.B.).

Die Uebernahme der Vormundschaft kann ablehnen:

1. eine Frau;
2. wer das sechzigste Lebensjahr vollendet hat;
3. wer mehr als vier minderjährige eheliche Kinder hat; ein von einem anderen an Kindesstatt angenommenes Kind wird nicht gerechnet;
4. wer durch Krankheit oder durch Gebrechen verhindert ist, die Vormundschaft ordnungsgemäß zu führen;
5. wer wegen Entfernung seines Wohnsitzes von dem Sitze des Vormundschaftsgerichts die Vormundschaft nicht ohne besondere Belästigung führen kann;
6. wer nach § 1844 zur Sicherheitsleistung angehalten wird (siehe unten § 45);
7. wer mit einem anderen zur gemeinschaftlichen Führung der Vormundschaft bestellt werden soll;
8. wer mehr als eine Vormundschaft oder Pflegschaft führt; die Vormundschaft oder Pflegschaft über mehrere Geschwister gilt nur als eine; die Führung von zwei Gegenvormundschaften steht der Führung einer Vormundschaft gleich (§ 1786 Abs. 1 B.G.B.);
9. jede Militärperson des Friedensstandes sowie jeder Civilbeamte der Militärverwaltung (§ 41 Reichsmilitärgesetz vom 2. Mai 1874).

Die Ablehnung ist bei Meidung des Verlustes des Ablehnungsrechtes vor der Bestellung bei dem Vormundschaftsgerichte geltend zu machen (§ 1786 Abs. 2 B.G.B.).

Ausgewählten durch Ordnungsstrafen zur Uebernahme der Vormundschaft anhalten. Dies gilt auch gegenüber demjenigem, dessen Ablehnung für unbegründet erklärt wurde, unbeschadet der ihm zustehenden Rechtsmittel (§ 1787 Abs. 2 B.G.B.). Die einzelne Strafe darf den Betrag von dreihundert Mark nicht übersteigen. Die Strafe kann wiederholt werden; mehr als drei Strafen dürfen jedoch nicht verhängt werden. Die Strafen dürfen nur in Zwischenräumen von mindestens einer Woche verhängt werden (§ 1788 B.G.B.); im übrigen vergleiche über das Verfahren bei Verhängung der Ordnungsstrafen oben § 21.

Die sofortige Beschwerde findet statt:

a) gegen eine Verfügung, durch die ein als Vormund, Pfleger oder Gegenvormund Berufener übergangen wird (§ 60 Nr. 1 G.F.G.); beschwerdeberechtigt ist nach § 20 G.F.G. außer dem Uebergangenen jedenfalls auch der an seiner Stelle Herangezogene (Keidel S. 66), und der Mündel; die Beschwerdefrist beginnt für den Uebergangenen mit dem Zeitpunkt, in welchem er von der Uebergehung Kenntnis erlangt (§ 60 Abs. 2 G.F.G.), für die übrigen Beschwerdeberechtigten mit der Bekanntmachung der Verfügung, welche die Uebergehung enthält (ebenso Dorner Note 2 a. E. zu § 60, a. M. Rausnitz Note 22);

b) gegen eine Verfügung, durch welche die Weigerung, eine Vormundschaft, Pflegschaft oder Gegenvormundschaft zu übernehmen, zurückgewiesen wird (§ 60 Nr. 2 G.F.G.).

Im letzteren Falle hat die Beschwerde keine aufschiebende Wirkung (§ 1787 Abs. 1 B.G.B.).

2. Regelmäßig soll für den Mündel und, wenn mehrere Geschwister zu bevormunden sind, für alle Mündel nur ein Vormund bestellt werden. Aus besonderen Gründen, deren Vorliegen das Vormundschaftsgericht zu ermessen hat, können auch für einen Mündel mehrere Vormünder bestellt werden (§ 1775 B.G.B.).

Neben einem nach § 1776 B.G.B. Berufenen darf jedoch nur mit dessen Zustimmung ein Mitvormund bestellt werden (§ 1778 Abs. 4 B.G.B.).

3. Die Bestellung eines Vormundes kann regelmäßig nicht unter einer Bedingung erfolgen. Eine Ausnahme besteht insoferne, als bei der Bestellung die Entlassung für den Fall vorbehalten werden kann, daß ein bestimmtes Ereignis (vgl. § 1778 Abs. 2, § 1787 Abs. 2 B.G.B.) eintritt (§ 1790 B.G.B.).

4. Der als Vormund in Aussicht Genommene ist behufs seiner Bestellung vor das Vormundschaftsgericht oder das von diesem um die Bestellung ersuchte Amtsgericht zu laden (Formular für die Ladung siehe J.M.Bl. 1900 S. 217).

Die Bestellung des Vormundes erfolgt durch Verpflichtung mittels Handschlags an Eidesstatt zu treuer und gewissenhafter Führung der Vormundschaft (§ 1789 B.G.B.).

Der Vormund ist bei seiner Bestellung über seine Pflichten und seine Verantwortlichkeit, insbesondere über die Pflicht zur Einreichung eines Verzeichnisses des Vermögens des Mündels, zur Hinterlegung der Wertpapiere des Mündels und zur Rechnungslegung, zu belehren. Auch ist er darauf hinzuweisen, daß er dem Gemeindewaisenrat jeden Wechsel im Aufenthalte des Mündels anzuzeigen hat.

Bei der Bestellung soll, soweit möglich, gleichzeitig bestimmt werden, wann der Vormund die nächste Rechnung zu legen hat.

Ueber die Bestellung ist ein Protokoll aufzunehmen (Formular siehe J.M.Bl. 1900 S. 219). Das Protokoll soll eine Angabe über den Hergang der Bestellung und über die Erteilung der im Abs. 1 vorgeschriebenen Belehrung enthalten. Auch sind etwaige besondere Bestimmungen über die Beschränkung der Vertretungsbefugnis, die Verteilung der Führung der Vormundschaft unter mehrere Vormünder sowie der etwaige Vorbehalt der künftigen Entlassung des Vormundes in dem Protokoll anzugeben.

Auf dem Protokoll ist die Benachrichtigung des Gemeindewaisenrats (§ 1851 Abs. 1 des B.G.B., § 15 der Bek. vom 22. Dezember 1898, J.M.Bl. S. 557) zu vermerken (§ 6 Vorm.-O.).

5. Der **Vormund** erhält eine **Bestallung** (Formular J.M.Bl. 1900 S. 221, Formular für Uebersendung der Bestallung a. a. O. S. 241; siehe auch Bek. vom 29. Dez. 1901, die Beschaffung der Formulare für die Bestallungen der Vormünder und Beistände betr., J.M.Bl. S. 237). Dieselbe soll enthalten:

a) den Namen und die Zeit der Geburt des Mündels;
b) die Namen des Vormundes, des Gegenvormundes und der Mitvormünder;
c) im Falle der Teilung der Vormundschaft die Art der Teilung;
d) die Angabe, ob ein Familienrat eingesetzt ist (§ 1791 B.G.B.);

Im Falle der befreiten Vormundschaft soll die Bestallung die einzelnen Befreiungen (§§ 1852—1854 B.G.B.) aufzählen.

In der Bestallung für den Vormund eines Volljährigen (§§ 1791, 1897 B.G.B.) sind, wenn der Vater oder die eheliche Mutter Vormund ist, die ihnen kraft Gesetzes nach den §§ 1903, 1904 zustehenden Befreiungen gleichfalls zu vermerken.

Ueber den Inhalt der Bestallung ist ein Vermerk zu den Akten zu machen (§ 10 Vorm.O.).

Die Bestallung soll dem Vormunde, wenn möglich, sogleich bei der Bestellung ausgehändigt werden. Die Aushändigung ist vom Vormunde zu bestätigen. Muß die Bestallung dem Vormund überschickt werden, z. B. weil der Vormund von einem anderen Amtsgericht als dem Vormundschaftsgerichte verpflichtet wird, so ist Empfangsbescheinigung zu verlangen, wenn nicht der Weg der Behändigung unter Beurkundung gewählt wird (§ 7 Vorm.O.).

Veränderungen in den anzuführenden Tatsachen veranlassen eine Berichtigung der Bestallung.

War ein Familienrat bestellt und ist derselbe aufgehoben, so erhält der Vormund (und der Gegenvormund) eine neue Bestallung; die frühere Bestallung ist zurückzugeben (§ 1881 Abs. 2 B.G.B.).

Bei Beendigung seines Amtes hat der Vormund die Bestallung stets zurückzugeben (§ 1893 Abs. 2 B.G.B.).

Dem Pfleger ist eine Bestallung nur zu erteilen, wenn er nicht für einen vorübergehenden Zweck aufgestellt wird (Formular J.M.Bl. 1900 S. 269). Der Wirkungskreis des Pflegers ist in der Bestallung anzugeben, soweit er sich nicht aus der Bezeichnung der Pflegschaft von selbst ergibt (§ 36 Vorm.O.).

II. Aufgaben des Vormundes, Pflegers im allgemeinen.

1. Der Vormund (Pfleger) führt die Vormundschaft (Pflegschaft) nach den gesetzlichen Vorschriften, nach den zulässigen Anordnungen dritter Personen (§§ 1803, 1915 B.G.B.) und soweit weder die einen noch die anderen reichen, nach seinem pflichtgemäßen Ermessen selbständig. Das Vormundschaftsgericht ist, soweit nicht besondere Ausnahmen getroffen sind, vermöge seines Aufsichtsrechts nicht befugt, in Zweckmäßigkeitsfragen dem Vormund Anweisungen zu erteilen. Die Selbständigkeit des Vormunds schließt anderseits nicht aus, daß der Vormund sich an das Vormundschaftsgericht um Rat wendet (§ 12 Vorm.O.).

Dem Vormunde obliegt die Sorge für die Person und für das Vermögen des Mündels (§ 1793 B.G.B.), bei der Vormundschaft über Volljährige die Sorge für die Person nur, soweit der Zweck der Vormundschaft es erfordert (§ 1901 Abs. 2 B.G.B.). Er ist der gesetzliche Vertreter des Mündels (§ 1793 B.G.B.). Beschränkungen der Vertretungsmacht ergeben sich aus den §§ 1794, 1795 B.G.B.

Der Wirkungskreis des Pflegers bestimmt sich nach dem Zwecke der Pflegschaft.

2. Sind mehrere Vormünder (Mitvormünder) oder Pfleger vorhanden, so führen sie, soweit nicht ein anderes bestimmt ist, die Vormundschaft (Pflegschaft) gemeinsam. Zu jeder dem Vormunde (Pfleger) obliegenden Handlung ist also ihr einstimmiges Zusammenwirken notwendig (§ 1797 Abs. 1, § 1915 B.G.B.).

Zustellungen müssen nur an einen der Mitvormünder erfolgen (§ 171 Abs. 3 C.P.O., § 11 Bek. vom 16. Dezember 1899, Zustellungen von Amts wegen betr., J.M.Bl. S. 301).

Führen mehrere Vormünder oder Pfleger die Vormundschaft bezw. Pflegschaft gemeinschaftlich, so ist jeder von ihnen hinsichtlich aller Angelegenheiten der Vormundschaft oder Pflegschaft beschwerdeberechtigt (§ 58 Abs. 1 G.F.G.).

Abweichende Bestimmungen durch Verteilung der Geschäftsführung können getroffen sein:

a) durch das Vormundschaftsgericht nach eigenem Ermessen (§ 1797 Abs. 2 Satz 1 B.G.B.);

b) nach Anordnungen des Vaters oder der ehelichen Mutter hinsichtlich der von ihnen rechtswirksam (§ 1777 B.G.B.) benannten Vormünder (§ 1797 Abs. 3 B.G.B.).

An letztere Anordnungen ist das Vormundschaftsgericht nicht gebunden, wenn ihre Befolgung das Interesse des Mündels gefährden würde.

Innerhalb des ihm überwiesenen Wirkungskreises führt jeder Vormund die Vormundschaft selbständig (§ 1797 Abs. 2 Satz 2 B.G.B.); jeder ist nur hinsichtlich seines Wirkungskreises beschwerdeberechtigt; ausnahmsweise ist, wenn die Sorge für die Person und die Sorge für das Vermögen des Mündels verschiedenen Vormündern zusteht, bei Angelegenheiten, welche die Person des Mündels und dessen Vermögen betreffen, jeder der Mitvormünder beschwerdeberechtigt (§ 58 Abs. 2 G.F.G. mit § 1798 B.G.B.).

3. In die Führung der Vormundschaft kann das Vormundschaftsgericht in folgender Weise eingreifen:

a) Das Vormundschaftsgericht kann dem Vormunde die Vertretung für einzelne Angelegenheiten oder für einen bestimmten Kreis von Angelegenheiten entziehen. Die Entziehung soll nur erfolgen, wenn das Interesse des Mündels zu dem Interesse des Vormundes oder eines von diesem vertretenen Dritten oder des Ehegatten oder eines Verwandten des Vormundes in gerader Linie in erheblichem Gegensatze steht (§ 1796 B.G.B.).

Von einer Interessenkollission hat der Vormund behufs Einleitung einer Pflegschaft dem Vormundschaftsgerichte Mitteilung zu machen (§ 1909 Abs. 2 B.G.B.).

b) Das Vormundschaftsgericht entscheidet über die Teilung der Vormundschaft zwischen mehreren Vormündern (siehe oben Nr. 2).

c) Das Vormundschaftsgericht entscheidet bei Meinungsverschiedenheiten zwischen mehreren Vormündern,

α) wenn die Vormundschaft von den mehreren Vormündern gemeinschaftlich geführt wird, sofern nicht bei der Bestellung ein anderes bestimmt ist (§ 1797 Abs. 1 B.G.B.);

eine allgemeine Bestimmung über die Entscheidung von Meinungsverschiedenheiten kann das Vormundschaftsgericht bei der Bestellung des Vormundes treffen;

der Vater und die eheliche Mutter des Mündels können hinsichtlich der von ihnen rechtswirksam benannten Vormünder Bestimmungen treffen, welche das Vormundschaftsgericht jedoch außer Kraft setzen kann, wenn die Befolgung der Anordnungen das Interesse des Mündels gefährden würde (§ 1797 Abs. 3 B.G.B.);

β) wenn die Sorge für die Person und die Sorge für das Vermögen des Mündels verschiedenen Vormündern zusteht, hinsichtlich Meinungsverschiedenheiten über Handlungen, welche sowohl die Person als das Vermögen des Mündels betreffen (§ 1798 B.G.B.);

γ) bei Meinungsverschiedenheiten zwischen dem Inhaber der elterlichen Gewalt und dem Pfleger über die Vornahme einer sowohl die Person als das Vermögen des Kindes betreffenden Handlung, wenn einem Pfleger die Sorge für die Person oder für das Vermögen des Kindes zusteht (§ 1629 B.G.B.).

Bei seiner Entscheidung kann das Vormundschaftsgericht sich nur der Meinung eines der Vormünder anschließen, nicht aber eine selbständige Ansicht aufstellen.

Die Verfügung, durch welche die Meinungsverschiedenheit entschieden wird, tritt erst mit der Rechtskraft in Wirksamkeit (Rausnitz N. 3 zu § 53, Dorner N. 2c). Bei Gefahr in Verzug kann das Gericht die sofortige Wirksamkeit anordnen, welche dann mit der Bekanntmachung an den Antragsteller eintritt (§ 53 G.F.G.).

Die Verfügung ist nur mit sofortiger Beschwerde anfechtbar (§ 60 Abs. 1 N. 6 G.F.G.).

Bei einer Meinungsverschiedenheit, die dann entsteht, wenn bei einer Verteilung der Vormundschaft unter mehrere Vormünder eine Angelegenheit in den Wirkungskreis mehrerer Vormünder fällt, muß die betreffende Handlung unterbleiben; dem Vormundschaftsgericht kommt hier eine Entscheidung nicht zu, es kann aber von Aufsichts wegen eingreifen (§ 1837 B.G.B.).

4. Ueber Maßregeln hinsichtlich der Person des Mündels siehe unten § 38, über solche hinsichtlich des Vermögens §§ 39 ff.

5. Dem Vormundschaftsgerichte kommt die Ausübung eines Zwanges zu, um den Vormund zur Erfüllung seiner Pflichten zu bewegen. Die zulässigen Zwangsmaßregeln sind:

a) Ordnungsstrafen (§ 1837 B.G.B.; siehe oben § 31 B a. E.);

b) die Entlassung des Vormundes (§ 1886 B.G.B.; siehe unten Nr. IV A II).

III. Honorar. Der Vormund (Pfleger) hat kein Recht auf eine Vergütung für seine Geschäftsführung. Das Vormundschaftsgericht kann ihm jedoch eine angemessene Vergütung bewilligen, soferne das Vermögen des Mündels sowie der Umfang und die Bedeutung der vormundschaftlichen Geschäfte es rechtfertigen. Die Vergütung kann jederzeit für die Zukunft geändert oder entzogen werden. Vor der Bewilligung, Aenderung oder Entziehung soll der Vormund, und wenn ein Gegenvormund vorhanden oder zu bestellen ist, auch dieser gehört werden (§ 1836 B.G.B.). Dem Gegenvormund steht auch — neben den nach § 20 G.F.G. Beschwerdeberechtigten — die Beschwerde gegen die Bewilligung einer Vergütung an den Vormund oder Pfleger zu (§ 57 Nr. 7 G.F.G.).

IV. Beendigung des Amtes des Vormundes (Pflegers). Das Amt des Vormundes (Pflegers) endet regelmäßig durch Entlassung seitens des Vormundschaftsgerichts, ausnahmsweise in bestimmten Fällen kraft Gesetzes mit dem Eintritt bestimmter Tatsachen.

A. Die **Entlassung** erfolgt teils von Amts wegen, teils auf Antrag und ist im ersteren Falle wieder teils obligatorisch, teils in das Ermessen des Gerichts gestellt. Sie wird mit der Zustellung der Verfügung an den Entlassenen wirksam (§ 16 Abs. 1 G.F.G.).

I. **Entlassung von Amts wegen:**

1. Das Vormundschaftsgericht **kann** eine Frau, die zum Vormunde bestellt ist, entlassen, wenn sie sich verheiratet (§ 1887 Abs. 1 B.G.B.).

2. Das Vormundschaftsgericht **muß** den Vormund entlassen:

a) nach § 1886 B.G.B., wenn die Fortführung des Amtes, insbesondere wegen pflichtwidrigen Verhaltens des Vormundes, das Interesse des Mündels gefährden würde oder wenn in der Person des Vormundes einer der Gründe eintritt, aus welchen ein Vormund nicht bestellt werden soll; dies ist der Fall (§ 1781 B.G.B.):

   α) wenn der Vormund unter vorläufige Vormundschaft gestellt wird;

   β) wenn er in Folge geistiger oder körperlicher Gebrechen seine Vermögensangelegenheiten nicht zu besorgen vermag und deswegen einen Pfleger erhalten hat (§ 1910 B.G.B.);

   γ) wenn er in Konkurs gerät;

   δ) wenn er der bürgerlichen Ehrenrechte für verlustig erklärt wird, soferne er nicht Verwandter aufsteigender Linie ist und das Vormundschaftsgericht oder der Familienrat seine Genehmigung zur Fortführung der Vormundschaft erteilt (§ 34 Nr. 6 Str.G.B.).

   Gegen eine Verfügung, durch welche ein Antrag des Gegenvormundes oder des Beistands, den Vormund oder den Pfleger zu entlassen, zurückgewiesen wird, steht außer den nach § 20 G.F.G. Beschwerdeberechtigten dem Antragsteller die Beschwerde zu (§ 57 Nr. 6 G.F.G.).

b) wenn eine verheiratete Frau Vormund ist und der Ehemann derselben seine Zustimmung zur Fortführung der Vormundschaft versagt oder die Zustimmung widerruft; diese Vorschrift findet keine Anwendung, wenn der Mann der Vater des Mündels ist (§ 1887 Abs. 2 B.G.B.); eines Antrages des Ehemanns auf Entlassung bedarf es nicht; nach Kenntnis von der Verweigerung oder dem Widerruf der Zustimmung hat das Gericht von Amts wegen die Entlassung auszusprechen;

c) wenn ein Beamter oder Religionsdiener zum Vormund bestellt ist und die Erlaubnis, die nach den Landesgesetzen zur Uebernahme der Vormundschaft oder zur Fortführung der vor dem Eintritt in das Amts- oder Dienstverhältnis übernommenen Vormundschaft erforderlich ist, versagt oder zurückgenommen wird oder wenn die nach den Landesgesetzen zulässige Untersagung der Fortführung der Vormundschaft erfolgt (§ 1888 B.G.B.; siehe oben Note 2 Ziff. II 7).

Ob das Vormundschaftsgericht in den Fällen, in welchen es bei der Bestellung eines Vormundes die Entlassung vorbehalten hat für den Fall, daß ein bestimmtes Ereignis eintritt oder nicht eintritt (§ 1790 B.G.B.), bei Eintritt oder Nichteintritt des Ereignisses die Entlassung aussprechen **kann** oder **muß**, hängt von der Natur des in Frage stehenden Ereignisses ab. Die Entlassung **muß** beispielsweise erfolgen, wenn sie deswegen vorbehalten ist, weil ein zur Vormundschaft Berufener nur vorübergehend an der Uebernahme der Vormundschaft verhindert war, sobald nach Wegfall des Hindernisses der Berufene den Antrag stellt, ihn zum Vormunde zu bestellen (§ 1778 Abs. 2 B.G.B.).

Die nötigen Ermittelungen zur Feststellung, ob der Vormund zu entlassen ist, sind von Amts wegen zu pflegen (§ 12 G.F.G.). Der Vormund ist vor der Entlassung zweckmäßig zu hören; über Anhörung von Verwandten und Verschwägerten des Mündels siehe § 1847 B.G.B.

Gegen die Verfügung, durch welche der Vormund (Pfleger) wider seinen Willen entlassen wird, findet die **sofortige Beschwerde** statt (§ 60 N. 3 G.F.G.). Beschwerdeberechtigt ist außer dem Entlassenen auch der Mündel.

II. **Entlassung auf Antrag.**

Das Vormundschaftsgericht hat den Vormund auf seinen Antrag zu entlassen, wenn ein wichtiger Grund vorliegt; hierüber entscheidet das Ermessen des Gerichts. Ein wichtiger Grund ist es insbesondere

1. wenn der Vormund das sechzigste Lebensjahr vollendet hat;
2. wenn er mehr als vier minderjährige eheliche Kinder hat, wobei ein von einem anderen an Kindesstatt angenommenes Kind nicht eingerechnet wird;
3. wenn er durch eintretende Krankheit oder durch Gebrechen verhindert wird, die Vormundschaft ordnungsmäßig zu führen;
4. wenn er seinen Wohnsitz in eine Entfernung von dem Sitze des Vormundschaftsgerichts verlegt, daß er die Vormundschaft nicht ohne besondere Belästigung führen kann;
5. wenn er (nach § 1844 B.G.B.) zur Sicherheitsleistung angehalten wird;
6. wenn ein weiterer Vormund zur gemeinschaftlichen Führung der Vormundschaft bestellt wird (§ 1889 mit § 1786 Abs. 1 Nr. 2—7 B.G.B.).

Gegen die Ablehnung des Entlassungsantrages ist die Beschwerde zulässig (§ 20 G.F.G.).

B. **Kraft Gesetzes** endet das Amt des Vormundes (Pflegers):

1. mit dem Tode des Vormundes (Pflegers), welchen dessen Erbe sowie ein etwaiger Mitvormund dem Vormundschaftsgericht unverzüglich anzuzeigen hat (§ 1894 Abs. 1 B.G.B.);
2. im Falle der Todeserklärung des Vormundes mit Erlassung

des die Todeserklärung aussprechenden Urteils (§ 1885 Abs. 2 B.G.B.);

3. mit der Entmündigung des Vormundes (§ 1885 Abs. 1 B.G.B.);
4. naturgemäß mit der Beendigung der Vormundschaft selbst.

Ueber die Pflichten des Vormundes bei Beendigung seines Amtes siehe §§ 1892 ff. B.G.B., über Rechnungsablegung insbesondere unten § 44.

Nach der Beendigung des Amtes des Vormundes hat das Vormundschaftsgericht dafür Sorge zu tragen, daß die Bestallung zurückgegeben wird (§ 1893 Abs. 2 B.G.B.).

§ 33.

Der Gegenvormund.

I. Voraussetzung der Bestellung: Ein Gegenvormund kann regelmäßig bei jeder Vormundschaft bestellt werden (§ 1792 Abs. 1, § 1897 B.G.B.).

Es soll ein solcher bestellt werden, wenn mit der Vormundschaft eine Vermögensverwaltung verbunden ist (§ 1792 Abs. 2 B.G.B.).

Die Bestellung eines Gegenvormundes kann unterbleiben:

1. wenn die zu führende Vermögensverwaltung nicht erheblich ist; nicht auf die Erheblichkeit des Vermögens kommt es an;
2. wenn die Vormundschaft von mehreren Vormündern gemeinschaftlich zu führen ist (§ 1792 Abs. 2 B.G.B.);
3. bei der Pflegschaft (§ 1915 Abs. 2 B.G.B.).

Entscheidend ist das Ermessen des Vormundschaftsgerichts.

Die Bestellung eines Gegenvormundes muß unterbleiben:

1. wenn der Vater oder die eheliche Mutter unter den Voraussetzungen des § 1777 B.G.B. einen Vormund benennen und hiebei die Bestellung eines Gegenvormunds ausschließen (§§ 1852, 1855, 1856 B.G.B.). Die Ausschließung kann jedoch vom Vormundschaftsgerichte außer Kraft gesetzt werden, wenn dieselbe das Interesse des Mündels gefährden würde (§ 1857 B.G.B.);
2. bei der Vormundschaft über Volljährige dann, wenn der Vater des Mündels zum Vormunde bestellt ist (§ 1903 B.G.B.), ferner, wenn die eheliche Mutter des Mündels zum Vormunde bestellt ist, es sei denn, daß
   a) der Vater oder die Mutter im Falle der Minderjährigkeit des Mündels zur Zeit der Einleitung der Vormundschaft zur Vermögensverwaltung nicht berechtigt sein würde; vergl. §§ 1647, 1680, 1697, 1701, 1702 B.G.B. (§ 1903 Abs. 2, § 1904 B.G.B.);
   b) die Mutter die Bestellung eines Gegenvormunds beantragt oder

c) das Vormundschaftsgericht aus besonderen Gründen, insbesondere wegen des Umfanges oder der Schwierigkeit der Vermögensverwaltung oder wegen Gefährdung des geistigen oder leiblichen Wohles des Mündels (§ 1666) oder des Vermögens desselben (§ 1667) die Bestellung im Interesse des Mündels für nötig erachtet (§ 1904 mit § 1687 Nr. 3 B.G.B.);

3. wenn die Vormundschaft von einem Anstaltsvormund (siehe § 37) geführt wird (Art. 136 Nr. 4 E.G. z. B.G.B., Art. 100 Abs. 3 A.G. z. B.G.B.).

II. Berufung und Bestellung: Auf die Berufung und Bestellung des Gegenvormundes finden die für die Berufung und Bestellung des Vormundes geltenden Vorschriften Anwendung (§ 1792 Abs. 4 B.G.B., § 8 Abs. 2 und 4 Vorm.O.; siehe oben § 32 Ziff. I).

Die Bestellung nur eines Gegenvormundes ist sohin die Regel, die Bestellung mehrerer jedoch nicht ausgeschlossen (§ 1775 B.G.B.).

Ist die Vormundschaft von mehreren Vormündern nicht gemeinschaftlich zu führen, so kann der eine Vormund zum Gegenvormund des anderen bestellt werden (§ 1792 Abs. 3 B.G.B.).

Vormund und Gegenvormund sollen zweckmäßig, wenn sie sich im Gerichtsbezirke befinden, behufs gleichzeitiger Verpflichtung auf denselben Termin vorgeladen werden (§ 8 Abs. 3 Vorm.O. Formulare für Ladung und Verpflichtung siehe J.M.Bl. 1900 S. 217, 219, § 8 Abs. 4 Vorm.O.).

Die sofortige Beschwerde findet statt:

1. gegen die Verfügung, durch die ein als Gegenvormund Berufener übergangen wird;
2. gegen die Verfügung, durch welche die Weigerung eine Gegenvormundschaft zu übernehmen, zurückgewiesen wird (§ 60 Nr. 1 und 2 G.F.G.).

Im Falle 1 ist jedenfalls auch der bestellte Vormund und der Mündel beschwerdeberechtigt (Rausnitz, Note 21 zu § 60, Keidel, S. 66). Die Beschwerdefrist beginnt für den Uebergangenen mit dem Zeitpunkt, in welchem er von seiner Uebergehung Kenntnis erlangt (§ 60 Abs. 2 G.F.G.).

Auch der Gegenvormund erhält eine Bestallung, für deren Inhalt die Vorschrift des § 1791 Abs. 2 B.G.B. (siehe oben § 32, I 5) gilt. Formular siehe J.M.Bl. 1900 S. 223.

III. Rechte und Pflichten:

A. Dem Gegenvormund obliegt:

1. die Beaufsichtigung der gesamten Geschäftsführung des Vormundes (Pflegers), sowohl was die Sorge für die Person als was die Sorge für das Vermögen des Mündels anlangt; er kann zu diesem Zwecke von dem Vormund jederzeit über die Führung der Vormundschaft Auskunft sowie die Einsicht der

sich auf die Vormundschaft beziehenden Papiere verlangen (§ 1799 Abs. 1 Satz 1, Abs. 2 B.G.B.);

2. die Mitwirkung bei der Aufnahme des Vermögensverzeichnisses, das er mit der Versicherung der Richtigkeit und Vollständigkeit zu versehen hat (§ 1802 Abs. 1 Satz 2 B.G.B.);
3. die Anzeigeerstattung an das Vormundschaftsgericht von Pflichtwidrigkeiten des Vormundes, sowie von dem Eintritt jeden Falles, in welchem das Vormundschaftsgericht zum Einschreiten berufen ist, insbesondere von dem Tod des Vormundes oder dem Eintritte eines anderen Umstandes, infolgedessen das Amt des Vormundes endet oder dessen Entlassung erforderlich wird (§ 1799 Abs. 1 B.G.B.);
4. die Auskunfterteilung über die Führung der Vormundschaft und die persönlichen Verhältnisse des Mündels auf Verlangen des Vormundschaftsgerichts (§ 1839 B.G.B.) sowie bei Beendigung der Vormundschaft über das von dem Vormunde verwaltete Vermögen (§ 1891 Abs. 2 B.G.B.);
5. die Vorprüfung der Jahresrechnung und der Schlußrechnung, die er mit den Bemerkungen, zu denen die Prüfung ihm Anlaß gibt, zu versehen hat (§ 1842, § 1854 Abs. 3, § 1891 Abs. 1 B.G.B.), sowie die Mitwirkung bei der Abnahme der Schlußrechnung (§ 1892 Abs. 2 B.G.B.);
6. die Auskunfterteilung über die Führung der Gegenvormundschaft bei Beendigung der Vormundschaft (§ 1891 Abs. 2 B.G.B.).

B. Der Gegenvormund hat ein Antragsrecht:

1. auf Anhörung von Verwandten und Verschwägerten des Mündels vor einer von dem Vormundschaftsgerichte zu treffenden Entscheidung (§ 1847 Abs. 1 B.G.B.);
2. auf Bestellung eines Familienrats (§ 1859 Abs. 1 B.G.B.);
3. auf Berufung des Familienrats (§ 1873 B.G.B.).

C. Dem Gegenvormund steht, soweit er nicht schon nach § 20 G.F.G. beschwerdeberechtigt ist, das Recht der Beschwerde zu:

1. gegen eine Verfügung, durch die ein Antrag desselben, gegen den gesetzlichen Vertreter wegen pflichtwidrigen Verhaltens einzuschreiten oder den Vormund oder den Pfleger aus einem der in § 1886 B.G.B. bezeichneten Gründe zu entlassen, zurückgewiesen wird;
2. gegen eine Verfügung, durch die dem Vormunde oder dem Pfleger eine Vergütung bewilligt wird (§ 57 Nr. 6 und 7 G.F.G.).

D. Der Gegenvormund soll gehört werden:

1. vor der Entscheidung über die zu einer Handlung des Vormundes erforderliche Genehmigung des Vormundschaftsgerichts (§ 1826 B.G.B.);
2. vor der Bewilligung, Aenderung oder Entziehung einer Ver-

gütung des Vormundes für die Geschäftsführung (§ 1836 Abs. 2 B.G.B.).

E. In einer Anzahl von Fällen, welche sich aus den späteren Ausführungen ergeben (§§ 1809—1813, 1824 B.G.B.), ist zu Handlungen des Vormundes die Genehmigung des Gegenvormunds erforderlich:

1. die Genehmigung kann wirksam nur dem Vormunde gegenüber erklärt werden (§ 1832 mit § 1828 B.G.B.). Sie bedarf regelmäßig keiner bestimmten Form, kann daher auch stillschweigend erklärt werden; schriftlich muß sie erklärt werden, soweit der Vormund Dritten gegenüber die Genehmigung in schriftlicher Form vorlegen muß (§ 1832 mit § 1831 B.G.B.). Die Notwendigkeit bestimmter — schriftlicher, notarieller — Form kann sich aus dem Inhalte des zu schließenden Rechtsgeschäftes ergeben;
2. die Erteilung oder Verweigerung der Genehmigung liegt im pflichtgemäßen Ermessen des Gegenvormundes.

Die Genehmigung des Gegenvormundes kann in bestimmten Fällen durch diejenige des Vormundschaftsgerichts ersetzt werden.

a) Die Ersetzung ist zulässig und
  α) muß erholt werden bei der Verfügung über eine Forderung oder ein anderes Recht, kraft dessen der Mündel eine Leistung verlangen kann, sowie über ein Wertpapier des Mündels und bei der Eingehung der Verpflichtung zu einer solchen Verfügung (§ 1812 B.G.B.);
  β) soll erholt werden bei der in den §§ 1806—1808 B.G.B. (vergl. § 41) vorgeschriebenen Anlegung von Mündelgeld (§ 1810 B.G.B.).

  Die Ersetzung der Genehmigung ist in den Fällen ausgeschlossen, in welchen ausnahmsweise die regelmäßig erforderliche Genehmigung des Gegenvormundes nicht zu erholen ist (siehe unten Ziff. 3).
b) Voraussetzung der Ersetzung ist:
  α) daß der Gegenvormund die Erteilung der Genehmigung verweigert oder daß
  β) der Gegenvormund an der Erteilung der Genehmigung tatsächlich verhindert ist oder daß
  γ) ein Gegenvormund nicht vorhanden ist, sei es, daß ein solcher noch nicht bestellt oder der bestellte weggefallen ist, oder daß nach gesetzlicher Vorschrift ein Gegenvormund nicht zu bestellen ist. Im letzten Falle ist die Ersetzung ausgeschlossen, sofern die Vormundschaft von mehreren Vormündern gemeinschaftlich geführt wird (§ 1810, § 1812 Abs. 2 und 3 B.G.B.).
c) Für die Erteilung der Genehmigung durch das Vormundschafts-

gericht kommen auch hier die allgemein für diese geltenden Vorschriften zur Anwendung (siehe oben § 31 C).

Die Verfügung, durch welche die verweigerte Genehmigung des Gegenvormundes ersetzt wird, tritt erst mit der Rechtskraft in Wirksamkeit; bei Gefahr im Verzug kann sofortige Wirksamkeit, die mit der Bekanntmachung an den Antragsteller eintritt, angeordnet werden (§ 53 G.F.G.). Die gleiche Verfügung ist nur mit sofortiger Beschwerde anfechtbar (§ 60 Abs. 1 Nr. 6 G.F.G.).

3. Die Genehmigung des Gegenvormundes ist ausnahmsweise nicht erforderlich:

a) allgemein in den Fällen der befreiten Vormundschaft (§§ 1852 ff. B.G.B.);

b) bei einzelnen bestimmten Rechtsgeschäften (§ 1813 B.G.B.; siehe unten 42).

IV. Die Zwangsmittel gegen den Gegenvormund sind die nämlichen wie gegen den Vormund (§ 1837 Abs. 2, §§ 1886, 1895 B.G.B.; siehe oben § 31, II, 5).

V. Honorar: Die Gegenvormundschaft wird regelmäßig unentgeltlich geführt. Aus besonderen Gründen, deren Vorliegen das Vormundschaftsgericht nach pflichtgemäßem Ermessen zu erwägen hat, kann jedoch dem Gegenvormunde eine angemessene Vergütung bewilligt werden (§ 1836 Abs. 1 Satz 1 B.G.B). Es kommen die für die Vergütung des Vormundes geltenden Vorschriften zur Anwendung (siehe oben § 31, III).

VI. Das Amt des Gegenvormundes endet aus den nämlichen Gründen wie das Amt des Vormundes (§ 1895 mit §§ 1885—1889 B.G.B.; siehe oben § 32, IV).

Von dem Tode des Gegenvormundes erhält das Vormundschaftsgericht durch Anzeige seitens dessen Erben und des Vormundes Kenntnis (§§ 1894, 1895 B.G.B.).

Der Gegenvormund hat nach Beendigung seines Amtes seine Bestallung zurückzugeben (§ 1893 Abs. 2, § 1895 B.G.B.).

Gegen die Verfügung, durch die ein Gegenvormund gegen seinen Willen entlassen wird, findet die sofortige Beschwerde statt (§ 60 Nr. 3 G.F.G.). Beschwerdeberechtigt ist auch der Mündel und der Vormund nach § 20 G.F.G.

§ 34.

Familienrat.

I. Einsetzung: Die Einsetzung eines Familienrats kann sowohl bei der Vormundschaft als bei der Pflegschaft erfolgen (§§ 1858 ff., 1897, 1915 Abs. 1 B.G.B.).

A. Die Einsetzung erfolgt niemals allein nach eigenem Ermessen des Vormundschaftsgerichts, dieselbe setzt vielmehr voraus, entweder:

1. eine Anordnung des Vaters oder der ehelichen Mutter des Mündels (§ 1858 Abs. 1 B.G.B.).

Eine solche ist nur zulässig bei der Vormundschaft und der Pflegschaft über Minderjährige (§§ 1905, 1915 Abs. 1 B.G.B.).

Die Anordnung kann nur in einer letztwilligen Verfügung erfolgen; Voraussetzung der Gültigkeit der Anordnung ist, daß dem Vater bezw. der Mutter zur Zeit ihres Todes die elterliche Gewalt über das Kind zustand und daß ihre Befugnis zur Vertretung des Kindes in den die Person oder in den das Vermögen betreffenden Angelegenheiten nicht ausgeschlossen war, hinsichtlich des Vaters, wenn das Kind erst nach seinem Tode geboren wird, daß er zu der Anordnung berechtigt gewesen wäre, wenn das Kind vor seinem Tode geboren worden wäre; Anordnungen des Vaters gehen denjenigen der Mutter vor (§ 1868 mit § 1777 B.G.B.).

Die Einsetzung kann von dem Eintritt oder Nichteintritt eines bestimmten Ereignisses abhängig gemacht werden (§ 1858 Abs. 2 B.G.B.);

2. oder einen Antrag.

Antragsberechtigt ist jeder Verwandte oder Verschwägerte des Mündels ohne Rücksicht auf Gradesnähe, der Vormund und der Gegenvormund.

Das Vormundschaftsgericht braucht dem Antrag nur stattzugeben, wenn es die Einsetzung im Interesse des Mündels für angemessen erachtet (§ 1859 Abs. 1 B.G.B.).

B. Die Einsetzung unterbleibt:

1. im ersten Falle, wenn die erforderliche Zahl geeigneter Personen nicht vorhanden ist (§ 1858 Abs. 3 B.G.B.);
2. im zweiten Falle, wenn der Vater oder die eheliche Mutter die Einsetzung untersagt haben (§ 1859 Abs. 3 B.G.B.). Hinsichtlich der Form und der Voraussetzungen der Gültigkeit der Untersagung gilt das Nämliche wie für die Anordnung der Einsetzung (§ 1868 B.G.B.; vergl. oben sub A Nr. 1).

Die Verfügung, durch welche die Einsetzung eines Familienrates abgelehnt wird, wird mit der Zustellung an den Vormund bezw. an den Antragsteller wirksam (§ 16 Abs. 1 G.F.G.).

C. Beschwerde: Lehnt das Vormundschaftsgericht die Einsetzung eines Familienrates ab, so steht die einfache Beschwerde dem Ehegatten sowie jedem Verwandten und Verschwägerten des Mündels zu, ohne Rücksicht, ob letztere Personen im Falle A Nr. 2 den Antrag auf Einsetzung gestellt haben (§ 57 Nr. 4 G.F.G.), im Falle A Nr. 2 nach § 20 Abs. 2 G.F.G. auch stets dem Antragsteller.

Im übrigen gilt die Regel des § 20 Abs. 1 G.F.G.; beschwerdeberechtigt ist daher insbesondere der Mündel durch den Vormund oder Pfleger, nicht aber den Gegenvormund, soferne er nicht Antragsteller ist.

II. Zusammensetzung: Der Familienrat besteht aus dem Vormundschaftsrichter — bezw. bei dessen Verhinderung dem ihn in seinen richterlichen Geschäften vertretenden Richter — als Vorsitzenden und aus mindestens zwei, höchstens sechs Mitgliedern (§ 1860 B.G.B.), ferner aus einem oder zwei Ersatzmitgliedern, welche zu bestellen sind, wenn neben dem Vorsitzenden nur die zur Beschlußfähigkeit des Familienrats erforderlichen Mitglieder (IV B unten) vorhanden sind (§ 1863 Abs. 1 B.G.B.).

III. Bestellung zum Familienratsmitgliede:

A. Berufungsgründe sind folgende:

1. Benennung durch den Vater oder die eheliche Mutter (§ 1861 B.G.B.), welche jedoch nur bei der Vormundschaft und der Pflegschaft über Minderjährige zulässig ist (§ 1905 Abs. 1, § 1915 Abs. 1 B.G.B.);
2. Auswahl durch das Vormundschaftsgericht (§ 1862 Abs. 1 B.G.B.);
3. Auswahl durch den Familienrat;
4. Auswahl durch den Vorsitzenden des Familienrates.

ad 1. Hinsichtlich der Form und der Voraussetzungen der Gültigkeit der Benennung durch den Vater oder die eheliche Mutter gilt das Nämliche wie für die Anordnung der Einsetzung (§ 1868 mit § 1777 B.G.B.; vergl. oben sub I A Nr. 1).

Die Benennung durch den Vater oder die Mutter ist ausgeschlossen bei der Vormundschaft und der Pflegschaft über Volljährige (§ 1905 Abs. 2, § 1918 Abs. 1 B.G.B.).

Der Vater und die eheliche Mutter können auch Ersatzmitglieder benennen und die Reihenfolge ihres Eintritts bestimmen (§ 1863 Abs. 3 mit § 1868 B.G.B.).

Die Anordnungen des Vaters gehen den Anordnungen der Mutter vor (§ 1868 Abs. 2 B.G.B.).

Die Berufung gibt ein Recht auf Bestellung zum Mitglied des Familienrats. Gegen die Verfügung, durch welche ein zum Mitglied Berufener übergangen wird, findet die sofortige Beschwerde statt (§ 60 Nr. 1 G.F.G.). Die Beschwerdeberechtigung bestimmt sich nach § 20 G.F.G.; beschwerdeberechtigt ist daher außer dem Uebergangenen der an seiner Stelle Herangezogene (Keidel, S. 66), ferner der Vormund bezw. Pfleger für den Mündel (Rausnitz, Note 21 zu § 60, Dorner, Note 2 mit verschiedener Begründung).

Die Beschwerdefrist beginnt für alle Beschwerdeberechtigten mit dem Zeitpunkt, in welchem der Beschwerdeführer von der Uebergehung Kenntnis erlangt (§ 60 Abs. 2 G.F.G.).

Wider seinen Willen kann übergangen werden (§ 1868 Satz 2 mit § 1778 Abs. 1 B.G.B.):

a) wer nicht zum Mitglied bestellt werden soll (s. unten sub B);

b) wer an der Uebernahme des Amtes als Familienrat verhindert ist, bei bloß vorübergehender Verhinderung jedoch nur, solange er nicht nach Wegfall des Hindernisses seine Bestellung an Stelle eines bisherigen Mitgliedes beantragt;
c) wer die Uebernahme verzögert;
d) wessen Bestellung das Interesse des Mündels gefährden würde.

ad 2. Auswahl durch das Vormundschaftsgericht tritt nur ein:
a) bei der Vormundschaft und Pflegschaft über Volljährige;
b) subsidiär bei der Vormundschaft und Pflegschaft über Minderjährige, wenn nämlich eine Berufung nach Nr. 1 nicht vorliegt oder der Berufene die Uebernahme des Amtes wirksam ablehnt.

Die Auswahl durch das Vormundschaftsgericht beschränkt sich auf die zur Beschlußfähigkeit des Familienrats erforderlichen (zwei) Mitglieder; siehe ad 3 lit. a.

Vor der Auswahl sollen der Gemeindewaisenrat und, wenn es ohne erhebliche Verzögerung und ohne unverhältnismäßige Kosten geschehen kann, auch Verwandte und Verschwägerte des Mündels gehört werden.

ad 3. Auswahl durch den Familienrat erfolgt in nachstehenden Fällen:
a) Wenn im Falle Nr. 2 das Vormundschaftsgericht zunächst die zwei zur Beschlußfähigkeit notwendigen Mitglieder bestellt hat, so kommt dem so gebildeten Familienrat die Bestimmung, ob und wie viele weitere Mitglieder zu bestellen sind, und deren Auswahl zu (§ 1862 Abs. 2 B.G.B).
b) Sind neben dem Vorsitzenden nur die zur Beschlußfähigkeit erforderlichen Mitglieder vorhanden, und, soweit zulässig, Ersatzmitglieder nicht schon vom Vater oder von der ehelichen Mutter bestimmt, so sind vom Familienrat ein oder zwei Ersatzmitglieder zur Bestellung auszuwählen; ihm steht auch die Bestimmung der Reihenfolge zu, in der sie bei der Verhinderung oder dem Wegfall eines Mitgliedes in den Familienrat einzutreten haben (§ 1863 Abs. 2 und 3 B.G.B.).

ad 4. Dem Vorsitzenden steht nur die Auswahl interimistischer Ersatzmitglieder zu. Wird nämlich der Familienrat durch vorübergehende Verhinderung eines Mitgliedes beschlußunfähig und ist auch ein Ersatzmitglied nicht vorhanden, so ist vom Vorsitzenden für die Dauer der Verhinderung ein Ersatzmitglied auszuwählen und zu bestellen (§ 1864 B.G.B.).

Ueber die auszuwählenden Personen vergl. insbesondere unten sub B Nr. 2 lit. d, γ.

B. Ausschluß von der Bestellung. Das Bürgerliche Gesetzbuch unterscheidet Gründe, aus welchen jemand nicht zum Mitglied eines Familienrats bestellt werden kann, und solche, aus welchen er nicht bestellt werden soll.

1. Nicht bestellt werden können Personen, welche geschäftsunfähig (§ 104 B.G.B.) oder wegen Geistesschwäche, Verschwendung oder Trunksucht entmündigt sind (§ 1865 B.G.B.). Frauen können zu Mitgliedern bestellt werden und bedürfen nicht der Genehmigung ihrer Ehemänner.

Bestellung ausgeschlossener Personen hat Unwirksamkeit der unter ihrer Mitwirkung gefaßten Beschlüsse des Familienrates zur Folge.

2. Nicht bestellt werden sollen:

a) der Vormund des Mündels (§ 1866 Nr. 1 B.G.B.);

b) wer nach §§ 1781, 1782 B.G.B. nicht zum Vormunde bestellt werden soll (siehe § 32 Note 2 Ziff. II 1—5, § 1866 Nr. 2 B.G.B.);

c) wer durch Anordnung des Vaters oder der ehelichen Mutter des Mündels von der Mitgliedschaft ausgeschlossen ist; hinsichtlich der Form und der Voraussetzungen der Gültigkeit des Ausschlusses gilt das nämliche wie bei der Anordnung der Einsetzung eines Familienrats (§ 1866 Nr. 3, § 1868 B.G.B.; vergl. oben sub A Nr. 1);

d) wer mit dem Mündel weder verwandt noch verschwägert ist, es sei denn, daß er

α) vom Vater oder der ehelichen Mutter des Mündels in gültiger Weise benannt ist oder

β) von dem Familienrat oder

γ) von dem Vorsitzenden nach § 1864 (siehe oben sub A ad Nr. 4) ausgewählt worden ist (§ 1867 B.G.B.).

C. Ablehnung: Niemand ist verpflichtet, das Amt eines Mitglieds oder Ersatzmitglieds des Familienrats zu übernehmen (§ 1869 B.G.B.). Jeder, auch der gesetzlich Berufene, kann also die Uebernahme (nicht auch die Fortführung) des Amtes ohne Angabe von Gründen verweigern.

D. Form, Inhalt und Wirkung der Bestellung.

1. Die Mitglieder des Familienrats werden von dem Vorsitzenden durch Verpflichtung mittels Handschlags an Eidesstatt zu treuer und gewissenhafter Führung des Amtes bestellt (§ 1870 B.G.B.).

2. Die Verpflichtung muß regelmäßig unbedingt erfolgen. Es kann jedoch die Entlassung für den Fall vorbehalten werden, daß ein bestimmtes Ereignis eintritt oder nicht eintritt (§ 1871 B.G.B.).

3. Wer sich, ohne abzulehnen, als Familienratmitglied hat bestellen lassen, ist zur persönlichen Ausübung seines Amtes verpflichtet; eine Vertretung hiebei ist ausgeschlossen (§ 1872 Abs. 2 Satz 1 B.G.B.).

IV. Das Amt des Familienrats ist ein unentgeltliches Ehrenamt. Die Mitglieder können vom Mündel nur Ersatz ihrer Auslagen verlangen, deren Betrag vom Vorsitzenden festgesetzt wird (§ 1877 B.G.B.).

V. Geschäftsführung des Familienrats.

A. Aufgaben: Der Familienrat hat die Rechte und Pflichten des Vormundschaftsgerichts (§ 1872 Abs. 1 B.G.B.); er tritt also hinsichtlich aller dem Vormundschaftsgerichte überwiesenen Aufgaben an dessen Stelle. Das Vormundschaftsgericht hat keinerlei Befugnis zu selbständigem Handeln ohne Zuziehung des Familienrats. Die Rechte und Pflichten des Familienrats erstrecken sich auch auf eine während Bestehens der Vormundschaft nach § 1909 B.G.B. angeordnete Pflegschaft.

Von der Tätigkeit als Vormundschaftsgericht ist verschieden die Tätigkeit, welche der Richter als Vorsitzender des Familienrats zu entwickeln hat.

Die Aufgaben des Vorsitzenden sind folgende:

1. die Leitung der Geschäfte (§ 1872 Abs. 1 Satz 2 B.G.B.);
2. die Einberufung des Familienrats; diese kann jederzeit nach dem Ermessen des Vorsitzenden erfolgen; sie muß erfolgen:
   α) von Amts wegen, wenn das Interesse des Mündels sie erfordert;
   β) auf Antrag von zwei Mitgliedern oder des Vormundes oder des Gegenvormundes;

   die Einladung kann schriftlich oder mündlich erfolgen (§ 1873 B.G.B.);
3. die Ausführung der Beschlüsse des Familienrats;
4. die Bestellung von Ersatzmitgliedern (siehe oben sub III A Nr. 4);
5. die Entscheidung über die Ausschließung eines Mitgliedes von der Beschlußfassung wegen Interessenkollision (§ 1874 Abs. 3 B.G.B.);
6. die Festsetzung des Betrages der Auslagen, deren Ersatz die Mitglieder von dem Mündel verlangen können (§ 1877 B.G.B.);
7. die Festsetzung der Kosten, welche einem Beteiligten nach Art. 131 A.G. z. B.G.B. zu erstatten sind (Art. 133 Abs. 1 lit. c);
8. die Ausübung der Disziplinargewalt über die Mitglieder:
   α) der Vorsitzende kann gegen Mitglieder, welche ohne genügende Entschuldigung der Einberufung nicht Folge leisten oder die rechtzeitige Anzeige ihrer Verhinderung unterlassen oder sich der Teilnahme an der Beschlußfassung enthalten, Ordnungsstrafen bis zu einhundert Mark verhängen; vergl. im übrigen hinsichtlich des Verfahrens § 21 oben;
   β) der Vorsitzende hat ein in obigem Sinne säumiges Mitglied in die durch die Säumnis verursachten Kosten zu verurteilen.

   Erfolgt nachträglich genügende Entschuldigung, so sind die getroffenen Verfügungen aufzuheben (§ 1875 B.G.B.);
9. die Anordnung der erforderlichen Maßregeln, wenn ein sofortiges Einschreiten nötig ist; in diesem Falle hat das Vor-

mundschaftsgericht sofort den Familienrat einzuberufen, ihn von den Anordnungen in Kenntnis zu setzen und einen Beschluß über die etwa weiter erforderlichen Maßregeln herbeizuführen (§ 1876 B.G.B.).

B. Beschlußfähigkeit und Beschlußfassung:

1. Zur Beschlußfähigkeit des Familienrats ist die Anwesenheit des Vorsitzenden und mindestens zweier Mitglieder erforderlich (§ 1874 Abs. 1 B.G.B.).

2. Die Beratungen des Familienrats sind nicht öffentlich, insbesondere hat der Vormund kein Recht auf Anwesenheit.

Die Beschlüsse werden nach der Mehrheit der Stimmen der Anwesenden gefaßt; die Reihenfolge der Abstimmung bestimmt sich nach dem Lebensalter der Mitglieder (§ 8 G.F.G. mit § 199 G.V.G.); bei Stimmengleichheit entscheidet die Stimme des Vorsitzenden (§ 1874 Abs. 2 B.G.B.); der letztere stimmt übrigens stets mit.

Steht in einer Angelegenheit das Interesse des Mündels zu dem Interesse eines Mitglieds in erheblichem Gegensatze, so ist das Mitglied von der Teilnahme an der Beschlußfassung ausgeschlossen (§ 1874 Abs. 3, siehe oben sub A Nr. 5).

Eine Erledigung von Beratungsgegenständen auf dem Wege schriftlicher Korrespondenz mit den Mitgliedern ist ausgeschlossen.

Gegen Beschlüsse des Familienrates findet die Beschwerde in der nämlichen Weise statt, wie gegen Verfügungen des Vormundschaftsgerichts.

VI. Beendigung des Amtes eines Mitgliedes.

Das Amt eines Mitgliedes endet regelmäßig durch Entlassung seitens des Vormundschaftsgerichts, ausnahmsweise in bestimmten Fällen kraft Gesetzes mit dem Eintritt bestimmter Tatsachen.

A. Die Entlassung erfolgt teils von Amts wegen, teils auf Antrag.

1. Ein Mitglied muß von Amts wegen entlassen werden, wenn die Fortführung des Amtes, insbesondere wegen pflichtwidrigen Verhaltens desselben, das Interesse des Mündels gefährden würde oder wenn in der Person des Mitgliedes einer der Gründe eintritt, aus welchen jemand nach § 1781 B.G.B. nicht zum Vormund bestellt werden soll; siehe oben § 32 Note 2 Ziff. II 1—5 (§ 1878 Abs. 1 mit § 1886 B.G.B.).

Ob das Vormundschaftsgericht in den Fällen, in welchen es die Entlassung für den Fall vorbehalten hat, daß ein bestimmtes Ereignis eintritt oder nicht eintritt (§ 1871 B.G.B.) bei Eintritt der Bedingung die Entlassung aussprechen kann oder muß, hängt von der Natur des in Frage stehenden Ereignisses ab. Die Entlassung muß beispielsweise erfolgen, wenn sie deswegen vorbehalten ist, weil ein zur Mitgliedschaft Berufener nur vorübergehend an der Uebernahme des Amtes verhindert war, sobald nach Wegfall des Hindernisses der Berufene den Antrag stellt, ihn nunmehr zum Mitglied zu bestellen.

Zuständig zur Entlassung ist das Vormundschaftsgericht, wenn der zu Entlassende mit seiner Entlassung einverstanden ist, andernfalls das dem Vormundschaftsgericht im Instanzenzuge vorgeordnete Gericht — Landgericht (§ 1878 Abs. 2 B.G.B.).

Gegen die Verfügung, durch welche ein Mitglied gegen seinen Willen entlassen wird, findet die sofortige Beschwerde statt (§ 64 Nr. 4 G.F.G.). Beschwerdeberechtigt ist der Entlassene und der Mündel (§ 20 G.F.G.). Beschwerdegericht ist das Oberste Landesgericht (§ 64 Satz 1, § 199 Abs. 2 G.F.G., Art. 42 Abs. 3 A.G. z. G.V.G.). Die weitere Beschwerde ist ausgeschlossen (§ 64 Satz 2 G.F.G.).

2. Auf Antrag eines Mitgliedes erfolgt dessen Entlassung, wenn ein wichtiger Grund vorliegt; hierüber entscheidet das Ermessen des Gerichts. Ein wichtiger Grund ist es insbesondere,

a) wenn das Mitglied das sechzigste Lebensjahr vollendet hat;
b) wenn dasselbe mehr als vier minderjährige eheliche Kinder hat, wobei ein von einem anderen an Kindesstatt angenommenes Kind nicht gerechnet wird;
c) wenn es durch eintretende Krankheit oder durch Gebrechen verhindert wird, das Amt ordnungsgemäß zu führen;
d) wenn es wegen Entfernung seines Wohnsitzes von dem Sitze des Vormundschaftsgerichts das Amt nicht ohne besondere Belästigung führen kann (§ 1868 Abs. 1 mit § 1889, § 1786 Abs. 1 Nr. 2—5 B.G.B.).

Hier kann nur die Zuständigkeit des Vormundschaftsgerichts zur Entlassung in Frage kommen.

B. Kraft Gesetzes endet das Amt eines Mitgliedes:

1. mit dessen Tode;
2. im Falle der Todeserklärung mit Erlassung des die Todeserklärung aussprechenden Urteils;
3. mit der Entmündigung desselben (§ 1868 Abs. 1 mit § 1885 B.G.B.);
4. mit der Aufhebung des Familienrats.

VII. Aufhebung des Familienrats.

1. Die Aufhebung erfolgt von Amts wegen durch Verfügung des Vormundschaftsgerichts:

a) wenn es an der zur Beschlußfähigkeit erforderlichen Zahl von Mitgliedern fehlt und geeignete Personen zur Ergänzung nicht vorhanden sind (§ 1879 B.G.B.);
b) wenn der Vater oder die eheliche Mutter des Mündels die Aufhebung des von ihnen angeordneten Familienrats für den Fall des Eintritts oder Nichteintritts eines künftigen Ereignisses nach Maßgabe des § 1777 B.G.B. (vergl. oben sub I A Nr. 1) angeordnet haben und die Bedingung ein-

getreten ist (§ 1880 B.G.B.); eine solche Anordnung ist bei der Vormundschaft und bei der Pflegschaft über Volljährige ausgeschlossen (§ 1905 Abs. 1, § 1915 Abs. 1 B.G.B.).

Im letzteren Fall kann auf Antrag (vergl. oben sub I A Nr. 2) ein neuer Familienrat eingesetzt werden.

Von der Aufhebung des Familienrats hat das Vormundschaftsgericht die bisherigen Mitglieder, den Vormund und den Gegenvormund in Kenntnis zu setzen (§ 1881 Abs. 1 B.G.B.).

2. Beschwerde: Gegen die Verfügung, durch welche der Familienrat aufgehoben wird, findet die sofortige Beschwerde statt (§ 60 Nr. 4 G.F.G.).

Beschwerdeberechtigt sind außer den nach § 20 G.F.G. ohnehin beschwerdeberechtigten Personen, also insbesondere dem Vormund oder Pfleger, der Ehegatte sowie Verwandte und Verschwägerte des Mündels (§ 57 Nr. 4 G.F.G.), dagegen nicht der Gegenvormund (ebenso Rausnitz Note 14 zu § 57, Dorner Note 12).

Die Beschwerdefrist beginnt für alle Beschwerdeführer mit dem Zeitpunkte, in welchem das Vormundschaftsgericht die bisherigen Mitglieder von der Aufhebung in Kenntnis setzt (§ 60 Abs. 2 B.G.B.), also für alle Familienratsmitglieder und die sonstigen Beschwerdeberechtigten von der letzten Bekanntmachung an ein Familienratsmitglied ab (ebenso Rausnitz Note 37 zu § 60, a. M. Dorner Note 5).

Wiedereinsetzung wegen nicht rechtzeitig erlangter Kenntnis der betreffenden Verfügung findet nicht statt (ebenso Rausnitz a. a. O.).

Hat eine Person die Voraussetzungen der Aufhebung für gegeben erachtet und deswegen Antrag auf Aufhebung gestellt, so steht gegen eine den Antrag ablehnende Verfügung den nach § 20 Abs. 1 G.F.G. Beschwerdeberechtigten die einfache Beschwerde zu.

§ 35.

Der Gemeindewaisenrat.

I. Aufgaben:

Der Gemeindewaisenrat ist ein Hilfsorgan des Vormundschaftsgerichts und zwar nicht nur im Verhältnisse zu demjenigen Vormundschaftsgerichte, zu dessen Bezirk die Gemeinde gehört, sondern zu allen Vormundschaftsgerichten, die für eine obervormundschaftliche Tätigkeit in Ansehung der sich in der Gemeinde aufhaltenden Mündel und Minderjährigen zuständig sind.

Der Gemeindewaisenrat ist verpflichtet

1. zur Anzeigeerstattung an das Vormundschaftsgericht, wenn während der Dauer der elterlichen Gewalt ein Fall zu seiner Kenntnis gelangt, in welchem das Vormundschaftsgericht zum Einschreiten berufen ist (§ 1675 B.G.B.), sowie zur Mitteilung von Tatsachen, welche die Zulässigkeit der Zwangs-

erziehung begründen (§ 8 der Bek. v. 28. Juni 1902, J.M.Bl. S. 629);

2. zur Anzeigeerstattung an das Vormundschaftsgericht, wenn ein Vormund, Gegenvormund oder Pfleger — erstmals oder nach Wegfall des früher bestellten — zu bestellen ist (§ 49 Satz 1 G.F.G., §§ 5, 37 der Bek. v. 19. Jan. 1900, J.M.Bl. 181);
3. zum Vorschlag der Personen, welche sich im einzelnen Falle zum Vormund, Gegenvormund, Pfleger — auch wenn dem Pfleger die Sorge für die Person oder für persönliche Angelegenheiten des Pfleglings nicht zustehen soll (§ 37 Abs. 1 der Bek.) — Mitglied des Familienrats oder Beistand eignen (§§ 1849, 1694 B.G.B., § 49 Satz 2 G.F.G.); Formulare für die Aufforderung an den Gemeindewaisenrat zum Vorschlag siehe J.M.Bl. 1899 S. 565;
4. zur Ueberwachung der Vormünder und Pfleger bei der Sorge für die Person des Mündels oder Pflegebefohlenen, zur Anzeige von Pflichtwidrigkeiten derselben und zur Auskunftserteilung über das persönliche Ergehen und das Verhalten des Mündels an das Vormundschaftsgericht (§ 1850 Abs. 1 B.G.B.), sowie zur Mitteilung von Tatsachen, welche die Zulässigkeit der Zwangserziehung begründen (siehe N. 1).
5. zur Anzeige von Gefährdungen des Mündelvermögens (§ 1850 Abs. 2 B.G.B.);
6. zur Anzeige von der Verlegung des Aufenthalts des Mündels oder Pflegebefohlenen an den Gemeindewaisenrat des neuen Aufenthaltsortes (§ 1851 Abs. 2 B.G.B.); über Postkarten zur Mitteilung von der Aufenthaltsveränderung, sowie zur Mitteilung an das Amtsgericht siehe Bek. v. 31. März 1902, Nr. 3 und 5);
7. zur Mitwirkung bei der Ermittelung von Familien, welche zur Unterbringung von Kindern zum Zwecke der Zwangserziehung geeignet sind (§ 32 M.Bek. vom 28. Juni 1902, J.M.Bl. S. 629);
8. zur Ueberwachung der Zwangserziehung der in Familien untergebrachten Minderjährigen, auch wenn sie nicht unter Vormundschaft stehen, auf Erfordern zur Auskunftserteilung an die Distriktsverwaltungsbehörde sowie unaufgefordert zur Anzeige etwaiger Mängel; der Gemeindewaisenrat kann zu diesem Zwecke die Mitwirkung der Waisenpflegerinnen in Anspruch nehmen (Art. 7 Abs. 2 Zwangserziehungsgesetz; §§ 39 ff. M.Bek. vom 28. Juni 1902);
9. zur Ueberwachung aus der Zwangserziehung vorläufig Entlassener (§ 46 Abs. 2 M.Bek. vom 28. Juni 1902);
10. zur Anstellung von Ermittelungen auf Anordnung des Vormundschaftsgerichts, ob ein Widerruf der Aufhebung der Zwangserziehung angezeigt erscheint (§ 45 Abs. 4 der Bek.).

Behufs Ermöglichung der Erfüllung seiner Verpflichtungen muß
1. das Vormundschaftsgericht dem Gemeindewaisenrat die Anordnung der Vormundschaft oder Pflegschaft über einen sich in dessen Bezirk aufhaltenden Mündel unter Mitteilung des Vormunds oder Pflegers und des Gegenvormunds (Formular J.M.Bl. 1899 S. 567), sowie einen in der Person der letzteren eintretenden Wechsel mitteilen (Formular J.M.Bl. 1899 S. 568) (§ 1851 Abs. 1, § 1915 B.G.B.); von der Anordnung einer Pflegschaft ist nur dann Mitteilung zu machen, wenn dem Pfleger die Sorge für die Person des Pfleglings zusteht (§ 37 der Bek. vom 19. Jan. 1900);
2. der Vormund (Pfleger) dem Gemeindewaisenrat einen Wechsel des Aufenthalts des Mündels anzeigen (Formular J.M.Bl. 1899 S. 569; § 1851 Abs. 2 B.G.B.).

Anhörung des Gemeindewaisenrats durch das Vormundschaftsgericht hat zu erfolgen
1. vor der Auswahl eines Vormunds (§ 1779 Abs. 1 B.G.B.);
2. vor der Auswahl eines Mitglieds des Familienrats durch das Vormundschaftsgericht (§ 1862 Abs. 1 B.G.B.);

soferne gesetzliche Berufungsgründe für diese Personen nicht vorliegen.

Ein Antrags- oder Beschwerderecht kommt dem Gemeindewaisenrat in Vormundschaftssachen nicht zu.

Der Gemeindewaisenrat kann vor der Anordnung der Zwangserziehung gehört werden; er ist durch die Distriktsverwaltungsbehörde vor der Aufhebung der Zwangserziehung zu hören (§ 45 Abs. 2 der Bek. vom 28. Juni 1902, J.M.Bl. S. 629).

Neben dem Gemeindewaisenrat können Waisenpflegerinnen berufen sein, unter Leitung des Gemeindewaisenrats bei der Beaufsichtigung der im Kindesalter stehenden Mündel und bei der Ueberwachung weiblicher Mündel mitzuwirken (Art. 98 Abs. 3 A.G. z. B.G.B.; siehe auch Art. 7 Abs. 3 des Zwangserziehungsgesetzes).

II. Organisation:

1. Für jede Gemeinde muß mindestens ein Gemeindewaisenrat bestellt werden. In Städten mit mehr als 100000 Einwohnern können mehrere Gemeindewaisenräte, jeder für einen abgegrenzten Teil des Stadtbezirkes, gebildet werden (Art. 93 A.G. z. B.G.B.). Es entscheidet hierüber in Gemeinden mit städtischer Verfassung der Magistrat unter Zustimmung der Gemeindebevollmächtigten, in anderen Gemeinden die Gemeindeverwaltung (Art. 95 Satz 2 A.G. z. B.G.B.).

Die Verfassung ist in Gemeinden mit städtischer Verfassung (Art. 8, 70ff. rechtsrhein. Gem.O.) sowie in Gemeinden mit mehr als 5000 Einwohnern eine kollegiale: der Gemeindewaisenrat besteht aus dem Bürgermeister, wo deren mehrere vorhanden sind, aus dem ersten, als Vorsitzenden und aus einer Anzahl gewählter Waisenräte; der Bürgermeister kann sich durch ein Mitglied des Magistrats oder

der Gemeindeverwaltung vertreten lassen (Art. 94 Abs. 1 A.G. z. B.G.B.). Die Zahl der Waisenräte wird in Gemeinden mit städtischer Verfassung vom Magistrat unter Zustimmung der Gemeindebevollmächtigten, in anderen Gemeinden von der Gemeindeverwaltung festgesetzt (Art. 95 Satz 1 l. c).

In den übrigen Gemeinden werden eine oder mehrere Personen als Waisenräte aufgestellt; bei der Aufstellung mehrerer Waisenräte ist jedem ein örtlich abgegrenzter Bezirk zuzuweisen (Art. 94 Abs. 2 l. c); die Bezirke werden von der Gemeindeverwaltung bestimmt (Art. 95 Satz 3 l. c).

Vor der Bildung mehrerer Gemeindewaisenräte, vor der Festsetzung oder einer Aenderung der Zahl der Waisenräte sowie vor der Bildung der Bezirke mehrerer Waisenräte soll sich die Gemeindebehörde mit dem Vormundschaftsgerichte benehmen. Die erfolgte Maßnahme ist in den drei Fällen dem Vormundschaftsgerichte anzuzeigen (§§ 1, 2 der Bek. vom 22. Dez. 1899, den Gemeindewaisenrat betr.; J.M.Bl. S. 553).

2. Die **Wahl** erfolgt in Gemeinden mit städtischer Verfassung durch die in einen Wahlkörper vereinigten Magistratsmitglieder und Gemeindebevollmächtigten, in den übrigen Gemeinden durch die Gemeindeverwaltung. Sie findet jeweils nach der Vollendung der ordentlichen Gemeindewahlen und nach der Bildung des Armenpflegschaftsrats statt. Abgänge im Personalstande sind sofort durch Neuwahl zu ersetzen (Art. 96 Abs. 1, 2 und 5 A.G. z. B.G.B.).

Wählbar ist, wer zum Mitgliede des Armenpflegschaftsrates gewählt werden kann. Aus der Natur des Amtes als eines Gemeindeamtes ergibt sich,

daß die Ablehnung der Wahl aus den nämlichen Gründen erfolgen kann, aus welchen die Wahl zu Gemeindeämtern abgelehnt werden kann (Art. 174 rechtsrhein. Gem.O., Art. 58 pfälz. Gem.O.);

daß bezüglich der Uebernahme und Fortführung des Amtes die Vorschriften der Gemeindeordnungen Anwendung finden (Art. 174 Abs. 3, Art. 80, 127 rechtsrhein. Gem.O., Art. 59 Abs. 2 pfälz. Gem.O.);

daß für Streitigkeiten über die Wählbarkeit, über die Verpflichtung zur Uebernahme des Amtes sowie die Berechtigung und Verpflichtung zum Austritt der Verwaltungsrechtsweg offen steht (Art. 8 Ziff. 33 Verw.Ger.H.Ges.).

Die Wahl erfolgt mit absoluter Stimmenmehrheit und gilt für die Zeit bis zur nächsten ordentlichen Wahl (Art. 96 Abs. 4 A.G. z. B.G.B.).

Die Gewählten werden durch den Bürgermeister in ihr Amt eingewiesen (Art. 79 Abs. 2, Art. 126 Abs. 3 rechtsrhein. Gem.O., Art. 57 Abs. 3 pfälz. Gem.O.) und durch Handgelübde verpflichtet (Art. 96 Abs. 6 A.G. z. B.G.B.).

Die Verpflichtung des Gewählten ist nicht erforderlich, wenn derselbe gleichzeitig ein anderes öffentliches Amt, z. B. als Pfarrer, Magistratsrat oder Mitglied der Gemeindeverwaltung, bekleidet. Die Waisenräte sind bei der Verpflichtung, die Waisenpflegerinnen sind bei der Bestellung auf die Wahrung des Amtsgeheimnisses hinzuweisen (§ 3, 4 der Bek.).

Von der Wahl der Waisenräte hat die Gemeindebehörde dem Vormundschaftsgerichte unter Angabe des Namens, des Standes oder Gewerbes und des Wohnortes, in größeren Orten auch der Wohnung, der Gewählten Kenntnis zu geben. Dabei ist zu bemerken, ob die Gewählten verpflichtet worden sind.

In gleicher Weise ist ein Abgang im Personalstande der Waisenräte sowie das Ergebnis der Ersatzwahl dem Vormundschaftsgericht anzuzeigen.

Das Vormundschaftsgericht hat ein Verzeichnis der Waisenräte zu führen. In dem Verzeichnisse sind die Bezirke der Waisenräte anzugeben (§§ 5, 6 der Bek.).

Jeder Waisenrat erhält von dem Vormundschaftsgericht ein Exemplar der Anweisung zur Führung des Waisenratsamtes (siehe J.M.Bl. 1899 S. 571). Sind an einem Amtsgerichte mehrere Vormundschaftsrichter aufgestellt, so trifft der Amtsgerichtsvorstand über die Aushändigung der Anweisung die erforderlichen Anordnungen (§ 7 der Bek.).

3. Das Amt eines Waisenrats ist ein gemeindliches Ehrenamt, welches unentgeltlich geführt wird (Art. 97 A.G. z. B.G.B.); Auslagen einschließlich der Portoauslagen für portopflichtige Schreiben und Sendungen hat die Gemeinde zu bestreiten (§ 14 der Bek., siehe auch unten Nr. III Ziff. 5).

4. Die Waisenpflegerinnen werden, wo der Gemeindewaisenrat kollegiale Verfassung hat, von diesem, in den übrigen Fällen vom Bürgermeister auf Vorschlag des Gemeindewaisenrats widerruflich aufgestellt (Art. 98 l. c).

III. Geschäftsführung.

1. Amtsführung im allgemeinen: In Gemeinden mit städtischer Verfassung sowie in Gemeinden mit mehr als 5000 Einwohnern obliegt dem Vorsitzenden des Gemeindewaisenrats die Verteilung der Geschäfte unter die Waisenräte, die Beaufsichtigung der Geschäftsführung der Waisenräte, die Leitung der Verhandlung in den Sitzungen und die Sorge für die Ausführung der gefaßten Beschlüsse.

Die einzelnen Waisenräte haben die Geschäfte bezüglich der ihnen zugewiesenen Vormundschaften und Pflegschaften selbständig wahrzunehmen und innerhalb ihres Geschäftskreises mit den Vormündern, Gegenvormündern und Pflegern sowie mit dem Vormundschaftsgericht unmittelbar zu verkehren.

Im übrigen kann der Gemeindewaisenrat die Geschäftsführung durch eine Geschäftsordnung regeln.

In Gemeinden mit weniger als 5000 Einwohnern — in den Landesteilen rechts des Rheins, sofern die Gemeinden die Landgemeindeverfassung haben, — nimmt jeder Waisenrat in dem ihm zugewiesenen Bezirke die dem Gemeindewaisenrat obliegenden Verrichtungen selbständig wahr.

Die Waisenräte sollen mit den Mitgliedern des Armenpflegschaftsrats und den aufgestellten Bezirksarmenpflegern in stetem gegenseitigem Benehmen bleiben. Insbesondere sollen die Waisenräte dem Armenpflegschaftsrate Mitteilung machen, wenn sie davon Kenntnis erlangen, daß die Erziehung von Kindern, für welche aus der Armenkasse Unterstützung gewährt wird, von dem Vater, der Mutter, dem Vormund oder dem Pfleger vernachlässigt wird (§§ 8—10 der Bek.).

2. Versammlungen: Die Waisenräte sollen zeitweise zusammentreten, um von dem Zustande der Aufsicht über die Erziehung und körperliche Pflege der Mündel in dem Bezirke Kenntnis zu erlangen sowie allgemeine Fragen ihrer Amtsführung zu besprechen und Mängel abzustellen.

In den unmittelbaren Städten, in der Pfalz in den Gemeinden, welche die Kreisregierung, Kammer des Innern, im Benehmen mit dem Präsidenten des Oberlandesgerichts bezeichnet, werden die Versammlungen vom Vorsitzenden des Gemeindewaisenrats berufen und geleitet. Der Vormundschaftsrichter soll zu den Versammlungen eingeladen werden; auf sein Erfordern muß ihm jederzeit das Wort erteilt werden. Der Vormundschaftsrichter kann mit dem Vorsitzenden des Gemeindewaisenrats vereinbaren, daß die Versammlung im Gerichtsgebäude stattfindet.

Die übrigen Waisenräte des Amtsgerichtsbezirkes werden zu den Versammlungen durch den Vormundschaftsrichter berufen. Die Versammlungen finden unter der Leitung des Vormundschaftsrichters statt. Der Vormundschaftsrichter kann sämtliche Waisenräte oder nur die gewisser Bezirke zusammenberufen. Er kann sie auch an einen anderen Ort als an den Sitz des Gerichts zusammenberufen. Insbesondere kann er, wenn er an einem außerhalb seines Amtssitzes gelegenen Orte aus Anlaß eines anderen Amtsgeschäfts sich befindet, die Waisenräte der Umgegend an diesem Orte versammeln.

Die Berufung soll alle zwei Jahre mindestens einmal und darf jährlich höchstens einmal stattfinden.

Der Vormundschaftsrichter hat bei Bestimmung von Zeit und Ort der Versammlung jede irgend vermeidbare Belästigung der Waisenräte zu vermeiden.

Ueber die Teilnahme der Waisenpflegerinnen an den Versammlungen entscheidet der Gemeindewaisenrat und, wo die Berufung durch den Vormundschaftsrichter erfolgt, der die Versammlung leitende Richter (§§ 16—19 der Bek.).

3. Waisenlisten: Auf Grund der Mitteilungen des Vor-

mundschaftsgerichts und anderer Gemeindewaisenräte (siehe Nr. I oben) ist eine Waisenliste zu führen (Formular siehe J.M.Bl. 1899 S. 561 ff.).

In Gemeinden mit städtischer Verfassung sowie in Gemeinden mit mehr als 5000 Einwohnern wird die Liste alphabetisch geführt. Für die Führung der Liste sorgt der Vorsitzende des Gemeindewaisenrats. Der Vorsitzende übergibt jedem Waisenrate diejenigen Mitteilungen des Vormundschaftsgerichts oder anderer Gemeindewaisenräte, welche sich auf Mündel oder Pfleglinge beziehen, zu deren Beaufsichtigung der Waisenrat berufen ist. Der Waisenrat führt auf Grund der Mitteilungen ein Verzeichnis der von ihm zu beaufsichtigenden Mündel oder Pfleglinge (§ 11 Abs. 2 der Bek.). Die Mitteilungen werden nach der alphabetischen Reihenfolge der Namen der Mündel und Pfleglinge aufbewahrt.

In den übrigen Gemeinden führt jeder Waisenrat die Waisenliste nach der Zeitfolge der Mitteilungen des Vormundschaftsgerichts und der anderen Gemeindewaisenräte. Die Mitteilungen werden nach der alphabetischen Reihenfolge der Namen der Mündel und Pfleglinge aufbewahrt.

Der Umfang der Waisenliste ist so zu bemessen, daß sie für mehrere Jahre geführt werden kann.

Auf Grund der Mitteilungen des Vormundschaftsgerichts über einen in der Person des Vormundes, des Gegenvormundes oder des Pflegers eingetretenen Wechsel (§ 1851 Abs. 1 B.G.B.) sind die Waisenliste und das nach § 11 Abs. 2 zu führende Verzeichnis richtig zu stellen.

Verlegt der Mündel oder Pflegling den Aufenthalt in den Bezirk eines anderen Gemeindewaisenrats oder wird die Vormundschaft oder Pflegschaft beendet, so ist der Eintrag in der Waisenliste durch Durchstreichen zu löschen.

Im Falle der Verlegung des Aufenthalts des Mündels oder Pfleglings ist in der Waisenliste anzugeben, an welchen Gemeindewaisenrat und an welchem Tage die Anzeige von der Verlegung des Aufenthalts abgesendet worden ist Von der Verlegung des Aufenthalts hat der Gemeindewaisenrat auch dem Vormundschaftsgericht Anzeige zu machen.

Unter Vormundschaft oder Pflegschaft stehende minderjährige Militärpersonen, deren Garnisonsort ein anderer Ort ist als derjenige, an welchem sie bis zu ihrem Eintritt in den Heeresdienst ihren Aufenthalt hatten, werden in die Waisenliste des Gemeindewaisenrats des Garnisonsortes nicht eingetragen.

Hat ein unter Vormundschaft oder Pflegschaft stehender Minderjähriger, um in den Heeresdienst zu treten, seinen Aufenthalt an einen anderen Ort verlegt, so hat der Gemeindewaisenrat des bisherigen Aufenthaltsortes den auf den Minderjährigen bezüglichen Eintrag in der Waisenliste zu löschen. Dem Gemeindewaisenrate des Garnisonsortes wird die Verlegung nicht mitgeteilt (Bek. vom 13. Aug. 1900, J.M.Bl. S. 1131).

Von der Beendigung der Vormundschaft oder Pflegschaft hat das Vormundschaftsgericht dem Gemeindewaisenrate Kenntnis zu geben (§§ 11—13 der Bek. vom 22. Dez. 1899, Formular siehe J.M.Bl. 1899 S. 568).

4. Ueber Dienstsiegel der Gemeindewaisenräte siehe Bek. vom 10. Juli 1902, J.M.Bl. S. 677.

5. Ueber Portopflicht des Verkehrs mit den Gemeindewaisenräten siehe Bek. vom 31. März 1902, J.M.Bl. S. 524. Hienach ist der Verkehr zwischen den Gerichten und den Gemeindewaisenräten ausschließlich Paketpost-, Geld- und Wertsendungen portofrei (Nr. 2 a. a. O.). Ueber Postkartenverkehr und die dem Amtsgericht hinsichtlich der Herausgabe derselben an die Gemeindewaisenräte ꝛc. obliegenden Geschäfte siehe Nr. 5 a. a. O., ferner J.M.Bek. vom 5. April 1902, die Einführung von Postkarten für den dienstlichen Verkehr der Gemeindewaisenräte betr., J.M.Bl. S. 529.

6. Amtsgeheimnis: Die Waisenräte sind verpflichtet, über alle vermöge ihres Amtes ihnen bekannt gewordenen Angelegenheiten, insbesondere über die Familien- und Vermögensverhältnisse der Mündel und Pfleglinge, Verschwiegenheit zu beobachten.

Diese Verpflichtung dauert auch noch nach der Beendigung des Amtes des Waisenrats fort (Art. 106, 112 des A.G. z. Str.P.O. vom 18. August 1879).

Gleiches gilt von den Waisenpflegerinnen.

4. Kapitel.

Vormundschaften.

§ 36.

Oertliche Zuständigkeit.

I. Für die Vormundschaft über einen Minderjährigen, dessen Familienstand nicht zu ermitteln ist, ist das Gericht zuständig, in dessen Bezirke der Minderjährige aufgefunden wurde (§ 36 Abs. 3 G.F.G.). Dieses Gericht ist auch zu den Ermittelungen nach dem Familienstande zuständig.

II. Die örtliche Zuständigkeit für die Vormundschaft über die aus einem anderen als dem sub I genannten Grunde bevormundeten Minderjährigen und über Volljährige einschließlich der vorläufigen Vormundschaft ist einheitlich geregelt:

1. Primär zuständig ist, ohne Rücksicht, ob der Mündel Deutscher oder Ausländer ist, das Gericht, in dessen Bezirke der Mündel zu der Zeit, zu welcher die Anordnung der Vormundschaft erforderlich wird, seinen Wohnsitz (§§ 7—11 B.G.B.) hat (§ 36 Abs. 1

G.F.G.); nicht maßgebend ist also der Zeitpunkt, in welchem die Einleitung der Vormundschaft tatsächlich erfolgt; wann die Einleitung erforderlich ist, bestimmt sich nach den Vorschriften des materiellen Rechts (vergl. § 1773 mit §§ 1626, 1627, 1676, 1677, 1679, 1680, 1684—1686, 1701, 1702, 1736, 1738, 1749, 1757, 1896, 1906 B.G.B.).

2. Subsidiär, in Ermangelung eines inländischen Wohnsitzes, d. h. wenn ein solcher nicht zu ermitteln ist, ist der Aufenthalt des Mündels im gleichen Zeitpunkt maßgebend (§ 36 Abs. 1 G.F.G., Sammlg. Bd. II S. 228). Ermittelungen nach dem Wohnsitz kann auch das hienach mit der Sache befaßte Gericht von Amts wegen pflegen und auf Grund derselben event. seine Zuständigkeit verneinen.

3. Ist der Mündel ein Deutscher und hat er im Inlande weder Wohnsitz noch Aufenthalt, so ist das Gericht zuständig, in dessen Bezirke der Mündel seinen letzten inländischen Wohnsitz hatte (§ 36 Abs. 2 Satz 1 G.F.G.); hat ein Ausländer im Inlande weder Wohnsitz noch Aufenthalt, so ist mangels eines zuständigen Gerichts auch im Bedürfnisfalle eine vormundschaftliche Fürsorge im Inlande ausgeschlossen (vergl. Dorner Note 7c zu § 36).

4. Ist im Falle 3 auch ein solcher Wohnsitz nicht zu ermitteln, so wird das zuständige Gericht, falls der Mündel einem Bundesstaat angehört, von der Landesjustizverwaltung, andernfalls von dem Reichskanzler bestimmt (§ 36 Abs. 2 Satz 2 G.F.G.).

III. Vormundschaft über Geschwister: Wird die Anordnung einer Vormundschaft über Geschwister erforderlich, die in den Bezirken verschiedener Vormundschaftsgerichte ihren Wohnsitz oder ihren Aufenthalt haben, so ist, wenn für einen der Mündel schon eine Vormundschaft anhängig ist, das für diese zuständige Gericht, andernfalls dasjenige Gericht, in dessen Bezirke der jüngste Mündel seinen Wohnsitz oder seinen Aufenthalt hat, für alle Geschwister maßgebend (§ 36 Abs. 1 Satz 2 G.F.G.). Die Vorschrift gilt nicht bloß für minderjährige Mündel (ebenso Keidel S. 39, Birkenbihl Note 3 zu § 36, a. M. Rausnitz Note 34); sie gilt auch für uneheliche Kinder derselben Mutter (C.Bl. Bd. I S. 997). Die Vormundschaft über eines der Geschwister kann jedoch nach Maßgabe des § 46 G.F.G. an ein anderes Vormundschaftsgericht abgegeben werden; siehe Nr. IV.

IV. Abgabe der Vormundschaft an ein anderes deutsches Vormundschaftsgericht: Die einmal begründete Zuständigkeit wird durch eine spätere Aenderung der sie bedingenden Umstände nicht berührt.

Das Vormundschaftsgericht kann jedoch die Vormundschaft aus wichtigen Gründen an ein anderes Vormundschaftsgericht desselben oder eines anderen Bundesstaates abgeben. Ob die Abgabe rechtfertigende Gründe vorliegen, entscheidet zunächst das zuständige Vormundschaftsgericht bezw. der etwa eingesetzte Familienrat vorbehaltlich der Beschwerde, wenn die von einem Interessenten beantragte Abgabe abgelehnt wird.

Ueber die Frage, wann ein wichtiger Grund zur Abgabe der Vormundschaft vorliegt, siehe Sammlg. Bd. I S. 107, 158, 168, 185, 277, 487, 538, 572, 625, 636, 743, Bd. II S. 72, 107, 203 ff., 292, 516, 566, 622, 679, 760, Bd. III S. 81, 145, 309, 498; Rechtspr. Bd. II S. 262.

Primär kommt das Interesse des Mündels, hauptsächlich die Fürsorge für seine Person, erst in zweiter Linie das Interesse an der Führung der Vormundschaft in Betracht. Aenderung des Wohnsitzes oder Aufenthalts des Mündels ist nicht ohne weiteres für sich allein ein genügender Grund zur Abgabe; anderseits ist nicht erforderlich, daß der neue Wohnsitz oder Aufenthalt voraussichtlich ein bleibender ist. Wohnsitz des Vormunds ist für sich allein ebensowenig ein Grund für die Abgabe.

Auch beim Vorliegen wichtiger Gründe darf nicht die Einleitung der Vormundschaft verweigert werden, solange nicht die weiteren Voraussetzungen für die Abgabe vorliegen.

Die Abgabe ist sowohl vor Bestellung des Vormunds als in jedem späteren Zeitpunkte zulässig und zwar von Amts wegen, ohne daß es eines Antrages bedarf.

Die Abgabe kann sich ohne weiteres vollziehen, wenn

1. das um die Uebernahme angegangene Vormundschaftsgericht zur Uebernahme bereit ist, und
2. soferne schon ein Vormund bestellt ist, dieser bezw. sämtliche bestellte Vormünder zustimmen (§ 46 Abs. 1 G.F.G.); ist der bestellte Vormund weggefallen, so kann die Abgabe nach Bestellung eines neuen Vormundes und Erholung seiner Zustimmung erfolgen (Sammlg. Bd. II S. 223). Die Erholung der Zustimmung des Vormunds obliegt dem Gerichte, das die Vormundschaft abzugeben beabsichtigt (Sammlg. Bd. I 214, 365 ff.). Es genügt, wenn der Vormund der Abgabe nicht widerspricht; eine ausdrückliche Zustimmungserklärung oder ein Antrag ist nicht erforderlich (Sammlg. Bd. II S. 153).

Gegen die Abgabe findet Beschwerde zu dem dem abgebenden Gerichte vorgesetzten Landgerichte statt.

Die Entscheidung des gemeinschaftlichen oberen Gerichts — das ist bei Amtsgerichten desselben Landgerichtsbezirkes das Landgericht, bei Amtsgerichten verschiedener Landgerichtsbezirke aber des nämlichen Oberlandesgerichtsbezirks das Oberlandesgericht, bei Amtsgerichten verschiedener Oberlandesgerichtsbezirke, wenn beide in Bayern liegen, das Oberste Landesgericht (§ 199 Abs. 2 G.F.G., Art. 40 Abs. 3 A.G. z. G.V.G., Beschluß des Obersten Landesgerichts vom 7. März 1900, J.M.Bl. S. 804, Bl. f. R.A. Bd. 65 S. 384, Sammlg. Bd. I S. 460), wenn sie verschiedenen Bundesstaaten angehören, das Reichsgericht — ist erforderlich,

1. wenn die Gerichte sich nicht einigen und ein Vormund noch nicht bestellt ist oder der bestellte Vormund der Abgabe zugestimmt hat, oder
2. wenn zwar die Gerichte einig sind, aber der Vormund oder einer der Mitvormünder seine Zustimmung verweigert (§ 46 Abs. 2 Satz 1 G.F.G.; Sammlg. Bd. II S. 223, 245, 314, 728, Bd. III S. 13).

Eine Anfechtung der Entscheidung findet nicht statt (§ 46 Abs. 2 Satz 2 G.F.G.); auch das obere Gericht kann seine Entscheidung nicht abändern (ebenso Rausnitz Note 9 zu § 46).

Mit dem Zeitpunkt der Abgabe der Vormundschaft gehen alle gesetzlichen Befugnisse und Obliegenheiten des Vormundschaftsgerichts an dasjenige Gericht über, das zur Uebernahme bereit war oder durch die Entscheidung des gemeinschaftlichen oberen Gerichts zur Uebernahme verpflichtet wird (Sammlg. Bd. II S. 516).

V. Abgabe der Vormundschaft an einen ausländischen Staat. Diese setzt voraus,

1. daß über einen Deutschen im Inlande bereits eine Vormundschaft angeordnet ist,
2. daß der Deutsche im Auslande seinen Wohnsitz oder Aufenthalt hat, gleichviel ob dies schon bei Anordnung der Vormundschaft der Fall war oder ob Wohnsitz oder Aufenthalt erst später ins Ausland verlegt wurde; über die Unterlassung der Einleitung der Vormundschaft im ersteren Falle siehe § 47 Abs. 1 G.F.G.,
3. daß nach dem Ermessen des Vormundschaftsgerichts bezw. des Familienrates die Abgabe im Interesse des Mündels liegt,
4. daß der Vormund, bezw. sämtliche vorhandene Vormünder ihre Zustimmung erteilen,
5. daß der ausländische Staat sich zur Uebernahme bereit erklärt (§ 47 Abs. 2 Satz 1 G.F.G.).

Die Voraussetzung sub Nr. 4 ist durch eine Entscheidung des dem Vormundschaftsgericht im Instanzenzuge vorgeordneten Gerichts ersetzbar. Eine Anfechtung der Entscheidung findet nicht statt (§ 47 Abs. 2 Satz 2 und 3 G.F.G.).

Soweit Staatsverträge des Reichs mit ausländischen Staaten abweichende Bestimmungen enthalten, bleiben dieselben in Kraft (§ 185 Abs. 2 G.F.G. mit Art. 32 E.G. z. B.G.B.).

Ueber die Verpflichtung des inländischen Vormundschaftsgerichts, die Vormundschaft über eine Person, welche die deutsche Staatsangehörigkeit verloren hat, auf Verlangen an die ausländische Behörde abzugeben, und über das Beschwerderecht der letzteren siehe Entsch. Bd. II S. 55, Rechtspr. Bd. II S. 260, C.Bl. Bd. II S. 38.

1. Hauptstück.

Vormundschaft über Minderjährige.

1. Teil.

§ 37.

Einleitung der Vormundschaft.

I. Voraussetzungen.

Eine Vormundschaft tritt regelmäßig nur infolge Anordnung des Vormundschaftsgerichts ein; eine Ausnahme siehe unten sub V. Die Anordnung hat von Amts wegen zu erfolgen, wenn dem Gerichte das Vorhandensein der materiellen Voraussetzungen[1]) der

---

[1]) Ein Minderjähriger erhält einen Vormund:

1. wenn er nicht unter elterlicher Gewalt steht;

2. wenn die Eltern weder in den die Person noch in den das Vermögen betreffenden Angelegenheiten zur Vertretung des Minderjährigen berechtigt sind;

3. wenn der Familienstand des Minderjährigen nicht zu ermitteln ist (§ 1773 B.G.B.).

Eine Vormundschaft ist hienach einzuleiten:

1. über uneheliche Kinder sofort bei der Geburt (§ 1707 B.G.B.);

2. über Kinder aus absolut nichtiger Ehe (§ 1324 mit § 1329 Satz 2 B.G.B.), sobald die Nichtigkeit dem Vormundschaftsgerichte bekannt wird (§ 1699 Abs. 2 B.G.B.);

3. über Kinder aus relativ nichtigen Ehen (§§ 1325—1328 B.G.B.) nach Nichtigkeitserklärung oder Auflösung der Ehe, wenn sowohl der Vater als die Mutter die Nichtigkeit bei der Eheschließung kannten (§ 1699 Abs. 1, §§ 1701, 1702 B.G.B.);

4. wenn der Vater geschäftsunfähig oder in der Geschäftsfähigkeit beschränkt wird oder wenn er nach § 1910 Abs. 1 einen Pfleger für seine Person und sein Vermögen erhält (§ 1676 B.G.B.);

5. wenn nach Feststellung des Vormundschaftsgerichts der Vater längere Zeit an der Ausübung der elterlichen Gewalt tatsächlich verhindert ist (§ 1677 B.G.B.);

6. wenn der Vater die elterliche Gewalt zur Strafe verwirkt (§ 1680 B.G.B.);

7. wenn der Vater stirbt oder für tot erklärt wird (§ 1679 mit § 18 B.G.B.);

und wenn in den Fällen 4—6 die elterliche Gewalt nicht auf die Mutter übergeht (§§ 1684, 1685 B.G.B.);

8. wenn die Fälle unter 4—7 bei der Mutter, welche die elterliche Gewalt besessen hat, eintreten (§ 1686 B.G.B.);

9. wenn nach Auflösung der Ehe die elterliche Gewalt des Vaters dauernd ruht und die Mutter nicht die Uebertragung derselben auf sie beantragt (§ 1685 Abs. 2 B.G.B.);

10. wenn die Fälle unter 4—7 bei den Eltern für ehelich geltender Kinder eintreten (siehe §§ 1699, 1736, 1749, 1757 B.G.B.);

11. wenn das durch Annahme an Kindesstatt begründete Rechtsverhältnis während der Minderjährigkeit des Angenommenen aufgelöst wird (§ 1765 Abs. 2 B.G.B.);

Einleitung einer Vormundschaft bekannt geworden sind (§§ 1774, 1915 B.G.B.). Das Gericht hat auch die Pflicht, wenn etwa noch Ermittelungen notwendig sind, um festzustellen, ob eine Vormundschaft einzuleiten ist, oder ob die eigene Zuständigkeit gegeben ist, von Amts wegen die nötigen Ermittelungen zu pflegen (§ 12 G.F.G.).

Von der Notwendigkeit der Einleitung einer Vormundschaft (Pflegschaft) kann das Vormundschaftsgericht Kenntnis erhalten:

1. Durch Anzeige des Standesbeamten; dieser ist verpflichtet, dem Amtsgericht, in dessen Bezirk er seinen Amtssitz hat, (nicht dem Vormundschaftsgericht) anzuzeigen:
   a) den Tod einer Person, die ein minderjähriges Kind hinterlassen hat (vergl. Art. 1 Nachl.G.); über die formelle Behandlung dieser Anzeige siehe §§ 54, 55 der Vorm.O. und oben § 30 I;
   b) die Geburt eines unehelichen Kindes;
   c) die Geburt eines ehelichen Kindes nach dem Tode des Vaters;
   d) die Auffindung eines Minderjährigen, dessen Familienstand nicht zu ermitteln ist,
   e) die Verheiratung einer Frau, die ein minderjähriges eheliches Kind hat.

   Die Anzeige sub b erfolgt mittels Formular (J.M.Bl. 1899 S. 581), die übrigen Anzeigen erfolgen in Form eines Schreibens oder mittels Uebersendung eines beglaubigten Auszugs aus dem Register (§ 48 G.F.G., Bek. vom 18. Dez. 1899, die von dem Standesbeamten an die Amtsgerichte zu erstattenden Anzeigen von Geburten, Verehelichungen und Todesfällen betr., J.M.Bl. S. 578).
2. Durch Mitteilung des Gemeindewaisenrates (§ 49 G.F.G.; vergl. auch oben § 35 Ziff. I Nr. 1).
3. Durch Anzeige eines anderen Gerichts; wird die Anordnung einer Vormundschaft (oder Pflegschaft) infolge eines

---

12. wenn das Vormundschaftsgericht festgestellt hat, daß der Familienstand eines Kindes nicht zu ermitteln ist; davon zu unterscheiden ist der Fall, wenn der Familienstand bestritten ist; hier ist nötigenfalls ein Pfleger nach § 1906 zu bestellen.

Ueber Einleitung einer Vormundschaft über Ausländer vergl. Art. 23 Abs. 1 E.G. z. B.G.B.

Ausnahmsweise kann die Einleitung einer Vormundschaft über einen Deutschen, der im Auslande seinen Wohnsitz oder Aufenthalt hat und über welchen die nach den Vorschriften des Bürgerlichen Gesetzbuches erforderliche Vormundschaft im Ausland angeordnet ist, unterbleiben, wenn dies im Interesse des Mündels liegt (Art. 47 Abs. 1 G.F.G.). Das Vormundschaftsgericht hat zu prüfen, ob hiernach die Einleitung der Vormundschaft unterbleiben darf und soll. Eine einmal eingeleitete Vormundschaft ist fortzuführen, auch wenn das Interesse des Mündels dies nicht erfordert, wenn nicht § 47 Abs. 2 G.F.G. zutrifft; vergl. § 36 Nr. V.

gerichtlichen Verfahrens erforderlich, so hat das Gericht das zuständige Vormundschaftsgericht hievon zu benachrichtigen (§ 50 G.F.G.); Fälle der Anzeigepflicht sind

a) die Verwirkung der elterlichen Gewalt durch strafbare Handlungen (§§ 1680, 1684, 1686, 1773 B.G.B.),
b) die Todeserklärung des Inhabers der elterlichen Gewalt über einen Minderjährigen (§§ 1679, 1684, 1686, 1773 B.G.B.),
c) Urteile in Rechtsstreitigkeiten, welche die Feststellung des Rechtsverhältnisses zwischen Eltern und Kindern zum Gegenstande haben (§§ 640, 641 C.P.O.),
d) die Konkurseröffnung über das Vermögen des Inhabers der elterlichen Gewalt (§§ 1647, 1686),
e) die Entmündigung des Inhabers der elterlichen Gewalt, dessen Stellung unter vorläufige Vormundschaft sowie die Bestellung eines Pflegers für dessen Person und Vermögen nach § 1910 Abs. 1 B.G.B. (§§ 1676, 1686 B.G.B.).

Sondervorschriften bestehen

für die Anzeige in Entmündigungssachen nach §§ 657, 660, 674, 679 Abs. 4, 680 Abs. 3, 683 Abs. 2, 684 Abs. 4, 686 Abs. 4 C.P.O.,

für die Anzeige in Ehesachen nach §§ 627 Abs. 3, 630 C.P.O.

4. Durch Anzeige dritter Personen; der Gerichtsschreiber jedes Amtsgerichts ist verpflichtet, derartige Anzeigen entgegenzunehmen.

II. Form.

Die Anordnung der Vormundschaft ist aktenmäßig zu machen, es genügt ein Vermerk in den Akten; eines Beschlusses der die Einleitung anordnet, bedarf es nicht (§ 4 Vorm.O.).

Die Einleitung der Vormundschaft geschieht durch Bestellung des Vormunds.

Ueber die Ablehnung eines Antrages auf Einleitung einer Vormundschaft ist stets Beschluß zu fassen.

III. Beschwerde.

Gegen die Einleitung einer Vormundschaft ist die Beschwerde nach den allgemeinen Vorschriften der §§ 19 ff. G.F.G. zulässig.

Gegen die Verfügung, durch welche die Anordnung einer Vormundschaft abgelehnt wird, steht außer den nach § 20 G.F.G. Beschwerdeberechtigten die Beschwerde jedem zu, der ein rechtliches Interesse an der Aenderung der Verfügung hat, d. h. dessen Rechtsverhältnisse durch die Einleitung der Vormundschaft beeinflußt werden (Rausnitz N. 3 zu § 57, Keidel S. 60, dagegen Dorner N. 5 zu § 57), sowie dem Ehegatten, den Verwandten und Verschwägerten des Mündels (§ 57 Nr. 1 G.F.G.).

Eine Bekanntmachung der Verfügung an alle genannten Personen ist nicht erforderlich (ebenso Rausnitz a. a. O., Dorner Note 8 zu § 57).

IV. Einleitung der Vormundschaft über ein uneheliches Kind.

Hier ist, sofern nicht die Umstände des Falles ein anderes mit sich bringen, zunächst die uneheliche Mutter mit der Aufforderung zu laden, das Miterscheinen des unehelichen Vaters sowie des Großvaters des Kindes, d. h. des Vaters der Mutter, soweit tunlich, zu veranlassen; Formular für die Ladung s. J.M.Bl. 1900 S. 225 (über Zwang der Kindsmutter und des Kindsvaters zum Erscheinen s. Bl. f. R.A. Bd. 67 S. 51).

Zum Vormund über das uneheliche Kind ist in erster Linie der mütterliche Großvater berufen (§ 1776 Abs. 1 Nr. 4 des B.G.B.): vor dem Großvater darf die uneheliche Mutter zum Vormunde bestellt werden (§ 1778 Abs. 4 des B.G.B.). Vor der Bestellung der unehelichen Mutter ist stets der Gemeindewaisenrat zu hören.

Erscheinen im Termine die Mutter und der uneheliche Vater, so ist über die Ansprüche der Mutter (§ 847 Abs. 2, §§ 1300, 1715 des B.G.B.) und des Kindes (§§ 1708 ff. des B.G.B.) mit dem unehelichen Vater zu verhandeln und hierüber ein Protokoll aufzunehmen. (Muster für das Protokoll s. J.M.Bl. 1900 S. 227 ff.)

Erscheint der uneheliche Vater nicht, so ist zu Protokoll zu erheben, welche Ansprüche die Mutter und das Kind gegen den Vater geltend machen (Formular s. J.M.Bl. 1900 S. 231). Der uneheliche Vater ist über die Ansprüche zu vernehmen (Formular für die Ladung s. a. a. O. S. 233, Muster für das mit dem unehelichen Vater in diesem Falle aufzunehmende Protokoll s. a. a. O. S. 235 f.).

Im Falle der Anerkennung der Vaterschaft ist zu veranlassen, daß ein Beteiligter, z. B. der Vormund oder die Mutter, beantragt, die Feststellung der Abstammung gemäß § 26 des Personenstandsgesetzes am Rande der über den Geburtsfall vorgenommenen Eintragung zu vermerken. Die Mitteilung an den Standesbeamten geschieht durch das Vormundschaftsgericht (Formular hiefür s. a. a. O. S. 237).

Die Amtsgerichte sind nach § 167 Abs. 2 G.F.G. zur Aufnahme der öffentlichen Urkunde, in welcher die Vaterschaft anerkannt wird (§§ 1718, 1720 des B.G.B.), ferner nach Art. 15 Abs. 2 A.G. z. G.V.G. in der Fassung des Art. 167 I A.G. z. B.G.B. neben den Notaren auch für die Beurkundung von Vereinbarungen zwischen dem Vater eines unehelichen Kindes und diesem über den Unterhalt für die Zukunft oder über eine an Stelle des Unterhalts zu gewährende Abfindung, sowie für die Beurkundung einer Vereinbarung zwischen dem Vater eines unehelichen Kindes und der Mutter über die der Mutter aus der Beiwohnung und der Entbindung entstandenen Ansprüche zuständig, sofern diese Vereinbarung mit der Vereinbarung über den Unterhalt des Kindes in derselben Urkunde verbunden wird. Da die Zwangsvollstreckung aus einer solchen Vereinbarung nur möglich ist, wenn der Schuldner sich in der Urkunde der sofortigen Zwangsvollstreckung unterwirft (§ 794 Abs. 1 Nr. 5 der C.P.O.), hat das Gericht darauf hinzuwirken, daß der uneheliche Vater die Unterwerfungserklärung abgibt.

Zur Beurkundung der im vorstehenden Absatze bezeichneten Vereinbarungen genügt es, wenn zunächst der Antrag und sodann die Annahme des Antrags von einem Gerichte beurkundet wird (§ 128 des B.G.B.). Die Erteilung einer vollstreckbaren Ausfertigung der Vereinbarung ist also auch möglich, wenn die Mutter und der Vormund vor dem Vormundschaftsgerichte, der Vater aber vor einem ersuchten Gerichte die Erklärungen abgegeben haben. Zuständig zur Erteilung der vollstreckbaren Ausfertigung ist in diesem Falle nur der Gerichtsschreiber des Vormundschaftsgerichts, nicht auch derjenige des ersuchten Gerichts (Bl. f. R.A. Bd. 66 S. 389, Bd. 67 S. 49, 271, 394, a. M. Bl. f. R.A. Bd. 66 S. 413, Bd. 67 S. 392, Sammlg. Bd. III S. 565, Henle-Schneider S. 331).

V. Gesetzliche Vormundschaft.

Von dem Vorbehalt des Art. 136 E.G. z. B.G.B. ist in Bayern Gebrauch gemacht. Nach Art. 100 Abs. 1 A.G. z. B.G.B. kann für eine unter staatlicher Verwaltung oder Aufsicht stehende Erziehungs- oder Verpflegungsanstalt durch Anordnung des Staatsministeriums der Justiz und desjenigen Staatsministeriums, unter dessen Aufsicht die Anstalt steht (§ 23 der Zuständigkeitsverordnung vom 24. Dez. 1899, G.V.Bl. S. 1229, J.M.Bl. 1900 S. 97) bestimmt werden, daß der Vorstand der Anstalt die Rechte und Pflichten eines Vormunds für die zur Erziehung oder zur Verpflegung in die Anstalt aufgenommenen Minderjährigen hat (Anstaltsvormund).

Bisher sind den Verwaltungskommissionen der städtischen Waisenhäuser in Landau in der Pfalz, Speyer und Zweibrücken diese Rechte eingeräumt (M.Bek. v. 16. Febr. 1900, J.M.Bl. S. 543).

Diese Vormundschaft tritt kraft Gesetzes mit dem Eintritt in die Anstalt ein.

Der Anstaltsvormund hat die Aufnahme eines Minderjährigen in die Anstalt dem Vormundschaftsgericht anzuzeigen. Dieses hat den bisherigen Vormund in Kenntnis zu setzen, daß sein Amt beendigt ist, und ihn, wenn er Vermögen des Mündels zu verwalten hatte, zur Rechenschaftsablage (§ 1890 des B.G.B.) aufzufordern.

Der Anstaltsvormund behält die Rechte und Pflichten eines Vormundes auch nach der Beendigung der Erziehung oder der Verpflegung bis zur Volljährigkeit des Mündels. Sein Amt erlischt durch den Austritt des Mündels aus der Anstalt nicht. Von dem Austritte hat er dem Vormundschaftsgericht und dem Gemeindewaisenrat Anzeige zu machen. Dem Gemeindewaisenrate hat er auch jede Verlegung des Aufenthalts des Mündels mitzuteilen.

Dem Anstaltsvormunde stehen die im § 1852 Abs. 2 des B.G.B. bezeichneten Befreiungen zu. Auch ein Gegenvormund ist nicht zu bestellen. Im übrigen hat das Vormundschaftsgericht auch über den Anstaltsvormund die Aufsicht zu führen und sich von Zeit zu Zeit über die Verhältnisse der Mündel Bericht erstatten zu lassen.

Das Vormundschaftsgericht kann jederzeit einen anderen Vormund bestellen. Auf Antrag des Anstaltsvormundes muß ein anderer Vormund bestellt werden, ohne daß das Gericht zu einer Nachprüfung der Gründe des Antrags berechtigt wäre; das Antragsrecht ist nicht auf die Fälle beschränkt, in denen ein Vormund nach § 1889 B.G.B. seine Entlassung verlangen kann. Die Bestellung eines anderen Vormundes kommt insbesondere dann in Betracht, wenn der Mündel nach dem Austritt aus der Anstalt sich an einem vom Sitze der Anstalt weit entfernten Orte aufhält und Zweckmäßigkeitsrücksichten für die Bestellung eines anderen Vormundes sprechen (Art. 100 A.G. z. B.G.B., § 27 der Bek. vom 19. Januar 1900).

2. Teil.

§ 38.

Sorge für die Person des Mündels.

I. Das Recht und die Pflicht, für die Person des Mündels zu sorgen, kommt regelmäßig[1]) dem Vormund allein zu (§§ 1793, 1800 mit 1631—1633 B.G.B.). Ueberwacht wird er hiebei von dem Gemeindewaisenrat, welcher dem Vormundschaftsgerichte von Mängeln und Pflichtwidrigkeiten Anzeige zu machen hat (§ 1850 Abs. 1 B.G.B.).

II. Die Verrichtungen des Vormundschaftsgerichts in Bezug auf die Sorge für die Person des Mündels sind, abgesehen von seinem allgemeinen Aufsichtsrechte, folgende:

1. Das Vormundschaftsgericht kann jederzeit über die persönlichen Verhältnisse, über Unterhalt und Erziehung des Mündels von dem Vormund und dem Gegenvormund Auskunft verlangen (§ 1839 B.G.B.). Es hat sich mindestens gelegentlich der Rechnungsstellung und, wenn eine solche mangels Vermögens nicht erfolgt, in geeigneten Zwischenräumen, mindestens aber alle zwei Jahre über das persönliche Ergehen und das Verhalten des Mündels zu erkundigen (§ 26 Vorm.O.). Diese Verpflichtung entfällt während der Dauer einer Zwangserziehung (§ 42 M.Bek. vom 28. Juni 1902, J.M.Bl. S. 629). Ebenso kann es von dem Gemeindewaisenrat über das

[1]) Ueber Ausnahmen von diesem Grundsatze vergl. § 1676 Abs. 2, §§ 1686, 1696—1698, 1702, 1707, 1738, 1765, 1794, 1800 mit 1633 B.G.B.; in allen diesen Fällen teilen andere Personen (die regelmäßigen Inhaber der elterlichen Gewalt, die Mutter des unehelichen Kindes) mit dem Vormund die Sorge für die Person des Mündels.

persönliche Ergehen und das Verhalten des Mündels Auskunft begehren (§ 1850 Abs. 1 B.G.B.). Auch steht nichts im Wege, daß in geeigneten Fällen die Polizeibehörde um Aufschlußerteilung ersucht wird.

2. Das Vormundschaftsgericht hat den Vormund auf dessen Antrag in der Ausübung seines Erziehungsrechtes durch geeignete Zuchtmittel zu unterstützen (§ 1800 mit § 1631 Abs. 2 B.G.B.).

3. Das Vormundschaftsgericht kann auch gegen den Willen des Vormunds anordnen, daß der Mündel zum Zwecke der Erziehung in einer geeigneten Familie oder in einer Erziehungsanstalt oder einer Besserungsanstalt untergebracht wird. Steht dem Vater oder der Mutter die Sorge für die Person des Mündels zu (vergl. Note 1), so ist eine solche Anordnung nur unter den gleichen Voraussetzungen zulässig, unter welchen die gleiche Anordnung bei nicht bestehender Vormundschaft getroffen werden kann (§ 1838 mit § 1666 B.G.B.; siehe unten § 57; vergl. auch Art. 81 Abs. 2 Pol.Str.G.B. i. d. F. des Art. 162 I A.G. z. B.G.B.).

4. Die Sorge für die religiöse Erziehung des Mündels kann dem Vormund von dem Vormundschaftsgericht entzogen werden, wenn der Vormund nicht dem Bekenntnis angehört, in dem der Mündel zu erziehen ist (§ 1801 B.G.B.); nötigenfalls ist zur Wahrnehmung der religiösen Interessen des Mündels ein Pfleger zu bestellen (§ 1909 B.G.B.).

5. Das Vormundschaftsgericht entscheidet, wenn die Sorge für die Person und die Sorge für das Vermögen des Mündels verschiedenen Vormündern zusteht, bei einer Meinungsverschiedenheit über die Vornahme einer sowohl die Person als das Vermögen des Mündels betreffenden Handlung (§ 1798 B.G.B.); dabei ist es jedoch nur befugt, der Meinung des einen oder des anderen Vormunds beizutreten, nicht eine neue selbständige Ansicht zur Durchführung zu bringen (Mot. IV S. 1095) vorbehaltlich seines Aufsichtsrechts.

Jeder der Vormünder kann das Beschwerderecht gegen die Verfügung des Vormundschaftsgerichts selbständig ausüben (§ 58 Abs. 2 G.F.G.); dies gilt auch für die weitere Beschwerde (§ 63 G.F.G.).

6. Das Vormundschaftsgericht kann auf Antrag einer Mündel die vom Vormund verweigerte Einwilligung zur Eingehung einer Ehe seitens der Mündel ersetzen; es muß dieselbe ersetzen, wenn die Eingehung der Ehe im Interesse der Mündel liegt (§ 1304 B.G.B.). Vor seiner Entscheidung soll das Vormundschaftsgericht auch ohne Antrag des Vormunds oder des Gegenvormunds Verwandte oder Verschwägerte des Mündels hören, wenn es ohne erhebliche Verzögerung und unverhältnismäßige Kosten geschehen kann (§ 1847 Abs. 1 Satz 2 B.G.B.).

7. Das Vormundschaftsgericht kann auf Antrag des unter Vormundschaft stehenden, anfechtungsberechtigten Ehegatten die vom

Vormund verweigerte Genehmigung einer nach § 1331 B.G.B. anfechtbaren Ehe ersetzen; es muß dieselbe ersetzen, wenn die Aufrechterhaltung der Ehe im Interesse des Ehegatten liegt (§ 1337 B.G.B.). Ueber Anhörung von Verwandten und Verschwägerten des Mündels gilt dasselbe wie im vorausgehenden Falle (§ 1847 Abs. 1 Satz 2 B.G.B.).

Ueber das ausschließliche Beschwerderecht des Antragstellers bei Ablehnung des Antrags in den Fällen 6 und 7 vergl. § 20 Abs. 2 G.F.G.

8. Sowohl die Person als das Vermögen des Mündels betrifft:

a) Die Entscheidung über die Genehmigung eines Lehrvertrages, der für längere Zeit als ein Jahr geschlossen wird (§ 1822 Nr. 6 B.G.B.), und eines auf Eingehung eines Dienst- oder Arbeitsverhältnisses gerichteten Vertrages, wenn der Mündel zu persönlichen Leistungen auf längere Zeit als ein Jahr verpflichtet werden soll (§ 1822 Nr. 7 B.G.B.); vor der Entscheidung soll der Mündel gehört werden;

b) die Ersetzung der vom Vormund verweigerten Ermächtigung des Mündels, in Dienst oder Arbeit zu treten auf Antrag des Mündels; dieselbe muß erfolgen, wenn sie im Interesse des Mündels liegt (§ 113 Abs. 3 B.G.B.); wegen Beschwerde gegen die Ablehnung des Antrags siehe § 20 Abs. 2 G.F.G.

In den Fällen 6—8 tritt die dem Antrag stattgebende Verfügung erst mit der Rechtskraft in Wirksamkeit; bei Gefahr im Verzug kann das Gericht die sofortige Wirksamkeit der Verfügung anordnen; in diesem Falle tritt die Verfügung mit der Bekanntmachung an den Antragsteller in Wirksamkeit (§ 53 G.F.G.). Gegen die Verfügung findet die sofortige Beschwerde statt (§ 60 Abs. 1 Nr. 6 G.F.G.).

III. Ueber Anhörung von Verwandten und Verschwägerten des Kindes in wichtigen Angelegenheiten siehe § 1847 B.G.B. und oben § 31 A I.

IV. Das Beschwerderecht in Angelegenheiten der Person des Kindes hat über die Regel des § 20 G.F.G. hinaus eine Erweiterung erfahren.

1. Der Mündel kann in allen seine Person (oder die Person und das Vermögen zusammen) betreffenden Angelegenheiten ohne Mitwirkung seines gesetzlichen Vertreters das Beschwerderecht ausüben, soferne er nicht geschäftsunfähig ist und das vierzehnte Lebensjahr vollendet hat. Das Gleiche gilt in Angelegenheiten, in denen der Mündel vor einer Entscheidung des Vormundschaftsgerichts gehört werden soll; vergl. oben Ziff. II Nr. 8 (§ 59 G.F.G.).

Entscheidungen der betreffenden Art sind daher auch dem Mündel bekannt zu machen.

2. Gegen eine Verfügung, die eine Entscheidung über eine die Sorge für die Person des Mündels betreffende Angelegenheit ent-

hält und nicht mit sofortiger Beschwerde anfechtbar ist, steht unbeschadet der Vorschrift des § 20 G.F.G. jedem die Beschwerde zu, der ein berechtigtes Interesse hat, diese Angelegenheit wahrzunehmen (§ 57 Abs. 1 Nr. 9 und Abs. 2 G.F.G.).

Hienach sind in Fragen der religiösen Erziehung Geistliche und Lokalschulinspektoren, in sonstigen Erziehungsangelegenheiten die Schulgemeinden, Armenpflegschaftsräte, Vereine zur Förderung des Wohles der Jugend zur Beschwerde zuzulassen.

3. Teil.

Sorge für das Vermögen des Mündels.

§ 39.

Einleitung und Uebersicht.

I. Das Recht und die Pflicht der Sorge für das Vermögen des Mündels steht regelmäßig dem Vormunde zu (§ 1793 B.G.B.). Ueberwacht wird er hiebei

1. vom Gegenvormund (§ 1799 B.G.B.),
2. vom Gemeindewaisenrat, welcher von einer Gefährdung des Mündelvermögens, die zu seiner Kenntnis kommt, dem Vormundschaftsgericht Anzeige zu machen hat (§ 1850 Abs. 2 B.G.B.).
3. vom Vormundschaftsgericht.

II. Ausnahmsweise hat das Vormundschaftsgericht selbst die im Interesse des Mündels erforderlichen Maßregeln zu treffen,

1. wenn ein Vormund noch nicht bestellt ist,
2. wenn der Vormund an der Erfüllung seiner Pflichten verhindert ist (§ 1846 B.G.B.).

III. Bei der Verwaltung des Mündelvermögens ist der Vormund beschränkt:

1. durch Vorschriften zur Sicherung des Mündelvermögens (§ 40);
2. durch die Vorschriften über Anlegung von Mündelgeld (§ 41);
3. durch gesetzliche Vorschriften hinsichtlich Rechtshandlungen in Bezug auf das Mündelvermögen (§ 42);
4. durch Anordnungen des Erblassers oder eines Dritten hinsichtlich desjenigen Vermögens, das der Mündel von Todeswegen erwirbt oder das ihm unter Lebenden von einem Dritten unentgeltlich zugewendet wird.

Solche Anordnungen sind nur gültig und wirksam, wenn sie von dem Erblasser durch letztwillige Verfügung, von dem Dritten bei der Zuwendung getroffen worden sind.

Eine Abweichung von solchen Anordnungen ist zulässig:

a) bei einer Zuwendung unter Lebenden, solange der Dritte lebt, mit dessen Zustimmung, welche durch das Vormundschaftsgericht ersetzt werden kann, wenn der Dritte zur Abgabe einer Erklärung dauernd außer stande oder sein Aufenthalt dauernd unbekannt ist; die Verfügung, durch welche die Zustimmung ersetzt wird, tritt erst mit der Rechtskraft in Wirksamkeit, soferne nicht das Gericht wegen Gefahr im Verzug die sofortige Wirksamkeit, die mit der Bekanntmachung an den Antragsteller eintritt, anordnet (§ 53 G.F.G., Rausnitz N. 3 zu § 53, Dorner N. 2 c). Die Verfügung ist mit sofortiger Beschwerde anfechtbar (§ 60 Abs. 1 Nr. 6 G.F.G.);

b) in allen übrigen Fällen mit Genehmigung des Vormundschaftsgerichts, welche zu erteilen ist, wenn ihre Befolgung das Interesse des Mündels gefährden würde (§ 1803 B.G.B.).

IV. Dem Aufsichtsrecht des Vormundschaftsgerichts dient außer dem Erfordernis der Genehmigung desselben zu einer Anzahl Verwaltungsmaßregeln:

1. die Verpflichtung des Vormunds zur Herstellung eines Vermögensverzeichnisses (§ 43);
2. die Rechnungsstellung des Vormunds (§ 44).

V. Der Sicherstellung des Mündels für etwaige Ansprüche gegen den Vormund aus der Geschäftsführung dient die Anordnung der Sicherheitsleistung des Vormunds (§ 45).

§ 40.

Sicherung des Mündelvermögens.

A. Hinterlegung von Mündelvermögen und deren Surrogate.

I. Sicherungsmittel, welche zugleich die Ueberwachung der Verfügung über bestimmte Vermögenswerte ermöglichen sollen, sind:

1. die Hinterlegung von Wertpapieren und Kostbarkeiten und an Stelle derselben die Umschreibung von Inhaberpapieren auf den Namen des Mündels oder die Umwandlung in Buchforderungen,
2. die Eintragung einer Verfügungsbeschränkung in das Schuldbuch.

II. Die Hinterlegung.

1. Gegenstand der Hinterlegung sind regelmäßig und müssen hinterlegt werden (§ 1814 B.G.B.):

a) Inhaberpapiere (§§ 793 ff. B.G.B., § 179 Abs. 2 H.G.B.), gleichgültig, ob es sich um mündelsichere handelt oder nicht — auch auf den Inhaber gestellte Grundschuld- und Rentenschuldbriefe — mit Ausnahme derjenigen, deren bestimmungsgemäßer Gebrauch in dem Verbrauch oder in der Veräußerung besteht (§ 92 B.G.B.), z. B. Banknoten;

b) die zu denselben gehörigen Erneuerungsscheine;

c) Ordrepapiere, die mit Blankoindossament versehen sind (§§ 363 ff. H.G.B., Art. 9, 12 W.O.).

Zins-, Renten- und Gewinnanteilscheine müssen nicht hinterlegt werden; dem Vormundschaftsrichter ist jedoch zur Pflicht gemacht, auch auf deren Hinterlegung hinzuwirken (§ 18 Abs. 1 Vorm.O.).

Die Hinterlegungspflicht kann eine Erweiterung durch Anordnung des Vormundschaftsgerichts erfahren (§ 1818 B.G.B.):

a) Von Amts wegen kann das Vormundschaftsgericht aus besonderen Gründen (z. B. wenn der Vormund nicht in der Lage ist, für gehörige Aufbewahrung zu sorgen, oder wenn seine Zuverlässigkeit zweifelhaft ist), über deren Vorliegen sein Ermessen entscheidet, anordnen, daß der Vormund auch solche zu dem Vermögen des Mündels gehörende Wertpapiere, zu deren Hinterlegung er nach § 1814 nicht verpflichtet ist, z. B. Hypothekenbriefe oder Sparurkunden, sowie Kostbarkeiten (über den Begriff siehe R.G. Bd. XIII S. 38) des Mündels hinterlege (§ 16 Abs. 2 Vorm.O.).

b) Auf Antrag des Vormunds kann die Hinterlegung von Zins-, Renten- und Gewinnanteilscheinen angeordnet werden, auch wenn ein besonderer Grund nicht vorliegt.

Das Vormundschaftsgericht hat darüber zu wachen, daß der Vormund seine Verpflichtung in Bezug auf die Hinterlegung erfüllt. Die Vormundschaftsakten müssen ersehen lassen, in welcher Weise das Gericht der Ueberwachungspflicht genügt hat, insbesondere müssen die Akten ersehen lassen, welche Wertpapiere hinterlegt sind (§ 20 Vorm.O.).

2. Art und Weise der Hinterlegung: Die Hinterlegung erfolgt bei einer Hinterlegungsstelle oder bei der Bank mit der Bestimmung, daß die Herausgabe der Wertpapiere bezw. Kostbarkeiten nur mit Genehmigung des Vormundschaftsgerichts verlangt werden kann (§§ 1814, 1818 B.G.B.).

Die Hinterlegung erfolgt in den Bezirken der Amtsgerichte München I und II, Landshut, Passau, Ludwigshafen, Bamberg I und II, Bayreuth, Hof, Schweinfurt, Würzburg, Amberg, Regensburg I und II, Stadtamhof, Ansbach, Fürth, Nürnberg, Augsburg, Straubing, Kempten bei der k. Bank (Bek. vom 28. Dez. 1899, die Uebertragung der Besorgung des gerichtlichen Hinterlegungswesens an der k. Bank betr., J.M.Bek. S. 1115, Bek. vom 27. Dez. 1900, J.M.Bl. 1901 S. 3, vom 13. Juni 1901, J.M.Bl. S. 459), im übrigen bei den amtsgerichtlichen Hinterlegungsstellen (Hinterlegungsordnung vom 18. Dez. 1899, J.M.Bl. S. 1057); über die Bezirke für die Anlage gerichtlicher Depositen bei der k. Bank und ihren Filialen s. Bek. vom 28. Dez. 1899, J.M.Bl. S. 1121, Bek. vom 30. Mai 1901, J.M.Bl. S. 423.

Die Hinterlegung geschieht auf Grund einer dem Vormunde (Pfleger oder Beistande) von dem Vormundschaftsgericht erteilten

Weisung (Formular s. J.M.Bl. 1900 S. 1095), welche in zwei Exemplaren vorzulegen ist. Dieselbe muß enthalten:

a) Die Bezeichnung der Hinterlegungsstelle und der Vormundschaftssache;

b) die Bezeichnung der zu hinterlegenden Sache; bei Geld den Betrag und, wenn nicht kassenmäßiges Geld hinterlegt wird, die Angabe der Geldsorten; bei Wertpapieren die Angabe der Gattung, der Nummern und des Nennbetrags sowie der sonstigen Unterscheidungsmerkmale der einzelnen Stücke; wenn mit den Wertpapieren die dazu gehörenden Erneuerungsscheine, Zins-, Renten- oder Gewinnanteilscheine hinterlegt werden, auch die hierauf bezüglichen Angaben; bei Kostbarkeiten die Angabe der Gattung und des Stoffes und der etwaigen besonderen Eigenschaften und Merkmale sowie des Schätzungswerts.

Bei Annahmeweisungen sind auf dem für die Hinterlegungsstelle bestimmten Exemplare noch folgende Fragen zu beantworten:

1. Zahl der Kinder oder Mündel?
2. Für welches Kind oder Mündel erfolgt die Hinterlegung?
3. Beträgt das Vermögen eines Kindes oder Mündels über 1000 Mk.?

(M.Bek. vom 22. Dez. 1900, J.M.Bl. 1901 S. 1).

Auf der Weisung wird die Bescheinigung über die Hinterlegung erteilt; dem Vormundschaftsgerichte wird von der Hinterlegungsstelle kurze Anzeige von der Hinterlegung gemacht (§§ 16, 19, 20, 48 der Hinterlegungsordnung).

Ist die k. Bank Hinterlegungsstelle, so kann ihr die Ueberwachung der Verlosung und Kündigung der Wertpapiere übertragen werden (Bek. vom 4. Juli 1902, J.M.Bl. S. 616). Ferner kann das Vormundschaftsgericht die Hinterlegungsweisung nach § 2 Abs. 2 der Bek. vom 28. Dez. 1899, die Besorgung des gerichtlichen Hinterlegungswesens durch die k. Bank betr. (J.M.Bl. S. 1116), in der Weise erteilen, daß der Vormund das bare Geld hinterlegt und die k. Bank angewiesen wird, es in mündelsicheren oder in bestimmten mündelsicheren Wertpapieren anzulegen. In diesem Falle kann der Vormund nach § 53 Abs. 2 der Hinterlegungsordnung beantragen, daß die hinterlegten Wertpapiere nach den für die Verwaltung offener Depots geltenden Grundsätzen von der k. Bank verwaltet werden (§ 18 Abs. 4 Vorm.O.); vergl. hiezu die Bek. vom 20. Mai 1901, J.M.Bl. S. 409. Hinterlegung zu offenem Depot kann bei der k. Bank erfolgen, auch soweit diese für den Bezirk des Amtsgerichts nicht ohnehin Hinterlegungsstelle ist (Bek. vom 20. Mai 1901, J.M.Bl. S. 407).

Die Herausgabe der hinterlegten Gegenstände erfolgt nur mit Genehmigung des Vormundschaftsgerichts (Formular für die Herausgabeweisung s. J.M.Bl. 1900 S. 1095).

Die herauszugebenden Sachen sind, soferne nicht sämtliche auf dem Hauptbuchfolium verzeichnete Sachen zur Herausgabe gelangen, einzeln mit hinreichender Deutlichkeit zu bezeichnen; die Gesamtsumme ist stets in Ziffern und Buchstaben zu vermerken.

Zur Herausgabe der fälligen sowie der im Laufe des Jahres, in welchem die Herausgabe verlangt wird, oder des nächstfolgenden Jahres fällig werdenden Zins-, Renten- und Gewinnanteilscheine ist jedoch die Genehmigung des Vormundschaftsgerichts nur erforderlich, soweit dies von dem Vormundschaftsgerichte bei der Anordnung der Hinterlegung ausdrücklich bestimmt worden ist. Will also das Vormundschaftsgericht den Vormund in der Erhebung der Zins-, Renten- oder Gewinnanteilscheine weiter beschränken, so muß es dies der Hinterlegungsstelle gegenüber erklären (§ 18 Abs. 3 der Bek. vom 19. Jan. 1900, §§ 26, 50 der Hinterlegungsordnung).

Vergl. über Hinterlegung überhaupt noch K.V.O. vom 25. Dez. 1899, die Erhebung von Hinterlegungsgebühren betr. (G. u. V.Bl. 1899 S. 1235, J.M.Bl. S. 1074), Bek. vom 27. Dez. 1899, die Errichtung von gemeinschaftlichen Hinterlegungsstellen betr. (J.M.Bl. S. 1079), Bek. vom 28. Dez. 1899, die Geschäftsführung der amtsgerichtlichen Hinterlegungsstellen betr. (J.M.Bl. S. 1080), Bek. vom 28. Dez. 1899, die Uebertragung der Besorgung des gerichtlichen Hinterlegungswesens an die k. Bank betr. (J.M.Bl. S. 1115), Bek. vom 28. Dez. 1899, die Besorgung des gerichtlichen Hinterlegungswesens durch die k. Bank betr. (J.M.Bl. S. 1116), Reglement für die Hinterlegungsstellen der k. Bank betr. vom 30. Dez. 1899 (J.M.Bl. S. 1124), Bek. vom 12. Jan. 1900, die Erhebung von Hinterlegungsgebühren betr. (J.M.Bl. S. 301).

3. An Stelle der Hinterlegung, soweit sie nach § 1814 B.G.B. Pflicht des Vormunds ist, kann der Vormund nach seinem Ermessen:

a) Inhaberpapiere auf den Namen des Mündels mit der Bestimmung umschreiben lassen, daß er über sie nur mit Genehmigung des Vormundschaftsgerichts verfügen kann (vergl. § 806 B.G.B., Art. 101, 174 E.G. z. B.G.B., Art. 49—55 A.G. z. B.G.B., Bek. vom 27. Nov. 1899, die Umschreibung der auf den Inhaber lautenden Staatsschuldverschreibungen auf den Namen des Berechtigten betr., J.M.Bl. S. 455);

b) Papiere, welche von dem Reiche oder von einem Bundesstaate ausgestellt sind mit der gleichen Bestimmung wie sub a in Buchforderungen gegen das Reich oder den Bundesstaat umwandeln lassen (§ 1815 Abs. 1 B.G.B.); in Bayern besteht zur Zeit kein Staatsschuldbuch; bezüglich des Reichsschuldbuchs vergl. §§ 1 ff. des R.G. vom 31. Mai 1891 und die Ausführungsbestimmungen hiezu vom 21. Jan. 1892, J.M.Bl. 1892 S. 95).

Der Vormund muß auf Anordnung des Vormundschaftsgerichts,

welche von dessen Ermessen abhängt, Inhaberpapiere, die in Buchforderungen gegen das Reich oder einen Bundesstaat umgewandelt werden können, in solche umwandeln lassen (§ 1815 Abs. 2 B.G.B.).

Die Kosten der Umwandlung oder Umschreibung fallen dem Mündelvermögen zur Last.

III. Eintragung einer Verfügungsbeschränkung im Schuldbuch.

Gehören Buchforderungen gegen das Reich oder gegen einen Bundesstaat schon bei der Anordnung der Vormundschaft zu dem Vermögen des Mündels oder erwirbt der Mündel später solche Forderungen, so hat der Vormund in das Schuldbuch den Vermerk eintragen zu lassen, daß er über die Forderungen nur mit Genehmigung des Vormundschaftsgerichts verfügen kann (§ 1816 B.G.B.).

IV. Befreiung von diesen Verpflichtungen.

1. Der Vater und die eheliche Mutter des Mündels können, wenn ihnen zur Zeit des Todes die elterliche Gewalt über das Kind unbeschränkt zusteht oder zustehen würde, wenn das Kind schon geboren wäre, durch letztwillige Verfügung den von ihnen benannten Vormund von der Verpflichtung entbinden, Inhaber- und Ordrepapiere zu hinterlegen und den im § 1816 B.G.B. bezeichneten Vermerk in das Schuldbuch eintragen zu lassen — befreite Vormundschaft (§§ 1853, 1855 mit § 1777 B.G.B.).

Die bezüglichen Anordnungen des Vaters oder der Mutter kann das Vormundschaftsgericht außer Kraft setzen, wenn ihre Befolgung das Interesse des Mündels gefährden würde (§ 1857 B.G.B.).

2. Das Vormundschaftsgericht kann aus besonderen Gründen, über deren Vorliegen sein Ermessen entscheidet, den Vormund von den ihm nach den §§ 1814, 1816 B.G.B. obliegenden Verpflichtungen entbinden (§ 1817 B.G.B.).

B. Sicherungsmaßregeln bei Eingehung einer neuen Ehe seitens des zum Vormund bestellten Vaters oder der ehelichen Mutter.

Will der zum Vormunde bestellte Vater oder die zum Vormunde bestellte eheliche Mutter eine Ehe eingehen, so sind sie verpflichtet:

1. ihre Absicht dem Vormundschaftsgerichte anzuzeigen;
2. auf ihre Kosten ein Verzeichnis des ihrer Verwaltung unterliegenden Vermögens einzureichen;
3. soweit in Ansehung dieses Vermögens eine Gemeinschaft zwischen ihnen und dem Kinde besteht, die Auseinandersetzung herbeizuführen, welche mit Genehmigung des Vormundschaftsgerichts auch nach der Eheschließung erfolgen kann (§ 1845 mit § 1669 B.G.B.).

Dem Mündel ist zu seiner Vertretung bei der Auseinandersetzung ein Pfleger zu bestellen.

Ueber die Erfüllung der Verpflichtungen oder darüber, daß sie ihm nicht obliegen, hat das Vormundschaftsgericht dem Vormund auf Antrag ein Zeugnis auszustellen (§ 1314 Abs. 1 B.G.B.). Die Ausfertigung des Zeugnisses ist vom Richter zu unterzeichnen und mit dem Gerichtssiegel zu versehen (§§ 48, 52 Vorm.O.; Formular siehe J.M.Bl. 1900 S. 281).

C. **Versicherung.**

Der Sicherung des Mündelvermögens dient die Anordnung an das Vormundschaftsgericht, darüber zu wachen, daß die Versicherung der Gebäulichkeiten des Mündels gegen Brandschaden nicht versäumt wird (§ 23 Vorm.O.).

§ 41.

Anlegung des zum Mündelvermögen gehörigen Geldes.

Der Vormund hat das zum Vermögen des Mündels gehörende Geld verzinslich anzulegen, soweit es nicht, um die laufenden und andere durch die Führung der Vormundschaft begründete Ausgaben zu bestreiten, bereit zu halten ist. Ob und wie bereit zu haltende Gelder anzulegen sind, ist dem pflichtgemäßen Ermessen des Vormunds zu überlassen (§§ 1806, 1833 Abs. 1 B.G.B.).

I. Art der Anlage: Die im § 1806 vorgeschriebene Anlegung von Mündelgeld soll nach § 1807 B.G.B. nur erfolgen:

1. in Forderungen, für die eine sichere Hypothek an einem inländischen Grundstücke besteht, oder in sicheren Grundschulden oder Rentenschulden an inländischen Grundstücken;

Als sicher ist eine Hypothek, Grundschuld oder Rentenschuld an einem in Bayern gelegenen Grundstücke nur dann zu erachten, wenn sie innerhalb der ersten Hälfte des Wertes des Grundstücks zu stehen kommt (§ 1807 Abs. 2 B.G.B., Art. 92 A.G. z. B.G.B.; Böhm-Klein S. 154);

2. in verbrieften Forderungen gegen das Reich oder einen Bundesstaat sowie in Forderungen, die in das Reichsschuldbuch oder in das Staatsschuldbuch eines Bundesstaats eingetragen sind; in Bayern besteht z. B. ein Staatsschuldbuch nicht; über das Reichsschuldbuch siehe R.G. vom 31. Mai 1891 betr. das Reichsschuldbuch, insbesondere § 23 Abs. 1, Art. 97 E.G. z. B.G.B.; Ausführungsbestimmungen des Bundesrats vom 21. Jan. 1892, J.M.Bl. 1892 S. 95 ff.;
3. in verbrieften Forderungen, deren Verzinsung von dem Reiche oder einem Bundesstaate gewährleistet ist;
4. in Wertpapieren, insbesondere Pfandbriefen, sowie in verbrieften Forderungen jeder Art gegen eine inländische kommunale Körperschaft oder die Kreditanstalt einer solchen Körperschaft sofern die Wertpapiere oder die Forderungen von dem Bundesrate zur Anlegung von Mündelgeld für geeignet erklärt sind; als mündelsicher gelten hienach in Bayern die Schuldver-

schreibungen der bayerischen Gemeinden (Orts-, Distrikts- und Kreisgemeinden), ferner nach der jederzeit widerruflichen Bestimmung des Staatsministeriums der Justiz die Pfandbriefe und die Schuldbriefe für Gemeindedarlehen (Kommunalobligationen) der Bayerischen Landwirtschaftsbank, eingetragene Genossenschaft mit beschränkter Haftpflicht, die Pfandbriefe der Bayerischen Hypotheken- und Wechselbank und der Süddeutschen Bodenkreditbank, die Pfandbriefe und die Kommunalobligationen der Pfälzischen Hypothekenbank in Ludwigshafen a. Rh., dann die Pfandbriefe der Bayerischen Vereinsbank, der Bayerischen Handelsbank und der Vereinsbank in Nürnberg (Art. 32 Ue.G., Bek. vom 9. Sept. 1899, J.M.Bl. S. 383).

5. bei einer inländischen Sparkasse, wenn sie von der zuständigen Behörde des Bundesstaats, in welchem sie ihren Sitz hat, zur Anlegung von Mündelgeld für geeignet erklärt ist; diese Erklärung steht dem Staatsministerium der Justiz zu und ist jederzeit widerruflich (Zuständigkeitsverordnung vom 24. Dez. 1899 § 22, J.M.Bl. 1900 S. 97); zur Anlegung von Mündelgeld sind die sämtlichen bayerischen gemeindlichen und distriktiven Sparkassen sowie die ältere gräflich Castell'sche Kreditkasse zu Castell für geeignet erklärt (Bek. vom 21. Dez. 1899, J.M.Bl. 1900 S. 113). Sparurkunden (Sparbücher und Sparscheine) sind als Wertpapiere im Sinne der Hinterlegungsordnung aufzufassen.

Nur subsidiär, wenn nämlich die Anlegung den Umständen nach nicht in der im § 1807 bezeichneten Weise erfolgen kann, ist es zulässig und vorgeschrieben, daß die verzinsliche Anlegung des Geldes bei der Reichsbank oder bei der k. Bank und deren Filialen erfolgt; eine Privatbank ist in Bayern nicht für mündelsicher erklärt; die Anlegung von Mündelgeld bei den amtsgerichtlichen Hinterlegungsstellen ist ausgeschlossen (§ 1808 B.G.B., Art. 76 Abs. 4 A.G. z. G.V.G. i. d. F. des Art. 167 A.G. z. B.G.B.). Nach Wegfall der hindernden Umstände erfolgt die Anlegung in der regelmäßigen Weise.

Nach § 1807 Abs. 1 Nr. 5 oder nach § 1808 soll der Vormund Mündelgeld nur mit der Bestimmung anlegen, daß zur Erhebung des Geldes die Genehmigung des Gegenvormundes oder des Vormundschaftsgerichts erforderlich ist (§ 1809 B.G.B.); siehe jedoch unten Nr. III Ziff. 2. Das Erfordernis der Genehmigung des Gegenvormundes oder des Vormundschaftsgerichts ist, wenn die Anlegung bei einer Sparkasse erfolgt, auf dem Sparbuch oder dem Sparscheine selbst ersichtlich zu machen.

Die Vorschriften gelten nur für eine erst durch den Vormund erfolgende Anlage baren Geldes. Bereits vorhandene oder später, z. B. durch Erbschaft, Vermächtnis, Schenkung erworbene Vermögenswerte, welche die vorgeschriebene Sicherheit nicht bieten, dürfen nur dann in Anlagen nach § 1807 B.G.B. umgewandelt werden, wenn die Verwandlung aus anderen Gründen, z. B. wegen einer Konvertierung oder Auslosung, notwendig ist (§ 15 Abs. 1 der Vorm.O.).

II. Verfahren bei der Anlegung: Welche der zulässigen Anlagen der Vormund wählen will, liegt vorbehaltlich der Vorschrift des § 1808 im pflichtgemäßen Ermessen des Vormunds (§ 1833 B.G.B.). Ebenso hat der Vormund die Anlegung selbst zu besorgen.

Bei der Entscheidung über die Art der Anlegung hat jedoch der Gegenvormund mitzuwirken, ohne dessen Genehmigung eine Anlegung nicht erfolgen darf; verweigert dieser die Genehmigung oder ist dieselbe nicht zu erlangen, so kann die Genehmigung durch das Vormundschaftsgericht ersetzt werden. Ist ein Gegenvormund nicht vorhanden (nicht aufgestellt oder weggefallen), so ist die Genehmigung des Vormundschaftsgerichts erforderlich, soferne nicht die Vormundschaft von mehreren Vormündern gemeinschaftlich geführt wird; eine Meinungsverschiedenheit unter diesen entscheidet wieder das Vormundschaftsgericht (§§ 1810, 1797 Abs. 1 B.G.B.).

III. Ausnahmen von den obigen Vorschriften bestehen nach verschiedenen Richtungen:

1. Das Vormundschaftsgericht kann aus besonderen Gründen dem Vormund eine andere Anlegung als die in den §§ 1807, 1808 vorgeschriebene nach Anhörung des Gegenvormunds gestatten (§§ 1811, 1826 B.G.B.).

2. Der Vater und die eheliche Mutter können unter den Voraussetzungen des § 1777 B.G.B. anordnen, daß der von ihnen benannte Vormund bei der Anlegung von Geld den in den §§ 1809, 1810 bestimmten Beschränkungen nicht unterliegen solle. Diese Anordnungen sind als getroffen anzusehen, wenn der Vater oder die Mutter die Bestellung eines Gegenvormunds ausgeschlossen haben — befreite Vormundschaft (§§ 1852, 1855 B.G.B.).

Die Anordnungen des Vaters oder der Mutter können durch das Vormundschaftsgericht außer Kraft gesetzt werden, wenn ihre Befolgung das Interesse des Mündels gefährden würde (§ 1857 B.G.B.).

3. Anordnungen derjenigen Personen, welche dem Mündel von Todes wegen oder unter Lebenden eine Zuwendung gemacht haben, sind nach Maßgabe des § 1803 B.G.B. zu beachten; siehe oben § 39 N. III 4.

§ 42.

Rechtshandlungen in Bezug auf das Mündelvermögen.

Bei Rechtshandlungen in Bezug auf das Mündelvermögen unterliegt der Vormund je nach der Art des Vermögens einerseits und der Art der Verfügung anderseits mehrfachen Beschränkungen.

I. Verfügung über das Mündelvermögen oder Teile desselben im Ganzen.

Der Vormund bedarf der Genehmigung des Vormundschaftsgerichts zu einem Rechtsgeschäft, durch das der Mündel zu einer Verfügung über sein Vermögen im Ganzen oder über eine ihm angefallene Erbschaft (§ 1942 B.G.B.) oder über seinen künftigen gesetzlichen Erbteil oder seinen künftigen Pflichtteil (§§ 2303 ff. B.G.B.) verpflichtet wird, sowie zu einer Verfügung über einen Anteil des Mündels an einer Erbschaft (§ 1822 Nr. 1 B.G.B.).

II. Verfügung über Grundstücke und Rechte an Grundstücken.

Der Vormund bedarf der Genehmigung des Vormundschaftsgerichts:

1. zur Verfügung über ein Grundstück oder über ein Recht an einem Grundstück; als Verfügung gilt die Veräußerung, Belastung und Kündigung, dagegen nicht die Bewirtschaftung; über die Art der letzteren, ob der Vormund ein Grundstück selbst bewirtschaften oder ob er es verpachten will, entscheidet mit der aus § 1822 Nr. 4 B.G.B. hinsichtlich der Verpachtung sich ergebenden Beschränkung sein Ermessen; als Grundstück gilt auch das Erbbaurecht (§ 1017 B.G.B.);
2. zur Verfügung über eine Forderung, die auf Uebertragung des Eigentums an einem Grundstücke oder auf Begründung oder Uebertragung eines Rechtes an einem Grundstücke oder auf Befreiung eines Grundstücks von einem solchen Rechte gerichtet ist; über den Begriff der Verfügung über eine Forderung siehe unten Nr. IV Ziff. 1;
3. zur Eingehung der Verpflichtung zu einer der in Nr. 1, 2 bezeichneten Verfügungen;
4. zu einem Vertrage, der auf den entgeltlichen Erwerb eines Grundstücks oder eines Rechts an einem Grundstücke gerichtet ist (§ 1821 Abs. 1 B.G.B.).

Hat der Mündel das achtzehnte Lebensjahr vollendet, so soll ihn das Vormundschaftsgericht, soweit tunlich, vor der Entscheidung über die Genehmigung hören (§ 1827 Abs. 2 B.G.B.).

Als Rechte an einem Grundstücke kommen hier wesentlich nur die zu Gunsten bestimmter Personen bestehenden Reallasten (§ 1111 B.G.B.) in Betracht, nicht dagegen zählen zu denselben Hypotheken, Grundschulden und Rentenschulden (§ 1821 Abs. 2 B.G.B.); über diese verfügt der Vormund, vorbehaltlich der Vorschriften des § 1819 und § 1822 Nr. 13, ohne Genehmigung des Vormundschaftsgerichts.

III. Verfügung über bewegliche Sachen mit Ausnahmen der Wertpapiere.

Zu einer Verfügung über einzelne solche Gegenstände bedarf der Vormund regelmäßig einer Genehmigung weder seitens des Vormundschaftsgerichts noch seitens des Gegenvormunds. Sie liegt in seinem pflichtgemäßen Ermessen; ein Einschreiten des Vormundschaftsgerichts von Aufsichtswegen ist nicht ausgeschlossen.

Eine Ausnahme gilt für Kostbarkeiten: Sind solche auf Anordnung des Vormundschaftsgerichts hinterlegt (siehe § 40 Nr. II Ziff. 1), so bedarf der Vormund zu einer Verfügung über sie der Genehmigung des Vormundschaftsgerichts (§ 1819 B.G.B.).

IV. Verfügung über Forderungen und andere Rechte auf Leistungen, sowie über Wertpapiere.

1. Der Vormund bedarf regelmäßig der Genehmigung des Gegenvormunds:
   a) zur Verfügung über eine Forderung des Mündels,
   b) zur Verfügung über ein anderes Recht, kraft dessen der Mündel eine Leistung verlangen kann,
   c) zur Verfügung über ein Wertpapier des Mündels,
   d) zur Eingehung der Verpflichtung zu einer solchen Verfügung (§ 1812 Abs. 1 B.G.B.).

Ueber Ersetzung der Genehmigung des Gegenvormunds durch diejenige des Vormundschaftsgerichts siehe § 1812 Abs. 2 und 3 B.G.B. und oben § 33 III E 2 b.

Der Begriff der Verfügung umfaßt hier die Veräußerung, Belastung, Verpfändung, sowie jede Aufgabe, sei es durch Abtretung an Dritte, sei es durch Erlaß gegenüber dem Verpflichteten, ferner die Kündigung, Einziehung der Forderung und die Annahme der geschuldeten Leistung.

2. Der Vormund bedarf der Genehmigung des Vormundschaftsgerichts zu einem Rechtsgeschäfte, durch das die für eine Forderung des Mündels bestehende Sicherheit aufgehoben oder gemindert oder die Verpflichtung dazu begründet wird (§ 1822 Nr. 13 B.G.B.).

3. Von der in Nr. 1 aufgestellten Regel bestehen folgende Ausnahmen:

a) Der Vater und die eheliche Mutter des Mündels können unter den Voraussetzungen des § 1777 B.G.B. anordnen, daß der von ihnen benannte Vormund der Genehmigung des Gegenvormunds zu den im § 1812 bezeichneten Rechtsgeschäften nicht bedürfen soll. Diese Anordnung ist als getroffen anzusehen, wenn der Vater oder die Mutter die Bestellung eines Gegenvormunds ausgeschlossen haben (§ 1852 Abs. 2, 1855 B.G.B.) — befreite Vormundschaft.

Die Anordnungen des Vaters und der Mutter können durch das Vormundschaftsgericht außer Kraft gesetzt werden, wenn ihre Befolgung das Interesse des Mündels gefährden würde (§ 1857 B.G.B.).

b) Das Vormundschaftsgericht kann dem Vormunde zu den in § 1812 B.G.B. bezeichneten Rechtsgeschäften eine allgemeine Ermächtigung erteilen.

Die Ermächtigung soll nur erteilt werden, wenn sie zum Zwecke der Vermögensverwaltung, insbesondere zum Betrieb eines Erwerbsgeschäfts, erforderlich ist (§ 1825 B.G.B.).

c) Der Vormund bedarf nicht der Genehmigung des Gegenvormunds zur Annahme einer geschuldeten Leistung (§ 1813):

α) wenn der Gegenstand der Leistung nicht in Geld oder Wertpapieren besteht;
β) wenn der Anspruch nicht mehr als dreihundert Mark beträgt;
γ) wenn Geld zurückbezahlt wird, das der Vormund angelegt hat;
δ) wenn der Anspruch zu den Nutzungen des Mündelvermögens gehört,
ε) wenn der Anspruch auf Erstattung von Kosten der Kündigung oder der Rechtsverfolgung oder auf sonstige Nebenleistungen (Zinsen, Früchte, Schadensersatz) gerichtet ist.

Die Befreiung nach lit. β, γ erstreckt sich nicht auf die Erhebung von Geld, bei dessen Anlegung ein anderes bestimmt worden ist (vergl. § 1809 B.G.B. und § 41 Nr. I a. E.); die Befreiung nach lit. γ gilt auch nicht für die Erhebung von Geld, das nach § 1807 Abs. 1 Nr. 1—4 (siehe § 41 Nr. I Ziff. 1—4) angelegt ist.

d) An Stelle der Genehmigung des Gegenvormunds ist diejenige des Vormundschaftsgerichts erforderlich:

α) zur Verfügung über eine Hypothekenforderung, eine Grundschuld oder eine Rentenschuld, wenn der Hypotheken-, Grund- oder Rentenschuldbrief hinterlegt ist (§ 1819 B.G.B.);
β) zu Verfügungen über Buchforderungen gegen das Reich oder gegen einen Bundesstaat (§§ 1815, 1816 B.G.B.; siehe § 40 Nr. 3);
γ) wenn Inhaberpapiere nach § 1815 B.G.B. (siehe § 40 Nr. 3) auf den Namen des Mündels umgeschrieben oder in Buchforderungen umgewandelt sind, ferner wenn bei einer Buchforderung des Mündels der im § 1816 B.G.B. bezeichnete Vermerk eingetragen ist, zur Eingehung der Verpflichtung zu einer Verfügung über die sich aus der Umschreibung oder der Umwandlung ergebenden Stammforderungen (§ 1820 B.G.B.);
δ) zu Verfügungen über Inhaberpapiere, die auf den Namen des Mündels umgeschrieben sind (§ 1815 B.G.B.; siehe § 40 Nr. 3);
ε) zu Verfügungen über Wertpapiere, welche nach § 1814 oder nach § 1818 B.G.B. hinterlegt sind, sowie zur Eingehung der Verpflichtung zu einer solchen Verfügung (§ 1819 B.G.B.);
ζ) in den Sonderfällen der §§ 1821 und 1822 B.G.B.

V. Begründung und Uebernahme von Zahlungsverbindlichkeiten.

Zu Rechtsgeschäften, aus welchen eine Zahlungsverbindlichkeit des Mündels entsteht, bedarf der Vormund regelmäßig keiner Genehmigung seitens des Vormundschaftsgerichts. Ausnahmsweise ist dieselbe erforderlich:

1. zur Aufnahme von Geld auf den Kredit des Mündels (§ 1822 Nr. 8 B.G.B.);
2. zur Ausstellung einer Schuldverschreibung auf den Inhaber (§§ 793 ff. B.G.B.) oder zur Eingehung einer Verbindlichkeit aus einem Wechsel oder einem anderen Papiere, das durch Indossament übertragen werden kann (§ 1822 Nr. 9 B.G.B.);
3. zur Uebernahme einer fremden Verbindlichkeit, insbesondere zur Eingehung einer Bürgschaft (§ 1822 Nr. 10 B.G.B.).

Das Vormundschaftsgericht kann dem Vormund zu allen Geschäften dieser Art eine allgemeine Ermächtigung erteilen, soll dies jedoch nur dann tun, wenn die Ermächtigung zum Zwecke der Vermögensverwaltung, insbesondere zum Betrieb eines Erwerbsgeschäfts, erforderlich ist (§ 1825 B.G.B.).

VI. Miet- und Pachtverträge, Verträge, welche zu wiederkehrenden Leistungen verpflichten.

Der Vormund bedarf der Genehmigung des Vormundschaftsgerichts:

1. zu einem Pachtvertrag (§§ 581 ff. B.G.B.) — Pachtung oder Verpachtung — über ein Landgut, d. i. ein zum selbständigen Betrieb der Landwirtschaft eingerichtetes Grundstück, oder einen gewerblichen Betrieb ohne Rücksicht auf die Pachtdauer (§ 1822 Nr. 4 B.G.B.);
2. zu einem Mietvertrag (§§ 535 ff. B.G.B.) oder einem Pachtvertrag sowie einem anderen Vertrage, durch den der Mündel zu wiederkehrenden Leistungen verpflichtet wird, wenn das Vertragsverhältnis länger als ein Jahr nach Vollendung des einundzwanzigsten Lebensjahres des Mündels fortdauern soll (§ 1822 Nr. 5 B.G.B.).

VII. Rechtshandlungen in Bezug auf ein Erwerbsgeschäft.

Erwerbsgeschäft ist jede regelmäßige, auf selbständigen Erwerb gerichtete Tätigkeit, mag dieselbe in Handel, der Betreibung einer Fabrik oder eines Handwerks, der Ausübung eines künstlerischen oder wissenschaftlichen Berufes, der Landwirtschaft u. s. w. bestehen (Mat. I S. 142).

Hier unterliegt der Vormund folgenden Beschränkungen:

1. Der Vormund soll nicht ohne Genehmigung des Vormundschaftsgerichts ein neues Erwerbsgeschäft im Namen des Mündels beginnen oder ein bestehendes Erwerbsgeschäft des Mündels auflösen (§ 1823 B.G.B.).

In beiden Fällen soll das Vormundschaftsgericht den Mündel, soferne derselbe das achtzehnte Lebensjahr vollendet hat, vor der Entscheidung über die Genehmigung, soweit tunlich, hören (§ 1827 Abs. 2 B.G.B.).

2. Der Vormund bedarf der Genehmigung des Vormundschaftsgerichts

a) zu einem Vertrage, der auf den entgeltlichen Erwerb oder die Veräußerung eines Erwerbsgeschäfts gerichtet ist, sowie zu einem Gesellschaftsvertrage, der zum Betrieb eines Erwerbsgeschäfts eingegangen wird (§ 1822 Nr. 3 B.G.B.); über Anhörung des Mündels gilt das nämliche wie sub 1;

b) zur Ermächtigung des Mündels zum selbständigen Betrieb eines Erwerbsgeschäfts sowie zur Zurücknahme der Ermächtigung (§ 112 B.G.B.);

c) zur Erteilung einer Prokura (§ 1822 Nr. 11 B.G.B.).

VIII. Prozeßführung, Vergleiche und Schiedsverträge.

1. Zur Führung von Prozessen für den Mündel, sowohl zur Einleitung als zu einzelnen Prozeßhandlungen, bedarf der Vormund weder der Genehmigung des Vormundschaftsgerichts noch derjenigen des Gegenvormunds. Klagen gegen den Mündel hat das Vormundschaftsgericht von Aufsichtswegen dadurch zu verhindern, daß es den Vormund zur Erfüllung unbestrittener Ansprüche anhält; ob ein Anspruch zu bestreiten und Klagestellung gegen den Mündel abzuwarten ist, entscheidet jedoch wieder das Ermessen des Vormunds.

2. Zu einem Vergleich oder einem Schiedsvertrag bedarf der Vormund der Genehmigung des Vormundschaftsgerichts, es sei denn, daß der Gegenstand des Streites oder der Ungewißheit in Geld schätzbar ist und den Wert von dreihundert Mark nicht übersteigt (§ 1822 Nr. 12 B.G.B.). Auf den Prozeßvergleich bezieht sich die Vorschrift nicht (R.G. Bd. 19 S. 362, Planck N. 12 b zu § 1822).

Eine Vereinbarung zwischen dem Vater des unehelichen Kindes und dem Kinde über den Unterhalt für die Zukunft oder über eine an Stelle des Unterhalts zu gewährende Abfindung bedarf der Genehmigung des Vormundschaftsgerichts (§ 1714 Abs. 1 B.G.B.), auch wenn sie in einem Prozeßvergleich getroffen wird.

IX. Ueberlassung von Vermögenswerten an den Mündel.

Gegenstände, zu deren Veräußerung die Genehmigung des Gegenvormunds oder des Vormundschaftsgerichts erforderlich ist (Nr. I—IV), kann der Vormund auch nicht ohne die gleiche Genehmigung dem Mündel zur Erfüllung eines von diesem geschlossenen Vertrages oder zu freier Verfügung überlassen (§ 1824 B.G.B.).

X. Rechtshandlungen in Bezug auf Ehe- und Erbrecht.

Der Vormund bedarf der Genehmigung des Vormundschaftsgerichts:

1. zur Zustimmung zu einem von dem in der Geschäftsfähigkeit beschränkten Bevormundeten zu schließenden Ehevertrag, durch den die allgemeine Gütergemeinschaft vereinbart oder aufgehoben wird, ferner zu einem Ehevertrag, durch welchen die Fortsetzung der Gütergemeinschaft ausgeschlossen oder die Ausschließung aufgehoben wird (§ 1437 Abs. 2, § 1508 Abs. 2 B.G.B.);
2. zur Ausschlagung einer Erbschaft oder eines Vermächtnisses, zum Verzicht auf einen Pflichtteil sowie zu einem Erbteilungsvertrage (§ 1822 Nr. 2 B.G.B.);
3. zum Abschluß eines Erbvertrages für den in der Geschäftsfähigkeit beschränkten verheirateten oder verlobten Mündel mit dessen Ehegatten oder Verlobten (§ 2275 Abs. 2 und 3 B.G.B.);
4. zur Zustimmung zur Aufhebung eines Erbvertrages durch ein gemeinschaftliches Testament durch den unter Vormundschaft stehenden in der Geschäftsfähigkeit beschränkten Ehegatten oder Verlobten (§ 2292 B.G.B.).

Ueber weitere Geschäfte dieser Art, zu welchen auch der Gewalthaber der vormundschaftsgerichtlichen Genehmigung bedarf, siehe §§ 2282, 2290—2292, 2347, 2351, 2352 B.G.B. und unten § 57 Ziff. I lit. J.

§ 43.

Vermögensverzeichnis.

I. Pflicht zur Errichtung: Der Vormund hat das gesamte Vermögen, das bei der Anordnung der Vormundschaft vorhanden ist oder später dem Mündel zufällt, gleichviel ob es seiner Verwaltung unterliegt oder nicht, sofort nach seiner Bestellung bezw. nach dem Anfalle des Vermögens zu verzeichnen und das Verzeichnis, nachdem er es mit der Versicherung der Richtigkeit und Vollständigkeit versehen hat, dem Vormundschaftsgericht einzureichen. Ist ein Gegenvormund vorhanden, so hat ihn der Vormund bei der Aufnahme des Verzeichnisses zuzuziehen; das Verzeichnis ist auch von dem Gegenvormunde mit der Versicherung der Richtigkeit und Vollständigkeit zu versehen (§ 1802 Abs. 1 B.G.B.). Bestellung eines Gegenvormunds vor der Aufnahme des Vermögensverzeichnisses ist, auch wo ein solcher bestellt sein sollte, nicht unbedingt notwendig.

Eine Befreiung von der Verpflichtung zur Inventarisierung des Mündelvermögens ist ausgeschlossen.

II. Form: Es genügt in der Regel eine Privataufzeichnung durch den Vormund. Derselbe kann sich aber auch bei der Aufnahme des Verzeichnisses eines Notars oder eines anderen Sachverständigen, z. B. eines Rechtsanwalts, dessen Auswahl ihm überlassen ist, bedienen (§ 1802 Abs. 2). Nach Art. 63 A.G. z. G.V.G. i. d. F. des Art. 167 XVI A.G. z. B.G.B. sind auch die Gerichts=

schreiber bei den Amtsgerichten zuständig, das Verzeichnis aufzunehmen, sie dürfen sich jedoch der Aufnahme nur auf Anordnung des Richters unterziehen. Ist das eingereichte Verzeichnis ungenügend, so kann das Vormundschaftsgericht anordnen, daß das Verzeichnis durch einen Gerichtsschreiber oder Notar aufgenommen wird (§ 1802 Abs. 3).

Dem Gerichtsschreiber soll die Aufnahme des Verzeichnisses nur übertragen werden, wenn anzunehmen ist, daß der Wert des Vermögens ohne Abzug der Schulden den Betrag von 2000 Mk. nicht oder nicht erheblich übersteigt. Den Auftrag zu Aufnahme des Verzeichnisses soll das Vormundschaftsgericht schriftlich erteilen.

In einfachen Fällen ist es zweckmäßig, wenn der Vormundschaftsrichter mit dem Vormunde das vorhandene Vermögen zu Protokoll feststellt oder die Ergänzung des eingereichten Verzeichnisses durch protokollarische Verhandlung herbeiführt.

In allen Fällen hat das Vormundschaftsgericht, sofern zum Vermögen des Mündels unbewegliche Sachen gehören, die Vorlage eines Auszugs aus dem Hypotheken- oder Grundbuch, in der Pfalz bis zur Anlegung des Grundbuchs aus dem Grundsteuerkataster, sowie einen Brandversicherungsauszug zu verlangen (§ 13 Vorm.O.).

III. Die Kosten der Aufnahme des Vermögensverzeichnisses fallen dem Mündel zur Last, auch wenn die Aufzeichnung im Auftrage des Vormunds oder auf Anordnung des Vormundschaftsgerichts durch einen Gerichtsschreiber oder Notar oder sonstigen Sachverständigen erfolgt.

§ 44.

Rechnungstellung.

Der Ueberwachung der Vermögensverwaltung des Vormunds dient die Prüfung der vom Vormund zu stellenden Rechnungen.

I. Pflicht zur Rechnungstellung: Der Vormund hat über seine Vermögensverwaltung dem Vormundschaftsgerichte Rechnung zu legen (§ 1840 Abs. 1 B.G.B.) und ist über diese Verpflichtung bei seiner Bestellung zu belehren (§ 6 Abs. 1 Vorm.O.).

Ist ein Gegenvormund vorhanden oder zu bestellen, so hat ihm der Vormund vor der Einreichung der Rechnung beim Vormundschaftsgerichte die Rechnung unter Nachweisung des Vermögensstandes vorzulegen. Der Gegenvormund hat die Rechnung zu prüfen und sich von dem Bestande des Mündelvermögens zu überzeugen; er wird dabei seine Aufmerksamkeit insbesondere auf das Vorhandensein der Wertpapiere zu richten haben und sich vom Kassabestand überzeugen müssen. Der Gegenvormund muß auf der Rechnung vermerken, daß er sie geprüft und sich den Vermögensbestand habe nachweisen lassen, und gegebenenfalls dem Vormundschaftsrichter die Bemerkungen vorlegen, zu denen die Prüfung ihm Anlaß gibt (§ 1842 B.G.B., § 21

Abs. 4 Vorm.O.). Bestellung eines Gegenvormunds muß vor der Entgegennahme der Rechnung durch das Vormundschaftsgericht erfolgen, wenn der bestellte Gegenvormund weggefallen und noch nicht durch einen neuen ersetzt ist.

Führen mehrere Vormünder die Vormundschaft gemeinschaftlich, so stellen sie auch die Rechnung gemeinschaftlich; andernfalls stellt jeder Vormund die Rechnung für den seiner Verwaltung unterstellten Teil des Vermögens.

Wird die Vormundschaft über mehrere Mündel von einem Vormund geführt, so ist über das Vermögen jeden Mündels gesondert Rechnung zu stellen, soferne nicht das Vermögen derselben ungeteilt ist (§ 21 Abs. 2 Vorm.O.).

II. Befreiung von der Pflicht zur Rechnungstellung:

Der Vater und die eheliche Mutter des Mündels können unter den Voraussetzungen des § 1777 B.G.B. den von ihnen benannten Vormund von der Verpflichtung entbinden, während der Dauer seines Amtes Rechnung zu legen — befreite Vormundschaft (§ 1854 Abs. 1, § 1855 B.G.B).

Der Vormund hat in einem solchen Falle nach dem Ablaufe von je zwei Jahren eine Uebersicht über den Bestand des seiner Verwaltung unterliegenden Vermögens dem Vormundschaftsgericht einzureichen. Das Vormundschaftsgericht kann anordnen, daß die Uebersicht in längeren, höchstens fünfjährigen Zwischenräumen einzureichen ist. Für die Bestimmung der Termine für die Einreichung der Uebersichten gilt dasselbe wie bei der Rechnungstellung (siehe unten sub III und § 22 Vorm.O.).

Ist ein Gegenvormund vorhanden oder zu bestellen, so hat ihm der Vormund die Uebersicht unter Nachweisung des Vermögensstandes vorzulegen. Der Gegenvormund hat die Uebersicht mit den Bemerkungen zu versehen, zu denen die Prüfung ihm Anlaß gibt (§ 1854 Abs. 2 und 3 B.G.B.; vergl. auch §§ 1903, 1917 für die Vormundschaft über Volljährige bezw. die Pflegschaft).

Die Anordnungen des Vaters und der Mutter können von dem Vormundschaftsgericht außer Kraft gesetzt werden, wenn ihre Befolgung das Interesse des Mündels gefährden würde (§ 1857 B.G.B.). (Ueber weitere Fälle der Befreiung bei der Vormundschaft über Volljährige und bei der Pflegschaft siehe § 1903 Abs. 1 Satz 2, § 1904 Satz 2, § 1917 Abs. 2 Satz 1 B.G.B. und § 48 III Nr. 5, § 51 III Nr. 3 unten).

III. Rechnungstellungstermin: Gesetzliche Regel ist jährliche Rechnungstellung. Das Rechnungsjahr wird vom Vormundschaftsgerichte bestimmt. Ist die Verwaltung von geringem Umfange, so kann das Vormundschaftsgericht, nachdem die Rechnung für das erste Jahr gelegt worden ist, anordnen, daß die Rechnung für längere, höchstens dreijährige Zeitabschnitte zu legen ist (§ 1840 Abs. 2 und 3 B.G.B.). Der Termin für die erste Rechnungstellung ist, soweit möglich, sofort bei der Bestellung des Vormunds zu bestimmen (§ 6 Abs. 2 der Bek.), eventuell bei der Uebersendung der Bestallung. Für die späteren Rechnungen wird das Rechnungsjahr und der Zeitpunkt der Einreichung der Rechnung zweckmäßig bei der Verbescheidung der Rechnung festgesetzt (§ 22 Abs. 1 der Bek.).

Das Gericht kann auch außerhalb der gewöhnlichen Rechnungstermine kraft seines Aufsichtsrechts jederzeit Rechnungslegung verlangen.

Formulare für die Festsetzung der Rechnungstermine s. J.M.Bl. 1900 S. 241, 243, für die Aufforderung zur Rechnungstellung S. 245, 247.

Außerdem hat der Vormund bei Beendigung seines Amtes dem Vormundschaftsgerichte eine Schlußrechnung einzureichen (§ 1892 B.G.B.); siehe hierüber auch § 46 Ziff. II.

IV. Inhalt der Rechnung: Die Grundlage der Rechnung bildet das Vermögensverzeichnis, welches der Vormund nach der Anordnung der Vormundschaft und bei späterem Vermögensanfalle zu errichten hat. Die Rechnung soll eine geordnete Zusammenstellung der Einnahmen und Ausgaben enthalten, über Ab- und Zugänge des Vermögens Auskunft geben und, soweit Belege erteilt zu werden pflegen, worüber die Verkehrssitte entscheidet, mit Belegen versehen sein (§ 1841 Abs. 1 B.G.B.).

Wenn ein Erwerbsgeschäft mit kaufmännischer Buchführung betrieben wird, so genügt als Rechnung eine aus den Büchern gezogene Bilanz. Das Vormundschaftsgericht kann jedoch die Vorlegung der Bücher und sonstigen Belege verlangen (§ 1841 Abs. 2 B.G.B.).

Kosten sollen in der Regel für die Rechnungslegung nicht erwachsen, doch ist nicht ausgeschlossen, daß, wenn der Vormund, sei es wegen des Umfanges der Vermögensverwaltung, sei es wegen Mangels an Gewandtheit in solchen Geschäften, fremde Hilfe hiefür in Anspruch nehmen muß, ihm die erwachsenden Auslagen erstattet werden (§ 21 Abs. 3 Vorm.O.).

V. Rechnungsprüfung: Das Vormundschaftsgericht hat die Rechnung nach zwei Richtungen zu prüfen:

1. rechnungsmäßig unter Vergleichung mit den Belegen,
2. sachlich, also daraufhin, ob Einnahmen und Ausgaben einer geordneten Wirtschaftsführung entsprechen.

Das Gericht kann, soweit erforderlich, Berichtigung und Ergänzung der Rechnung herbeiführen. Eine Entscheidung über streitige Ansprüche zwischen dem Mündel und dem Vormund steht dem Vormundschaftsgericht jedoch nicht zu (§ 1843 B.G.B., § 21 Abs. 5 Vorm.O.).

Formular für den Rechnungsbescheid siehe J.M.Bl. 1900 S. 249. Ueber das Verfahren bei Abnahme der Schlußrechnung siehe unten § 46 Ziff. II.

§ 45.
Sicherheitsleistung des Vormunds.

I. Eine Verpflichtung des Vormunds zur Sicherheitsleistung besteht regelmäßig nicht.

Das Vormundschaftsgericht kann jedoch Sicherheitsleistung und, solange das Amt des Vormunds dauert, jederzeit die Erhöhung und Minderung der Sicherheit anordnen,

1. wenn und soweit das Mündelvermögen der Verwaltung des Vormunds unterliegt,
2. wenn besondere Gründe, über deren Vorliegen das Ermessen des Gerichts entscheidet, vorliegen (§ 1844 Abs. 1 Satz 1 und 3 B.G.B).

II. Art und Umfang der zu leistenden Sicherheit bestimmt das Vormundschaftsgericht nach seinem Ermessen (§ 1844 Abs. 1 Satz 2 B.G.B.). Die §§ 232—240 B.G.B. sind für die Bestellung der Sicherheit maßgebend.

Die Anordnung der Sicherheitsleistung ist dem Vormund bekannt zu machen.

Erachtet das Gericht Sicherheitsleistung durch Hypothekbestellung für angemessen, so ist es befugt, das Grundbuchamt um Eintragung einer Sicherheitshypothek zu ersuchen, welche mit der Eintragung entsteht; der Einwilligung des Vormunds zur Eintragung bedarf es nicht (§ 39 G.B.O.). In dem Ersuchen an das Grundbuchamt ist der Höchstbetrag, bis zu welchem das Grundstück haften soll, anzugeben (§ 1190 B.G.B.).

Vor der Anordnung der Eintragung soll das Vormundschaftsgericht den Vormund hören (§ 54 Abs. 1 G.F.G.). Die Anordnung, durch welche die Eintragung der Sicherheitshypothek angeordnet wird, ist dem Vormund bekannt zu machen, die Eintragung ist jedoch nicht von der erfolgten Bekanntmachung abhängig.

Diese Vorschriften finden auf die Eintragung eines Pfandrechts an einem im Schiffsregister eingetragenen Schiffe oder einer Schiffspart entsprechende Anwendung (§ 54 Abs. 2 G.F.G., vergl. auch §§ 1259 ff., 1272 B.G.B., § 110 G.F.G.).

Die Vorschriften des § 54 G.F.G. finden auch bei Anordnung der Erhöhung der Sicherheitsleistung Anwendung.

III. Abwendung der Sicherheitsleistung seitens des Vormunds ist, abgesehen von dem Beschwerdeweg nach § 20 G.F.G., möglich

1. durch Ablehnung der Vormundschaft, wenn er zur Sicherheitsleistung bei der Bestellung angehalten wird (§ 1786 Nr. 6 B.G.B.);
2. durch Antrag auf Entlassung, welche ihm auf Verlangen zu gewähren ist (§ 1889 B.G.B.).

IV. Die Sicherheitsleistung endet

1. durch Aufhebung seitens des Vormundschaftsgerichts;

2. mit der Beendigung des Amtes des Vormundes, nachdem er seinen Verpflichtungen aus der Führung der Vormundschaft nachgekommen ist.

V. Bei Bestellung, Aenderung und Aufhebung der Sicherheitsleistung wird, solange der Vormund im Amte ist, die Mitwirkung des Mündels durch die Anordnung des Vormundschaftsgerichts ersetzt (§ 1844 Abs. 2 B.G.B.). Wegen Erhöhung der Sicherheitshypothek siehe oben sub II a. E. Bei Minderung oder Aufhebung der Hypothek genügt zur Löschung nicht ein Ersuchen des Vormundschaftsgerichts; es ist vielmehr nur der Vormund auf Grund der Verfügung des Vormundschaftsgerichts zum Antrag auf Löschung berechtigt.

VI. Die Kosten der Sicherheitsleistung sowie der Bestellung und Aufhebung fallen dem Mündel zur Last (§ 1844 Abs. 3 B.G.B.).

VII. Uebergangsvorschrift: § 54 G.F.G. setzt das Bestehen des Grundbuchs voraus und kann deshalb erst zur Anwendung kommen, wenn das Grundbuch als angelegt anzusehen ist (vergl. § 82 G.B.O.).

In der Zwischenzeit zwischen dem Inkrafttreten des Bürgerlichen Gesetzbuchs und der Anlegung des Grundbuchs finden in den Landesteilen rechts des Rheins die Vorschriften des § 54 G.F.G. auf die Eintragung einer Hypothek in das Hypothekenbuch mit der Maßgabe entsprechende Anwendung, daß der in dem Ersuchen angegebene Betrag, für welchen die Sicherheit geleistet werden soll, in der Eintragung als der Höchstbetrag zu bezeichnen ist, für den die Grundstücke haften (Art. 56 Ueberg.G.).

In der Pfalz ist während des gleichen Zeitraumes, wenn nach dem Ermessen des Vormundschaftsgerichts die Voraussetzungen vorliegen, unter denen der Vormund (der Pfleger oder der Beistand) zur Sicherheitsleistung angehalten werden kann, das Gericht befugt, eine Hypothek an den Grundstücken des Vormundes, des Pflegers oder des Beistandes) zu bestellen. Der Vormund, der Pfleger oder der Beistand soll, soweit tunlich, vorher gehört werden. Die Hypothek entsteht mit dem Beschlusse des Gerichts, welcher zu bestimmen hat, für welchen Geldbetrag und an welchen Grundstücken die Hypothek bestellt wird (Art. 6 Ges. über das Liegenschaftsrecht in der Pfalz).

Von der Anlegung des Grundbuchs an gilt eine so eingetragene Hypothek als Sicherungshypothek (Art. 192 Abs. 1 Satz 2 E.G. z. B.G.B.).

4. Teil.

§ 46.

Beendigung der Vormundschaft.

I. Das B.G.B. unterscheidet zweierlei Gründe der Beendigung der Vormundschaft:

1. solche, welche in der Person des Mündels eintreten und die Vormundschaft als solche beenden (§§ 1882—1884 B.G.B.);
2. solche, welche in der Person des Vormunds eintreten und nur die Geschäftsführung des bisherigen Vormunds beenden (Beendigung des vormundschaftlichen Amts §§ 1885—1889 B.G.B.).

Ueber letztere siehe oben § 32 IV; nur von den Gründen der ersten Art ist hier die Rede.

Die Beendigung der Vormundschaft tritt ein:

A. Kraft Gesetzes mit dem Wegfalle der Voraussetzungen für die Anordnung, nämlich:

1. mit dem Tode des Mündels;
2. im Falle der Todeserklärung (die auch bei Minderjährigen nach §§ 15—17 B.G.B. möglich ist) mit der Erlassung des die Todeserklärung aussprechenden Urteils (§ 1884 Abs. 2 B.G.B., § 960 ff. C.P.O.);
3. mit der Volljährigkeit oder Volljährigkeitserklärung des minderjährigen Mündels (§§ 2, 3 B.G.B.); dauert das Schutzbedürfnis fort, so ist nach Lage der Sache eine neue Vormundschaft oder eine Pflegschaft einzuleiten;
4. mit dem Eintritt oder Wiedereintritt der elterlichen Gewalt in folgenden Fällen:
   a) bei der Legitimation durch Ehelichkeitserklärung mit dieser (§ 1736 B.G.B.),
   b) bei der Annahme an Kindesstatt mit der Bekanntmachung des Beschlusses, durch welchen der Annahmevertrag bestätigt wird, an den Annehmenden (§§ 1754, 1757 B.G.B., § 67 Abs. 1 G.F.G.),
   c) mit der Wiedererlangung der elterlichen Gewalt seitens des Gewalthabers (§ 1679 Abs. 2) Wiederaufhebung eines den Verlust der elterlichen Gewalt nach sich ziehenden Urteils nach Wiederaufnahme des Verfahrens (§ 1680 B.G.B.) und dem Wegfall der Verhinderung der Ausübung (§ 1666 mit § 1671, § 1677 Abs. 2 B.G.B.),
   d) mit dem Uebergang der vom Vater verwirkten elterlichen Gewalt auf die Mutter nach Auflösung der Ehe (§ 1684 Abs. 1 Nr. 2 B.G.B.);
5. mit der Ermittelung des Familienstandes des minderjährigen Kindes.

Kein Beendigungsgrund ist die Verheiratung des weiblichen Mündels.

B. Mit der Aufhebung durch das Vormundschaftsgericht, wenn der Mündel verschollen ist; die Aufhebung muß erfolgen, wenn dem Vormundschaftsgericht der Tod des Mündels bekannt wird (§ 1884 Abs. 1 B.G.B.).

C. Entweder kraft Gesetzes oder durch Aufhebung seitens des Vormundschaftsgerichtes bei der Legitimation durch nachfolgende Ehe. Hier endet die Vormundschaft nicht schon mit der Verheiratung der natürlichen Eltern, sondern erst

1. kraft Gesetzes, wenn die Vaterschaft des Ehemanns durch ein zwischen ihm und dem Mündel ergangenes Urteil rechtskräftig festgestellt ist (§§ 643, 644 C.P.O.), oder
2. durch Aufhebung, welche erfolgen muß, wenn
   a) das Vormundschaftsgericht die Voraussetzungen der Legitimation (§§ 1719, 1720 B.G.B.) für vorhanden erachtet und
   b) soferne die Aufhebung bei Lebzeiten des Ehemanns erfolgt, wenn dieser die Vaterschaft anerkannt hat oder wenn er an der Abgabe einer Erklärung dauernd verhindert oder sein Aufenthalt dauernd unbekannt ist (§ 1883 B.G.B.).

Ob die Voraussetzungen für die Legitimation (§§ 1719, 1720 B.G.B.) gegeben sind, hat das Vormundschaftsgericht von Amts wegen festzustellen.

Beschwerde: Gegen eine Verfügung, durch welche eine Vormundschaft aufgehoben wird, steht unbeschadet der Vorschrift des § 20 G.F.G. die Beschwerde zu:

1. dem Ehegatten, den Verwandten und Verschwägerten des Mündels;
2. jedem, der ein rechtliches Interesse an der Aenderung der Verfügung hat (§ 57 Nr. 1 G.F.G.; siehe hiezu oben § 37 III).

II. Das Verfahren bei Beendigung der Vormundschaft ist verschieden, wenn für den Mündel Vermögen verwaltet wird und wenn derselbe vermögenslos ist.

1. Wenn der Vormund Vermögen des Mündels zu verwalten hatte, ist er nach der Beendigung seines Amtes im Hinblick auf § 1890 B.G.B. aufzufordern, über die Verwaltung des Vermögens Rechenschaft abzulegen (Formular hiezu siehe J.M.Bl. 1900 S. 257).

Sodann sind der Mündel, der Vormund und der Gegenvormund zur Abnahme der Schlußrechnung zu laden. Die Ladung unterbleibt, wenn der Mündel dem Vormundschaftsgericht angezeigt hat, daß der Vormund ihm Rechnung gelegt hat.

Vor der Anberaumung des Termins hat der Vormundschaftsrichter sich von der Vollständigkeit des Vormerkungsbogens und der Vermögensübersicht zu überzeugen und den Vormerkungsbogen oder die Vermögensübersicht gegebenenfalls zu ergänzen. Der Richter hat ferner die Schlußrechnung rechnungsmäßig und sachlich zu prüfen und gegebenenfalls ihre Berichtigung und Ergänzung herbeizuführen.

In der Ladung ist dem Mündel bekannt zu geben, daß es ihm frei stehe, vorher die auf die Verwaltung seines Vermögens bezüglichen Verhandlungen und die Schlußrechnung auf der Gerichtsschreiberei einzusehen. Wurde diese Einsicht gepflogen, so ist es in geeigneter Weise aktenmäßig zu machen (Formular f. d. Ladung siehe a. a. O. S. 261, 263).

Im Termine hat der Vormundschaftsrichter dem Mündel an

der Hand der Akten, des Vormerkungsbogens und der Vermögensübersicht sowie der Schlußrechnung den Stand des Vermögens unter ausdrücklicher Erwähnung der Verhältnisse, die etwa eine Minderung des ursprünglichen Vermögens herbeigeführt haben, bekannt zu geben und die Herausgabe der für den Mündel hinterlegten Gegenstände zu verfügen sowie, wenn für den Mündel bei einer Sparkasse Geld hinterlegt ist, den Vermerk in der Sparurkunde zu löschen. Er hat ferner, soweit erforderlich, die Abnahme der Schlußrechnung unter den Beteiligten zu vermitteln.

Ueber die Verhandlung ist ein Protokoll aufzunehmen. Das Protokoll soll eine Angabe über die Bekanntgabe des Akteninhalts an den Mündel und, soweit die Rechnung als richtig anerkannt und der Vormund, der Gegenvormund sowie der Vormundschaftsrichter aus der Haftung entlassen werden, die Beurkundung der Erklärungen des Mündels enthalten (Formular siehe a. a. O. S. 265).

Wenn die Abnahme der Schlußrechnung unter Vermittlung eines anderen Gerichts erfolgt, so hat dieses nach denselben Vorschriften zu verfahren.

Sind für den Mündel Gegenstände hinterlegt, so sind sie, soweit nicht die Umstände des einzelnen Falles ein anderes mit sich bringen, der Hinterlegungsstelle des ersuchten Gerichts mit dem Ersuchen zu übersenden, sie dem Mündel herauszugeben. Das Ersuchen vertritt die Herausgabeweisung (§§ 26, 50 der Hinterlegungsordnung).

Hat der Mündel bei Beendigung der Vormundschaft kein Vermögen mehr, besaß er dagegen während der Vormundschaft Vermögen, so ist nach denselben Vorschriften zu verfahren; es kommt nur die Aufforderung des Vormunds zur Rechnungsstellung in Wegfall (§§ 28—31, § 32 Abs. 2 Vorm.O.).

2. Ist der Mündel vermögenslos, hatte also der Vormund Vermögen nicht zu verwalten, so wird er zum Schlußberichte aufgefordert (Formular siehe a. a. O. S. 259). Dem Mündel wird lediglich die Beendigung der Vormundschaft mitgeteilt. In die Mitteilung ist die Bemerkung aufzunehmen, daß es ihm freistehe, die Vormundschaftsakten auf der Gerichtsschreiberei des Amtsgerichts, in dessen Bezirk er wohnt, einzusehen (§ 28, § 32 Abs. 1 Vorm.O.; Formular f. d. Mitteilung siehe a. a. O. S. 267).

§ 47.

Vorläufige Maßregeln eines anderen Gerichts.

Sowohl vor Einleitung der Vormundschaft (Pflegschaft, Beistandschaft) über einen Deutschen als während des Bestehens derselben, ferner vor der Einleitung einer Vormundschaft (Pflegschaft) über einen im Inlande befindlichen Ausländer kann sich die Notwendigkeit schleuniger Maßregeln im Interesse des Mündels (Pflegebefohlenen, Kindes) ergeben (§ 1846 B.G.B., Art. 23 Abs. 2 E.G. z. B.G.B.).

Für solche Maßregeln ist neben dem (nach §§ 36 bis 41 zuständigen) Vormundschaftsgericht jedes Gericht zuständig, in dessen Bezirk das Bedürfnis der Fürsorge hervortritt. Maßgebend ist der Zeitpunkt des Bedürfnisses der Fürsorge (§ 44 G.F.G.).

Haben mehrere hienach zum Eingreifen berechtigte Gerichte Maßregeln getroffen, so gebührt den Maßregeln desjenigen Gerichts der Vorzug, welches zuerst tätig gewesen ist (§ 4 G.F.G.). Die Maßregeln der übrigen Gerichte sind gemäß § 18 G.F.G. und eventuell im Beschwerdewege aufzuheben. Das Vormundschaftsgericht kann die Maßregeln eines anderen Gerichts, das nur in seiner Vertretung tätig geworden ist, jederzeit abändern oder aufheben.

Ist eine Vormundschaft (Pflegschaft, Beistandschaft) anhängig, so ist dem hiefür zuständigen Gericht von den angeordneten Maßregeln Mitteilung zu machen (§ 44 Abs. 2 G.F.G.).

2. Hauptstück.

Vormundschaft über Volljährige.

§ 48.

Dauernde Vormundschaft.

Die Vormundschaft über Volljährige ist entweder eine dauernde oder eine vorläufige; von der letzteren ist im folgenden Paragraphen gesondert die Rede.

I. Einleitung der Vormundschaft: Ueber einen Volljährigen ist eine Vormundschaft einzuleiten, wenn er entmündigt ist (§ 1896 B.G.B.).

Voraussetzung der Einleitung der Vormundschaft über einen nicht unter elterlicher Gewalt oder Vormundschaft stehenden Geisteskranken ist hienach lediglich die Erlassung des Entmündigungsbeschlusses (§ 661 Abs. 1 a. E. C.P.O.). In den übrigen Fällen hat das Vormundschaftsgericht zu prüfen, ob die Entmündigung bereits eingetreten ist; dies ist der Fall:

bei der Entmündigung eines unter elterlicher Gewalt oder Vormundschaft stehenden Geisteskranken mit der Zustellung des Beschlusses an denjenigen gesetzlichen Vertreter, welchem die Sorge für die Person zusteht (§ 661 Abs. 1 C.P.O.);

bei der Entmündigung wegen Geistesschwäche, Verschwendung oder Trunksucht mit der Zustellung des Beschlusses an den Entmündigten (§ 661 Abs. 2 C.P.O., § 683 Abs. 2 Satz 1).

Von jeder Entmündigung erhält das Vormundschaftsgericht auch durch die von Amts wegen erfolgende Mitteilung des Beschlusses seitens des Prozeßgerichts Kenntnis (§§ 660, 683 Abs. 2 Satz 2 C.P.O.).

Die öffentliche Bekanntmachung der Entmündigung wegen Verschwendung oder Trunksucht ist nicht Sache des Vormundschaftsgerichts, sondern des Amtsgerichts, welches die Entmündigung ausgesprochen hat (§ 687 C.P.O.).

Hinsichtlich der Form der Einleitung und der Beschwerdeberechtigung gilt das nämliche wie für die Vormundschaft über Minderjährige (§ 1897 B.G.B., § 57 Nr. 1 G.F.G.; siehe oben § 37).

II. Vormundschaftliche Geschäftsführung: Auf die Vormundschaft über einen Volljährigen finden die für die Vormundschaft über einen Minderjährigen geltenden Vorschriften Anwendung mit folgenden Abweichungen:

1. Ein Familienrat kann nur auf Antrag eines Verwandten oder Verschwägerten des Mündels oder des Vormundes oder des Gegenvormundes bestellt werden, wenn das Vormundschaftsgericht die Bestellung im Interesse des Mündels für angemessen erachtet (§ 1859 Abs. 1, § 1905 Abs. 1 B.G.B.).

Der Vater und die Mutter des Mündels sind nicht berechtigt, Anordnungen über die Einsetzung oder Aufhebung eines Familienrats oder über die Mitgliedschaft zu treffen (§ 1905 Abs. 2 B.G.B.).

2. Ueber die Gründe der Berufung zur Vormundschaft, deren Vorliegen bei Bestellung des Vormunds zu prüfen sind, vergl. §§ 1898—1900 B.G.B. und oben § 32 Note 1.

3. Sorge für die Person des Mündels: Der Vormund hat für die Person des Mündels nur insoweit zu sorgen, als der Zweck der Vormundschaft es erfordert (§ 1901 Abs. 1 B.G.B.); das Recht zur Beaufsichtigung, Aufenthaltsbestimmung und insbesondere zur Anwendung von Zwangsmitteln (§ 1800 mit § 1631 B.G.B.) kann daher nur mit obiger Beschränkung ausgeübt werden.

Steht eine volljährige Ehefrau unter Vormundschaft, so beschränkt sich die Sorge für die Person derselben nicht wie bei der minderjährigen Ehefrau auf die Vertretung in den die Person betreffenden Angelegenheiten (§ 1901 Abs. 2 mit §§ 1633, 1800 B.G.B.).

4. Sorge für das Vermögen des Mündels:

Der Vormund unterliegt hier folgenden zwei besonderen Beschränkungen: er bedarf der Genehmigung des Vormundschaftsgerichts,

a) um eine Ausstattung aus dem Vermögen des Mündels wirksam zu versprechen oder zu gewähren (§ 1902 Abs. 1 B.G.B.);

b) unbeschadet der Vorschrift des § 1822 Nr. 4 B.G.B. (siehe § 42 VI Nr. 1) zum Abschluß eines Miet- oder Pachtvertrages sowie zu einem anderen Vertrage, durch den der Mündel zu wiederkehrenden Leistungen verpflichtet wird, wenn das Vertragsverhältnis länger als vier Jahre dauern soll (§ 1902 Abs. 2 l. c.).

Im übrigen bedarf er zur Vornahme von Rechtsgeschäften der Genehmigung des Vormundschaftsgerichts im nämlichen Umfange wie der Vormund eines Minderjährigen.

5. Befreite Vormundschaft: Die Befreiungen, welche die Eltern bei der Vormundschaft über Minderjährige anordnen können (§§ 1852—1854 B.G.B.; siehe oben § 40 IV, 44 II) stehen dem Vater und der ehelichen Mutter, wenn diese zum Vormund bestellt sind, kraft Gesetzes zu (§ 1903 Abs. 1 Satz 1, § 1904 Satz 1 B.G.B.); der ehelichen Mutter stehen gleich die Mutter eines durch nachfolgende Ehe legitimierten Kindes, die an Kindesstatt Annehmende, die uneheliche Mutter, deren Ehemann das voreheliche Kind an Kindesstatt angenommen hat, sowie überhaupt die Ehefrau des Annehmenden (§§ 1719, 1736, 1757 B.G.B.); über Ausschluß der Bestellung eines Gegenvormundes, im Falle der Vater oder die eheliche Mutter Vormund ist, siehe § 1903 Abs. 1 B.G.B. und oben § 33 Nr. I 2.

Die Befreiungen kommen in Wegfall:

a) infolge Anordnung des Vormundschaftsgerichts, welches dieselben außer Kraft setzen kann, wenn sie das Interesse des Mündels gefährden (§ 1903 Abs. 1 Satz 2 B.G.B.);
b) kraft Gesetzes, wenn der Elternteil im Falle der Minderjährigkeit des Mündels zur Vermögensverwaltung nicht berechtigt sein würde (§ 1903 Abs. 2 l. c.; vergl. §§ 1647, 1680, 1697, 1701, 1702 B.G.B.);
c) wenn die Mutter Vormünderin ist und ausnahmsweise ein Gegenvormund bestellt ist (siehe § 33 N. I 2), hinsichtlich der aus § 1852 B.G.B. sich ergebenden Befreiung (§ 1904 Satz 3 B.G.B.).

6. Beendigung: Die Vormundschaft über Volljährige endigt kraft Gesetzes,

a) mit dem Tode des Mündels;
b) wenn der Mündel für tot erklärt wird, mit der Erlassung des die Todeserklärung aussprechenden Urteils (§ 1884 Abs. 2 B.G.B., §§ 15—17, 18 B.G.B., §§ 960 ff. C.P.O.); kehrt der Mündel zurück und dauert der Grund der Entmündigung fort, so ist eine neue Vormundschaft einzuleiten;
c) mit der Aufhebung der Entmündigung (§§ 672, 675, 679 Abs. 4, § 684 Abs. 4, §§ 685, 686 Abs. 4 C.P.O.); von derselben erhält das Vormundschaftsgericht durch Mitteilung seitens des Prozeßgerichts Kenntnis (§ 674, 678 Abs. 3, § 679 Abs. 4, § 684 Abs. 4, §§ 685, 686 Abs. 4 C.P.O.);

mit der Aufhebung durch das Vormundschaftsgericht, wenn der Mündel verschollen ist, wie bei der Vormundschaft über Minderjährige (§§ 1884, 1897 B.G.B.).

§ 49.

Vorläufige Vormundschaft.

I. Die Voraussetzungen der Einleitung der vorläufigen Vormundschaft, bei deren Vorliegen sie erfolgen muß, sind:

1. daß die Entmündigung eines Volljährigen beantragt ist; von dem Antrage erhält das Vormundschaftsgericht durch Benachrichtigung seitens des Prozeßgerichts Kenntnis (§ 50 G.F.G., §§ 657, 680 Abs. 3 C.P.O.); es hat zu prüfen, ob ein formell zulässiger Antrag vorliegt, insbesondere, ob derselbe von einem zum Antrage Berechtigten ausgeht (§§ 646, 680 Abs. 3—5 C.P.O.);
2. daß das Vormundschaftsgericht die Anordnung der Vormundschaft zur Abwendung einer erheblichen Gefährdung der Person oder des Vermögens des Volljährigen für erforderlich erachtet (§ 1906 B.G.B.).

II. Die Anordnung der vorläufigen Vormundschaft erfolgt in einer besonderen Verfügung (§ 4 Vorm.O.)

Dieselbe tritt, wenn die Entmündigung wegen Geisteskrankheit beantragt ist, mit der Bestellung des Vormunds, wenn sie wegen Geistesschwäche, wegen Verschwendung oder wegen Trunksucht beantragt ist, mit der Bekanntmachung an den zu Entmündigenden in Wirksamkeit (§ 52 G.F.G.).

Die Verfügung muß, wenn Antrag auf Entmündigung wegen Geisteskrankheit gestellt ist, nicht notwendig dem unter vorläufige Vormundschaft Gestellten mitgeteilt werden.

Das Vormundschaftsgericht ist zu einer Aenderung der Verfügung nicht befugt (§ 18 Abs. 2, § 60 Abs. 1 Nr. 5 G.F.G.).

III. Beschwerde:

1. Gegen die Verfügung, durch welche die vorläufige Vormundschaft angeordnet wird, findet die sofortige Beschwerde statt (§ 60 Abs. 1 Nr. 5 G.F.G.); die Beschwerdefrist beginnt mit der Zustellung an den Beschwerdeführer; das Beschwerderecht bemißt sich nach § 20 G.F.G.; der über 14 Jahre alte nicht geschäftsunfähige Mündel ist selbständig beschwerdeberechtigt.

2. Gegen eine Verfügung, durch welche die Anordnung einer vorläufigen Vormundschaft abgelehnt wird, steht die Beschwerde abgesehen von den nach § 20 Abs. 1 G.F.G. Beschwerdeberechtigten denjenigen zu, welche den Antrag auf Entmündigung zu stellen berechtigt sind (§ 57 Nr. 2 G.F.G.). Beschwerdeberechtigt ist hienach

a) der Staatsanwalt bei dem dem zuständigen Prozeßgericht vorgesetzten Landgericht, wenn wegen Geisteskrankheit oder Geistesschwäche die Entmündigung beantragt ist (§ 646 Abs. 2, § 680 Abs. 4 C.P.O.);
b) der Ehegatte des zu Entmündigenden;
c) dessen Verwandte, wenn die zu Entmündigende jedoch eine Ehefrau ist, nur, wenn auf Aufhebung der ehelichen Gemeinschaft erkannt ist oder wenn der Ehemann die Ehefrau verlassen hat oder wenn der Ehemann zur Stellung des Antrags dauernd außer stande oder sein Aufenthalt dauernd unbekannt ist (§ 646 Abs. 1, § 680 Abs. 3 C.P.O.).

Eine Bekanntmachung der Verfügung an alle diese Personen ist jedoch nicht erforderlich.

IV. Auf die Führung der vorläufigen Vormundschaft finden die für die dauernde Vormundschaft über Volljährige geltenden Vorschriften mit Ausnahme derjenigen über die Berufung zur Vormundschaft Anwendung (§ 1907 B.G.B.). Das Vormundschaftsgericht hat daher stets den Vormund nach seiner Wahl unter Beachtung der Vorschriften der §§ 1779—1781, 1783 B.G.B. zu bestimmen.

V. Die vorläufige Vormundschaft endet:

1. kraft Gesetzes außer durch Tod oder Todeserklärung des Mündels:
   a) mit der Rücknahme oder rechtskräftigen Abweisung des Antrages auf Entmündigung (§ 1908 Abs. 1 B.G.B., §§ 663, 680 Abs. 3 C.P.O.);
   b) wenn die Entmündigung erfolgt und auf Grund derselben ein Vormund definitiv bestellt ist (§ 1908 Abs. 2 l. c.);
2. durch Aufhebung seitens des Vormundschaftsgerichts außer des Falles der Verschollenheit, wenn nach dem Ermessen des Gerichts der Mündel des vorläufigen vormundschaftlichen Schutzes nicht mehr bedürftig ist (§ 1908 Abs. 3 l. c.).

Die Verfügung, durch welche die vorläufige Vormundschaft aufgehoben wird, tritt mit der Bekanntmachung an den Mündel in Wirksamkeit (§ 52 G.F.G.).

Gegen die aufhebende Verfügung sind die nämlichen Personen beschwerdeberechtigt, welchen die Beschwerde gegen die Ablehnung der Anordnung zusteht (§ 57 Nr. 2 G.F.G., oben II Nr. 2).

5. Kapitel.

Pflegschaften.

§ 50.

Allgemeine Vorschriften.

I. Ueber den Unterschied zwischen Vormundschaften und Pflegschaften und die Hauptarten der letzteren siehe oben § 28.

Einleitung einer Pflegschaft ist nur in den im Bürgerlichen Gesetzbuche und in anderen Reichsgesetzen ausdrücklich vorgesehenen Fällen zulässig (Art. 32 E.G. z. B.G.B.)[1]).

[1]) Nach Art. 32 E.G. z. B.G.B. bleiben die reichsgesetzlichen Vorschriften unberührt, nach welchen, abgesehen von den in den §§ 1909—1914 B.G.B. erwähnten Fällen, die Einleitung einer Pflegschaft oder die Bestellung eines Vertreters für einen Schutzbedürftigen zulässig ist. Die hieher gehörigen Fälle sind jedoch nicht immer Angelegenheiten der freiwilligen Gerichtsbarkeit; vergl. § 57 C.P.O., § 28 G. vom 29. Juli 1890 betr. die Gewerbegerichte (Bestellung eines Vertreters für die nicht prozeßfähige Partei durch den Vorsitzenden des Gerichts),

II. Auf die Pflegschaft finden die für die Vormundschaft geltenden Vorschriften entsprechende Anwendung, soweit sich nicht aus dem Gesetze ein anderes ergibt (§ 1915 Abs. 1 B.G.B.). Die Abweichungen beziehen sich meist nur auf einzelne Arten von Pflegschaften und werden je bei diesen besprochen.

Ob die Vorschriften für die Vormundschaft über Minderjährige (§§ 1773—1895 B.G.B.) oder über Volljährige (§§ 1898—1908 B.G.B.) Anwendung finden, richtet sich, soweit die Pflegschaft über lebende bekannte Personen eingeleitet wird, darnach, ob der Pflegling minderjährig oder volljährig ist. So finden insbesondere auch die Vorschriften der §§ 1903, 1904 B.G.B. über Befreiungen des Vaters und der Mutter als Vormünder auch bei der Pflegschaft über Volljährige Anwendung. Bei der Pflegschaft über eine Leibesfrucht sind die für die Altersvormundschaft, bei den nach §§ 1913, 1914 B.G.B. einzuleitenden Vormundschaften die Vorschriften für die Vormundschaft über Volljährige anzuwenden (Staudinger N. 3 zu § 1915).

1. Eine Pflegschaft tritt ausnahmslos nur auf richterliche Anordnung ein[2]). Die Prüfung, ob die Voraussetzungen hiezu gegeben sind, obliegt in allen Fällen — anders als bei der Vormundschaft über Volljährige, welche Entmündigung durch das Prozeßgericht voraussetzt — dem Vormundschaftsgericht. Wegen Anzeigepflicht von dem Bedürfnisse einer Pflegschaft siehe §§ 49, 50 G.F.G. und oben § 37 Nr. I.

Dem Gemeindewaisenrat ist von der Anordnung der Pflegschaft nur dann Mitteilung zu machen, wenn dem Pfleger die Sorge für die Person des Pfleglings zusteht (§ 37 Abs. 2 Vorm.O.).

Gegen eine Verfügung, durch welche die Anordnung einer Pflegschaft abgelehnt wird, steht außer den nach § 20 G.F.G. Beschwerdeberechtigten die Beschwerde jedem, der ein rechtliches Interesse an der Aenderung der Verfügung hat, zu (§ 57 Nr. 3 G.F.G.; vergl. über weitere Beschwerderechte unten § 51 Nr. III, § 52 Nr. III).

---

§§ 58, 787 C.P.O. (Bestellung eines Vertreters zur Wahrnehmung von Rechten eines unbekannten Grundstückseigentümers durch den Vorsitzenden des Gerichts bezw. durch das Vollstreckungsgericht); § 779 (Bestellung eines Vertreters für den Erben durch das Vollstreckungsgericht), § 135 Zw.V.G. (Bestellung eines Vertreters für den unbekannten Berechtigten im Zwangsversteigerungsverfahren durch das Vollstreckungsgericht), dagegen § 334 Abs. 2, § 480 Str.P.O. (Einleitung einer Güterpflege durch die für die Einleitung einer Pflegschaft über Abwesende zuständige Behörde, also das Vormundschaftsgericht, im Falle der Beschlagnahme des Vermögens eines Angeschuldigten).

[2]) Die Einleitung einer Pflegschaft über einen Deutschen, der im Auslande seinen Wohnsitz oder Aufenthalt hat und über welchen die nach den Vorschriften des Bürgerlichen Gesetzbuches erforderliche Pflegschaft im Ausland angeordnet ist, kann ausnahmsweise unterbleiben, wenn dies im Interesse des Mündels liegt (Art. 47 Abs. 1 und 3 G.F.G.).

2. Die Pflegschaft kann aus den nämlichen Gründen und unter denselben Voraussetzungen wie die Vormundschaft sowohl an ein anderes Vormundschaftsgericht als ans Ausland abgegeben werden (§ 46 Abs. 3, § 47 Abs. 3 B.G.B.; vergl. oben § 36 IV und V).

3. Die Vorschriften über die Berufung zur Vormundschaft gelten auch für die Pflegschaft mit der sich aus den §§ 1916, 1917 B.G.B. ergebenden Ausnahmen (siehe unten § 51 Nr. III 2).

4. Die Bestellung eines Gegenvormundes ist nicht erforderlich (§ 1915 Abs. 2 B.G.B.) jedoch nach dem Ermessen des Vormundschaftsgerichts zulässig. Zu Verfügungen, welche bei der Vormundschaft beim Mangel eines Gegenvormundes der vormundschaftsgerichtlichen Genehmigung bedürfen, ist diese Genehmigung auch bei Pflegschaften erforderlich (Rechtspr. Bd. IV S. 422).

5. Die Pflegschaft endet regelmäßig nicht mit dem Wegfall ihrer Voraussetzungen (abweichend von § 1882 B.G.B.); sie ist vielmehr durch das Vormundschaftsgericht aufzuheben, wenn der Grund für die Anordnung weggefallen ist (§ 1919 B.G.B.).

Besondere Aufhebungsgründe enthalten die §§ 1920 und 1921 Abs. 1 und 2 (siehe unten §§ 52, 53 a. E.).

Ausnahmsweise knüpft sich die Beendigung der Pflegschaft in bestimmten Fällen kraft Gesetzes an den Eintritt eines bestimmten Ereignisses (§ 1918, § 1921 Abs. 3 B.G.B.; siehe unten § 51 Nr. III 4, § 53 Nr. III).

Auch in diesen Fällen soll das Vormundschaftsgericht die Pflegschaft durch Beschluß aufheben (§ 38 der Bek. vom 19. Jan. 1900).

Von Bedeutung für alle Pflegschaftsarten ist die in § 1918 Abs. 3 B.G.B. aufgeführte Bestimmung, daß die Pflegschaft zur Besorgung einer einzelnen Angelegenheit kraft Gesetzes mit deren Erledigung endet.

Gegen eine Verfügung, durch die eine Pflegschaft aufgehoben wird, steht außer den nach § 20 G.F.G. Beschwerdeberechtigten jedem, der ein rechtliches Interesse an der Aenderung der Verfügung hat, die Beschwerde zu (§ 57 Abs. 1 Nr. 3 G.F.G.).

Die Beendigung ist dem Gemeindewaisenrate mitzuteilen, soferne ihm die Bestellung angezeigt worden ist (§ 37 Abs. 2 der Bek.).

Das Vormundschaftsgericht ist nicht befugt, nach Beendigung der Pflegschaft den Pfleger zur Herausgabe des von ihm verwalteten Vermögens an den Berechtigten anzuweisen (Entsch. Bd. III S. 63, C.Bl. Bd. III S. 55).

6. Uebergangsvorschrift: Auf eine zur Zeit des Inkrafttretens des Bürgerlichen Gesetzbuchs bestehende Pflegschaft finden von dieser Zeit an (1. Januar 1900) die Vorschriften des B.G.B. Anwendung (Art. 210 Abs. 1 Satz 1 E.G. z. B.G.B.). Die bisherigen Pfleger bleiben im Amte (Art. 210 Abs. 2 l. c.).

§ 51.

Pflegschaft über Geschäftsunfähige und in der Geschäftsfähigkeit Beschränkte.

I. Voraussetzungen der Einleitung: Diese Pflegschaft ist in zwei Arten von Fällen einzuleiten,

1. wenn der Gewalthaber oder Vormund einer unter elterlicher Gewalt bezw. unter Vormundschaft stehenden Person an der Besorgung einzelner Angelegenheiten rechtlich oder tatsächlich verhindert ist (§ 1909 Abs. 1 Satz 1); eine Pflegschaft ist also insbesondere zu bestellen zur Verwaltung des Vermögens, das jemand von Todes wegen erwirbt oder das ihm unter Lebenden zugewendet wird, wenn der Erblasser durch letztwillige Verfügung, der Dritte bei der Zuwendung bestimmt hat, daß dem Gewalthaber oder dem Vormunde die Verwaltung nicht zustehen soll (§ 1909 Abs. 1 Satz 2);
2. wenn die Voraussetzungen für die Anordnung einer Vormundschaft vorliegen, ein Vormund aber noch nicht bestellt ist (§ 1909 Abs. 3 B.G.B.)[1]).

Eine besondere Anzeigepflicht im Falle des Bedürfnisses einer solchen Pflegschaft ist dem Gewalthaber und dem Vormunde auferlegt (§ 1909 Abs. 2 B.G.B.).

II. Zuständigkeit: Ist über die Person, für welche Pflegschaft einzuleiten ist, bei einem inländischen Gericht eine Vormundschaft anhängig, so ist dieses Gericht auch für die Pflegschaft zuständig. Besteht für die Person bereits eine anderweitige Pflegschaft, so ist dies auf die Zuständigkeitsbestimmung ohne Einfluß; eine Vereinigung mehrerer Pflegschaften bei demselben Gerichte ist jedoch nach § 46 G.F.G. möglich. Steht die Person unter elterlicher Gewalt oder handelt es sich um Einleitung einer Pflegschaft nach § 1909 Abs. 3 B.G.B., so ist das Gericht zuständig, welches zur Einleitung einer Vormundschaft über die Person zuständig wäre (§ 37 Abs. 1, § 36 G.F.G., vergl. oben § 36).

Für die Pflegschaft über einen Ausländer, für den bei einem inländischen Gericht eine Vormundschaft nicht anhängig ist und der im Inlande weder Wohnsitz noch Aufenthalt hat, ist das Gericht zu-

[1]) Das Nähere gehört dem materiellen Rechte an. Zu 1 ist zu bemerken: Die Verhinderung kann eine faktische (Krankheit, Abwesenheit) oder eine rechtliche sein (z. B. Interessenkollission zwischen dem gesetzlichen Vertreter und dem Kinde, Entziehung einzelner Rechte — §§ 1666—1670, 1640, 1760, 1801 B.G.B. —, Konkurseröffnung über das Vermögen des Vaters — § 1647 B.G.B. —, Ausschließung der Vermögensverwaltung des Vaters oder Vormunds an einem von Todes wegen oder unentgeltlich unter Lebenden zugewendeten Vermögen seitens des Zuwendenden — § 1638, § 1909 Abs. 1 Satz 2 B.G.B. —). Die Bestellung einer Pflegschaft unterbleibt in den Fällen, in welchen das Vormundschaftsgericht selbst für das Kind oder den Mündel handeln kann (§ 1672 Abs. 1, § 1844 Abs. 2 B.G.B.).

Zu 2: Dieser Fall ist gegeben, wenn der Bestellung eines Vormunds Hindernisse entgegenstehen, eine einzelne Angelegenheit aber schleuniger Erledigung bedarf.

ständig, in dessen Bezirke das Bedürfnis der Fürsorge hervortritt (§ 37 Abs. 2 G.F.G.), also Angelegenheiten des Mündels wahrzunehmen sind.

III. Besondere Vorschriften:

1. Gegen die Verfügung, durch welche die Einleitung der Pflegschaft abgelehnt oder die Pflegschaft aufgehoben wird, steht nicht nur jedem, der ein rechtliches Interesse an der Aenderung der Verfügung hat, sondern auch ohne Nachweis eines solchen Interesses dem Ehegatten sowie den Verwandten und Verschwägerten des Pflegebefohlenen die Beschwerde zu (§ 57 Abs. 1 Nr. 3 G.F.G.). Bekanntmachung der anfechtbaren Verfügung an alle Beschwerdeberechtigten ist jedoch nicht erforderlich.

2. Für die Pflegschaft gelten die Vorschriften über Berufung zur Vormundschaft nicht; den Pfleger wählt also das Gericht regelmäßig nach seinem Ermessen (§ 1916, §§ 1779 ff. mit § 1915 B.G.B.). Bei der nach § 1909 Abs. 1 Satz 2 zu bestellenden Pflegschaft ist als Pfleger berufen und daher vorbehaltlich der Bestimmung des § 1778 B.G.B. zu bestellen, wer von dem Erblasser durch letztwillige Verfügung, von dem Dritten bei der Zuwendung benannt worden ist (§ 1917 Abs. 1 B.G.B.). Ueber Vorschlagspflicht des Gemeindewaisenrats siehe § 37 Abs. 1 Vorm.O. und oben § 35 I).

3. Hat derjenige, welcher dem Kinde oder Mündel von Todes wegen oder unentgeltlich unter Lebenden Vermögen mit der Bestimmung zugewendet hat, daß dem Gewalthaber oder dem Vormunde die Verwaltung nicht zustehen soll, einen Pfleger rechtsgültig benannt und für den benannten Pfleger die in den §§ 1852—1854 bezeichneten Befreiungen angeordnet, so kann das Vormundschaftsgericht

a) die Anordnungen sowohl hinsichtlich der Person des Berufenen als hinsichtlich der Befreiungen außer Kraft setzen, wenn sie das Interesse des Pflegebefohlenen gefährden, und zwar bei Zuwendungen von Todes wegen unbedingt, bei Zuwendungen unter Lebenden nach dem Tode des Zuwendenden (§ 1917 Abs. 2 B.G.B.);

b) die Zustimmung des noch lebenden Zuwendenden zu einer Abweichung von seinen Anordnungen, welche an sich erforderlich und genügend ist, ersetzen, wenn der Zuwendende zur Abgabe einer Erklärung dauernd außer stande oder sein Aufenthalt dauernd unbekannt ist (§ 1917 Abs. 3 B.G.B.).

Die Verfügung, durch welche die Zustimmung ersetzt wird, tritt erst mit der Rechtskraft in Wirksamkeit, soferne nicht das Gericht wegen Gefahr im Verzug die sofortige Wirksamkeit, die mit der Bekanntmachung an den Antragsteller eintritt, anordnet (§ 53 G.F.G., Rausnitz N. 3 zu § 53, Dorner N. 2 c). Die Verfügung ist mit sofortiger Beschwerde anfechtbar (§ 60 Abs. 1 Nr. 6 G.F.G.).

4. Die Pflegschaft endet kraft Gesetzes:

a) mit der Erledigung der Angelegenheit, zu deren Besorgung der Pfleger bestellt wurde (§ 1918 Abs. 3 B.G.B.);

b) im Falle des § 1909 Abs. 1 B.G.B. (siehe oben sub I Nr. 1) mit dem Wegfalle der Verhinderung des Gewalthabers oder Vormundes (§ 1919 B.G.B.);

c) mit Beendigung der elterlichen Gewalt oder der Vormundschaft (§ 1918 Abs. 1 B.G.B.);

d) im Falle des § 1909 Abs. 3 B.G.B. (siehe oben sub I Nr. 2) mit der Bestellung des Vormunds.

Endigt eine Pflegschaft, während der Pflegling noch unter elterlicher Gewalt steht, so wird derselbe nach der Erreichung der Volljährigkeit nicht davon verständigt, daß über ihn eine Pflegschaft anhängig gewesen ist. Dies gilt insbesondere von dem Falle, daß eine Pflegschaft zum Zwecke der Auseinandersetzung zwischen dem überlebenden Ehegatten und den Kindern in Ansehung des Nachlasses des verstorbenen Ehegatten bestellt worden ist. Selbstverständlich steht dem volljährig gewordenen Kinde jederzeit frei, die Vormundschaftsakten einzusehen. Hat in solchen Fällen der Pfleger Vermögen zu verwalten gehabt, welches er dem Inhaber der elterlichen Gewalt nach der Beendigung der Pflegschaft herauszugeben hat, so ist über die von ihm nach § 1915 mit § 1890 des B.G.B. zu stellende Schlußrechnung zwischen dem Gewaltinhaber und ihm nach Maßgabe des § 1892 des B.G.B. zu verhandeln.

Von der Beendigung einer jeden anderen Pflegschaft, z. B. von der Beendigung der auf grund des § 1638 oder des § 1670 des B.G.B. angeordneten Pflegschaft, wenn die Pflegschaft bis zur Volljährigkeit des Kindes gedauert hat, ist dem Pfleglinge in der nämlichen Weise wie von Beendigung der Vormundschaft (§§ 29—32 Vorm.O., siehe oben § 46 II) Kenntnis zu geben (§ 39 Vorm.O.).

§ 52.

Pflegschaft über Gebrechliche.

I. Voraussetzungen der Einleitung: Die Pflegschaft ist zulässig über einen Volljährigen,

1. wenn er infolge körperlicher Gebrechen, insbesondere weil er taub, blind, oder stumm ist, alle seine Angelegenheiten nicht zu besorgen vermag, zur allgemeinen Fürsorge für die Person und das Vermögen des Pflegebefohlenen (§ 1910 Abs. 1 B.G.B.);
2. wenn er infolge geistiger oder körperlicher Gebrechen einzelne seiner Angelegenheiten oder einen bestimmten Kreis seiner Angelegenheiten, insbesondere seine Vermögensangelegenheiten, nicht zu besorgen vermag, ohne jedoch unter Vormundschaft zu stehen, für diese Angelegenheiten (§ 1910 Abs. 2 B.G.B.).

Ob die Voraussetzungen vorliegen, hat das Vormundschaftsgericht nach § 12 G.F.G. von Amts wegen zu prüfen und festzustellen; eines Antrages des Gebrechlichen bedarf es nicht. Ist eine Verständigung mit dem Gebrechlichen möglich, so darf jedoch die Pflegschaft nur mit seiner Einwilligung angeordnet werden (§ 1910 Abs. 3 B.G.B.).

II. Zuständigkeit: Für die Pflegschaft ist das Gericht zuständig, welches für die Einleitung einer Vormundschaft über die Person zuständig wäre (§ 38 mit § 36 Abs. 1, 2 G.F.G.) vergl. oben § 36.

Für die Pflegschaft über einen Ausländer, der im Inlande weder Wohnsitz noch Aufenthalt hat, ist das Gericht zuständig, in dessen Bezirke das Bedürfnis der Fürsorge hervortritt (§ 38 mit § 37 Abs. 2 G.F.G.).

III. Besondere Vorschriften:

1. Gegen eine Verfügung, durch welche die Anordnung einer Pflegschaft abgelehnt oder eine Pflegschaft aufgehoben wird, steht, vorausgesetzt daß eine Verständigung mit dem Pflegebefohlenen nicht möglich ist, auch dem Ehegatten, sowie den Verwandten und Verschwägerten des Pfleglings ohne Nachweis eines rechtlichen Interesses die Beschwerde zu (§ 57 Abs. 1 Nr. 3 G.F.G.).

2. Die Pflegschaft endet, abgesehen von den regelmäßigen Beendigungsgründen einer Pflegschaft

a) kraft Gesetzes im Falle I Nr. 2 mit der Erledigung der Angelegenheit (§ 1918 Abs. 3 B.G.B.; siehe auch § 38 Vorm.O.).;

b) durch Aufhebung, wenn der Pflegebefohlene dieselbe beantragt (§ 1920 B.G.B.).

IV. Ueber die kaum mehr praktische Uebergangsvorschrift siehe Art. 210 E.G. z. B.G.B.

§ 53.

Pflegschaft über Abwesende.

I. Voraussetzungen der Einleitung: Ein volljähriger Abwesender erhält im Bedürfnisfalle einen Pfleger für seine Vermögensangelegenheiten:

1. wenn sein Aufenthalt unbekannt ist, soferne er durch Erteilung eines Auftrages oder einer Vollmacht selbst Fürsorge getroffen hat, erst dann, wenn Umstände eingetreten sind, welche zum Widerruf des Auftrags oder der Vollmacht Anlaß geben;
2. wenn sein Aufenthalt bekannt, er aber an der Rückkehr und der Besorgung seiner Vermögensangelegenheiten verhindert ist (§ 1911 B.G.B.).

Die Einleitung der Pflegschaft hat nach § 12 G.F.G. von Amts wegen zu erfolgen, wenn das Vormundschaftsgericht die Voraussetzungen hiefür als gegeben erachtet. Ein ausdrückliches Antragsrecht dritter Personen besteht nicht.

Ueber Bestellung eines Pflegers für einen abwesenden Beteiligten im Auseinandersetzungsverfahren in Ansehung eines Nachlasses siehe § 88 G.F.G.

Einen Fall der Güterpflege, welcher nach Analogie der Pflegschaft über Abwesende zu behandeln ist, enthält § 334 Abs. 2 mit § 480 St.P.O. Dieselbe ist im Falle der nach § 332 St.P.O. und § 93 St.G.B. erfolgten Beschlagnahme des Vermögens eines strafrechtlich Verfolgten auf Antrag der Behörde einzuleiten, welche die Beschlagnahme verfügt hat. Die näheren Voraussetzungen gehören dem Strafrechte bezw. Strafprozeßrechte an.

II. Zuständigkeit: Für die Pflegschaft über einen Abwesenden ist das Gericht zuständig, in dessen Bezirke der Abwesende seinen Wohnsitz hat (§ 39 Abs. 1 G.F.G.).

Hat der Abwesende im Inlande keinen Wohnsitz und ist er

1. ein Deutscher, so ist das Gericht zuständig, in dessen Bezirke er seinen letzten inländischen Wohnsitz hatte; in Ermangelung eines solchen Wohnsitzes wird das zuständige Gericht, falls der Mündel einem Bundesstaat angehört, von der Landesjustizverwaltung, andernfalls von dem Reichskanzler bestimmt (§ 39 Abs. 2 mit § 36 Abs. 2 G.F.G.);

2. ein Ausländer, so ist das Gericht zuständig, in dessen Bezirke das Bedürfnis der Fürsorge hervortritt (§ 39 Abs. 2 mit § 37 Abs. 2 G.F.G.).

III. Besondere Beendigungsgründe: Die Pflegschaft über einen Abwesenden endet:

1. kraft Gesetzes, wenn der Abwesende für tot erklärt wird, mit der Erlassung des die Todeserklärung aussprechenden Urteils (§ 1921 Abs. 3 B.G.B., C.Bl. Bd. II S. 355).
2. mit der Aufhebung durch das Vormundschaftsgericht:
   a) wenn der Abwesende an der Besorgung seiner Vermögensangelegenheiten nicht mehr verhindert ist (§ 1921 Abs. 1 B.G.B.);
   b) wenn der Abwesende gestorben ist; das Vormundschaftsgericht hat die Pflegschaft aufzuheben, wenn ihm der Tod des Abwesenden bekannt wird; die Beendigung der Pflegschaft tritt nicht kraft Gesetzes mit dem Eintritt des Todes ein (§ 1921 Abs. 2 B.G.B.).

§ 54.

Pflegschaft über eine Leibesfrucht.

I. Voraussetzungen der Einleitung: Eine Leibesfrucht erhält zur Wahrung ihrer künftigen Rechte, soweit diese einer Fürsorge bedürfen, einen Pfleger, wenn nicht das Kind, falls es bereits geboren wäre, unter elterlicher Gewalt stehen würde (§ 1912 B.G.B.).

Das Vormundschaftsgericht hat das Vorhandensein einer Leibesfrucht, nötigenfalls nach Anhörung von Sachverständigen, sowie das Fürsorgebedürfnis nach § 12 G.F.G. von Amts wegen festzustellen und gegebenenfalls die Pflegschaft einzuleiten.

II. Zuständigkeit: Für die Pflegschaft ist das Gericht zuständig, welches für die Vormundschaft zuständig sein würde, falls das Kind zu der Zeit, zu welcher das Bedürfnis der Fürsorge hervortritt, geboren wäre, ohne Rücksicht, ob im Bezirke dieses Gerichts auch das Fürsorgebedürfnis hervortritt (§ 40 G.F.G.; vergl. oben § 36).

III. Besondere Vorschriften:

1. Hinsichtlich der Berufung zu dieser Pflegschaft finden die für die Vormundschaft geltenden Vorschriften entsprechende Anwendung (§ 1915 Abs. 1 B.G.B.). Berufen ist also derjenige, welcher zur Vormundschaft berufen wäre, wenn das Kind schon am Leben und eine Vormundschaft einzuleiten wäre.

2. Ein besonderer Beendigungsgrund für die Pflegschaft, dessen Eintritt kraft Gesetzes die Beendigung herbeiführt, ist die Geburt des Kindes (§ 1918 Abs. 2 B.G.B.). Im Falle vorzeitigen Abganges der Leibesfrucht oder einer Totgeburt ist Aufhebung der Pflegschaft nach Maßgabe des § 1919 B.G.B. nach Feststellung dieser Tatsachen notwendig.

§ 55.

Pflegschaft über unbekannte Beteiligte.

I. Voraussetzungen der Einleitung: Eine Pflegschaft ist nach Feststellung der Voraussetzungen durch das Vormundschaftsgericht von Amts wegen einzuleiten bei Unbekanntheit oder Ungewißheit des bei einer Angelegenheit Beteiligten; als besonderer Fall ist im Gesetze der hervorgehoben, daß ein Nacherbe eingesetzt ist, welcher noch nicht erzeugt ist oder dessen Persönlichkeit erst durch ein künftiges Ereignis bestimmt wird (§ 1913 B.G.B.).

II. Zuständigkeit: Für die Pflegschaft ist das Gericht zuständig, in dessen Bezirke das Bedürfnis der Fürsorge hervortritt (§ 41 G.F.G.).

III. Auswahl des Pflegers: Da eine Berufung zur Pflegschaft hier ausgeschlossen ist, hat das Gericht den Pfleger nach Maßgabe des § 1779 B.G.B. auszuwählen (§ 1915 Abs. 1 B.G.B.).

§ 56.

Pflegschaft über Sammelvermögen.

I. Voraussetzungen der Einleitung: Ist durch öffentliche Sammlung Vermögen für einen vorübergehenden Zweck zusammengebracht worden, so kann zum Zwecke der Verwaltung und Verwendung des Vermögens ein Pfleger bestellt werden, wenn die zu der Verwaltung und Verwendung berufenen Personen weggefallen sind (§ 1914 B.G.B.).

Ob die Voraussetzungen vorliegen, ist durch das Vormundschaftsgericht nach § 12 G.F.G. von Amts wegen festzustellen.

II. Zuständigkeit: Für die Pflegschaft ist das Gericht des Ortes zuständig, an welchem bisher die Verwaltung geführt wurde (§ 42 G.F.G.).

III. Den Pfleger wählt das Gericht nach Maßgabe des § 1779 B.G.B. aus, da eine Berufung zur Pflegschaft ausgeschlossen ist (§ 1915 B.G.B.).

6. Kapitel.

Verrichtungen des Vormundschaftsgerichts außerhalb einer Vormundschaft oder Pflegschaft.

§ 57.

Verrichtungen, welche die durch die Ehe begründeten persönlichen Rechtsbeziehungen der Ehegatten zu einander und das eheliche Güterrecht betreffen.

Das Bürgerliche Gesetzbuch überträgt dem Vormundschaftsgericht eine Anzahl Verrichtungen in Angelegenheiten der Ehegatten, welche teils deren persönliche Rechtsbeziehungen zu einander, teils das eheliche Güterrecht betreffen.

In allen diesen Angelegenheiten wird das Vormundschaftsgericht nicht von Amts wegen sondern nur auf Antrag eines Ehegatten tätig. Die Entscheidung trifft das Vormundschaftsgericht in den ihm vom Gesetz gezogenen Schranken nach seinem Ermessen.

I. Die einzelnen Verrichtungen dieser Art sind:

1. Die Aufhebung einer mißbräuchlichen Beschränkung oder Ausschließung der ehefräulichen Schlüsselgewalt durch den Mann auf Antrag der Frau (§ 1357 Abs. 2 B.G.B.);
2. Ermächtigung des Mannes auf dessen Antrag zur Kündigung von Rechtsverhältnissen, durch welche sich die Frau einem Dritten gegenüber zu einer von ihr in Person zu bewirkenden Leistung verpflichtet hat; die Ermächtigung ist zu erteilen, wenn sich ergibt, daß die Tätigkeit der Frau die ehelichen Interessen beeinträchtigt (§ 1358 Abs. 1 B.G.B.);
3. Ersetzung der Zustimmung des Mannes zur Eingehung eines Rechtsverhältnisses der sub 2 bezeichneten Art auf Antrag der Frau; die Zustimmung kann ersetzt werden, wenn der Mann

durch Krankheit oder durch Abwesenheit an der Abgabe einer Erklärung verhindert und mit dem Aufschube Gefahr verbunden ist oder wenn sich die Verweigerung der Zustimmung als Mißbrauch seines Rechtes darstellt (§ 1358 Abs. 2 B.G.B.);

4. Ersetzung der grundlos verweigerten Zustimmung des Mannes zu einem der eheherrlichen Zustimmung bedürftigen Rechtsgeschäfte, welches zur ordnungsmäßigen Besorgung der persönlichen Angelegenheiten der Frau erforderlich ist, auf Antrag der Frau (§ 1402 B.G.B.);

5. Ersetzung der grundlos verweigerten Zustimmung des Mannes im Güterstand der allgemeinen Gütergemeinschaft, Errungenschaftsgemeinschaft und Fahrnisgemeinschaft zu einem Rechtsgeschäfte, welches zur ordnungsmäßigen Besorgung der persönlichen Angelegenheiten der Frau erforderlich ist und mit Wirkung für das Gesamtgut nicht ohne Zustimmung des Mannes vorgenommen werden kann, auf Antrag der Frau (§ 1451, § 1519 Abs. 2, § 1549 B.G.B.);

6. Ersetzung der Zustimmung der Frau zu einem zur ordnungsmäßigen Verwaltung des eingebrachten Gutes erforderlichen Rechtsgeschäft auf Antrag des Mannes; dieselbe ist zulässig, wenn die Frau die Zustimmung ohne ausreichenden Grund verweigert oder wenn sie durch Krankheit oder Abwesenheit an der Abgabe einer Erklärung verhindert ist und mit dem Aufschube Gefahr verbunden ist (§§ 1379, 1525 Abs. 2 B.G.B.);

7. Ersetzung der Zustimmung der Frau im Güterstand der allgemeinen Gütergemeinschaft, der Errungenschaftsgemeinschaft und der Fahrnisgemeinschaft auf Antrag des Mannes zu
   einem Rechtsgeschäfte, durch das sich der Mann zu einer Verfügung über das Gesamtgut im ganzen verpflichtet,
   einer Verfügung über das Gesamtgut, durch die eine ohne Zustimmung der Frau eingegangene Verpflichtung der vorbezeichneten Art erfüllt werden soll,
   einer Verfügung über ein zum Gesamtgute gehörendes Grundstück, sowie zur Eingehung der Verpflichtung zu einer solchen Verfügung.

Die Voraussetzung der Zulässigkeit der Ersetzung ist dieselbe wie unter Nr. 6 (§§ 1447, 1519 Abs. 2, § 1549 B.G.G.)[1]).

II. Zuständigkeit: Zu Verrichtungen dieser Art ist das Gericht zuständig, in dessen Bezirke der Mann seinen Wohnsitz oder in Ermangelung eines inländischen Wohnsitzes, d. h. wenn ein solcher nicht alsbald zu ermitteln ist, seinen Aufenthalt hat (§ 45 Abs. 1 G.F.G.).

Ist der Mann ein Deutscher und hat er im Inlande weder

---

[1]) Kausnitz Note 1 zu § 45 rechnet auch die Fälle der §§ 1336, 1337, 1437, 1508 hierher; Dorner Note 2 zu § 45 die Fälle der §§ 1314, 1484, 1487, 1491 Abs. 3, 1492 Abs. 3, 1493, 1669 B.G.B.

Wohnsitz noch Aufenthalt, so ist das Gericht zuständig, in dessen Bezirke der Mann seinen letzten inländischen Wohnsitz hatte; in Ermangelung eines solchen Wohnsitzes wird das zuständige Gericht, falls der Mann einem Bundesstaat angehört, von der Landesjustizverwaltung, andernfalls von dem Reichskanzler bestimmt (§ 45 Abs. 2 mit § 36 Abs. 2 l. c.).

Hat der Mann die Reichsangehörigkeit verloren[2]), die Frau sie aber behalten, so ist, wenn der Mann im Inlande weder Wohnsitz noch Aufenthalt hat, das Gericht zuständig, in dessen Bezirke die Frau ihren Wohnsitz oder in Ermangelung eines inländischen Wohnsitzes ihren Aufenthalt hat; hat sie im Inlande weder Wohnsitz noch Aufenthalt, so ist der letzte inländische Wohnsitz der Frau maßgebend und in Ermangelung auch eines solchen tritt Bestimmung des zuständigen Gerichtes durch die Landesjustizverwaltung bezw. den Reichskanzler ein (§ 45 Abs. 3, § 36 Abs. 2 l. c.).

Die Zuständigkeit des Gerichts, bei welchem eine Vormundschaft oder Pflegschaft über einen Beteiligten anhängig ist, kommt bei diesen Angelegenheiten nicht in Frage (ebenso Rausnitz N. 3 zu § 45, a. M. Dorner N. 3 zu § 45).

Maßgebender Zeitpunkt für die Bestimmung der Zuständigkeit ist derjenige, in welchem das Gericht mit der Sache befaßt wird, also durch Antragstellung zur Entfaltung seiner Tätigkeit veranlaßt wird; Aenderung der die Zuständigkeit bedingenden Verhältnisse vor Erledigung der Angelegenheit ist ohne Einfluß (§ 45 Abs. 4 G.F.G.). Eine Abgabe der Angelegenheit zur weiteren Erledigung an ein anderes Vormundschaftsgericht ist ausgeschlossen.

III. Wirksamkeit der Verfügungen des Vormundschaftsgerichts: Die sämtlichen in Ziff. II aufgeführten Verfügungen treten erst mit der Rechtskraft in Wirksamkeit (§ 53 Abs. 1 G.F.G.). Dies gilt nicht für die den Antrag ablehnenden Verfügungen.

Ausnahmsweise kann jedoch, wenn nach dem Ermessen des Gerichts Gefahr im Verzuge, d. i. wenn von dem Aufschube der Wirksamkeit der Verfügung bis zur Rechtskraft eine Gefährdung der zu verfolgenden Interessen zu befürchten ist, die sofortige Wirksamkeit der Verfügung angeordnet werden. Die Verfügung tritt in diesem Falle mit der Bekanntmachung an den Antragsteller in Wirksamkeit (§ 53 Abs. 2 G.F.G.).

IV. Beschwerde: Die dem Antrag stattgebenden Verfügungen sind mit sofortiger Beschwerde anfechtbar (§ 60 Nr. 6 G.F.G.), auch wenn die sofortige Wirksamkeit angeordnet ist.

---

[2]) Die deutschen Gesetze finden auch dann Anwendung, wenn der Mann die Reichsangehörigkeit verloren hat (Art. 14, 15 E.G. z. B.G.B.) Ueber Beschränkung des Verlustes der Staatsangehörigkeit auf den Ehemann vergl. B. u. St. Ang. G. §§ 13ff. insbesondere § 21 Abs. 2 in der Fassung des Art. 41 Nr. 2 E.G. z. B.G.B.; über Wohnsitz der Frau vergl. § 10 B.G.B.

Gegen eine zurückweisende Verfügung ist nur der Antragsteller beschwerdeberechtigt (§ 20 Abs. 2 G.F.G.).

V. Wegen Beschränkung der Aenderung der Verfügungen siehe § 18 G.F.G. und § 16 oben.

§ 58.

Sonstige Verrichtungen des Vormundschaftsgerichts mit Ausnahme der Beistandschaft.

Dem Vormundschaftsgerichte sind außer den im vorstehenden Paragraphen aufgeführten Angelegenheiten eine Anzahl Verrichtungen in Bezug auf das Verhältnis zwischen Eltern und Kindern sowie zwischen gesetzlichen Vertretern überhaupt und den von ihnen vertretenen geschäftsunfähigen und in der Geschäftsfähigkeit beschränkten Personen, ferner verschiedene sonstige Verrichtungen, welche mit der Führung einer Vormundschaft oder Pflegschaft nicht notwendig in Zusammenhang stehen, und teilweise nur außerhalb einer solchen, teilweise auch bei Vorhandensein einer solchen vorkommen können, übertragen.

I. Die wesentlichsten Verrichtungen dieser Art sind:

A. Ersetzung der grundlos verweigerten elterlichen Zustimmung zur Verehelichung eines volljährigen bezw. für volljährig erklärten (im Hinblick auf § 1305 B.G.B.) Kindes; die Ersetzung erfolgt nur auf Antrag; antragsberechtigt ist nur das Kind, nicht auch der andere Verlobte; vor der Entscheidung soll das Vormundschaftsgericht Verwandte oder Verschwägerte des Kindes hören, wenn es ohne erhebliche Verzögerung und ohne unverhältnismäßige Kosten geschehen kann; die Verwandten und Verschwägerten können von dem Kinde Ersatz ihrer Auslagen verlangen, deren Betrag durch das Vormundschaftsgericht festzusetzen ist (§ 1308 mit § 1847 Abs. 2 B.G.B.); wegen Eintritt der Wirksamkeit der Verfügung siehe unten IV (auch V N. 1), wegen Beschwerde VI a. E. Ueber Ersetzung der Einwilligung des Vormunds zur Eheschließung des Mündels siehe oben § 38 II 6;

B. Aenderung der Bestimmung der Eltern über die Gewährung des Unterhaltes an ein unverheiratetes Kind (§ 1612 Abs. 2 B.G.B.). Dieselbe setzt einen Antrag voraus; antragsberechtigt ist das Kind, gleichviel ob minderjährig oder volljährig, nicht auch die Eltern bei einem Streit mit dem Kinde;

C. Verrichtungen in Bezug auf das Verhältnis zwischen Eltern und Kindern:

1. Maßregeln allgemeinerer Natur:

a) Entziehung der Vertretung des Kindes für einzelne Angelegenheiten oder einen bestimmten Kreis von Angelegenheiten; die Vertretung soll dem Vater oder der Mutter (§ 1686 B.G.B.)

entzogen werden, wenn das Interesse des Kindes zu dem Interesse des Vaters oder eines von einem Vertretenen oder des Ehegatten oder eines Verwandten desselben in gerader Linie in erheblichem Gegensatze steht (§ 1630 Abs. 2 mit § 1796 B.G.B.);

b) Sorge für die Interessen des Kindes bei Verhinderung des Vaters oder der Mutter an der Ausübung der elterlichen Gewalt (§§ 1665, 1686 B.G.B.); bei Verhinderung des Vaters tritt die Fürsorge nur ein, wenn nicht die elterliche Gewalt der Mutter nach § 1685 B.G.B. zusteht; welche Maßregeln zu ergreifen sind, ob insbesondere nicht eine Vormundschaft oder Pflegschaft einzuleiten ist, entscheidet das Vormundschaftsgericht nach seinem Ermessen und den materiellrechtlichen Vorschriften; über Zuständigkeit siehe § 44 G.F.G. und unten Nr. II 4, über Beschwerde unten Nr. VI b.

c) Feststellung längerer Verhinderung des Vaters oder der Mutter an der Ausübung der elterlichen Gewalt und des Wegfalles der Verhinderung (§ 1677 B.G.B.); die Verfügung, durch welche die Verhinderung festgestellt wird, tritt, wenn bei Verhinderung des Vaters die elterliche Gewalt auf die Mutter nach § 1685 B.G.B. übergeht, mit der Bekanntmachung an die Mutter, in den übrigen Fällen mit der Bestellung des Vormunds (§ 1789 B.G.B.) in Wirksamkeit; die Verfügung, durch welche festgestellt wird, daß der Grund für das Ruhen der elterlichen Gewalt des Vaters oder der Mutter nicht mehr besteht, wird mit der Bekanntmachung an den Vater oder an die Mutter wirksam (§ 51 G.F.G.);

d) Entgegennahme der Erklärung des irrtümlich für tot erklärten Vaters, daß er die elterliche Gewalt wieder ausüben wolle (§ 1679 Abs. 2 B.G.B.); die Erklärung ist dem Vormundschaftsgerichte gegenüber abzugeben, kann daher auch schriftlich oder zu Protokoll des Gerichtsschreibers erfolgen;

e) Uebertragung der elterlichen Gewalt auf die Mutter; diese erfolgt nur auf Antrag der Mutter, wenn die Ehe aufgelöst ist und die elterliche Gewalt des Vaters ruht und keine Aussicht besteht, daß der Grund des Ruhens wegfallen werde (§ 1685 Abs. 2 B.G.B.); gegen eine den Antrag zurückweisende Verfügung ist nur die Mutter beschwerdeberechtigt (§ 20 Abs. 2 G.F.G.);

2. Maßregeln hinsichtlich der Person des Kindes:

a) Unterstützung des Vaters oder der Mutter (§ 1686 B.G.B.) bei der Erziehung durch Anwendung geeigneter Zuchtmittel (§ 1631 B.G.B.); dieselbe erfolgt nur auf Antrag des Elternteils, der erziehungsberechtigt ist; die Auswahl der Zuchtmittel liegt im Ermessen des Vormundschaftsgerichts;

b) Regelung des Erziehungsrechtes und des Verkehres zwischen

Eltern und Kindern bei geschiedener oder durch Wiederverheiratung nach erfolgter Todeserklärung eines Ehegatten aufgelöster Ehe (§§ 1635 bis 1637 B.G.B.); das Vormundschaftsgericht kann hinsichtlich der Erziehung eine von der Regel des § 1635 Abs. 1 Satz 1 abweichende Anordnung treffen, wenn eine solche aus besonderen Gründen im Interesse des Kindes geboten ist; es kann die Anordnung aufheben, wenn sie nicht mehr erforderlich ist; wegen des Verfahrens siehe unten III 3;

c) Eingreifen bei Gefährdung des geistigen und leiblichen Wohles des Kindes, Anordnung der anderweitigen Unterbringung des Kindes zur Erziehung in einer Familie, Erziehungs- oder Besserungsanstalt (§ 1666 Abs. 1 B.G.B.);

d) Entziehung der Vermögensverwaltung und Nutznießung bei Besorgnis fortdauernder Gefährdung des Unterhaltes des Kindes (§ 1666 Abs. 2 B.G.B.); wegen des Verfahrens in den Fällen c und d siehe unten Nr. III 3, wegen Beschwerde Nr. VI;

e) die Feststellung, daß ein Kind zu einer Zeit, als es das zwölfte Lebensjahr noch nicht vollendet hatte, eine objektiv strafbare Handlung begangen habe und daß dessen Unterbringung in einer Familie, Erziehungsanstalt oder Besserungsanstalt zulässig sei. Wegen des Beschwerderechts in diesen Fällen siehe unten Ziff. VI.

3. Sorge für das Vermögen des Kindes:

a) Gestattung der Abweichung von den gesetzlichen Vorschriften bei der Anlage des Kindervermögens aus besonderen Gründen, die das Vormundschaftsgericht nach seinem Ermessen zu erwägen hat (§ 1642 B.G.B.);

b) Sorge für die Befolgung derjenigen Anordnungen durch den Gewalthaber, welche ein Dritter bei einer unentgeltlichen Zuwendung unter Lebenden oder durch letztwillige Verfügung hinsichtlich der Verwaltung des zugewendeten Vermögens getroffen hat, Gestattung der Abweichung von den Anordnungen, wenn ihre Befolgung das Interesse des Mündels gefährden würde, Ersetzung der bei Lebzeiten des Dritten erforderlichen Zustimmung des Letzteren zu Abweichungen, wenn der Dritte zur Abgabe einer Erklärung dauernd außer stande oder sein Aufenthalt dauernd unbekannt ist (§ 1639 mit § 1803 Abs. 2 und 3 B.G.B.); wegen Wirksamkeit der letzteren Verfügung siehe unten IV, wegen Beschwerde VI a, E.;

c) Erteilung der Genehmigung zu einer Reihe von Rechtsgeschäften und Rechtshandlungen des Inhabers der elterlichen Gewalt für das Kind, nämlich

zur Verfügung über ein Grundstück oder über ein Recht an einem Grundstück;

zur Verfügung über eine Forderung, die auf Uebertragung des Eigentums an einem Grundstück oder auf Begründung oder

Uebertragung eines Rechtes an einem Grundstück oder auf Befreiung eines solchen Grundstücks von einem solchen Rechte gerichtet ist;
zur Eingehung der Verpflichtung zu einer der vorbezeichneten Verfügungen;
Hypotheken, Grundschulden und Rentenschulden gehören nicht zu den Rechten an Grundstücken im Sinne dieser Vorschriften (§ 1643 Abs. 1 mit § 1821 Abs. 1 Nr. 1 bis 3, Abs. 2 B.G.B.);
zu einem Rechtsgeschäfte, durch das das Kind zu einer Verfügung über sein Vermögen im Ganzen oder über eine ihm angefallene Erbschaft oder über seinen künftigen Erbteil oder seinen künftigen Pflichtteil verpflichtet wird, sowie zu einer Verfügung über den Anteil des Kindes an einer Erbschaft;
zu einem Vertrage, der auf den entgeltlichen Erwerb oder die Veräußerung eines Erwerbsgeschäftes gerichtet ist, sowie zu einem Gesellschaftsvertrage, der zum Betrieb eines Erwerbsgeschäfts eingegangen wird;
zu einem Miet- oder Pachtvertrag oder einem anderen Vertrage, durch den das Kind zu wiederkehrenden Leistungen verpflichtet wird, wenn das Vertragsverhältnis länger als ein Jahr nach der Vollendung des einundzwanzigsten Lebensjahres des Kindes fortdauern soll;
zur Aufnahme von Geld auf den Kredit des Kindes;
zur Ausstellung einer Schuldverschreibung auf den Inhaber oder zur Eingehung einer Verbindlichkeit aus einem Wechsel oder einem anderen Papiere, das durch Indossament übertragen werden kann;
zur Uebernahme einer fremden Verbindlichkeit, insbesondere zur Eingehung einer Bürgschaft,
zur Erteilung einer Prokura

§ 1643 Abs. 1 mit § 1822 Nr. 1, 3, 5, 8—11 B.G.B.;

zur Ausschlagung einer Erbschaft oder eines Vermächtnisses, sofern jedoch der Anfall an das Kind erst infolge der Ausschlagung des Vaters eintritt, nur dann, wenn der Vater neben dem Kinde berufen war;
zum Verzicht auf einen Pflichtteil

§ 1643 Abs. 2 B.G.B.

Das Vormundschaftsgericht kann dem Inhaber der elterlichen Gewalt zu den in § 1822 Nr. 8—10 B.G.B. bezeichneten Rechtsgeschäften eine allgemeine Ermächtigung erteilen, soll dies jedoch nur, wenn sie zum Zwecke der Vermögensverwaltung, insbesondere zum Betrieb eines Erwerbsgeschäfts, erforderlich ist (§ 1643 Abs. 3 mit § 1825 B.G.B.).

Die Genehmigung kann nur dem Inhaber der elterlichen Gewalt gegenüber erklärt werden (§ 1643 Abs. 3 mit § 1828 B.G.B.).

d) Genehmigung der Ueberlassung von Gegenständen, welche ohne Genehmigung des Vormundschaftsgerichts nicht veräußerlich sind (z. B. Grundstücke, siehe lit. c) an das Kind (§ 1644 B.G.B.);

e) Genehmigung zum Beginn eines neuen Erwerbsgeschäftes für das Kind (§ 1645 B.G.B.);

f) Genehmigung der Ermächtigung eines Kindes zum selbständigen Betrieb eines Erwerbsgeschäftes sowie der Zurücknahme der Ermächtigung (§ 112 B.G.B.);

g) Ermächtigung zum Verbrauch von Geld des Kindes durch den Inhaber der elterlichen Gewalt für sich (§ 1653 B.G.B.); die Genehmigung kann generell erteilt werden (Mot. IV S. 780);

h) Entgegennahme des vom Gewalthaber einzureichenden Verzeichnisses des beim Tode eines Elternteiles vorhandenen oder dem Kinde später zufallenden Vermögens, sowie der Anordnung der Aufnahme des Verzeichnisses durch den Notar oder den Gerichtsschreiber (Art. 2 Not.G., Art. 63 A.G. z. G.V.G. i. d. F. des Art. 167 XVI A.G. z. B.G.), wenn das vom Gewalthaber eingereichte Verzeichnis ungenügend ist (§§ 1640, 1686 B.G.B.).

Der Wert der zum Vermögen des Kindes gehörenden Gegenstände braucht in dem Verzeichnisse nicht angegeben zu werden; nur wenn die Haushaltsgegenstände, welche dem Kinde gehören, nicht einzeln aufgezählt werden, ist die Angabe des Gesamtwerts derselben erforderlich.

In einfachen Fällen ist es zweckmäßig, wenn der Vormundschaftsrichter die Aufnahme oder die Ergänzung des Verzeichnisses durch protokollarische Verhandlung mit den Beteiligten vornimmt. Dieses Verfahren empfiehlt sich insbesondere, wenn die Mutter der überlebende Teil ist, da auf diese Weise gleichzeitig die Frage der Bestellung eines Beistandes entschieden werden kann. Das Vormundschaftsgericht hat, wenn der überlebende Ehegatte nicht kurze Zeit nach dem Tode des anderen Ehegatten das Verzeichnis einreicht, den Ehegatten zur Einreichung aufzufordern. Kommt der Ehegatte der Aufforderung nicht nach, so ist nach Maßgabe des § 1670 B.G.B. (Entziehung der Vermögensverwaltung) vorzugehen.

Ist Vermögen des Kindes nicht vorhanden, so ist dies von dem Ehegatten anzuzeigen (§ 47 Vorm.Odg.);

i) Eingreifen bei Gefährdung des Vermögens des Kindes durch Pflichtverletzungen des Vaters oder Vermögensverfall desselben; welche Maßregeln zur Abwendung der Gefahr erforderlich sind, entscheidet das Vormundschaftsgericht nach seinem Ermessen.

Zulässige Maßregeln sind insbesondere:
Die Anordnung, daß der Gewalthaber ein Verzeichnis des Kindervermögens einreiche, das er mit der Versicherung der

Richtigkeit und Vollständigkeit zu versehen hat, und über seine Verwaltung Rechnung lege; über Beiziehung des Beistandes der Mutter bei Aufnahme des Verzeichnisses siehe § 1692 B.G.B. und unten § 59 V 7,
die Anordnung, daß das Verzeichnis durch den Notar oder den Gerichtsschreiber (siehe lit. g) aufgenommen werde, wenn das vom Gewalthaber eingereichte Verzeichnis ungenügend ist (§ 1667 Abs. 2 Satz 1 und 2 B.G.B.),
die Anordnung, daß Wertpapiere und Kostbarkeiten des Kindes nach Maßgabe der §§ 1814, 1815, 1818 B.G.B. hinterlegt, Inhaberpapiere auf den Namen des Kindes umgeschrieben oder in Buchforderungen umgewandelt werden, bei Buchforderungen gegen das Reich oder einen Bundesstaat nach § 1816 B.G.B. eine Verfügungsbeschränkung eingetragen werde; in diesen Fällen obliegt dem Vormundschaftsgericht nachher auch die Genehmigung zu Verfügungen nach Maßgabe der §§ 1819, 1820 B.G.B. (§ 1667 Abs. 2 Satz 2 l. c.; siehe § 40 oben), die Kosten der angeordneten Maßregeln fallen dem Vater zur Last (§ 1667 Abs. 3 l. c.); wegen des Verfahrens siehe unten III 3;

k) Anordnung der Sicherheitsleistung seitens des Gewalthabers für das seiner Verwaltung unterliegende Vermögen, wenn die unter g aufgeführten Maßregeln nicht ausreichend sind; Art und Umfang der Sicherheitsleistung bestimmt das Vormundschaftsgericht nach seinem Ermessen (§ 1668 B.G.B.); es kann jederzeit die Erhöhung, Minderung oder Aufhebung der geleisteten Sicherheit anordnen (§ 1671 l. c.); bei der Bestellung und Aufhebung der Sicherheit wird die Mitwirkung des Kindes durch die Anordnung des Vormundschaftsgerichts ersetzt; die Kosten der Bestellung und Aufhebung der Sicherheit fallen dem Vater zur Last (§ 1672 l. c.); siehe auch unten III 3;

l) Entgegennahme der Verzichtserklärung auf das elterliche Nutznießungsrecht (§ 1662 mit § 1803 Abs. 2, 3 B.G.B.);

m) Rückübertragung der Vermögensverwaltung auf den Gewalthaber nach Aufhebung des über sein Vermögen anhängig gewesenen Konkursverfahren nach dem Ermessen des Vormundschaftsgerichts (§ 1647 Abs. 2 B.G.B.);

n) die Entgegennahme der Anzeige des Gewalthabers und des überlebenden Ehegatten von der beabsichtigten Wiederverehelichung und des von ihm aus diesem Anlaß einzureichenden Verzeichnisses des seiner Verwaltung unterliegenden Kindervermögens, bezw. des Gesamtguts, die Genehmigung, daß die Auseinandersetzung mit dem Kinde erst nach der Eheschließung erfolge (§§ 1669, 1493, 1740, 1761 B.G.B.), sowie die Erteilung des Zeugnisses, daß der Gewalthaber bezw. der überlebende Ehegatte die in den §§ 1669, 1493 Abs. 2 B.G.B. bezeichneten Verpflichtungen erfüllt habe oder daß sie ihm nicht obliegen; Formular siehe J.M.Bl. 1900 S. 281 (§ 1314 B.G.B.; über Zuständigkeit zur Erteilung des Zeugnisses s. Sammlg. Bd. III S. 569). Zur Erzwingung der den Eltern nach den §§ 1640, 1667—1669 kraft Gesetzes bezw. auf richterliche Anordnung obliegenden Verpflichtungen (oben lit. h, i, k, n) kann das Vormundschaftsgericht dem Vater bezw. der Mutter die Vermögensverwaltung entziehen, unbeschadet sonstiger zulässiger Zwangsmittel; nur zur Erzwingung der Sicherheitsleistung sind andere Maßregeln nicht zulässig (§ 1670 B.G.B.), wegen des Verfahrens siehe auch unten III 3;

o) Genehmigung der zwischen dem unehelichen Kinde und seinem Vater geschlossenen Vereinbarung (einschließlich eines gerichtlichen Vergleichs) über den Unterhalt für die Zukunft oder über eine an Stelle des Unterhalts zu gewährende Abfindung (§ 1714 B.G.B.).

D. Verrichtungen im Falle der Ehelichkeitserklärung:

1. Genehmigung des Antrages auf Ehelichkeitserklärung (§§ 1723, 1725 B.G.B.), wenn der Vater in der Geschäftsfähigkeit beschränkt ist (§ 1729 Abs. 1 B.G.B.);

2. Genehmigung der Einwilligung des in der Geschäftsfähigkeit beschränkten und über 14 Jahre alten Kindes zur Ehelichkeitserklärung (§ 1726 Abs. 1, § 1729 Abs. 2 B.G.B.);

3. Genehmigung der Einwilligungserklärung des gesetzlichen Vertreter des Kindes zur Ehelichkeitserklärung, wenn das Kind geschäftsunfähig ist oder das 14. Lebensjahr noch nicht vollendet hat (§ 1728 Abs. 2 B.G.B.);

4. Ersetzung der nach § 1726 Abs. 1 notwendigen Einwilligung der Mutter auf Antrag des Kindes, wenn nach dem Ermessen des Vormundschaftsgerichts das Unterbleiben der Ehelichkeitserklärung dem Kinde zu unverhältnismäßigem Nachteile gereichen würde (§ 1727 B.G.B.);

5. Genehmigung der Anfechtung der in Ziff. 1 mit 3 aufgeführten Erklärungen sowie der Bestätigung der anfechtbaren Erklärung (§ 1731 B.G.B.).

Die Verfügung, durch die die Zustimmung der Mutter ersetzt wird, tritt erst mit der Rechtskraft in Wirksamkeit. Bei Gefahr im Verzuge kann das Gericht die sofortige Wirksamkeit der Verfügung anordnen; die Verfügung tritt hier mit der Bekanntmachung an den Antragsteller in Wirksamkeit (§ 53 Abs. 1 Satz 2, Abs. 2 G.F.G.).

Im ersteren Falle kann die Verfügung nach § 60 Abs. 1 Nr. 6 mit § 18 Abs. 2 G.F.G. nicht mehr geändert werden, im letzteren Falle (bei Anordnung sofortiger Wirksamkeit) ist die Aenderung sowohl für das Gericht erster Instanz als für das Beschwerdegericht ausgeschlossen, wenn die Ehelichkeitserklärung erfolgt ist (§ 55 Abs. 2, §§ 62, 63 G.F.G.).

Gegen die Verfügung findet, wenn sie erst mit der Rechtskraft wirksam wird, die sofortige Beschwerde statt (§ 60 Abs. 1 Nr. 6 G.F.G.).

Gegen den ablehnenden Bescheid ist nur das Kind beschwerdeberechtigt (§ 20 Abs. 2 G.F.G.).

6. Verrichtungen, wenn der Vater, während er die elterliche Gewalt über das für ehelich erklärte Kind hat, eine Ehe eingehen will; diese sind dieselben wie bei Verheiratung des ehelichen Vaters (§ 1740 mit § 1669—1671 B.G.B.; siehe oben sub C Nr. 3 lit. n).

E. Genehmigung der Anfechtung der Ehe durch den gesetzlichen Vertreter des geschäftsunfähigen Ehegatten (§ 1336 Abs. 2 Satz 1 B.G.B.);

F. Genehmigung der Anfechtung der Ehelichkeit eines Kindes durch den gesetzlichen Vertreter des geschäftsunfähigen Mannes (§ 1595 Abs. 2 B.G.B.), sowie der Anfechtung der Anerkennung der Ehelichkeit (§ 1599 B.G.B.);

G. Verrichtungen in Bezug auf fortgesetzte Gütergemeinschaft:

1. Erteilung der Genehmigung

zur Ablehnung der Fortsetzung der allgemeinen Gütergemeinschaft durch den Gewalthaber oder Vormund des überlebenden Ehegatten (§ 1484 Abs. 2 B.G.B.),

zur Aufhebung der fortgesetzten Gütergemeinschaft durch den Gewalthaber oder Vormund des überlebenden Ehegatten (§ 1492 Abs. 3 B.G.B.),

zum Verzicht eines Abkömmlings auf seinen Anteil am Gesamtgut, wenn der Abkömmling unter elterlicher Gewalt oder unter Vormundschaft steht (§ 1491 Abs. 3 B.G.B.);

2. Ersetzung der Zustimmung der anteilsberechtigten Abkömmlinge auf Antrag des überlebenden Ehegatten zu

einem Rechtsgeschäfte, durch das sich der überlebende Ehegatte zu einer Verfügung über das Gesamtgut im ganzen verpflichtet,

einer Verfügung über das Gesamtgut, durch die eine ohne Zustimmung der Abkömmlinge eingegangene Verpflichtung der vorbezeichneten Art erfüllt werden soll,

einer Verfügung über ein zum Gesamtgute gehörendes Grundstück sowie zur Eingehung der Verpflichtung zu einer solchen Verfügung.

Die Ersetzung ist zulässig, wenn der Abkömmling die Zustimmung ohne ausreichenden Grund verweigert oder durch Krankheit oder Abwesenheit an der Abgabe einer Erklärung verhindert ist und mit dem Aufschube Gefahr verbunden ist (§ 1487 Abs. 1 B.G.B.); wegen Wirksamkeit der Verfügung siehe unten IV, wegen Beschwerde unten VI a. E.

3. Genehmigung zu dem Vertrage, durch den ein gemeinschaftlicher Abkömmling einem der Ehegatten gegenüber für den Fall, daß

die Ehe durch dessen Tod aufgelöst wird, auf seinen Anteil am Gesamtgute der fortgesetzten Gütergemeinschaft verzichtet oder durch den ein solcher Verzicht aufgehoben wird, soferne

der Verzichtende unter Vormundschaft oder unter elterlicher Gewalt steht, oder

der betreffende Ehegatte geschäftsunfähig ist und der Vertrag deshalb von seinem gesetzlichen Vertreter geschlossen wird (§ 1517 Abs. 2, § 1549 mit §§ 2347, 2350 B.G.B.).

H. Verrichtungen im Falle der Annahme an Kindesstatt:

1. Genehmigung zur Eingehung des Annahmevertrages, sowie zur Aufhebung des durch einen solchen begründeten Verhältnisses,

wenn der Vertrag für das unter vierzehn Jahre alte Kind durch dessen gesetzlichen Vertreter abgeschlossen wird (§ 1750 Abs. 1 § 1770 B.G.B.),

wenn der Annehmende oder das Kind in der Geschäftsfähigkeit beschränkt ist (§ 1751 B.G.B.).

Die Genehmigung soll nicht erteilt werden

a) wenn ein Vormund seinen Mündel an Kindesstatt annehmen will, solange der Vormund im Amte ist,

b) wenn jemand seinen früheren Mündel annehmen will, bevor er über seine Verwaltung Rechnung gelegt und das Vorhandensein des Mündelvermögens nachgewiesen hat.

Das Gleiche gilt, wenn ein zur Vermögensverwaltung bestellter Pfleger seinen Pflegling oder seinen früheren Pflegling an Kindesstatt annehmen will (§ 1752 B.G.B.).

2. Genehmigung zur Anfechtung des Annahmevertrags und zur Bestätigung des anfechtbaren Vertrags (§ 1755 mit §§ 1750 Abs. 1, 1751 B.G.B.).

3. Entgegennahme des vom Annehmenden einzureichenden Verzeichnisses des Vermögens des Kindes, Anordnung der Aufnahme desselben durch den Gerichtsschreiber bezw. Notar (siehe oben C 3 h), Entziehung der Vermögensverwaltung zur Erzwingung der Fertigung des Verzeichnisses (§ 1760 B.G.B.); in diesem Falle ist für die Vermögensverwaltung ein Pfleger zu bestellen; die Entziehung kann jederzeit wieder aufgehoben werden (§ 1760 Abs. 2 Satz 2 l. c.).

4. Verrichtungen, wenn der Annehmende eine Ehe eingehen will (§ 1761 mit §§ 1669—1671 B.G.B.; siehe oben sub C Nr. 3 lit. n).

J. Verrichtungen in Bezug auf Erbverträge und Erbverzichtsverträge.

1. Genehmigung der Anfechtung eines Erbvertrages durch den gesetzlichen Vertreter des geschäftsunfähigen Erblassers (§ 2282 Abs. 2 B.G.B.);

2. Genehmigung zum Abschluß des Vertrages, durch den ein Erbvertrag oder eine einzelne vertragsmäßige Verfügung aufgehoben wird,

durch den gesetzlichen Vertreter des Bedachten, wenn dieser unter Vormundschaft steht, wenn er unter elterlicher Gewalt steht, jedoch nur, sofern der Vertrag nicht unter Ehegatten oder unter Verlobten geschlossen wird (§ 2290 Abs. 3 B.G.B.), sowie in gleicher Weise zur Aufhebung eines zwischen Ehegatten geschlossenen Erbvertrags durch ein gemeinschaftliches Testament (§ 2292 B.G.B.);

3. Genehmigung zur Zustimmung des gesetzlichen Vertreters des anderen Vertragsteiles zur Aufhebung einer im Erbvertrag enthaltenen Anordnung eines Vermächtnisses oder einer Auflage durch Testament des Erblassers, wenn der andere Vertragsteil unter Vormundschaft steht, wenn er unter elterlicher Gewalt steht jedoch nur, wenn der Erbvertrag nicht unter Ehegatten oder unter Verlobten geschlossen ist (§ 2291 Abs. 1 B.G.B.);

4. Genehmigung zum Erbverzichtsvertrag mit dem gesetzlichen Erben, wenn der Verzichtende unter Vormundschaft steht, ferner, wenn er unter elterlicher Gewalt steht, sofern nicht der Vertrag unter Ehegatten oder unter Verlobten geschlossen wird,

im gleichen Umfange, wenn der Vertrag durch den gesetzlichen Vertreter des geschäftsunfähigen Erblassers geschlossen wird (§ 2347 B.G.B.);

5. Genehmigung zum Verzicht auf eine durch Testament oder Erbvertrag erfolgte Zuwendung durch Erbeinsetzung oder Vermächtnis unter den nämlichen Voraussetzungen wie vorher (§ 2352 B.G.B.);

6. Genehmigung zum Vertrag, durch den ein Erbverzicht aufgehoben wird, wenn der Erblasser geschäftsunfähig ist, wenn er unter elterlicher Gewalt steht, jedoch nur, wenn der Erbvertrag nicht unter Ehegatten oder unter Verlobten geschlossen war (§ 2351 B.G.B.).

K. Genehmigung des Antrages des gesetzlichen Vertreters eines Verschollenen auf Todeserklärung (§ 962 Abs. 2 C.P.O.).

L. Genehmigung des Antrages auf Entlassung eines Staatsangehörigen, der unter elterlicher Gewalt steht, aus dem Staatsverband (§ 14a B. u. St.Ang.G., Art. 41 Nr. II E.G. z. B.G.B.).

II. Zuständigkeit:

1. Zu Verrichtungen dieser Art ist das Gericht zuständig, in dessen Bezirke das Kind seinen Wohnsitz oder in Ermangelung eines inländischen Wohnsitzes seinen Aufenthalt hat.

Dies gilt auch, wenn eine Verrichtung hinsichtlich eines von mehreren Geschwistern notwendig wird.

Betrifft die Verrichtung des Vormundschaftsgerichts mehrere Geschwister, welche in den Bezirken verschiedener Vormundschaftsgerichte ihren Wohnsitz oder ihren Aufenthalt haben, so ist dasjenige Gericht zuständig, in dessen Bezirke das jüngste Kind seinen Wohnsitz oder seinen Aufenthalt hat. Ist in diesem Falle über eines der Kinder eine Vormundschaft oder eine Pflegschaft anhängig, so ist das für diese zuständige Gericht hinsichtlich aller Geschwister zuständig (siehe unten Nr. 3).

Ist das Kind ein Deutscher und hat es im Inlande weder Wohnsitz noch Aufenthalt, so ist das Gericht zuständig, in dessen Bezirke das Kind seinen letzten inländischen Wohnsitz hatte (vergl. hiezu Sammlg. Bd. III S. 90). In Ermangelung eines solchen Wohnsitzes wird das zuständige Gericht, falls das Kind einem Bundesstaat angehört, von der Landesjustizverwaltung, andernfalls von dem Reichskanzler bestimmt (§ 43 Abs. 1 mit § 36 Abs. 1, 2 G.F.G.).

2. Maßgebender Zeitpunkt für die Bestimmung der Zuständigkeit ist derjenige, in welchem das Gericht mit der einzelnen Angelegenheit befaßt wird.

3. Ist für die Person, in Ansehung derer die Verrichtung des Vormundschaftsgerichts erforderlich wird, eine Vormundschaft oder eine Pflegschaft anhängig oder ist der Mutter, unter deren elterlicher Gewalt sie steht, ein Beistand bestellt, so ist das Gericht zuständig, bei welchem die Vormundschaft, Pflegschaft oder Beistandschaft anhängig ist (§ 43 Abs. 2 G.F.G.).

4. Außer dem hienach zuständigen Gericht ist für die Maßregeln zum Schutze des Kindes, falls die Eltern an der Ausübung der elterlichen Gewalt verhindert sind (§§ 1665, 1686 B.G.B., siehe oben I C 1 b) auch das Gericht zuständig, in dessen Bezirke das Bedürfnis der Fürsorge hervortritt; ist eine Vormundschaft, Pflegschaft oder Beistandschaft anhängig, so soll das Gericht von den angeordneten Maßregeln dem nach § 43 Abs. 2 G.F.G. zuständigen Gerichte Mitteilung machen (§ 44 G.F.G.); siehe auch oben § 47.

5. Ein Wechsel in dem Wohnsitz oder Aufenthalt des Kindes hat auf die einmal begründete Zuständigkeit keinen Einfluß. Das mit der Sache befaßte Gericht kann jedoch die Angelegenheit zur weiteren Erledigung unter den nämlichen Voraussetzungen an ein anderes Vormundschaftsgericht abgeben, unter welchen Abgabe einer Vormundschaft an ein anderes deutsches Vormundschaftsgericht zulässig ist (§ 46 Abs. 3 G.F.G.). An die Stelle der Zustimmung des Vormundes tritt diejenige des Gewalthabers.

III. Verfahren:

Hinsichtlich des Verfahrens in diesen Angelegenheiten kommen folgende besondere Punkte in Betracht:

1. Das Vormundschaftsgericht wird auch hier, soweit nicht ausdrücklich sein Einschreiten von einem Antrage abhängig gemacht ist, von Amts wegen tätig.
2. Von der Notwendigkeit des Einschreitens hat der Gemeindewaisenrat dem Gerichte Anzeige zu machen (§ 1675 B.G.B.). Außerdem erhält das Vormundschaftsgericht von Fällen, welche sein Einschreiten veranlassen durch Anzeige des Standesbeamten (§ 48 G.F.G. §§ 47, 54 Vorm.Odg.) oder durch Mitteilung eines anderen Gerichts oder dritter Personen Kenntnis.
3. Vor einer Entscheidung, durch welche die Sorge für die Person oder das Vermögen des Kindes oder die Nutznießung dem

Vater oder der Mutter (§ 1686 B.G.B.) entzogen oder beschränkt wird, (z. B. §§ 1635, 1637, 1666—1671, § 1760 Abs. 2 B.G.B.) sollen gehört werden:

a) der Gewalthaber, es sei denn, daß die Anhörung untunlich ist,

b) Verwandte, insbesondere die Mutter, oder Verschwägerte des Kindes, wenn es ohne erhebliche Verzögerung und ohne unverhältnismäßige Kosten geschehen kann.

Die Verwandten und Verschwägerten können von dem Kinde Ersatz ihrer Auslagen verlangen, deren Betrag von dem Vormundschaftsgerichte festzusetzen ist (§ 1673 mit § 1847 Abs. 2 B.G.B.).

4. Das Vormundschaftsgericht kann den von ihm in Ausübung der Sorge für die Person oder das Vermögen nach §§ 1665 bis 1670 B.G.B. getroffenen Anordnungen jederzeit ändern (§ 1671 B.G.B.).

IV. Wirksamkeit der Verfügungen des Vormundschaftsgerichts:

Verfügungen, durch welche auf Antrag die Ermächtigung oder die Zustimmung einer Person zu einem Rechtsgeschäfte ersetzt wird, treten erst mit der Rechtskraft in Wirksamkeit; hieher gehören die Fälle der §§ 1308 (oben I A), 1487 (oben I G 2) 1639 Abs. 3 (oben I C 3b).

Ausnahmsweise kann jedoch, wenn nach dem Ermessen des Gerichts Gefahr im Verzuge, d. i. wenn von dem Aufschube der Wirksamkeit der Verfügung bis zur Rechtskraft eine Gefährdung der zu verfolgenden Interessen zu befürchten ist, die sofortige Wirksamkeit der Verfügung angeordnet werden; die Verfügung tritt mit der Bekanntmachung an den Antragsteller in Wirksamkeit (§ 53 G.F.G.) wegen Beschwerde siehe unten VI a. E.

V. Unabänderlichkeit gewisser Verfügungen:

1. Verfügungen der sub IV bezeichneten Art können im Regelfalle (Eintritt der Wirksamkeit mit der Rechtskraft) im Hinblick auf § 60 Abs. 1 Nr. 6 G.F.G. vom Vormundschaftsgerichte nicht abgeändert werden (§ 18 Abs. 2 G.F.G.).

2. Eine Verfügung, durch welche die Genehmigung zu einem Rechtsgeschäft erteilt oder verweigert wird, kann weder von dem Vormundschaftsgericht noch von dem Beschwerdegericht insoweit mehr geändert werden, als die Genehmigung oder deren Verweigerung einem Dritten gegenüber wirksam geworden ist (§ 55 Abs. 1, §§ 62, 63 G.F.G.).

VI. Die Beschwerde steht vorbehaltlich der Regel des § 20 G.F.G. zu:

a) dem unter elterlicher Gewalt stehenden Kinde, soferne es das vierzehnte Lebensjahr vollendet hat und nicht geschäftsunfähig ist, in allen seine Person betreffenden Angelegenheiten ohne Mitwirkung seines gesetzlichen Vertreters (§ 59 G.F.G.);

b) den Verwandten und Verschwägerten gegen eine Verfügung, durch welche die Anordnung einer der in den §§ 1665—1667 B.G.B. (siehe oben sub I C 1 lit. b, 2 lit. c, d, 3 lit. i) vorgesehenen Maßregeln abgelehnt oder eine solche Maßregel aufgehoben wird (§ 57 Nr. 8 G.F.G.);

c) Jedem, der ein berechtigtes Interesse hat, die betreffende Angelegenheit wahrzunehmen, gegen eine Verfügung, die eine Entscheidung über eine die Sorge für die Person (oder für die Person und das Vermögen) des Kindes betreffende Angelegenheit enthält, soferne nicht die sofortige Beschwerde stattfindet (§ 57 Nr. 9 und Abs. 2 G.F.G.).

Soweit Verfügungen nur auf Antrag erlassen werden können, ist wegen der Beschwerde gegen eine ablehnende Verfügung § 20 Abs. 2 G.F.G. zu beachten, wonach nur der Antragsteller beschwerdeberechtigt ist.

Verfügungen der sub IV bezeichneten Art sind mit sofortiger Beschwerde anfechtbar (§ 60 Abs. 1 Nr. 6 G.F.G); dies gilt nicht für ablehnende Verfügungen.

6. Kapitel.

§ 59.

Beistandschaft.

I. Zuständig für die Anordnung der Beistandschaft, sowie für alle weiteren Verfügungen, welche durch die Beistandschaft selbst erforderlich werden, ist das Gericht, in dessen Bezirke das Kind zu der Zeit, zu welcher die Anordnung der Beistandschaft erforderlich und infolgedessen das Gericht damit befaßt wird (§ 1687 B.G.B.), seinen Wohnsitz oder, wenn sich ein solcher nicht ermitteln läßt, seinen Aufenthalt hat. Ist das Kind ein Deutscher und hat es im Inlande weder Wohnsitz noch Aufenthalt, so ist das Gericht zuständig, in dessen Bezirke das Kind seinen letzten inländischen Wohnsitz hatte; ist auch dieser nicht zu ermitteln, so wird das zuständige Gericht, wenn das Kind einem Bundesstaat angehört, von der Landesjustizverwaltung — Staatsministerium der Justiz —, andernfalls vom Reichskanzler bestimmt (§ 43 mit § 36 Abs. 1 und 2 G.F.G.)

Auch die Beistandschaft kann aus wichtigen Gründen (Sammlg. Bd. I S. 263, 741) an ein anderes Vormundschaftsgericht abgegeben werden (§ 46 Abs. 3 G.F.G.); die Abgabe ist von der Zustimmung der Mutter und des Beistandes abhängig; vergl. im übrigen oben § 37 V.

II. Anordnung: Ein Beistand muß der ehelichen Mutter eines Kindes, über welches ihr die elterliche Gewalt zusteht, bei Vorliegen einer der folgenden Voraussetzungen bestellt werden:

1. wenn der Vater die Bestellung durch letztwillige Verfügung angeordnet hat; die Anordnung ist nicht verbindlich, wenn dem

Vater bei seinem Tode die elterliche Gewalt über das Kind nicht zustand oder wenn in diesem Zeitpunkt seine Vertretungsmacht in den die Person oder das Vermögen betreffenden Angelegenheiten ausgeschlossen war; bezüglich eines nach dem Tode des Vaters geborenen Kindes ist entscheidend, ob der Vater zu der Anordnung befugt gewesen wäre, wenn das Kind bei seinem Tode schon gelebt hätte (§ 1777 B.G.B.); das Vormundschaftsgericht hat die Gültigkeit der Anordnung daraufhin zu prüfen;

2. wenn die Mutter die Bestellung beantragt;
3. wenn das Vormundschaftsgericht aus besonderen Gründen die Bestellung im Interesse des Kindes für nötig erachtet; Anlaß bietet insbesondere der Umfang oder die Schwierigkeit der Vermögensverwaltung oder eine Gefährdung des geistigen oder leiblichen Wohles oder des Vermögens des Kindes (§ 1687 B.G.B.); nicht maßgebend ist der Umfang des Vermögens, wenn die Verwaltung keine Schwierigkeiten bietet.

Im letzteren Falle sind vor der Bestellung die Mutter sowie Verwandte oder Verschwägerte des Kindes zu hören (§ 1673 B.G.B.) Die Verfügung, durch welche der Beistand bestellt wird, muß den Grund, aus welchem die Bestellung erfolgt, angeben und, wenn die Bestellung nicht auf Grund einer Anordnung des Vaters oder im Einverständnisse mit der Mutter erfolgt, die Tatsache kurz bezeichnen, auf welcher die Verfügung beruht. Die Verfügung ist der Mutter bekannt zu geben (§ 40 Vorm.Odg.).

Gegen die Anordnung ist die Beschwerde nach Maßgabe der §§ 20 ff. G.F.G. zulässig. Weitere Beschwerde wegen Unterlassung der Anhörung Verwandter und Verschwägerter ist zulässig, wenn infolge der Unterlassung keine Gewähr einer erschöpfenden Behandlung der Sache geboten ist.

Gegen eine Verfügung, durch welche der Antrag der Mutter auf Bestellung eines Beistandes abgelehnt wird, steht lediglich der Mutter die Beschwerde zu (§ 20 Abs. 2 G.F.G.) in den übrigen Fällen (1 und 3 oben) steht die Beschwerde außer den nach § 20 G.F.G. Beschwerdeberechtigten dem Ehegatten (z. B. im Falle des § 1746 Abs. 1 B.G.B.) sowie den Verwandten und Verschwägerten des Kindes zu (§ 57 Nr. 5 G.F.G.).

III. Für die Berufung, Bestellung und Beaufsichtigung des Beistands und die ihm zu bewilligende Vergütung gelten die gleichen Vorschriften wie bei dem Gegenvormund (§ 1694 mit § 1792 Abs. 4, §§ 1776—1790, 1836 B.G.B.)[1]).

---

[1]) Zur Aufforderung an den Gemeindewaisenrat um Vorschlag eines Beistandes (§§ 1694, 1849 des B.G.B.) sollen die Formulare 2, 3 der Bekanntmachung vom 22. Dezember 1899 (J.M.Bl. S. 565) verwendet werden ; siehe Note 1 zu § 35.

Regelmäßig wird nur ein Beistand bestellt; Bestellung mehrerer ist jedoch nicht ausgeschlossen.

Die sofortige Beschwerde findet statt gegen eine Verfügung,

1. durch die ein zum Beistand Berufener übergangen wird,
2. die Weigerung, eine Beistandschaft zu übernehmen, zurückgewiesen wird (§ 60 Abs. 1 Nr. 1 und 2 G.F.G.).

Beschwerdeberechtigt ist im ersten Falle nach § 20 G.F.G. jedenfalls auch der als Beistand Bestellte, ferner die Mutter, welcher die elterliche Gewalt zusteht (Keidel S. 66, Rausnitz Note 21 zu § 68). Die Beschwerdefrist beginnt für den Uebergangenen mit dem Zeitpunkt, in welchem er von seiner Uebergehung Kenntnis erlangt (§ 60 Abs. 2 G.F.G.), für die übrigen Beschwerdeberechtigten mit dem Zeitpunkt der Bekanntmachung der die Uebergehung enthaltenden Verfügung (§ 16 G.F.G.).

Zur Verpflichtung des Beistands ist, wenn tunlich, gleichzeitig die Mutter zu laden (§ 41 Abs. 2 Vorm.Odg.); Formulare für die Ladung des Beistandes und der Mutter siehe J.M.Bl. 1900 S. 271, 273.

Der Beistand erhält eine Bestallung. Wenn der Wirkungskreis des Beistands beschränkt oder dem Beistand die Vermögensverwaltung übertragen ist, ist dies in der Bestallung zu vermerken (Formular siehe J.M.Bl. 1900 S. 277; siehe auch Bek. vom 29. Dezember 1901, die Beschaffung der Formulare für die Bestallungen der Vormünder und Beistände betr., J.M.Bl. S. 237).

IV. Der Umfang des Wirkungskreises des Beistandes richtet sich nach dem Inhalte der Bestellung. Für denselben ist entscheidend:

1. in erster Linie die Anordnung des Vaters bei der Anordnung der Vormundschaft; über die Voraussetzungen der Gültigkeit der Anordnung siehe § 1777 B.G.B. und oben Nr. II 1; die Anordnung muß vom Vormundschaftsgericht bei der Bestellung befolgt werden;
2. der Antrag der Mutter, der sich auf Uebertragung der ganzen oder teilweisen Vermögensverwaltung auf den Beistand erstrecken kann (§ 1693 B.G.B.).
3. in letzter Linie das Ermessen des Vormundschaftsgerichts.

Der Beistand kann hienach für alle Angelegenheiten, für gewisse Arten von Angelegenheiten oder nur für einzelne Angelegenheiten bestellt werden.

Ist der Umfang bei der Bestellung nicht bestimmt, so fallen alle Angelegenheiten in seinen Wirkungskreis (§ 1688 B.G.B.).

V. Aufgaben des Beistands sind:

1. Die Unterstützung und Ueberwachung der Mutter bei der Ausübung der elterlichen Gewalt innerhalb seines Wirkungskreises.

   Der Gemeindewaisenrat ist zur Ueberwachung der Mutter bei der Ausübung der elterlichen Gewalt, auch wenn der

Mutter ein Beistand bestellt worden ist, nicht berufen, sondern hat nur die Verpflichtung, Anzeige zu machen, wenn ein Fall zu seiner Kenntnis kommt, in welchem das Vormundschaftsgericht zum Einschreiten berufen ist (§ 1675 des B.G.B.). Die Bestellung eines Beistandes wird deshalb dem Gemeindewaisenrate nicht mitgeteilt (§ 42 Vorm.Odg.).

2. Anzeigeerstattung an das Vormundschaftsgericht von jedem Falle, in welchem es zum Einschreiten berufen ist (§ 1689 B.G.B.); gegen eine Verfügung, durch die ein Antrag des Beistands zurückgewiesen wird, gegen die Mutter wegen pflichtwidrigen Verhaltens einzuschreiten, steht außer den nach § 20 G.F.G. Beschwerdeberechtigten auch dem Beistande die Beschwerde zu (§ 57 Nr. 6 G.F.G.);

3. die Erteilung der Genehmigung zu jedem von der Mutter innerhalb seines Wirkungskreises vorgenommenen Rechtsgeschäfte, zu dem ein Vormund der Genehmigung des Vormundschaftsgerichts (§§ 1821, 1822 B.G.B.) oder des Gegenvormunds (§§ 1809—1813 B.G.B.) bedarf; die Genehmigung des Beistands ist nicht erforderlich, soferne das Rechtsgeschäft der Genehmigung des Vormundschaftsgerichts bedarf (§ 1686 mit 1643 B.G.B). Der Beistand kann die Genehmigung zu einem Rechtsgeschäfte nur der Mutter gegenüber erklären (§ 1690 Abs. 1, § 1828 B.G.B.). Die Genehmigung des Beistands kann durch die Genehmigung des Vormundschaftsgerichts ersetzt werden, wenn derselbe die Genehmigung verweigert oder an der Abgabe einer Erklärung tatsächlich verhindert ist (§ 1690 Abs. 2 B.G.B.); die Verfügung, durch welche die Genehmigung ersetzt wird, tritt erst mit der Rechtskraft in Wirksamkeit, soferne nicht das Gericht wegen Gefahr im Verzuge die sofortige Wirksamkeit anordnet (§ 53 G.F.G., Dorner Note 2c zu § 53, Rausnitz Note 3); die Verfügung ist mit sofortiger Beschwerde anfechtbar (§ 60 Abs. 1 Nr. 6 G.F.G.);

4. die Führung der Vermögensverwaltung, wenn ihm diese durch das Vormundschaftsgericht übertragen wird; die Uebertragung kann nur auf Antrag der Mutter erfolgen und zwar sowohl hinsichtlich des ganzen Vermögens als hinsichtlich einzelner Teile desselben; der Beistand hat, soweit seine Verwaltungsbefugnis reicht, die Rechte und Pflichten eines Pflegers, ist also insoweit der gesetzliche Vertreter des Kindes. Die Mutter muß ihm das Vermögen des Kindes, soweit er es zu verwalten hat, herausgeben. Die Wertpapiere müssen nach Maßgabe der §§ 1814, 1818 B.G.B. (siehe oben § 40) hinterlegt werden. Der Beistand muß über seine Vermögensverwaltung Rechnung legen (§ 1693 B.G.B. § 44 Vorm.Odg.); die Uebertragung kann jederzeit mit Zustimmung der Mutter aufgehoben werden (§ 1695 B.G.B.);

5. Auskunfterteilung an das Vormundschaftsgericht auf dessen Verlangen über die Führung der Beistandschaft und die persönlichen Verhältnisse des Kindes; der Vormundschaftsrichter soll sich von Zeit zu Zeit über die persönlichen Verhältnisse des Kindes Bericht erstatten lassen (§ 1839, § 1694 Abs. 1 B.G.B.; § 43 Abs. 2 Vorm.Ordg.).
6. Anlegung des zum Vermögen des Kindes gehörigen Geldes, soweit dieselbe in seinen Wirkungskreis fällt, nach den für die Anlegung von Mündelgeld geltenden Vorschriften (§ 1691 B.G.B.; siehe oben § 41).
7. Mitwirkung bei der Fertigung eines Vermögensverzeichnisses durch die Mutter (§§ 1640, 1667, 1669, 1681, 1686 B.G.B.), auch wenn ihm die Sorge für das Vermögen des Kindes nicht obliegt; auch der Beistand hat das Verzeichnis mit der Versicherung der Richtigkeit und Vollständigkeit zu versehen; ist das Verzeichnis ungenügend, so stehen dem Vormundschaftsgerichte dieselben Rechte zu, wie wenn ein Beistand nicht bestellt wäre (§ 1692 mit § 1640 Abs. 2, § 1670 B.G.B.).
8. Erteilung der Genehmigung zu dem Antrage der Mutter auf Entlassung des Kindes aus dem Staatsverband, auch wenn sie gleichzeitig die Entlassung für sich beantragt (§ 14 Abs. 2 Satz 2 des R.G. über den Erwerb und Verlust der Bundes- und Staatsangehörigkeit vom 1. Juni 1870 i. d. F. des Art. 41 II E.G. z. B.G.B.).

VI. Dem Vormundschaftsgerichte obliegt außer den sich aus dem Vorstehenden ergebenden Aufgaben:

1. die Anhörung des Beistands, wenn dieselbe tunlich ist, vor der Entscheidung in allen Fällen, in welchen ein vom Vormundschaftsgericht zu genehmigendes Rechtsgeschäft zum Wirkungskreise des Beistandes gehört; die Anhörung ist sowohl für den Fall vorgeschrieben, daß das Vormundschaftsgericht primär zur Genehmigung berufen ist (§ 1686 mit 1643 B.G.B.), als auch für den Fall, daß das Gericht die unterbliebene Genehmigung des Beistands zu ersetzen hat (§ 1690 Abs. 3 B.G.B.; siehe auch oben Ziff. V 3.)
2. die Beaufsichtigung des Beistands; diese erstreckt sich auf die gesamte Tätigkeit des Beistands; das Vormundschaftsgericht hat gegen Pflichtwidrigkeiten durch geeignete Gebote und Verbote einzuschreiten; es kann den Beistand zur Befolgung seiner Anordnungen durch Ordnungsstrafen anhalten, deren einzelne den Betrag von 300 Mark nicht überschreiten darf; im übrigen siehe über Ordnungsstrafen oben § 21 (§ 1694 Abs. 1 mit § 1837 B.G.B.).

VII. Das Amt des Beistands endet:

1. aus den nämlichen Gründen wie das Amt eines Gegenvor-

mundes (§ 1694 Abs. 1 B.G.B.; siehe § 32 Nr. IV, § 33 Nr. VI); gegen die Entlassung wider den Willen des Beistands findet die sofortige Beschwerde statt. Beschwerdeberechtigt ist nach § 20 G.F.G. jedenfalls auch die Mutter (Rausnitz Note 34 § 60).

2. wenn die elterliche Gewalt der Mutter ruht (§ 1694 Abs. 2 B.G.B.);
3. mit der Beendigung der Beistandschaft überhaupt (siehe VIII).

Der Beistand hat nach Beendigung seines Amts die Bestallung zurückzugeben (§ 46 Vorm.Odg.).

VIII. Die Beistandschaft endigt:

1. mit der Beendigung der elterlichen Gewalt der Mutter (siehe § 1686, 1697 B.G.B.);
2. mit dem Eintritt des Ruhens der elterlichen Gewalt der Mutter (§ 1694 Abs. 2 § 1686 mit §§ 1676, 1677 B.G.B.);
3. wenn dem Beistand die gesamte Vermögensverwaltung übertragen war, sobald der Mutter auch die Sorge für die Person des Kindes entzogen wird (§ 1686 mit § 1666 B.G.B.);
4. durch Aufhebung der Bestellung seitens des Vormundschaftsgerichts bei der auf Antrag der Mutter oder von Amts wegen bestellten Beistandschaft. Die Aufhebung kann jederzeit erfolgen, soll aber bei der auf Antrag der Mutter bestellten Beistandschaft nur mit Zustimmung der Mutter erfolgen (§ 1695 B.G.B.).

Wird die Beistandschaft beendigt, weil das Kind volljährig geworden ist, so ist das Kind von der Beendigung zu verständigen, sofern dem Beistande die Vermögensverwaltung übertragen war. Der Beistand hat in solchen Fällen Rechenschaft abzulegen (§ 1890 B.G.B.). Dem Kinde ist von dem Stande seines Vermögens wie im Falle der Beendigung einer Vormundschaft (siehe oben § 46) Mitteilung zu machen (§ 45 Vorm.Odg.).

Gegen eine Verfügung, durch welche die auf Anordnung des Vaters oder von Amts wegen erfolgte Bestellung des Beistandes aufgehoben wird, steht die Beschwerde außer dem nach § 20 G.F.G. Beschwerdeberechtigten dem Ehegatten, den Verwandten und Verschwägerten des Kindes zu (§ 57 Nr. 5 G.F.G.).

7. Kapitel.

§ 60.

Gebühren in Vormundschaftssachen.

I. Bei Vormundschaften werden von dem Vermögen des Mündels, wenn dieses über 1000 Mark beträgt, zwei Zehnteile der Sätze des § 8 des Reichsgerichtskostengesetzes erhoben. Für die Berechnung der Gebühr ist der Stand des reinen Vermögens bei Beendigung der Vormundschaft maßgebend (Art. 83 Geb.G.). Diese

Gebühr wird also erst bei Beendigung der Vormundschaft erhoben (§ 87 Geb.G.).

Außerdem kommen für jedes Jahr von den Einkünften aus dem Vormundschaftsvermögen (nicht auch aus sonstigen Einkünften z. B. Pensionen) zwei Zehnteile der Sätze des § 8 des Reichsgerichtskostengesetzes zur Erhebung. Dabei werden statt besonderer Berechnung die jährlichen Einkünfte zu drei vom Hundert des Vermögens unter Abzug der Schulden angenommen. Uebersteigen dieselben nicht den Betrag von 30 Mark, so bleibt die Gebühr außer Ansatz (Art. 84 Geb.G.). Soweit bei Minderjährigen diese Gebühr nach dem Ermessen des Vormundschaftsgerichts nicht aus den nach Bestreitung des Unterhalts und der Erziehung etwa verbleibenden Rentenüberschüssen gedeckt werden können, bleiben die Gebühren bis zur Erreichung der Volljährigkeit oder früheren Beendigung der Vormundschaft gestundet (Art. 85 Geb.G.). Die Gebühr wird bei der Rechnungstellung und im Falle der §§ 1854, 1855, 1903, 1904 B.G.B. an dem von dem Vormundschaftsgerichte zur Vorlage der Uebersicht über den Bestand des Mündelvermögens angeordneten Termine fällig (Art. 87 Geb.G.)

Erstreckt sich eine Vormundschaft auf mehrere Mündel, so sind die in den Art. 83, 84 Geb.G. bestimmten Gebühren für jeden besonders zu berechnen (Art. 86 Geb.G.).

Die vorstehenden Vorschriften finden auch auf die vorläufige Vormundschaft Anwendung. Endigt die vorläufige Vormundschaft, weil auf Grund der erfolgten Entmündigung ein Vormund bestellt wird, so gelten die vorläufige und die endgültige Vormundschaft als eine Vormundschaft (Art. 88 Geb.G.).

II. Bei den zur Besorgung einer einzelnen Angelegenheit bestellten Pflegschaften oder Beistandschaften ist nach dem Werte des Gegenstandes, soferne dieser über 1000 Mark beträgt, ein Zehnteil der Sätze des § 8 Reichsgerichtskostengesetzes bis zum Betrage von 20 Mark zu erheben. Die Gebühr wird jedoch nur erhoben, soweit nicht rücksichtlich der Person, in deren Interesse ein Pfleger oder Beistand bestellt wird, eine Vormundschaft, eine anderweitige Pflegschaft oder Beistandschaft eingeleitet oder einzuleiten ist (Art. 89 Abs. 1 und 3 Geb.G.).

Bei anderen Pflegschaften oder Beistandschaften sind von dem Werte des Vermögens, auf welches sich die Pflegschaft oder Beistandschaft bezieht, sofern dieses über 1000 Mark beträgt, die nämlichen Gebühren zu erheben wie nach Art. 83, 84 bei Vormundschaften (siehe Ziff. I), die Gebühr des Art. 84 bei einer Beistandschaft jedoch nur soweit, als dem Beistande die Vermögensverwaltung übertragen ist; die Vorschriften der Art. 85—87 finden entsprechende Anwendung (Art. 90 Geb.G.).

III. Für andere als die in Ziff. I und II bezeichneten Verrichtungen des Vormundschaftsgerichts gelten folgende Vorschriften:

1. Im Falle einer Fürsorge für ein unter elterlicher Gewalt

stehendes Kind, insbesondere im Falle der Genehmigung zu einem Rechtsgeschäft oder im Falle einer Verfügung nach den §§ 112, 1631, 1635—1637, 1645, 1665, 1677, 2282, 2290, 2347, 2351 B.G.B. wird eine Gebühr von 1—20 Mark erhoben, jedoch nur, soweit nicht rücksichtlich der Person, in deren Interesse die Fürsorgetätigkeit ausgeübt wird, eine Pflegschaft oder Beistandschaft eingeleitet oder einzuleiten ist (Art. 89 Abs. 2 und 3 Geb.G.).

2. Für die Ersetzung der elterlichen Einwilligung zur Eingehung der Ehe oder der Einwilligung der Mutter zur Ehelichkeitserklärung, für Entscheidungen betreffend den Unterhalt eines Kindes nach § 1612 B.G.B., für die Uebertragung der elterlichen Gewalt an die Mutter (§ 1685 Abs. 2 B.G.B.), für die Ersetzung der Zustimmung anteilsberechtigter Abkömmlinge zu Rechtsgeschäften des überlebenden Ehegatten im Falle der fortgesetzten Gütergemeinschaft, für Entscheidungen, welche die persönlichen Rechtsbeziehungen der Ehegatten zu einander oder das eheliche Güterrecht betreffen, und für sonstige Verfügungen des Vormundschaftsgerichts, die sich nicht auf Mündel, Pflegebefohlene oder unter elterlicher Gewalt stehende Kinder beziehen, wird eine Gebühr von 1—20 Mark erhoben.

Die gleiche Gebühr wird für die Tätigkeit des Vormundschaftsgerichts im Falle der Verheiratung des Vaters oder der Mutter sowie für die nach § 1639 Abs. 1, § 1640 Abs. 2, nach den §§ 1653, 1666—1668, 1670 oder nach § 1760 Abs. 2 B.G.B. zu treffenden Anordnungen von dem Vater oder von der Mutter erhoben, sofern nicht die Gebühr nach Art. 83 oder nach Art. 89 Geb.G. erhoben wird (Art. 91 Geb.G.).

IV. Gebühren werden nicht erhoben:

1. für die Bestellung des Vormundes, Gegenvormundes, Beistandes oder Pflegers;
2. für die Aufnahme der im § 1718 und im § 1720 Abs. 2 B.G.B. vorgesehenen öffentlichen Urkunde über die Anerkennung der Vaterschaft;
3. für die gerichtliche Beurkundung von Vereinbarungen zwischen dem Vater eines unehelichen Kindes und diesem über den Unterhalt für die Zukunft oder über eine an Stelle des Unterhalts zu gewährende Abfindung sowie für die Beurkundung einer Vereinbarung zwischen dem Vater eines unehelichen Kindes und der Mutter über die der Mutter aus der Beiwohnung und der Entbindung entstandenen Ansprüche, sofern diese Vereinbarung mit der Vereinbarung über den Unterhalt des Kindes in derselben Urkunde verbunden wird;
4. für die Aufnahme eines Vermögensverzeichnisses durch den Gerichtsschreiber (Art. 92 Geb.G.).

Ebenso kommen für die von Amts wegen zu erteilenden Ausfertigungen und Abschriften in Vormundschafts-, Pflegschafts- oder Beistandssachen Schreibgebühren nicht in Ansatz (Art. 93 Geb.G.).

III. Abschnitt.

§ 61.

Annahme an Kindesstatt.

Gemäß §§ 1741, 1770 B.G.B. bedarf der Vertrag, durch welchen jemand an Kindesstatt angenommen oder das durch die Annahme an Kindesstatt begründete Rechtsverhältnis wieder aufgehoben wird, der Bestätigung durch das zuständige Gericht:

Diese Bestätigung allein beschäftigt in Bayern bei der Annahme an Kindesstatt die Gerichte, da für die notwendigen öffentlichen Beurkundungen ausschließlich die Notare zuständig sind (§ 15 Abs. 2 A.G. z. G.V.G., Art. 1 Not.G.).

I. Zuständigkeit.

1. Sachlich zuständig für die Bestätigung ist das Amtsgericht (§ 65 G.F.G.). Die allgemeinen Vorschriften des ersten Abschnittes des G.F.G. finden daher auf das Verfahren hinsichtlich der Bestätigung Anwendung, soweit sich nicht aus dem folgenden ein anderes ergibt.

2. Oertlich zuständig ist dasjenige Amtsgericht, in dessen Bezirk der Annehmende seinen Wohnsitz und, wenn ein inländischer Wohnsitz nicht zu ermitteln ist, seinen Aufenthalt hat (§ 66 Abs. 1 G.F.G.), endlich wenn der Annehmende ein Deutscher, d. i. Reichsangehöriger ist und im Inlande weder Wohnsitz noch Aufenthalt hat, das Amtsgericht, in dessen Bezirk der Annehmende seinen letzten inländischen Wohnsitz hatte; ist auch ein solcher Wohnsitz nicht zu ermitteln, so wird das zuständige Gericht, falls der Annehmende einem Bundesstaat angehört, von der Landesjustizverwaltung, d. i. in Bayern das kgl. Staatsministerium der Justiz, andernfalls von dem Reichskanzler bestimmt (§ 66 Abs. 2 G.F.G.).

Eine Zuständigkeitsbestimmung für den Fall der Annahme an Kindesstatt durch einen Ausländer, welcher im Inland weder Wohnsitz noch Aufenthalt hat, wurde praktisch nicht für notwendig erachtet (D. S. 53).

Maßgebend ist die Gestaltung der die Zuständigkeit bestimmenden Verhältnisse nicht zur Zeit des Vertragsabschlusses, sondern in dem Zeitpunkte, in welchem der Antrag auf Bestätigung beim zuständigen Gericht eingereicht wird; erfolgt die Bestätigung zulässigerweise nach dem Tode des Annehmenden, so ist der Zeitpunkt entscheidend, in welchem der beurkundende Notar nach § 1753 Abs. 2 B.G.B. mit der Einreichung des Vertrages bei dem für die Bestätigung zuständigen Gerichte betraut wird. Ein Wechsel der maßgebenden Verhältnisse vor erfolgter Bestätigung ist ohne Einfluß.

Eine durch ein örtlich unzuständiges Gericht erfolgte Bestätigung ist rechtlich wirksam (§ 7 G.F.G.).

II. Voraussetzungen der Bestätigung.

1. Die materiellen Voraussetzungen der Bestätigung gehören dem bürgerlichen Rechte an.

2. Formelle Voraussetzung der Bestätigung ist ein Antrag.

Antragsberechtigt ist jeder Vertragsteil bezw. dessen gesetzlicher Vertreter (§ 1750 Abs. 1 B.G.B.) für sich, ein gemeinschaftlicher Antrag beider Vertragsteile ist nicht erforderlich (vergl. § 68 Abs. 2 Satz 2 G.F.G.).

Für die Form des Antrags gelten die allgemeinen Vorschriften. Derselbe kann in die Urkunde über die Annahme bezw. die Aufhebung derselben aufgenommen und von dem beurkundenden Notar eingereicht werden. Auch nach der notariellen Beurkundung des Vertrags kann der Notar mit der Einreichung betraut werden (vergl. § 1753 Abs. 2 B.G.B.).

Dem Antrag ist außer der Urschrift des zu bestätigenden Vertrags behufs Ermöglichung der Prüfung der Voraussetzungen der Bestätigung beizulegen:

beim Antrag auf Bestätigung der Annahme

- Familienstandszeugnis der Vertragschließenden (wegen §§ 1741, 1746, 1747 B.G.B.),
- Geburtszeugnis des Annehmenden (wegen § 1744 B.G.B.), eventuell Nachweis erteilter Befreiung von den Erfordernissen des § 1744 nach § 1745 B.G.B.,
- Geburtszeugnis des Kindes (wegen §§ 1744, 1750 B.G.B.),
- die etwa erforderlichen Einwilligungserklärungen (§§ 1746—1748 B.G.B.) in notarieller Form,
- im Falle das Kind noch nicht vierzehn Jahre alt ist oder ein Vertragsteil in der Geschäftsfähigkeit beschränkt ist, die Genehmigung des Vormundschaftsgerichts (§§ 1750, 1751 B.G.B.),
- im Falle der Bestätigung nach dem Tode des Annehmenden die Sterbeurkunde (wegen § 1753 Abs. 2 B.G.B.),

beim Antrag auf Aufhebung der Bestätigung

- Familienstandszeugnis des Kindes und Geburtszeugnisse der Abkömmlinge desselben (wegen § 1768 Abs. 2 B.G.B.),
- Geburtszeugnis des Kindes (wegen §§ 1750, 1770 B.G.B.),

die etwa erforderliche Genehmigung des Vormundschaftsgerichts (wegen §§ 1750, 1751, 1770 B.G.B.).

III. Prüfungsrecht des Gerichts:

Die Bestätigung ist nicht Gnadensache. Das Gericht hat lediglich seine Zuständigkeit sowie die gesetzlichen Voraussetzungen der Annahme bezw. Aufhebung zu prüfen und muß, wenn beides gegeben ist, die Bestätigung erteilen; auch eine Prüfung der Zweckmäßigkeit und Vorteilhaftigkeit des Vertrages kommt dem Gerichte, welches die Bestätigung zu erteilen hat, nicht zu, sondern nur in den Fällen der §§ 1750, 1751 B.G.B. dem Vormundschaftsgerichte.

IV. Die Bestätigung.

1. Form: Die Bestätigung ist durch Beschluß zu erteilen (§ 67 Abs. 1 G.F.G.), welcher der Begründung nicht bedarf.

2. Bekanntmachung der Bestätigung und deren Verweigerung: Der Beschluß, durch welchen die Bestätigung erteilt wird, muß dem Annehmenden bekannt gemacht werden, und, wenn die Bestätigung nach § 1753 oder 1770 B.G.B. nach dem Tode des Annehmenden erteilt wird, dem Kinde bezw. dessen gesetzlichen Vertreter (wegen § 67 G.F.G.), außerdem den übrigen Beteiligten, d. i. dem Kind, den Abkömmlingen des Kindes im Falle des § 1762 und des § 1768 Abs. 2 B.G.B., dem Ehegatten, dessen Kind der andere Teil angenommen hat (§ 1757 Abs. 2, § 1768 Abs. 3 B.G.B.; Dorner Note 4 zu § 67, Rausnitz Note 2).

Der die Bestätigung verweigernde Beschluß ist allen bei dem Vertrage Beteiligten und Beschwerdeberechtigten bekannt zu machen (wegen § 68 Abs. 2 G.F.G.).

Für die Bekanntmachung der erteilten Bestätigung genügt Zustellung nach den Vorschriften des § 16 Abs. 2 Satz 2 oder Abs. 3 G.F.G., die Verweigerung der Bestätigung ist nach § 16 Abs. 2 Satz 1 oder Abs. 3 G.F.G. bekannt zu machen.

3. Wirksamkeit der Bestätigung: Diese tritt ein,

wenn die Bestätigung bei Lebzeiten des Annehmenden erfolgt, und zwar auch im Falle des § 1769 B.G.B. mit der Bekanntmachung an den Annehmenden, wenn ein Ehepaar gemeinsam angenommen hat, mit der Bekanntmachung an beide Eheleute (ebenso Dorner Note 2 zu § 67, a. M. Rausnitz Note 2);

wenn die Bestätigung zulässigerweise nach dem Tode des Annehmenden erfolgt (§ 1753 Abs. 2 B.G.B.), mit der Bekanntmachung an das Kind, unbeschadet der Fiktion des § 1753 Abs. 3, § 1770 B.G.B., daß die Bestätigung noch vor dem Tode des Annehmenden erfolgt sei;

wenn die Bestätigung erst nach dem Tode des Annehmenden und des Kindes erfolgt, sobald die Bekanntmachung an sämtliche Beteiligte erfolgt ist; über Notwendigkeit der Bestätigung in diesem Falle siehe Dorner Note 7 zu 67, Rausnitz Note 4.

Die Wirksamkeit des die Bestätigung ablehnenden Beschlusses

tritt nach der Regel des § 16 Abs. 1 mit der ersten Bekanntmachung an einen Antragsteller ein.

4. Unabänderlichkeit: Der die Bestätigung erteilende Beschluß ist einer Abänderung sowohl durch das verfügende Gericht als auch durch das Beschwerdegericht entzogen (§ 67 Abs. 3, § 68 Abs. 1 G.F.G.).

Ueber die Benachrichtigung des Standesbeamten von der erfolgten Bestätigung siehe unten § 62 Nr. II Ziff. 2.

V. Rechtsmittel:

1. Der Beschluß, durch welchen die Bestätigung der Annahme an Kindesstatt oder deren Aufhebung erteilt wird, ist unanfechtbar, wird also sofort rechtskräftig (§ 68 Abs. 1 G.F.G.).

2. Gegen den Beschluß, durch welchen die Bestätigung versagt wird, findet die sofortige Beschwerde, gegen die Entscheidung des Beschwerdegerichts, gleichviel ob sie den versagenden Beschluß aufrecht erhält oder abändert, die sofortige weitere Beschwerde statt (§ 68 Abs. 2 G.F.G.).

Die allgemeinen Regeln der §§ 19ff. finden mit folgenden Ausnahmen Anwendung (§ 68 Abs. 2 G.F.G.):

a) Beschwerdeberechtigt ist jeder der Vertragschließenden, auch wenn er den Antrag auf Bestätigung nicht gestellt hat, sohin

bezüglich des Annahmevertrages der Annehmende, wenn ein Ehepaar gemeinschaftlich ein Kind annehmen will, jeder der Ehegatten, das Kind und dessen an dem Vertragsabschlusse beteiligte Abkömmlinge,

bezüglich des Aufhebungsvertrages der Annehmende, bezw. jeder Ehegatte, das Kind, die Abkömmlinge des Kindes, auf welche sich die Annahme erstreckt hat, nämlich diejenigen, welche bei dem Annahmevertrage mitgewirkt haben und diejenigen, welche erst nach diesem Vertragsabschluß geboren sind (§ 1762 B.G.B.).

Soferne das Kind in der Geschäftsfähigkeit beschränkt ist, wird, auch wenn es das vierzehnte Lebensjahr vollendet hat, dessen Beschwerderecht durch den gesetzlichen Vertreter ausgeübt; § 59 G.F.G. findet nicht Anwendung.

b) Das Beschwerdegericht und das Gericht der weiteren Beschwerde sind nicht befugt, vor ihrer Entscheidung eine einstweilige Anordnung zu erlassen (vergl. § 24 Abs. 3 G.F.G.).

c) Das Beschwerdegericht kann seiner Entscheidung sofortige Wirksamkeit nicht beilegen (§ 68 Abs. 2 Satz 2 G.F.G., § 1754 Abs. 2 Satz 2, § 1770 B.G.B.).

d) Gegen die Versäumung der Beschwerdefrist darf Wiedereinsetzung nicht gewährt werden (§ 68 Abs. 2 Satz 2 G.F.G.). Abhilfe gegen die Fristversäumung kann nur durch Wiederholung des Vertragsabschlusses und neuerlichen Antrag auf Bestätigung erreicht werden.

VI. Gebühren:

Für die Bestätigung des Vertrags, durch welchen jemand an Kindesstatt angenommen oder das durch die Annahme an Kindesstatt begründete Rechtsverhältnis wieder aufgehoben wird, kommen zwei Zehnteile der Sätze des § 8 G.K.G. zur Erhebung.

Wird die Bestätigung versagt, so wird nur die Hälfte dieser Gebühr erhoben. Das Gleiche gilt für die Zurückweisung der sofortigen Beschwerde gegen den Beschluß, durch welchen die Bestätigung versagt wird (Art. 128 Geb.G.).

IV. Abschnitt.

§ 62.

Verrichtungen der Gerichte in Personenstandssachen.

I. Zuständigkeit: Für die nach dem Gesetz über die Beurkundung des Personenstandes und die Eheschließung vom 6. Februar 1875 dem Gericht erster Instanz obliegenden Verrichtungen sind die Amtsgerichte sachlich zuständig (§ 69 G.F.G.); vergl. jedoch für die Pfalz Ziff. II Nr. 4.

II. Die einzelnen Verrichtungen sind nach dem Personenstandsgesetz und der Bekanntmachung vom 29. April 1900, die geschäftliche Behandlung der Personenstandssachen betr. (J.M.Bl. S. 862) folgende:

1. Die Entgegennahme des Antrags auf Beisetzung eines Vermerks am Rande einer Geburtsurkunde nach § 26 Pers.G. Der Antrag kann bei jedem beliebigen Amtsgerichte gestellt werden[1]) (§ 1 der Bek.).

Der Antrag ist mit den vom Antragsteller beizulegenden öffentlichen Urkunden, durch welche der Vorgang, der am Rande der Geburtsurkunde vermerkt werden soll, nachgewiesen wird, dem Standesbeamten einzusenden (§§ 2, 4 der Bek.).

Wird der Antrag bei der Beurkundung der Anerkennung der Vaterschaft gestellt (§ 167 Abs. 2 G.F.G.), so kann er in die Urkunde über die Anerkennung aufgenommen werden. Das Amtsgericht soll die Beteiligten darauf aufmerksam machen, daß der Vermerk über den Vorgang am Rande der Geburtsurkunde nur auf Antrag beigesetzt wird. Das Amtsgericht hat dem Standesbeamten eine schriftliche Mitteilung über die Anerkennung und den Antrag zu machen[2]). Ist der Antrag nicht in die Anerkennungsurkunde aufgenommen, so kann er in Urschrift an den Standesbeamten abgegeben werden.

---

[1]) Der Antrag kann nach Wahl des Antragstellers auch beim Standesbeamten, bei dessen Aufsichtsbehörde oder bei einem Notar gestellt werden.

[2]) Formular für die Mitteilung siehe Bek. das Vormundschaftswesen betr. vom 19. Jan. 1900, Formular IX (J.M.Bl. S. 237).

Die Einsendung der Anerkennungsurkunde oder einer beglaubigten Abschrift der Anerkennungsurkunde an den Standesbeamten ist nicht erforderlich (§§ 5, 8 der Bek.).

Wird der Antrag bei der Beurkundung eines Antrags auf Ehelichkeitserklärung gestellt, so wird er mit diesem dem Amtsgericht eingereicht, in dessen Bezirke der Vater seinen Wohnsitz und in Ermangelung eines im Deutschen Reiche gelegenen Wohnsitzes seinen Aufenthalt hat, und wenn der Vater in Bayern Wohnsitz oder Aufenthalt nicht hat, dem Amtsgericht, in dessen Bezirke die Heimatgemeinde des Vaters gelegen ist (§ 20 der Zuständigkeitsverordnung vom 24. Dezember 1899; G. u. V.Bl. S. 1229, J.M.Bl. 1900 S. 97). Die Mitteilung oder die Abgabe des Antrags an den Standesbeamten durch das Amtsgericht erfolgt erst, wenn über den Antrag auf Ehelichkeitserklärung entschieden ist. Wird die Ehelichkeitserklärung bewilligt, so hat das Amtsgericht dabei dem Standesbeamten von dem Inhalte des Bescheids schriftliche Mitteilung zu machen; wird sie nicht bewilligt, so bedarf es der Mitteilung oder der Abgabe des Antrags an den Standesbeamten nur, wenn der Antrag darauf gerichtet ist, daß die Anerkennung der Vaterschaft (§ 1725 B.G.B.) auch unabhängig von der Ehelichkeitserklärung bei der Geburtsurkunde vermerkt werden soll (§ 6 der Bek.).

Wird der Antrag bei der Beurkundung eines Vertrags über die Annahme an Kindesstatt oder über die Aufhebung eines solchen Vertrags gestellt, so hat der Notar dem Amtsgerichte, welchem der Vertrag zur Bestätigung vorzulegen ist (siehe hier § 61), den Antrag miteinzusenden, falls der Antrag nicht in den Vertrag aufgenommen ist. Nach der Bestätigung des Vertrags hat das Amtsgericht dem Standesbeamten schriftliche Mitteilung über den Vertrag, die Bestätigung und den Antrag zu machen; ist der Antrag nicht in die Vertragsurkunde aufgenommen, so kann er in Urschrift an den Standesbeamten abgegeben werden. Die Einsendung des Vertrags und des Bestätigungsbeschlusses in Urschrift oder in beglaubigter Abschrift an den Standesbeamten ist nicht erforderlich (§ 7 der Bek.).

2. Die Anweisung des Standesbeamten zur Vornahme einer Amtshandlung. Lehnt der Standesbeamte die Vornahme einer Amtshandlung ab, so kann derjenige, welcher den Standesbeamten um die Vornahme ersucht hat, sowie jeder, der an der Vornahme ein berechtigtes Interesse hat, den Antrag stellen, daß der Standesbeamte zur Vornahme der Amtshandlung durch das Gericht angewiesen werde.

Zuständig ist das Amtsgericht, in dessen Bezirke der Standesbeamte seinen Amtssitz hat (§ 11 Abs. 3 Pers.G., § 10 der Bek.).

Der an keine Form gebundene Antrag kann bei dem Standesbeamten, bei dessen Aufsichtsbehörde[3]) und bei jedem — auch dem

---

[3]) Aufsichtsbehörde ist im diesrheinischen Bayern die vorgesetzte Distrikts-

nicht zuständigen — Amtsgerichte gestellt werden (§ 11 der Bek.).

Wird der Antrag bei einem Amtsgerichte gestellt, in dessen Bezirke der Standesbeamte seinen Sitz nicht hat, so hat das Amtsgericht den Antrag dem zuständigen Amtsgerichte zu übersenden. Andernfalls wird er dem Amtsgerichte durch die Aufsichtsbehörde mit den erwachsenen Akten und einer gutachtlichen Aeußerung übermittelt (§§ 12, 13 der Bek.).

Ist der Antrag bei einem Amtsgerichte gestellt, so hat das zuständige Amtsgericht vor der Entscheidung den Standesbeamten zu hören und die Aufsichtsbehörde unter Uebersendung der Akten um die Abgabe einer Aeußerung zu ersuchen. Sind bei der Aufsichtsbehörde Akten erwachsen, so sind sie mit der Aeußerung dem Amtsgerichte zu überschicken.

Für das weitere Verfahren und die Beschwerdeführung gelten die allgemeinen Vorschriften des Gesetzes über die freiwillige Gerichtsbarkeit (§ 11 Abs. 3 Satz 2 Pers.G.).

Von der ergehenden Entscheidung ist dem Antragsteller und dem Standesbeamten beglaubigte Abschrift mitzuteilen. Die Mitteilung kann formlos erfolgen.

Dem Standesbeamten steht gegen die Entscheidung das Recht der Beschwerde nicht zu, den Beteiligten steht die einfache Beschwerde nach Maßgabe der §§ 19 ff. G.F.G. zu (§ 15 der Bek.).

Das Amtsgericht hat nach der Erledigung der Sache die Akten der Aufsichtsbehörde einzusenden. Bei der Zurücksendung der Akten hat die Aufsichtsbehörde dem Amtsgericht über die Vornahme der Amtshandlung seitens des Standesbeamten Mitteilung zu machen (§ 16 der Bek.)[4].

3. Die Anordnung einer Berichtigung der Standesregister. Das Berichtigungsverfahren findet wegen jeder Unrichtigkeit des Registers statt, welche nicht in einem offenbaren Schreibfehler besteht (§ 22 der Bek.).

Zu dem Antrage auf Berichtigung ist jeder berechtigt, dessen Recht durch die unrichtige Eintragung beeinträchtigt wird[5]) (§ 19 Abs. 2 der Bek.).

Der an keine Form gebundene Antrag kann bei dem Standesbeamten, dessen Register berichtigt werden soll, bei dessen Aufsichtsbehörde und bei jedem Amtsgerichte gestellt werden. Das Amtsgericht

---

verwaltungsbehörde (§ 11 Abs. 1 Pers.G.), in der Pfalz die Staatsanwaltschaft (J.M.Bek., die Aufsicht über die Amtsführung der Standesbeamten in der Pfalz betr. vom 5. November 1899, J.M.Bl. S. 1305).

[4]) Die Vorschriften gelten auch für ein am 1. Januar 1900 anhängiges Verfahren (Art. 35, 147 Ueberg.G., § 18 der Bek.).

[5]) Verschieden von dem Antrage ist die Anregung einer Berichtigung bei der Aufsichtsbehörde; diese kann von jedem ausgehen, der von der Unrichtigkeit einer Eintragung Kenntnis erhält (§ 19 Abs. 1 der Bek.).

hat den bei ihm gestellten Antrag ohne sachliche Prüfung der Aufsichtsbehörde einzusenden (§ 20 der Bek.).

Die Vorverhandlungen einschließlich der erforderlichen Vernehmungen von Beteiligten obliegen der Aufsichtsbehörde (§ 66 Abs. 2 Satz 1 Pers.G., §§ 21—25 der Bek.). Ausnahmsweise können die Amtsgerichte um beeidigte oder unbeeidigte Vernehmungen ersucht werden.

Sind die Verhandlungen abgeschlossen, so hat die Aufsichtsbehörde sie demjenigen Amtsgerichte zur Beschlußfassung vorzulegen, in dessen Bezirke der Standesbeamte seinen Amtssitz hat (§ 66 Abs. 2 Satz 2 Pers.G., § 26 der Bek.).

Auf das Verfahren finden die allgemeinen Vorschriften des Gesetzes über die freiwillige Gerichtsbarkeit Anwendung (§ 66 Abs. 3 Pers.G.).

Erachtet das Amtsgericht noch weitere Erhebungen für geboten, so kann es sie selbst vornehmen oder andere Behörden, insbesondere auch die Aufsichtsbehörde, um die Vornahme ersuchen. Die Standesbeamten sollen nicht um die Vornahme ersucht werden. Geeignetenfalls ist der Antragsteller auf den Prozeßweg zu verweisen (§ 66 Abs. 2 Satz 3 Pers.G., § 27 der Bek.).

Der Beschluß, durch den eine Berichtigung angeordnet wird, ist dem Antragsteller der Aufsichtsbehörde und allen denjenigen Personen von Amts wegen nach § 16 Abs. 2 Satz 1 G.F.G. zuzustellen, deren Recht durch die Verfügung beeinträchtigt wird.

Das Amtsgericht hat die Personen zu bezeichnen, denen der Beschluß zugestellt werden soll.

Gegen den Beschluß findet die sofortige Beschwerde statt. Erst mit der Rechtskraft tritt die Verfügung in Wirksamkeit (§ 70 G.F.G.). Der Kreis der Beschwerdeberechtigten bemißt sich nach § 20 Abs. 1 G.F.G., dem Standesbeamten steht die Beschwerde nicht zu, wohl aber der Aufsichtsbehörde desselben (C.Bl. Bd. I S. 788, 804, Bd. II S. 368, Entsch. Bd. II S. 10, 158, Rechtspr. Bd. II S. 177, 581, Bl. f. R.A. Bd. 67 S. 174).

Nach dem Eintritt der Rechtskraft hat der Gerichtsschreiber auf der Urschrift des Beschlusses die Rechtskraft zu bescheinigen. Die Rechtskraft kann bescheinigt werden, wenn die Zustellung an die vom Amtsgerichte bezeichneten Personen erfolgt und seit der letzten Zustellung an eine Person die Frist von zwei Wochen abgelaufen ist, ohne daß Beschwerde eingelegt wurde. Die Akten sind sodann durch das Amtsgericht dem Standesbeamten zu übersenden, der nach vollzogener Berichtigung dieselben durch Vermittelung der Aufsichtsbehörde dem Amtsgericht zurückschickt. Ueber die Beischreibung im Nebenregister, wenn dieses sich schon beim Amtsgerichte befindet, siehe unten Nr. 4 (§ 29 der Bek.).

Wird der Antrag auf Berichtigung abgelehnt, so hat das Amtsgericht dem Antragsteller Mitteilung zu machen; die einfache briefliche Benachrichtigung genügt. Der Aufsichtsbehörde wird der Beschluß in Urschrift zur Kenntnisnahme vorgelegt. Die Aufsichtsbehörde hat den Standesbeamten zu verständigen und den Beschluß mit der Bestätigung der Kenntnisnahme dem Gerichte zurückzuschicken (§ 31 der Bek.).

Gegen die ablehnende Verfügung findet die einfache Beschwerde statt; sie steht, da die Einleitung des Berichtigungsverfahren nicht von dem Antrage einer bestimmten Person abhängig ist, sondern von der Aufsichtsbehörde auch von Amts wegen herbeigeführt werden kann, jedem zu, dessen Recht durch die Verfügung beeinträchtigt wird (§ 20 G.F.G.)[6]).

4. Die Aufbewahrung der Nebenregister und die Bewirkung nachträglicher Eintragungen. Nach Ablauf des Kalenderjahres werden die Nebenregister vom Standesbeamten durch Vermittelung der Aufsichtsbehörde im diesrheinischen Bayern dem Amtsgerichte, in dessen Bezirke der Standesbeamte seinen Sitz hat, überschickt (§ 14 Abs. 2 Pers.G., § 69 G.F.G.).

In der Pfalz werden die standesamtlichen Nebenregister und die Duplikate der Civilstandsregister auch nach dem 1. Januar 1900 bis auf weiteres bei den Landgerichten aufbewahrt (§ 197 G.F.G. Art. 147 Ueberg.G.; Bek. vom 6. November 1899, J.M.Bl. S. 1310).

Die Aufbewahrung der Nebenregister erfolgt, wenn sie in den Registraturräumen untergebracht sind, in verschließbaren Schränken; wenn sie in den zur Aufbewahrung der Depositen bestimmten Räumen oder in einem ausschließlich diesem Zwecke dienenden und von den übrigen Amtsräumen vollständig abgeschlossenen Zimmer verwahrt werden, so genügt die Unterbringung in offenen Aktenstellagen (J.M.Bek. vom 11. Januar 1877 Ziff. 1, J.M.Bl. S. 4, J.M.Bek. vom 21. Februar 1888, J.M.Bl. S. 57).

Ueber Einbinden der Nebenregister siehe J.M.Bek. vom 7. August 1883, J.M.Bl. S. 322.

Ergänzung: Soll dem Nebenregister eine Eintragung beigeschrieben werden, welche in dem Hauptregister gemacht wurde, und befindet sich das Nebenregister zur Prüfung bei einem Amtsgerichte[7]) oder schon zur Aufbewahrung bei dem Gericht, so erfolgt die Beischreibung auf Grund einer beglaubigten Abschrift der Eintragung durch den Gerichtsschreiber. Ueber Ergänzung im Falle von Namensänderungen siehe die Bek. vom 27. Dezember 1899 § 24, J.M.Bl. S. 853.

---

[6]) Die Vorschriften sind auch dann maßgebend, wenn die Standesurkunde, die berichtigt werden soll, vor dem 1. Januar 1900 oder in der Pfalz vor dem 1. Januar 1876 errichtet worden ist. Das Gleiche gilt für die anhängigen Verfahren (Art. 35, 147 Ueberg.G., § 32 der Bek.).

[7]) Die in der Pfalz dem Amtsgerichte obliegende Prüfung der Standesurkunden ist Gegenstand der Justizverwaltung, nicht freiwillige Gerichtsbarkeit (Art. 74a A.G. z. G.V.G. in der Fassung des Art. 167 Nr. XX A.G. z. B.G.B.; J.M.Bl. vom 5. November 1899, J.M.Bl. S. 1305).

Die Beischreibung erfolgt in der Art, daß die von dem Standesbeamten am Rande des Hauptregisters gemachte Eintragung wörtlich auf den Rand der betreffenden Urkunde des Nebenregisters geschrieben und daß darunter der Vermerk gesetzt wird: „Die Uebereinstimmung mit der beglaubigten Abschrift aus dem Hauptregister bescheinigt." Die Beischreibung ist zu datieren, zu unterschreiben und mit dem Siegel zu versehen.

Ist die Beischreibung bewirkt, so hat der Gerichtsschreiber dies auf der beglaubigten Abschrift kurz zu vermerken. Das Gericht hat die Abschrift alsdann der Aufsichtsbehörde zurückzuschicken.

Unrichtigkeiten, die bei der Beischreibung unterlaufen — Fehler im Abschreiben und offenbare Schreibfehler —, können auf Anordnung des Gerichts von dem Gerichtsschreiber jederzeit formlos berichtigt werden (§§ 33—37 der Bek.).

Prüfung: Sobald die Amtsgerichte die Nebenregister in den Landesteilen rechts des Rheins zur Aufbewahrung, in der Pfalz zur Prüfung erhalten haben, sollen sie auf Grund der Berichtigungsakten prüfen, ob die im Hauptregister eingetragenen Berichtigungen dem Nebenregister beigeschrieben sind. Fehlt die Beischreibung im Nebenregister oder ist sie unrichtig vorgenommen, so ist der Aufsichtsbehörde unter Uebersendung des Nebenregisters und der Urschrift des Berichtigungsbeschlusses Mitteilung zu machen. Die Aufsichtsbehörde hat die Richtigstellung durch den Standesbeamten zu veranlassen und sodann das Nebenregister und die Urschrift des Beschlusses dem Gerichte zurückzuschicken (§ 38 der Bek.).

Ergibt sich, abgesehen von dem Falle des § 38 der Bek., nach der Abgabe der Nebenregister an das Gericht, daß der Standesbeamte den Inhalt des Hauptregisters unrichtig in das Nebenregister übertragen oder daß er eine Uebertragung unterlassen hat, so hat das Gericht der Aufsichtsbehörde unter Uebersendung des Nebenregisters Mitteilung zu machen. Die Aufsichtsbehörde hat den Standesbeamten zur Richtigstellung des Nebenregisters zu veranlassen und das berichtigte Register dem Gerichte zurückzuschicken (§ 39 der Bek.).

Erteilung von Auszügen: Solange sich das Nebenregister bei der Aufsichtsbehörde befindet, werden beglaubigte Auszüge aus dem Nebenregister von dieser Behörde unterzeichnet. Befindet sich das Nebenregister zur Prüfung bei einem Amtsgerichte, so werden die beglaubigten Auszüge von dem Gerichtsschreiber unterzeichnet.

Sind die Nebenregister an das Gericht abgegeben, so werden die beglaubigten Auszüge aus dem Nebenregister von dem Gerichtsschreiber unterzeichnet.

5. Aktenbildung. Für jedes Berichtigungsverfahren wird bei dem Amtsgericht ein besonderer Akt angelegt, für jedes Verfahren nach den §§ 10—17 der Bek. (Nr. 2 oben) kann ein besonderer Akt angelegt werden. Die Akten werden nach der Zeitfolge geordnet und bei größeren Amtsgerichten nach Jahrgängen geschieden aufbewahrt.

Die übrigen in Personenstandssachen einlaufenden Akten werden nach der Zeitfolge geordnet und nach Jahrgängen geschieden in einem Sammelakt aufbewahrt. Erwachsen in einer Sache mehrere Aktenstücke, so können sie in besonderem Umschlage verwahrt werden.

Es steht den Amtsgerichten frei, die Akten nach Standesämtern gesondert aufzubewahren.

Ein Register über die einlaufenden Personenstandssachen braucht nicht geführt zu werden.

V. Abschnitt.

Nachlaß- und Teilungssachen.

§ 63.

Vorbemerkung.

I. Nachlaßsachen sind diejenigen Angelegenheiten der freiwilligen Gerichtsbarkeit, deren Besorgung dem Nachlaßgerichte übertragen ist.

Das Bürgerliche Gesetzbuch und das Gesetz über die Angelegenheiten der freiwilligen Gerichtsbarkeit gehen von dem Grundsatze aus, daß die Ordnung des Nachlasses Sache der Beteiligten ist. Eine gerichtliche Tätigkeit tritt nur ausnahmsweise teils von Amts wegen, teils auf Anrufen der Beteiligten ein; in einer Anzahl von Fällen ist dem Gerichte lediglich die Aufgabe zugeteilt, Erklärungen der Beteiligten entgegenzunehmen.

II. Das Verfahren in Nachlaßsachen ist im 5. Abschnitt des G.F.G. (§§ 72—98) geregelt; die allgemeinen Vorschriften der §§ 2 ff. G.F.G. finden Anwendung. Landesgesetzliche Uebergangs- und Ausführungsbestimmungen enthalten die Art. 104 ff., 132 A.G. z. B.G.B., Art. 142 f. Ueberg.G. und das Gesetz vom 9. August 1902, das Nachlaßwesen betr.

Ueber den Rechtshilfeverkehr mit dem Ausland in Nachlaßsachen siehe auch § 135 Nachl.O.

Ausführungsvorschriften für die formelle Behandlung der Nachlaßsachen bringt die Justizministerialbekanntmachung vom 20. März 1903, das Nachlaßwesen betr. (J.M.Bl. 1903 S. 111)[1].

III. Die Bearbeitung der Nachlaßsachen kann während der Gerichtsferien unterbleiben, soweit das Bedürfnis einer Beschleunigung nicht vorhanden ist (§ 10 G.F.G.; vergl. oben § 11 Nr. III).

---

[1]) Diese trat mit dem 1. April 1903 in Kraft. Die Bek. vom 31. Dez. 1899 (J.M.Bl. 1900 S. 1) und die Entschließung vom 6. Okt. 1902 traten gleichzeitig außer Kraft (§ 156 Abs. 1 der Bek. vom 26. März 1903).

§ 64.

Zuständigkeit.

I. Sachlich zuständig für die Verrichtungen des Nachlaßgerichts ist das Amtsgericht (§ 72 G.F.G.).

Von der amtsgerichtlichen Zuständigkeit bestehen folgende Ausnahmen:

1. In Gemäßheit des § 193 G.F.G. sind in Art. 8 Abs. 1 Nachl.G. für die Auseinandersetzung in Ansehung eines Nachlasses oder in Ansehung des Gesamtgutes einer aufgehobenen ehelichen oder fortgesetzten Gütergemeinschaft auf Antrag eines Beteiligten neben und außer den Gerichten die Notare für zuständig erklärt. Die Auseinandersetzung in Ansehung eines Nachlasses wird in bestimmten Fällen, nachdem sie vom Amtsgericht eingeleitet worden ist, an einen Notar überwiesen (Art. 6, 8 Abs. 2 Nachl.G.); siehe das Nähere unten § 77 Ziff. II.

2. Für die Eröffnung von Verfügungen von Todes wegen sind an Stelle des Nachlaßgerichts die Notare zuständig, wenn die Verfügung verschlossen in der amtlichen Verwahrung eines bayerischen Notars sich befindet und dieser seinen Amtssitz an einem anderen Orte als das Nachlaßgericht hat (Art. 2 Abs. 2 Nachl.G.); siehe auch § 70.

3. Zur Inventarerrichtung ist das Nachlaßgericht nicht zuständig (Art. 15 Abs. 3 A.G. z. G.V.G.). Die Aufnahme des Inventars kann dem Gerichtsschreiber übertragen werden (Art. 63 Abs. 2 A.G. z. G.V.G.); die Aufnahme des Inventars durch den Gerichtsschreiber soll jedoch nur angeordnet werden, wenn anzunehmen ist, daß der Wert des Nachlasses ohne Abzug der Schulden den Betrag von zweitausend Mark nicht oder nicht erheblich übersteigt (Art. 63 Abs. 3 A.G. z. G.V.G., § 90 Nachl.O.); über die Auswahl des zu beauftragenden Gerichtsschreibers siehe § 90 mit § 19 Abs. 2 Satz 4 Nachl.O. Außerdem sind die Notare zuständig (Art. 2 Nr. 1 Not.G.). Ueber Zuständigkeit zur Aufnahme des Nachlaßverzeichnisses zur Sicherung des Nachlasses siehe unten § 66 III 3.

4. In Ansehung der Landesherren und der Mitglieder landesherrlicher Familien, sowie der fürstlichen Familie Hohenzollern, ferner der Mitglieder des vormaligen hannoveranischen Königshauses, des vormaligen kurhessischen und des vormaligen herzoglich nassauischen Fürstentums können die Hausverfassungen oder die Landesgesetze, in Ansehung der vormals reichsständisch gewesenen und seit 1806 mittelbar gewordenen und diesen gleichgestellten Familien, ferner in Ansehung des vormaligen Reichsadels und der diesem gleichgestellten Familien können die Landesgesetze und nach Maßgabe der Landesgesetze die Hausverfassungen abweichende Vorschriften enthalten; die Vorschrift des Art. 76 Abs. 3 des Gerichtsverfassungsgesetzes vom 10. November 1861, daß die Standesherren befugt sind, Verlassenschaftsverhandlungen, welche Mitglieder der Familie betreffen, solange kein Rechts-

streit darüber besteht, durch ihre Domänenkanzlei vornehmen und erledigen zu lassen, ist hienach unberührt geblieben (Art. 57, 58 E.G. z. B.G.B., § 189 G.F.G., Art. 81 A.G. z. G.V.G., Art. 1, 167 A.G. z. B.G.B.)[1]).

5. Die von einem ausländischen Staate beim Reiche beglaubigten diplomatischen Personen sind von der Gerichtsbarkeit der deutschen Gerichte, die bei einem Bundesstaate beglaubigten diplomatischen Personen von der Gerichtsbarkeit der Gerichte dieses Bundesstaats auch in Nachlaßsachen nach Grundsätzen des Völkerrechts befreit; das Gleiche gilt für deren Familienmitglieder, Geschäftspersonal und Bedienstete[2]).

6. Für die Behandlung des Nachlasses von Militärpersonen sind in Kriegszeiten vom Zeitpunkte des Ausrückens aus der Garnison und außer Kriegszeiten, wenn die Armee ganz oder zum Teil auf kürzere oder längere Zeit zusammengezogen wird, die Auditore zuständig[3]).

7. Ausnahmen von der Zuständigkeit der inländischen Gerichte bestehen ferner auf Grund von Staatsverträgen hinsichtlich des Nachlasses von Ausländern[4]). Insoweit diese Vorschriften nicht enthalten,

---

[1]) Vergl. auch Note 4 und 5 zu § 4.

[2]) Vergl. Näheres Note 7 zu § 4.

[3]) Vergl. Note 6 zu § 4, ferner Becher § 38 Nr. 9 lit. c—e.

[4]) A. Verträge des vormaligen Zollvereins:
1. Freundschafts-, Handels- und Schiffahrtsvertrag mit Argentinien vom 19. Sept. 1857, Art. 9 (Regierungs-Bl. 1859 S. 899 Landtags-Abschied vom 10. Nov. 1861 § 22 lit. A Ziff. 1);
2. desgl. mit Chili vom 1. Febr. 1862, Art. 10—12 (Regierungs-Bl. 1864 S. 121, Landtags-Abschied vom 10. Juli 1865 § 12 lit. B Ziff. 5);
3. desgl. mit Siam vom 7. Febr. 1862, Art. 15 (Regierungs-Bl. 1864 S. 1625, Landtags-Abschied vom 10. Juli 1865 § 12 lit. B Ziff. 7).

B. Verträge des Reichs:
1. Vereinbarung über die Mitwirkung der Konsuln bei der Regelung von Nachlässen mit Brasilien vom $\frac{\text{30. Nov. 1897}}{\text{15. Febr. 1898}}$ (R.G.Bl. 1899 S. 547);
2. Freundschafts-, Handels- und Schiffahrtsvertrag mit Columbien vom 23. Juli 1892, Art. 21 (R.G.Bl. 1894 S. 471);
3. Konsularvertrag mit Griechenland vom 26. Nov. 1881, Art. 15 ff. (R.G.Bl. 1882 S. 101) und
Handels- und Schiffahrtsvertrag mit Griechenland vom 9. Juli 1884, Art. 2 (R.G.Bl. 1885 S. 23);
4. Freundschafts-, Handels-, Schiffahrts- und Konsularvertrag mit Guatemala vom 20. Sept. 1887, Art. 25 (R.G.Bl. 1888 S. 238);
5. desgl. mit Honduras vom 12. Dez. 1887, Art. 25 (R.G.Bl. 1888 S. 262);
6. Konsularvertrag des Reichs mit Italien vom 7. Febr. 1872, (R.G.Bl. 1872 S. 134);
Konsularvertrag des Norddeutschen Bundes mit Italien vom 21. Dez. 1868, Art. 11, 12 (Bundesgesetz-Bl. 1869 S. 113);

ist nach den Bestimmungen der Art. 9, 24—31 E.G. z. B.G.B. zu

---

Handels-, Zoll- und Schiffahrtsvertrag mit Italien vom 6. Dez. 1891, Art. 2 (R.G.Bl. 1892 S. 97);

7. Handels- und Schiffahrtsvertrag mit Japan vom 4. April 1896, Art. 1 (R.G.Bl. 1896 S. 715);
Konsularvertrag mit Japan vom 4. April 1896, Art. 10, 14 (R.G.Bl. 1896 S. 732);
8. Freundschafts-, Handels- und Schiffahrtsvertrag mit Mexiko vom 5. Dez. 1882, Art. 15 (R.G.Bl. 1883 S. 247);
9. Freundschafts-, Handels-, Schiffahrts- und Konsularvertrag mit Nicaragua vom 4. Febr. 1896, Art. 9, 25 (R.G.Bl. 1897 S. 171);
10. Deklaration, betreffend die Ausdehnung der zwischen Preußen und den Niederlanden am 16. Juni 1856 abgeschlossenen Konsularkonvention auf die Konsuln des deutschen Reichs in den niederländischen Kolonien mit den Niederlanden vom 11. Jan. 1872, (R.G.Bl. 1872 S. 67, vergl. Art. 11 der Konvention vom 16. Juni 1856);
11. Freundschafts-, Handels- und Schiffahrtsvertrag mit Persien vom 11. Juni 1873, Art. 15 (R.G.Bl. 1873 S. 351);
12. Vereinbarung über die Stellung der deutschen Konsule in Peru und den peruanischen Konsuln in Deutschland vom 28. Juni 1897 (R.G.Bl. 1899 S. 662);
13. Konvention über die Regulierung von Hinterlassenschaften mit Rußland vom $\frac{\text{12. Nov.}}{\text{31. Okt.}}$ 1874, (R.G.Bl. 1875 S. 136); und
Konsularvertrag mit Rußland vom $\frac{\text{8. Dez.}}{\text{26. Nov.}}$ 1874, Art. 9 (R.G.Bl. 1875 S. 145);
14. Konsularvertrag mit Serbien vom 6. Jan. 1883, Art. 11 ff. (R.G.Bl. 1883 S. 62); und
Handels- und Zollvertrag mit Serbien vom 21./9. Aug. 1892, Art. 2 (R.G.Bl. 1893 S. 269);
15. Konsularkonvention des Reichs mit Spanien vom 12. Jan. 1872, Art. 1 (R.G.Bl. 1872 S. 211); und
Konsularkonvention des Norddeutschen Bundes mit Spanien vom 22. Febr. 1870, Art. 11 ff. (Bundesgesetz-Bl. 1870 S. 99. G. u. V.Bl. 1877 S. 342);
16. Freundschafts-, Handels- und Schiffahrtsvertrag mit der Türkei vom 26. Aug. 1890, Art. 24 (R.G.Bl. 1891 S. 117). Durch Art. 24 wird der Vertrag vom 22. März 1761 (a. St.) zwischen Preußen und der Türkei aufrecht erhalten. Vergl. Art. 6 dieses Vertrags. Dieser Vertrag gilt auch noch gegenüber Bulgarien und Rumänien zufolge Art. 8, 49, 50 des Berliner Vertrags vom 13. Juli 1878 (R.G.Bl. 1878 S. 307) und Art. 1 des Handelsvertrags des Zollvereins mit der Türkei vom 20. März 1862 (Preußische Gesetz-Sammlg. 1863 S. 169).
Abgedruckt findet sich der Vertrag vom 22. März 1761 auf S. 158 der Sammlung deutscher Konsularverträge, die vom Auswärtigen Amte herausgegeben ist; ferner auf S. 134 der Drucksache Nr. 170 des Reichstags 1890/91 und auf S. 607 der Gesetz- und Verordnung-Sammlung von Weber Bd. V);
17. Konsularkonvention mit den Vereinigten Staaten von Amerika vom 11. Dez. 1871, Art. 10 (R.G.Bl. 1872 S. 95).

Die autographierte Entschließung des Staatsministeriums der Justiz Nr. 17821 vom 7. Okt. 1891, die Behandlung der Verlassenschaften der in Bayern entscheiden, ob und inwieweit eine Tätigkeit der inländischen Gerichte zulässig und veranlaßt ist.

Hienach hat das Nachlaßgericht sich mit dem Nachlasse eines Ausländers nur dann zu befassen, wenn sich derselbe im Inlande befindet und die deutschen Gesetze auf die erbrechtlichen Verhältnisse des Erblassers Anwendung finden; dies ist der Fall:

a) bei Ausländern, die zur Zeit des Todes ihren Wohnsitz im Inlande hatten, wenn nach dem Rechte ihres Heimatstaates die deutschen Gesetze anzuwenden sind (Art. 25 Satz 1, Art. 27 E.G. z. B.G.B.);
b) bei Personen, welche zur Zeit des Todes keinem Staate angehörten, jedoch früher deutsche Staatsangehörige waren, oder welche auch früher keinem Staate angehörten, aber zur Zeit des Erbfalls im Inlande ihren Wohnsitz oder in Ermangelung eines solchen ihren Aufenthalt gehabt haben (Art. 29 E.G. z. B.G.B.);
c) bei Verschollenen, welche nach den Vorschriften des Art. 9 Abs. 2 und 3 E.G. z. B.G.B. für tot erklärt wurden;
d) bei Ausländern, welche einem ausländischen Staate angehören, gegen welchen und gegen dessen Angehörige unter Zustimmung des Bundesrats nach Anordnung des Reichskanzlers ein Vergeltungsrecht zur Anwendung gebracht wird (Art. 31 E.G. z. B.G.B.);
e) bei Ausländern, welche zur Zeit ihres Todes ihren Wohnsitz im Inlande haben und nach dem Rechte ihres Heimatstaats beerbt werden, soweit eine Verrichtung des Nachlaßgerichts in Bezug auf erbrechtliche Ansprüche Deutscher in Betracht kommt, es sei denn, daß nach dem Rechte des Staats, dem der Erblasser angehörte, für die Beerbung eines Deutschen, welcher seinen Wohnsitz in diesem Staate hatte, die deutschen Gesetze ausschließlich maßgebend sind (Art. 25 Satz 2 E.G. z. B.G.B.).

Ueber Maßregeln zur Sicherung des Nachlasses von Ausländern siehe unten § 66 Nr. IV.

II. Die **örtliche Zuständigkeit** bestimmt sich in erster Linie nach dem **Wohnsitz** (§§ 7 ff. B.G.B., § 3 G.F.G.), den der Erblasser zur Zeit des Erbfalls — das ist der Zeitpunkt des Todes des Erblassers (§ 1922 B.G.B.), bezw. im Falle einer Todeserklärung der Zeitpunkt, welcher in dem die Todeserklärung aussprechenden Urteil als Zeitpunkt des Todes festgestellt ist (§ 18 B.G.B., § 970 Abs. 2 C.P.O.) — hatte.

Das Nachlaßgericht hat von Amts wegen nach dem Wohnsitz des Erblassers zu forschen (§ 12 G.F.G.). Läßt sich ein inlän-

---

verstorbenen Ausländer und der im Auslande verstorbenen Bayern betreffend (abgedruckt bei **Böhm**, Handbuch der internationalen Nachlaßbehandlung, 1891, S. 111), ist aufgehoben.

discher Wohnsitz nicht ermitteln, so ist das Gericht örtlich zuständig, in dessen Bezirk der Erblasser zur Zeit des Erbfalls seinen Aufenthalt hatte (§ 73 Abs. 1 G.F.G.).

Diese Zuständigkeitsnormen gelten, gleichviel ob der Erblasser Deutscher oder Ausländer ist. Trifft dagegen keine dieser Voraussetzungen für die Zuständigkeit zu, so ist zu unterscheiden, ob der Erblasser Deutscher oder Ausländer ist.

Ist der Erblasser Deutscher und hatte er zur Zeit des Erbfalls im Inlande weder Wohnsitz noch Aufenthalt, d. h. ist weder der eine noch der andere zu ermitteln, so ist das Amtsgericht zuständig, in dessen Bezirk der Erblasser seinen letzten inländischen Wohnsitz hatte. Läßt sich auch ein solcher nicht ermitteln, so wird das zuständige Amtsgericht, falls der Erblasser zur Zeit des Erbfalles einem Bundesstaat angehörte, von der Landesjustizverwaltung (Justizministerium), andernfalls durch den Reichskanzler bestimmt (§ 73 Abs. 2 G.F.G.).

Ist der Erblasser Ausländer, so ist in Ermangelung eines inländischen Wohnsitzes oder Aufenthalts jedes Amtsgericht, in dessen Bezirke sich Nachlaßgegenstände befinden, in Ansehung aller im Inlande befindlichen Nachlaßgegenstände zuständig (§ 73 Abs. 3 G.F.G.). Unter mehreren Amtsgerichten, in deren Bezirk sich Nachlaßgegenstände befinden, gebührt demjenigen der Vorzug, das zuerst tätig geworden ist (§ 4 G.F.G., § 5 Nr. II oben).

Zu den Nachlaßgegenständen sind bewegliche und unbewegliche Sachen, sowie Rechte zu zählen. Bei Forderungen gilt als der Ort, wo das Vermögen sich befindet, der Wohnsitz des Schuldners und wenn für Forderung eine Sache zur Sicherheit haftet, auch der Ort, wo die Sache sich befindet (§ 23 C.P.O.); bei Forderungen aus Inhaberpapieren oder Ordrepapieren, die mit Blankoindossament versehen sind, ist der Ort maßgebend, wo das Papier sich befindet. Als im Inlande befindlich gelten auch Gegenstände, für welche, von einer deutschen Behörde ein zur Eintragung des Berechtigten bestimmtes Buch oder Register geführt wird, ferner Ansprüche, wenn für die Klage ein deutsches Gericht zuständig ist (§ 2369 Abs. 2 B.G.B., § 73 Abs. 3 G.F.G.); hieher gehören Rechte an Grundstücken, die nicht selbst den Grundstücken gleich behandelt werden, Schiffe, Schiffsparten und Pfandrechte an solchen, die in ein deutsches Schiffsregister eingetragen sind, ferner Urheber- und Patentrechte.

Zuständig ist das Amtsgericht, in dessen Bezirk das Buch oder Register geführt wird, bezw. das Amtsgericht, in dessen Bezirk sich der für die Zuständigkeit zur Klage aus dem Anspruche maßgebende Ort befindet.

Ob der Erblasser Deutscher oder Ausländer war, im ersteren Falle, welchem Bundesstaate er angehörte, hat das Gericht von Amts wegen festzustellen (vergl. Dorner Note 6 zu § 39).

Von diesen Zuständigkeitsnormen bestehen zwei Ausnahmen:

1. Neben dem nach § 73 G.F.G. zuständigen Gerichte ist für Maßregeln zur Sicherung des Nachlasses jedes Amtsgericht zuständig — daher auch zu deren Vornahme verpflichtet —, in dessen Bezirke das Bedürfnis der Fürsorge hervortritt (vergl. § 66). Das Amtsgericht soll von den angeordneten Maßregeln dem nach § 73 zuständigen Nachlaßgerichte unverzüglich Mitteilung machen (§ 74 G.F.G.).

Ueber Zuständigkeit der Bürgermeister zu Siegelungen siehe unten § 66 Ziff. III Nr. 1.

2. Das Nachlaßgericht kann die Nachlaßpflegschaft an ein anderes Amtsgericht, welches dadurch zum Nachlaßgericht wird, abgeben, wenn wichtige Gründe für die Uebertragung sprechen, das andere Gericht sich zur Uebernahme bereit erklärt, und, soferne schon ein Pfleger bestellt ist, auch dieser zustimmt. Einigen sich die Gerichte nicht oder verweigert der Pfleger seine Zustimmung, so entscheidet das gemeinschaftliche obere Gericht; eine Anfechtung der Entscheidung findet nicht statt (§ 75 Satz 2, § 46 G.F.G., § 25 Abs. 3 Nachl.O.); siehe auch oben § 36 Nr. IV.

§ 65.

Formelle Geschäftsbehandlung, Aktenbildung, Aktenführung.

I. Todesanzeige. Das Nachlaßgericht erhält von dem Tode einer Person durch die Anzeige des Standesbeamten Kenntnis. Der Standesbeamte ist verpflichtet, jeden Todesfall, welcher ihm nach § 56 Pers.G. angezeigt wird, dem Amtsgericht, in dessen Bezirk er seinen Amtssitz hat, anzuzeigen (Art. 1 Abs. 1 Nachl.G., § 1 Nachl.O.)[1]).

Erhält das Amtsgericht von dem Tode einer Person, die in dem Bezirke des Amtsgerichts gestorben ist, Kenntnis, ohne daß eine Todesanzeige vorliegt, so ist die Todesanzeige sofort zu erholen (§ 1 Abs. 2 Nachl.O.).

---

[1]) Hiezu bestimmt auf Grund Art. 1 Abs. 1 Satz 2 Nachl.G. die Bek. der K. Staatsministerien des K. Hauses und des Aeußern, der Justiz und des Innern vom 18. Dez. 1899, J.M.Bl. S. 578, abgeändert durch die Bek. vom 10. Dez. 1902, J.M.Bl. 1903 S. 213:

Der Standesbeamte hat dem Amtsgericht, in dessen Bezirk er seinen Amtssitz hat, anzuzeigen:

f) jeden Todesfall (Formular für die Anzeigen siehe J.M.Bl. 1903 S. 214). Im Falle des Todes eines Ausländers hat der Standesbeamte auf Verlangen des Amtsgerichts diesem einen Auszug aus dem Sterberegister zu übersenden.

Im Falle des Todes eines Brasilianers, Griechen, Italieners, Japaners, Russen, Serben oder Spaniers oder eines Bürgers der Vereinigten Staaten von Amerika ist der Auszug aus dem Sterberegister dem Amtsgericht auch ohne ausdrückliches Verlangen neben der Todesanzeige zu übersenden.

(Die Bekanntmachung des K. Staatsministeriums des Innern vom 13. April 1896, die Erstattung von Todesanzeigen an die Amtsgerichte der Landesteile rechts des Rheins betreffend (M.A.Bl. S. 112, J.M.Bl. S. 160), ist aufgehoben.)

Von einer Todeserklärung hat das Amtsgericht, welches die Todeserklärung ausgesprochen hat, dem Nachlaßgerichte Mitteilung zu machen (Art. 1 Abs. 2 Nachl.G.).

Die Todesanzeige wird bei dem Amtsgerichte zunächst dem Richter zugeteilt, welcher mit der Bearbeitung der Nachlaßsachen betraut ist.

Sind nach der Todesanzeige als Erben minderjährige oder bevormundete oder unter Pflegschaft stehende Personen beteiligt oder bekleidete der Erblasser nach der Todesanzeige das Amt eines Vormunds, Gegenvormunds, Beistandes oder Pflegers, so ist die Todesanzeige, nachdem der Richter geprüft hat, ob nicht etwa Veranlassung zur Sicherung des Nachlasses gegeben oder eine Verfügung von Todes wegen zu eröffnen ist, sofort dem Amtsrichter, welcher mit der Bearbeitung der Vormundschaftssachen betraut ist, zuzuleiten. Der Vormundschaftsrichter fertigt auf einem besonderen Blatte zu seinen Akten von der Todesanzeige eine Abschrift oder einen Auszug und leitet die Anzeige dem Nachlaßrichter zurück.

In gleicher Weise ist zu verfahren, wenn die Anzeige des Standesbeamten den Tod eines minderjährigen unehelichen Kindes oder eines ehelichen minderjährigen Kindes betrifft, dessen Eltern nach der Todesanzeige schon gestorben sind.

Ist als Vormundschaftsgericht nicht das Gericht, an welches die Todesanzeige erstattet worden ist, sondern ein anderes zuständig, so übersendet der Vormundschaftsrichter eine Abschrift oder einen Auszug aus der Todesanzeige dem zuständigen Vormundschaftsgerichte.

Hatte der Erblasser zur Zeit seines Todes seinen Wohnsitz in dem Bezirk eines anderen Amtsgerichts als desjenigen, an das die Todesanzeige erstattet worden ist, so hat der Nachlaßrichter dem anderen Amtsgerichte mit der Mitteilung von den etwa angeordneten Sicherungsmaßregeln die Todesanzeige zu übersenden (§ 2 Nachl.O.).

II. Akten: Gibt eine Todesanzeige zu einer Tätigkeit des Nachlaßgerichts Anlaß, oder ergibt sich später, daß irgend eine Tätigkeit des Nachlaßgerichts notwendig ist, so sind Nachlaßakten anzulegen. Akten sind auch dann anzulegen, wenn das Nachlaßgericht nur die Erklärung eines Beteiligten entgegennimmt.

Akten sind auch über alle Teilungssachen d. h. über die Anträge auf Auseinandersetzung in Ansehung eines Gesamtguts anzulegen (§ 144 Nachl.O.).

Der Richter hat die Anlegung der Akten zu verfügen. Die Anordnung geschieht bei der ersten in der Sache erfolgenden Verfügung des Nachlaßgerichts (§ 145 Nachl.O.)[2].

---

[2]) Zu den Nachlaß- und Teilungsakten sind Umschläge von grauer Farbe zu verwenden. Die Akten sind mit entsprechender Aufschrift zu versehen (§ 146 Nachl.O.).

Die Akten sollen ein Bild der gesamten auf eine Nachlaß- oder Teilungssache bezüglichen Tätigkeit des Richters geben. Sie beginnen mit der Todesanzeige oder dem sonstigen die Tätigkeit des Nachlaßgerichts veranlassenden Schriftstück und haben alle Einläufe und Verhandlungen zu enthalten, welche von da an bis zur Beendigung der Sache erwachsen.

Die Aktenstücke sind in der Mitte unten mit fortlaufenden Nummern zu versehen (§ 147 l. c.).

Die Akten über die Nachlaß- und Teilungssachen werden in ein Verzeichnis (Register für Nachlaß- und Teilungssachen) eingetragen[3]).

Auf dem Umschlage der Nachlaß- und Teilungsakten sind unten links das Geschäftsjahr, in welchem der Erblasser gestorben oder die Teilung der ehelichen oder fortgesetzten Gütergemeinschaft beantragt worden ist, und die Nummer des Registers (siehe Note 3) anzugeben. Diese Nummer bildet mit der Bezeichnung des Geschäftsjahrs das Aktenzeichen; das Geschäftsjahr wird dabei nur mit den beiden letzten Ziffern der Jahreszahl angegeben. Das Aktenzeichen ist auf allen zu den Akten gehörigen Stücken zu vermerken und in der Weise zu verwenden, daß es der Abkürzung „N.R." beigefügt wird (§ 151 l. c.).

Ist das Amtsgericht, an welches die Todesanzeige erstattet worden ist, nach § 74 G.F.G. nur für die Sicherung des Nachlasses zuständig, so kann es außer der Todesanzeige die erwachsenen Akten an das zuständige Nachlaßgericht abgeben. In dem Register ist die Abgabe der Akten zu vermerken (§ 152 l. c.).

Die Akten über anhängige Nachlaß- und Teilungssachen sind in der Handregistratur des Richters oder in der Gerichtsschreiberei aufzubewahren. Der Vorstand des Amtsgerichts kann über die Art der Aufbewahrung allgemeine Anordnungen treffen.

Nach der Erledigung der Sache hat der Richter die Weglegung der Akten zu verfügen. Als erledigt gilt eine Nachlaß- oder Teilungssache, wenn die Tätigkeit des Nachlaßgerichts, welche in der Sache veranlaßt war, ihren Abschluß gefunden hat. Teilungsakten sind also z. B. nicht bloß mit der Bestätigung der Auseinandersetzung, sondern auch mit dem Ruhen der Sache erledigt.

Die weggelegten Akten sind nach dem Todesjahre des Erblassers, in Teilungssachen nach dem Jahre des Anfalls und innerhalb desselben nach der Reihenfolge der Aktennummern geordnet aufzubewahren (§ 153 l. c.).

[3]) Das Register wird nach vorgeschriebenem Formular (siehe J.M.Bl. 1903 S. 212) geführt. Bei jedem Amtsgerichte wird nur ein Register geführt. Der Umfang desselben ist so zu bemessen, daß es für mehrere Jahre ausreicht; bei größeren Amtsgerichten kann der Gerichtsvorstand anordnen, daß für jedes Geschäftsjahr ein eigenes Register angelegt wird. In jedem Jahre beginnen die Eintragungen mit der Nummer 1. Die Nummern laufen durch das ganze Jahr. Werden Akten vorübergehend abgegeben, so ist an der Stelle, an der die Akten sich befinden sollen, ein Fehlblatt mit der Angabe des Aktenzeichens, der Zeit der Abgabe und des Empfängers einzulegen; werden Akten auf Ersuchen versendet, so kann als Fehlblatt das mit dem Absendungsvermerke versehene Ersuchen dienen. Die Nachlaßsachen werden nach dem Todesjahre des Erblassers eingetragen, auch wenn das Nachlaßgericht erst in einem späteren Jahre tätig wird. Am Schlusse eines jeden Geschäftsjahrs ist deshalb ein ausgiebiger Raum für spätere Einträge frei zu lassen. Die Teilungssachen werden nach dem Zeitpunkte des Anfalls eingetragen.

Das Register ist mit einem dauerhaften Einbande zu versehen oder in einen festen Umschlag einzuheften.

III. Terminskalender. Alle Termine, in denen eine Verfügung zu treffen oder dem Richter eine Vorlage zu machen ist, sind in einen besonderen Kalender einzutragen, damit der Richter den Termin nicht übersieht.

Die für den Terminskalender in Vormundschaftssachen geltenden Vorschriften finden entsprechende Anwendung (§ 149 Nachl.O.).

IV. Sammelakten: Die Todesanzeigen der Standesbeamten, welche zu einer Tätigkeit des Nachlaßgerichts keinen Anlaß geben, werden, nach der Reihenfolge der Todestage der Erblasser geordnet, in Sammelakten vereinigt. Für je ein Jahr wird mindestens ein Heft der Sammelakten angelegt.

Ergibt sich später, daß ein Todesfall zu einer Tätigkeit des Nachlaßgerichts Anlaß gibt, so ist die Todesanzeige aus den Sammelakten auszuheben und zu den Nachlaßakten zu nehmen (§ 143 Nachl.O.).

V. Anträge und Erklärungen: Für diese gilt, soferne sie nicht dem Nachlaßgerichte gegenüber in öffentlich beglaubigter Form oder zu gerichtlichem Protokoll nach den gesetzlichen Vorschriften erfolgen müssen, die Regel des § 11 G.F.G. (siehe oben § 13). Wenn sie jedoch bei dem zuständigen Gericht erfolgen, so soll sie in der Regel der Richter selbst entgegennehmen. Dies gilt insbesondere von dem Antrag auf Auseinandersetzung in Ansehung eines Nachlasses oder eines Gesamtguts und von dem Antrag auf Erteilung eines Erbscheins. Der Richter kann sich einer Schreibkraft bedienen.

Erklärungen, welche nach den gesetzlichen Vorschriften dem Nachlaßgerichte gegenüber nur in öffentlich beglaubigter Form abgegeben werden können (vergl. z. B. § 1342 Abs. 1, § 1484 Abs. 2, 1491 Abs. 1, 1492 Abs. 1, 1597 Abs. 1, 1945 Abs. 1, §§ 1955, 2198 Abs. 1 B.G.B.), dürfen von dem Gerichtsschreiber nicht aufgenommen werden (§ 138 Nachl.O.).

Wird von dem Nachlaßgericht ein Rechtsgeschäft beurkundet, (vergl. z. B. § 1945, 1597 B.G.B., § 91 Abs. 1, § 93 Abs. 1 G.F.G.), so gelten für die Beurkundung die Formvorschriften der §§ 168 bis 182 des G.F.G. Der Richter kann einen Protokollführer auch in den Fällen zuziehen, in denen die Zuziehung hienach nicht geboten ist.

Die Vorschriften der §§ 174, 177 des G.F.G. sollen auch dann beobachtet werden, wenn das Protokoll keine rechtsgeschäftlichen Erklärungen enthält (§ 139 l. c.).

VI. Ausfertigungen: Die Ausfertigungen des Nachlaßgerichts, insbesondere die Ausfertigungen von Erbscheinen und ähnlichen Zeug-

---

Die Führung des Registers liegt dem Gerichtsschreiber oder einem damit beauftragten Gerichtsschreibereibediensteten ob.

Zu diesem Verzeichnis, ist ein alphabetisches Namensverzeichnis zu führen (§ 150 Nachl.O.).

nissen, sind von dem Richter zu unterzeichnen (Art. 22 A.G. z. G.V.G.). Sie sind mit dem Gerichtssiegel zu versehen.

Die Ausfertigungen derjenigen Protokolle, welche eine rechtsgeschäftliche Erklärung enthalten, sind von dem Gerichtsschreiber zu unterschreiben (§ 182 G.F.G.) und mit dem Gerichtssiegel zu versehen. (§ 140 Nachl.O.). Ueber die Ausfertigungen in Auseinandersetzungssachen siehe unten § 77 Ziff. V F.

VII. Zustellungen und Bekanntmachungen. Für die Bekanntmachung von Verfügungen und anderen Mitteilungen des Nachlaßgerichts gelten die allgemeinen Vorschriften (siehe oben § 17).

Die erforderlichen öffentlichen Bekanntmachungen hat der Richter selbst anzuordnen. Die Abfassung der Bekanntmachung kann dem Gerichtsschreiber überlassen werden. Der Wortlaut der Bekanntmachung ist jedoch vor der Anheftung an die Gerichtstafel und vor der Absendung an das Blatt, in dem sie veröffentlicht werden soll, stets dem Richter zur Genehmigung vorzulegen.

Auf eine leicht verständliche und knappe Fassung ist Bedacht zu nehmen. Erfolgen mehrere Bekanntmachungen desselben Gerichts gleichzeitig, so sind sie tunlichst zusammenzufassen. Der Bezeichnung des Gerichts braucht eine Namensunterschrift nicht beigefügt zu werden. Ueberflüssige Absätze sind zu vermeiden (§ 141 Nachl.O.).

VIII. Statistik (J.M.Bek. vom 3. Februar 1900, J.M.Bl. S. 486 und vom 20. März 1903, J.M.Bl. S. 239)[4]).

Während des Geschäftsjahres ist eine Tabelle nach dem vorgeschriebenen Formular (J.M.Bl. 1903 S. 241) zu führen: Die Führung obliegt dem Richter, der das Nachlaßwesen bearbeitet; wird dasselbe bei einem Amtsgerichte von mehreren Richtern bearbeitet, so hat jeder Richter für die von ihm zu bearbeitenden Sachen die Tabellen zu führen. Die Eintragungen haben sofort, nachdem die einzutragenden Zahlen feststehen, zu erfolgen.

Bei der Führung der Tabelle ist folgendes zu beachten:

1. Die Spalte 1 hat den Hinweis auf das Register in Nachlaß- und Teilungssachen zu enthalten; das Geschäftsjahr wird dabei nur dann beigesetzt, wenn es sich um das Nachlaßverzeichnis eines früheren Geschäftsjahres handelt. Das Geschäftsjahr wird nur mit den beiden letzten Ziffern der Jahreszahl bezeichnet.

2. In die Spalte 2 sind die Maßregeln zur Sicherung des Nachlasses einzutragen, wobei mehrere Sicherungsmaßregeln in Ansehung eines Nachlasses nur als ein Verfahren zu behandeln sind; ein Eintrag findet auch statt, wenn der Bürgermeister ohne gerichtlichen Auftrag vorläufig Siegel anlegt.

3. In die Spalte 3 wird die Eröffnung einer Verfügung von Todes wegen nur eingetragen, wenn sie von dem Nachlaßgerichte

---

[4]) Durch letztere Bekanntmachung sind die Vorschriften in Ziff. IV 5—8 der Bek. vom 3. Febr. 1900 aufgehoben.

vorgenommen wird; sind mehrere Verfügungen geöffnet worden, so findet nur ein Eintrag statt.

4. In die Spalte 4 sind außer dem Verfahren behufs Erteilung eines Erbscheins auch die Fälle einzutragen, in denen die Erteilung ähnlicher Zeugnisse beantragt wird (z. B. über die Fortsetzung der Gütergemeinschaft, über die Befugnisse des Testamentsvollstreckers oder der in den §§ 37, 38 G.B.O. und im § 11 Abs. 2 des Gesetzes über das Reichsschuldbuch vom 31. Mai 1891, im Art. 51 Abs. 3 Satz 2, 3 A.G. z. B.G.B. oder im § 25 der Hinterlegungsordnung bezeichneten Zeugnisse). Die Kraftloserklärung eines dieser Zeugnisse oder eines Erbscheins wird nicht besonders eingetragen. Das Verfahren, das die Feststellung bezweckt, daß ein anderer Erbe als der Fiskus nicht vorhanden ist, wird in die Spalte 4 nicht eingetragen, wohl aber die Erteilung eines Erbscheins für den Fiskus auf Grund der Feststellung.

5. In die Spalte 5 gehören die Vermittelungen von Auseinandersetzungen ohne Rücksicht darauf, ob die Vermittelung von Amts wegen oder auf Antrag, ob durch das Gericht oder den Notar die Auseinandersetzung erfolgt.

6. Die Spalten 6—8 dienen zur Nachweisung der Dauer der in dem Geschäftsjahre beendigten Auseinandersetzungsverfahren, deren Durchführung dem Gericht obgelegen ist. Als beendigt ist das Verfahren anzusehen, wenn die Auseinandersetzung bestätigt oder das Verfahren eingestellt ist. Ruht das Verfahren oder ist es ausgesetzt, so findet ein Eintrag nicht statt. Wird ein eingestelltes Verfahren, das wieder aufgenommen ist, beendigt, so ist seine Dauer von der Wiederaufnahme an zu berechnen.

§ 66.

Gerichtliche Fürsorge für den Nachlaß.

I. Dem Amtsgericht (über Zuständigkeit jedes Amtsgerichts, in dessen Bezirk das Fürsorgebedürfnis eintritt, siehe oben § 64 Ziff. II.) ist die Pflicht auferlegt, in folgenden Fällen für die Sicherung des Nachlasses von Amts wegen zu sorgen (§ 1960 Abs. 1 B.G.B., §§ 3ff. Nachl.O.):

1. Wenn der Erbe bekannt ist, aber die Erbschaft noch nicht angenommen hat; da der Erbschaftserwerb kraft Gesetzes eintritt vorbehaltlich des Rechtes der Ausschlagung (§ 1942 B.G.B.) sind unter „Annahme" nur Willenserklärungen zu verstehen, welche den Willen Erbe zu bleiben zum Ausdruck bringen;

2. wenn ungewiß ist, ob er die Erbschaft angenommen hat; eine Ungewißheit kann insbesondere dann bestehen, wenn Zweifel besteht, ob eine Annahme durch konkludente Handlungen erfolgt ist;

3. wenn der Erbe unbekannt ist, d. h. wenn nicht bekannt

ist, wer als Erbe berufen ist, sei es primär oder infolge der Ausschlagung eines Berufenen.

Die Fürsorgepflicht besteht auch, wenn einer der drei Gründe nur hinsichtlich eines Miterben vorliegt; die Fürsorge bezieht sich dann nur auf den Anteil des Miterben unbeschadet des Rechtes der übrigen Miterben für die Erhaltung des Nachlasses Sorge zu tragen (§ 2038 B.G.B.).

II. Voraussetzung des Einschreitens ist in allen drei Fällen, daß ein Bedürfnis der Fürsorge besteht. Das Bedürfnis ist zugleich bestimmend für den Umfang und die Art der Fürsorge. Ob ein Bedürfnis vorliegt, ist nicht nur mit Rücksicht auf den Erben, sondern auch mit Rücksicht auf die Nachlaßgläubiger zu prüfen. Die Sorge für den Nachlaß wird regelmäßig unterbleiben können, wenn ein überlebender Ehegatte und gemeinschaftliche Abkömmlinge als Erben berufen sind oder wenn ein Testamentsvollstrecker die Verwaltung des Nachlasses übernommen hat. Deshalb allein, weil in der Person des Erben Gründe bestehen, welche die Einleitung einer Vormundschaft für ihn selbst rechtfertigen, also z. B. weil der Erbe minderjährig ist und beide Eltern gestorben sind, liegt ein Bedürfnis für die Fürsorge des Nachlaßgerichts regelmäßig nicht vor; in solchem Falle hat das Vormundschaftsgericht einen Vormund aufzustellen und die Fürsorge des Vormundes und des Vormundschaftsgerichts erstreckt sich auch auf den dem Bevormundeten angefallenen Nachlaß.

Ein etwaiges Verbot des Erblassers, für die Sicherung des Nachlasses zu sorgen, insbesondere ein Verbot der Siegelung, ist unwirksam.

Die Frage des Bedürfnisses entscheidet das Nachlaßgericht vorbehaltlich der Beschwerde nach seinem Ermessen; weitere Beschwerde ist daher ausgeschlossen (§ 27 G.F.G.).

Zur Ausführung der Sicherungsmaßregeln sind, soweit möglich, eine oder mehrere Auskunftspersonen beizuziehen. Die Auskunftspersonen sind, wenn tunlich, aus dem Kreise der am Orte anwesenden, leicht erreichbaren Erben oder Verwandten des Erblassers zu nehmen (§ 16 Abs. 1 Nachl.O.).

Ist eine zur Sicherung des Nachlasses angeordnete Maßregel in Abwesenheit des Erben oder eines Miterben vorgenommen worden, so soll ihn das Nachlaßgericht von der Maßregel in Kenntnis setzen, sofern nach Lage der Sache anzunehmen ist, daß der Erbe an der alsbaldigen Erlangung dieser Kenntnis ein Interesse hat (§ 24 Nachl.O.).

III. Formen der Fürsorge. Die Mittel der Fürsorge bestehen teils in bloßen Sicherungsmaßregeln, teils in der Schaffung einer vollkommenen Vertretung des Erben oder Miterben durch Einleitung einer Nachlaßpflegschaft. Von letzterer wird im folgenden Paragraphen besonders die Rede sein.

Die Sicherungsmittel sind im Gesetz nicht erschöpfend aufgezählt.

Es liegt im Ermessen des Gerichtes, welche Maßregeln es nach Lage der Sache für angezeigt hält. Im Ermessen des Gerichts steht es auch, wie lange es die Sicherungsmaßregeln fortbestehen lassen will.

Die Anordnung der Sicherungsmaßregeln ist Aufgabe des Nachlaßgerichts (§ 17 Nachl.O.)

Als Beispiele und besonders häufig vorkommende Sicherungsmaßregeln sind im Gesetze aufgeführt:

1. die Siegelung des Nachlasses,
2. die Hinterlegung von Geld, Wertpapieren und Kostbarkeiten,
3. die Aufnahme eines Nachlaßverzeichnisses.

1. Siegelung des Nachlasses:

Zuständig zur Anlegung von Siegeln und zur Entsiegelung ist der Richter selbst, er soll sie jedoch nur ausnahmsweise und aus besonderen Gründen selbst vornehmen. Er kann sie auch übertragen

1. dem Gerichtsschreiber (Art. 63 A.G. z. G.V.G. in der Fassung des Art. 167 A.G. z. B.G.B.);
2. einem Notar (Art. 2 Ziff. 1 Not.G.);
3. bei einem Nachlasse, der sich nicht in der Gemeinde befindet, in welcher das zuständige Amtsgericht seinen Sitz hat, dem Bürgermeister.

Sie soll diesen Personen in den im § 6 G.F.G. (siehe oben § 8) und in Art. 15 Not.G. bezeichneten Fällen nicht übertragen werden (§ 142 Nachl.O.)

Die Entsiegelung kann einem dieser Beamten auch dann übertragen werden, wenn die Siegelung von einem anderen Beamten vorgenommen worden ist.

In dringenden Fällen hat der Bürgermeister für die Sicherung des Nachlasses, der sich nicht in der Gemeinde befindet, in welcher das zuständige Amtsgericht seinen Sitz hat, vorläufig durch Anlegung von Siegeln zu sorgen; die getroffene Maßregel ist sofort dem Amtsgericht anzuzeigen (Art. 105 A.G. z. B.G.B.). Vergl. auch die Anweisung für die Mitwirkung der Gemeindebehörden bei der Sicherung des Nachlasses, J.M.Bl. 1903 S. 217.

Die Entsiegelung ist, wenn tunlich, dem Bürgermeister zu übertragen. Auch die Siegelung soll in einfachen Fällen regelmäßig dem Bürgermeister übertragen werden.

Wird die Entsiegelung aus Anlaß der Aufnahme des Nachlaßverzeichnisses angeordnet, so wird die Vornahme der Entsiegelung zweckmäßig dem Beamten übertragen, welcher das Nachlaßverzeichnis aufzunehmen hat.

Wird der Gerichtsschreiber mit der Vornahme der Siegelung oder der Entsiegelung beauftragt, so soll das Nachlaßgericht den Auftrag schriftlich erteilen. (Formular für den Auftrag siehe J.M.Bl. 1903 S. 185). Es empfiehlt sich, den Auftrag bei Gerichten, welche nur mit einem Gerichtsschreiber besetzt sind, einem geeigneten stellvertretenden Gerichtsschreiber und bei Gerichten, welche mit mehr als einem Gerichtsschreiber besetzt sind, jedenfalls nicht dem mit der Geschäftsleitung betrauten Gerichtsschreiber zu erteilen.

Der Erbe kann auf Antrag vom Nachlaßgericht ermächtigt werden, die Siegel selbst abzunehmen. Im Falle einer Mehrheit von Erben kann diese Ermächtigung einem Miterben erteilt werden, sofern die übrigen Miterben hiemit einverstanden sind (§§ 18, 19 Nachl.O.)

Bei der Ausführung der Siegelung soll der Gerichtsschreiber die Verfügung, welche den Auftrag enthält, vorzeigen (§ 19 Abs. 2 Satz 3 l. c.)

Gegenstand der Anlegung von Siegeln sind die zum Nachlasse gehörenden beweglichen Sachen.

Ausgenommen bleiben die zum täglichen Gebrauche der Hausgenossen und zur Fortführung des Haushalts, des Geschäfts- oder Wirtschaftsbetriebs erforderlichen Gegenstände und Vorräte sowie diejenigen Sachen, welche sich zur Versiegelung nicht eignen, z. B. Sachen, die dem Verderben ausgesetzt sind. Räume, deren Weiterbenützung nicht entbehrt werden kann, sind offen zu halten. Das Recht der Familienangehörigen des Erblassers, die zur Zeit des Todes des Erblassers zu dessen Hausstande gehört und von ihm Unterhalt bezogen haben, auf die Benützung der Wohnungs- oder Haushaltsgegenstände (§ 1969 Abs. 1 B.G.B.) ist zu beachten.

Wohnungsräume eines Verstorbenen sollen nicht versiegelt werden, bevor im einzelnen Falle die aus Rücksichten der Reinlichkeit oder der öffentlichen Gesundheitspflege erforderlichen Maßregeln vollzogen sind.

Vollzogen wird die Siegelung in der Weise, daß die zu versiegelnden Sachen tunlichst in verschließbaren Räumen oder Behältnissen untergebracht und dieselben verschlossen und unter Verwendung von Papierstreifen, Leinwandstreifen, Bindfaden oder in anderer Weise mit dem Dienstsiegel so versiegelt werden, daß sie ohne Verletzung des Verschlusses nicht geöffnet werden können. Fenster sind zu schließen und nötigenfalls in gleicher Weise zu versiegeln.

Die Anwesenden sind auf die Unverletzlichkeit der Siegel und die Strafen wegen unbefugten Erbrechens, Ablösens oder Beschädigens eines Siegels (§ 136 des Strafgesetzbuchs) hinzuweisen.

Die Beaufsichtigung der Siegel und der nicht unter Verschluß gebrachten Sachen ist einem im Hause wohnenden Beteiligten oder einem Dritten mit der Weisung, für deren Sicherung zu sorgen, zu übertragen.

Die Schlüssel zu den versiegelten Behältnissen und Räumen sind der bestellten Aufsichtsperson zur Verwahrung einzuhändigen oder in gerichtliche Verwahrung zu nehmen (§ 7 l. c.)

Werden bei der Siegelung Gelder, Wertpapiere oder Kostbarkeiten, die zum Nachlasse gehören, vorgefunden, so sind sie, wenn das Nachlaßgericht nicht ausdrücklich ein Anderes angeordnet hat, zu verzeichnen und bei der Hinterlegungsstelle zu hinterlegen. Ausnahmsweise können sie auch im Einverständnisse mit den anwesenden Beteiligten an dem bisherigen Verwahrungsorte belassen werden, wenn sie hier unter einen sicheren Verschluß gebracht werden können.

Für die Fortführung des Haushalts, des Geschäfts- oder Wirtschaftsbetriebs, sowie zur Erfüllung dringender Nachlaßverbindlichkeiten, namentlich zur Berichtigung der Beerdigungskosten, kann den Beteiligten eine bestimmte Geldsumme gegen Empfangsschein mit der Verpflichtung zur späteren Abrechnung gegenüber dem Erben überlassen werden (§ 11 l. c.).

Wird ein Testament, ein Erbvertrag, ein Ehe- und Erbvertrag oder ein Hinterlegungsschein für eine Verfügung von Todes wegen vorgefunden, so sind sie unverzüglich an das Nachlaßgericht einzusenden (§ 14 l. c.).

Ueber die Anlegung von Siegeln ist ein **Protokoll** aufzunehmen, welches insbesondere zu enthalten hat:

1. die Angabe des Ortes und Tages der Handlung und des Namens des die Siegelung vornehmenden Beamten;
2. die Bezeichnung der Nachlaßsache unter Angabe des Namens, Standes, Wohnsitzes, Sterbeorts und Todestags des Erblassers;
3. die Bezeichnung der anwesenden Personen, den Hergang der Handlung, die Bezeichnung der Behältnisse und Räume, die versiegelt wurden, und des hauptsächlichsten Inhalts derselben;
4. die Bezeichnung des Namens der bestellten Aufsichtsperson;
5. eine allgemeine Bezeichnung der nicht unter Siegel gelegten Sachen und der hiewegen getroffenen Maßregeln;
6. die Verzeichnung der zur gerichtlichen Hinterlegung übernommenen Gelder, Wertpapiere und Kostbarkeiten, die Angabe der den Beteiligten überlassenen Geldsumme und die Bescheinigung hierüber;
7. die Feststellung, daß die bei der Siegelung Anwesenden auf die Unverletzlichkeit der Siegel und die strafrechtlichen Folgen der Verletzung der Siegel aufmerksam gemacht worden sind.

Wenn eine Verfügung von Todes wegen vorgefunden worden ist, so hat das Protokoll auch hierüber eine Angabe zu enthalten.

In dem Protokoll ist endlich kurz festzustellen, ob, soweit die bei der Anlegung der Siegel anwesenden Personen Auskunft zu erteilen imstande sind, die in der Todesanzeige enthaltenen Angaben vollständig und richtig sind; gegebenenfalls sind die Angaben in dem Protokolle so weit als möglich zu berichtigen.

Der die Siegelung oder Entsiegelung vornehmende Richter oder Gerichtsschreiber hat das Protokoll selbst aufzunehmen; er soll einen Beamten oder Bediensteten der Gerichtsschreiberei nur ausnahmsweise beiziehen.

Das Protokoll ist zu verlesen und von den anwesenden Beteiligten, von dem Verwahrer sowie von dem die Siegelung vornehmenden Beamten zu unterzeichnen (§§ 8, 14, 19 Abs. 3 l. c.).

Wann die Entsiegelung anzuordnen ist, bestimmt sich nach den Umständen des einzelnen Falles. Sie ist vom Nachlaßgericht insbesondere anzuordnen:

1. wenn der Erbe die Erbschaft angenommen hat;
2. wenn das Nachlaßverzeichnis aufzunehmen ist;
3. insoweit der Gebrauch einzelner versiegelter Sachen notwendig wird; in diesem Falle sind die aus dem Verschlusse genommenen Sachen und der Name des Empfängers zu verzeichnen und die übrigen Sachen wieder zu versiegeln.

Von dem Termine der Entsiegelung ist den Beteiligten sowie der bestellten Aufsichtsperson, soweit tunlich, mit dem Bemerken Kenntnis zu geben, daß es ihnen freistehe, der Entsiegelung beizuwohnen (§ 16 Abs. 2 l. c.).

Finden sich Verletzungen der Siegel oder des Verschlusses vor, so ist zu untersuchen, ob die versiegelten Sachen sämtlich vorhanden sind. Liegt der Verdacht einer strafbaren Handlung vor, so ist der Staatsanwaltschaft Anzeige zu machen.

Ueber die Entsiegelung ist ein Protokoll aufzunehmen, in dem der Befund der Siegel und der versiegelten Sachen zu vermerken und das Vorhandensein der Sachen, die nicht versiegelt wurden, festzustellen ist. Das Protokoll ist zu verlesen und von den anwesenden Beteiligten sowie von dem die Entsiegelung vornehmenden Beamten zu unterzeichnen (§§ 9, 10 Nachl.O.).

2. Hinterlegung:

Die Hinterlegung von Geld, Wertpapieren und Kostbarkeiten kann auch als alleinige Sicherungsmaßregel angeordnet werden. Der Vollzug erfolgt nach § 11 Nachl.O. (siehe oben).

Zur Sicherung des Nachlasses kann angeordnet werden, daß auch andere Nachlaßsachen als Geld, Wertpapiere oder Kostbarkeiten in gerichtliche Verwahrung genommen und, soweit in dem Gerichtsgebäude hiezu geeignete Räume zur Verfügung stehen, in diesen, andernfalls in einem geeigneten anderen Raume untergebracht werden.

Die Anordnung einer solchen Maßregel ist zu unterlassen, wenn die Kosten der Verwahrung unverhältnismäßig groß sind oder aus dem Nachlasse nicht bestritten werden können.

Der Vorstand des Amtsgerichts kann, unbeschadet der Zuständigkeit der Aufsichtsbehörden, allgemein oder für gewisse Fälle verbieten, daß Nachlaßsachen in gerichtliche Räume verbracht werden.

Hinsichtlich der Zuständigkeit finden die Vorschriften der §§ 18, 19 Nachl.O. (siehe unter 1) entsprechende Anwendung (§ 20 l. c.).

Ueber den Vollzug ist in gleicher bezw. entsprechender Weise wie über die Anlegung von Siegeln ein Protokoll aufzunehmen (§§ 12, 13 Nachl.O.).

Die Ausführung der Hinterlegung liegt dem ob, der bei der Nachlaßsicherung die Gelder, Wertpapiere oder Kostbarkeiten an sich genommen hat. Hat jedoch der Bürgermeister dieselben an sich genommen, so hat er sie nur dem Nachlaßgerichte zu übersenden; letzteres hat für die Hinterlegung zu sorgen.

Die Hinterlegung erfolgt nach den Vorschriften der Hinterlegungsordnung vom 18. Dezember 1899 (J.M.Bl. S. 1057). Sie geschieht dadurch, daß entweder der mit der Sicherung des Nachlasses betraute Beamte die Hinterlegungserklärung (§§ 13, 48 der Hinterl.O.) abgibt oder das Nachlaßgericht die Hinterlegungsstelle um Annahme der zu hinterlegenden Gegenstände ersucht (§ 18 Abs. 3 Nr. 2, § 48 der Hinterl.O.).

Sind die hinterlegten Sachen herauszugeben, so hat das Nachlaßgericht entweder den Empfangsberechtigten eine Bescheinigung über das Recht zum Empfange zu erteilen oder die Hinterlegungsstelle um die Herausgabe zu ersuchen (§ 27 Nr. 2, § 49 der Hinterl.O.). Im ersten Falle hat der Empfangsberechtigte die Herausgabe nach Maßgabe der §§ 23, 50 der Hinterl.O. selbst zu erwirken; im anderen Falle übergibt oder übersendet die Hinterlegungsstelle die Gegenstände dem Empfangsberechtigten ohne weiteren Antrag (§ 21 Nachl.O.).

3. Die Aufnahme eines Nachlaßverzeichnisses.

a) Für die Aufnahme des Nachlaßverzeichnisses ist das Nachlaßgericht nicht zuständig. Es kann mit der Aufnahme beauftragen

1. den Notar in allen Fällen (Art. 2 Ziff. 1 Not.G.);
2. den Gerichtsschreiber; diesem soll die Aufnahme nur übertragen werden, wenn anzunehmen ist, daß der Wert des Nachlasses ohne Abzug der Schulden den Betrag von 2000 Mk. nicht oder nicht erheblich übersteigt (Art. 63 A.G. z. G.V.G.).

Einem Notar oder Gerichtsschreiber soll in den in § 6 G.F.G. (siehe oben § 8) und in Art. 15 Not.G. bezeichneten Fällen die Aufnahme nicht übertragen werden (§ 142 Nachl.O.).

Der Auftrag ist schriftlich zu erteilen (Formular für denselben s. J.M.Bl. 1903 S. 185).

Der Gerichtsschreiber hat den Auftrag den Beteiligten auf Verlangen vorzuzeigen. Für die Auswahl des zu beauftragenden Gerichtsschreibers gilt das nämliche wie bei der Siegelung; siehe oben Ziffer 1 und § 19 Abs. 2 Nachl.O.

b) Der Gerichtsschreiber hat das Nachlaßverzeichnis regelmäßig selbst ohne Zuziehung eines weiteren Gerichtsschreibereibediensteten aufzunehmen.

c) Der Inhalt des Nachlaßverzeichnisses bestimmt sich nach dem Bedürfnisse, das zur Anordnung des Nachlaßverzeichnisses Anlaß gibt. Das Nachlaßgericht kann anordnen, daß der gesamte Nachlaß verzeichnet oder daß in das Nachlaßverzeichnis nur ein

Teil der Nachlaßgegenstände, z. B. nur die beweglichen Nachlaßsachen oder nur gewisse Nachlaßsachen, aufgenommen wird.

Das Verzeichnis soll eine Beschreibung der Nachlaßgegenstände enthalten. Das Nachlaßgericht kann anordnen, daß in dem Verzeichnisse der Wert der Gegenstände angegeben wird und daß zur Bestimmung des Wertes Schätzer zugezogen werden.

Eine Verzeichnung der Nachlaßverbindlichkeiten ist zum Zweck der Sicherung des Nachlasses nicht erforderlich. Es ist aber zu beachten, daß das nach § 1960 Abs. 2 B.G.B. aufgenommene Nachlaßverzeichnis, wenn es den Vorschriften der §§ 2001—2003 B.G.B. entspricht, nach § 2004 als Nachlaßinventar dienen kann.

Der Notar hat das in Ausführung der gerichtlichen Anordnung aufgenommene Nachlaßverzeichnis bei dem Nachlaßgericht in Urschrift einzureichen (§§ 15, 22, 23 Nachl.O.).

IV. Sicherungsmaßregeln beim Tode eines Beamten:

Die Zuständigkeit des Nachlaßgerichts ist auch beim Tode eines Beamten des Staats, einer Kreisgemeinde, einer Distriktsgemeinde oder einer nicht unter gemeindlicher Verwaltung stehenden öffentlichen Stiftung nicht ausgeschlossen, vorbehaltlich jedoch die Zuständigkeit der Behörde, welcher der Verstorbene angehört, oder der Aufsichtsbehörde zu notwendigen Sicherungsmaßregeln im dienstlichen Interesse. Das Nachlaßgericht kann auch von einer Behörde um die Vornahme der geeigneten Maßregeln ersucht werden.

Hat ein Rentamtmann, Rentamtsverweser oder Steuereinnehmer zur Zeit seines Todes eine Kasse zu verwalten und befindet sich die vorgesetzte Dienstbehörde nicht an dem Sitze der Kasse, so hat das Nachlaßgericht zur Sicherung der amtlichen Schriftstücke, Gelder und sonstigen Sachen, die der Verstorbene in Verwahrung gehabt hat, die geeigneten Maßregeln von Amts wegen vorzunehmen, sofern nicht die Behörde ersucht, hievon abzusehen. Das Nachlaßgericht hat der Behörde von den Maßregeln Mitteilung zu machen. Der Behörde liegt es ob, das Weitere zu veranlassen.

Werden bei der Ausführung einer Maßregel nach § 1960 B.G.B. amtliche Schriftstücke, Gelder oder sonstige Sachen, welche der Verstorbene in Verwahrung gehabt hat, vorgefunden, so hat das Gericht die Behörde, welcher der Verstorbene angehört, oder die Aufsichtsbehörde hievon zu benachrichtigen und ihr zugleich von den Sicherungsmaßregeln, die in Ansehung dieser Sachen vorgenommen worden sind, Mitteilung zu machen. Der Behörde liegt es ob, das Weitere zu veranlassen (Art. 106 A.G. z. B.G.B.; K. Allerh. V.O. vom 7. Dezember 1899, G. u. V.Bl. S. 1013, J.M.Bl. S. 549).

Für den Fall des Todes eines Beamten einer Gemeinde oder einer örtlichen Stiftung sind die auf Grund der Gemeindeordnung bestehenden Bestimmungen maßgebend. Wird das Nachlaßgericht von der Gemeindebehörde um die Vornahme der

Sicherungsmaßregeln ersucht, so hat es dem Ersuchen zu entsprechen; werden bei der Ausführung einer Maßregel, die das Nachlaßgericht zur Sicherung des Nachlasses auf Grund des § 1960 B.G.B. angeordnet hat, amtliche Schriftstücke, Gelder oder sonstige Sachen, deren Herausgabe auf Grund des Dienstverhältnisses verlangt werden kann, vorgefunden, so hat das Nachlaßgericht hievon der Gemeindebehörde Mitteilung zu machen.

Für den Fall des Todes von Verwaltern eines Pfründe- oder Kirchenstiftungsvermögens sind die bestehenden Bestimmungen maßgebend. Bei Sterbefällen von Geistlichen soll darauf Rücksicht genommen werden, daß die geistlichen Verrichtungen, wenn der Verstorbene dergleichen versehen hat, nicht gehemmt werden; alles, was darauf Bezug hat und zum Gottesdienste gehört, als heilige Gefäße ꝛc. soll von der Sperre ausgenommen und mittelst Verzeichnisses entweder dem Nachfolger im Benefizium sogleich verabfolgt oder anderen sicheren Händen einstweilen übergeben werden, wenn nicht zu ihrer Uebernahme ein Abgeordneter der geistlichen Behörde sich einfindet, welche zu dem Ende von dem Richter bei jedem Sterbefalle eines im Benefizium stehenden Geistlichen davon in Kenntnis zu setzen ist (§ 68 der II. Verfassungsbeilage, Religionsedikt).

Werden beim Tode einer Militärperson amtliche Akten oder sonstige Sachen, deren Herausgabe auf Grund des Dienstverhältnisses verlangt werden kann, vorgefunden, so hat das Nachlaßgericht die Militärbehörde, welcher der Verstorbene angehörte, und wenn er der einzige Beamte der Behörde war, das am Standort befindliche Garnisonskommando, zu benachrichtigen und ihr zugleich von den in Ansehung der Sachen vorgenommenen Sicherungsmaßregeln Mitteilung zu machen. Der Militärbehörde liegt es ob, das Weitere zu veranlassen (§ 7 des Ges. über die freiw. Gerichtsb. und andere Rechtsangelegenheiten in Heer und Marine vom 28. Mai 1901, R.G.Bl. S. 185).

V. Auch für die Sicherung des Nachlasses von Ausländern hat das nach § 74 G.F.G. zuständige deutsche Gericht im Bedürfnisfalle Sorge zu tragen. Dabei sind zunächst die bestehenden Staatsverträge zu beachten.

Stirbt ein Angehöriger eines Staates, dessen Konsuln zur Sicherstellung des Nachlasses oder zur Mitwirkung bei der Sicherstellung berufen sind[1]), so ist dem Konsul von dem Todesfalle sofort Nachricht zu geben. Wird dem Amtsgerichte mit der Todesanzeige ein Auszug aus dem Sterberegister des Standesbeamten

[1]) Dies ist der Fall nach den Verträgen mit Italien von 1868 Art. 11, Spanien von 1870 Art. 11, Rußland von 1874 Art. 2, Griechenland von 1881 Art. 15, Serbien von 1883 Art. 11, Japan von 1896 Art. 14, Brasilien von 1897/98; siehe Note 4 zu § 64.

mitgeteilt, so ist er dem Konsul mit der Benachrichtigung zu übersenden; andernfalls ist er von dem Standesbeamten zu erholen (Nr. 3 der Bek. vom 18. Dezember 1899 J.M.Bl. S. 578) und nachträglich zu übersenden. Der Auszug ist von dem Amtsgericht unter Beifügung des Amtssiegels mit der Bestätigung zu versehen, daß die Urkunde von dem hiezu berechtigten Beamten ausgestellt ist. Stirbt ein Angehöriger der erwähnten Staaten an einem Orte, an dem eine Konsularbehörde seines Heimatstaats nicht vorhanden ist, so hat das Gericht die nötigen Sicherungsmaßregeln selbst zu ergreifen und beglaubigte Abschriften der gerichtlichen Verfügungen und des über die Ausführung der Sicherungsmaßregeln aufgenommenen Protokolls oder des Nachlaßverzeichnisses nebst dem mit dem Beglaubigungszeugnisse versehenen Auszug aus dem Sterberegister und dem Passe oder den sonstigen die Staatsangehörigkeit des Verstorbenen beweisenden Schriftstücken sobald als möglich der Konsularbehörde zu übersenden.

Die Konsuln der Vereinigten Staaten von Amerika sind zwar zur Mitwirkung bei der Sicherstellung des Nachlasses eines Angehörigen dieser Staaten nicht berufen, im Hinblick auf den Art. 10 der Konsularkonvention vom 11. Dezember 1871 (R.G.Bl. 1872 S. 95) haben aber die Gerichte, wenn der Verstorbene bekannte Erben oder von ihm ernannte Testamentsvollstrecker in Deutschland nicht hinterläßt, auch im Falle des Todes eines Angehörigen dieser Staaten dem Konsul einen mit dem Beglaubigungszeugnisse versehenen Auszug aus dem Sterberegister und die die Staatsangehörigkeit des Verstorbenen beweisenden Urkunden sofort zu übersenden.

Soweit der unmittelbare Verkehr mit dem Konsul gestattet ist[2]) haben die Benachrichtigung des Konsuls und die Uebersendung der Urkunden an den Konsul unmittelbar zu erfolgen; soweit der unmittelbare Verkehr nicht gestattet ist, hat das Amtsgericht an das Staatsministerium der Justiz unmittelbar zu berichten.

Stirbt ein Angehöriger eines andern Staates, so ist über die getroffenen Sicherungsmaßregeln unter Vorlegung eines Auszugs aus dem Sterberegister des Standesbeamten (Nr. 3 Abs. 1 der Bek. vom 18. Dezember 1899 J.M.Bl. S. 578) sowie einer Abschrift der gerichtlichen Verfügungen und des über die Ausführung der Sicherungsmaßregeln aufgenommenen Protokolls, wenn die Aufnahme eines Nachlaßverzeichnisses angeordnet war, auch des Nachlaßverzeichnisses dem Staatsministerium der Justiz unmittelbar zu berichten.

VI. Gebühr: Für das ganze Verfahren zur Sicherstellung des Nachlasses einschließlich der Anordnungen wegen Aufbewahrung des Nachlasses, der Verzeichnung des Nachlasses, der Ermittelung des

---

[2]) Verzeichnis der fremden Konsularbehörden, mit denen den bayerischen Justizbehörden der unmittelbare Verkehr gestattet ist, siehe J.M.Bl. 1903 S. 244.

Erben und der Ausantwortung des Nachlasses an den Erben wird ein Zehnteil der Sätze des § 8 G.K.G. bis zum Meistbetrage von 100 Mk. erhoben. Die Berechnung der Gebühr erfolgt aus dem Werte des Nachlasses nach Abzug der Schulden. Wenn nur einzelne Teile des Nachlasses Gegenstand der Sicherung sind, wird der Berechnung der Gebühr der Wert dieser Teile zu Grunde gelegt, sofern er geringer ist, als der Wert des ganzen Nachlasses nach Abzug der Schulden.

Die Gebühr wird, wenn ein Verfahren zum Zwecke der Vermittelung der Auseinandersetzung stattfindet, auf die für dieses nach Art. 99 Geb.G. zu entrichtende Gebühr angerechnet. (Art. 101 Geb.G.)

§ 67.

Nachlaßpflegschaft.

I. Einleitung:

1. Die Nachlaßpflegschaft ist von Amts wegen im Falle des Bedürfnisses einer solchen in den im vorigen Paragraphen aufgeführten Fällen einzuleiten. Ob es der Einleitung einer Pflegschaft zur Sicherung des Nachlasses bedarf oder ob andere Sicherungsmaßregeln ausreichen, entscheidet das Nachlaßgericht nach seinem pflichtgemäßen Ermessen. Insbesondere kann für einen Erben, dessen Geburt erwartet wird oder für eine als Erbe berufene noch nicht genehmigte Stiftung eine Nachlaßpflegschaft bestellt werden (§ 1960 B.G.B.).

2. Die Nachlaßpflegschaft muß auf Antrag einer Person, welche einen gegen den Nachlaß gerichteten Anspruch geltend zu machen hat, eingeleitet werden zum Zwecke der Ermöglichung der gerichtlichen Geltendmachung des Anspruchs (§ 1961 B.G.B.). Der Antrag kann auf den Erbteil eines von mehreren Erben beschränkt werden (Sammlg. Bd. III S. 266). Weitere Voraussetzung der Einleitung ist auch hier, daß die Erbschaft noch nicht angenommen oder der Erbe unbekannt oder ungewiß ist, ob er die Erbschaft angenommen hat, ferner Vorliegen eines Bedürfnisses; ein solches ist, wenn ein Erbe bekannt ist, schon als gegeben zu erachten, wenn er für die Befriedigung der Gläubiger nicht Sorge trägt. Der Antragsteller wird das Bedürfnis dem Gericht glaubhaft zu machen haben. Nur dadurch, daß der Gläubiger in der Lage ist, seine Rechte dem Erben unmittelbar gegenüber zu verfolgen, wird die Bestellung der Pflegschaft ausgeschlossen (Rechtspr. Bd. IV. S. 420).

Ueber Bestellung eines einstweiligen Vertreters des Erben durch das Vollstreckungsgericht in Fällen, in welchen bei einer Zwangsvollstreckungshandlung die Zuziehung des Schuldners nötig wäre, siehe § 779 Abs. 2 C.P.O.

3. Die Einleitung der Nachlaßpflegschaft erfolgt durch Be-

stellung eines Pflegers (Formular für die Bestellung des Nachlaßpflegers siehe J.M.Bl. 1903 S. 186); einer besonderen Verfügung, welche die Einleitung anordnet, bedarf es nicht.

4. Gegen die Einleitung der Nachlaßpflegschaft steht die Beschwerde insbesondere dem Erben zu. Gegen die Unterlassung der Einleitung ist eine Beschwerde erst möglich, wenn ein Interessent beim Nachlaßgericht den Antrag auf Einleitung gestellt hat und derselbe abschlägig verbeschieden ist. Beschwerdeberechtigt ist im Falle 1 auch jeder Dritte, dessen Recht durch die Unterlassung beeinträchtigt ist, im Falle 2 nur der Antragsteller (§ 20 G.F.G.).

II. Führung der Nachlaßpflegschaft: Auf die Nachlaßpflegschaft als einer besonderen Art der Pflegschaft finden die für die letztere geltenden allgemeinen Vorschriften des Vormundschaftsrechtes Anwendung (§§ 1915 ff. B.G.B.). Für die Nachlaßpflegschaft tritt an die Stelle des Vormundschaftsgerichts das Nachlaßgericht (§ 1962 B.G.B.). Ueber Zuständigkeit und Abgabe der Pflegschaft an ein anderes Nachlaßgericht siehe oben § 64 II 2.

Auch die für das Verfahren in Vormundschaftssachen geltenden Vorschriften mit Ausnahme jener über die Zuständigkeit kommen zur Anwendung (§ 75 G.F.G.).

Die Führung der Nachlaßpflegschaft steht dem Pfleger zu. Seine Aufgaben sind nach dem Zwecke der Pflegschaft Ermittelung des etwa unbekannten Erben, Sorge für die Erhaltung des Nachlasses und Verwaltung desselben.

Die Tätigkeit des Nachlaßgerichts beschränkt sich auf

1. die Aufsicht über die Tätigkeit des Pflegers,

2. die Erteilung der Genehmigung zu Handlungen des Pflegers nach Maßgabe der für die Vormundschaft und die Pflegschaft geltenden Vorschriften.

Auch die auf Antrag nach § 1961 B.G.B. eingeleitete Nachlaßpflegschaft ist nicht eine Pflegschaft zur Erledigung der einzelnen Angelegenheit des Antragstellers, sondern eine vollständige Nachlaßpflegschaft.

III. Die Aufhebung der Nachlaßpflegschaft erfolgt durch das Nachlaßgericht, wenn der Grund für die Anordnung weggefallen ist (§ 1919 B.G.B.), das ist der Fall, wenn der Erbe ermittelt und die Erbschaft angenommen ist oder wenn aus sonstigem Grunde (z. B. Feststellung, daß kein anderer Erbe als der Fiskus vorhanden ist) das Bedürfnis weggefallen ist (§ 1919 B.G.B.).

IV. Aktenbildung: Für die Nachlaßpflegschaften werden nicht Vormundschaftsakten angelegt, sondern sie werden in den Nachlaßakten behandelt (§ 56 Abs. 3 der Bek. vom 19. Januar 1900, das Vormundschaftswesen betr., J.M.Bl. S. 181).

V. Gebühr: Auf die Gebührenbewertung finden die Vorschriften über die Gebühren in Vormundschaftssachen mit der Maßgabe entsprechende Anwendung, daß an Stelle des Vermögens des

Mündels der Wert des Nachlasses tritt. Auf die Gebühr wird die in Art. 101 Geb.G. bestimmte Gebühr (siehe oben § 66 Ziff. V) angerechnet, wenn die Nachlaßpflegschaft zur Sicherung des Nachlasses eingeleitet wird (Art. 102 Geb.G.)

§ 68.

Nachlaßverwaltung.

(Nachlaßpflegschaft zum Zwecke der Befriedigung der Gläubiger.)

I. Verschieden von der Nachlaßpflegschaft zur Fürsorge für den Nachlaß ist diejenige, welche zum Zwecke der Befriedigung der Nachlaßgläubiger angeordnet wird. Sie bezweckt, die Haftung des Erben auf den Nachlaß zu beschränken (§ 1975 B.G.B.). Es finden auf dieselbe, soweit sich nicht aus dem Folgenden ein anderes ergibt, die allgemeinen Vorschriften über die Pflegschaft (§§ 1915 ff. B.G.B.) Anwendung.

1. Voraussetzung der Einleitung einer Nachlaßverwaltung ist stets ein Antrag.

Antragsberechtigt sind:

a) der Erbe, beim Vorhandensein mehrerer Erben nur sämtliche Erben gemeinschaftlich (§ 1981 Abs. 1, § 2062 B.G.B.), Vermächtnisnehmer dagegen nur in ihrer Eigenschaft als Nachlaßgläubiger und unter den nämlichen Voraussetzungen wie diese (Sammlg. Bd. II S. 556);

b) der Käufer der Erbschaft oder eines Erbteiles wie ein Erbe oder Miterbe, ohne jedoch diesen vom Antrage auszuschließen (§§ 2382, 2383 B.G.B.).

c) jeder Nachlaßgläubiger, der nicht im Aufgebotsverfahren ausgeschlossen ist, wenn Grund zu der Annahme besteht, daß die Befriedigung der Nachlaßgläubiger aus dem Nachlaß durch das Verhalten oder die Vermögenslage des Erben gefährdet wird (§ 1981 Abs. 2 B.G.B.).

Der Antrag eines Gläubigers ist zuzulassen, wenn die Forderung des Antragstellers und die Gefährdung der Nachlaßgläubiger glaubhaft gemacht werden (§ 75 Nachl.O.).

Der Antrag ist ausgeschlossen, ein etwa gestellter Antrag also abzuweisen:

a) seitens des Erben bezw. Erbschaftskäufers und der Gläubiger, wenn der Erbe für die Nachlaßverbindlichkeiten unbeschränkt haftet (nach § 1994 Abs. 1 Satz 2, § 2005 Abs. 1, § 2006 Abs. 3 B.G.B.), jedoch nicht, wenn er nur einzelnen Nachlaßgläubigern gegenüber unbeschränkt haftet (§ 2013 B.G.B.),

b) seitens des Erben bezw. Erbschaftskäufers, wenn der Nachlaß bereits geteilt ist (§ 2062 B.G.B.).

c) seitens der **Gläubiger**, wenn seit der Annahme der Erbschaft zwei Jahre verstrichen sind (§ 1981 Abs. 2 Satz 2 B.G.B.).

Der Antrag **kann abgelehnt werden**, wenn eine den Kosten entsprechende Masse nicht vorhanden ist (§ 1982 B.G.B.). Die Ablehnung aus diesem Grunde kann jedenfalls durch Leistung eines Kostenvorschusses abgewendet werden.

2. **Form der Anordnung**: Die Anordnung bedarf mit Rücksicht auf die notwendige Bekanntmachung — verschieden von der Vormundschaft und Pflegschaft, welche nur durch Bestellung eines Vormundes oder Pflegers eingeleitet werden, — einer ausdrücklichen Verfügung auf den Antrag. Die Verfügung durch welche die Nachlaßverwaltung angeordnet wird, soll die Stunde ihrer Erlassung angeben (§ 76 Nachl.O.).

Ist die Verwaltung angeordnet, so ist von Amts wegen ein Nachlaßverwalter aufzustellen. Eine Pflicht zur Annahme des Amtes eines Nachlaßverwalters besteht nicht (§ 1981 Abs. 3 B.G.B.).

3. **Bekanntmachung**: Das Nachlaßgericht hat die Anordnung der Nachlaßverwaltung durch das für seine Bekanntmachungen bestimmte Blatt zu veröffentlichen (§ 1983 B.G.B.).

Außerdem ist die Verfügung, durch welche die Nachlaßverwaltung auf Antrag eines **Gläubigers** angeordnet wird, jedem Erben sowie dem zur Verwaltung des Nachlasses berechtigten Testamentsvollstrecker (§§ 2205, 2208 B.G.B.) von Amts wegen nach § 16 Abs. 2 Satz 1 G.F.G. (wegen § 76 Abs. 2 G.F.G.) zuzustellen (§ 77 Nachl.O.).

Die Verfügung auf den Antrag eines Erben, sowie die einen Antrag abweisende Verfügung kann in der Form des § 16 Abs. 2 Satz 2 G.F.G. zugestellt werden.

Bei der öffentlichen Bekanntmachung ist der Name des Nachlaßverwalters bekannt zu machen. Der Name des Erben braucht nicht angegeben zu werden. Die Bekanntmachung braucht auch darüber keine Angabe zu enthalten, ob die Nachlaßverwaltung auf Antrag des Erben oder des Gläubigers angeordnet worden ist (§ 78 Nachl.O.).

4. Die Anordnung der Nachlaßverwaltung ist in das Grundbuch einzutragen:

a) bei denjenigen zum Nachlasse gehörenden Grundstücken, als deren Eigentümer der Erblasser oder der Erbe als Rechtsnachfolger des Erblassers in das Grundbuch eingetragen ist;

b) bei den für den Erblasser oder den Erben als Rechtsnachfolger des Erblassers eingetragenen Rechten an einem Grundstück oder an eingetragenen Rechten, wenn nach der Art des Rechtes und nach den Umständen bei Unterlassung der Eintragung eine Beeinträchtigung der Nachlaßgläubiger zu besorgen ist.

Das Nachlaßgericht hat, soweit ihm solche Grundstücke oder Rechte bekannt sind, das Grundbuchamt von Amts wegen um die Eintragung zu ersuchen.

Die Eintragung kann auch von dem Nachlaßverwalter beim Grundbuchamte beantragt werden (§ 79 Nachl.O.).

Werden Grundstücke oder Rechte, bei denen hienach eine Eintragung bewirkt worden ist, von dem Verwalter freigegeben oder veräußert, so kann das Nachlaßgericht auf Antrag das Grundbuchamt um Löschung der Eintragung ersuchen (§ 80 Nachl.O.).

Diese Vorschrift findet in den Landesteilen rechts des Rheins auf das Hypothekenbuch entsprechende Anwendung.

In der Pfalz finden bis zu der Zeit, zu der das Grundbuch als angelegt anzusehen ist, die für die Eintragung des Konkurseröffnungsbeschlusses geltenden Bestimmungen entsprechende Anwendung (§ 82 l. c.).

5. Die **Führung der Nachlaßverwaltung** ist Sache des Nachlaßverwalters, für dessen Bestellung die Vorschriften der §§ 1780 bis 1785 B.G.B. gelten (§ 1981 Abs. 3 B.G.B.). Seine Aufgabe ergibt sich aus dem Zwecke der Verwaltung, welche auf Befriedigung der Gläubiger gerichtet ist, und ist im wesentlichen Verwaltung des Nachlasses, Berichtigung der Nachlaßverbindlichkeiten aus dem Nachlasse, Ausantwortung des Nachlasses an den oder die Erben nach Berichtigung der Nachlaßverbindlichkeiten (§§ 1985, 1986 B.G.B.).

Der Nachlaßverwalter erhält eine Bestallung (Formular s. J.M.Bl. 1903 S. 199).

Die **Tätigkeit des Nachlaßgerichts** besteht lediglich:

a) in der **Aufsicht** über die Tätigkeit des Verwalters; das Nachlaßgericht hat gegen Pflichtwidrigkeiten desselben einzuschreiten; es kann den Verwalter nötigenfalls entlassen; bei Beginn der Nachlaßverwaltung hat der Verwalter dem Gericht ein Verzeichnis des Nachlasses einzureichen; bei längerer Dauer der Verwaltung hat das Nachlaßgericht den Verwalter zur Rechnungslegung anzuhalten (vergl. §§ 1915, 1962, 1975 mit §§ 1802, 1837, 1839ff., 1886 B.G.B.);

b) in der Erteilung der Genehmigung zu Handlungen des Verwalters nach Maßgabe der für die Vormundschaft und Pflegschaft geltenden Vorschriften;

c) in der Festsetzung der **Vergütung des Verwalters**, auf welche dieser in allen Fällen einer Nachlaßverwaltung ein **Recht** hat (§§ 1987, 1836 Abs. 1 Satz 2 mit § 1962 B.G.B.); bei der Bemessung derselben sind einerseits der Umfang und die Schwierigkeit der Geschäftsführung, anderseits die Nachlaßmasse billigerweise zu berücksichtigen (§ 85 Nachl.O.).

6. Die Nachlaßverwaltung **endet**:

a) **kraft Gesetzes** mit der Eröffnung des Nachlaßkonkurses (§ 1988 Abs. 1 B.G.B.), welche auch der Nachlaßverwalter beantragen kann (§ 217 K.O.);

b) durch **Aufhebung** und zwar

α) wenn sich ergibt, daß eine den Kosten entsprechende Masse nicht vorhanden ist, nach dem Ermessen des Gerichts, β) mit der Ausantwortung des Nachlasses an die Erben, nach Befriedigung der bekannten Nachlaßgläubiger oder nach Aufzehrung des Nachlasses durch Deckung von Nachlaßverbindlichkeiten. (§ 1986 B.G.B.); von diesem Beendigungsgrunde wird der Verwalter dem Nachlaßgerichte Mitteilung zu machen haben.

Ist die Anordnung der Nachlaßverwaltung im Grundbuch, bezw. Hypothekenbuch eingetragen worden, so hat das Nachlaßgericht nach Beendigung der Verwaltung das Grundbuchamt bezw. Hypothekenamt von Amts wegen um die Löschung zu ersuchen (§ 86 Nachl.O.).

Auf Antrag des Erben ist die Aufhebung der Nachlaßverwaltung durch das für die Bekanntmachungen des Nachlaßgerichts bestimmte Blatt zu veröffentlichen (§ 87 Nachl.O.).

7. Rechtsmittel: Die Beschwerde ist unzulässig gegen eine Verfügung, durch welche dem Antrage eines Erben, bezw. der Erben auf Anordnung der Nachlaßverwaltung stattgegeben wird (§ 76 Abs. 1 G.F.G.), dagegen zulässig, wenn die Nachlaßverwaltung auf den Antrag eines oder einzelner Erben entgegen der Vorschrift des § 2062 B.G.B. angeordnet wurde.

Sofortige Beschwerde findet gegen eine Verfügung statt, durch die dem Antrag eines Nachlaßgläubigers, die Nachlaßverwaltung anzuordnen, stattgegeben wird. Beschwerdeberechtigt ist nur der Erbe, bezw. jeder Miterbe für sich, ferner der zur Nachlaßverwaltung berechtigte Testamentsvollstrecker, nicht dagegen ein anderer Nachlaßgläubiger (§ 76 Abs. 2 G.F.G.).

Verfügungen, durch welche die beantragte Nachlaßverwaltung abgelehnt wird, sind stets mit einfacher Beschwerde anfechtbar.

8. Auf die Gebührenbewertung finden die Vorschriften über die Gebühren in Vormundschaftssachen mit der Maßgabe Anwendung, daß an Stelle des Vermögens des Mündels der Wert des Nachlasses ohne Abzug der Schulden tritt und daß sechs Zehnteile der Sätze des § 8 G.K.G. erhoben werden (Art. 103 Geb.G.).

Die Eintragung und Löschung von Vermerken im Grundbuch erfolgt gebührenfrei (§§ 81, 86 Nachl.O.).

II. Die Vorschriften über Nachlaßverwaltung finden entsprechende Anwendung, wenn nach dem Tode eines Ehegatten die Gütergemeinschaft mit den Abkömmlingen fortgesetzt wird, soweit die persönliche Haftung für die Gesamtgutsverbindlichkeiten der fortgesetzten Gütergemeinschaft den überlebenden Ehegatten nur infolge des Eintritts der fortgesetzten Gütergemeinschaft trifft; an die Stelle des Nachlasses tritt das Gesamtgut in dem Bestande, den es zur Zeit des Eintritts der fortgesetzten Gütergemeinschaft hat (§ 1489 Abs. 2 B.G.B.).

§ 69.

Ermittelung des Erben. Feststellung des Erbrechts des Fiskus.

I. Die Ermittelung des Erben hat durch das Nachlaßgericht von Amts wegen zu erfolgen, ohne Unterschied, ob es sich um die gesetzliche Erbfolge oder um die Erbfolge auf Grund einer Verfügung von Todes wegen handelt, ob ein Erbe oder eine Mehrheit von Erben vorhanden ist, ob, wenn mehrere Erben vorhanden sind, die Auseinandersetzung unter ihnen stattfinden oder unterbleiben soll. Ist indessen nach den Umständen des Falles anzunehmen, daß ein die Beerdigungskosten übersteigender Nachlaß offenbar nicht vorhanden ist, so wird die amtliche Ermittelung des Erben erst eingeleitet, wenn ein Beteiligter es beantragt. Die amtliche Ermittelung des Erben unterbleibt also z. B. zunächst dann, wenn ein minderjähriges eheliches Kind, dessen Eltern nach der Todesanzeige noch leben, gestorben ist und Anhaltspunkte für das Vorhandensein eines Vermögens des Kindes nicht vorliegen, oder wenn beim Tode eines minderjährigen unehelichen Kindes aus den Vormundschaftsakten hervorgeht, daß das Kind kein Vermögen hatte (Art. 3 Nachl.G., § 42 Nachl.O.).

Ist eine Sicherungsmaßregel angeordnet oder ist eine Verfügung von Todes wegen zu eröffnen, so ist die Ermittelung des Erben sofort einzuleiten, im letzteren Falle im unmittelbaren Anschluß an die Eröffnung der Verfügung von Todes wegen.

In den übrigen Fällen ist die Ermittelung des Erben in der Regel mit der Erledigung der Frage zu verbinden, ob die Vermittelung der Auseinandersetzung stattzufinden hat. Sofern also vor dem Ablauf der im Art. 4 Nachl.G. bestimmten zweimonatigen Frist der Antrag auf Vermittelung gestellt wird, ist die Ermittelung des Erben aus Anlaß dieses Antrags, andernfalls nach dem Ablaufe der zwei Monate vorzunehmen. Wenn indessen der Erblasser einen Ehegatten hinterlassen hat, muß die Ermittelung des Erben stets bald nach dem Eintritte des Erbfalls, jedenfalls aber so zeitig vor dem Ablaufe der Ausschlagungsfrist (§ 1944 B.G.B) in Angriff genommen werden, daß der Ehegatte das ihm nach dem Güterrechte möglicherweise zustehende und mit dem Ablaufe der Ausschlagungsfrist verloren gehende Wahlrecht ausüben kann. Für die nach dem Inkrafttreten des B.G.B. geschlossenen Ehen kommt ein solches Wahlrecht in Frage, sofern es sich darum handelt, ob der Ehegatte die Fortsetzung der Gütergemeinschaft ablehnen soll oder nicht (§§ 1484, 1549 B.G.B.); für die vor dem Inkrafttreten des B.G.B. geschlossenen Ehen ist ein solches Wahlrecht in den Art. 67—71, 78—80, 82—89, 92, 94, 95 des Ue.G. bestimmt. Auf das Wahlrecht soll der Ehegatte bei der Ermittelung des Erben aufmerksam gemacht werden. Durch Vormerkung im Terminskalender ist dafür zu sorgen, daß die Ermittelung des Erben in diesen Fällen nicht übersehen wird.

Welche M a ß r e g e l n das Nachlaßgericht zum Zwecke der Ermittelung des Erben zu treffen hat, liegt in seinem Ermessen. Es hat von Amts wegen die zur Feststellung der Tatsachen erforderlichen Ermittelungen zu veranstalten und die geeignet erscheinenden Beweise aufzunehmen (§§ 12, 15 G.F.G.).

Aus der Natur der Sache ergeben sich folgende Grundsätze:

Zunächst ist festzustellen, ob und welche Verfügungen des Erblassers von Todes wegen vorhanden sind. Ergibt sich hienach, daß die gesetzliche Erbfolge Platz greift, so ist zu ermitteln, wer der nächste gesetzliche Erbe (§§ 1924—1936 B.G.B.) ist.

Im Falle des Todes eines Ehegatten ist stets zu ermitteln, welcher Güterstand in der Ehe gegolten hat.

Auf welche Weise das Nachlaßgericht sich die Ueberzeugung von dem Erbrecht einer bestimmten Person verschafft, ist seinem Ermessen überlassen. Von dem Ermessen des Gerichts hängt es insbesondere ab, ob es die Erklärungen der Beteiligten ohne weiteres für glaubwürdig und das Erbrecht dadurch für bewiesen erachtet oder ob es die Beibringung von Beweismitteln, z. B. von öffentlichen Urkunden, für erforderlich hält. In der Regel wird sich das Nachlaßgericht bei der gewöhnlichen Erbenermittelung mit den Angaben der Beteiligten, wenn diese ihm glaubwürdig erscheinen, begnügen können.

Ergeben die Ermittelungen, daß fortgesetzte Gütergemeinschaft eintritt und das ganze hinterlassene Vermögen in diese fällt, so brauchen weitere Ermittelungen nach den Erben nicht angestellt zu werden. Das Gleiche gilt, wenn der überlebende Ehegatte das ganze Vermögen des verstorbenen Ehegatten kraft Konsolidation (Art. 67 des Ue.G.) erhält.

Das Ergebnis der Ermittelungen braucht nicht in einem förmlichen Beschlusse niedergelegt zu werden. Es genügt z. B., daß in dem Protokoll über die Vernehmung der Beteiligten zum Ausdrucke kommt, wen das Nachlaßgericht als den Erben ermittelt hat.

Besteht unter den Erben Streit über das Erbrecht und kann eine gütliche Einigung nicht erzielt werden, so sind die Streitpunkte im Protokolle festzustellen und die Beteiligten auf den Rechtsweg zu verweisen.

II. Wird der Erbe nicht innerhalb einer den Umständen entsprechenden Frist ermittelt, so hat das Nachlaßgericht — das Vorhandensein eines Nachlasses, der zur Deckung der Kosten des Verfahrens ausreicht, vorausgesetzt — festzustellen, daß ein anderer Erbe als der Fiskus nicht vorhanden ist (§ 1964 Abs. 1 B.G.B.), ohne daß es eines Antrages, insbesondere seitens des Fiskus, bedarf.

Der Feststellung hat regelmäßig eine öffentliche Aufforderung zur Anmeldung der Erbrechte unter Bestimmung einer Anmeldungsfrist, jedoch ohne Androhung eines Rechtsnachteiles, vorauszugehen. Die Art der Bekanntmachung und die Dauer der Anmeldungsfrist bestimmen sich nach den für das Aufgebotsverfahren geltenden Vorschriften (§ 1965 Abs. 1 Satz 1 B.G.B.).

Die Bekanntmachung erfolgt hienach:

1. durch Anheftung einer beglaubigten Abschrift der Aufforderung an die Gerichtstafel auf die Dauer von zwei Wochen,

2. durch einmalige Einrückung des vollen Inhalts der Aufforderung in den deutschen Reichsanzeiger,

3. durch zweimalige Einrückung eines Auszuges aus der Aufforderung in das für die amtlichen Bekanntmachungen des Nachlaßgerichts bestimmte Blatt; das Gericht kann anordnen, daß der Auszug noch in andere Blätter und zu mehreren Malen eingerückt werde (§ 948 mit § 204 C.P.O.).

Die Anmeldungsfrist muß mindestens sechs Wochen, gerechnet vom Tage der Einrückung in den Reichsanzeiger an, betragen (§ 950 C.P.O.).

Von jeder Anmeldung eines Erbrechts hat das Nachlaßgericht der Regierungsfinanzkammer Mitteilung zu machen.

Anberaumung eines Termines zur Verhandlung über die angemeldeten Erbrechte ist nicht vorgeschrieben, kann aber nach dem Ermessen des Gerichts erfolgen. Von dem Termine ist auch der Regierungsfinanzkammer Mitteilung zu machen.

Die Aufforderung soll unterbleiben, wenn die Kosten derselben dem Bestande des Nachlasses gegenüber unverhältnismäßig groß sind (§ 1965 Abs. 1 Satz 2 B.G.B.).

Die Feststellung des Erbrechts des Fiskus erfolgt durch förmlichen Beschluß, welcher der Regierungsfinanzkammer zuzustellen ist:

1. nach ergangener öffentlicher Aufforderung, wenn seit dem Ablaufe der Anmeldungsfrist drei Monate verstrichen sind und wenn entweder

a) ein Erbe sich überhaupt bis dahin nicht gemeldet hat oder

b) die Person, welche sich als Erbe gemeldet hat, nicht vor Ablauf der dreimonatlichen Frist dem Nachlaßgericht nachgewiesen hat, daß das Erbrecht besteht oder daß das Erbrecht gegen den Fiskus im Wege der Klage geltend gemacht ist (§ 1965 Abs. 2 Satz 1 B.G.B.);

2. wenn eine öffentliche Aufforderung nicht erfolgt ist und wenn

a) ein Erbesprätendent ermittelt worden ist, nach fruchtlosem Ablauf einer dreimonatlichen Frist von der in diesem Falle an den Erbesprätendenten zu erlassenden Aufforderung, das Erbrecht oder die Erhebung der Klage gegen den Fiskus auf dessen Anerkennung nachzuweisen (§ 1965 Abs. 2 Satz 2 B.G.B.); die Aufforderung ist dem Betreffenden nach § 16 Abs. 1 Satz 1 oder Abs. 3 G.F.G. bekannt zu machen;

b) wenn ein Erbe nicht ermittelt worden ist, nach Abschluß der Ermittelungen; das Gesetz schreibt hier nicht vor, daß eine dreimonatliche Frist seit Schluß der Ermittelungen abgewartet werden muß (a. M. Planck zu § 1965).

Ob das Nachlaßgericht den von einer Person erbrachten Nachweis ihrer Erbeneigenschaft als solchen gelten lassen oder bei Meidung des Ausschlusses Nachweis der Klagestellung gegen den Fiskus verlangen will, steht in seinem Ermessen.

Das Verfahren wird eingestellt, wenn rechtzeitig der Nachweis der Klageerhebung erbracht wird.

Der Fiskus kann auf Grund des sein Erbrecht feststellenden Beschlusses die Erteilung eines Erbscheins verlangen.

Ist ein anderer Erbe als der Fiskus ermittelt, so hat auch die Feststellung dieses Ergebnisses durch förmlichen Beschluß zu erfolgen, welcher der Regierungsfinanzkammer und der Person, deren Erbrecht ermittelt wurde, zuzustellen ist.

Ist ein Prozeß zwischen dem Erbesprätendenten und dem Fiskus durchgeführt, so bedarf es weder im Falle des Obsiegens des ersteren noch des letzteren einer weiteren Verfügung oder Feststellung durch das Nachlaßgericht.

Zulässiges Rechtsmittel in diesem Verfahren ist die Beschwerde; sie steht insbesondere dem Erbesprätendenten gegen die Feststellung des Erbrechts des Fiskus wegen mangelnden Nachweises der Erbeneigenschaft, dem Fiskus gegen die Verweigerung der Feststellung zu.

Die Akteneinsicht ist besonders geregelt: Auf Einsicht der der Feststellung vorausgegangenen Ermittelungen hat jeder ein Recht, der ein berechtigtes Interesse glaubhaft macht. Von den Schriftstücken, deren Einsicht hienach gestattet ist, kann eine auf Verlangen zu beglaubigende Abschrift gefordert werden (§ 78 G.F.G.).

III. Im Anschluß an die Ermittelung des Erben ist, wenn der Erblasser ein minderjähriges oder bevormundetes Kind hinterlassen hat, dafür Sorge zu tragen, daß die nach den §§ 1640, 1686 dem überlebenden Ehegatten und nach den §§ 1802, 1897 des B.G.B. dem Vormund obliegende Einreichung eines Verzeichnisses des Vermögens des Kindes erfolgt.

IV. Gebühr: Werden in dem Verfahren zur Feststellung des Erbrechts des Fiskus Erbrechte angemeldet und wird ein anderer Erbe als der Fiskus ermittelt, so werden zwei Zehnteile der Sätze des § 8 G.K.G. erhoben. Die Berechnung der Gebühr erfolgt aus dem Werte des Nachlasses nach Abzug der Schulden. Für Erteilung eines Erbscheins wird in diesen Fällen keine Gebühr mehr erhoben (Art. 100 Geb.G.).

§ 70.

Eröffnung der Verfügungen von Todes wegen.

I. Testamentseröffnung.

1. Zuständigkeit: Für die Eröffnung eines Testaments ist regelmäßig das als Nachlaßgericht berufene Amtsgericht zuständig.

Ausnahmsweise liegt die Eröffnung dem Notar an Stelle des Amtsgerichts ob unter der doppelten Voraussetzung, daß

a) das Testament sich verschlossen in der amtlichen Verwahrung eines bayerischen Notars befindet und
b) dieser seinen Amtssitz an einem anderen Orte als das Nachlaßgericht hat (Art. 2 Abs. 1 und 2 Satz 1 Nachl.G., § 27 Nachl.O.).

Dies gilt auch, wie die nachstehenden Verfahrensvorschriften, für die Eröffnung eines gemeinschaftlichen Testaments (§ 37 Nachl.O.). Oertlich ist für die Verkündigung eines gemeinschaftlichen Testaments nach dem Tode des überlebenden Ehegatten, wenn das Testament nach dem Ableben des zuerst verstorbenen Ehegatten bereits eröffnet und den seinen Nachlaß betreffenden Akten einverleibt wurde, nicht das Gericht, welches den früheren Nachlaß behandelt hat, sondern das Gericht zuständig, welches zur Behandlung des Nachlasses des zuletzt Verstorbenen zuständig ist (Bl. f. R.A. Bd. 67 S. 287, Sammlg. Bd. III S. 351).

Testamente, die von einem nichtbayerischen deutschen Gerichte verwahrt werden, werden von diesem eröffnet (§ 2261 B.G.B.).

2. Einleitung des Verfahrens; Offenbarungseid des mutmaßlichen Testamentsbesitzers: Erhält das Nachlaßgericht durch die Todesanzeige des Standesbeamten oder auf andere Weise Kenntnis von dem Vorhandensein eines Testaments, so hat es,

a) wenn das Testament von einem Notar verwahrt wird, diesem den Todesfall mitzuteilen und ihn um die Ablieferung der Urschrift des Testaments (über die Form der letzteren siehe § 39 Nachl.O.), soferne jedoch der Notar für die Eröffnung zuständig ist, unter Bezeichnung der dem Nachlaßgericht bekannten gesetzlichen Erben und sonstigen Beteiligten um die Eröffnung zu ersuchen (§ 2259 Abs. 2 B.G.B., Art. 2 Nachl.G.);

b) wenn das Testament von einem nichtbayerischen Gerichte verwahrt ist, dieses unter Bezeichnung der ihm bekannten gesetzlichen Erben und sonstigen Beteiligten um die Eröffnung zu ersuchen;

c) wenn ein vor dem Gemeindevorsteher errichtetes Testament noch in der Verwahrung des Gemeindevorstehers ist, diesen zur Ablieferung an das Nachlaßgericht zu veranlassen (§ 2259 Abs. 2 B.G.B., § 16 Abs. 3 der Anweisung zur Errichtung von Testamenten vor dem Gemeindevorsteher, J.M.Bl. 1901 S. 25) — § 28 Nachl.O. —;

d) wenn eine andere Person das Testament im Besitze hat, diese nach § 2259 Abs. 1 B.G.B. zur unverzüglichen Ablieferung an das Nachlaßgericht aufzufordern; auf die Herausgabe kann durch Ordnungsstrafen und unmittelbaren Zwang hingewirkt werden; § 83 Abs. 1 G.F.G. (vergl. § 21 oben, § 201 der Geschäftsanweisung für die Gerichtsvollzieher, J.M.Bl. 1900 S. 621).

Besteht Grund zu der Annahme, daß jemand ein Testament im Besitze hat, zu dessen Ablieferung er nach § 2259 Abs. 1 B.G.B. verpflichtet ist, so kann er von dem Nachlaßgerichte zur Leistung des Offenbarungseids von Amts wegen angehalten werden (§ 83 Abs. 2 G.F.G.).

Der Eid ist von dem mutmaßlichen Testamentsbesitzer dahin zu leisten, daß er das Testament nicht besitze, auch nicht wisse, wo das Testament sich befinde.

Das Nachlaßgericht kann eine der Lage der Sache entsprechende Aenderung der vorstehenden Eidesnorm beschließen.

Das Verfahren beginnt mit der Ladung des Eidespflichtigen zur Leistung des Offenbarungseides (§ 1900 Abs. 1 C.P.O.).

Bestreitet der Geladene unter Angabe von Gründen die Eidespflicht, so hat das Nachlaßgericht über die Eidesweigerung zu beschließen. Die Entscheidung ist mit einfacher Beschwerde anfechtbar (§ 20 Abs. 1 G.F.G.). Das Nachlaßgericht sowie das Beschwerdegericht kann die Eidesabnahme bis zur Entscheidung über die Beschwerde aussetzen.

Ueber die Verhandlung im Termine zur Leistung des Offenbarungseides ist ein Protokoll aufzunehmen. Das Protokoll hat insbesondere die Eidesnorm zu enthalten. Im übrigen finden die Vorschriften der §§ 478—484 C.P.O. auf das Verfahren bei der Eidesabnahme Anwendung (§ 15 Abs. 1 G.F.G.).

Erscheint der Geladene im Termine nicht oder verweigert er die Eidesleistung ohne Grund, so hat das Gericht von Amts wegen die Haft anzuordnen (a. M. Dorner Note 4 lit. d zu § 83, der die Haftanordnung für fakultativ hält), welche die Dauer von sechs Monaten nicht übersteigen darf (§§ 901, 913 C.P.O.).

Bei der Anordnung der Haft ist ein Haftbefehl zu erlassen, in welchem der Eidespflichtige und der Grund der Verhaftung zu bezeichnen sind (§ 908 C.P.O.).

Die Haft ist aus den in den §§ 904—906 C.P.O. aufgeführten Gründen unstatthaft, bezw. zu unterbrechen.

Soll die Haft gegen eine dem aktiven Heere oder der aktiven Marine angehörende Militärperson vollstreckt werden, so hat das Nachlaßgericht die vorgesetzte Militärbehörde um die Vollstreckung zu ersuchen.

Auch gegen die Haftanordnung ist hier nur die einfache Beschwerde zulässig.

Dem Verhafteten ist auf Antrag jederzeit der Eid abzunehmen, worauf die Haftentlassung erfolgt (§ 902 C.P.O.); dieselbe hat auch zu erfolgen, wenn der Verhaftete zugibt das Testament zu besitzen oder angibt, wo es sich befindet.

Das Nachlaßgericht hat für die zweckmäßige Aufbewahrung des zur Eröffnung abgelieferten Testaments zu sorgen. Es soll hiezu den bei dem Amtsgerichte befindlichen Kassenschrank benutzen; ein Eintrag in die Bücher der Hinterlegungsstelle findet nicht statt, in die Nachlaßakten ist ein entsprechender Vermerk zu machen (§ 30 Nachl.O.).

3. Verfahren bei der Eröffnung: Zur Eröffnung des Testaments hat das Nachlaßgericht, sobald es von dem Tode des Erblassers Kenntnis erlangt, Termin zu bestimmen. Zu dem Ter-

mine sind die gesetzlichen Erben des Erblassers (J.M.Bek. vom 10. Mai 1901, J.M.Bl. S. 382) und die sonstigen Beteiligten zu laden. Die Ladung unterbleibt, wenn sie untunlich ist, z. B. wenn eine Ladung durch öffentliche Zustellung notwendig ist. Besondere Nachforschungen nach dem Vorhandensein von Beteiligten soll das Nachlaßgericht nicht pflegen. Es soll jedoch, wenn die Todesanzeige des Standesbeamten die Namen der gesetzlichen Erben nicht enthält, durch eine Anfrage bei der Ortspolizeibehörde die gesetzlichen Erben zu ermitteln versuchen, soweit dies ohne besondere Schwierigkeiten möglich ist.

Die Ladung soll einen Hinweis darauf enthalten, daß den nichterschienenen Beteiligten der sie betreffende Inhalt des Testaments werde schriftlich mitgeteilt werden (Formular für die Ladung siehe J.M.Bl. 1903 S. 187).

Vor der Eröffnung ist das Testament den Erschienenen vorzuzeigen und die Unverletztheit des Verschlusses, insbesondere auch der Siegel festzustellen. Das Testament ist dann zu eröffnen, den Beteiligten zu verkünden und ihnen auf Verlangen vorzulegen. Die Verkündung darf im Falle der Vorlegung unterbleiben.

Ueber die Eröffnung ist ein Protokoll aufzunehmen; dasselbe hat insbesondere zu enthalten:

1. eine Beschreibung des Hergangs der Eröffnung;
2. wenn das Testament verschlossen war, die Angabe, ob der Verschluß unversehrt war oder welche Verletzungen des Verschlusses wahrgenommen worden sind;
3. soferne das Testament besondere Auffälligkeiten, z. B. Ausstreichungen, Ausschabungen, Ueberschreibungen, Randbemerkungen, enthält, eine kurze Angabe derselben;
4. etwaige Erklärungen über die Echtheit oder über die Anerkennung des Testaments.

Die Urschrift des eröffneten Testaments bleibt bei den Nachlaßakten. In Ausnahmefällen kann sie außerhalb der Nachlaßakten aufbewahrt werden.

Erscheint in dem zur Eröffnung festgesetzten Termine kein Beteiligter, so ist das Testament, nachdem festgestellt ist, inwieweit der Verschluß unversehrt ist, zu öffnen und über den Hergang ein Protokoll aufzunehmen. Das Protokoll hat die oben in Nr. 2, 3 bestimmten Angaben zu enthalten (§ 2260 B.G.B., §§ 31—33 Nachl.O.).

Die Eröffnung eines Testaments darf nicht deshalb unterbleiben, weil es mit einem formellen oder materiellen Mangel behaftet ist, sofern es sich nur äußerlich als ein Testament darstellt (C.Bl. Bd. I S. 762, Bd. II S. 377, Entsch. Bd. II S. 169, Sammlg. Bd. II S. 413). Insbesondere muß ein vor dem Gemeindevorsteher errichtetes Testament auch dann eröffnet werden, wenn der Erblasser die im § 2252 Abs. 1 B.G.B. bestimmte dreimonatige Frist überlebt hat.

Testamente, deren ganzer Inhalt gültig widerrufen ist (§§ 2254 bis 2256 B.G.B.), werden nur eröffnet, sofern ein Beteiligter die Eröffnung beantragt. Ist nur eine einzelne im Testament enthaltene Verfügung widerrufen (§ 2253 B.G.B.), so wird dadurch die Notwendigkeit der Eröffnung nicht berührt.

Das Nachlaßgericht ist befugt und auf Antrag eines Beteiligten verpflichtet, zu verlangen, daß ein Testament, dessen Ablieferung und Eröffnung unterblieben ist, weil es widerrufen ist, sowie die Urkunde, aus der sich der Widerruf ergibt, ihm übersendet wird; die Urkunden sind bei den Nachlaßakten zurückzubehalten. Ist das widerrufene Testament nicht in einer öffentlichen Urkunde enthalten, so hat das Nachlaßgericht von der Befugnis, die Ablieferung des Testaments zu verlangen, grundsätzlich Gebrauch zu machen.

Ersieht das Nachlaßgericht aus einem Testament oder einem Erbvertrage, daß dadurch der ganze Inhalt eines bei einem Notar oder einem Gerichte verwahrten Testaments widerrufen ist, so hat es hievon, wenn es von der Befugnis, die Uebersendung zu verlangen, keinen Gebrauch macht, jedenfalls den Notar oder das Gericht in Kenntnis zu setzen.

Ist ein Testament durch ein späteres Testament nicht förmlich widerrufen, sondern dadurch aufgehoben, daß das spätere Testament mit ihm in Widerspruch steht (§ 2258 B.G.B.), so werden beide Testamente eröffnet (§§ 35, 36 Nachl.O.).

Die Eröffnung hat zu unterbleiben, wenn sie nach Lage der Sache zwecklos ist, z. B. weil der einzige Bedachte von dem Inhalt schon Kenntnis hat (C.Bl. Bd. III S. 60, Entsch. Bd. III S. 69).

4. Benachrichtigung der nicht anwesenden Beteiligten: Das Nachlaßgericht hat die Beteiligten, welche bei der Eröffnung des Testaments nicht zugegen gewesen sind, von dem sie betreffenden Inhalte des Testaments in Kenntnis zu setzen (§ 2262 B.G.B.).

Als Beteiligte gelten nicht nur die als Erben Eingesetzten, sondern auch Nacherben und Vermächtnisnehmer, Empfänger von Auflagen, die Behörde, welche die Vollziehung einer Auflage verlangen kann[1]) und der Testamentsvollstrecker. Den nicht zugegen gewesenen Beteiligten, denen die Ladung zum Eröffnungstermine bekannt gemacht worden ist, muß die Mitteilung von dem sie betreffenden Inhalte des Testaments stets gemacht werden. Im übrigen ist den nicht bedachten gesetzlichen Erben eine Mitteilung nur in den

---

[1]) Zuständig, die im öffentlichen Interesse liegende Vollziehung einer Auflage zu verlangen (§ 525 Abs. 2, § 2194 Satz 2 B.G.B.), ist die Behörde, zu deren Wirkungskreise die Wahrung des Interesses gehört. Bezweckt die Auflage die Förderung von Interessen, die zum Wirkungskreis einer Körperschaft, Stiftung oder Anstalt des öffentlichen Rechtes gehören, so ist deren Behörde zuständig, die Vollziehung der Auflage zu verlangen (§ 24 der Zuständigkeitsverordnung vom 24. Dez. 1899, — G. u. V.Bl. 1899 S. 1229; J.M.Bl. 1900 S. 97 —, Art. 107 A.G. z. B.G.B.).

Fällen zu machen, in denen ein gesetzlicher Erbe ausgeschlossen (§ 1938) oder ihm der Pflichtteil entzogen (§§ 2333 ff.) oder das gesetzliche Erbrecht durch Einsetzung anderer Personen auf einen Teil des Nachlasses geschmälert oder durch Anordnung von Vermächtnissen oder Auflagen belastet ist; bei völliger Uebergehung bleibt dem gesetzlichen Erben überlassen, sich gemäß § 2264 B.G.B. durch Einsichtnahme oder Verlangen einer Abschrift (siehe unten Ziff. 5) von dem Inhalte des Testaments Kenntnis zu verschaffen.

Die Benachrichtigung der nicht zugegen gewesenen Beteiligten geschieht in der Regel schriftlich. Soweit indessen die Beteiligten aus Anlaß der Ermittelung des Erben ohnehin vernommen werden müssen, ist ihre Benachrichtigung in der Regel mit der Ermittelung des Erben zu verbinden; sie erfolgt also mündlich zu Protokoll und, sofern ein Beteiligter sich nicht im Bezirke des Nachlaßgerichts aufhält, im Wege des Ersuchens des Amtsgerichts des Aufenthaltsorts.

Die Zustellung der schriftlichen Mitteilung geschieht in der Regel nach Maßgabe des § 49 der Bek. vom 16. Dezember 1899 (J.M.Bl. S. 475, siehe oben § 17 a. E.). Hinsichtlich der Mitteilung an den als Erben Berufenen empfiehlt sich die Uebersendung mittels eingeschriebenen Briefes oder die Aushändigung gegen Empfangsschein anzuordnen, sofern nicht das Gericht vorschreibt, daß die Zustellung in den Formen der C.P.O. erfolgt (§ 50 der bezeichneten Bek.).

Ist der Aufenthalt eines Beteiligten unbekannt, so kann das Nachlaßgericht eine Bekanntmachung in den Zeitungen erlassen, wenn dies nach Lage des Falles erforderlich und nicht wegen der Höhe der Kosten unangemessen erscheint (§ 34 Nachl.O.).

5. Einsicht und Abschriften: Wer ein rechtliches Interesse glaubhaft macht, ist berechtigt, von einem eröffneten Testamente Einsicht zu nehmen, sowie eine Abschrift des Testaments oder einzelner Teile zu fordern; die Abschrift ist auf Verlangen zu beglaubigen (§ 2264 B.G.B.). Das rechtliche Interesse, bezw. die Tatsache, die es begründet, ist glaubhaft zu machen.

Die Einsicht kann auch bei dem zur Eröffnung nach § 2261 B.G.B. zuständigen Gerichte verlangt werden. Zur Erteilung von Abschriften ist nur das Nachlaßgericht zuständig.

Die Einsicht darf nicht wegen eines beschränkten Interesses des Antragstellers auf einen Teil des Testaments beschränkt werden (a. M. Planck Note 2b zu § 2264).

6. Eröffnung gemeinschaftlicher Testamente: Für diese gelten außer den vorstehenden folgende weitere Vorschriften.

Bei der Eröffnung eines gemeinschaftlichen Testaments dürfen die Verfügungen des überlebenden Ehegatten, soweit sie sich sondern lassen, weder verkündet noch sonst zur Kenntnis der Beteiligten gebracht werden (§ 2273 Satz 1 B.G.B.).

Nach der Eröffnung des gemeinschaftlichen Testaments ist von den Verfügungen des verstorbenen Ehegatten eine beglaubigte Abschrift zu den Akten anzufertigen (§ 2273 Satz 2). Das Testament ist sodann zu verschließen und, wenn es in besondere amtliche Verwahrung genommen war, in diese zurückzubringen (§ 2273 Satz 3), andernfalls, sofern der überlebende Ehegatte einen Notar bezeichnet, diesem, sonst einem Notar, der am Sitze des Nachlaßgerichts seinen Amtssitz hat, zum Zwecke der Verwahrung zu übergeben[2]). Muß das Testament zu diesem Zwecke versendet werden, so ist die Sendung als eingeschrieben zu bezeichnen. Zu den Nachlaßakten ist die Bestätigung der Behörde zu bringen, der das Testament übergeben worden ist.

In dem Protokoll über die Eröffnung ist anzugeben, ob ein Teil und welcher Teil des Testaments geheim gehalten worden ist, ferner ob das Testament wieder verschlossen und an welchen Notar oder an welches Gericht es abgegeben worden ist. Kann die Verschließung nicht in dem Eröffnungstermin erfolgen, so ist über sie eine kurze Feststellung zu den Akten zu fertigen (§ 37 Nachl.O.).

Ist ein gemeinschaftliches Testament schon nach dem Tode des zuerst Verstorbenen vollinhaltlich verkündet worden, so ist die nochmalige Eröffnung nach dem Tode des überlebenden Ehegatten unzulässig (Entsch. Bd. I S. 185).

II. Eröffnung von Erbverträgen:

Für die Zuständigkeit gelten die nämlichen Vorschriften wie für die Eröffnung von Testamenten (Art. 2 Nachl.G., § 2300 B.G.B.; vergl. oben Ziff. I Nr. 1).

Auf die Ablieferung und die Eröffnung eines Erbvertrags finden die für die Eröffnung von Testamenten geltenden Vorschriften (Ziff. I Nr. 2—5 oben) entsprechende Anwendung.

Die Eröffnung hat auf Grund der Urschrift des Erbvertrags zu erfolgen. Die Urschrift bleibt auch nach der Eröffnung bei den Nachlaßakten.

Bei der Eröffnung eines zweiseitigen Erbvertrags sind die Verfügungen des überlebenden Teiles, soweit sie sich sondern lassen, weder zu verkünden noch sonst zur Kenntnis der Beteiligten zu bringen; von den Verfügungen des verstorbenen Teiles ist eine beglaubigte Abschrift anzufertigen. Der Erbvertrag ist wieder in die Verwahrung des Notars zurückzubringen (siehe oben Note 2); war er verschlossen, so ist er vorher wieder zu verschließen.

---

[2]) Die Abgabe hat, wenn der Notar seinen Amtssitz am Sitze des Gerichts hat, an den Notar bei seiner gelegentlichen Anwesenheit im Gerichtsgebäude zu erfolgen oder es ist der Notar zu ersuchen, die Verfügung von Todes wegen durch einen Notariatspraktikanten oder einen zur Einsicht des Grundbuchs befugten Gehilfen abholen zu lassen; die Abgabe erfolgt gegen Empfangsschein; das offene Testament ist in einem Umschlage zu verschließen. Hat der Notar seinen Amtssitz nicht am Sitze des Gerichts, so ist die Postsendung einzuschreiben (§ 39 Abs. 3 Nachl.O.).

Die nämlichen Vorschriften finden auch dann Anwendung, wenn der Erbvertrag nicht in besondere amtliche Verwahrung gebracht war, sowie wenn der Erbvertrag mit einem anderen Vertrage, z. B. einem Ehevertrag, einem Uebergabsvertrage, in derselben Urkunde enthalten ist. Ist jedoch der mit einem anderen Vertrag in derselben Urkunde verbundene Erbvertrag von einem bayerischen Notar aufgenommen worden, so geht die Urschrift an den Notar zurück; eine beglaubigte Abschrift der erbrechtlichen Bestimmungen des Vertrags ist zu den Nachlaßakten zu fertigen (§ 38 Nachl.O.).

III. Aufgaben bei Eröffnung einer letztwilligen Verfügung durch den Notar oder ein anderes Gericht: Hat ein Notar ein Testament oder einen Erbvertrag eröffnet, so hat er die Urschrift der Verfügung von Todes wegen sowie eine beglaubigte Abschrift des über die Eröffnung aufgenommenen Protokolls dem Nachlaßgerichte zu übersenden (Art. 2 Nachl.G.). Sind bei einem gemeinschaftlichen Testament oder einem Erbvertrage Verfügungen des überlebenden Teiles geheimzuhalten, so hat der Notar die Verfügung von Todes wegen in die amtliche Verwahrung zurückzubringen und dem Nachlaßgericht außer der beglaubigten Abschrift des Eröffnungsprotokolls eine beglaubigte Abschrift der Verfügungen des verstorbenen Teiles zu übersenden. Das Nachlaßgericht hat dem Notar den Empfang kurz zu bestätigen. Die in den §§ 2262, 2300 B.G.B. vorgeschriebene Benachrichtigung der bei der Eröffnung nicht zugegen gewesenen Beteiligten von dem sie betreffenden Inhalte der Verfügung von Todes wegen ist vom Nachlaßgerichte zu bewirken (siehe oben I Nr. 4; C.Bl. Bd. I S. 469).

Diese Vorschriften finden entsprechende Anwendung, wenn ein Gericht ein Testament oder einen Erbvertrag eröffnet hat (§ 2261 B.G.B.). Sollte das Gericht nach Verkündigung der Verfügungen des erstverstorbenen Teiles in einem gemeinschaftlichen Testament oder Erbvertrag die Verfügung von Todes wegen in Urschrift übersenden, so hat das Nachlaßgericht von dem verkündeten Teile der Verfügung eine beglaubigte Abschrift für die Nachlaßakten anzufertigen und die Verfügung, wenn der überlebende Teil einen Notar bezeichnet, diesem, sonst einem Notar, der am Sitze des Nachlaßgerichts seinen Amtssitz hat, zum Zwecke der Verwahrung zu übergeben (S. 40 Nachl.O.).

IV. Verzeichnis der Todesanzeigen: Das Nachlaßgericht hat wöchentlich ein Verzeichnis der bei dem Gericht im Laufe der Woche eingegangenen Todesanzeigen (Formular siehe J.M.Bl. 1903 S. 188) jedem Notar, der im Bezirk oder am Sitze des Amtsgerichts seinen Amtssitz hat, mitzuteilen; die Anzeigen über den Tod von Personen, welche noch nicht sechzehn Jahre alt waren, sind in das Verzeichnis nicht aufzunehmen. Ist ein Todesfall schon nach der Vorschrift des § 28 Abs. 1 Nachl.O. (siehe oben I Nr. 2) mitgeteilt worden, so braucht er in das Verzeichnis nur dann aufgenommen zu werden, wenn mehrere Notare im Bezirk oder am Sitze des Gerichts ihren Amtssitz haben.

In einigen Bundesstaaten ist vorgeschrieben, daß das Amtsgericht die vor ihm erfolgte Errichtung oder Aufhebung eines Testaments oder Erbvertrags, wenn der Erblasser seinen Wohnsitz im Bezirk eines anderen Amtsgerichts hat, diesem anzuzeigen hat (vergl. z. B. Art. 81 des preuß. A.G. z. B.G.B.). Derartige Anzeigen sind von den bayerischen Amtsgerichten einem Notar, der am Sitze des Amtsgerichts seinen Amtssitz hat, zu übersenden; betreffen sie eine bei einem Notar verwahrte Verfügung von Todes wegen, so sind sie an diesen Notar abzugeben (§ 41 Nachl.O.).

V. Gebühr: Testamente und Erbverträge unterliegen ohne Rücksicht auf den Ort ihrer Errichtung bei ihrer Eröffnung einer besonderen Gebühr von eins vom Tausend der Gegenstandssumme, über welche in demselben verfügt ist; Schulden werden in Abzug gebracht. Der Mindestbetrag der Gebühr ist 1 Mk.

Bei Testamenten und Erbverträgen, für welche bei ihrer Errichtung eine Gebühr von 10 Mk. erhoben worden ist, kommt die Gebühr für die Eröffnung nur insoweit zur Erhebung, als dieselbe den Betrag von 7 Mk. übersteigt. Bei Erbverträgen, welche bei ihrer Errichtung mit der verhältnismäßigen Gebühr belegt worden sind, wird letztere Gebühr, soweit sie den Betrag von 3 Mk. übersteigt, auf die Gebühr für die Eröffnung angerechnet (Art. 111 Geb.G.).

Die Gebühr kann aus dem Nachlaß entnommen werden; die Erben haften nach den Vorschriften über Nachlaßverbindlichkeiten (Art. 115 Geb.G.).

§ 71.

Tätigkeit des Nachlaßgerichts in Bezug auf Inventarerrichtung.

Zur Inventarerrichtung selbst ist das Nachlaßgericht nicht zuständig; vergl. oben § 64. Dagegen obliegen demselben mehrfache andere Verrichtungen in Bezug auf die Inventarisierung des Nachlasses:

I. Auftrag zur Inventarisierung:

Der Erbe kann an das Nachlaßgericht den Antrag stellen, eine Amtsperson mit der Inventarerrichtung zu beauftragen. Das Gericht hat sodann, soweit zulässig, dem Gerichtsschreiber, andernfalls einem Notar die Aufnahme des Inventars zu übertragen (§ 2003 Abs. 1 B.G.B.).

Die Uebertragung ist nicht davon abhängig, daß dem Erben eine Inventarfrist gesetzt worden ist.

Von der Uebertragung hat das Nachlaßgericht den Notar oder den Gerichtsschreiber zu verständigen (Formular siehe J.M.Bl. 1903 201). Die Uebertragung ist auch dem Erben bezw. jedem Miterben und, wenn eine Ehefrau die Erbin ist und der Nachlaß zum eingebrachten Gut oder zum Gesamtgute gehört, dem Ehemanne mitzuteilen (Formular siehe J.M.Bl. 1903 S. 202; § 92 Nachl.O.).

II. Entgegennahme des errichteten Inventars:

Die Inventarerrichtung durch den Erben erfolgt durch Einreichung eines Verzeichnisses des Nachlasses bei dem Nachlaßgericht (§ 1993 B.G.B). Letzteres ist daher verpflichtet das Inventar entgegenzunehmen; es hat dabei lediglich zu prüfen, ob formell das eingereichte Schriftstück als Inventar gelten kann. Da der Erbe stets zur Aufnahme des Inventars einen Notar zuziehen muß (§ 2002 B.G.B.), hat das Gericht eine Aufzeichnung des Nachlasses durch den Erben selbst oder eine andere nicht zuständige Person zurückzuweisen, da dieselbe nicht als Inventar betrachtet werden kann.

Das Inventar, zu dessen Errichtung der Erbe selbst eine Amtsperson zugezogen hat, kann sowohl der Erbe als in seinem Auftrage die betreffende Amtsperson sowie jeder Bevollmächtigte einreichen.

Der vom Gericht mit der Aufnahme des Inventars beauftragte Gerichtsschreiber oder Notar hat das Inventar stets unmittelbar beim Nachlaßgerichte einzureichen (§ 2003 Abs. 3 B.G.B.)

III. Gewährung der Einsicht des Inventars: Abweichend von der Regel des § 34 G.F.G. muß das Nachlaßgericht jedem, der ein rechtliches Interesse glaubhaft macht (§ 15 Abs. 2 G.F.G), die Einsicht des Inventars gestatten (§ 2010 B.G.B.). Ein verschlossen eingereichtes Inventar ist zu diesem Zwecke zu öffnen. Für die Erteilung einer Abschrift des Inventars gilt die Regel des § 34 G.F.G.

Verweigerung der Einsicht ist im Beschwerdewege anfechtbar, ebenso aber auch seitens des Erben die Gewährung der Einsicht.

IV. Abnahme des Offenbarungseides der Erben:

Die Abnahme des Offenbarungseides des Erben über die Vollständigkeit des eingereichten Inventars ist ein Akt der freiwilligen Gerichtsbarkeit.

1. Die Voraussetzungen der Eidesabnahme sind:

a) daß bereits ein Inventar rechtsförmlich errichtet ist; Behauptung der Unvollständigkeit desselben ist nicht erforderlich;

b) daß ein Nachlaßgläubiger die Eidesleistung verlangt (§ 2006 Abs. 1 B.G.B.),

c) daß der Nachlaßgläubiger oder der Erbe beim Nachlaßgericht Antrag auf Terminsbestimmung zur Eidesabnahme stellt (§ 79 G.F.G.); von dem Nachlaßgläubiger wird nach § 1994 Abs. 2 B.G.B. Glaubhaftmachung seiner Forderung zu verlangen sein;

d) daß der Erbe entweder den Eid noch nicht geleistet hat oder daß eine Verpflichtung zu wiederholter Eidesleistung besteht; letzteres ist der Fall,

wenn Grund zu der Annahme besteht, daß dem Erben nach

der Eidesleistung weitere Nachlaßgegenstände bekannt geworden sind (§ 2006 Abs. 4 B.G.B.),

wenn diese Annahme wenigstens glaubhaft gemacht wird (§ 15 Abs. 2 G.F.G.).

Wiederholte Eidesleistung kann von jedem Nachlaßgläubiger unter diesen Voraussetzungen verlangt werden (§ 2006 Abs. 4 B.G.B.).

Fehlt eine dieser Voraussetzungen, so hat das Nachlaßgericht die Eidesabnahme zu verweigern.

Die Eidesabnahme ist ausgeschlossen während der Dauer der Nachlaßverwaltung oder des Nachlaßkonkurses, sowie nach Beendigung des letzteren durch Verteilung der Masse oder durch Zwangsvergleich (§ 2000 B.G.B.). Der Konkursverwalter kann den Eid nach § 125 K.O., der Nachlaßpfleger nach § 260 B.G.B. verlangen.

2. Ladung: Zu dem vom Nachlaßgerichte zur Eidesleistung zu bestimmenden Termine hat das Gericht den Erben und den den Eid verlangenden Gläubiger — nicht auch die sonstigen Gläubiger — von Amts wegen zu laden (§ 79 G.F.G.); Formular für die Ladung siehe J.M.Bl. 1903 S. 203, 204. Die Bekanntmachung der Ladung erfolgt an den Erben nach § 16 Abs. 2 Satz 1 G.F.G., auch wenn diese Bestimmung nicht wörtlich zutrifft, da an die Versäumung des Termins civilrechtliche Folgen geknüpft sind. Einhaltung einer Ladungsfrist ist nicht vorgeschrieben.

3. Wiederholung der Ladung: Ist der Erbe in dem zur Eidesleistung anberaumten Termine nicht erschienen, so sind auf Antrag des Gläubigers beide Teile zu einem zweiten neuen Eidesleistungstermine zu laden (§ 2006 Abs. 3 Satz 2 B.G.B.).

Der Gläubiger kann den Antrag sofort in dem vom Schuldner versäumten Termine oder nachträglich stellen; der neue Termin kann dann dem Gläubiger zu Protokoll bekannt gemacht werden (§ 16 Abs. 3 G.F.G.); dagegen ersetzt die Verkündigung der Termines nicht die Ladung des Erben.

Anberaumung eines dritten Termines ist nur zulässig, wenn das Nichterscheinen des Erben im zweiten Termine genügend entschuldigt ist (§ 2006 Abs. 3 Satz 2 B.G.B.); ob letzteres der Fall ist, entscheidet im Streitfall nicht das Nachlaßgericht, sondern der Prozeßrichter (C.Bl. Bd. II S. 740, Rechtspr. Bd. IV S. 118, Seuffert Bd. 57 Nr. 40).

4. Eidesabnahme: Im Termine hat der Erbe den Eid dahin zu leisten, „daß er nach bestem Wissen die Nachlaßgegenstände so vollständig angegeben habe, als er dazu im Stande sei". Im übrigen bestimmt sich das Verfahren bei der Eidesabnahme nach den Vorschriften der §§ 478—484 C.P.O. (§ 15 G.F.G.). Sowohl über die Eidesabnahme als über die Eidesweigerung ist ein Protokoll aufzunehmen, das den Verlauf der Verhandlung zu beschreiben und die Eidesnorm zu enthalten hat (§ 98 Nachl.O.).

Die Eidesabnahme erfolgt auch, wenn der Gläubiger nicht anwesend ist (§ 2006 Abs. 1 und 2 B.G.B., § 79 Satz 2 G.F.G.). Ein Zwang zur Eidesleistung findet hier nicht statt.

5. Einsicht und Abschrift des Eidesleistungsprotokolls: Abweichend von der Regel des § 34 G.F.G. muß das Nachlaßgericht Jedem, der ein berechtigtes Interesse glaubhaft macht (§ 15 Abs. 2 G.F.G.), die Einsicht des Protokolles über die Eidesleistung gestatten (§ 78 Abs. 1 G.F.G.).

Unter der gleichen Voraussetzung besteht auch ein Recht auf Erteilung einer auf Verlangen zu beglaubigenden Abschrift des Protokolls (§ 78 Abs. 2 G.F.G.).

V. Bestimmung einer Inventarfrist:

Der Erbe kann jederzeit ein Inventar errichten. Eine Verpflichtung zur Inventarerrichtung, deren Nichterfüllung lediglich civilrechtliche Wirkungen hat (§ 1994 Abs. 1 Satz 2 B.G.B.), tritt erst ein, wenn dem Erben vom Nachlaßgericht eine Frist zur Errichtung des Inventars bestimmt ist.

1. Voraussetzung der Fristbestimmung ist (§ 1994 B.G.B.):

a) ein Antrag eines Nachlaßgläubigers auf dieselbe, für dessen Form die gewöhnlichen Vorschriften gelten; über Antragsrecht eines Miterben, der zugleich Nachlaßgläubiger ist, vergl. Planck Note 2 zu § 1994;

b) Glaubhaftmachung der Forderung des Antragstellers (§ 15 Abs. 2 G.F.G.); auf die Wirksamkeit der Fristbestimmung ist es ohne Einfluß, wenn die Forderung nicht besteht.

Daß der Erbe bereits ein Inventar beim Nachlaßgericht eingereicht hat, ist kein Grund, die Fristbestimmung zu verweigern, da die Frist erst dadurch gewahrt wird, daß der Erbe sich auf das eingereichte Inventar beruft (§ 2004 B.G.B.).

2. Die Bestimmung einer Inventarfrist ist ausgeschlossen:

a) während der Dauer des Nachlaßkonkurses oder der Nachlaßwaltung (§ 2000 Satz 2 B.G.B.),

b) nach Beendigung des Nachlaßkonkurses durch Verteilung der Masse oder durch Zwangsvergleich, da es in diesem Falle zur Abwendung der unbeschränkten Haftung der Inventarerrichtung nicht bedarf (§ 2000 Satz 3 B.G.B.).

c) gegenüber dem Fiskus als Erben (§ 2011 B.G.B.),

d) gegenüber dem nach §§ 1960, 1961 B.G.B. bestellten Nachlaßpfleger (§ 2012 B.G.B.).

3. Zeitlich ist die Zulässigkeit des Antrages nicht beschränkt, die Fristbestimmung kann auch schon vor der Annahme der Erbschaft erfolgen (siehe § 1995 Abs. 2 B.G.B).

4. Die Dauer der Frist soll mindestens ein Monat, höchstens drei Monate sein (§ 1995 Abs. 1 Satz 1 B.G.B.). Innerhalb dieses Spielraumes entscheidet über die Dauer das Ermessen des Gerichts.

Die Frist beginnt regelmäßig mit der Zustellung des die Frist bestimmenden Beschlusses an den Erben, wenn jedoch die Fristbestimmung vor der Annahme der Erbschaft erfolgte, erst mit der Annahme der Erbschaft (§ 1995 Abs. 1 Satz 2, Abs. 2 B.G.B.).

5. In die Verfügung, durch welche dem Erben eine Inventarfrist bestimmt wird, ist ein Hinweis auf die Formerfordernisse des Inventars und die Folgen der Versäumung der Inventarfrist sowie absichtlich herbeigeführter Mängel der Inventars aufzunehmen. Auch ist der Erbe darauf aufmerksam zu machen, daß es der Errichtung des Inventars auch dann bedarf, wenn der Nachlaß wertlos ist oder Nachlaßgegenstände nicht vorhanden sind (§ 88 Nachl.O.); Formular für die Verfügung siehe J.M.Bl. 1903 S. 200.

6. Die Bekanntmachung der Verfügung hat durch Zustellung nach § 16 Abs. 2 Satz 1 oder Abs. 3 G.F.G. zu geschehen. Sie erfolgt:

a) an den antragstellenden Nachlaßgläubiger,

b) an den Erben bezw. dessen gesetzlichen Vertreter,

c) wenn eine Ehefrau die Erbin ist und die Erbschaft zum eingebrachten Gute oder zum Gesamtgute gehört, außer an die Ehefrau auch an den Ehemann, ohne daß es eines bezüglichen Antrages des Gläubigers bedarf (§ 2008 B.G.B.); gehört die Erbschaft zum Gesamtgute, so gilt dies auch für den Fall, daß die Gütergemeinschaft beendet ist;

d) wenn der Erbe unter elterlicher Gewalt oder unter Vormundschaft steht, auch an das Vormundschaftsgericht; formlose Mitteilung der Fristbestimmung genügt in diesem Falle (§ 1999 B.G.B.).

7. Verlängerung der Frist durch neuerliche richterliche Verfügung — auch über den Zeitraum von drei Monaten von Beginn der ersten Frist ab hinaus — ist zulässig,

a) wenn der Erbe sie beantragt und

b) das Gericht genügende Gründe für die Verlängerung als vorliegend erachtet (§ 1995 Abs. 3 B.G.B.).

Die Bekanntmachung der Verlängerung erfolgt in der nämlichen Weise wie die erste Fristbestimmung an die sub Ziff. 6 lit. a—c aufgeführten Personen.

8. Verschieden von der Fristverlängerung ist die Bestimmung einer neuen Inventarfrist, welche in zwei Fällen zulässig ist:

a) wegen unverschuldeter Fristversäumung:

Voraussetzung der Bestimmung der neuen Inventarfrist ist hier:

α) daß der Erbe entweder durch höhere Gewalt verhindert worden ist, das Inventar rechtzeitig zu errichten oder die nach den Umständen gerechtfertigte Verlängerung der Inventarfrist zu beantragen,

oder daß er von der Zustellung des Beschlusses, durch den die

Inventarfrist bestimmt worden ist, ohne sein Verschulden Kenntnis nicht erlangt hat (§ 1996 Abs. 1 B.G.B.);

β) daß der Erbe binnen zwei Wochen nach der Beseitigung des Hindernisses und spätestens vor dem Ablaufe eines Jahres nach dem Ende der zu erst bestimmten Frist Antrag auf neue Fristbestimmung an das Nachlaßgericht stellt (§ 1996 Abs. 2 B.G.B.).

Die Einhaltung der zweiwöchentlichen Frist muß dem Gerichte nachgewiesen werden. Ist der Antrag noch vor Ablauf der Jahresfrist gestellt worden, so kann die Fristbestimmung auch noch nach Ablauf derselben erfolgen.

Vor der Entscheidung über den Antrag, auch wenn Ablehnung desselben beabsichtigt ist, soll der Nachlaßgläubiger, auf dessen Antrag die erste Frist bestimmt worden ist, wenn tunlich, gehört werden (§ 1996 Abs. 3 B.G.B.). Ob die Anhörung tunlich ist, entscheidet das Gericht nach seinem Ermessen; die Unterlassung derselben rechtfertigt sich nicht bloß, wenn sie untunlich, sondern auch wenn sie schwer oder nur mit unverhältnismäßiger Verzögerung ausführbar ist.

Die Verfügung auf den Antrag, mag eine neue Frist bestimmt oder die Fristbestimmung abgelehnt sein, muß (im Hinblick auf § 77 Abs. 2 G.F.G.) dem Erben und demjenigen Nachlaßgläubiger, welcher den Antrag auf Bestimmung der Inventarfrist gestellt hatte, nach § 16 Abs. 2 Satz 1 G.F.G. bekannt gemacht werden. Bekanntmachung an die übrigen Nachlaßgläubiger ist nicht unbedingt erforderlich und kann jedenfalls in der einfacheren Form des § 16 Abs. 2 Satz 2 G.F.G. erfolgen.

Die Bestimmung einer neuen Inventarfrist ist nur einmal zulässig, auch wenn hinsichtlich der neuen Frist wieder die Voraussetzungen sub *α* zutreffen würden.

b) Zur Ergänzung des Inventars (§ 2005 Abs. 2 B.G.B.).

Voraussetzung der Bestimmung einer neuen Frist ist hier:

α) daß in dem bereits innerhalb der ersten Frist errichteten Inventar die Nachlaßgegenstände unvollständig angegeben sind und daß die Unvollständigkeit vom Erben nicht absichtlich herbeigeführt ist,

β) daß ein Antrag auf Bestimmung einer neuen Frist gestellt wird; antragsberechtigt ist nicht bloß der Nachlaßgläubiger, welcher den Antrag auf Bestimmung der ersten Frist gestellt hat, sondern auch jeder andere Nachlaßgläubiger.

Die Bekanntmachung der Verfügung auf den Antrag hat an die nämlichen Personen und in derselben Weise, wie im vorigen Falle zu erfolgen.

Auf die neue Inventarfrist finden in beiden Fällen die Vorschriften der § 1994 Abs. 2, §§ 1995—2000 Anwendung.

9. Rechtsmittel:

a) Einfache Beschwerde findet statt gegen die Zurückweisung

des Antrages auf Bestimmung einer Inventarfrist; sie steht nur dem Antragsteller zu (§ 19, § 20 Abs. 2 G.F.G.).

b) Sofortige Beschwerde findet statt:

α) gegen eine Verfügung, durch die dem Erben eine Inventarfrist bestimmt wird (§ 77 Abs. 1 G.F.G.); beschwerdeberechtigt sind sämtliche Nachlaßgläubiger, nicht bloß der Antragsteller, ferner der Erbe;

β) gegen eine Verfügung, durch die über die Bestimmung einer neuen Inventarfrist entschieden wird,

γ) gegen eine Verfügung, durch die über den Antrag des Erben, die Inventarfrist zu verlängern, entschieden wird (§ 77 Abs. 2 G.F.G.).

In den beiden letzten Fällen findet die sofortige Beschwerde statt, gleichviel, ob dem Antrag stattgegeben oder ob derselbe zurückgewiesen wurde; beschwerdeberechtigt ist im Falle der Zurückweisung des Antrages nur der Antragsteller (§ 20 Abs. 2 G.F.G.), wenn dem Antrage stattgegeben wird, jeder Nachlaßgläubiger und der Erbe.

Legt ein anderer Nachlaßgläubiger als der Antragsteller die sofortige Beschwerde ein, so ist von ihm Glaubhaftmachung seiner Forderung zum Nachweis seiner Beschwerdeberechtigung zu verlangen (vergl. § 1994 Abs. 2 Satz 1 B.G.B.).

Die Beschwerdefrist beginnt in den drei Fällen

für den Erben mit dem Zeitpunkt, in welchem ihm die Verfügung bekannt gemacht wird (§ 22 Abs. 1 Satz 2 G.F.G.),

für jeden Nachlaßgläubiger mit dem Zeitpunkt, in welchem die Verfügung demjenigen Nachlaßgläubiger bekannt gemacht wird, welcher den Antrag auf die Bestimmung der Inventarfrist gestellt hat (§ 77 Abs. 3 G.F.G.).

10. Die Einsicht der Verfügung, welche die Bestimmung der Inventarfrist betrifft, muß vom Nachlaßgericht Jedem gestattet werden, der ein berechtigtes Interesse glaubhaft macht (§ 15 Abs. 2 G.F.G.). Unter der gleichen Voraussetzung besteht ein Recht auf Erteilung einer auf Verlangen zu beglaubigenden Abschrift der Verfügung (§ 78 G.F.G.).

VI. Gebühren: Für die Bestimmung oder Verlängerung der Inventarfrist und für die Entgegennahme des Inventars einschließlich der Anordnung wegen Aufnahme des Inventars durch einen Notar wird, sofern der Wert des Nachlasses ohne Abzug der Schulden den Betrag von 2000 Mk. übersteigt, eine Gebühr von 1—10 Mk. erhoben. Finden die Handlungen in Verbindung mit einem nach §§ 94—115 Geb.G. gebührenpflichtigen Verfahren statt, so wird eine Gebühr nicht erhoben. Die Gebühr für die sämtlichen vorbezeichneten Angelegenheiten darf den Betrag von 10 Mk. nicht übersteigen (Art. 105 Geb.G.).

Für die Verhandlung in dem zur Abnahme des Offenbarungseids bestimmten Termine wird die Gebühr des § 43 G.K.G. erhoben (Art. 107 Geb.G.).

Die Gebühr für die Inventarerrichtung kann aus dem Nachlaß entnommen werden (Art. 115 Abs. 1 Geb.G.).

VII. Die vorstehenden Vorschriften finden, soweit die persönliche Haftung für die Gesamtgutsverbindlichkeiten der fortgesetzten Gütergemeinschaft den überlebenden Ehegatten nur infolge des Eintritts der fortgesetzten Gütergemeinschaft trifft, mit der Maßgabe entsprechende Anwendung, daß an Stelle des Nachlasses das Gesamtgut in dem Bestande, den es zur Zeit des Eintritts der fortgesetzten Gütergemeinschaft hat, tritt (§ 1489 Abs. 2 B.G.B.).

§ 72.

Errichtung des Nachlaßinventars durch den Gerichtsschreiber.

I. Ueber die Zuständigkeit des Gerichtsschreibers siehe § 64 Ziff. I Nr. 2, über die Beauftragung desselben § 71 Ziff. I. Ohne Anordnung des Richters darf der Gerichtsschreiber ein Nachlaßinventar nicht aufnehmen.

II. Für die Aufnahme des Nachlaßinventars durch den Gerichtsschreiber gelten folgende Vorschriften:

Zur Aufnahme des Inventars ist der Erbe, bei Miterben jeder Erbe und, wenn eine Ehefrau die Erbin ist und der Nachlaß zum eingebrachten Gute oder zum Gesamtgute gehört, der Ehemann beizuziehen.

Von dem Termine zur Aufnahme des Inventars sind die vorbezeichneten Personen zu benachrichtigen.

Die Aufnahme des Inventars findet auch bei Ausbleiben der Beteiligten statt.

Die Nachlaßgegenstände sind in dem Inventar nach dem Stande zur Zeit des Erbfalls anzugeben. Inzwischen eingetretene Veränderungen sind zu vermerken. Das Inventar soll eine Beschreibung der einzelnen Gegenstände, soweit eine solche zur Bestimmung des Wertes erforderlich ist, und die Angabe des Wertes enthalten. Grundstücke sind, soweit tunlich, nach ihrer Bezeichnung in den öffentlichen Büchern anzuführen.

Die Nachlaßverbindlichkeiten sind nach dem Stande zur Zeit der Aufnahme des Inventars anzugeben, es sind mithin auch die erst mit oder nach dem Erbfalle erwachsenen Nachlaßverbindlichkeiten, wie Vermächtnisse, Beerdigungskosten, Gerichtsgebühren, anzugeben.

Das Inventar ist in Form eines **Protokolls** aufzunehmen, in welchem der Hergang bei der Aufnahme des Inventars anzugeben ist. Das Protokoll soll vorgelesen und von den anwesenden Beteiligten genehmigt werden. In dem Protokolle soll festgestellt werden, daß dies geschehen ist. Das Protokoll ist von dem Gerichtsschreiber und von den anwesenden Beteiligten zu unterschreiben.

Bevor der Termin zur Aufnahme des Inventars abgehalten wird, soll der Gerichtsschreiber die Aufnahme möglichst vorbereiten. Er soll zu diesem Zwecke insbesondere die Familienverhältnisse des Erblassers ermitteln und für die Beschaffung der nötigen Unterlagen z. B. der Verfügungen von Todes wegen, der Eheverträge, der Auszüge aus dem Steuerkataster, aus dem Grundbuch oder dem Hypothekenbuche, der Brandversicherungsauszüge sorgen, soweit hierüber nicht schon die Nachlaßakten Aufschluß geben.

Vielfach wird es nicht erforderlich sein, daß der Gerichtsschreiber sich zur Aufnahme des Inventars an Ort und Stelle begibt. Tut er dies, so wird es nicht selten sich empfehlen, an Ort und Stelle nur die Nachlaßgegenstände zu verzeichnen und ihren Wert zu erheben, das Inventar selbst aber erst am Gerichtssitz aufzunehmen.

Erweist sich die Zuziehung von Schätzern als geboten, so sind, wenn tunlich, Sachverständige zu wählen, die schon als solche allgemein verpflichtet sind (§§ 93—97 Nachl.O.).

III. Für die Aufnahme des Nachlaßinventars durch den Gerichtsschreiber kommen Gebühren nicht zur Erhebung (Art. 106 Geb.G.).

§ 73.

Verrichtungen des Nachlaßgerichts in Bezug auf Vermächtnisse und Auflagen.

I. Das Nachlaßgericht hat hier in einer Reihe von Fällen auf Antrag eines Beteiligten eine Frist zur Abgabe einer Erklärung zu bestimmen, nämlich

1. wenn der Erblasser mehrere in der Weise mit einem Vermächtnis bedacht hat, daß der Beschwerte oder ein Dritter zu bestimmen hat, wer von den Mehreren das Vermächtnis erhalten soll, dem Beschwerten oder dem Dritten (§ 2151 Abs. 3 B.G.B.); antragsberechtigt sind die mit dem Vermächtnis Bedachten und, wenn ein Dritter die Wahl zu treffen hat, auch der Beschwerte;
2. wenn der Erblasser mehrere in der Weise bedacht hat, daß der Beschwerte oder ein Dritter zu bestimmen hat, was jeder von dem vermachten Gegenstande erhalten soll, dem Beschwerten oder dem Dritten (§ 2153 Abs. 2 B.G.B.); antragsberechtigt sind die nämlichen Personen wie unter 1;
3. wenn der Erblasser ein Vermächtnis oder eine Auflage in der Art angeordnet hat, daß der Bedachte von mehreren Gegenständen nur den einen oder den anderen erhalten soll, und die Wahl einem Dritten übertragen ist, dem Dritten bezw. dem Beschwerten, wenn das Wahlrecht auf ihn übergegangen ist (§§ 2154, 2192 l. c.); antragsberechtigt ist der Beschwerte und der Bedachte;

4. wenn der Erblasser die vermachte oder infolge einer Auflage hinzugebende Sache nur der Gattung nach bestimmt hat und die Bestimmung der Sache dem Bedachten oder einem Dritten übertragen ist, dem Bedachten oder dem Dritten, bezw. dem Beschwerten, wenn auf ihn das Wahlrecht übergegangen ist (§ 2155 Abs. 2 § 2192 l. c.); antragsberechtigt ist der Beschwerte und wenn ein Dritter die Wahl hat, auch der Bedachte;
5. wenn der Erblasser bei Anordnung einer Auflage, deren Zweck er bestimmt hat, die Bestimmung der Person, an welche die Leistung erfolgen soll, dem Beschwerten oder einem Dritten überlassen hat, dem Beschwerten oder dem Dritten; antragsberechtigt ist, wenn ein Dritter die Bestimmung treffen soll, der Beschwerte, wenn der Beschwerte sie zu treffen hat, der Erbe, der Miterbe, derjenige, welchem der Wegfall des mit der Auflage zunächst Beschwerten unmittelbar zu statten kommen würde, sowie diejenige Behörde, welche die Vollziehung der Auflage zu verlangen berechtigt ist (§ 2193 Abs. 3 § 2194 l. c.).

Ueber Bestimmung und Berechnung der Frist siehe §§ 186 ff. B.G.B.

II. Die Bekanntmachung der Verfügung erfolgt an denjenigen, welchem die Frist gesetzt wird, nach Maßgabe des § 16 Abs. 2 G.F.G. ferner an die aus Ziff. I ersichtlichen Beteiligten.

III. Gegen die Verfügung, durch welche die Frist zur Erklärungsabgabe bestimmt wird, findet die **sofortige Beschwerde** statt (§ 80 G.F.G.), gegen die zweitinstanzielle Entscheidung stets die sofortige weitere Beschwerde (§ 29 Abs. 2 G.F.G.).

Gegen die den Antrag zurückweisende Verfügung steht die einfache Beschwerde dem Antragsteller zu (§ 20 Abs. 2 G.F.G.). Gegen die der Beschwerde stattgebende zweitinstanzielle Entscheidung findet nur die sofortige weitere Beschwerde statt.

IV. Für die Verfügung, durch die die Frist bestimmt wird, einschließlich des sich anschließenden Verfahrens wird eine Gebühr von 1—10 Mark erhoben (Art. 108 Geb.G.).

§ 74.

Verrichtungen des Nachlaßgerichts in Bezug auf Testamentsvollstrecker.

I. Diese sind:

1. Entgegennahme der Erklärung, durch welche ein Dritter die Person des Testamentsvollstreckers bestimmt oder ein Testamentsvollstrecker einen Nachfolger benennt; die Erklärung ist in öffentlich beglaubigter Form abzugeben (§ 2198 Abs. 1, § 2199 Abs. 3 B.G.B.);

2. die Bestimmung einer Frist zur Abgabe einer Erklärung auf Antrag eines Beteiligten — das ist jeder Erbe, Nacherbe, Vermächtnisnehmer und wer nach § 2194 B.G.B. Erfüllung einer Auflage

verlangen kann —, wenn der Erblasser die Bestimmung der Person des Testamentsvollstreckers einem Dritten überlassen hat (§ 2198 Abs. 2 B.G.B.);

3. die Ernennung eines Testamentsvollstreckers auf Ersuchen des Erblassers im Testamente; vor der Ernennung soll das Nachlaßgericht die Beteiligten (siehe unter 2) hören, wenn es ohne erhebliche Verzögerung und ohne unverhältnismäßige Kosten geschehen kann (§ 2200 B.G.B.);

4. Entgegennahme der Erklärung des Testamentsvollstreckers über Annahme oder Ablehnung des Amtes (§ 2202 Abs. 2 l. c.), sowie über die Kündigung des Amtes (§ 2226 l. c.);

5. Bestimmung einer Frist zur Abgabe einer Erklärung des ernannten Testamentsvollstreckers über die Annahme des Amts auf Antrag eines der Beteiligten (§ 2202 Abs. 3 l. c.);

6. Außerkraftsetzung von Anordnungen des Erblassers über die Verwaltung des Nachlasses durch den Testamentsvollstrecker auf Antrag des Letzteren oder eines anderen Beteiligten, wenn ihre Befolgung den Nachlaß erheblich gefährden würde; die Beteiligten sind vor der Entscheidung, soweit tunlich, zu hören (§ 2216 Abs. 2 l. c.);

7. die Entscheidung bei Meinungsverschiedenheiten zwischen mehreren Testamentsvollstreckern (§ 2224 Abs. 1 l. c.); das Gericht kann nur einer der mehreren Meinungen beitreten, nicht eine neue aufstellen; eine Verfügung, durch die bei einer Meinungsverschiedenheit über die Vornahme eines Rechtsgeschäfts entschieden wird, tritt erst mit der Rechtskraft in Wirksamkeit; bei Gefahr im Verzuge kann das Gericht die sofortige Wirksamkeit der Verfügung anordnen; die Verfügung tritt dann mit der Bekanntmachung an den Antragsteller in Wirksamkeit (§ 82 Abs. 2 mit § 53 G.F.G.);

8. die Entlassung des Testamentsvollstreckers auf Antrag eines der Beteiligten, wenn ein wichtiger Grund vorliegt; ein solcher Grund ist insbesondere grobe Pflichtverletzung oder Unfähigkeit zur ordnungsmäßigen Geschäftsführung; der Testamentsvollstrecker ist vor der Entlassung, wenn tunlich, zu hören (§ 2227 B.G.B.);

9. die Erteilung eines Zeugnisses über die Ernennung eines Testamentsvollstreckers auf dessen Antrag; ist der Testamentsvollstrecker in der Verwaltung des Nachlasses beschränkt oder hat der Erblasser angeordnet, daß der Testamentsvollstrecker in der Eingehung von Verbindlichkeiten für den Nachlaß nicht beschränkt sein soll, so ist dies in dem Zeugnis anzugeben (C.Bl. Bd. II S. 375, Entsch. Bd. II S. 167). Ferner ist in demselben anzugeben, wenn der Erblasser dem Testamentsvollstrecker die Verwaltung des Nachlasses als selbständige Aufgabe übertragen (§ 2209 B.G.B.) und wenn er für die Dauer dieser Verwaltungsbefugnis nach § 2210 B.G.B. besondere Anordnungen getroffen hat, sowie wenn er mehrere Testamentsvollstrecker ernannt und ihre Befugnisse abweichend von der Regel des § 2224 B.G.B. bestimmt hat.

Ist die Ernennung nicht in einer dem Nachlaßgerichte vorliegenden öffentlichen Urkunde enthalten, so soll vor der Erteilung des Zeugnisses der Erbe, wenn tunlich, über die Gültigkeit der Ernennung gehört werden.

Das Zeugnis darf erst ausgestellt werden, nachdem der Testamentsvollstrecker die Annahme des Amts erklärt hat (Formular für das Zeugnis siehe J.M.Bl. 1903 S. 192). Die Erteilung ist ausgeschlossen, solange an der Wirksamkeit des Testaments, in welchem die Ernennung erfolgte, Zweifel bestehen (C.Bl. Bd. I S. 880).

Die Vorschriften über den Erbschein (siehe § 77) finden auf das Zeugnis entsprechende Anwendung.

Mit der Beendigung des Amts des Testamentsvollstreckers wird das Zeugnis von selbst kraftlos. Eine Kraftloserklärung findet nicht statt. Das Nachlaßgericht hat jedoch, wenn es von der Beendigung des Amts Kenntnis erhält, das Zeugnis einzuziehen; dies gilt insbesondere, wenn der Testamentsvollstrecker entlassen worden ist (§ 2368 B.G.B., §§ 59, 61 Nachl.O.).

Ueber die Bestimmung und Berechnung der Frist in den Fällen 2 und 5 siehe §§ 186 ff. B.G.B.

II. Akteneinsicht, Erteilung von Abschriften und Ausfertigungen:

1. Die Einsicht der nach § 2198 Abs. 1 Satz 2, § 2199 Abs. 3, § 2202 Abs. 2, § 2226 Satz 2 B.G.B. abgegebenen Erklärungen (Nr. 1 und 4 oben) hat das Nachlaßgericht Jedem zu gestatten, der ein rechtliches Interesse glaubhaft macht (§ 2228 B.G.B.).

2. Die Einsicht der Verfügung, welche die Ernennung oder Entlassung eines Testamentsvollstreckers betrifft (Nr. 3 und 8 oben), ferner des Zeugnisses nach Ziff. I Nr. 9 steht jedem zu, der ein berechtigtes Interesse glaubhaft macht; der Nämliche kann eine auf Verlangen zu beglaubigende Abschrift fordern (§ 78 G.F.G.).

3. Wer ein rechtliches Interesse glaubhaft macht, kann verlangen, daß ihm eine Ausfertigung des Zeugnisses nach Ziff. I Nr. 9 erteilt werde (§ 85 G.F.G.).

III. Beschwerde:

1. Die sofortige Beschwerde findet statt gegen Verfügungen, durch welche die Frist zur Bestimmung des Testamentsvollstreckers festgesetzt wird — I Nr. 2 (§ 80 G.F.G.),

vom Nachlaßgericht ein Testamentsvollstrecker ernannt wird — I Nr. 3,

dem zum Testamentsvollstrecker Ernannten eine Frist zur Erklärung über die Annahme des Amts bestimmt wird — I Nr. 5,

ein Testamentsvollstrecker wider seinen Willen entlassen wird — I Nr. 8 (§ 81 G.F.G.),

über eine Meinungsverschiedenheit zwischen mehreren Testamentsvollstreckern über die Vornahme eines Rechtsgeschäfts entschieden wird — I Nr. 6 (§ 82 Abs. 2 mit § 60 Abs. 1 Nr. 6 G.F.G.).

2. Die Beschwerde ist ausgeschlossen gegen den Beschluß, durch welchen das nach Ziff. I Nr. 9 ausgestellte Zeugnis für kraftlos erklärt wird.

3. Soweit eine Verfügung nur auf Antrag erlassen werden kann — Ziff. I Nr. 2, 6, 8, 9 —, steht gegen die Ablehnung des Antrags die einfache Beschwerde nur dem Antragsteller zu (§ 20 G.F.G.).

4. Beschwerdeberechtigte Beteiligte, denen also die Verfügung auch zuzustellen ist, sind regelmäßig außer dem Testamentsvollstrecker die unter Ziff. I Nr. 2 genannten Personen, im Falle I Nr. 7 nur die Testamentsvollstrecker.

Jedem Testamentsvollstrecker steht die Beschwerde selbständig zu (abweichend von der Regel des § 2224 Abs. 1 Satz 1 B.G.B.) gegen eine Verfügung, durch welche das Nachlaßgericht

Anordnungen des Erblassers für die Verwaltung des Nachlasses außer Kraft setzt — I Nr. 6,

bei einer Meinungsverschiedenheit zwischen den Testamentsvollstreckern entscheidet — I Nr. 7 (§ 82 Abs. 1 G.F.G.).

IV. Gebühren:

1. Für die Entgegennahme der Erklärungen nach Ziff. I Nr. 1 und 4 und die Fristbestimmung nach Ziff. I Nr. 2, einschließlich des sich anschließenden Verfahrens, wird eine Gebühr von 1—10 Mark erhoben (Art. 104 Abs. 1, 108 Geb.G.); findet die Entgegennahme der Erklärungen in einem nach den Art. 94—115 Geb.G. gebührenpflichtigen Verfahren statt, so wird eine Gebühr nicht erhoben; ist die Erklärung durch einen Notar beurkundet oder beglaubigt, so wird die hiefür entrichtete Gebühr auf die nach Art. 104 Abs. 1 geschuldete Gebühr angerechnet (Abs. 2 daselbst).

2. Für die anderen über den Testamentsvollstrecker zu treffenden Anordnungen wird ein Zehntel der Sätze des § 8 G.K.G. erhoben, wobei für die Berechnung im Falle I Nr. 7 der Wert des Gegenstandes, bezüglich dessen Meinungsverschiedenheit besteht, im übrigen der Wert des Vermögens, auf welches sich die Testamentsvollstreckung bezieht, zu Grunde gelegt wird (Art. 109 Geb.G.).

3. Für Erteilung, Entziehung und Kraftloserklärung des Zeugnisses nach I Nr. 9 werden die nämlichen Gebühren erhoben wie für den Erbschein; ist jedoch schon ein Erbschein erteilt, so wird für das Zeugnis keine Gebühr erhoben (Art. 98 Geb.G., § 75 Ziff. VIII).

§ 75.

Erbschein.

I. Begriff: Erbschein ist ein dem Erben auf seinen Antrag von dem Nachlaßgericht über sein Erbrecht, dem Teilerben über die Größe seines Erbteils zu erteilendes Zeugnis (§ 2353 B.G.B.).

II. Voraussetzungen der Erteilung:

A. Formelle Voraussetzung ist ein Antrag des oder der — auch einzelner von mehreren — Erben (§ 2353 B.G.B.).

Antragsberechtigt ist der Erbe, der Testamentsvollstrecker (C.Bl. Bd. II S. 356, 425), der Nacherbe erst nach dem Eintritt der Nacherbfolge, der Erwerber eines Erbteils (§ 2033 B.G.B.), dagegen nicht der Erbschaftskäufer, wenn beim Vorhandensein mehrerer Erben ein gemeinschaftlicher Erbschein ausgestellt werden soll, jeder Miterbe (§ 2357 Abs. 1 B.G.B.). Der Gläubiger, der den Anteil eines Miterben an dem Nachlaß hat pfänden lassen (§ 859 Abs. 2 C.P.O.), ist berechtigt, die Erteilung des Erbscheins an Stelle seines Schuldners zu verlangen (§ 792 C.P.O.).

Der Antrag muß bei Meidung der Zurückweisung enthalten:

1. wenn der gesetzliche Erbe die Erteilung beantragt:

a) die Zeit des Todes des Erblassers;
b) das Verhältnis, auf dem sein Erbrecht beruht;
c) die Angabe, ob und welche Personen vorhanden sind oder vorhanden waren, durch die er von der Erbfolge ausgeschlossen oder sein Erbteil gemindert werden würde, und, wenn solche Personen weggefallen sind, die Angabe, in welcher Weise der Wegfall erfolgt ist;
d) die Angabe, ob und welche Verfügungen des Erblassers von Todes wegen vorhanden sind,
e) die Angabe, ob ein Rechtsstreit über sein Erbrecht anhängig ist (§ 2354 B.G.B.);

2. wenn die Erteilung auf Grund einer Verfügung von Todeswegen (Testament oder Erbvertrag) beantragt wird:

a) die Angaben wie sub Nr. 1 lit. a und e;
b) die Bezeichnung der Verfügung, auf der das Erbrecht beruht;
c) die Angabe, ob und welche sonstigen Verfügungen des Erblassers von Todes wegen vorhanden sind;
d) wenn eine Person weggefallen ist, durch die der Antragsteller von der Erbfolge ausgeschlossen oder sein Erbteil gemindert werden würde, die Angabe, in welcher Weise die Person weggefallen ist (§ 2355 B.G.B.);

3. wenn beim Vorhandensein mehrerer Erben ein gemeinschaftlicher Erbschein verlangt wird, auch noch

a) die Angabe der Erben und ihrer Erbteile nach Bruchteilen (§ 2357 Abs. 2 B.G.B., Seuffert 1901 Nr. 54);
b) wenn der Antrag nicht von allen Erben gestellt ist, die Angabe, daß die übrigen Erben die Erbschaft angenommen haben (§ 2357 Abs. 3 l. c.).

B. Materielle Voraussetzung der Erteilung ist, daß das Nachlaßgericht die zur Begründung des Antrags erforderlichen Tatsachen für festgestellt erachtet (§ 2359 B.G.B.).

Zu diesem Zwecke hat der Antragsteller, soferne nicht die zu beweisenden Tatsachen dem Gericht offenkundig sind (§ 2356 Abs. 3 B.G.B.):

1. durch öffentliche Urkunden (vergl. §§ 415, 417, 418 C.P.O.) nachzuweisen

a) den Tod des Erblassers und den Zeitpunkt desselben (durch Sterbeurkunde, soferne das Nachlaßgericht nicht schon vom Standesbeamten die Todesanzeige nach Art. 1 Nachl.G. erhalten hat);

b) das Verhältnis, auf dem sein Erbrecht beruht (durch Familienstandszeugnis);

c) die Art des Wegfalls einer sein Erbrecht beeinträchtigenden Person — A Nr. 1 lit. c, Nr. 2 lit. d (durch Sterbeurkunde, Protokoll über Erbschaftsausschlagung u. s. f.);

2. im Falle A Nr. 2 die Urkunde vorzulegen, auf der sein Erbrecht beruht.

In beiden Fällen genügt die Angabe anderer Beweismittel, wenn die Urkunden nicht oder nur mit unverhältnismäßigen Schwierigkeiten zu beschaffen sind (§ 2356 Abs. 1 B.G.B.).

3. in Ansehung der übrigen im Antrag anzugebenden Tatsachen vor dem Nachlaßgericht oder, wenn die Voraussetzungen der Rechtshilfe vorliegen, vor einem von ihm ersuchten anderen Amtsgericht oder vor einem Notar (Art. 3 Not.G.) an Eidesstatt zu versichern, daß ihm nichts bekannt sei, was der Richtigkeit seiner Angaben entgegenstehe (§ 2356 Abs. 2, § 2357 Abs. 3 Satz 2 B.G.B.); über die eidesstattliche Versicherung ist ein Protokoll aufzunehmen, welches die Angaben, bezüglich deren die Versicherung abgegeben wird, enthält (§ 52 Nachl.O.).

Sind mehrere Erben vorhanden, so ist die Versicherung von allen abzugeben, soferne nicht das Nachlaßgericht die Versicherung eines oder einiger von ihnen für ausreichend erachtet (§ 2357 Abs. 4 l. c.); die Höhe der Erbteile ist nicht eidesstattlich zu versichern (C.Bl. Bd. II S. 493).

In allen Fällen kann das Nachlaßgericht die Versicherung erlassen, wenn es sie nicht für erforderlich erachtet (§ 2356 Abs. 2 Satz 2 l. c.).

Das Nachlaßgericht ist verpflichtet, den Antragsteller in der Herbeischaffung der erforderlichen öffentlichen Urkunden soweit als möglich zu unterstützen. Zu diesem Zwecke empfiehlt es sich, daß sich das Naßlaßgericht in der Regel selbst an den Standesbeamten oder das Pfarramt wendet, von welchen über einen Geburts- oder Todesfall oder über eine Eheschließung eine öffentliche Urkunde zu erholen ist. In der Regel ist es auch zweckmäßig, nicht einen förmlichen Auszug aus dem Standesregister oder der Pfarrmatrikel zu verlangen, sondern den Standesbeamten oder das Pfarramt nur um einen einfachen Aufschluß auf Grund der von ihnen verwahrten Register anzugehen.

Soweit aus gerichtlichen Akten, z. B. aus Akten, die über den Nachlaß eines vor dem Antragsteller stehenden gesetzlichen Erben erwachsen sind, oder aus Vormundschaftsakten, Aufschluß über das Verwandtschaftsverhältnis oder das sonstige erbrechtliche Verhältnis des Antragstellers oder eines anderen Beteiligten zum Erblasser entnommen werden kann, sind die Akten, wenn ihre Beschaffung tunlich erscheint, zu erholen und ist aus ihnen eine Vormerkung zu den Nachlaßakten zu machen. Das Gericht wird in solchen Fällen in der Regel die zu beweisende Tatsache als offenkundig ansehen dürfen; es ist dann ein weiterer Beweis durch öffentliche Urkunden oder durch Versicherung an Eidesstatt entbehrlich. Auch soweit die für das erbrechtliche Verhältnis des Antragstellers zum Erblasser in Betracht kommenden Geburts- und Todesfälle oder Eheschließungen in den standesamtlichen Nebenregistern eingetragen sind, die von dem als Nachlaßgericht zuständigen Amtsgerichte verwahrt werden, soll das Nachlaßgericht in der Regel durch Einsichtnahme der Nebenregister und Vormerkung zu den Nachlaßakten dem Antragsteller die Beschaffung eines Auszugs aus dem Register ersparen (§ 51 Nachl.O.).

III. Verfahren:

1. Das Nachlaßgericht hat unter Benutzung der von dem Antragsteller angegebenen Beweismittel von Amts wegen die zur Feststellung der Tatsachen erforderlichen Ermittelungen zu veranstalten und die geeignet erscheinenden Beweise aufzunehmen.

Das Nachlaßgericht ist auch berechtigt, die Gültigkeit einer ihm zum Nachweis des Erbrechts vorgelegten letztwilligen Verfügung nach Form und Inhalt zu prüfen, und kann, soferne sich Zweifel über die Gültigkeit ergeben, Erhebungen in dieser Richtung pflegen (Entsch. Bd. II S. 217, C.Bl. Bd. II S. 565).

Werden nach § 15 G.F.G. Zeugen oder Sachverständige vernommen, so ist hierüber ein Protokoll aufzunehmen (§ 52 Nachl.O.).

Das Nachlaßgericht kann eine öffentliche Aufforderung zur Anmeldung der anderen Personen zustehenden Erbrechte erlassen; die Aufforderung soll die im § 2354 Abs. 1 Nr. 1—4 B.G.B. (oben II lit. A Nr. 1 a—d) bestimmten Angaben enthalten; die Androhung eines Rechtsnachteiles hat zu unterbleiben. Die Art der Bekanntmachung und die Dauer der Anmeldungsfrist bestimmen sich nach den für das Aufgebotsverfahren geltenden Vorschriften (§ 2358 l. c.).

Die Bekanntmachung der Aufforderung erfolgt also durch Anheftung an die Gerichtstafel auf die Dauer von zwei Wochen, durch einmalige Einrückung des vollen Inhalts in den deutschen Reichsanzeiger, durch zweimalige Einrückung eines Auszugs in das für die amtlichen Bekanntmachungen des Nachlaßgerichts bestimmte Blatt, nach dem Ermessen des Gerichts auch noch durch Einrückung in andere Blätter und zu mehreren Malen. Die Anmeldungsfrist muß mindestens sechs Wochen betragen, gerechnet vom Tage der Einrückung in den Reichsanzeiger (§§ 948, 204 C.P.O.).

2. Anhörung dritter Personen ist in folgenden Fällen vorgeschrieben:

a) Ist über das Erbrecht ein Rechtsstreit anhängig, so soll vor der Erteilung des Erbscheins der Gegner des Antragstellers gehört werden (§ 2360 Abs. 1 B.G.B.).

b) Ist die Verfügung, auf der das Erbrecht beruht, nicht in einer dem Nachlaßgerichte vorliegenden öffentlichen Urkunde enthalten, so soll vor der Erteilung des Erbscheins derjenige über die Gültigkeit der Verfügung gehört werden, welcher im Falle der Unwirksamkeit der Verfügung Erbe sein würde (§ 2360 Abs. 2 l. c.).

In beiden Fällen ist die Anhörung nicht erforderlich, wenn sie untunlich ist (§ 2360 Abs. 3 l. c.).

Um die Beweisaufnahmen oder die Anhörung Dritter kann das Nachlaßgericht, wenn die Voraussetzungen für die Leistung der Rechtshilfe vorliegen, auch ein anderes Amtsgericht ersuchen.

IV. Erteilung des Erbscheins:

Die Entscheidung über die Erteilung eines Erbscheins darf nicht aus dem Grunde abgelehnt werden, weil über das Erbrecht unter den Beteiligten Streit besteht. Die Erteilung des Erbscheins ist selbst dann möglich, wenn über das Erbrecht oder eine Voraussetzung des Erbrechts, z. B. die Ehelichkeit eines Kindes, die Gültigkeit einer Ehe, bereits ein Rechtsstreit anhängig ist (§ 2360 Abs. 1, 3 B.G.B.); das Nachlaßgericht hat in einem solchen Falle regelmäßig vorher die Prozeßakten einzusehen. Das Nachlaßgericht kann, wenn der Rechtsstreit bereits anhängig ist, die Entscheidung über die Erteilung des Erbscheins bis zur Beendigung des Rechtsstreits aussetzen, sofern dies nach Lage des Falles zweckmäßig erscheint.

Die Erteilung findet regelmäßig hinsichtlich der ganzen Erbschaft statt; die Erteilung kann jedoch in Beschränkung auf bestimmte Nachlaßgegenstände, z. B. nur in Ansehung eines Grundstücks beantragt werden (Sammlg. Bd. II S. 191). Sind mehrere Erben vorhanden, so kann jeder der Erben beantragen, daß ein gemeinschaftlicher Erbschein ausgestellt wird (§ 2357 B.G.B.); jeder Erbe kann jedoch auch einen besonderen Erbschein über seinen Erbteil verlangen (§ 2353 B.G.B.).

Gehören zu einer Erbschaft, für die es an einem zur Erteilung des Erbscheins zuständigen, deutschen Nachlaßgerichte fehlt, Gegenstände, die sich im Inlande befinden, so kann die Erteilung eines Erbscheins für diese Gegenstände verlangt werden.

Hiebei gelten als im Inlande befindlich

1. ein Gegenstand, für den von einer deutschen Behörde ein zur Eintragung des Berechtigten bestimmtes Buch oder Register geführt wird,
2. ein Anspruch, wenn für die Klage ein deutsches Gericht zuständig ist (§ 2369 B.G.B.).

Zuständig ist das Gericht, in dessen Bezirk sich ein Vermögensobjekt befindet (§ 73 Abs. 3 G.F.G.).

Wenn die Erteilung des Erbscheins nur zum Zwecke des Bezugs einer Invaliden- oder Altersrente beantragt wird, so ist ein hierauf beschränkter Erbschein zu erteilen (Bek. vom 14. August 1900, das Nachlaßwesen betr.; Formular siehe J.M.Bl. 1900 S. 1133).

V. Inhalt des Erbscheins:

Im Erbschein ist anzugeben (Formular siehe J.M.Bl. 1903 S. 189—191):

1. die Person des Erben, bezw. beim gemeinschaftlichen Erbschein der mehreren Erben;
2. die Art des Erbschaftserwerbs;
3. wenn mehrere Erben vorhanden sind, die Größe des Erbteils (§ 2353 B.G.B.), dagegen nicht die etwa dem Erben auferlegten Vermächtnisse (Rechtspr. Bd. I S. 298);
4. wenn der Erbschein für einzelne Nachlaßgegenstände erteilt wird, die genaue Bezeichnung derselben;
5. wenn der Erbschein einem Vorerben erteilt wird, die Angabe, daß eine Nacherbefolge angeordnet ist, unter welchen Voraussetzungen sie eintritt und wer der Nacherbe ist; hat der Erblasser den Nacherben auf dasjenige eingesetzt, was von der Erbschaft bei dem Eintritte der Nacherbfolge übrig sein wird, oder hat er bestimmt, daß der Vorerbe zur freien Verfügung über die Erbschaft berechtigt sein soll, so ist auch dies anzugeben (§ 2363 Abs. 1 l. c., Entsch. Bd. III S. 66),
6. wenn der Erblasser einen Testamentsvollstrecker ernannt hat, dessen Ernennung, nicht auch die Person des Ernannten (§ 2364 Abs. 1 l. c.).

Der Inhalt des Erbscheins ist in den Beschluß, durch welchen die Erteilung bewilligt wird, aufzunehmen oder es ist der Entwurf des Erbscheins zu den Akten zu bringen (§ 57 Nachl.O.).

VI. Akteneinsicht, Erteilung von Abschriften und Ausfertigungen:

1. Jeder, der ein berechtigtes Interesse glaubhaft macht, kann von einem Erbschein Einsicht sowie Erteilung einer auf besonderes Verlangen zu beglaubigenden Abschrift fordern (§ 78 Abs. 1 Satz 2, Abs. 2 G.F.G.).

2. Wer ein rechtliches Interesse glaubhaft macht, also nicht bloß der Erbe, kann Erteilung einer Ausfertigung des Erbscheins verlangen (§ 85 Satz 1 G.F.G.).

Bei der Aushändigung einer Ausfertigung des Erbscheins ist auf dem Aktenstücke, welches den Beschluß über die Erteilung des Erbscheins enthält, zu bemerken, für wen und an welchem Tage die Ausfertigung erteilt worden ist (§ 57 Nachl.O.).

VII. Einziehung und Kraftloserklärung des Erbscheins:

1. Das Nachlaßgericht kann jederzeit von Amts wegen über die Richtigkeit eines erteilten Erbscheins Ermittelungen veranstalten (§ 2361 Abs. 3 B.G.B.).

Ergibt sich auf diesem Wege oder durch sonstige Mitteilung an das Nachlaßgericht, daß der erteilte Erbschein unrichtig ist, so hat ihn das Nachlaßgericht einzuziehen (§ 2361 Abs. 1 B.G.B.).

Von der die Einziehung anordnenden Verfügung hat das Nachlaßgericht den im Erbschein als Erbe Bezeichneten in Kenntnis zu setzen und ihn aufzufordern, den Erbschein sofort an das Nachlaßgericht herauszugeben; wenn der Aufforderung nicht sofort Folge geleistet wird, ist die Anwendung unmittelbaren Zwanges zulässig. Für den Fall, daß der Erbschein bei dem zur Herausgabe Verpflichteten nicht vorgefunden wird, kann der letztere zur Leistung des Offenbarungseids angehalten werden (Art. 130 A.G. z. B.G.B., siehe oben § 21).

Die Zwangsmaßregeln hat das Nachlaßgericht von Amts wegen anzuordnen.

Die Benachrichtigung des im Erbschein als Erbe Bezeichneten sowie die Durchführung der Zwangsmaßregel gegen ihn wird durch die Kraftloserklärung des Erbscheins nicht berührt.

Der wirkliche Erbe, der Nacherbe sowie der Testamentsvollstrecker kann von dem Besitzer eines unrichtigen Erbscheins die Herausgabe desselben an das Nachlaßgericht verlangen (§ 2362 Abs. 1, § 2363 Abs. 2, § 2364 Abs. 2 B.G.B.).

Der eingezogene Erbschein ist unbrauchbar zu machen.

2. Die Kraftloserklärung des Erbscheins (§ 2361 Abs. 2 l. c.) hat durch Beschluß des Nachlaßgerichts zu erfolgen, wenn der Erbschein nicht sofort erlangt wird, ohne jede Rücksicht auf ein gegen den mutmaßlichen Besitzer eingeleitetes Zwangsverfahren.

Der Beschluß ist bekannt zu machen

1. durch Anheftung einer Ausfertigung an der Gerichtstafel,
2. durch zweimalige Einrückung in dasjenige Blatt, welches für den Sitz des Gerichts zur Veröffentlichung der amtlichen Bekanntmachungen bestimmt ist, sowie durch einmalige Einrückung in den deutschen Reichsanzeiger (§ 204 Abs. 2 C.P.O.).

Die Kraftloserklärung wird wirksam mit dem Ablaufe eines Monats nach der letzten Einrückung des Beschlusses in die öffentlichen Blätter.

Gegen den Beschluß, durch welchen ein Erbschein für kraftlos erklärt wird, findet die Beschwerde nicht statt (§ 84 Satz 1 G.F.G.).

Erachtet das Nachlaßgericht die Kraftloserklärung des Erbscheins nachträglich für ungerechtfertigt, so kann es die Kraftloserklärung nicht wieder aufheben. Es bleibt vielmehr solchenfalls der Partei, welcher der für kraftlos erklärte Erbschein erteilt war, überlassen, sich einen neuen Erbschein ausstellen zu lassen.

Mit dem Eintritt der Nacherbfolge wird der einem Vorerben

erteilte Erbschein von selbst kraftlos; eine Kraftloserklärung findet nicht statt; dadurch ist jedoch nicht ausgeschlossen, daß das Nachlaßgericht, wenn es von dem Eintritt der Nacherbfolge Kenntnis erhält, den Erbschein einzieht.

VIII. Gebühren:

Für die Erteilung eines Erbscheins, einschließlich des vorangehenden Verfahrens, werden zwei Zehnteile und, soweit der Ehegatte oder ein Abkömmling des Erblassers Erbe ist, ein Zehnteil der Sätze des § 8 G.K.G. erhoben.

Die Berechnung der Gebühr erfolgt aus dem Werte des Nachlasses nach Abzug der Schulden (vergl. hiezu Bek. vom 5. Juni 1901, J.M.Bl. S. 455). Die Gebühr für den einem Vorerben erteilten Erbschein wird aus dem Betrage berechnet, aus welchem ein Vorerbe nach den Vorschriften des Erbschaftssteuergesetzes die Erbschaftssteuer zu entrichten hat.

Ist der Erbe nur zu einem Teile der Erbschaft berufen und der Erbschein nur über die Größe dieses Erbteils zu erteilen oder ist die Erteilung des Erbscheins nur für bestimmte Gegenstände beantragt, so erfolgt die Erhebung der Gebühr nur aus dem Werte dieses Teiles oder dieser Gegenstände. Wird über mehrere Erbfälle ein Erbschein erteilt, so werden die Beträge der Nachlässe zusammengerechnet.

Die auf den Ehegatten oder einen Abkömmling des Erblassers treffende Gebühr für den Erbschein wird, wenn nach seiner Erteilung die Auseinandersetzung in Ansehung des Nachlasses erfolgt, auf die nach Art. 146 Ziff. 1b oder Art. 147 Geb.G. geschuldete Gebühr zur Hälfte angerechnet (Art. 96 Geb.G.).

Der Erbschein ist gebührenfrei, wenn vorher ein Zeugnis über Ernennung eines Testamentsvollstreckers erteilt wurde (Art. 98 Satz 2 Geb.G.). Für Erteilung eines Erbscheins an den Fiskus (vergl. § 69) wird eine Gebühr nicht erhoben. Ebensowenig kommt eine Gebühr für den Erbschein zur Erhebung, wenn in dem Verfahren zur Feststellung des Erbrechts des Fiskus ein anderer Erbe ermittelt worden ist (Art. 100 Geb.G.). Gebührenfrei ist ferner der nur zum Zwecke des Bezuges einer Invaliden- oder Altersrente erteilte Erbschein (§ 171 des Invalidenversicherungsgesetzes), endlich die dem Rentamte zum Zwecke der Katasterberichtigung zu übersendende Abschrift des Erbscheins (§ 72 Satz 2 Nachl.O.).

Die erstmalige Erteilung einer Ausfertigung des Erbscheins ist gebührenfrei, für jede weitere Ausfertigung wird eine Gebühr von einer Mark erhoben (Art. 110 mit 54 Geb.G.).

Für die Einziehung oder Kraftloserklärung eines Erbscheins wird, sofern nicht ein neuer Erbschein erteilt wird, eine Gebühr von 1—10 Mk. erhoben. Wird später ein neuer Erbschein erteilt, so wird diese Gebühr auf die Gebühr für die Erteilung des Erbscheins angerechnet. Für die Veranstaltung von Ermittelungen über die Richtigkeit eines Erbscheins wird eine Gebühr nicht erhoben (Art. 97 Geb.G.).

§ 76.

Andere vom Nachlaßgerichte auszustellende Zeugnisse.

1. Das Nachlaßgericht hat dem überlebenden Ehegatten auf Antrag ein Zeugnis über die Fortsetzung der Gütergemeinschaft oder der Fahrnisgemeinschaft zu erteilen. Die Vorschriften über den Erbschein finden entsprechende Anwendung (§ 1507, 1557, 1549 B.G.B.).

In das Zeugnis über die Fortsetzung der Gütergemeinschaft sind die Namen der anteilsberechtigten Abkömmlinge aufzunehmen, mit denen die Gütergemeinschaft fortgesetzt wird. Als anteilsberechtigte Abkömmlinge sind diejenigen anzugeben, welche im Zeitpunkte des Eintritts der fortgesetzten Gütergemeinschaft anteilsberechtigt waren. Ist nach diesem Zeitpunkt in der Person der anteilsberechtigten Abkömmlinge eine Aenderung eingetreten, ist z. B. an die Stelle eines verstorbenen Abkömmlings ein anderer getreten (§ 1490 B.G.B.) oder ein Abkömmling infolge Verzichts weggefallen (§ 1491 B.G.B.), so ist die Aenderung in dem Zeugnis ersichtlich zu machen.

Das Zeugnis ist, wenn nach seiner Erteilung eine Aenderung in der Person der anteilsberechtigten Abkömmlinge eintritt, auf Antrag entsprechend zu berichtigen. Die Berichtigung soll auf dem Zeugnisse selbst erfolgen, der Ausstellung eines neuen Zeugnisses bedarf es nicht. Für die Berichtigung gelten die gleichen Vorschriften wie für die Erteilung des Zeugnisses selbst.

Der überlebende Ehegatte kann die Erteilung eines Zeugnisses über die Fortsetzung der Gütergemeinschaft mit Beschränkung auf einen bestimmten Gegenstand, z. B. ein zum Gesamtgute gehörendes Grundstück, verlangen. Die Erteilung des beschränkten Zeugnisses hat zur Voraussetzung, daß die Zugehörigkeit des Gegenstandes zum Gesamtgute feststeht und daß der Gegenstand schon zur Zeit des Eintritts der fortgesetzten Gütergemeinschaft zum Gesamtgute gehörte. Sind neben den gemeinschaftlichen Abkömmlingen nicht gemeinschaftliche vorhanden, so darf das beschränkte Zeugnis mit Rücksicht auf den § 1483 Abs. 2 B.G.B. nur erteilt werden, wenn entweder die nicht gemeinschaftlichen Abkömmlinge nicht Erben geworden sind oder wenn die Auseinandersetzung mit ihnen schon stattgefunden hat (Formular siehe J.M.Bl. 1903 S. 193, 194).

Es ist zulässig, das Zeugnis über die Fortsetzung der Gütergemeinschaft und den Erbschein zu verbinden. Muster hiefür siehe J.M.Bl. 1903 S. 195.

Mit der Beendigung der fortgesetzten Gütergemeinschaft wird das Zeugnis von selbst kraftlos. Eine Kraftloserklärung findet nicht statt. Das Nachlaßgericht hat jedoch, wenn es von der Beendigung der fortgesetzten Gütergemeinschaft Kenntnis erhält, das Zeugnis einzuziehen. Dies gilt insbesondere von dem Falle, daß die fortgesetzte Gütergemeinschaft durch Urteil auf Klage eines Abkömmlings (§ 1495 B.G.B.) endigt.

Diese Vorschriften finden auch Anwendung:

a) auf das Zeugnis, das nach Art. 29 Ueberg.G. z. B.G.B. über die Fortsetzung einer Gütergemeinschaft zu erteilen ist, für welche die bisherigen Gesetze maßgebend bleiben; die Namen der anteilsberechtigten Abkömmlinge brauchen indessen in dem Zeugnisse nicht angegeben zu werden, wenn nach dem bisherigen Rechte z. B. nach dem Bamberger und dem Mainzer Rechte der überlebende Ehegatte über das Gesamtgut ohne die Einwilligung der Abkömmlinge zu verfügen berechtigt ist; dagegen ist anzugeben, nach welchem Rechte die Gütergemeinschaft fortgesetzt wird (z. B. . . . die kraft Gesetzes bestehende Gütergemeinschaft nach Bamberger Landrecht . . .);

b) auf das Zeugnis, welches nach Art. 67 Ueberg.G. z. B.G.B. über die Konsolidation des Gesamtguts in der Hand des überlebenden Ehegatten zu erteilen ist.

2. Das Nachlaßgericht hat auf Antrag dem überlebenden Ehegatten bei einer vor dem Inkrafttreten des B.G.B. geschlossenen Ehe über das dem Ehegatten zustehende Recht der Verwaltung und Nutznießung oder des Beisitzes ein Zeugnis zu erteilen.

Auf das Zeugnis finden die für den Erbschein geltenden Vorschriften entsprechende Anwendung. Mit der Beendigung des Rechts der Verwaltung und Nutznießung oder des Beisitzes wird das Zeugnis kraftlos. Eine Kraftloserklärung findet nicht statt. Das Nachlaßgericht hat jedoch das Zeugnis, wenn ihm die Beendigung bekannt geworden ist, einzuziehen (Art. 28 Abs. 3 Ueberg.G., § 62 Nachl.O.).

3. Das Nachlaßgericht hat auf Antrag ein Zeugnis über die Nachfolge von Todes wegen in ein Familiengut einer standesherrlichen Familie oder ein allodifiziertes Lehen zu erteilen.

Die für den Erbschein geltenden Vorschriften finden Anwendung (Art. 16 A.G. z. G.B.O. und Z.V.G.).

4. Das Nachlaßgericht hat zum Zwecke der Benützung vor dem Grundbuchamt das Zeugnis darüber zu erteilen, daß einer von mehreren Erben oder einer der bei Auseinandersetzung einer ehelichen Gütergemeinschaft oder einer fortgesetzten Gütergemeinschaft Beteiligten als neuer Gläubiger einer zum Nachlasse bezw. zum Gesamtgut der Gemeinschaft gehörenden Hypothek, Grundschuld oder Rentenschuld eingetragen werden darf (§§ 37 Abs. 1, § 38 G.B.O.).

Neben dem Nachlaßgericht ist der Notar, der die Auseinandersetzung vermittelt hat, für die Erteilung der Zeugnisse zuständig, wenn das Nachlaßgericht einen Erbschein über das Erbrecht sämtlicher Erben oder ein Zeugnis über die Fortsetzung der Gütergemeinschaft erteilt hat (Art. 9 Abs. 1 Nachl.G.).

Die Zeugnisse dürfen nur ausgestellt werden

a) wenn die Voraussetzungen für die Erteilung eines Erbscheins vorliegen (siehe § 75 Nr. I); zum Antrag auf Erteilung des Zeugnisses ist der einzutragende Erbe bezw. Beteiligte berechtigt;

b) wenn die Erklärungen der Erben bezw. der Beteiligten, nach denen der eine von ihnen als neuer Gläubiger einzutragen ist, vor dem Nachlaßgericht zu Protokoll gegeben oder durch öffentliche oder öffentlich beglaubigte Urkunden nachgewiesen sind (§ 37 Abs. 2 G.B.O.).

5. Die Rechtsnachfolger eines im Reichsschuldbuch eingetragenen Gläubigers haben sich, sofern ihre Berechtigung auf der gesetzlichen Erbfolge beruht, durch eine Bescheinigung als Erben, soferne dieselbe auf letztwilliger Verfügung beruht, durch eine Bescheinigung darüber auszuweisen, daß sie über die eingetragene Forderung zu verfügen befugt sind (§ 11 Abs. 1 des G., betr. das Reichsschuldbuch vom 31. Mai 1891).

Zur Ausstellung dieser oder ähnlicher für ein Staatsschuldbuch[1]) notwendigen Bescheinigungen ist neben dem Notar, vor welchem die Auseinandersetzung erfolgt ist, das Nachlaßgericht zuständig (§ 11 Abs. 2, 3 l. c., § 188 G.F.G., § 9 Abs. 2 Nachl.G.).

6. Der Nachweis des Erwerbes von Todes wegen an einer auf den Inhaber ausgestellten und auf den Namen eines Gläubigers umgeschriebenen Staatsschuldverschreibung kann außer durch Erbschein oder ein nach § 1507 B.G.B. ausgestelltes Zeugnis (siehe oben Nr. 1) durch ein besonderes Zeugnis über die Rechtsnachfolge geführt werden, zu dessen Ausstellung das Nachlaßgericht und beim Erwerb im Wege der Auseinandersetzung auch der Notar zuständig ist (Art. 51 Abs. 3 A.G. z. B.G.B.).

7. Der Nachweis des Erwerbes von Todes wegen kann der Hinterlegungsstelle gegenüber, wenn der Erwerb im Wege der Auseinandersetzung erfolgt, durch ein Zeugnis des mit der Auseinandersetzung befaßten Gerichts geführt werden (§ 25 der Hinterlegungsordnung vom 18. Dezember 1899).

8. Ueber das nach § 2368 B.G.B. über die Ernennung als Testamentsvollstrecker zu erteilende Zeugnis siehe oben § 74.

Auf die nach Ziff. I Nr. 1 und 4 zu erteilenden Zeugnisse finden auch die für den Erbschein geltenden Vorschriften über Einsicht, Erteilung von Abschriften und Ausfertigungen (siehe oben § 75 Ziff. VI, § 78 Abs. 1 Satz 2, Abs. 2, § 85 Satz 2 G.F.G.), sowie über Ausschluß der Beschwerde gegen die Kraftloserklärung (siehe oben § 75 Ziff. VII, § 84 G.F.G.) Anwendung (über Kraftloserklärung der Zeugnisse nach §§ 37, 38 G.B.O., vergl. jedoch einerseits Denkschrift zum G.F.G. S. 59, anderseits Dorner Note 4b zu § 84).

---

[1]) Ein solches existiert z. B. in Bayern nicht.

Für die Gebühren für die nach Ziff. I Nr. 1, 2 und 3 ausgestellten Zeugnisse finden die für den Erbschein geltenden Vorschriften Anwendung.

Bei der Berechnung der Gebühr für das Zeugnis über die Fortsetzung der Gütergemeinschaft tritt an die Stelle des Nachlasses der halbe Wert des Gesamtguts der fortgesetzten Gütergemeinschaft nach Abzug der Schulden; sofern dem überlebenden Ehegatten von der gütergemeinschaftlichen Masse ein anderer Bruchteil als die Hälfte zufällt, wird das Gesamtgut zu diesem Bruchteil in Ansatz gebracht (Art. 98, 110 Geb.G., § 75 Ziff. VIII).

Die dem Rentamt zum Zweck der Katasterberichtigung zu übersendende Abschrift des Zeugnisses über die Fortsetzung der Gütergemeinschaft ist gebührenfrei (§ 72 Nachl.O.).

Für die nach Ziff. I Nr. 5 und 6 ausgestellten Zeugnisse wird eine Gebühr von $^1/_{10}$ der Sätze des § 8 G.K.G. bis zum Meistbetrage von 10 Mark erhoben. Die Gebühr wird nach dem Betrage der Forderung berechnet. Sie wird, wenn ein Verfahren zum Zwecke der Vermittelung der Auseinandersetzung stattfindet, auf die für dieses zu entrichtende Gebühr angerechnet (Art. 99 Abs. 1 und 2 Geb.G.).

Die in den §§ 37, 38 G.B.O. bezeichneten Bescheinigungen (oben Nr. 4) sind gebührenfrei (Art. 99 Abs. 3 Geb.G.).

§ 77.

Nachlaßauseinandersetzung.

I. Einleitung.

Hinterläßt ein Erblasser mehrere Erben, so wird der Nachlaß gemeinschaftliches Vermögen derselben. Jeder Erbe kann nur über seinen Anteil an dem gesamten Nachlaß, nicht über seinen Anteil an einem einzelnen Nachlaßgegenstande verfügen. Ein Nachlaßschuldner kann nur an alle Erben gemeinschaftlich leisten (§§ 2032, 2033, 2038—2040 B.G.B.).

Jeder Erbe kann jederzeit die Auseinandersetzung verlangen, soweit sich nicht aus den §§ 2043—2045 B.G.B. ein anderes ergibt (§ 2042 Abs. 1 B.G.B.).

Die Auseinandersetzung kann durch Erbteilungsvertrag unter den Beteiligten ohne gerichtliche Einmischung erfolgen und zwar auch dann, wenn geschäftsunfähige oder in der Geschäftsfähigkeit beschränkte Personen beteiligt sind.

Die gerichtliche Vermittelung der Auseinandersetzung im Wege der freiwilligen Gerichtsbarkeit tritt reichsrechtlich nur auf Antrag ein (§ 86 G.F.G.).

Nach § 192 mit § 185 G.F.G., Art. 3 E.G. z. B.G.B. kann landesgesetzlich vorgeschrieben werden, daß das Nachlaßgericht die Auseinandersetzung von Amts wegen zu vermitteln hat, wenn die Auseinandersetzung nicht binnen einer bestimmten Frist bewirkt wird. Von diesem Vorbehalt ist in Bayern in Art. 4 des Gesetzes vom 9. August 1902, das Nachlaßwesen betr., in Kraft seit 1. Oktober 1902 (Art. 12), Gebrauch gemacht.

Das Nachlaßgericht ist nicht berufen, Streitigkeiten der Erbbeteiligten zu entscheiden; dies ist nötigenfalls Sache des Prozeßgerichts.

Das Nachlaßgericht zieht sämtliche Beteiligte zu dem Verfahren bei, verhandelt mit ihnen, fertigt den Teilungsplan, beurkundet die abgegebenen Erklärungen, erteilt zu der erklärten oder nach bestimmten Regeln zu vermutenden Willenseinigung der Beteiligten die gerichtliche Bestätigung und macht damit die Teilung vollstreckbar.

II. Zuständigkeit.

1. Für die Vermittelung der Auseinandersetzung auf Antrag eines Beteiligten sind neben den Amtsgerichten die Notare zuständig. Der Antrag kann nach Wahl jedes antragsberechtigten Beteiligten sowohl beim Nachlaßgericht als bei einem Notar, der im Bezirk oder am Sitze des Nachlaßgerichts aufgestellt ist, gestellt werden; nur durch Vereinbarung sämtlicher Beteiligter kann ein anderer Notar gewählt werden. Ob das Nachlaßgericht oder der Notar und welcher von mehreren örtlich zuständigen Notaren die Auseinandersetzung zu vermitteln hat, wenn etwa von mehreren Beteiligten Anträge an verschiedenen Orten gestellt wurden, bestimmt sich nach der ersten amtlichen Tätigkeit auf einen Antrag hin (§ 4 G.F.G.); es ist also also nicht der erste Antrag für die weitere Zuständigkeit entscheidend.

Die vollständige Durchführung des Auseinandersetzungsverfahrens obliegt dem Nachlaßgericht, wenn bei ihm der Antrag gestellt wurde, nur, wenn Grundstücke nicht zum Nachlaß gehören.

Gehört ein Grundstück (oder Erbbaurecht, § 1017 B.G.B.) zum Nachlaß, so hat das Nachlaßgericht nur den Erben zu ermitteln und die Teilungsmasse festzustellen; die Vermittelung der Auseinandersetzung soll es, sofern die Beteiligten die Wahl eines Notars vereinbaren, diesem, andernfalls einem Notar, der im Bezirk oder am Sitze des Amtsgerichts aufgestellt ist, überweisen (Art. 8 Nachl.G.).

2. Für die Einleitung der von Amts wegen zu vermittelnden Auseinandersetzung ist ausschließlich das Nachlaßgericht zuständig (Art. 4 Nachl.G.).

Ueberweisung an einen Notar nach Feststellung der Teilungsmasse erfolgt

a) auf Antrag sämtlicher Beteiligter, der in jeder Lage des Verfahrens gestellt werden kann,
b) von Amts wegen, wenn ein Grundstück zu dem Nachlasse gehört.

Die Ueberweisung erfolgt, wenn die Beteiligten die Wahl eines Notars vereinbaren, an diesen, andernfalls an einen Notar, der im Bezirk oder am Sitze des Nachlaßgerichts aufgestellt ist (Art. 6 Abs. 1 Nachl.G.).

Erfolgen die Einleitung der Vermittelung von Amts wegen und die Stellung des Antrags auf Vermittelung der Auseinandersetzung durch einen Notar gleichzeitig, so bestimmt sich das Verhältnis der Vermittelung von Amts wegen zu der auf Antrag stattfindenden nach der ersten amtlichen Tätigkeit in der Sache (§§ 4, 194 des G.F.G.).

3. Ist der Antrag bei einem Notar gestellt oder die Vermittelung der Auseinandersetzung einem Notar überwiesen, so obliegen dem Notar die sämtlichen nach §§ 89—95 G.F.G., im Antragsverfahren auch die nach § 87 G.F.G. dem Amtsgerichte obliegenden Verrichtungen, ferner die Zustellungen und die Festsetzung der einem Beteiligten zu erstattenden Kosten (Art. 6 Abs. 2, Art. 8 Abs. 3 Nachl.G.).

III. Einleitung des Verfahrens auf Antrag.

Das Nachlaßgericht hat auf Antrag die Auseinandersetzung in Ansehung des Nachlasses zwischen den Beteiligten zu vermitteln (§ 86 Abs. 1 G.F.G.).

Hat die Ermittelung des Erben vor dem Ablaufe der im Art. 4 Nachl.G. bestimmten zweimonatigen Frist zu erfolgen (siehe § 43 Nachl.O. und oben § 69), so sind, wenn die Ermittelungen ergeben, daß eine Mehrheit von Erben vorhanden ist, die Erben bei der Ermittelung zu fragen, ob sie sich auseinandersetzen wollen und ob sie die Vermittelung der Auseinandersetzung beantragen.

1. Antragsberechtigt ist (§ 86 Abs. 2 G.F.G.):

a) jeder Miterbe, solange er seinen Anteil nicht veräußert hat,
b) der Erwerber des Anteiles eines Erben und zwar sowohl der erste als der weitere Erwerber (§§ 2033 Abs. 1, 2037 B.G.B.).
c) derjenige, welchem ein Pfandrecht an dem Erbteile zusteht (§ 1258 B.G.B.), hienach auch derjenige Gläubiger eines Erben, welcher gemäß § 859 Abs. 2, § 804 Abs. 1 C.P.O. ein Pfandrecht an einem Erbteile eines Miterben erworben hat, sofern der Schuldtitel nicht bloß vorläufig vollstreckbar ist (§ 2042 B.G.B. mit § 751 C.P.O.), daher auch nicht der Arrestpfandgläubiger; vor dem Eintritt der Verkaufsberechtigung kann der Antrag jedoch nur von dem Pfandgläubiger und dem Miterben gemeinschaftlich gestellt werden (§ 1258 Abs. 2 B.G.B.),
d) derjenige, welchem ein Nießbrauch an einem Erbteile zusteht (§ 1066 B.G.B.), jedoch nur gemeinschaftlich mit dem Miterben.

Steht der Antragsberechtigte unter elterlicher Gewalt oder Vormundschaft, so kommt das Antragsrecht dem Inhaber der elterlichen Gewalt bezw. dem Vormund zu; einer Genehmigung des Vormundschaftsgerichtes bedarf es zu dem Antrage nicht.

Nachlaßgläubiger, Vermächtnisnehmer und Gläubiger eines Erben, letztere mit der oben erwähnten Ausnahme, sind nicht antragsberechtigt, ebensowenig Pflichtteilsberechtigte, welche im Zweifel nicht als Erben zu betrachten sind (§ 2304 B.G.B.).

2. Form und Inhalt des Antrages: Für die Form des Antrages gelten die allgemeinen Vorschriften. Derselbe kann auch von einem Bevollmächtigten gestellt werden.

Der Antrag soll enthalten:

a) den Namen, Stand, letzten Wohnort, Sterbeort und Todestag des Erblassers, sowie die Angabe, ob der Erblasser verheiratet, verwitwet oder ledig war;

b) soweit möglich die Bezeichnung der Beteiligten; der Kreis der Beteiligten fällt nicht notwendig mit dem der Antragsberechtigten zusammen; er kann auch weiter sein; zu den Beteiligten zählt, wenn ein Grundstück oder ein Recht an einem Grundstücke zu dem Nachlasse gehört, im Hinblick auf § 2113 B.G.B. auch ein etwaiger Nacherbe;

c) soweit möglich die Bezeichnung der Teilungsmasse; eine summarische Angabe muß im allgemeinen als genügend erachtet werden, Einreichung eines vollständigen Inventars ist nicht vorgeschrieben; der Angabe der Teilungsmasse bedarf es nicht, wenn schon ein den ganzen Nachlaß umfassendes Nachlaßverzeichnis (§ 1960 Abs. 2 B.G.B.) oder das Nachlaßinventar (§§ 2002, 2003 B.G.B.) aufgenommen worden ist (§ 128 Nachl.O.).

Ueber Ergänzung des Antrags siehe unten Ziff. 5.

3. Zurücknahme des Antrags: Ueber diese enthält das Gesetz keine Vorschriften. Da sich der Antrag auf Auseinandersetzung rechtlich als Antrag auf Abschluß eines Erbteilungsvertrages darstellt, muß die Zurücknahme durch den Antragsteller in entsprechender Anwendung des § 130 B.G.B. so lange zugelassen werden, als nicht die übrigen Beteiligten durch die vom Gericht betätigte Ladung von dem Antrage Kenntnis erhalten haben. Liegt eine Erklärung sämtlicher Beteiligter vor, daß die gerichtliche Auseinandersetzung nicht mehr gewollt ist, so ist das Verfahren, gleichviel wie weit es gediehen ist, einzustellen.

4. Prüfungsrecht und -Pflicht des Gerichts: Durch den Antrag wird das Gericht mit der Sache befaßt. Das weitere Verfahren ist mit einigen Ausnahmen hinsichtlich der Antragsergänzung Offizialverfahren. Das Gericht hat von Amts wegen seine Zuständigkeit, die Zulässigkeit der gerichtlichen Nachlaßauseinandersetzung sowie die Legitimation des Antragstellers zu prüfen. Hält es eine derselben nicht für gegeben, so hat es den Antrag abzuweisen. Gegen die abweisende Verfügung steht nur dem Antragsteller die Beschwerde zu (§ 20 Abs. 1 G.F.G.).

Macht nachträglich ein Beteiligter einen zutreffenden Grund

gegen die Zulässigkeit der Auseinandersetzung geltend, so hat das Gericht das Verfahren einzustellen und den Antrag abzuweisen. Die Berechtigung eines Einwands gegen die Zulässigkeit hat das Gericht von Amts wegen zu untersuchen, nicht dem Einwendungsführer den Beweis aufzuerlegen.

Die vom Gericht zu prüfenden Voraussetzungen der gerichtlichen Nachlaßauseinandersetzung sind:

α) Vorhandensein mehrerer Erben (§ 86 Abs. 1 G.F.G.); Erbe ist, wer auf Grund der §§ 1922—1941, 2087 ff., 2274 ff. B.G.B. durch Gesetz, Testament oder Erbvertrag zur Erbschaft berufen ist;

β) Nichtvorhandensein eines zur Bewirkung der Auseinandersetzung berechtigten Testamentsvollstreckers (§ 86 Abs. 1 G.F.G.); Testamentsvollstrecker im Sinne des Gesetzes ist nur der vom Erblasser im Testament bestellte (§§ 2197, 2198 B.G.B.), nicht eine von den Erben zur Nachlaßverteilung aufgestellte Person. Da die Auseinandersetzung regelmäßig Pflicht des Testamentsvollstreckers ist, soweit sich nicht aus dem Willen des Erblassers ein anderes ergibt (§§ 2204, 2208, 2209 B.G.B.), hat das Gericht, wenn Anhaltspunkte sich ergeben, daß ein Testamentsvollstrecker bestellt ist, nicht bloß dies festzustellen, sondern auch, ob seine Befugnisse unbeschränkt sind;

γ) Nichtvorhandensein civilrechtlicher Hindernisse der Auseinandersetzung überhaupt. Dieselbe ist nämlich nach den Bestimmungen des Bürgerlichen Rechts ausgeschlossen:

wenn und insoweit der Erblasser durch letztwillige Verfügung die Auseinandersetzung ausgeschlossen oder von einer Kündigungsfrist abhängig gemacht hat, letzterenfalls vor Ablauf der Kündigungsfrist (§ 2044 B.G.B.),

wenn und solange nach Vereinbarung der Beteiligten die Aufhebung der Erbengemeinschaft nach Maßgabe des § 749 Abs. 2 und 3, §§ 750—758 B.G.B. ausgeschlossen ist (§ 2042 B.G.B.),

wenn ein Miterbe verlangt, daß die Auseinandersetzung bis zur Beendigung des nach § 1970 B.G.B. zulässigen Aufgebotsverfahrens zur Ermittelung der Nachlaßgläubiger oder bis zum Ablauf der in § 2061 B.G.B. bestimmten Frist zur Anmeldung von Nachlaßforderungen aufgeschoben werde (§ 2045 B.G.B.),

wenn der Erbteil wegen zu erwartender Geburt eines Miterben, wegen noch ausstehender Entscheidung über eine Ehelichkeitserklärung, über Bestätigung einer Annahme an Kindesstatt oder über die Genehmigung einer vom Erblasser errichteten Stiftung ungewiß ist (§ 2043 B.G.B.).

5. Ergänzung des Antrags: Ist die Auseinandersetzung an sich zulässig, so geben Mängel und Unvollständigkeiten des Antrags oder die Notwendigkeit sachlicher Aufklärungen keinen Grund zur Abweisung des Antrages.

Das Gericht ist nicht gehindert von Amts wegen alle nötigen Erhebungen zu pflegen und wird dies sachgemäß insbesondere dann tun, wenn andere Behörden anzugehen sind, von denen das Gericht leichter als eine Privatperson Aufschluß erhält.

Es kann aber auch — abweichend von dem Grundsatze des § 12 G.F.G. —, wenn es vor der Verhandlung mit den Beteiligten eine weitere Aufklärung für angemessen hält, den Antragsteller zur Ergänzung des Antrags, insbesondere zur Angabe der den einzelnen Beteiligten in Ansehung des Nachlasses zustehenden Ansprüche, veranlassen; es kann dem Antragsteller auch die Beschaffung der Unterlagen (Testamente, Erbverträge, Eheverträge, Auszüge aus dem Grundbuche, aus dem Hypothekenbuche u. s. w.) aufgeben (§ 87 Abs. 2 G.F.G.). Das Nachlaßgericht hat den Antragsteller in der Beschaffung der Unterlagen soweit als möglich zu unterstützen (§ 129 Nachl.O.).

Gewisse Aufklärungen, so über Verwandtschaftsverhältnisse, Anteilsrechte, über Bestand der Teilungsmasse, kann übrigens das Gericht auch aus der Verhandlung mit den übrigen Beteiligten zu entnehmen suchen, also das Verfahren auch ohne vorherige Aufklärung über solche Punkte einleiten.

IV. Einleitung der Vermittelung von Amts wegen.

1. Voraussetzungen: Das Nachlaßgericht hat die Auseinandersetzung zwischen den Beteiligten regelmäßig von Amts wegen zu vermitteln, wenn sie nicht innerhalb der Frist von zwei Monaten ohne gerichtliche Mitwirkung bewirkt ist. Die Frist beginnt:

im Falle gesetzlicher Erbfolge mit dem Erbfall, das ist der Zeitpunkt des Todes des Beerbten (§ 1922 B.G.B.),

im Falle der Erbfolge auf Grund einer Verfügung von Todes wegen mit der Eröffnung der Verfügung,

im Falle der Todeserklärung mit der Erlassung des die Todeserklärung aussprechenden Urteils.

Die Frist kann vom Nachlaßgerichte von Amts wegen und auf Antrag verlängert werden, wenn die Auseinandersetzung der Erben ohne gerichtliche Mitwirkung innerhalb der Frist nach den Umständen nicht möglich oder nicht tunlich ist.

Solange die Auseinandersetzung nach den §§ 2043—2045 B.G.B. wegen der Unbestimmtheit der Erbteile (§ 2043) oder infolge des Gebots des Erblassers (§ 2044) oder infolge des gerichtlichen Aufgebots oder der von dem Erben erlassenen Aufforderung der Nachlaßgläubiger (§ 2045) ausgeschlossen oder aufgeschoben ist (siehe auch oben Ziff. III Nr. 4 γ), läuft die Frist nicht (Art. 4 Abs. 1 Nachl.G.).

Die Vermittelung von Amts wegen unterbleibt:

1. wenn ein zur Bewirkung der Auseinandersetzung berechtigter

Testamentsvollstrecker vorhanden ist; siehe auch oben Ziff. III Nr. 4 β.

2. wenn vor der Einleitung der Vermittelung von Amts wegen der Antrag auf Vermittelung bei Gericht oder bei einem Notar gestellt ist oder ein Notar anzeigt, daß er mit der Beurkundung des Erbteilungsvertrags betraut ist. Endigt das auf Antrag eingeleitete Vermittelungsverfahren durch Zurücknahme des Antrags oder wird der Erbteilungsvertrag nicht binnen angemessener Frist beurkundet, so hat die Vermittelung der Auseinandersetzung von Amts wegen stattzufinden;
3. wenn vor der Einleitung der Vermittelung von Amts wegen **sämtliche** Erben erklären, daß sie sich nicht auseinandersetzen wollen; einer besonderen Form bedarf diese Erklärung nicht (Art. 4 Abs. 2 Nachl.G.).

Um festzustellen, ob sein Einschreiten erforderlich ist, hat sich das Nachlaßgericht zu vergewissern, ob die Auseinandersetzung von den Beteiligten schon vorgenommen wurde. Ist letzteres der Fall, so hat es die Einleitung der Vermittelung zu unterlassen. Daß die Auseinandersetzung stattgefunden hat, ist ohne weiteres anzunehmen, wenn sämtliche Erben anzeigen, daß die Auseinandersetzung erfolgt ist, oder wenn ein Gericht oder ein Notar dem Nachlaßgerichte mitteilt, daß die Auseinandersetzung von ihm beurkundet worden ist. Geht die Anzeige der Auseinandersetzung nur von einem oder einigen der Erben aus und liegt der Anzeige nicht der Beweis der Auseinandersetzung bei, so sind die übrigen Erben darüber zu vernehmen, ob die Auseinandersetzung erfolgt ist.

Ueber die Anwendung des § 4 G.F.G., wenn gleichzeitig mit der Einleitung des Verfahrens von Amts wegen ein Antrag auf Auseinandersetzung bei einem Notar gestellt wird, siehe oben unter Ziff. II Nr. 2 a. E.

2. **Vorbereitung des Verfahrens:** Das Nachlaßgericht hat zunächst die Grundlagen für die Auseinandersetzung zu beschaffen. Zu diesem Zwecke hat es die Beteiligten und die Teilungsmasse von Amts wegen festzustellen.

Wer beteiligt ist, wird sich in der Regel schon aus den zum Zwecke der Ermittelung des Erben angestellten Ermittelungen ergeben. Beteiligt sind außer den Erben insbesondere der Nacherbe, der Erwerber eines Erbteils (§ 2033 B.G.B.) sowie derjenige, welchem ein Pfandrecht oder ein Nießbrauch an einem Erbteile zusteht (siehe auch unter Ziff. III die Antragsberechtigten).

Die Feststellung der Teilungsmasse umfaßt die Feststellung der Aktiven, d. h. der Nachlaßgegenstände und dessen, was nach § 2041 B.G.B. zum Nachlasse gehört. Ist schon ein den ganzen Nachlaß umfassendes Nachlaßverzeichnis (§ 1960 Abs. 2 B.G.B.) oder das Nachlaßinventar (§§ 2002, 2003 B.G.B.) aufgenommen, so bedarf es der weiteren Feststellung der Teilungsmasse nicht mehr.

Die Feststellungen haben, soweit möglich, zu Protokoll des Nachlaßgerichts auf Grund der Angaben der Beteiligten zu erfolgen (Art. 5 Satz 1 Nachl.O., § 105 Nachl.O.).

Wenn die Beteiligten die zur Feststellung der Teilungsmasse erforderlichen Angaben nicht binnen angemessener Frist machen, kann das Nachlaßgericht die Aufnahme eines Nachlaßverzeichnisses anordnen (Art. 5 Satz 2 Nachl.G.). Für die Aufnahme des Verzeichnisses ist der Notar zuständig; wenn jedoch der Wert des Nachlasses ohne Abzug der Schulden den Betrag von 2000 Mk. nicht oder nicht erheblich übersteigt, kann das Gericht mit der Aufnahme des Verzeichnisses auch den Gerichtsschreiber beauftragen.

Für die Beauftragung und Benachrichtigung des Notars oder Gerichtsschreibers gelten die nämlichen Vorschriften wie bei der Inventarerrichtung (§ 90 Abs. 1 Satz 3, 4, § 92 Abs. 1, 2 Satz 1 Nachl.O.; siehe oben § 71 Ziff. I).

3. Ueber die Ueberweisung der Vermittelung an einen Notar nach Feststellung der Teilungsmasse siehe Art. 6 Nachl.G. und oben Ziff. II Nr. 2.

V. Gemeinsame Verfahrensvorschriften.

Für die von Amts wegen eingeleitete Vermittelung der Auseinandersetzung gelten mit einer Abweichung bei der Ladung der Beteiligten (siehe unten lit. A b a. E.) die nämlichen Verfahrensvorschriften wie für das auf Antrag eingeleitete Verfahren (§ 192 G.F.G., Art. 7 Nachl.G.).

A. Ladung.

Die Einleitung des Verfahrens erfolgt durch Ladung des Antragstellers und der übrigen Beteiligten zu einem von dem Gerichte zu bestimmenden Termine.

a) Terminsanberaumung; Ladungsfrist: Die Festsetzung des Termines muß so erfolgen, daß die Ladungsfrist eingehalten werden kann. Zwischen der Ladung und dem Termine muß eine Frist von mindestens zwei Wochen liegen; die Frist beginnt mit dem Tage, an welchem die letzte Zustellung einer Ladung an einen Beteiligten erfolgte (§ 90 Abs. 1 G.F.G.).

Der anberaumte Termin kann von Amts wegen oder auf Antrag verlegt werden; auch in diesem Falle ist Wahrung der Ladungsfrist erforderlich, auch wenn der neue Termin auf eine spätere Zeit als der ursprüngliche angesetzt ist. Auf Wahrung der Ladungsfrist können die Beteiligten verzichten. Ist ein Beteiligter, hinsichtlich dessen die Frist nicht gewahrt ist, nicht erschienen, oder wird die Nichteinhaltung der Frist von einem Erschienenen gerügt, so ist Anberaumung eines neuen Termins notwendig, zu welchem alle Beteiligten wieder zu laden sind; die Ladungsfrist beginnt mit der Bekanntmachung der neuen Ladung.

b) Inhalt der Ladung: Die Ladung muß außer der Angabe von Ort und Zeit des Termines den Hinweis darauf enthalten, daß ungeachtet des Ausbleibens einzelner Beteiligter über die Auseinandersetzung verhandelt werden würde und daß, falls der Termin vertagt oder ein neuer Termin zur Fortsetzung der Verhandlung anberaumt werden sollte, die Ladung zu dem neuen Termine unterbleiben könne. Sind Unterlagen für die Auseinandersetzung vorhanden, so ist in der Ladung zu bemerken, daß die Unterlagen auf der Gerichtsschreiberei eingesehen werden können. Den Beteiligten mit Ausnahme des Antragstellers ist auch der Antrag, sowie eine etwaige Ergänzung des Antrags mitzuteilen; eine Abschrift des Antrags soll nur dann mitgeteilt werden, wenn der Antrag vollständig ist; andernfalls sollen die Beteiligten und die Teilungsmasse auf der Rückseite der Ladung soweit möglich verzeichnet werden (§ 89 G.F.G., § 130 Abs. 2 Nachl.O.). Bei dem von Amts wegen eingeleiteten Verfahren hat die Ladung stets die Beteiligten und die Teilungsmasse zu bezeichnen (Art. 7 Nachl.G.). Formulare siehe J.M.Bl. 1903 S. 208, 205.

c) Form: Die Bekanntmachung der Ladung muß mit Rücksicht auf die von der Zustellnng ab laufende Frist nach Maßgabe des § 16 Abs. 2 Satz 1 oder Abs. 3 G.F.G. erfolgen.

Ladung durch öffentliche Zustellung ist unzulässig (§ 89 Satz 2 G.F.G.). Ueber einen abwesenden Beteiligten muß daher stets eine Pflegschaft eingeleitet werden, regelmäßig nach Maßgabe des § 1911 B.G.B., § 39 G.F.G. durch das Vormundschaftsgericht auf Anregung des Nachlaßgerichts. Es kann jedoch auch das Nachlaßgericht selbst einem abwesenden Beteiligten einen Pfleger bestellen, aber nur für das Auseinandersetzungsverfahren und unter der doppelten Bedingung, daß die Voraussetzungen einer Abwesenheitspflegschaft vorliegen (siehe oben § 53) und daß nicht eine ordentliche Pflegschaft über ihn bereits anhängig ist; für die so eingeleitete Pflegschaft tritt an die Stelle des Vormundschaftsgerichts in allen Beziehungen das Nachlaßgericht (§ 88 G.F.G.).

d) Zu ladende Personen sind der Antragsteller und die übrigen Beteiligten, für geschäftsunfähige oder in der Geschäftsfähigkeit beschränkte Personen deren gesetzliche Vertreter, außer der Mutter eines unter deren elterlicher Gewalt stehenden Beteiligten der Beistand, sofern dessen Genehmigung zu den Verhandlungen notwendig ist (§ 1699 mit §§ 1821, 1822 B.G.B.), soweit Beteiligte Bevollmächtigte bestellt haben, diese letzteren.

B. Verfahren bis zur Fertigung des Teilungsplanes; Verhandlung über vorbereitende Maßregeln.

I. Verhandlung über die Auseinandersetzung: Als Regelfall muß es angesehen werden, daß in dem angesetzten Termine über die Auseinandersetzung verhandelt werden kann. In dem Verhandlungstermine ist zunächst festzustellen, ob die Beteiligten richtig ermittelt sind und die Teilungsmasse vollständig festgestellt ist. Sodann sind die Nachlaßverbindlichkeiten, soweit möglich, festzustellen. Eine Aufforderung der Nachlaßgläubiger im Wege des Aufgebots oder nach § 2061 des B.G.B. ist den Beteiligten zu überlassen. Auch die vorherige Berichtigung der Nachlaßverbindlichkeiten (§ 2046 des B.G.B.) ist Sache der Beteiligten selbst. Die Beteiligten sollen über ihre Gesamthaftung, wenn sie die Teilung vor Berichtigung oder Sicherstellung der Nachlaßverbindlichkeiten vornehmen (§§ 2058 ff. B.G.B.), belehrt werden (§ 109 Nachl.O.). Das Verfahren kann sich in folgender Weise abwickeln:

1. Wenn sämtliche Beteiligte im Termine erschienen sind, so kann die mit ihnen gepflogene Verhandlung sofort die Grundlage zur Fertigung des Teilungsplanes im nämlichen Termine geben, so daß das Verfahren in einem Termine zu Ende geführt wird (§ 116 Nachl.O.).

2. Sind nicht alle Beteiligten erschienen, so muß das Gericht mit den Erschienenen in die Verhandlung eintreten, auch wenn nur ein einziger Beteiligter erschienen ist und wenn dies auch nicht der Antragsteller ist. Auch in diesem Falle kann die Verhandlung zur Fertigung des Teilungsplanes führen. Entfernt sich ein Beteiligter vor dem Schlusse der Verhandlung, so ist er als nicht erschienen zu behandeln.

Eine Protokollierung der vor der Fertigung des Teilungsplanes gepflogenen Verhandlungen ist nicht vorgeschrieben, doch wird es häufig unerläßlich sein, von denselben Note zu den Akten zu machen.

3. Das Gericht kann jederzeit, wenn Gründe hiefür vorliegen, von Amts wegen oder auf Antrag den Termin vor Verhandlung verlegen oder nach Eintritt in die Verhandlung diese unterbrechen und Termin zur Fortsetzung der Verhandlung anberaumen, so zur Vereinfachung des Verfahrens und zur Erleichterung einer Einigung, wenn nicht alle Beteiligten erschienen sind, das Erscheinen der Fehlenden in einem späteren Termine aber in Aussicht steht. Anlaß zu neuer Terminsanberaumung wird insbesondere der Umstand geben, daß bei weniger einfach gelagerten Fällen das Gericht nicht in der Lage ist, den Teilungsplan im Termine zu entwerfen.

Der neue Termin kann sofort durch Verkündigung an die Erschienenen bekannt gemacht werden; eine Mitteilung des Termines an die Nichterschienenen und neuerliche Ladung derselben braucht nicht zu geschehen, kann aber nach dem Ermessen des Gerichts angeordnet werden. Eine neue Ladung soll dann stattfinden, wenn das Ausbleiben von Beteiligten als entschuldigt erscheint (§ 90 Abs. 2 Satz 2 G.F.G., § 115 Nachl.O.).

Erfolgt die Anberaumung des neuen Termins erst später, so ist derselbe allen Beteiligten bekannt zu machen.

In beiden Fällen ist Wahrung der Ladungsfrist nicht erforderlich (§ 90 Abs. 2 Satz 1 G.F.G.); die Bekanntmachung des Termins kann daher in der einfacheren Form des § 16 Abs. 2 Satz 2 G.F.G. erfolgen.

Ganz verschieden hievon ist jedoch der Fall, daß sich in dem Termine ergibt, daß ein Beteiligter nicht richtig geladen oder daß die Ladungsfrist nicht gewahrt ist; hier muß die Ladung der sämtlichen Beteiligten wie zu dem ursprünglichen Termine unter Wahrung der Ladungsfrist wiederholt werden. Erst der neue Termin gilt als Verhandlungstermin. Das Gleiche gilt, wenn die vorzeitige Entfernung eines Beteiligten als entschuldigt gilt (§ 115 Abs. 3 Satz 2 Nachl.O.).

4. Schon die Verhandlung mit den Beteiligten kann Streitpunkte ergeben, welche die Fertigung eines Teilungsplanes ganz oder teilweise ausschließen. Widerspricht ein erschienener Beteiligter der Durchführung des Verfahrens oder verweigert er seine Erklärung zur Sache und ist eine Einigung nicht zu erzielen, so ist das Verfahren, sofern es sich nicht bloß um einzelne Streitpunkte handelt, einzustellen. Ergeben sich einzelne Streitpunkte, so ist über sämtliche ein Protokoll unter Wahrung der Vorschriften der §§ 176, 177 G.F.G. aufzunehmen und das Verfahren bis zur Erledigung derselben im Prozeßwege auszusetzen. Das Gericht darf jedoch nicht wegen eines sich ergebenden Streitpunktes die Verhandlung abbrechen, es hat vielmehr sämtliche Streitpunkte festzustellen und hinsichtlich der unstreitigen Punkte das Verfahren fortzusetzen (§ 95 G.F.G.).

Ergibt sich, daß die Auseinandersetzung aus einem der in den §§ 2043—2045 B.G.B. bezeichneten Gründe oder infolge einer Vereinbarung der Beteiligten (§ 2042 Abs. 2 B.G.B.) ausgeschlossen ist, so ist das Verfahren einzustellen oder bis zur Hebung des Hindernisses auszusetzen.

Nach der Einstellung kann das Verfahren auf Antrag eines Beteiligten nach Hebung des Hindernisses wieder aufgenommen werden.

5. Erscheint in dem Termine niemand, so ruht das Verfahren bis auf neuerlichen Antrag, welcher von jedem Beteiligten ausgehen kann und wiederholte Ladung zu dem neuen Termine unter Wahrung der Ladungsfrist notwendig macht.

6. Ueber das Verfahren, wenn ein Beteiligter nicht im Bezirke des Nachlaßgerichts wohnt, siehe unten sub G.

II. Verhandlung über vorbereitende Maßregeln. Das Verfahren kann dadurch in zwei Abschnitte getrennt werden, daß nach den Umständen eine besondere Urkunde über die von den Beteiligten gewollte Art der Teilung oder über sonstige vorbereitende Maßregeln, z. B. Art der Veräußerung und Verwertung von Nachlaßgegenständen, aufgenommen wird.

Als solche Maßregeln kommen insbesondere in Betracht:

Vereinbarungen über die Abschätzung und über die Art der Teilung einzelner Nachlaßgegenstände, ob durch Teilung in Natur oder im Wege des Verkaufs oder durch Uebernahme seitens eines

Miterben, ferner über die Art des Verkaufs, ob durch freihändigen Verkauf oder durch öffentliche Versteigerung und unter wessen Leitung und über die Zahlungsbedingungen (§§ 2042, 2048 ff., 752 ff. B.G.B., 180 ff. Z.V.G.);

die Feststellung des Gegenstandes und des Wertes der unter den Abkömmlingen zur Ausgleichung zu bringenden Zuwendungen;

die Bezeichnung der Nachlaßgegenstände, aus denen Nachlaßverbindlichkeiten zu berichtigen oder die zur Sicherstellung von Nachlaßverbindlichkeiten zurückzubehalten sind (§ 2046 B.G.B.), die Uebernahme von Nachlaßverbindlichkeiten durch einzelne Miterben namentlich durch den überlebenden Ehegatten;

die Feststellung der gegenseitigen Ansprüche der Nachlaßmasse und der einzelnen Miterben, namentlich des überlebenden Ehegatten.

Auch diese Beurkundung bedarf der Bestätigung, für welche die nämlichen Vorschriften gelten wie für die Bestätigung der Auseinandersetzung (siehe unten F).

Die Trennung des Verfahrens ist jedoch nicht dahin zu verstehen, daß die Verhandlung über die Auseinandersetzung erst nach dem Eintritte der Rechtskraft der erwähnten Bestätigung erfolgen dürfte; sofern der Stand der Teilungsmasse es zuläßt, kann vielmehr schon im ersten Termine mit einer Vereinbarung über die Art der Teilung die endgültige Auseinandersetzung verbunden werden (§ 112 Abs. 1 Nachl.O.).

1. Sind alle Beteiligten erschienen und über die vorbereitenden Maßregeln — ganz oder teilweise — einig, so hat das Gericht die Vereinbarung zu beurkunden und sofort zu bestätigen (§ 91 Abs. 1 Satz 1, Abs. 2 Satz 1 G.F.G.).

2. Im Falle des Nichterscheinens eines oder einzelner Beteiligter hat das Gericht die Vorschläge des allein Erschienenen bezw. die Vereinbarung der mehreren Erschienenen zu beurkunden. Als nicht erschienen ist auch derjenige zu betrachten, welcher vor Abschluß der Verhandlung oder Beurkundung sich freiwillig entfernt oder nach § 8 G.F.G. mit § 178 G.V.G. wegen Ungebühr aus dem Verhandlungsraume entfernt wird. Die Zustimmung der Nichterschienenen kann nachträglich erklärt, eventuell unter bestimmten Voraussetzungen vermutet werden.

a) Die Nichterschienenen können ihre Zustimmung nachträglich zu richterlichem Protokoll (nicht zu Protokoll des Gerichtsschreibers) oder in einer öffentlich beglaubigten Urkunde (§ 129 B.G.B.) erteilen. Haben sämtliche Beteiligte ihre Zustimmung erklärt, so ist die Vereinbarung zu bestätigen (§ 91 Abs. 2 G.F.G.).

b) Erfolgt nachträgliche Zustimmung auf diesem Wege nicht rechtzeitig, so hat das Gericht den Nichterschienenen den Inhalt der Urkunde, soweit er jeden betrifft, bekanntzumachen. Mitteilung einer wörtlichen Abschrift der Urkunde ist nicht erforderlich, auszugsweise Mitteilung des Inhalts genügend.

Die Bekanntmachung muß enthalten:

1. die Bestimmung einer nach dem Ermessen des Gerichts festzusetzenden Frist, vor deren Ablauf Anberaumung eines neuen Verhandlungstermins beantragt werden kann,

2. den Hinweis, daß das Einverständnis des Nichterschienenen mit dem Inhalte der Urkunde angenommen werden würde, falls er nicht innerhalb der gesteckten Frist die Anberaumung eines neuen Termins beantrage oder in dem neuen Termine nicht erscheine,

3. die Benachrichtigung, daß die Urkunde auf der Gerichtsschreiberei eingesehen und eine Abschrift derselben gefordert werden könne (§ 91 Abs. 3 Satz 1 und 2 G.F.G.) Formular siehe J.M.Bl. 1903 S. 206.

Ein Mangel im Inhalt der Bekanntmachung verhindert den Eintritt der Versäumnisfolgen.

Die Bekanntmachung erfolgt durch Zustellung nach den Vorschriften des § 16 Abs. 2 Satz 1 G.F.G.

Die Versäumnisfolge, daß nämlich die Zustimmung des Nichterschienenen vermutet wird, tritt ein,

wenn derselbe innerhalb der Frist Antrag auf Anberaumung eines neuen Termins nicht stellt, und zwar mit dem Ablaufe der Frist,

ferner wenn er zwar diesen Antrag stellt, in dem auf seinen Antrag anberaumten neuen Termine aber wieder nicht erscheint.

Die Versäumnisfolge kann durch Wiedereinsetzung in den vorigen Stand in beiden Versäumnisfällen beseitigt werden (§ 92 G.F.G.).

Die Wiedereinsetzung setzt voraus:

1. Unverschuldete — d. i. weder von einem Sachbeteiligten selbst, noch von dessen Vertreter verschuldete — Verhinderung, rechtzeitig Anberaumung eines neuen Termins zu beantragen oder in dem neuen Termine zu erscheinen;

2. Glaubhaftmachung der die Wiedereinsetzung begründenden Tatsachen;

3. Antragstellung bei dem Gerichte auf Wiedereinsetzung und auf Anberaumung eines neuen Termins und zwar binnen zwei Wochen nach Beseitigung des Hindernisses. Nach dem Ablaufe eines Jahres, von dem Ende der versäumten Frist an gerechnet, kann die Wiedereinsetzung nicht mehr beantragt werden.

Gegen den Beschluß, durch welchen über den Wiedereinsetzungsantrag entschieden wird, findet die sofortige Beschwerde statt (§ 96 G.F.G.), gegen einen abweisenden Bescheid nur für den Antragsteller.

Die Verfügung, welche die Wiedereinsetzung zuläßt, ist allen Beteiligten von Amts wegen nach den Vorschriften des § 16 Abs. 2 Satz 1 oder Abs. 3 G.F.G. zuzustellen. Zu dem neuen Termine sind dieselben zu laden, wobei die Ladungsfrist einzuhalten ist.

Erscheint derjenige, welcher den Termin beantragt hat, nicht, so sind nun sämtliche Beteiligte an die frühere Vereinbarung endgültig gebunden und es erfolgt die Bestätigung derselben.

Erscheint dagegen derjenige oder einer von denjenigen, welche den Termin beantragt haben, so tritt damit die frühere Vereinbarung außer Wirksamkeit. Das Verfahren wiederholt sich, wie in dem ersten Termine.

3. Ergeben sich unter den Beteiligten Streitpunkte, so ist zu verfahren, wie oben sub I. 4 dargestellt.

4. Die Form der Beurkundung der Vereinbarung wie der nachträglichen Zustimmungserklärung richtet sich nach den Vorschriften der §§ 168—182 G.F.G., da die Vereinbarung über die vorbereitenden Maßregeln einen Vertrag der Beteiligten enthält.

5. Ueber das Verfahren, wenn ein Beteiligter nicht im Bezirke des Nachlaßgerichts wohnt, siehe unten sub G.

C. Der Teilungsplan.

Die Festsetzung der Verteilung erfolgt in einem von dem Gerichte zu fertigenden Teilungsplan.

1. Zeitpunkt der Anfertigung. Der Teilungsplan ist anzufertigen, sobald nach Lage der Sache die Auseinandersetzung stattfinden kann (§ 93 Satz 1 G.F.G.). Dies kann der Fall sein, wenn der Antrag, dessen Beilagen und Unterlagen, sowie die Besprechung mit den Beteiligten sowohl, was die Teilungsmasse, als was die Anteilsrechte anlangt, eine ausreichende Grundlage für den Plan geben, sofort im ersten Termine, wenn über vorbereitende Maßregeln gesondert verhandelt wurde, sobald hierüber eine Vereinbarung nach Maßgabe des § 91 G.F.G. zu stande gekommen ist und etwaige vorbereitende Maßregeln (z. B. Veräußerung von Nachlaßgegenständen) zum Vollzug gebracht sind.

Das Gericht allein bestimmt nach seinem Ermessen ohne an Anträge gebunden zu sein, den Zeitpunkt, in welchem die Sache zur Teilung bereift ist.

2. Gegenstand des Planes ist die Feststellung der Teilungsmasse, wie diese sich nach der Verwertung oder Uebernahme der Nachlaßgegenstände und nach der Berichtigung oder Uebernahme der Nachlaßverbindlichkeiten darstellt, ferner die Berechnung der Ansprüche der einzelnen Beteiligten unter Berücksichtigung etwaiger nach §§ 2050 ff. B.G.B. bestehender Ausgleichungspflichten, sowie endlich die Bildung der Teile durch Zuteilung der Nachlaßgegenstände an die Beteiligten (§ 113 Abs. 2 Nachl.O.).

3. Die Art und Weise der Teilung, die Austeilung der Aktiven und Passiven zur Bildung der einzelnen Anteile, bestimmt das Gericht; ein Antragsrecht steht den Beteiligten in dieser Richtung nicht zu, doch wird das Gericht in der Regel eine bezügliche Einigung der Beteiligten dem Plane zu Grunde legen, soferne nicht besondere rechtliche oder tatsächliche Gründe entgegenstehen.

Eine bestätigte Vereinbarung über die Art der Teilung, sowie eine prozeßrichterliche Entscheidung über Streitpunkte in Betreff der Teilung ist für das Nachlaßgericht bindend.

4. Form. Der Auseinandersetzungsplan kann zu Protokoll oder in einem besonderen Schriftstück aufgestellt werden. In einfachen Sachen empfiehlt es sich, ihn sofort in das Protokoll über die Verhandlung über den Plan aufzunehmen (§ 113 Abs. 3 Nachl.O.).

D. Verhandlung über den Teilungsplan, Beurkundung der Auseinandersetzung.

1. Steht nicht bereits Termin zur Verhandlung über die Auseinandersetzung an, (so insbesondere, wenn über vorbereitende Maßregeln gesondert verhandelt worden ist), so hat das Gericht die sämtlichen Beteiligten unter Wahrung der Ladungsfrist zu einem Termine zu laden (§ 112 Abs. 2 Nachl.O.).

Der Plan wird den Beteiligten im Termine zur Aeußerung über denselben vorgelegt. Eine Aenderung desselben nach dem Willen der Beteiligten ist nicht ausgeschlossen. Sind die Erschienenen sämtlich mit dem Plane nicht einverstanden, ist das Gericht aber zu einer Aenderung nicht bereit, so kann eine solche durch Beschwerde herbeigeführt werden.

2. Sind die Erschienenen mit dem Inhalte des Planes ganz oder teilweise einverstanden, so hat das Gericht die Auseinandersetzung, soweit die Einigung reicht, zu beurkunden (§ 93 Abs. 1 Satz 2 G.F.G.).

Nichterschienene können ihre Zustimmung nachträglich zu richterlichem Protokoll (nicht zu Protokoll des Gerichtsschreibers) oder in einer öffentlich beglaubigten Urkunde erteilen.

Erfolgt nachträgliche Zustimmung der Nichterschienenen nicht, so ist zu verfahren wie im gleichen Falle bei der Verhandlung über vorbereitende Maßregeln mit der Maßgabe, daß an Stelle der mitzuteilenden Urkunde der Teilungsplan tritt; Muster für die Benachrichtigung siehe J.M.Bl. 1903 S. 207 (§ 93 Abs. 2 G.F.G.; § 110 Abs. 2 und 3 Nachl.O.; siehe oben B II 2 b).

Das Verfahren, falls sich unter den Erschienenen Streitpunkte ergeben, ist das nämliche, wie oben sub B I 4.

Erscheint in dem Termine kein Beteiligter, so ruht das Verfahren (§ 118 Abs. 1 Nachl.O.).

3. Die Form der Beurkundung richtet sich nach den Vorschriften der §§ 168—182 G.F.G., da die Auseinandersetzung den Erbteilungsvertrag enthält.

4. Gehören zum Nachlasse Grundstücke oder Erbbaurechte und gehen diese auf einen oder mehrere der Erben über, so kann in Bayern die notwendige Auflassung nicht vor dem Nachlaßgericht er-

klärt werden (§ 925 B.G.B.; Art. 143 Abs. 1 E.G. z. B.G.B., Art. 81 A.G. z. B.G.B.).

Gehört zu dem Nachlaß eine Hypothek, Grundschuld oder Rentenschuld und geht diese auf einen oder mehrere der Erben über, so kann das Gericht auf Antrag auch die zur Eintragung in das Grundbuch notwendige Eintragungsbewilligung beurkunden (§ 19 G.B.O.).

Fällt bei der Auseinandersetzung einem unter elterlicher Gewalt, Vormundschaft oder Pflegschaft stehenden Beteiligten Vermögen zu, so hat das Nachlaßgericht hievon dem zuständigen Vormundschaftsgerichte Anzeige zu machen (§ 125 Nachl.O.).

E. Losziehung.

Die einzelnen Anteile oder auch bestimmte zum Nachlaß gehörige Gegenstände können unter den Beteiligten verlost werden. Ueber die Art und Weise der Losziehung können nach § 91 G.F.G. Vereinbarungen getroffen werden, insbesondere über die Personen, welche das Los zu ziehen haben, über Reihenfolge der Losziehung.

Eine Losziehung kann sowohl vor als nach der Fertigung des Teilungsplanes erfolgen.

In dem zur Losziehung bestimmten Termine hat das Nachlaßgericht für einen nicht erschienenen, aber richtig vom Termine verständigten Beteiligten einen Vertreter zur Losziehung zu bestimmen, wenn

1. vorher eine Losziehung von den Beteiligten vereinbart oder als vereinbart zu vermuten ist (vergl. auch §§ 752, 2042 B.G.B.),

2. wenn nicht ein anderes bestimmt, d. h. anderweitig über die Losziehung für Nichterschienene Bestimmung getroffen ist (§ 94 G.F.G.).

In der Auswahl des Vertreters ist das Gericht nicht beschränkt. Der Vertreter zieht das Los für den Nichterschienenen, ohne daß es vorheriger Mitteilung der Bestellung an letzteren bedarf. Derselbe hat weder gegen die Auswahl noch gegen die Losziehung Einwendungen.

F. Die gerichtliche Bestätigung.

Sowohl die Vereinbarung über vorbereitende Maßregeln als die Auseinandersetzung bedarf der gerichtlichen Bestätigung.

1. Voraussetzungen: Die Bestätigung ist nur zulässig,

wenn sämtliche Beteiligte sich geeinigt haben, bezw. mit dem Inhalte des Planes einverstanden sind (§ 91 Abs. 2 Satz 1, § 93 Abs. 1 Satz 2 G.F.G.),

oder wenn die nichterschienenen Beteiligten nachträglich ihre Zustimmung zu der Urkunde in gehöriger Form erteilt haben (§ 91 Abs. 2 Satz 2, § 93 Abs. 1 Satz 2 G.F.G.), siehe oben B II,

oder wenn die Zustimmung der Nichterschienenen nach dem Gesetze zu vermuten ist (§ 91 Abs. 3 Schlußsatz, § 93 Absatz 2 G.F.G.).

Die Bestätigung setzt im letzten Falle eine Prüfung richtiger Ladung, der Wahrung der Ladungsfrist und richtiger Bekanntmachung der erfolgten Beurkundung voraus, da ohnedies die Versäumnisfolgen nicht eintreten.

Sind bevormundete oder unter elterlicher Gewalt oder Pflegschaft stehende Personen beteiligt, so darf die Vereinbarung und Auseinandersetzung erst bestätigt werden, wenn dieselbe obervormundschaftlich genehmigt ist (§§ 1643, 1821, 1822 Nr. 2, § 1915 B.G.B.). Die Genehmigung ist von dem Vertreter des Beteiligten beizubringen oder vom Nachlaßgericht selbst zu erholen (§ 19 Nachl.O.).

Steht ein Beteiligter unter der elterlichen Gewalt der Mutter, so darf die Bestätigung erst erfolgen, wenn die Genehmigung des Beistandes der Mutter oder des Vormundschaftgerichtes vorliegt (§ 1690 Abs. 1 und 2 B.G.B.).

Bedarf ein Beteiligter zur Vereinbarung oder zur Auseinandersetzung der Genehmigung des Vormundschaftsgerichts, so ist, wenn er im Inlande keinen Vormund, Pfleger oder Beistand hat, für die Erteilung oder die Verweigerung der Genehmigung an Stelle des Vormundschaftsgerichts das Nachlaßgericht zuständig (§ 97 Abs. 2 G.F.G).

Das Gleiche gilt im Falle einer vom Nachlaßgericht gemäß § 88 G.F.G. über einen abwesenden Beteiligten eingeleiteten Pflegschaft.

2. Form: Die Bestätigung erfolgt in Form eines Beschlusses (vergl. § 97 Abs. 1 G.F.G.), welcher der Angabe von Gründen nicht bedarf.

3. Bekanntmachung: Die Bestätigung kann den Beteiligten, soferne sie bei deren Erteilung anwesend sind, zu Protokoll bekannt gemacht werden; andernfalls erfolgt die Bekanntmachung durch Zustellung gemäß § 16 Abs. 2 Satz 1 G.F.G.

4. Rechtsmittel: Gegen den Beschluß, durch welchen eine vorgängige Vereinbarung oder eine Auseinandersetzung bestätigt wird, findet die sofortige Beschwerde statt. Dieselbe kann nur darauf gegründet werden, daß Vorschriften über das Verfahren — durch nicht ordnungsmäßige Ladung oder Bekanntmachung, durch Nichteinhaltung der Ladungsfrist – nicht beobachtet sind (§ 96 mit § 20 Abs. 1 G.F.G.).

Aus materiellrechtlichen Gründen findet eine Anfechtung der Beschwerde nicht statt.

Eine Abänderung der Bestätigung durch das Beschwerdegericht selbst ist ausgeschlossen (§ 18 Abs. 2 G.F.G.).

Wirkung der Bestätigung: Mit dem Ablauf der Frist für die sofortige Beschwerde wird die Bestätigung rechtskräftig.

Nach dem Eintritt der Rechtskraft ist eine vorgängige Vereinbarung sowie eine Auseinandersetzung für alle Beteiligten in gleicher Weise verbindlich wie eine vertragsmäßige Vereinbarung oder Auseinandersetzung, also vorbehaltlich der Anfechtungsgründe, welche allgemein für Rechtsgeschäfte gelten, wie Irrtum, Zwang, Betrug (§ 97 Abs. 1 G.F.G.).

Die bestätigte vorgängige Vereinbarung sowie die bestätigte Auseinandersetzung ist nach dem Eintritt der Rechtskraft der Bestätigung hinsichtlich ihres gesamten Inhalts Vollstreckungstitel gegen alle Beteiligten (§ 98 G.F.G.).

Die Vollstreckung zu betreiben ist Sache der Beteiligten.

Die vollstreckbare Ausfertigung wird von dem Gerichtsschreiber des Nachlaßgerichts erteilt (§ 797 Abs. 1 C.P.O. mit § 98 G.F.G.). Wird eine Ausfertigung von der Bestätigung einer Vereinbarung über vorbereitende Maßregeln oder über den Auseinandersetzungsplan erteilt, so ist dies auf dem Aktenstücke, welches die Bestätigung enthält, zu vermerken; bei der Erteilung einer vollstreckbaren Ausfertigung ist zu vermerken, daß die Ausfertigung als vollstreckbare erteilt ist, sowie für welche Partei und zu welcher Zeit die Ausfertigung erteilt ist (§ 129 Abs. 4 Nachl.O.). Die Entscheidung über Einwendungen, welche die Zulässigkeit der Vollstreckungsklausel betreffen, sowie die Entscheidung über Erteilung einer weiteren vollstreckbaren Ausfertigung erfolgt durch das Nachlaßgericht (§ 797 Abs. 3 C.P.O. mit § 98 G.F.G.).

G. Rechtshilfe.

Wohnt ein Beteiligter nicht im Bezirke des Nachlaßgerichts, so ist zur Herbeiführung einer Vereinbarung grundsätzlich der Weg der Rechtshilfe zu beschreiten.

Das Nachlaßgericht hat zu diesem Zwecke das Amtsgericht des Wohnsitzes des Beteiligten zu ersuchen, diesen zu einem Verhandlungstermine zu laden. Erscheint er in dem Termine, so ist mit ihm über die von dem Nachlaßgerichte beurkundete Vereinbarung oder, sofern nur ein Beteiligter vor dem Nachlaßgerichte erschienen war, über dessen Vorschläge zu verhandeln.

Erscheint er nicht, so hat das ersuchte Gericht dem Nachlaßgerichte hievon unter Rückgabe der Akten Kenntnis zu geben. Das Nachlaßgericht hat sodann das Amtsgericht, in dessen Bezirke der Beteiligte wohnt, zu ersuchen, daß dieses dem Beteiligten eine Abschrift des mit dem erschienenen Beteiligten aufgenommenen Protokolls mitteilt und ihn gleichzeitig benachrichtigt, daß er die Akten auf der Gerichtsschreiberei des ersuchten Gerichts einsehen könne. Die Abschrift des Protokolls ist dem ersuchten Gerichte vom Nachlaßgerichte zu liefern. Die vom ersuchten Gerichte zu erlassende Mitteilung muß den Hinweis darauf enthalten, daß, wenn der Beteiligte nicht innerhalb einer bestimmten Frist schriftlich oder mündlich zu Protokoll des ersuchten Gerichts die Anberaumung eines neuen Termins beantrage oder wenn er in dem neuen Termine nicht erscheine, sein Einverständnis mit dem Inhalte des Protokolls angenommen werden würde. Die Mitteilung muß durch Zustellung in den Formen der C.P.O. bekannt gemacht werden. Beantragt dann der Beteiligte die Anberaumung eines neuen Termins und erscheint er in ihm, so ist die Verhandlung mit ihm fortzusetzen. Beantragt er die Anberaumung nicht oder erscheint er in dem Termine nicht, so hat das Nachlaßgericht die Vereinbarung zu bestätigen (§ 117 Nachl.O.).

VI. Auseinandersetzung durch den Notar.

1. Ueber die Zuständigkeit des Notars siehe oben II.

2. Gehört ein Grundstück zum Nachlasse, so liegt die Durchführung der Auseinandersetzung nicht dem Nachlaßgericht ob. Das Nachlaßgericht hat in diesem Falle nur die Beteiligten zu ermitteln und die Teilungsmasse (Aktiven) festzustellen.

Die Teilungsmasse braucht vor der Ueberweisung der Auseinandersetzung an den Notar nicht in allen Einzelheiten vom Nachlaßgerichte festgestellt zu werden. Es genügt, daß aus den Feststellungen des Gerichts der Umfang der Teilungsmasse im allgemeinen erhellt. Insbesondere brauchen die zur Auseinandersetzung erforderlichen urkundlichen Unterlagen, z. B. Auszüge aus den öffentlichen Büchern, Schätzungen der Nachlaßgegenstände, nicht vom Gericht erholt zu werden.

Die Ermittelung der Beteiligten und die Feststellung der Teilungsmasse hat, auch wenn die Vermittelung der Auseinandersetzung einem Notar zu überweisen ist, in der Regel durch protokollarische Vernehmung der Beteiligten auf Grund ihrer Angaben zu erfolgen. Dem Gerichte steht das Recht zu, nötigenfalls die Aufnahme eines Nachlaßverzeichnisses anzuordnen.

Die Ermittelung der Beteiligten und die Feststellung der Teilungsmasse müssen nicht in einem förmlichen Beschluß erfolgen. Es genügt, daß sie aus den Nachlaßakten zu entnehmen sind.

Beruht die Erbfolge auf einer nicht in einer öffentlichen Urkunde enthaltenen Verfügung von Todes wegen oder findet die gesetzliche Erbfolge statt, so bedarf es zur Umschreibung der Auseinandersetzung im Grundbuche nach § 36 der Grundbuchordnung eines Erbscheins. In der Regel wird es sich empfehlen, daß der Erbschein vor der Ueberweisung an den Notar erteilt wird. Das Nachlaßgericht hat daher in den geeigneten Fällen die Beteiligten vor der Ueberweisung an den Notar auf die Notwendigkeit des Erbscheins aufmerksam zu machen und sie zu veranlassen, die Erteilung eines Erbscheins zu beantragen.

Die Ueberweisung an den Notar ist aktenkundig zu machen und den Beteiligten mitzuteilen. Mit der Ueberweisung sind dem Notar die Nachlaßakten zu übersenden; der Notar setzt die Akten fort. Im Nachlaßregister sind der Notar, an den die Akten abgegeben sind, und der Tag der Abgabe zu vermerken.

Diese Vorschriften finden auch dann Anwendung, wenn das Grundbuch noch nicht als angelegt anzusehen ist (§ 120 Nachl.O.).

3. Wird der Antrag auf Vermittelung der Auseinandersetzung bei einem Notar gestellt, so hat derselbe dem Nachlaßgerichte sowohl von dem Antrage als von dessen Zurücknahme Anzeige zu machen (§ 131 Abs. 1 Nachl.O.).

4. Hat der Notar die Auseinandersetzung vermittelt, so hat er nach dem Eintritte der Rechtskraft des die Auseinandersetzung bestätigenden Beschlusses oder nachdem das Verfahren für beruhend erklärt oder eingestellt oder der Antrag zurückgenommen ist, die bei ihm über die Vermittelung erwachsenen Akten mit der Auseinandersetzungsurkunde dem Nachlaßgericht in Urschrift zu übersenden (§ 123 Abs. 1, 131 Abs. 2 Nachl.O.).

5. Hat der Notar eine Auseinandersetzung nicht nach den Vorschriften des G.F.G. in den Formen des Vermittelungsverfahrens vorgenommen, sondern einen von den Beteiligten bei ihm geschlossenen Erbteilungsvertrag beurkundet, so hat er hievon dem Nachlaßgericht unter Angabe des Datums des Vertragsschlusses und der Nummer, unter der die Urkunde im Geschäftsregister eingetragen ist, Mitteilung zu machen; die Urkunde bleibt in der Verwahrung des Notars.

Das Gleiche gilt, wenn dem Notar die Vermittelung der Auseinandersetzung überwiesen worden ist, die Beteiligten aber von dem Vermittelungsverfahren abstehen und einen Erbteilungsvertrag vor dem Notar schließen (§ 123 Abs. 2, § 132 Nachl.O.).

6. Ist die vorgängige Vereinbarung oder die Auseinandersetzung von einem Notar beurkundet worden, so ist für die Erteilung der vollstreckbaren Ausfertigung, so lange sich die Akten bei dem Notar befinden, dieser zuständig; nach der Abgabe der Akten an das Gericht hat die vollstreckbare Ausfertigung das Nachlaßgericht, nicht der Gerichtsschreiber, zu erteilen (§ 98 des G.F.G. mit § 797 Abs. 2 C.P.O.).

Für die Erteilung von einfachen Ausfertigungen und von Abschriften gelten, auch wenn es sich um vom Notar aufgenommene Urkunden handelt, sofern die Akten sich in der Verwahrung des Gerichts befinden, die allgemeinen Vorschriften (§ 124 Abs. 2 und 3 Nachl.O.).

VII. Kosten und Gebühren.

Ueber die Kosten siehe oben § 25 Ziff. I Nr. 2.

An Gebühren kommen für die Auseinandersetzung, einschließlich des vorangehenden Verfahrens, sechs Zehnteile, im Falle der Beteiligung eines minderjährigen Erben drei Zehnteile der Sätze des § 8 G.K.G. zur Erhebung. Die Gebühr kann von dem Gericht um zwei Zehnteile erhöht werden, wenn die Tätigkeit des Gerichts eine besonders weitläufige oder schwierige war. Die Berechnung der Gebühr erfolgt aus dem Werte des Nachlasses nach Abzug der Schulden.

Wird der Antrag auf Vermittelung zurückgenommen oder endigt das Verfahren, weil ein Beteiligter im Termine der Vermittelung widerspricht, so wird ein Drittel, wenn aber das Gericht bereits den Verteilungsplan aufgestellt hatte, die Hälfte der oben bestimmten Gebühr erhoben. Das Gleiche gilt, wenn das Verfahren für beruhend erklärt wird, weil im Termine kein Beteiligter erschienen und das Verfahren seitdem mehr als sechs Monate lang nicht betrieben worden ist.

Endigt das gerichtliche Verfahren mit der Verweisung der Auseinandersetzung an einen Notar, so wird eine Gebühr für das gerichtliche Vermittelungsverfahren nicht erhoben, wenn die Auseinandersetzung innerhalb eines Jahres seit der Verweisung vor dem Notar erfolgt; die Frist kann auf Antrag oder von Amts wegen verlängert werden. Andernfalls wird für das gerichtliche Vermittelungsverfahren $^1/_{10}$ der Sätze des § 8 G.K.G. aus dem Werte des reinen Nachlasses erhoben; diese Gebühr wird jedoch, wenn später die Auseinandersetzung vor dem Notar erfolgt, auf die Gebühr aus Art. 165 Geb.G. für die Vermittelung durch den Notar angerechnet (Art. 94 Geb.G., siehe hiezu Bek. vom 11. März 1903, J.M.Bl. S. 247).

VIII. Ueber eine kaum mehr praktische Uebergangsvorschrift siehe Art. 36 Ueberg.G. und hiezu Art. 307 Abs. 1 Geb.G.

§ 78.

Auseinandersetzung in Ansehung eines Gesamtguts.

I. Eine eheliche Gütergemeinschaft — allgemeine Gütergemeinschaft, Errungenschaftsgemeinschaft, Fahrnisgemeinschaft — endigt mit der Auflösung der Ehe durch Tod, Scheidung oder Aufhebung der ehelichen Gütergemeinschaft (§§ 1564, 1575, 1586 B.G.B.), ferner mit der Rechtskraft eines Urteils, durch welches das Gericht auf Klage der Frau oder des Mannes die Gütergemeinschaft für aufgehoben erklärt (§§ 1468—1470, 1542, 1549 B.G.B.).

Die Errungenschaftsgemeinschaft endigt außerdem mit der Rechtskraft des Beschlusses, durch den der Konkurs über das Vermögen des Mannes eröffnet wird (§ 1543 B.G.B.) und im Falle der Todeserklärung eines Ehegatten mit dem Zeitpunkt, der als Zeitpunkt des Todes gilt (§ 1544, § 18 Abs. 2 und 3 B.G.B.).

Die fortgesetzte Gütergemeinschaft endigt durch Aufhebung seitens des überlebenden Ehegatten, durch Vertrag oder Erklärung gegenüber dem Nachlaßgericht (§ 1492 B.G.B., siehe auch hier § 79 Ziff. I Nr. 5), mit der Wiederverheiratung, dem Tode oder der Todeserklärung des überlebenden Ehegatten (§§ 1493, 1494 B.G.B.), endlich mit der Rechtskraft eines Urteils, durch welches auf Klage des anteilsberechtigten Abkömmlings die fortgesetzte Gütergemeinschaft für aufgehoben erklärt wird (§§ 1495, 1496 B.G.B.).

Die Auseinandersetzung kann durch Vertrag zwischen den Beteiligten ohne gerichtliche Einmischung erfolgen. Eine amtliche Auseinandersetzung erfolgt nur auf Antrag eines Beteiligten (§ 99 mit § 86 G.F.G.); das Nachlaßgericht hat aber gegebenenfalls darauf hinzuwirken, daß die Vermittelung der Auseinandersetzung beantragt wird (§ 133 Abs. 3 Nachl.O.).

II. Zuständigkeit. Für die Vermittelung der Auseinandersetzung sind in Bayern nach der Wahl der Beteiligten die Amtsgerichte und die Notare zuständig (Art. 8 Abs. 1 Nachl.G., § 193 G.F.G.).

Oertlich zuständig ist, falls ein Anteil an dem Gesamtgut zu einem Nachlaß gehört, das Amtsgericht, welches für die Auseinandersetzung in Ansehung des Nachlasses zuständig ist (§ 99 Abs. 2 Satz 1 G.F.G., siehe hier § 64 Ziff. II). Dies ist der Fall bei der ehelichen Gütergemeinschaft, wenn die Ehe durch den Tod eines Ehegatten aufgelöst wird und mangels eines gemeinschaftlichen Abkömmlings die fortgesetzte Gütergemeinschaft nicht eintritt oder wenn der überlebende Ehegatte die Fortsetzung der Gütergemeinschaft mit den vorhandenen Abkömmlingen ablehnt (§§ 1482, 1484 Abs. 3 B.G.B.).

In anderen Fällen ist das Amtsgericht zuständig, in dessen Bezirk der Ehemann oder bei fortgesetzter Gütergemeinschaft der überlebende Ehegatte zur Zeit der Beendigung der Gütergemeinschaft seinen Wohnsitz oder in Ermangelung eines inländischen Wohnsitzes — d. h. wenn ein solcher nicht ermittelt wird — seinen Aufenthalt hatte. Hatte der Ehemann oder der Ehegatte zu der bezeichneten Zeit im Inlande weder Wohnsitz noch Aufenthalt und ist er ein Deutscher, so ist das Gericht zuständig, in dessen Bezirk derselbe seinen letzten inländischen Wohnsitz hatte. In Ermangelung eines solchen Wohnsitzes wird, sofern derselbe zu der maßgebenden Zeit einem Bundesstaat angehörte, vom Staatsministerium der Justiz, andernfalls vom Reichskanzler das zuständige Amtsgericht bestimmt (§ 99 Abs. 2 Satz 2 und 3, § 73 Abs. 2 G.F.G). Ist der Ehegatte im letzten Falle ein Ausländer, so ist eine Zuständigkeit überhaupt nicht begründet.

Ueber die örtliche Zuständigkeit der Notare siehe § 8 Abs. 2 Nachl.G.).

Wird der Antrag bei einem Amtsgerichte gestellt, so soll dieses, wenn ein Grundstück zum Gesamtgut gehört, die Vermittelung nach der Ermittelung der Erben und der Feststellung der Teilungsmasse, sofern die Beteiligten die Wahl eines Notars vereinbaren, diesem, andernfalls einem Notar, der im Bezirk oder am Sitze des Amtsgerichts aufgestellt ist, überweisen (Art. 8 Abs. 3 Nachl.G.).

Soweit infolge eines bei ihm gestellten Antrages oder der

Ueberweisung die Vermittelung einem Notar obliegt, ist er zu sämtlichen nach §§ 87, 89—95 mit 99 G.F.G. dem Amtsgerichte obliegenden Verrichtungen, ferner zu den notwendigen Zustellungen und der Festsetzung der einem Beteiligten zu erstattenden Kosten zuständig.

III. Antragsberechtigt ist:

1. wenn eine eheliche Gütergemeinschaft durch Scheidung oder während bestehender Ehe endet, jeder der Ehegatten;

2. wenn eine eheliche Gütergemeinschaft durch den Tod oder die Todeserklärung eines Ehegatten endet, ohne daß eine Fortsetzung derselben stattfindet, der überlebende Ehegatte und die Erben des Verstorbenen;

3. wenn eine Errungenschaftsgemeinschaft durch Konkurs des Mannes endet, der Konkursverwalter und der andere Ehegatte;

4. wenn eine fortgesetzte Gütergemeinschaft bei Lebzeiten des überlebenden Ehegatten endet, der überlebende Ehegatte und die anteilsberechtigten Abkömmlinge, soweit sie nicht auf ihren Anteil am Gesamtgut verzichtet haben (§ 1491 B.G.B.), sofern ein anteilsberechtigter Abkömmling schon gestorben ist, an dessen Stelle die Abkömmlinge desselben, welche anteilsberechtigt sein würden, wenn er den verstorbenen Ehegatten nicht überlebt hätte (§ 1490 mit § 1483 B.G.B.);

5. wenn eine fortgesetzte Gütergemeinschaft durch Tod oder Todeserklärung des überlebenden Ehegatten endet, dessen Erben und die Abkömmlinge wie sub 4.

IV. Für das Verfahren bei der Auseinandersetzung finden die Vorschriften, welche für die auf Antrag erfolgende Auseinandersetzung in Ansehung eines Nachlasses gelten, entsprechende Anwendung (§ 99 Abs. 1 G.F.G., § 133 Nachl.O.); siehe § 77 Ziff. III und V.

Die Art und Weise der Auseinandersetzung in materieller Beziehung regeln die §§ 1475—1479, 1498, 1546, 1549 B.G.B.

V. Ueber die Kosten des Verfahrens siehe oben § 25 Ziff. I Nr. 2.

Die Vorschriften über die Gebühren für die Vermittelung der Auseinandersetzung in Ansehung eines Nachlasses finden hier gleichmäßig Anwendung. Wird die Auseinandersetzung mit der Teilung des Nachlasses eines Ehegatten verbunden, so wird der Wert des Gesamtguts nur zu dem Bruchteil in Ansatz gebracht, welcher den Anteil des überlebenden Ehegatten bildet (Art. 95 Geb.G., vergl. oben § 77 Ziff. VII).

VI. Ueber eine kaum mehr praktische Uebergangsvorschrift siehe § 36 Ueberg.G.

VII. Die obigen Vorschriften gelten für die Ausgleichung des Ehegewinnes, wenn die an Stelle der Errungenschaftsgemeinschaft nach bayerischem oder Mainzer Landrecht, nach dem Rechte von Ansbach, Nürnberg, Solms oder der Stadt Augsburg oder nach den domprobsteilich Bambergischen Observanzen getretene Verwaltung und Nutznießung des Mannes auf andere Weise als durch Ehevertrag endet (Art. 83 Abs. 2, Art. 24 Abs. 2 Ueberg.G., § 133 Abs. 2 Nachl.O.). Vergl. auch Art. 31 Abs. 2 Ueberg.G.

§ 79.

Erklärungen gegenüber dem Nachlaßgericht einschließlich der darauf folgenden Tätigkeit des Gerichts.

I. Das Nachlaßgericht ist zur Entgegennahme folgender Erklärungen zuständig:

1. Anfechtung einer Ehe nach dem Tode des zur Anfechtung nicht berechtigten Ehegatten. Zu prüfen ist das Anfechtungsrecht des Erklärenden (§ 1336 B.G.B.). Das Nachlaßgericht soll die Erklärung sowohl demjenigen mitteilen, welcher im Falle der Gültigkeit der Ehe, als auch demjenigen, welcher im Falle der Nichtigkeit der Ehe Erbe des verstorbenen Ehegatten ist, soweit die Benachrichtigung ausführbar erscheint (§ 1342 B.G.B.).

2. Verzicht des anteilsberechtigten Abkömmlings auf seinen Anteil am Gesamtgut. Derselbe erfolgt gegenüber dem für den Nachlaß des verstorbenen Ehegatten zuständigen Gerichte. Dieses soll die Erklärung dem überlebenden Ehegatten und den übrigen anteilsberechtigten Abkömmlingen mitteilen (§ 1491 B.G.B.). Formlose Benachrichtigung genügt.

3. Ablehnung der Fortsetzung der Gütergemeinschaft durch den überlebenden Ehegatten. Das Nachlaßgericht soll die Ablehnung demjenigen mitteilen, welchem die Erbschaft infolge der Ablehnung angefallen ist (§§ 1484, 1945, 1482 B.G.B.).

4. Anfechtung der Ablehnung der Fortsetzung der Gütergemeinschaft. Das Nachlaßgericht soll die Anfechtung demjenigen mitteilen, welchem die Erbschaft infolge der Ablehnung angefallen war (§§ 1484, 1955, 1957 Abs. 2, § 1482 B.G.B.).

5. Erklärung des überlebenden Ehegatten, daß er die fortgesetzte Gütergemeinschaft aufhebe. Dieselbe erfolgt gegenüber dem für den Nachlaß des verstorbenen Ehegatten zuständigen Gerichte. Dieses soll die Erklärung den anteilsberechtigten Abkömmlingen und, wenn der überlebende Ehegatte gesetzlicher Vertreter eines der Abkömmlinge ist, dem Vormundschaftsgerichte mitteilen (§ 1492 B.G.B.).

6. Anfechtung der Ehelichkeit eines Kindes nach dessen Tode. Zu prüfen ist das Anfechtungsrecht der Erklärenden (§ 1595 B.G.B.). Das Nachlaßgericht soll die Erklärung sowohl demjenigen mitteilen, welcher im Falle der Ehelichkeit, als auch demjenigen, welcher im Falle der Unehelichkeit Erbe des Kindes ist, soweit die Benachrichtigung ausführbar erscheint (§ 1597 B.G.B.).

7. Ausschlagung der Erbschaft. Das Nachlaßgericht soll die Ausschlagung demjenigen mitteilen, welchem die Erbschaft infolge der Ausschlagung angefallen ist (§ 1945, § 1953 Abs. 3 B.G.B.).

8. Anfechtung der Annahme oder der Ausschlagung der Erbschaft (§ 1955 B.G.B.). Die Anfechtung der Annahme, welche als Ausschlagung gilt (§ 1957 Abs. 1 l. c.), soll das Nachlaßgericht demjenigen mitteilen, welchem die Erbschaft infolge dieser Ausschlagung angefallen ist (§ 1953 Abs. 3 l. c.), die Anfechtung der Ausschlagung demjenigen, welchem die Erbschaft infolge der Ausschlagung angefallen war (§ 1957 Abs. 2 Satz 1 l. c.).

9. Anfechtung einer letztwilligen Verfügung, durch die ein Erbe eingesetzt, ein gesetzlicher Erbe von der Erbfolge ausgeschlossen, ein Testamentsvollstrecker ernannt oder eine Verfügung solcher Art aufgehoben wird. Das Nachlaßgericht soll die Anfechtung demjenigen mitteilen, welchem die angefochtene Verfügung unmittelbar zu statten kommt (§ 2081 Abs. 1 und 2 B.G.B.).

10. Anfechtung einer letztwilligen Verfügung, durch die ein Recht für einen andern nicht begründet wird, insbesondere die Anfechtung einer Auflage (§ 2081 Abs. 3 B.G.B.).

11. Anfechtung eines Erbvertrags durch den Erblasser nach dem Tode des andern Vertragschließenden hinsichtlich einer zu Gunsten eines Dritten getroffenen Verfügung. Das Nachlaßgericht hat die Anfechtungsberechtigung (§ 2282 Abs. 1 und 2 B.G.B.) zu prüfen und die Erklärung dem Dritten mitzuteilen (§ 2281 Abs. 2 B.G.B.).

12. Ueber Erklärungen in Bezug auf Testamentsvollstrecker siehe § 74.

II. Die Erklärungen sind nicht vor, sondern gegenüber dem Nachlaßgericht abzugeben (vergl. hiezu § 130 B.G.B.); Erklärung vor dem Nachlaßgericht, so daß dieses die Erklärung beurkundet, ist nur in den Fällen sub I Nr. 9 und 10 zulässig und genügend.

In allen Fällen mit Ausnahme der sub I Nr. 9, 10 und 11 aufgeführten ist öffentliche Beglaubigung der Erklärung vorgeschrieben; vergl. über diese §§ 129, 126 Abs. 1 B.G.B., Art. 1 Abs. 1 Not.G.

Die Erklärung nach I Nr. 11 bedarf der notariellen Beurkundung (§ 2282 Abs. 3 B.G.B., Art. 1 Not.G.).

Erklärung zu Protokoll des Gerichtsschreibers ist in allen Fällen ausgeschlossen (§ 138 Abs. 2 Nachl.O.).

Das Nachlaßgericht ist berechtigt, eine nicht in gehöriger Form abgegebene Erklärung zurückzuweisen.

Wird in den Fällen sub I Nr. 3, 4, 7 und 8 die Erklärung durch einen Bevollmächtigten abgegeben, so bedarf auch die Vollmacht der öffentlichen Beglaubigung (§§ 1945 Abs. 2, §§ 1955, 1484 B.G.B.).

III. Die Einsicht der Erklärungen hat das Nachlaßgericht in

den Fällen I Nr. 1, 2—6, 7 (§ 1953 Abs. 3 Satz 2 B.G.B.), 8 (§ 1957 Abs. 2 l. c.), und 9 Jedem zu gestatten, der ein rechtliches Interesse glaubhaft macht.

IV. Für die Entgegennahme der Erklärungen einschließlich der Beurkundung durch das Nachlaßgericht (soweit zulässig) und der vorgeschriebenen Mitteilung wird eine Gebühr von 1—10 Mark erhoben. Findet die Entgegennahme in einem anderen Verfahren vor dem Nachlaßgericht statt, so wird eine Gebühr nicht erhoben. Die Notariatsgebühr für Beurkundung oder Beglaubigung der Erklärung wird angerechnet (Art. 104 Geb.G.).

§ 80.

Sonstige Geschäfte des Nachlaßgerichts.

I. Das Nachlaßgericht ist weiter zuständig, bestimmte Anmeldungen und Anzeigen entgegenzunehmen.

1. Jeder Miterbe kann die Nachlaßgläubiger ohne Mitwirkung des Gerichts durch öffentliche Bekanntmachung auffordern, ihre Forderungen binnen sechs Monaten bei ihm oder bei dem Nachlaßgerichte anzumelden (§ 2061 B.G.B.).

Da für die Anmeldung keine Form vorgeschrieben ist, kann sie auch durch Erklärung vor dem Nachlaßgericht, sowie nach § 11 G.F.G. zu Protokoll eines Gerichtsschreibers erfolgen, vorbehaltlich der Vorschrift des § 138 Abs. 1 Nachl.O.

Eine weitere Aufgabe erwächst dem Nachlaßgericht aus erfolgten Anmeldungen nicht.

2. Den Nachlaßgläubigern gegenüber ist

a) der Vorerbe zur Anzeige von dem Eintritt der Nacherbfolge,

b) der Erbschaftsverkäufer zur Anzeige des Verkaufes der Erbschaft und des Namens des Käufers

beim Nachlaßgericht verpflichtet.

Die Anzeige kann auch durch den Vorerben bezw. den Erbschaftskäufer erfolgen und ist an keine Form gebunden; es gilt das zu 1 Gesagte.

In beiden Fällen hat das Nachlaßgericht die Einsicht der Anzeige jedem zu gestatten, der ein rechtliches Interesse glaubhaft macht (§§ 2146, 2384 B.G.B.).

3. Für die Tätigkeit des Nachlaßgerichts kommt in den Fällen sub 1 und 2 die Gebühr des Art. 104 Geb.G. zur Erhebung; vergl. § 79 Nr. IV; im Falle der Anmeldung von Nachlaßforderungen wird die Gebühr nur einmal vom Miterben erhoben.

II. Besteht ein Stiftungsgeschäft in einer Verfügung von Todes wegen, so hat das Nachlaßgericht die nach § 80 B.G.B. zur Rechtsfähigkeit der Stiftung erforderliche Genehmigung einzuholen, sofern sie nicht von dem Erben oder dem Testamentsvollstrecker nachgesucht wird (§ 83 B.G.B.).

Die Erteilung der zur Entstehung einer rechtskräftigen Stiftung erforderlichen Genehmigung ist königlicher Entschließung vorbehalten (§ 5 der Zuständigkeitsverordnung vom 24. Dezember 1899, G.V.Bl. 1899 S. 1229, J.M.Bl. 1900 S. 97).

III. Das Aufgebotsverfahren zum Zwecke der Ausschließung von Nachlaßgläubigern auf Grund des § 1970 B.G.B. ist nicht eine zur Zuständigkeit des Nachlaßgerichts gehörige Aufgabe der freiwilligen Gerichtsbarkeit, sondern obliegt nach Prozeßvorschriften dem Amtsgericht, welchem nach den Vorschriften über örtliche Zuständigkeit die Verrichtungen des Nachlaßgerichts obliegen (§ 990 C.P.O.).

Das Aufgebotsgericht soll dem Nachlaßgerichte von der Einleitung des Aufgebotsverfahrens und der Erlassung des Ausschlußurteils kurze Mitteilung machen (§ 148 Nachl.O.).

§ 81.

Mitwirkung des Nachlaßgerichts bei der Berichtigung des Grundsteuerkatasters und des Grundbuchs.

Zur Herbeiführung der Umschreibung im Grundsteuerkataster besteht für den Erben und im Falle des Eintritts der fortgesetzten Gütergemeinschaft für den überlebenden Ehegatten ein Zwang (§§ 8, 9 der Bek. vom 24. März 1903, J.M.Bl. S. 230).

Ob und wann der Erbe die Berichtigung des Grundbuchs durch Umschreibung des Grundstücks auf sich als Erben des Eigentümers herbeiführen will, ist seinem Ermessen überlassen. Das Gleiche gilt von der Berichtigung des Grundbuchs durch Eintragung des Bestehens der fortgesetzten Gütergemeinschaft.

Dem Nachlaßgericht obliegen folgende Aufgaben (§§ 64—74 Nachl.O.):

I. Das Nachlaßgericht hat in allen Fällen auf die Berichtigung des Katasters und des Grundbuchs hinzuwirken.

Zu diesem Zweck soll das Nachlaßgericht, wenn der Erblasser der Landwirtschaft treibenden Bevölkerung angehörte oder sonstige Anhaltspunkte dafür vorliegen, daß ein Grundstück zum Nachlaß oder im Falle des Eintritts der fortgesetzten Gütergemeinschaft zum Gesamtgute gehört, bei der Ermittelung des Erben die Beteiligten fragen, ob und welche Grundstücke zum Nachlasse gehören, und sie auffordern, den etwa vorhandenen Katasterauszug vorzulegen. Ist in der Todesanzeige angegeben, daß der Verstorbene ein Grundstück hinterlassen hat, so sind die Beteiligten bei der Ladung zur Ermittelung des Erben aufzufordern, den etwa vorhandenen Katasterauszug vorzulegen.

II. Das Nachlaßgericht hat ferner den Erben und im Falle des Eintritts der fortgesetzten Gütergemeinschaft den überlebenden Ehegatten auf die Verpflichtung, die Umschreibung im Kataster herbeizuführen, hinzuweisen und sie darauf aufmerksam zu machen, daß es für sie auch von Vorteil ist, die Berichtigung des Grundbuchs herbeizuführen. Die Beteiligten sind zugleich über die Voraussetzungen der Umschreibung im Kataster und im Grundbuche zu belehren.

III. Beruht die Erbfolge auf einer in einer öffentlichen Urkunde enthaltenen Verfügung von Todes wegen, so hat das Nachlaßgericht, wenn nur ein Erbe vorhanden ist, diesen zu veranlassen, den Antrag auf Eintragung im Grundbuche (§ 30 der Grundbuchordnung) zu stellen. Wird der Antrag gestellt, so ist er von dem Nachlaßgerichte nebst den Nachlaßakten dem Grundbuchamte mit dem Ersuchen um Umschreibung zu übersenden. Wird der Antrag nicht gestellt, so hat das Nachlaßgericht dem Rentamte mit dem Ersuchen um Umschreibung im Kataster mitzuteilen, wer der Erbe geworden ist.

Sind mehrere Erben vorhanden und erklären sie bei der Ermittelung des Erben, daß sie sich auseinandersetzen wollen, so liegt die Herbeiführung der Berichtigung des Grundbuchs dem Notar ob; das Nachlaßgericht hat dem Rentamte zum Zwecke der Umschreibung auf die Erbengemeinschaft mit dem Ersuchen um Umschreibung im Kataster mitzuteilen, wer die Erben geworden sind. Erklären die Erben oder einer von ihnen, daß eine Auseinandersetzung nicht stattfinden soll, so hat sie das Nachlaßgericht zu veranlassen, den Antrag auf Eintragung der Erbengemeinschaft im Grundbuche zu stellen. Wird der Antrag gestellt, so ist er nebst den Nachlaßakten dem Grundbuchamte mit dem Ersuchen um Umschreibung zu übersenden; dem Rentamte wird vom Nachlaßgerichte keine Mitteilung gemacht. Wird der Antrag nicht gestellt, so ist dem Rentamte mit dem Ersuchen um Umschreibung im Kataster mitzuteilen, wer die Erben geworden sind.

Bestehen Zweifel an der Gültigkeit der Verfügung von Todes wegen, so soll das Nachlaßgericht bei der Mitteilung an das Grundbuchamt und an das Rentamt auf die Zweifel hinweisen. Das Gleiche gilt, wenn Streit über das Erbrecht besteht.

IV. Beruht die Erbfolge auf einer nicht in einer öffentlichen Urkunde enthaltenen Verfügung von Todes wegen oder findet die gesetzliche Erbfolge statt, so hat das Nachlaßgericht, wenn nur ein Erbe vorhanden ist, ihn zu veranlassen, die Eintragung im Grundbuch und die Erteilung eines Erbscheins zu beantragen. Stellt er diese Anträge, so ist der Eintragungsantrag nebst dem Erbscheine dem Grundbuchamte mit dem Ersuchen um Umschreibung zu übersenden. Lehnt er ab, den Eintragungsantrag zu stellen, beantragt er aber die Erteilung eines Erbscheins, so ist eine Abschrift des Erbscheins dem Rentamte mit dem Ersuchen um Umschreibung im Kataster zu übersenden. Lehnt er auch die Stellung des Antrags auf Erteilung eines Erbscheins ab, so ist hievon dem Rentamte Mitteilung zu machen.

Sind mehrere Erben vorhanden und erklären sie bei der Ermittelung des Erben, daß sie sich auseinandersetzen wollen, so liegt die Herbeiführung der Umschreibung im Grundbuche dem Notar ob; das Nachlaßgericht hat dem Rentamte zum Zwecke der Umschreibung auf die Erbengemeinschaft eine Abschrift des Erbscheins zu übersenden oder, wenn ein Erbschein noch nicht erteilt ist, hievon Mitteilung zu machen. Erklären die Erben oder einer von ihnen, daß eine Auseinandersetzung nicht stattfinden soll, so hat sie das Nachlaßgericht zu veranlassen, die Eintragung im Grundbuch und die Erteilung eines Erbscheins zu beantragen. Werden diese Anträge gestellt, so ist der Eintragungsantrag nebst dem Erbscheine dem Grundbuchamte mit dem Ersuchen um Umschreibung zu übersenden. Unterbleibt die Stellung des Eintragungsantrags, wird aber die Erteilung eines Erbscheins beantragt, so ist eine Abschrift des Erbscheins dem Rentamte mit dem Ersuchen um Umschreibung im Kataster zu übersenden. Unterbleibt auch die Stellung des Antrags auf Erteilung eines Erbscheins, so ist hievon dem Rentamte Mitteilung zu machen.

V. Tritt die fortgesetzte Gütergemeinschaft ein, so hat das Nachlaßgericht den überlebenden Ehegatten zu veranlassen, die Eintragung im Grundbuch und die Erteilung eines Zeugnisses über die Fortsetzung der Gütergemeinschaft zu beantragen. Stellt er diese Anträge, so ist der Eintragungsantrag nebst dem Zeugnisse dem Grundbuchamte mit dem Ersuchen um Umschreibung zu übersenden. Lehnt er ab, den Eintragungsantrag zu stellen, beantragt er aber die Erteilung des Zeugnisses, so ist eine Abschrift des Zeugnisses dem Rentamte mit dem Ersuchen um Umschreibung im Kataster zu übersenden. Lehnt er auch die Stellung des Antrags auf Erteilung des Zeugnisses ab, so ist hievon dem Rentamte Mitteilung zu machen.

Hiebei gelten folgende Vorschriften:

Wenn das Grundbuch bei demselben Amtsgerichte geführt wird, das als Nachlaßgericht zuständig ist, kann der Eintragungsantrag in die Nachlaßakten aufgenommen werden; auch ist es nicht erforderlich, daß dem Grundbuchamt eine Ausfertigung des Erbscheins oder des Zeugnisses über die Fortsetzung der Gütergemeinschaft übersendet wird; es genügt die Verweisung auf die Nachlaßakten, aus denen sich die Erteilung des Erbscheins oder des Zeugnisses ergibt (§ 95 G.B.O.).

Wenn das Grundbuch nicht bei demselben Amtsgerichte geführt wird, das als Nachlaßgericht zuständig ist, muß der Eintragungsantrag zu gesondertem Protokoll entgegengenommen werden; dem Grundbuchamte muß eine Ausfertigung des Erbscheins oder des Zeugnisses über die Fortsetzung der Gütergemeinschaft übersendet werden.

Die in den §§ 67—69 Nachl.O. bezeichneten Mitteilungen des Nachlaßgerichts an das Rentamt sollen das Grundstück möglichst genau nach Steuergemeinde, Plannummer, Kulturart bezeichnen. Das Nachlaßgericht kann sich jedoch mit der Mitteilung begnügen, daß ein Grundstück zum Nachlasse gehört, wenn die genauere Bezeichnung des Grundstücks Ermittelungen veranlassen würde, die das Gericht sonst nicht vorzunehmen hätte. Der in Gemäßheit des § 64 etwa vorgelegte Katasterauszug ist dem Rentamte mit der Mitteilung zu übersenden. Der Bezeichnung des Grundstücks bedarf es solchen Falles nicht. Formulare für die Mitteilungen siehe J.M.Bl. 1903 S. 196—198.

VI. Uebergangsvorschrift: Die Vorschriften der §§ 66—72 Nachl.O. finden in den Landesteilen rechts des Rheins, solange das Grundbuch noch nicht als angelegt anzusehen ist, auf die Herbeiführung der Umschreibung im Hypothekenbuch entsprechende Anwendung (vergl. § 141 des Hypothekengesetzes). In der Pfalz gelten sie für die Herbeiführung der Umschreibung im Kataster, auch wenn das Grundbuch noch nicht als angelegt anzusehen ist.

VII. Stand dem Verstorbenen ein Recht zu, das auf die Lebenszeit des Berechtigten beschränkt ist, z. B. ein Leibgeding (Altenteil, Austrag), so soll das Nachlaßgericht darauf hinwirken, daß das Recht im Hypothekenbuch oder im Grundbuche gelöscht wird (vergl. § 97 des Hypothekengesetzes, § 23 der Grundbuchordnung).

VIII. Das Nachlaßgericht soll auch, wenn es bei der Ermittelung des Erben davon Kenntnis erhält, daß zum Nachlaß eine Hypothek gehört, die auf den Erben übergegangen ist, soweit es tunlich ist, darauf hinwirken, daß die Hypothek auf den Erben umgeschrieben wird. In entsprechender Weise soll das Nachlaßgericht verfahren, wenn es im Falle des Eintritts der fortgesetzten Gütergemeinschaft davon Kenntnis erhält, daß eine Hypothek zum Gesamtgute gehört.

§ 82.

Mitteilungen zur Feststellung der Erbschaftssteuer.

1. Die Amtsgerichte haben gemäß § 8 der Bek. der K. Staatsministerien der Justiz und der Finanzen vom 27. Dezember 1899, den Vollzug des Gesetzes über die Erbschaftssteuer i. d. F. der Bek. vom 11. November 1899 betr., i. d. F. der Bek. der beiden Staatsministerien vom 19. Dezember 1902 (J.M.Bl. S. 226) dem Rentamte mitzuteilen:

a) das Ergebnis der Ermittelung des Erben, sofern als Erbe eine erbschaftssteuerpflichtige Person ermittelt wird. Die Mitteilung hat den Vor- und Familiennamen, den Beruf und den Wohnort des Erben sowie die Größe des Erbteils anzugeben. Ergibt sich später, daß eine andere Person Erbe geworden ist, wird insbesondere ein Erbschein eingezogen, so ist hievon dem Rentamte Mitteilung zu machen, soferne der früher oder der jetzt als Erbe Ermittelte erbschaftssteuerpflichtig ist.

Die Mitteilung ist zu machen, sobald der Erbe ermittelt ist; sind die Ermittelungen nach dem Ablaufe von drei Monaten seit dem

Erbfalle noch nicht abgeschlossen, so ist dem Rentamte hievon Kenntnis zu geben.

b) wenn der Erblasser ein Testament oder einen Erbvertrag hinterlassen hat, den Inhalt des Testaments oder des Erbvertrags durch Angabe der bedachten Personen und der Zuwendungen sowie der angeordneten Testamentsvollstreckungen; soweit nichterbschaftssteuerpflichtige Personen bedacht sind, braucht die Höhe der Zuwendungen nicht angegeben zu werden. Soweit der Inhalt eines gemeinschaftlichen Testaments oder eines Erbvertrags bei der Eröffnung geheimzuhalten ist, darf er auch dem Rentamte nicht mitgeteilt werden.

Die Mitteilung liegt dem Nachlaßgericht auch dann ob, wenn die Eröffnung durch ein anderes Gericht oder einen Notar erfolgt ist. Die Mitteilung hat binnen sechs Wochen zu erfolgen; die Frist beginnt mit der Eröffnung, wenn die Eröffnung nicht durch das Nachlaßgericht erfolgte, mit dem Eingange der eröffneten Verfügung bei dem Nachlaßgericht.

Ergeben die Eröffnungsverhandlungen, daß in der Person der Erben, der Vermächtnisnehmer, Auflagenempfänger oder Testamentsvollstrecker eine Aenderung eingetreten, z. B. ein als Erbe Eingesetzter weggefallen ist, so ist dies bei der Mitteilung zu berücksichtigen. Soweit die Eröffnungsverhandlungen Umstände ergeben, die für die Beurteilung der Rechtsgültigkeit des Testaments oder Erbvertrags von Bedeutung sind, ist hievon in der Mitteilung Erwähnung zu tun.

Die unter a und b bezeichneten Mitteilungen werden sich übrigens regelmäßig vereinigen lassen.

Vergl. auch die der Auslegung dienende Bek. vom 6. Oktober 1900, J.M.Bl. S. 1168.

Formular für die Mitteilung siehe J.M.Bl. 1900 S. 479. Die Mitteilung ist an das zuständige Rentamt zu machen.

Die Zuständigkeit der einzelnen Rentämter bemißt sich nach § 2 der Bek. vom 27. Dezember 1899 in der Regel nach dem Wohnsitz des Erblassers. Sie erstreckt sich unabhängig von dem Wohnsitz der Steuerpflichtigen auf alle zu ein und derselben Nachlaßsache gehörigen Anfälle.

Hatte der Erblasser mehrere Wohnsitze, so ist dasjenige Rentamt zuständig, in dessen Bezirk das Gericht sich befindet, welches mit dem Nachlasse befaßt ist.

Hatte der Erblasser bei seinem Ableben einen Wohnsitz in Bayern nicht, so richtet sich die Zuständigkeit nach dem Wohnsitze der Steuerpflichtigen.

Gründet sich die Steuerpflicht lediglich darauf, daß sich das angefallene Vermögen in Bayern befindet (Art. 7 Abs. 2, Art. 8 Abs. 3, Art. 9 Ziff. 2 des Erbschaftssteuergesetzes), so ist für die Zuständigkeit der Ort der belegenen Sache entscheidend. Befinden sich in einem solchen Falle die Vermögensteile in mehreren Rentamtsbezirken, so ist jedes Rentamt für den in seinem Bezirk belegenen Teil zuständig. Die Regierungsfinanzkammer ist jedoch befugt, auf Antrag der Steuerpflichtigen oder eines der beteiligten Rentämter nach Rücksichten der Zweckmäßigkeit das zur Behandlung des Gesamtanfalls zuständige Rentamt zu bestimmen. Sind die beteiligten Rentämter verschiedenen Regierungsfinanzkammern untergeordnet, so steht die Entscheidung über die gestellten Anträge dem Staatministerium der Finanzen zu.

Die Vorschriften des vorstehenden Absatzes finden entsprechende Anwendung,

a) wenn im Falle des Abs. 2 das Nachlaßgericht nicht tätig geworden ist;

b) wenn im Falle des Abs. 3 die bei einer Nachlaßsache beteiligten Steuerpflichtigen in verschiedenen Rentamtsbezirken wohnen.

2. Bei der Eröffnung einer Verfügung von Todes wegen oder wenn sonst im Laufe der Verhandlungen Gelegenheit hiezu besteht, sollen das Nachlaßgericht von den anwesenden erbschaftssteuerpflichtigen Personen die im § 6 der Bek. vom 27. Dezember 1899 bezeichnete Anleitung zur Steuerfallsanmeldung aushändigen.

Ueber den Bezug der Formulare siehe § 26 der Bek. vom 27. Dezember 1899.

VI. Abschnitt.

Sonstige reichsrechtliche Angelegenheiten der freiwilligen Gerichtsbarkeit.

§ 83.

Vereinssachen.

I. Einleitung.

Zur Behandlung von Vereinssachen, soweit sie den Gerichten der freiwilligen Gerichtsbarkeit übertragen ist, sind sachlich die Amtsgerichte zuständig. Für die örtliche Zuständigkeit ist der Sitz des Vereins maßgebend (§§ 21, 24, 55 B.G.B.).

Das Amtsgericht, in dessen Bezirke der Verein seinen Sitz hat, hat

das Vereinsregister zu führen,

eine Anzahl Geschäfte zu besorgen, welche mit der Registerführung nicht zusammenhängen, teilweise auch in Bezug auf Vereine, welche nicht eingetragen sind (vergl. z. B. § 29, 37 Abs. 2 B.G.B.)

Die nachfolgenden Vorschriften gelten auch für die Vereine, welche zur Zeit des Inkrafttretens des Bürgerlichen Gesetzbuches auf Grund des Gesetzes vom 29. April 1869, die privatrechtliche Stellung von Vereinen betr., bestanden (Art. 1 Ueberg.G.).

II. Die Führung des Vereinsregisters [1]).

A. Veranlassung der Tätigkeit des Registergerichts.

Eintragungen in das Vereinsregister erfolgen teils auf Anmeldung der Beteiligten zur Eintragung hin, teils auf Anzeige anderer Behörden, teils von Amts wegen.

---

[1]) Vgl. hiezu J.M.Bek. vom 24. Dezember 1899, die Führung des Vereinsregisters und des Güterrechtsregisters betr., J.M.Bl. S. 1034.

I. Die Anmeldungen.

1. Gegenstand und Inhalt: Der Anmeldung zum Vereinsregister bedürfen, um die Eintragung zu veranlassen:

a) Die Begründung des Vereins; der Anmeldung sind beizufügen

1. die Satzung des Vereins, welche von mindestens sieben Mitgliedern unterzeichnet sein und die Angabe des Tages der Errichtung enthalten soll, in Urschrift und einer Abschrift,
2. eine Abschrift der Urkunden über die Bestellung des Vorstandes (§ 59 B.G.B.).

Die Anmeldung ist, wenn den materiellen oder formellen Erfordernissen der §§ 56—59 B.G.B. nicht genügt ist, unter Angabe der Gründe zurückzuweisen. Gegen einen zurückweisenden Beschluß findet stets die sofortige Beschwerde nach den Vorschriften der Civilprozeßordnung statt (§ 60 B.G.B., Seuffert Bd. 57 Nr. 28, Bd. 58 Nr. 1, 45, R.G. Bd. 47 S. 386, Sammlg. Bd. I S. 619, Bd. II S. 326, Entsch. Bd. I S. 69, 353. C.Bl. Bd. I S. 187, 637, 647; vergl. dagegen Frantz in C.Bl. Bd. I S. 483); es finden also die Vorschriften der §§ 568—577 C.P.O. Anwendung.

Der Beschluß ist auch, wenn er verkündet wurde, zuzustellen, da die Beschwerdefrist nur mit der Zustellung beginnt.

Die Beschwerde kann nur in dringenden Fällen beim Beschwerdegericht eingelegt werden.

b) Jede durch Beschluß des Vereins erfolgte Aenderung des Vorstandes sowie die erneute Bestellung eines Vorstandsmitgliedes; der Anmeldung ist eine Abschrift der Urkunde über die Aenderung oder die erneute Bestellung beizufügen (§ 67 Abs. 1 B.G.B.);

c) Aenderungen der Satzung; der Anmeldung ist der die Aenderung enthaltende Beschluß in Urschrift und Abschrift beizufügen (§ 71 Abs. 1 B.G.B.); entspricht die Anmeldung den gesetzlichen Erfordernissen nicht, so findet § 60 B.G.B. entsprechende Anwendung; siehe oben lit. a;

d) die Auflösung des Vereins durch Beschluß der Generalversammlung oder durch den Ablauf der für die Dauer des Vereins bestimmten Zeit; der Anmeldung ist im ersteren Falle eine Abschrift des Auflösungsbeschlusses beizufügen (§ 74 Abs. 2 B.G.B.);

e) Die durch Beschluß der Mitgliederversammlung erfolgte Bestellung von Liquidatoren, sowie Bestimmungen, welche die Beschlußfassung der Liquidatoren abweichend von der Vorschrift des § 48 Abs. 3 B.G.B. regeln; der Anmeldung ist im ersteren Fall eine Abschrift des Beschlusses, im letzten Fall eine Abschrift der die Bestimmung enthaltenden Urkunde beizufügen (§ 76 Abs. 2 B.G.B.);

f) Aenderungen in den sub e bezeichneten Anmeldungen (§ 76 Abs. 2 B.G.B.).

2. Anmeldepflicht. Anmeldepflichtig sind in dem Falle sub Nr. 1 lit. f die Liquidatoren, in den übrigen Fällen die Mitglieder des Vorstands.

Die Anmeldepflichtigen können in den Fällen sub Nr. 1 lit. b bis f durch Ordnungsstrafen zur Erfüllung ihrer Pflicht angehalten werden. Hinsichtlich des Verfahrens bei Verhängung der Ordnungsstrafen gelten folgende Vorschriften:

a) Höhe der Strafe: Die einzelne Strafe darf den Betrag von dreihundert Mark nicht überschreiten; für den Fall der Wiederholung der Strafe besteht eine Beschränkung hinsichtlich der Summe der zu erkennenden Strafen nicht (§ 78 Abs. 1 B.G.B.).

b) Strafandrohung: Sobald das Gericht von einem sein Einschreiten rechtfertigenden Sachverhalte glaubhafte Kenntnis erhält, hat es den Beteiligten unter Androhung einer Ordnungsstrafe aufzugeben, innerhalb einer richterlich zu bestimmenden Frist ihrer gesetzlichen Verpflichtung nachzukommen oder die Unterlassung mittelst Einspruchs gegen die Verfügung zu rechtfertigen; die Verfügung ist nach § 16 Abs. 2 Satz 1 oder Abs. 3 G.F.G. bekannt zu machen.

Die Beschwerde gegen diese Verfügung ist unzulässig (§ 159 mit 132 G.F.G.).

c) Straffestsetzung mangels Einspruchs: Läuft die Frist ab, ohne daß die Anmeldung erfolgt oder Einspruch erhoben wird, so ist die angedrohte Strafe festzusetzen und zugleich die Aufforderung zur Anmeldung unter Androhung einer weiteren Ordnungsstrafe zu wiederholen (§ 159 mit § 133 Abs. 1 G.F.G.); die Bekanntmachung erfolgt nach § 16 Abs. 2 oder Abs. 3 G.F.G. Gegen die letztere Verfügung ist die Beschwerde nicht zulässig; gegen die Festsetzung der Strafe ist die sofortige Beschwerde zulässig, sie kann aber nicht darauf gestützt werden, daß die Strafandrohung ungerechtfertigt gewesen sei (§ 159 mit § 139 G.F.G.).

In gleicher Weise ist fortzufahren, bis der Verpflichtete die Anmeldung vornimmt oder Einspruch erhebt oder bis Tatsachen zur Kenntnis des Richters kommen, auf Grund deren die Verpflichtung zur Anmeldung als nicht bestehend anzunehmen ist (§ 159 mit § 133 Abs. 2 G.F.G.).

Der Richter kann jederzeit die Verfügung — nicht aber die Straffestsetzung — zurücknehmen, wenn er sich überzeugt, daß sie nach Lage der Sache oder auf Grund einer inzwischen eingetretenen Aenderung der Verhältnisse ungerechtfertigt ist (§ 18 G.F.G.).

Die Straffestsetzung kann auch noch durch Erfüllung der Anmeldepflicht nach Fristablauf abgewendet werden.

d) Einspruch gegen die erste Aufforderung: Für die Erhebung des Einspruchs gelten hinsichtlich der Form die allgemeinen Vorschriften für Erklärungen gegenüber dem Gericht (siehe § 11 G.F.G. und oben § 13). Begründung des Einspruchs ist nicht vorgeschrieben, aber empfehlenswert.

Der Einspruch kann wirksam nur vor Fristablauf eingelegt werden; erachtet jedoch das Gericht einen verspätet eingelegten Einspruch für begründet, so kann es die Aufforderung nach § 18 G.F.G. zurücknehmen.

Gegen die Versäumung der Einspruchsfrist ist auf Antrag die Wiedereinsetzung in den vorigen Stand nach § 22 Abs. 2 G.F.G. (siehe oben § 18 Ziff. V Nr. 3 b) zu erteilen (§ 159 mit § 137 G.F.G.).

Wird der Einspruch ohne weiteres für begründet erachtet, so ist die erlassene Verfügung aufzuheben (§ 159 mit § 134 Abs. 1 G.F.G.).

Erachtet das Gericht den Einspruch nicht ohne weiteres für begründet, so bestimmt es einen Termin zur mündlichen Verhandlung, zu dem die Beteiligten geladen werden (§ 159 mit § 134 Abs. 1 G.F.G.). Die Ladung erfolgt nach den Vorschriften des § 16 Abs. 2 Satz 2 G.F.G.

Die Verhandlung ist nicht öffentlich. Erscheint der Beteiligte nicht, so wird sein Einspruch nicht ohne weiteres verworfen, sondern der Registerrichter hat von Amts wegen die zur Feststellung der Tatsachen erforderlichen Ermittelungen zu veranstalten und, wenn nötig, Beweise aufzunehmen. Auf Grund des Ergebnisses hat der Registerrichter nach Lage der Sache zu entscheiden; er kann insbesondere von einer Straffestsetzung ganz absehen, wenn etwa die Anmeldung in gutem Glauben unterlassen wurde (§ 159 mit § 134 Abs. 2 G.F.G.).

Erachtet der Registerrichter den Einspruch auf Grund der von dem erschienenen Beteiligten abgegebenen Erklärungen oder auf Grund sonstiger zu seiner Kenntnis gelangter Tatsachen für begründet, so hat er die erlassene Verfügung aufzuheben (§ 159 mit § 135 Abs. 1 G.F.G.).

Wird der Einspruch nicht für begründet erachtet, so ist er zu verwerfen und die angedrohte Strafe festzusetzen. Auch bei der Verwerfung des Einspruchs kann von der Festsetzung einer Strafe abgesehen oder eine geringere Strafe festgesetzt werden, wenn es die Umstände rechtfertigen (§ 135 Abs. 2 G.F.G.). Mit der Festsetzung der Strafe ist die Verurteilung in die Kosten zu verbinden (§ 159 mit § 138 G.F.G.).

Verwirft der Registerrichter den Einspruch, so hat er, auch wenn er von der Festsetzung der Strafe absieht, zugleich eine erneute Verfügung nach § 41 zu erlassen. Die Verfügung ist von Amts wegen zuzustellen; die in ihr bestimmte Frist beginnt zwei Wochen nach der Zustellung (§ 159 mit § 135 Abs. 3, § 22 Abs. 1 G.F.G.).

Gegen den Beschluß, durch welchen der Einspruch verworfen wird, findet die sofortige Beschwerde statt; dieselbe ist auch bei Straffestsetzung allein zulässig (§ 159 mit § 139 G.F.G.).

e) Einspruch gegen die wiederholte Verfügung nach § 133 G.F.G. Das Verfahren ist das nämliche wie vorher. Erachtet jedoch das Gericht den Einspruch für begründet, so kann es, wenn es die Umstände nach seinem Ermessen rechtfertigen, zugleich die früher festgesetzte Strafe aufheben oder herabsetzen. Mit der Aufhebung der Strafe ist auch die Verurteilung in die Kosten aufzuheben (§ 159 mit §§ 136, 138 G.F.G.).

3. Form der Anmeldung: Die Anmeldungen können erfolgen entweder

a) zu Protokoll des Registerrichters oder des Gerichtsschreibers des Registergerichts (nicht auch eines anderen Amtsgerichts, § 128 mit § 159 G.F.G.) oder

b) mittelst notariell beglaubigter Erklärung (§ 77 B.G.B., Art. 1 Not.G.).

Ist die zu einer Eintragung erforderliche Erklärung von einem Notar beurkundet oder beglaubigt, so gilt dieser als ermächtigt, im Namen des zur Anmeldung Verpflichteten die Eintragung zu beantragen (§ 129 mit § 159 G.F.G.).

II. Auf Anzeige einer anderen Behörde, nämlich der Distriktsverwaltungsbehörde und in München der Polizeidirektion (Art. 4 A.G. z. B.G.B.), erfolgt die Eintragung der Auflösung des Vereins, wenn dem Verein auf Grund des § 43 B.G.B. die Rechtsfähigkeit entzogen oder der Verein auf Grund des öffentlichen Vereinsrechts aufgelöst wird (§ 74 Abs. 3 B.G.B.).

III. Eintragungen von Amts wegen. Von Amts wegen sind einzutragen, ohne daß es einer Anmeldung oder eines Antrages bedarf:

1. gerichtlich bestellte Vorstandsmitglieder (§ 67 Abs. 2 B.G.B.) und gerichtlich bestellte Liquidatoren (§ 76 Abs. 3 B.G.B.),
2. die Auflösung des Vereins aus anderen als den sub I Nr. 1 lit. d und sub II angeführten Gründen mit Ausnahme der Auflösung durch Eröffnung des Konkurses, welche nicht eingetragen wird (§ 74 B.G.B.),
3. die Eröffnung des Konkurses und die Aufhebung des Eröffnungsbeschlusses (§ 75 B.G.B.).

Ueber Löschungen von Amts wegen siehe unten lit. D.

B. Verfahren bei Anmeldung und Eintragung des Vereins oder von Satzungsänderungen.

1. Wird die Anmeldung des Vereins oder die Anmeldung einer Aenderung der Satzung zugelassen, so hat das Amtsgericht sie der zuständigen Verwaltungsbehörde, nämlich der Distriktsverwaltungsbehörde und in München der Polizeidirektion (Art. 4 A.G. z. B.G.B.) mitzuteilen (§ 61 Abs. 1, § 71 Abs. 2 B.G.B.).

2. Von der Einlegung des Einspruchs durch die Verwaltungsbehörde hat das Amtsgericht dem Vorstande Mitteilung zu machen (§ 62 Abs. 1, § 71 Abs. 2 B.G.B.).

3. Die Eintragung des Vereins oder einer Satzungsänderung darf, soferne nicht die Verwaltungsbehörde dem Amtsgericht mitteilt,

daß Einspruch nicht erhoben wird, erst erfolgen, wenn seit der Mitteilung der Anmeldung an die Verwaltungsbehörde sechs Wochen verstrichen sind und Einspruch nicht erhoben wurde oder wenn der erhobene Einspruch im Verwaltungsrechtsverfahren (Art. 4 A.G. z. B.G.B.) endgültig aufgehoben ist (§§ 63, 71 Abs. 2 B.G.B.).

4. Nach der Eintragung ist die Urschrift der (ursprünglichen oder abgeänderten) Satzung mit der Bescheinigung der Eintragung zu versehen und zurückzugeben. Die Abschrift wird von dem Amtsgericht beglaubigt und mit den übrigen Schriftstücken aufbewahrt (§§ 66 Abs. 2, § 71 Abs. 2 B.G.B.).

C. Eintragungen.

I. Eintragungsverfügung: Die Eintragungen in die Register erfolgen auf Grund einer Verfügung des Amtsgerichts. Werden die Geschäfte des Registerführers nicht von einem Richter wahrgenommen, so soll die Verfügung den Wortlaut der Eintragung feststellen (§ 1 der Bek.).

Wenn die zu erlassende Verfügung von der Beurteilung eines streitigen Rechtsverhältnisses abhängig ist, kann das Registergericht die Verfügung der Eintragung aussetzen, bis über das Verhältnis im Wege des Rechtsstreits entschieden ist. Es kann, wenn der Rechtsstreit nicht anhängig ist, einem der Beteiligten eine Frist zur Klageerhebung bestimmen (§ 159 mit § 127 G.F.G.).

II. Form: Die mit laufenden Seitenzahlen zu versehenden Register werden nach dem vorgeschriebenen sechs Spalten umfassenden Formulare geführt.

Jede Eintragung ist mit einer laufenden Nummer zu versehen und hat zu enthalten:

den Tag der Eintragung vor oder unter derselben,

am Schlusse die Verweisung auf die Stelle der Registerakten, wo sich die zu Grunde liegende gerichtliche Verfügung befindet,

die Unterschrift des Registerführers,

und ist mittelst eines alle Spalten des Formulars durchschneidenden Querstriches von der folgenden Eintragung zu trennen (§ 159 mit § 130 Abs. 1 G.F.G., §§ 2—4, 6 der Bek.).

Eine Eintragung, die durch eine spätere Eintragung ihre Bedeutung verloren hat, ist rot zu unterstreichen oder in einer ihre Leserlichkeit nicht beeinträchtigenden Weise zu durchstreichen (§ 5 Abs. 1 Satz 2 der Bek.).

Für die einen Verein betreffenden Eintragungen sind zwei gegenüberstehende Seiten des Vereinsregisters zu verwenden (§ 8 der Bek.).

III. Inhalt: In der ersten Spalte ist die laufende Nummer der Eintragung, in der zweiten Spalte sind neben dem Namen und dem Sitze des Vereins die darauf sich beziehenden Aenderungen (vergl. §§ 57, 64, 71 B.G.B.) zu vermerken.

In der dritten Spalte sind einzutragen:
der Tag der Errichtung der Satzung;
solche Bestimmungen der Satzung, die den Umfang der Vertretungsmacht des Vorstandes beschränken oder die Beschlußfassung des Vorstandes und der Liquidatoren abweichend von den Vorschriften des § 28 Abs. 1 und des § 48 Abs. 3 B.G.B. regeln (§ 64, § 76 Abs. 1 Satz 2 B.G.B.);
ferner der Tag einer Aenderung der Satzung und, sofern die Aenderung eine der vorbezeichneten Bestimmungen betrifft, der Inhalt, andernfalls aber nur eine allgemeine Bezeichnung des Gegenstandes der Aenderung (§ 71 B.G.B.).

In der vierten Spalte sind die Mitglieder des Vorstandes nach Familiennamen, Vornamen, Beruf und Wohnort sowie die Aenderungen des Vorstandes und die erneute Bestellung eines Vorstandsmitglieds anzugeben (§§ 64, 67 B.G.B.).

In der fünften Spalte sind einzutragen:
die Auflösung, die Entziehung der Rechtsfähigkeit, die Eröffnung des Konkurses und die Aufhebung des Eröffnungsbeschlusses;
ferner unter Angabe des Familiennamens, Vornamens, Berufs und Wohnorts die Personen der Liquidatoren und die sie betreffenden Aenderungen;
endlich Bestimmungen, welche die Beschlußfassung der Liquidatoren abweichend von der Vorschrift des § 48 Abs. 3 B.G.B. regeln und nicht schon in der Satzung enthalten sind (§§ 74—76 B.G.B.).

Die sechste Spalte dient auch zu etwaigen Verweisungen auf spätere Eintragungen, insbesondere für den Fall, daß der Inhalt einer Eintragung durch eine spätere Eintragung nur teilweise geändert wird und deshalb seine Bedeutung nicht verliert (§ 9 der Bek.).

Aenderungen des Inhalts einer Eintragung sowie Löschungen sind unter einer neuen laufenden Nummer in derjenigen Spalte einzutragen, in welcher sich die zu ändernde oder zu löschende Eintragung befindet.

Schreibfehler und ähnliche offenbare Unrichtigkeiten, die in einer Eintragung vorkommen, sind neben dieser Eintragung in der Spalte „Bemerkungen“ zu berichtigen (§ 5 der Bek.).

D. Bekanntmachung der Eintragungen; Vollzugsbestätigung.

Jede Eintragung soll demjenigen, welcher sie beantragt hat, bekannt gemacht werden. Auf die Mitteilung kann verzichtet werden (§ 159 mit § 130 Abs. 2 G.F.G.).

Außerdem hat das Amtsgericht die Eintragung eines Vereins — nicht auch andere Eintragungen — durch das für seine Bekanntmachungen bestimmte Blatt zu veröffentlichen (§ 66 Abs. 1 B.G.B.).

Muster für das

Nummer des

1.	2.	3.
Nummer der Ein-tragung	Name und Sitz des Vereins	Satzung
1.	**Concordia,** *Berlin.*	*Die Satzung ist am 1. Mai 1900 errichtet. Der Vorstand kann Grundstücke nur auf Grund eines Beschlusses der Mitgliederversammlung veräussern. Zur Beschlussfassung des Vorstandes ist Einstimmigkeit erforderlich. (Bl. oder Nr. d. A.)* *1. Juli* *(Name des*
2.		*Durch Beschluss der Mitgliederversammlung vom 20. September 1900 sind die Bestimmungen über die Aufnahme neuer Mitglieder geändert. (Bl. oder Nr. d. A.)* *1. Oktober 1900.* *(Name des Registerführers.)*
3.		
4.		*Nach Beschluss der Mitgliederversammlung vom 25. November 1900 kann der Vorstand Darlehen von mehr als dreihundert Mark nur auf Grund eines Beschlusses der Mitgliederversammlung aufnehmen. (Bl. oder Nr. d. A.)* *2. Januar 1902.* *(Name des Registerführers.)*
5.		

Vereinsregister.

Vereinsregisters 1.

4.	5.	6.
Vorstand	Auflösung; Entziehung der Rechtsfähigkeit; Konkurs; Liquidatoren	Bemerkungen
Kaufmann Johann **Neumann** *und Fabrikant Heinrich* **Schmidt,** *beide in Berlin, Kaufmann Fritz* **Freudenberg** *in Charlottenburg. (Bl. oder Nr. d. A.)* *1900.* *Registerführers.)*		
Johann **Neumann** *ist ausgeschieden; statt seiner ist der Rentner Karl* **Kohler** *in Berlin bestellt. (Bl. oder Nr. d. A.)* *1. Oktober 1901.* *(Name des Registerführers.)*		
	Der Verein ist durch Beschluss der Mitgliederversammlung vom 13. Februar 1902 aufgelöst. Zu Liquidatoren sind bestellt der Kaufmann Hermann Meyer und der Fabrikant Georg Kohn, beide in Berlin. (Bl. oder Nr. d. A.) *15. Februar 1902.* *(Name des Registerführers.)*	

Nach der Eintragung eines Vereins oder einer Aenderung der Satzung ist die Urschrift der Satzung mit der Bescheinigung der Eintragung zu versehen und zurückzugeben. Die Abschrift wird von dem Amtsgerichte beglaubigt und mit den übrigen Schriftstücken aufbewahrt (§ 66 Abs. 2, § 71 B.G.B.).

E. Beseitigung zu Unrecht erfolgter Eintragungen.

Ist eine Eintragung in das Vereinsregister bewirkt, obgleich sie wegen Mangels einer wesentlichen Voraussetzung unzulässig war, so **kann** sie von Amts wegen gelöscht werden; eine Pflicht hiezu besteht nicht; ein Antrag auf Löschung ist nicht ausgeschlossen; gegen einen ablehnenden Bescheid findet sodann die einfache Beschwerde statt.

Zuständig, die Löschung zu verfügen, ist

1. das Registergericht selbst (§ 142 Abs. 1 mit § 159 G.F.G.),
2. das dem Registergericht im Instanzenzuge vorgeordnete Landgericht, ohne daß eine Entscheidung des Registergerichts vorausgegangen und seine Entscheidung im Beschwerdewege angerufen ist (§ 143 Abs. 1 G.F.G.).

Verfahren: Das Gericht (auch Landgericht, wenn es erstinstanziell die Löschung verfügen will) **hat** zunächst den Beteiligten von der beabsichtigten Löschung zu benachrichtigen und ihm zugleich eine richterlich festzusetzende, angemessene Frist zur Geltendmachung eines Widerspruchs zu bestimmen. Die Verfügung ist nach § 16 Abs. 1 Satz 2 oder Abs. 3 bekannt zu machen (§ 142 Abs. 2 § 143 Abs. 1, § 159 G.F.G.).

Verlängerung der Frist oder Bestimmung einer neuen Frist liegt im Ermessen des Gerichts.

Der Widerspruch kann, solange die Löschung noch nicht erfolgt ist, auch nach Fristablauf noch wirksam eingelegt werden (§ 142 Abs. 3 mit § 141 Abs. 4 G.F.G., ebenso **Rausnitz** N. 6, **Dorner** N. 4 zu § 141).

Wird Widerspruch erhoben, so entscheidet über denselben das Gericht (Amtsgericht bezw. Landgericht). Gegen die Verfügung, durch die der Widerspruch für gerechtfertigt erachtet wird, findet die einfache Beschwerde statt. Gegen eine den Widerspruch zurückweisende Verfügung findet die sofortige Beschwerde statt (§ 159 mit § 142 Abs. 3, § 143 Abs. 3 G.F.G.); die **sofortige** weitere Beschwerde hat auch statt, wenn das Landgericht als Beschwerdeinstanz den Widerspruch für gerechtfertigt erachtet. Hat das Landgericht erstinstanziell über den Widerspruch entschieden, so ist zur Verbescheidung der Beschwerde das Oberste Landesgericht zuständig; die weitere Beschwerde ist in diesem Falle ausgeschlossen (§ 143 Abs. 2, § 199 G.F.G., Art. 42 Abs. 3 A.G. z. G.V.G.).

Will das Landgericht **auf Beschwerde hin** die Löschung verfügen, so kann es das in § 142 G.F.G. vorgeschriebene Verfahren selbst durchführen oder dem Amtsgericht übertragen (ebenso Rausnitz N. 11 zu § 142, a. M. Dorner N. 6).

Die Löschung selbst erfolgt stets durch das Amtsgericht; sie setzt voraus, daß entweder bis zur Vornahme der Löschung ein Widerspruch nicht eingelaufen oder der Widerspruch zurückgenommen ist oder daß die den Widerspruch zurückweisende Verfügung rechtskräftig geworden ist (§ 159 mit § 142 Abs. 3, 141 Abs. 4 G.F.G.).

F. Einsicht, Abschriften, Zeugnisse.

1. Die Einsicht des Vereinsregisters sowie der von dem Vereine bei dem Amtsgericht eingereichten Schriftstücke ist Jedem gestattet. Von den Eintragungen kann eine Abschrift gefordert werden; die Abschrift ist auf Verlangen zu beglaubigen (§ 79 B.G.B.).

2. Das Amtsgericht, also der Richter, nicht der Gerichtsschreiber, hat auf Verlangen folgende Zeugnisse zu erteilen:

1) ein Zeugnis über die Eintragung der Personen, die den Vorstand des Vereins bilden, zum Zwecke der Benützung gegenüber Behörden (§ 69 B.G.B.),

2) eine Bescheinigung, daß bezüglich des Gegenstandes einer Eintragung weitere Eintragungen in das Vereinsregister nicht vorhanden sind oder daß eine bestimmte Eintragung in das Register nicht erfolgt ist (§ 162 G.F.G.).

G. Akten; Nachschlagregister.

Für jeden eingetragenen Verein werden besondere Akten gehalten. Die Akten sind mit dem Namen des Vereins und mit der Nummer zu versehen, welche der Verein im Register führt.

In die Registerakten sind aufzunehmen:

die zur Eintragung bestimmten Anmeldungen nebst den ihnen beigefügten Schriftstücken, die gerichtlichen Verfügungen, die Mitteilungen anderer Behörden und die Nachweise über die Bekanntmachungen (§ 10 der Bek.).

Zu dem Register ist ein alphabetisches Verzeichnis der Vereine zu führen; haben mehrere Vereine den gleichen Namen, so ist die Bezeichnung des Sitzes beizufügen. Bei jedem Vereine sind außer der laufenden Nummer die Seiten anzugeben, wo er im Register eingetragen ist (§ 11 der Bek.).

III. Sonstige Geschäfte des Amtsgerichts.

1. Bestellung von Vorstandsmitgliedern und Liquidatoren.

Voraussetzung des Eingreifens des Gerichts ist,

daß die erforderlichen Mitglieder des Vorstands bezw. die erforderlichen Liquidatoren fehlen (vergl. hiezu § 28 Abs. 1 § 48 B.G.B.), daß ein dringender Fall vorliegt, worüber das Ermessen des Gerichts entscheidet,

daß ein Beteiligter die Bestellung beantragt; Beteiligte sind die Mitglieder des Vereins, die übrigen Vorstandsmitglieder, aber auch jeder Dritte, der ein Interesse an der Vornahme einer Rechtshandlung durch den Verein oder gegenüber demselben hat.

Liegen diese Voraussetzungen vor, so muß die Bestellung erfolgen. Hinsichtlich der Auswahl der zu bestellenden Personen wird das Gericht zweckdienlich die vorhandenen Vorstandsmitglieder oder Vereinsmitglieder hören (§§ 29, 48 Abs. 1 B.G.B.).

Die Bestellung ist nur eine vorübergehende, bis der Vorstand in statutenmäßiger Weise gewählt oder ergänzt ist; eine Aufhebung der Bestellung ist jedoch nicht erforderlich.

Die Vorschrift gilt für eingetragene und nicht eingetragene Vereine.

Gegen die Verfügung des Gerichts findet die Beschwerde nach Maßgabe der §§ 19ff. G.F.G. statt.

Diese Bestimmungen finden auch auf Stiftungen, deren Verwaltung nicht von einer öffentlichen Behörde geführt wird, Anwendung (§§ 86, 88 B.G.B.). Zuständig ist das Amtsgericht in dessen Bezirk die Stiftung ihren Sitz hat.

2. Ermächtigung zur Berufung der Generalversammlung.

Wenn dem Verlangen des durch die Vereinssatzung bestimmten Teiles oder in Ermangelung einer Bestimmung des zehnten Teiles der Vereinsmitglieder auf Berufung der Mitgliederversammlung nicht entsprochen wird, kann das Amtsgericht

die Mitglieder, welche das Verlangen gestellt haben, zur Berufung der Versammlung ermächtigen und

über die Führung des Vorsitzes in der Versammlung Bestimmung treffen (§ 37 Abs. 2 B.G.B.).

Diese Vorschrift gilt für eingetragene und nicht eingetragene Vereine.

Die Ermächtigung erfolgt nur auf Antrag, für dessen Form die allgemeinen Vorschriften gelten.

Das Amtsgericht hat zu prüfen, ob die formellen Voraussetzungen des § 37 Abs. 1 B.G.B. und die sonstigen Voraussetzungen für die Berufung einer Generalversammlung vorliegen (ebenso Staudinger, Planck zu § 37).

Vor Erlassung einer Verfügung soll das Amtsgericht, soweit tunlich den Vorstand des Vereins hören.

Gegen die Verfügung findet die sofortige Beschwerde nach Maßgabe der Vorschriften der §§ 19ff. G.F.G. statt, gleichviel ob dem Verlangen stattgegeben oder ob dasselbe zurückgewiesen wird (§ 160 G.F.G.).

3. Verlangen des Mitgliederverzeichnisses.

Der Vorstand eines eingetragenen Vereins hat dem Amtsgericht auf dessen Verlangen jederzeit ein Verzeichnis der Vereinsmitglieder einzureichen (§ 72 B.G.B.).

Die Vorstandsmitglieder können durch Ordnungsstrafen zu der Vorlage angehalten werden (§ 78 B.G.B.). Hinsichtlich der Höhe der Strafe und des Verfahrens gilt das oben unter II A 2 Gesagte.

4. Entziehung der Rechtsfähigkeit.

Diese erfolgt durch Beschluß des Amtsgerichts, wenn die Zahl der Vereinsmitglieder unter drei herabsinkt, und zwar entweder auf Antrag des Vorstandes oder, wenn der Antrag nicht binnen drei Monaten gestellt wird, von Amts wegen; im letzteren Falle ist der Vorstand vor der Beschlußfassung zu hören.

Der Beschluß ist dem Vereine zuzustellen; gegen denselben findet die sofortige Beschwerde nach den Vorschriften der Civilprozeßordnung statt (§ 73 Abs. 1 B.G.B.); es gilt das oben unter II A I zur Ziff. 1a am Schlusse Gesagte.

IV. Gebühren.

1. Für die Eintragung in das Vereinsregister, einschließlich der dieselbe begleitenden gerichtlichen Handlungen, werden erhoben:

a) für die erste Eintragung des Vereins 5—20 Mk.;

b) für alle sonstigen Eintragungen oder Löschungen 3 Mk.

Verfolgt der Verein nach seinen Satzungen wohltätige oder gemeinnützige Zwecke, so können vorstehende Gebühren von dem Gerichte bis auf die Hälfte ermäßigt werden (Art. 69 Geb.G.).

Wenn auf Grund ein und derselben Anmeldung mehrere Eintragungen, welche sich auf denselben Vereine beziehen, in das Vereinsregister desselben Gerichts erfolgen, so kommt nur eine Gebühr und bei Verschiedenheit der Sätze der höchste Betrag zur Erhebung (Art. 57 mit 70 Geb.G.).

2. Für die Zurückweisung der Anmeldung des Vereins (§ 60 B.G.B.) wird eine Gebühr von 2—10 Mark erhoben (Art. 141 Geb.G.). Für die Zurückweisung anderer Anmeldungen wird eine Gebühr von 5 Mk. erhoben. Wird eine Anmeldung zurückgenommen, ehe ein gebührenpflichtiger Akt stattgefunden hat, so wird eine Gebühr von 1 Mk. erhoben (Art. 71 Abs. 1 Geb.G.).

3. Für die Entziehung der Rechtsfähigkeit im Falle des § 73 B.G.B. (siehe oben unter III 4) wird eine Gebühr von 2—10 Mk. erhoben (Art. 71 Abs. 2 Geb.G.).

4. Für die Bestellung von Vorstandsmitgliedern und Liquidatoren und für die Ermächtigung zur Berufung der Generalversammlung einschließlich des dieselben begleitenden Verfahrens wird eine Gebühr von 2—10 Mk. erhoben (Art. 141 Geb.G.).

5. Im Ordnungsstrafverfahren zur Erzwingung von Anmeldungen

(oben Ziff. II A II 2) werden in jeder Instanz fünf Zehnteile der Sätze des § 8 G.K.G. erhoben:

a) für die Festsetzung der Ordnungsstrafe,
b) für die Verhandlung in den nach §§ 134, 159 G.F.G. anberaumten Terminen,
c) für die Anordnung einer Beweisaufnahme.

Die Gebühr für die Anordnung einer Beweisaufnahme wird nur zur Hälfte erhoben, wenn die Beweisaufnahme nicht stattgefunden hat. Diese Gebühren werden in jedem Verfahren nur einmal erhoben. Jede Wiederholung der Ordnungsstrafe gilt als ein besonderes Verfahren. Als Wert des Streitgegenstandes ist die Höhe der festgesetzten Ordnungsstrafe anzusehen.

Für die Androhung von Strafen werden Gebühren nicht erhoben (Art. 141, 142 Geb.G.).

6. Für eine Bescheinigung aus dem Vereinsregister sowie für beglaubigte Abschriften und Auszüge ist außer den Schreibgebühren (§ 80 G.K.G.) eine Gebühr von 1 Mk. zu erheben. Werden von den zur Begründung des Antrags vorgelegten Urkunden wegen Zurückforderung derselben beglaubigte Abschriften zurückbehalten, so kommen hiefür lediglich die gesetzlichen Schreibgebühren zur Erhebung.

Für einfache Abschriften kommen nur die Schreibgebühren in Ansatz.

7. Für die Bescheinigung nach § 162 G.F.G. wird eine Gebühr von 50 Pfennig erhoben (Art. 58 mit 70 Geb.G.).

Gebühren werden nicht erhoben:

a) für die Gestattung der Einsicht des Vereinsregisters und der von dem Vereine bei dem Amtsgericht eingereichten Schriftstücke;
b) für die von Amts wegen erfolgenden Eintragungen in den Fällen des § 67 Abs. 2, des § 74 Abs. 3, des § 75 und des § 76 Abs. 3 B.G.B.;
c) für eine nach den §§ 142, 143, 159 G.F.G. von Amts wegen erfolgende Löschung; wird der Widerspruch eines Beteiligten zurückgewiesen, so hat er für die Zurückweisung die für die Löschung bestimmte Gebühr zn entrichten (Art. 72 Geb.G.).

§ 84.

Güterrechtsregister [1]).

I. Zuständigkeit: Zur Führung des Güterrechtsregisters ist sachlich das Amtsgericht zuständig. Die Eintragungen erfolgen in

---

[1]) Vergl. hiezu J.M.Bek. vom 24. Dezember 1899, die Führung des Vereinsregisters und des Güterrechtsregisters betr., J.M.Bl. S. 1034.

das Güterrechtsregister des Gerichts, in dessen Bezirke der Mann seinen Wohnsitz hat (§ 1558 B.G.B.).

Verlegt der Mann nach der Eintragung seinen Wohnsitz in einen anderen Bezirk, so muß die Eintragung im Register dieses Bezirkes wiederholt werden. Die frühere Eintragung gilt als von neuem erfolgt, wenn der Mann den Wohnsitz in den früheren Bezirk zurückverlegt (§ 1559 B.G.B.).

Ausnahmsweise erfolgen Eintragungen, wenn ein Ehegatte Kaufmann ist und seine Handelsniederlassung nicht im Bezirke des für den Wohnsitz des Ehemanns zuständigen Registergerichts hat, auch in das Güterrechtsregister des für den Ort der Handelsniederlassung zuständigen Gerichts (Art. 4 E.G. z. H.G.B.), ferner, wenn eine im Auslande wohnende Ehefrau im Inlande ein Gewerbe betreibt, hinsichtlich der Beschränkungen durch den Ehemann (§ 1405 B.G.B.) in das Güterrechtsregister des Bezirks, in welchem das Gewerbe betrieben wird (§ 11 a der Gewerbeordnung in der Fassung des Art. 36 Nr. I E.G. z. B.G.B.).

II. Gegenstand der Eintragung sind

die Beschränkung oder Ausschließung des der Frau nach § 1357 B.G.B. zustehenden Rechtes (Schlüsselgewalt), sowie die Aufhebung einer solchen Beschränkung oder Ausschließung;

die Ausschließung oder Aenderung der Verwaltung und Nutznießung des Mannes, sowie die Aufhebung oder Aenderung einer in dem Güterrechtsregister eingetragenen Regelung der güterrechtlichen Verhältnisse (zu vergl. §§ 1371, 1431, 1435, 1441, 1470, 1526, 1545, 1548, 1549, 1587 B.G.B., Art. 16 E.G. z. B.G.B.);

der Einspruch des Mannes gegen den selbständigen Betrieb eines Erwerbsgeschäfts der Frau oder der Widerruf seiner Einwilligung, sowie die Zurücknahme des Einspruchs oder des Widerrufs (zu vergl. §§ 1405, 1452, § 1519 Abs. 2, § 1525 Abs. 2, § 1549 B.G.B.; Art. 16, Art. 36 Nr. I E.G. z. B.G.B.).

III. Voraussetzung der Eintragung: Eine Eintragung soll nur auf Antrag und insoweit erfolgen, als sie beantragt ist (§ 1560 Satz 1 B.G.B.).

1. Die Eintragung erfolgt in den Fällen des § 1357 Abs. 2 und des § 1405 Abs. 3 B.G.B. (Beschränkung und Ausschließung der Schlüsselgewalt, Einspruch gegen den Betrieb eines Erwerbsgeschäfts der Frau, Widerruf der Einwilligung) auf Antrag des Mannes.

Der Antrag eines der Ehegatten genügt:

zur Eintragung eines Ehevertrags oder einer auf gerichtlicher Entscheidung beruhenden Aenderung der güterrechtlichen Verhältnisse der Ehegatten, wenn mit dem Antrage der Ehevertrag oder die mit dem Zeugnisse der Rechtskraft versehene Entscheidung vorgelegt wird;

zur Wiederholung einer Eintragung in dem Register eines anderen Bezirkes, wenn mit dem Antrag eine nach der Aufhebung des bisherigen Wohnsitzes erteilte, öffentlich beglaubigte Abschrift der früheren Eintragung vorgelegt wird.

In den übrigen Fällen ist ein Antrag beider Ehegatten erforderlich (§ 1561 B.G.B.).

2. Der Antrag kann

zu Protokoll des Registerrichters oder des Gerichtsschreibers des Registergerichts (nicht eines anderen Amtsgerichts) erklärt (§ 161 mit § 128 G.F.G.) oder

in notariell beglaubigter oder beurkundeter Form gestellt werden (§ 1560 B.G.B., Art. 1 Not.G.).

Ist die Erklärung von einem Notar beurkundet oder beglaubigt, so gilt dieser als ermächtigt, im Namen der Antragsberechtigten die Eintragung zu beantragen (§ 161 mit § 129 G.F.G.); über das Beschwerderecht des Notars gegen einen ablehnenden Bescheid siehe Entsch. Bd. I S. 153, Seuffert 1901 Nr. 77.

Für die Eintragung auf Grund eines Ehevertrags sind folgende besondere Vorschriften zu beachten:

1. Stellen Ehegatten den Eintragungsantrag gemeinsam, so bedarf es der Vorlegung des Ehevertrags in Urschrift oder in Ausfertigung nicht; es genügt, daß die Ehegatten den Inhalt der Vereinbarung dem Amtsgerichte zur Kenntnis bringen. Wird der Antrag von einem Ehegatten allein gestellt, so hat der Antragsteller dem Amtsgericht eine beglaubigte Abschrift oder einen beglaubigten Auszug des Ehevertrags vorzulegen.

Der Notar, der den Ehevertrag beurkundet hat, soll den Antrag nur stellen, wenn die Ehegatten die Eintragung wünschen. Er soll bei der Beurkundung des Ehevertrags die Vertragschließenden fragen, ob sie die Eintragung wünschen und die Erklärung der Vertragschließenden in die Urkunde aufnehmen.

Der Notar, der den Antrag auf Eintragung stellt, braucht dem Gerichte den Ehevertrag nicht vorzulegen; es genügt, daß er den Inhalt des Ehevertrags, soweit er für die Eintragung von Belang ist, dem Amtsgerichte mitteilt (a. M. Entsch. Bd. I S. 199, C.Bl. Bd. I S. 741). Mit dem Antrage soll der Notar die Angabe verbinden, daß die Vertragschließenden die Eintragung wünschen. Stellt der Notar den Antrag schriftlich, so soll er seiner Unterschrift das Dienstsiegel beidrücken.

2. Eine Eintragung in das Güterrechtsregister ist erst zulässig, nachdem die Ehe geschlossen ist (Rechtspr. Bd. I S. 320). Der Notar soll bei der Stellung des Antrags dem Gerichte mitteilen, daß die Eheschließung erfolgt ist. Der Amtsrichter braucht die Mitteilung nicht nachzuprüfen.

3. Wird der Ehevertrag vor der Eheschließung beurkundet, so soll der Notar den Antrag auf Eintragung erst stellen, nachdem die

Ehe geschlossen ist. Der Notar soll die Brautleute bei der Beurkundung des Ehevertrags fragen, welcher Tag für die Eheschließung in Aussicht genommen ist; er darf annehmen, daß die Eheschließung an diesem Tage erfolgte, wenn ihm keine gegenteilige Mitteilung zukommt.

Können die Brautleute bei der Beurkundung des Ehevertrags den Tag der Eheschließung noch nicht angeben, so soll der Notar sie darauf aufmerksam machen, daß er den Antrag auf Eintragung in das Güterrechtsregister erst stellen darf, wenn ihm die Mitteilung über die erfolgte Eheschließung zugegangen ist. Zugleich soll er die Brautleute auffordern, ihm diese Mitteilung alsbald nach der Eheschließung zukommen zu lassen. Die Mitteilung kann formlos erfolgen; insbesondere bedarf es hiezu nicht eines Auszugs aus dem Heiratsregister.

4. Erklären die Beteiligten erst nach der Beurkundung des Ehevertrags, daß sie die Eintragung in das Güterrechtsregister wünschen, so soll der Notar hierüber keine besondere Urkunde errichten, sondern nur der Urschrift des Ehevertrags und der Eintragung über diesen im Geschäftsregister einen formlosen und kostenlosen Vermerk beifügen.

5. Stellen die Beteiligten selbst den Antrag auf Eintragung, so soll der Amtsrichter sie fragen, ob die Ehe abgeschlossen ist. Der Amtsrichter darf die Angaben der Beteiligten als richtig annehmen (J.M.Bek. vom 31. Januar 1900, J.M.Bl. S. 483).

Eine Eintragung ist auch auf Grund einer einstweiligen Verfügung des Prozeßgerichts zulässig (Seuffert Bd. 57 Nr. 193).

IV. Eintragungsverfügung: Die Eintragungen in das Register erfolgen auf Grund einer Verfügung des Amtsrichters, welche den Wortlaut der Eintragung feststellen soll, wenn die Geschäfte des Registerführers nicht vom Richter selbst wahrgenommen werden (§ 1 der Bek.).

Wenn die zu erlassende Verfügung von der Beurteilung eines streitigen Rechtsverhältnisses abhängig ist, kann das Registergericht die Verfügung der Eintragung aussetzen, bis über das Verhältnis im Wege des Rechtsstreits entschieden ist. Es kann, wenn der Rechtsstreit nicht anhängig ist, einem der Beteiligten eine Frist zur Klageerhebung bestimmen (§ 161 mit § 127 G.F.G.).

V. Form: Hinsichtlich Paginierung des Registers, Datierung, Unterzeichnung, Abschluß der Einträge, Vollzugsvermerk, Aenderungen, Löschungen und Berichtigungen gelten die nämlichen Vorschriften wie für die Führung des Vereinsregisters (§§ 2—6 der Bek., § 161 mit §§ 130, 142, 143 G.F.G. siehe § 83 II B, C, D).

Für die ein Ehepaar betreffenden Eintragungen ist eine Seite des Registers zu verwenden (§ 12 der Bek.).

VI. Inhalt: Die Ehegatten sind nach Familiennamen und Vornamen, der Mann unter Bezeichnung seines Berufs und Wohnsitzes, die Frau unter Beifügung ihres Geburtsnamens, über den Spalten des Formulars anzugeben. Ist bei dem Gericht offenkundig, daß sich am Wohnorte des Ehemannes mehrere Personen mit gleichem Vornamen und Familiennamen befinden, so ist die Bezeichnung des Mannes durch die Angabe der Zeit und des Ortes seiner Geburt oder durch die Angabe seiner Eltern oder in sonstiger Weise zu ergänzen.

In der ersten Spalte ist die laufende Nummer der Eintragung zu vermerken.

In der zweiten Spalte sind die den Gegenstand der Eintragung bildenden Tatsachen und Rechtsverhältnisse einzuschreiben.

Bei der Eintragung von Vorbehaltsgut kann zur näheren Bezeichnung der einzelnen dazu gehörenden Gegenstände auf ein bei den Registerakten befindliches Verzeichnis Bezug genommen werden.

Die dritte Spalte dient auch zu etwaigen Verweisungen auf spätere Eintragungen (zu vergl. § 9 Abs. 5 der Bek.).

Erfolgt eine Eintragung im Register eines anderen als des für den Wohnsitz des Mannes zuständigen Gerichts, weil einer der Ehegatten im Bezirke des anderen Gerichts ein Handelsgewerbe oder ein sonstiges Gewerbe betreibt (vergl. Art. 4 des Einführungsgesetzes zum Handelsgesetzbuch, Art. 36 Nr. I des Einführungsgesetzes zum Bürgerlichen Gesetzbuche), so ist bei der Eintragung dieser Grund in der dritten Spalte zu vermerken.

Die Erteilung der beglaubigten Abschrift einer Eintragung zum Zwecke der Wiederholung der Eintragung in dem Register eines anderen Bezirkes nach Aufhebung des bisherigen Wohnsitzes des Mannes (§ 1561 Abs. 3 Nr. 2 B.G.B.) ist in der dritten Spalte zu vermerken.

VII. Bekanntmachung: Von der Eintragung sollen in allen Fällen, auch wenn der Antrag nur von einem Ehegatten gestellt ist, beide Ehegatten benachrichtigt werden; auf die Bekanntmachung kann verzichtet werden (§ 161 mit § 130 Abs. 2 G.F.G.).

Außerdem hat das Amtsgericht die Eintragung durch das für seine Bekanntmachungen bestimmte Blatt zu veröffentlichen.

Wird eine Aenderung des Güterstandes eingetragen, so hat sich die Bekanntmachung auf die Bezeichnung des Güterstandes und, wenn dieser abweichend von dem Gesetze geregelt ist, auf eine allgemeine Bezeichnung der Abweichung zu beschränken (§ 1562 B.G.B.).

VIII. Einsicht, Abschriften, Zeugnisse: Die Einsicht des Registers ist jedem gestattet. Von den Eintragungen kann eine Abschrift gefordert werden, welche auf Verlangen zu beglaubigen ist (§ 1563 B.G.B.).

Auf Verlangen hat das Amtsgericht, also der Richter, nicht der Gerichtsschreiber, eine Bescheinigung darüber zu erteilen, daß bezüglich des Gegenstandes einer Eintragung weitere Eintragungen in

Muster für das Güterrechtsregister.

Bezeichnung der Ehegatten: ***Lehmann,*** *Heinrich Karl, Kaufmann zu Berlin, und Anna geb. Müller.*

Nummer der Eintragung	Rechtsverhältnis	Bemerkungen
1.	*Die Verwaltung und Nutzniessung des Mannes ist durch Urteil vom 1. März 1901 aufgehoben.* *(Bl. oder Nr. d. A.)* *1. Mai 1901.* *(Name des Registerführers.)*	
2.	*Der Mann hat das Recht der Frau, innerhalb ihres häuslichen Wirkungskreises seine Geschäfte für ihn zu besorgen und ihn zu vertreten, ausgeschlossen. (Bl. oder Nr. d. A.)* *15. Juni 1902.* *(Name des Registerführers.)*	
3.	*Die Verwaltung und Nutzniessung des Mannes ist durch Urteil vom 1. April 1904 wiederhergestellt.* *(Bl. oder Nr. d. A.)* *15. Juni 1903.* *(Name des Registerführers.)*	
4.	*Der Mann hat gegen den Geschäftsbetrieb der Frau Einspruch erhoben. (Bl. oder Nr. d. A.)* *1. Juli 1904.* *(Name des Registerführers.)*	
5.	*Durch Vertrag vom 1. Juli 1905 ist allgemeine Gütergemeinschaft vereinbart unter Ausschliessung der fortgesetzten Gütergemeinschaft. Dabei sind für Vorbehaltsgut der Frau erklärt:* *die für sie in dem Grundbuche von Halle a. S. Band I Blatt 50, Abt. III Nr. 9 eingetragene Hypothek von 20000 M.,* *5000 M. 3½ prozentige Pfandbriefe der Preussischen Hypotheken-Aktienbank in Berlin Serie XIII Nr. 125 bis 129 zu je 1000 M. (Bl. oder Nr. d. A.)* *1. Juli 1905.* *(Name des Registerführers.)*	

Fortsetzung der Eintragungen s. S. 100.

das Güterrechtsregister nicht vorhanden sind oder daß eine bestimmte Eintragung in das Register nicht erfolgt ist (§ 162 G.F.G.).

Zur Erbringung des Nachweises vor dem Grundbuchamt, daß zwischen Ehegatten Gütertrennung oder ein vertragsmäßiges Güterrecht besteht oder daß ein Gegenstand zum Vorbehaltsgut eines Ehegatten gehört, ist ein Zeugnis über die Eintragung des güterrechtlichen Verhältnisses im Güterrechtsregister auszustellen (§ 34 G.B.O.).

IX. Akten. Nachschlagregister: Zu dem Register werden besondere Akten gehalten. In diese Akten sind aufzunehmen: Die Eintragungsanträge nebst den ihnen beigefügten Schriftstücken, die gerichtlichen Verfügungen und die Nachweise über die Bekanntmachungen.

Zu dem Register ist ein alphabetisches Verzeichnis der Eintragungen nach dem Namen des Ehemannes unter Angabe der Seite des Registers zu führen.

X. Gebühren: Für die Eintragung in das Güterrechtsregister, einschließlich der dieselben begleitenden gerichtlichen Handlungen, wird eine Gebühr von 1 Mark erhoben.

Für die Zurückweisung von Anmeldungen wird eine Gebühr von 50 Pfennig erhoben.

Für beglaubigte Abschriften und Auszüge ist außer den Schreibgebühren (§ 80 G.K.G.) eine Gebühr von 1 Mark zu erheben. Werden von den zur Begründung des Antrags vorgelegten Urkunden wegen Zurückforderung derselben beglaubigte Abschriften zurückbehalten, so kommen hiefür lediglich die gesetzlichen Schreibgebühren zur Erhebung.

Für einfache Abschriften kommen nur die Schreibgebühren in Ansatz.

Für die Bescheinigung nach § 162 G.F.G. wird eine Gebühr von 50 Pfennig erhoben.

Gebühren werden nicht erhoben:

1. für die Einsicht des Güterrechtsregisters;

2. für eine nach den §§ 142, 143, 161 G.F.G. von Amts wegen erfolgende Löschung; wird der Widerspruch eines Beteiligten zurückgewiesen, so wird eine Gebühr von 1 Mark erhoben (Art. 73 bis 76 mit 58 Geb.G.).

§ 85.

Verrichtungen in Ansehung der Dispache.

I. Einleitung. Zuständigkeit.

I. Für Bayern kommt nur die nach dem Gesetze, betreffend die privatrechtlichen Verhältnisse der Binnenschiffahrt, vom 15. Juli 1895 (i. d. F. der Bek. vom 20. Mai 1898, R.G.Bl. S. 868 ff.) aufzumachende Dispache in Betracht.

Dispache ist die Aufstellung der Rechnung über die große Haverei (§ 84 B.Sch.G.), Dispacheur der Sachverständige zur Aufmachung der Dispache.

Große Haverei sind alle Schäden, welche einem Schiffe oder der Ladung desselben oder beiden zum Zwecke der Errettung beider aus einer gemeinsamen Gefahr von dem Schiffer oder auf dessen Geheiß vorsätzlich zugefügt werden, sowie auch die durch solche Maßregeln ferner verursachten Schäden, einschließlich des Verlustes der Fracht für aufgeopferte Güter, desgleichen die Kosten, welche zu dem bezeichneten Zwecke von dem Schiffer oder nach seiner Anordnung von einem der Ladungsbeteiligten aufgewendet werden (§ 78 Abs. 1 B.Sch.G.)[1]).

Zu den Verrichtungen, welche den Gerichten in Ansehung der nach dem Binnenschiffahrtsgesetze aufzumachenden Dispache obliegen, gehören:

1. die Ernennung des Dispacheurs,
2. die Entscheidung über die Weigerung des Dispacheurs zur Aufmachung der Dispache,
3. die Anordnung der Aushändigung von Schriftstücken an den Dispacheur,
4. die Verhandlung über die Dispache und die Bestätigung derselben.

II. Sachlich zuständig zu diesen Verrichtungen ist das Amtsgericht. Dies ist für die Ernennung des Dispacheurs in § 87 Abs. 2 B.Sch.G., für die übrigen Verrichtungen in § 149 G.F.G. ausgesprochen.

Oertlich zuständig ist nach § 149 G.F.G. das Amtsgericht des Ortes, an welchem die Verteilung der Havereischäden zu erfolgen hat, das ist der Ort, wo die Reise endet (§ 86 B.Sch.G.).

II. Ernennung des Dispacheurs.

Die Bestellung ständiger Dispacheure ist Sache der durch Landesrecht hiefür als zuständig bezeichneten Organe.

Gerichtliche Ernennung eines Dispacheurs für den einzelnen Fall tritt nur ein,

wenn an dem Orte ein für Havereifälle bei der Binnenschiffahrt ein für allemal bestellter Dispacheur nicht vorhanden ist,
wenn ein Antrag auf Ernennung gestellt wird.

Antragsberechtigt ist jeder Beteiligte, das ist der Schiffer, der Schiffseigner, die Ladungsbeteiligten und der Verfrachter, welche Personen sämtlich die Aufstellung der Dispache einem Dispacheur übertragen können (§ 87 Abs. 2, § 88 B.Sch.G.).

---

[1]) Vergl. über Voraussetzungen und Umfang der großen Haverei §§ 79, 82—84 B.Sch.G., Annalen des Deutschen Reiches 1897 S. 363 ff.

Das Gericht hat zu prüfen, ob der Fall großer Haverei und sohin überhaupt die Voraussetzung für Aufstellung der Dispache vorliegt, ferner wenn ein anderer Beteiligter als der Schiffer den Antrag stellt, ob die Aufstellung der Dispache durch den Schiffer verzögert wird, da nur in diesem Falle ein anderer als der Schiffer die Aufstellung der Dispache betreiben kann. Das Gericht wird in letzterem Falle den Schiffer, wenn tunlich, hören.

Erachtet das Gericht die Voraussetzungen für gegeben, so hat es nach seiner Wahl eine geeignete Person als Dispacheur zu bestellen, ohne an den Vorschlag des Antragstellers gebunden zu sein.

Eine Anfechtung der Verfügung, durch welche dem Antrage stattgegeben wird, ist ausgeschlossen (§ 148 Abs. 2 Satz 2 G.F.G.), auch hinsichtlich der Tauglichkeit der Person des bestellten Dispacheurs.

Gegen die Verfügung, durch welche der Antrag auf Bestellung eines Dispacheurs zurückgewiesen wird, findet die sofortige Beschwerde statt (§ 148 Abs. 2 Satz 1 G.F.G.)[2]. Beschwerdeberechtigt ist nur der Antragsteller (§ 20 Abs. 2 G.F.G.).

Für die Bestellung eines Dispacheurs, einschließlich der Bestimmung seiner Vergütung, werden drei Zehnteile der Sätze des § 8 G.K.G. erhoben (Art. 136 Geb.G.).

III. Entscheidung über die Weigerung des Dispacheurs zur Aufmachung der Dispache.

Eine solche gerichtliche Entscheidung ist in zwei Fällen möglich. Verfahren und Inhalt der Entscheidung ist verschieden.

I. Den ersten Fall der Weigerung regelt § 150 G.F.G.

Voraussetzung der Zulässigkeit gerichtlicher Enscheidung ist hienach:

1. daß ein — allgemein oder für den einzelnen Fall bestellter — Dispacheur den Auftrag eines Beteiligten zur Aufmachung der Dispache mit der Begründung ablehnt, daß ein Fall großer Haverei nicht vorliege,

2. daß derjenige Beteiligte, welcher den Auftrag erteilt hat[3], Antrag auf richterliche Entscheidung über die Weigerung stellt.

Verweigert der Schiffer die Aufmachung der Dispache, so ist § 150 G.F.G. nicht anwendbar; jeder Beteiligte kann dann die Aufmachung der Dispache nach § 88 B.Sch.G. anstreben.

Fehlt eine der Voraussetzungen, so hat das Gericht den Antrag aus formellen Gründen abzuweisen. Andernfalls hat es von Amts

---

[2]) Ueber Zuständigkeit der Handelskammer siehe § 30 Abs. 1 G.F.G.

[3]) Die übrigen Beteiligten, welche an der Aufmachung der Dispache Interesse haben, sind nicht antragsberechtigt, wie der Wortlaut des § 150 (verbis auf Antrag des Beteiligten) ergibt.

wegen zu ermitteln, ob ein Fall großer Haverei vorliegt (§ 12 G.F.G.).

Je nach dem Ergebnis der Ermittelungen hat das Gericht die Weigerung für begründet oder für unbegründet zu erklären; eine Anordnung an den Dispacheur, dem erteilten Auftrage nachzukommen, ist im letzteren Falle nicht zulässig, da Zwangsmittel gegen den Dispacheur, um ihn zur Befolgung einer solchen Anordnung anzuhalten, nicht gegeben sind (D. S. 78).

Gegen die Entscheidung über den Antrag findet die sofortige Beschwerde statt. Beschwerdeberechtigt ist im Falle der Abweisung des Antrages nur der Antragsteller (§ 20 Abs. 2 G.F.G.), wenn die Weigerung für unbegründet erklärt wird, jeder, dessen Recht durch die Verfügung beeinträchtigt ist, also insbesondere der Dispacheur.

II. Verweigert ein für den einzelnen Fall gerichtlich bestellter Dispacheur[4]) die Aufmachung der Dispache, so entscheidet über die Weigerung desselben das Gericht, welches ihn aufgestellt hat, gemäß § 15 G.F.G. mit §§ 402, 387, 409 C.P.O. (ebenso Dorner Note 1 zu § 150, a. M. Rausnitz Note 3).

Eines Antrages bedarf es daher nicht; das Gericht hat von Amts wegen, wenn es von der Weigerung Kenntnis erhält, vorzugehen.

Vor der Entscheidung sind die Beteiligten, das ist hier derjenige, welcher den Antrag auf Bestellung des Dispacheurs gestellt hat, und der Dispacheur, zu hören.

Die Entscheidung besteht hier in einer gegen den Dispacheur, dessen Weigerung für unbegründet erachtet wird, auszusprechenden Strafe.

Vergl. im übrigen hinsichtlich des Verfahrens § 14 Nr. III.

Gegen den allgemein bestellten Dispacheur ist dieses Zwangsverfahren unzulässig, weil derselbe nicht gerichtlich ernannter Sachverständiger ist.

IV. Anordnung der Aushändigung von Schriftstücken an den Dispacheur.

Nach § 87 Abs. 3 B.Sch.G. ist jeder Beteiligte verpflichtet, die zur Aufstellung der Dispache erforderlichen Urkunden, soweit er sie zu seiner Verfügung hat, insbesondere Frachtbriefe, Ladescheine und Fakturen, dem Schiffer oder Dispacheur mitzuteilen.

Ein gerichtlicher Zwang zur Herausgabe dieser Urkunden findet nach § 151 G.F.G. unter folgenden Voraussetzungen statt:

[4]) Derselbe ist verpflichtet, die Dispache aufzumachen,

1. wenn er zur Erstattung von Gutachten der geforderten Art öffentlich bestellt ist oder wenn er die Wissenschaft oder das Gewerbe, deren Kenntnis Voraussetzung der Begutachtung ist, öffentlich zum Erwerb ausübt oder wenn er zur Ausübung derselben öffentlich bestellt oder ermächtigt ist,

2. wenn er sich zur Aufmachung der Dispache vor Gericht bereit erklärt hat (§ 407 C.P.O.).

1. wenn die Dispache vom Dispacheur errichtet wird, dagegen nicht, wenn sie vom Schiffer errichtet wird,

2. wenn der Beteiligte die Schriftstücke, zu deren Mitteilung er gesetzlich verpflichtet ist, in seinem Besitze hat,

3. wenn seitens des Dispacheurs Antrag gestellt wird; die herauszugebenden Schriftstücke sind in dem Antrag zu bezeichnen.

Die Verfügung des Gerichts besteht in einer Aufforderung an den Beteiligten, dem Dispacheur die in seinem Besitze befindlichen Schriftstücke herauszugeben, unter gleichzeitiger Androhung einer nicht über 300 Mk. zu bestimmenden Ordnungsstrafe für den Fall der Unterlassung der Herausgabe. Für die Herausgabe wird zweckmäßig eine Frist gesetzt werden. Je nachdem dies geschieht oder nicht, ist die Aufforderung gemäß § 16 Abs. 2 Satz 1 oder Satz 2 G.F.G. dem Beteiligten bekannt zu machen. Auch dem Antragsteller ist entsprechende Mitteilung zu machen.

Die Beschwerde steht dem Antragsteller gegen einen die Aufforderung ablehnenden Bescheid, dem aufgeforderten Beteiligten gegen die Aufforderung zu (Rausnitz Note 7 zu § 151, Dorner Note 2e).

Das Gericht ist auch zu einer Aenderung seiner Verfügung befugt.

Die Straffestsetzung erfolgt, sobald der Dispacheur die Mitteilung macht, daß das Schriftstück an ihn nicht herausgegeben sei, jedoch keinesfalls vor Ablauf einer gesetzten Frist.

Auch gegen die Straffestsetzung ist die einfache Beschwerde mit aufschiebender Wirkung (§ 24 G.F.G.) zulässig. Mit der Beschwerde gegen die Straffestsetzung kann jedenfalls auch noch geltend gemacht werden, daß Beschwerdeführer nicht im stande oder nicht verpflichtet sei, das Schriftstück herauszugeben.

Das Verfahren kann auf Antrag des Dispacheurs beliebig oft wiederholt werden, bis die bestehende Verpflichtung erfüllt wird.

In dem Verfahren werden in jeder Instanz fünf Zehnteile der Sätze des § 8 G.K.G. erhoben.

Jede Wiederholung der Ordnungsstrafe gilt als ein besonderes Verfahren.

Als Wert des Streitgegenstandes ist die Höhe der festgesetzten Ordnungsstrafe anzusehen.

Für die Androhung der Strafe werden Gebühren nicht erhoben (Art. 141, 142 Geb.G.).

V. Verhandlung über die Dispache.

I. Einleitung: Ueber die vom Dispacheur aufgemachte Dispache findet auf Antrag eine gerichtliche Verhandlung statt, zu welcher die vom Antragsteller bezeichneten Beteiligten zugezogen werden, mit der Wirkung, daß dieselbe in ihrer ursprünglichen Gestalt oder nach einer Aenderung kraft der gerichtlichen Bestätigung vollstreckbar wird.

Der Antrag auf gerichtliche Verhandlung kann einen doppelten

Zweck haben, entweder einen Vollstreckungstitel gegen andere Beteiligte zu erwerben oder durch Widerspruch gegen dieselbe unter Vermeidung eines Prozesses eine Aenderung derselben herbeizuführen.

Aufgabe des Gerichts ist jedoch nicht, die in dem Verfahren hervortretenden Streitpunkte zu entscheiden; das Verfahren bezweckt vielmehr nur, eine Verständigung der an dem Verfahren Beteiligten zu befördern und, soweit diese nicht erfolgt, die schleunige Erledigung der verbleibenden Streitpunkte im Prozeßwege zu sichern, damit auf der so gewonnenen, nicht mehr bestrittenen Grundlage die Rechte der Beteiligten festgestellt werden können. (D. S. 79f.)

II. Antrag: Das gerichtliche Verfahren tritt nur auf Antrag ein (§ 153 Abs. 1 G.F.G.).

1. Antragsberechtigt ist jeder Beteiligte: Schiffer, Schiffseigner, Ladungsbeteiligte und Verfrachter, nicht auch der Dispacheur selbst.

2. Hinsichtlich der Form des Antrages gelten die allgemeinen Vorschriften.

3. Der Antrag muß enthalten:

a) das Verlangen gerichtlicher Verhandlung über die von einem Dispacheur aufgemachte Dispache,

b) die Bezeichnung derjenigen Beteiligten, welche zu dem Verfahren zugezogen werden sollen; Zuziehung aller an der Haverei Beteiligten ist nicht notwendig; sie kann insbesondere insoweit unterbleiben als schon eine außergerichtliche Einigung erzielt wurde.

Ein Mangel des Antrags in einer dieser Richtungen berechtigt zur Abweisung desselben.

III. Einleitung des Verfahrens, Ablehnung der Verhandlung.

1. Wird der Antrag auf gerichtliche Verhandlung gestellt, so hat das Gericht die Dispache und deren Unterlagen von dem Dispacheur einzuziehen (§ 153 Abs. 2 G.F.G.).

2. Erachtet das Gericht eine Vervollständigung der Unterlagen der Dispache für notwendig, so hat es die Beibringung der erforderlichen Belege seitens derjenigen, in deren Besitze sie sich befinden, anzuordnen. Die Herausgabe kann in entsprechender Anwendung des § 151 G.F.G. (vergl. oben Ziff. IV) durch Ordnungsstrafen erzwungen werden (§ 154 G.F.G.). Die Aufforderung zur Herausgabe der Schriftstücke an das Gericht und die Straffestsetzung erfolgt von Amts wegen; wegen der Gebühr siehe Art. 141, 142 Geb.G. und oben IV.

3. Die Ablehnung gerichtlicher Verhandlung ist zulässig, wenn entweder sofort der Antrag oder die eingezogene Dispache ergibt, daß offensichtlich die Voraussetzungen der großen Haverei fehlen (§ 153 Abs. 2 G.F.G.). Bloße Zweifel an dem Vorliegen großer Haverei berechtigen zur Ablehnung nicht. Ebensowenig ist es zulässig, Ermittelungen hierüber zu pflegen.

IV. Ladung. Ist die Dispache zu Gerichtshanden gebracht und sind die Belege vollständig oder vervollständigt, so erfolgt die Anberaumung eines Termins und die Ladung der Beteiligten.

1. Verbindung mehrerer Anträge: Sind in Beziehung auf die nämliche Dispache mehrere Anträge von verschiedenen Beteiligten gestellt, so können dieselben von dem Gerichte zum Zwecke der gleichzeitigen Verhandlung verbunden werden (§ 153 Abs. 2 Satz 2 G.F.G.). Die Verbindung ist auch noch zulässig, nachdem bereits auf einen Antrag hin Termin anberaumt ist; nötigenfalls ist der anberaumte Termin durch einen neuen späteren zu ersetzen.

2. Terminsanberaumung, Ladungsfrist: Zwischen der Bekanntmachung der Ladung und dem Termine muß eine Frist von mindestens zwei Wochen liegen (§ 153 Abs. 4 G.F.G.); der Termin ist also jedenfalls so anzuberaumen, daß die Wahrung der Ladungsfrist möglich ist.

Auf Wahrung der Ladungsfrist können die Beteiligten verzichten. Ist ein Beteiligter, hinsichtlich dessen die Frist nicht gewahrt ist, nicht erschienen, oder wird die Nichteinhaltung der Frist von einem Erschienenen gerügt, so ist die Anberaumung eines neuen Termins notwendig, zu welchem alle Beteiligten wieder zu laden sind; die Ladungsfrist beginnt mit der Bekanntmachung der neuen Ladung.

3. Zu ladende Beteiligte sind der oder die Antragsteller und die nach dem Antrage oder den Anträgen zu dem Verfahren Zuzuziehenden.

4. Inhalt der Ladung: Die Ladung muß außer der Angabe von Ort und Zeit des Termins enthalten:

a) den Hinweis darauf, daß, wenn der Geladene weder in dem Termine erscheine, noch vorher Widerspruch gegen die Dispache bei den Gericht anmelde, sein Einverständnis mit der Dispache angenommen werden würde,

b) die Bemerkung, daß die Dispache und deren Unterlagen auf der Gerichtsschreiberei eingesehen werden können (§ 153 Abs. 3 G.F.G.).

5. Form: Die Bekanntmachung der Ladung muß mit Rücksicht auf die von der Zustellung ab laufende Frist nach Maßgabe des § 16 Abs. 2 Satz 1 oder Abs. 3 G.F.G. erfolgen.

V. Verhandlung im Termin: Im Termine ist zunächst festzustellen, ob alle an dem Verfahren Beteiligten form- und fristgerecht geladen sind und wer von den Geladenen erschienen ist.

Mit den Erschienenen ist über die Dispache zu verhandeln (§ 155 Abs. 1 G.F.G.), wobei ihnen ein etwaiger schriftlicher Widerspruch eines Nichterschienenen bekannt zu geben ist. Im Falle Widersprüche erhoben sind, wird das Gericht eine Verständigung versuchen.

In dem Protokoll über die Verhandlung ist festzustellen, daß kein Widerspruch erfolgte oder von wem und inwieweit Widerspruch erhoben wurde.

VI. Widerspruch:

1. Widerspruchsberechtigt ist jeder an dem Verfahren Beteiligte, auch der Antragsteller selbst.

2. Form: Die Erhebung des Widerspruchs erfolgt durch Erklärung im Termine oder durch Anmeldung bei dem Gericht vor dem Termine in jeder der allgemein für Erklärungen gegenüber dem Gerichte zulässigen Formen (vergl. § 13). Erklärung gegenüber einem anderen Beteiligten ist nicht genügend.

3. Inhalt. Zweck des Widerspruches ist eine Berichtigung der Dispache; der Widersprechende hat sich daher genau zu erklären, inwiefern er die Dispache anfechte und eine Berichtigung verlange.

4. Wirkung: Liegt ein Widerspruch vor, so haben sich die Beteiligten, deren Rechte von ihm betroffen werden, zu erklären (§ 155 Abs. 3 Satz 1 G.F.G.).

a) Wird der Widerspruch als begründet anerkannt oder kommt anderweit eine Einigung zu stande, so ist die Dispache vom Gerichte demgemäß zu berichtigen (§ 155 Abs. 3 Satz 2 G.F.G.); über die Vermutung der Nichtanerkennung eines Widerspruchs seitens eines Nichterschienenen siehe unten Ziff. VII Nr. 2.

Die Einigung hat das Gericht nach Maßgabe der Vorschriften des X. Abschnittes des G.F.G. zu beurkunden.

b) Soweit ein Widerspruch nicht erledigt wird, wird das Verfahren vorerst bis zur Erledigung im Prozeßwege ausgesetzt.

Der Widersprechende hat den Widerspruch durch Erhebung der Klage gegen diejenigen an dem Verfahren Beteiligten, deren Rechte durch den Widerspruch betroffen werden, zu verfolgen (§ 156 Abs. 1 Satz 1 G.F.G.).

Derselbe hat ohne vorherige Aufforderung binnen einer Frist von einem Monate, welche mit dem Terminstage beginnt, dem Gerichte nachzuweisen, daß er die Klage gegen die oben bezeichneten Personen erhoben habe[5]). Die Frist für den Nachweis der Klageerhebung kann von dem Amtsgerichte, wenn erhebliche Gründe glaubhaft gemacht werden, auf Antrag verlängert werden, jedoch nicht mehr nach Ablauf der ursprünglichen Frist (Rechtspr. Bd. III S. 37). Nach fruchtlosem Ablaufe der Frist gilt der Widerspruch

---

[5]) Die Klage ist bei dem mit der Verhandlung über die Dispache befaßten Amtsgericht und, wenn der Streitgegenstand zur Zuständigkeit der Amtsgerichte nicht gehört, bei dem Landgerichte zu erheben, in dessen Bezirk das erstgenannte Gericht seinen Sitz hat. Das Landgericht ist für die sämtlichen Klagen zuständig, wenn seine Zuständigkeit nach dem Inhalte der erhobenen und in dem Termine nicht zur Erledigung gelangten Widersprüche auch nur in Betreff einer Klage begründet ist, sofern nicht die sämtlichen an dem Widerspruch Beteiligten vereinbaren, daß das Amtsgericht über alle Widersprüche entscheiden solle (§ 156 Abs. 1 Satz 2 G.F.G. mit § 879 C.P.O.).

in dem Verfahren als nicht erhoben (§ 156 Abs. 1 Satz 2 G.F.G. mit § 878 C.P.O.).

Ist der Widerspruch durch rechtskräftiges Urteil oder in anderer Weise — durch Vergleich, Klagszurücknahme — erledigt, so haben die Beteiligten dem Gerichte hievon Mitteilung zu machen. Die Dispache ist sodann von dem Amtsgerichte, soweit erforderlich, nach Maßgabe der richterlichen Entscheidung zu berichtigen (§ 156 Abs. 2 G.F.G.).

VII. Versäumnisfolgen kennt das Gesetz in diesem Verfahren zweierlei:

1. Das Einverständnis eines Beteiligten mit der vom Dispacheur aufgemachten Dispache wird ohne Zulassung eines Gegenbeweises (vergl. § 157 Abs. 2 G.F.G.) vermutet, wenn derselbe

a) zu dem Termine richtig und rechtzeitig geladen ist,

b) im Termine nicht erschienen ist und

c) auch vor dem Termine keinen Widerspruch bei dem Gerichte angemeldet hat (§ 153 Abs. 3 G.F.G.).

2. Unter den Voraussetzungen sub Ziff. 1 lit. a und b wird von einem Beteiligten, dessen Rechte durch einen erhobenen Widerspruch betroffen werden, angenommen, daß er den Widerspruch nicht als begründet anerkenne (§ 155 Abs. 4 G.F.G.).

Abwesenheit eines Beteiligten hindert daher stets eine völlige Einigung über den Widerspruch und nötigt zur Klagestellung gegen den Abwesenden. Dieser kann jedenfalls die Klagestellung durch nachträgliche Anerkennung des Widerspruchs verhindern. Wie eine solche nachträgliche Anerkennung im Verfahren über Dispache zu berücksichtigen ist, regelt das Gesetz nicht ausdrücklich, doch wird auch hier nach Maßgabe des § 156 Abs. 2 G.F.G. Berichtigung der Dispache nach solcher Erledigung des Widerspruches zulässig sein.

VIII. Bestätigung der Dispache: Diese ist derjenige Rechtsakt, durch welchen die Dispache auf Grund der gerichtlichen Verhandlung erst mit besonderer Rechtswirksamkeit ausgestattet wird.

1. Voraussetzungen: Die Bestätigung erfolgt:

a) wenn kein Widerspruch erhoben oder der erhobene Widerspruch zurückgenommen wird, sofort im Termine (§ 155 Abs. 2 G.F.G.),

b) wenn Widerspruch erhoben wird, jedenfalls insoweit, als die Dispache durch den Widerspruch nicht berührt wird (§ 156 Abs. 3 Satz 3 G.F.G.),

c) wenn erhobene Widersprüche sich im Termine — durch Anerkennung oder sonstige Einigung — erledigen, nach vorausgegangener Berichtigung der Dispache (§ 153 Abs. 3 Satz 2 G.F.G.),

d) wenn Widerspruch erhoben und innerhalb der einmonatlichen oder verlängerten Frist dem Gerichte die Klageerhebung nicht nachgewiesen ist, nach Ablauf der Frist (§ 156 Abs. 1 Satz 2 G.F.G. mit § 878 Abs. 1 Satz 2 C.P.O.),

e) wenn ein erhobener Widerspruch rechtzeitig im Klagewege

geltend gemacht wurde, nach Erledigung durch rechtskräftiges Urteil oder in anderer Weise, eventuell nach entsprechender Berichtigung der Dispache (§ 156 Abs. 2 G.F.G.).

2. Form. Die Bestätigung erfolgt in Form eines Beschlusses, welcher der Angabe von Gründen nicht bedarf.

3. Bekanntmachung: Die Bestätigung ist allen an dem Verfahren Beteiligten nach § 16 Abs. 2 Satz 1 oder Abs. 3 G.F.G. bekannt zu machen. Verkündigung im Termine ersetzt nicht die besondere Bekanntmachung an Nichterschienene.

4. Wirkung:

a) Die Bestätigung der Dispache ist nur für das gegenseitige Verhältnis der an dem Verfahren Beteiligten wirksam; gegenüber an der Dispache Beteiligten, welche zu dem Verfahren nicht zugezogen waren, wirkt sie nicht (§ 158 Abs. 1 G.F.G.).

b) Die rechtskräftig bestätigte Dispache ist Vollstreckungstitel nach Maßgabe der Civilprozeßordnung für und gegen alle an dem Verfahren Beteiligten (§ 158 Abs. 2 C.P.O.).

Die vollstreckbare Ausfertigung wird von dem Gerichtsschreiber des Amtsgerichts erteilt (§ 797 Abs. 1 C.P.O.). Soweit zur Erteilung der vollstreckbaren Ausfertigung eine Anordnung des Vorsitzenden erforderlich ist (§§ 730, 733 mit § 795 C.P.O.), erläßt das Amtsgericht die Anordnung[6]). Die Entscheidung über Einwendungen, welche die Zulässigkeit der Vollstreckungsklausel betreffen, sowie die Entscheidung über die Erteilung einer weiteren vollstreckbaren Ausfertigung erfolgt durch das nämliche Gericht (§ 797 Abs. 3 C.P.O.).

IX. Rechtsmittel:

1. Gegen die Einleitung der gerichtlichen Verhandlung über die Dispache findet Beschwerde nicht statt, da es an einer anzufechtenden „Verfügung" fehlt (a. M. Rausnitz Note 3 zu § 157).

2. Sofortige Beschwerde findet statt (§ 157 Abs. 1 G.F.G.):

a) gegen die Zurückweisung des Antrages auf gerichtliche Verhandlung über die Dispache, — beschwerdeberechtigt ist nur der Antragsteller (§ 20 Abs. 2 G.F.G.),

b) gegen die Entscheidung über die Bestätigung der Dispache, also sowohl gegen die Bestätigung als gegen die Verfügung, durch welche ein Antrag auf Bestätigung zurückgewiesen wird; über das Beschwerderecht siehe Rausnitz Note 5 zu § 157.

Die Beschwerde gegen die Bestätigung kann nur darauf gestützt

---

[6]) Für Klagen auf Erteilung der Vollstreckungsklausel, für Klagen, durch welche Einwendungen gegen die in der Dispache festgestellten Ansprüche geltend gemacht werden — oder die bei der Erteilung der Vollstreckungsklausel als eingetreten angenommene Rechtsnachfolge bestritten wird, ist das Amtsgericht zuständig, welches die Dispache bestätigt hat. Gehört der Anspruch nicht vor die Amtsgerichte, so sind die Klagen bei dem zuständigen Landgerichte zu erheben (§ 158 Abs. 3 G.F.G.). Siehe auch D. S. 81, 82.

werden, daß dem Beschwerdeführer gegenüber Vorschriften über das Verfahren — durch nicht ordnungsmäßige Ladung oder Bekanntmachung, Nichteinhaltung der Ladungsfrist — nicht beobachtet sind; Einwendungen gegen die Dispache, zu deren Geltendmachung der Weg des Widerspruchs offenstand, können nicht nachträglich im Wege der Beschwerde geltend gemacht werden (§ 157 Abs. 2 G.F.G.).

X. Gebühr:

Für das gesamte Verfahren werden vier Zehnteile der Sätze des § 8 G.K.G. erhoben. Als Wert des Gegenstandes ist der Betrag des Havereischadens anzusehen, wenn jedoch der Wert des Geretteten an Schiff, Fracht und Ladung geringer ist, dieser geringere Betrag. Wird die Dispache bestätigt, so haften die am Verfahren Beteiligten für die Kosten als Gesamtschuldner (Art. 137 Geb.G.).

VI. Einsicht der Dispache; Abschrifterteilung.

I. Der Dispacheur sowohl als der Schiffer, welcher die Dispache aufgestellt hat (§ 87 Abs. 1 G.F.G.), ist verpflichtet, jedem Beteiligten Einsicht in die Dispache zu gewähren und ihm auf Verlangen eine Abschrift gegen Erstattung der Kosten zu erteilen (§ 152 G.F.G.).

Zwangsmittel zur Erfüllung dieser Verpflichtungen sind nicht vorgesehen; nötigenfalls muß beim ordentlichen Prozeßgericht auf Erfüllung geklagt werden.

II. Ist die gerichtliche Verhandlung über die Dispache eingeleitet, so haben die zu dem Verfahren zugezogenen Beteiligten ein Recht auf Einsicht der Dispache und ihrer Unterlagen (§ 153 Abs. 3 Satz 2 G.F.G.).

Für die Erteilung von Abschriften gilt mangels abweichender gesetzlicher Regelung die Regel des § 34 G.F.G., ebenso für die Einsicht durch an dem Verfahren nicht Beteiligte; doch wird in der Beteiligung an der Dispache überhaupt in beiden Fällen ein genügendes berechtigtes Interesse zu erblicken sein.

§ 86.

Verklarung eines Schiffs- oder Floßunfalles.

I. Verklarung ist die Beweisaufnahme über den tatsächlichen Hergang bei dem Unfalle, von dem ein Schiff oder ein Floß betroffen wurde, sowie über den Umfang des eingetretenen Schadens und über die zur Abwendung oder Verringerung desselben angewendeten Mittel (§ 11 B.Sch.G., § 8 Fl.G.).

II. Zuständig ist das Amtsgericht des Ortes, an welchem die Reise des Schiffes oder des Floßes endet, und, wenn das Schiff oder Floß vorher an einem anderen Orte längere Zeit liegen bleiben muß, das Amtsgericht dieses Ortes.

III. Das Gericht wird nur auf **Antrag** tätig. Antragsberechtigt (und auf Verlangen des Schiffseigners oder eines Ladungsbeteiligten, bezw. des Dienstherrn des Floßführers, des Absenders oder des Empfängers des Floßes zu dem Antrag verpflichtet) ist der Schiffer bezw. der Floßführer. Der Antragsteller hat sich mit dem Antrage selbst zum Zeugnis zu erbieten und die zur Feststellung des Sachverhältnisses sonst dienlichen Beweismittel zu bezeichnen.

IV. **Verfahren**: Zur Aufnahme des Beweises bestimmt das Gericht einen tunlichst nahen Termin, zu welchem der Schiffer bezw. der Floßführer und die sonst bezeichneten Zeugen zu laden sind. Von dem Termine ist auch, soweit es ohne unverhältnismäßige Verzögerung des Verfahrens geschehen kann, dem Schiffseigner und den Ladungsbeteiligten, bezw. dem Dienstherrn des Floßführers, sowie dem Absender und dem Empfänger des Floßes Mitteilung zu machen. Die Mitteilung kann durch öffentliche Bekanntmachung erfolgen (§ 12 B.Sch.G., § 9 Fl.G.).

Die Aufnahme des Beweises erfolgt nach den Vorschriften der Civilprozeßordnung; soweit hienach die Beeidigung des Schiffers bezw. des Floßführers nicht ausgeschlossen ist, beschließt über dieselbe das Gericht nach freiem Ermessen.

Die an Schiff und Ladung Beteiligten, der Dienstherr des Floßführers, der Absender und der Empfänger des Floßes, sowie die etwa sonst durch den Unfall Betroffenen sind berechtigt, in Person oder durch Vertreter der Verhandlung beizuwohnen; diese Personen können eine Ausdehnung der Beweisaufnahme auf weitere Beweismittel beantragen.

Das Gericht ist befugt, eine Ausdehnung der Beweisaufnahme auch von Amts wegen anzuordnen, soweit dies zur Aufklärung des Sachverhalts erforderlich erscheint (§ 13 B.Sch.G., § 10 Fl.G.).

Im übrigen finden die Vorschriften des I. Abschnittes des G.F.G. auf das Verfahren Anwendung.

V. **Beschwerde**. Gegen die Verfügung, durch welche der Antrag auf Beweisaufnahme zurückgewiesen wird, findet die sofortige Beschwerde statt. Eine Anfechtung der Verfügung, durch welche dem Antrag stattgegeben wird, ist ausgeschlossen (§ 148 Abs. 2 G.F.G.).

VI. **Kosten und Gebühren**: Ist das Verfahren auf Verlangen eines Ladungsbeteiligten, bezw. des Absenders oder Empfängers des Floßes beantragt, so hat dieser die entstandenen Kosten zu erstatten, soweit er nicht Anspruch auf Ersatz des durch den Unfall ihm entstandenen Schadens hat (§ 14 Abs. 2 B.Sch.G., § 11 Abs. 2 Fl.G.).

Für die Entscheidung, einschließlich des Verfahrens, über den Antrag auf Beweisaufnahme werden $1^1/_2$ Zehnteile der Sätze des § 8 G.K.G. und, wenn eine Beweisaufnahme stattgefunden hat, $2^1/_2$ Zehnteile und höchstens ein Betrag von dreißig Mark erhoben.

Gebührenpflichtig gegenüber der Staatskasse ist der Antragsteller (§ 14 Abs. 1 V.Sch.G., § 11 Abs. 1 Fl.G. mit §§ 36, 81, 90 G.K.G.).

§ 87.

Bestellung eines Vertreters des Grundstückseigentümers.

Die Kündigung einer Hypothek, einer Grundschuld oder einer abzulösenden Rentenschuld seitens des Gläubigers ist nur wirksam, wenn sie dem Grundstückseigentümer gegenüber erfolgt (§ 1141 Abs. 1 B.G.B.).

Auf Antrag des Gläubigers ist dem Eigentümer ein Vertreter, dem gegenüber die Kündigung des Gläubigers erfolgen kann, zu bestellen,

wenn der Eigentümer keinen Wohnsitz im Inlande hat oder
wenn der Aufenthalt des Eigentümers unbekannt ist (§ 1141 Abs. 2 mit § 132 Abs. 2, § 1192 Abs. 1, § 1200 Abs. 1 B.G.B.).

Der Fall, daß der Gläubiger sich über die Person des Eigentümers in einem nicht auf Fahrlässigkeit beruhenden Irrtum befinde (§ 132 Abs. 2 B.G.B.) ist praktisch wohl durch die Vorschrift in § 1141 Abs. 1 Satz 2 B.G.B. ausgeschlossen, daß zu Gunsten des Gläubigers derjenige, welcher im Grundbuch als Eigentümer eingetragen ist, als Eigentümer gilt.

Zuständig für die Bestellung ist das Amtsgericht, in dessen Bezirk das Grundstück liegt.

Für die Bestellung wird eine Gebühr von 2 Mark erhoben (Art. 131 Geb.G.).

§ 88.

Bewilligung der öffentlichen Zustellung einer Willenserklärung.

Eine Willenserklärung kann außerhalb eines Prozesses zugestellt werden:

1. durch Vermittelung des Gerichtsvollziehers nach den Vorschriften der Civilprozeßordnung (§ 132 Abs. 1 B.G.B., § 41 der Geschäftsanweisung für die Gerichtsvollzieher vom 28. April 1900, J.M.Bl. S. 621);
2. durch öffentliche Zustellung (§ 132 Abs. 2 B.G.B.)[1].

Eine Mitwirkung der Gerichte ist im zweiten Falle notwendig.

I. Die öffentliche Zustellung einer Willenserklärung ist nur zulässig:

1. wenn sich der Erklärende über die Person desjenigen, welchem

[1] Art. 17—19 A.G. z. C.P.O. u. K.O. früherer Fassung ist durch Art. 166 Nr. XVI A.G. z. B.G.B. aufgehoben.

gegenüber die Erklärung abzugeben ist, in einer nicht auf Fahrlässigkeit beruhenden Unkenntnis befindet, oder

2. wenn der Aufenthalt dieser Person unbekannt ist.

II. Zuständig für die Bewilligung der öffentlichen Zustellung ist im ersten Falle das Amtsgericht, in dessen Bezirke der Erklärende seinen Wohnsitz oder in Ermangelung eines inländischen Wohnsitzes seinen Aufenthalt hat, im zweiten Falle das Amtsgericht, in dessen Bezirke die Person, welcher zuzustellen ist, den letzten Wohnsitz oder in Ermangelung eines inländischen Wohnsitzes den letzten Aufenthalt hatte.

III. Die Zustellung erfolgt nach den für die öffentliche Zustellung einer Ladung geltenden Vorschriften der Civilprozeßordnung (§ 17 oben).

Der Vollzug ist Aufgabe des Gerichtsschreibers.

IV. Die Gebühr für die Bewilligung der öffentlichen Zustellung beträgt 1 Mark (Art. 132 Nr. 2 Geb.G.).

§ 89.

Bewilligung der Veröffentlichung der Kraftloserklärung einer Vollmachtsurkunde.

Die Bewilligung der Veröffentlichung der durch den Vollmachtgeber erfolgten Kraftloserklärung einer Vollmachtsurkunde obliegt dem Amtsgericht.

Oertlich zuständig ist sowohl das Amtsgericht, in dessen Bezirk der Vollmachtgeber seinen allgemeinen Gerichtsstand (§§ 13 ff. C.P.O.) hat, als das Amtsgericht, welches für die Klage auf Rückgabe der Urkunde, abgesehen von dem Werte des Streitgegenstandes, zuständig sein würde (§ 176 Abs. 2 B.G.B. mit §§ 20—23, 29—31 C.P.O.).

Die Veröffentlichung erfolgt nach den für die öffentliche Zustellung einer Ladung geltenden Vorschriften der Civilprozeßordnung (§ 204 daselbst, § 41 der Bek. vom 16. Dezember 1899, Zustellungen von Amts wegen betr.).

Für die Verfügung wird eine Gebühr von 1 Mark erhoben (Art. 132 Nr. 3 Geb.G.).

§ 90.

Offenbarungseid.

I. Zuständigkeit: Die gerichtliche Mitwirkung bei Abnahme des Offenbarungseides ist Angelegenheit der freiwilligen Gerichtsbarkeit unter der doppelten Voraussetzung, daß

1. eine Verurteilung zur Leistung des Eides im Prozeßwege nicht erfolgt ist,

2. der Verpflichtete zur Eidesleistung bereit ist (Sammlg. Bd. I S. 404, 406, Rechtspr. Bd. II S. 190),

in folgenden Fällen:

wenn Grund zu der Annahme besteht, daß

a) der zur Rechenschaftsablegung (z. B. nach §§ 666, 675, 681, 1421, 1681, 1686, 1890, 1891, 1897, 1915, 2130, Abs. 2 B.G.B.) Verpflichtete die in der mitgeteilten Rechnung enthaltenen Angaben über die Einnahmen nicht mit der erforderlichen Sorgfalt gemacht hat (§ 259 B.G.B.);

b) der zur Herausgabe eines Inbegriffes von Gegenständen oder zur Auskunfterteilung über dessen Bestand Verpflichtete (vergl. §§ 1374, 1394, 1421, 1681, 1890, 1891, 1897, 1915, 2011, 2018, 2130, 2362 B.G.B.) das hierüber vorzulegende Verzeichnis nicht mit der erforderlichen Sorgfalt aufgestellt hat (§ 260 B.G.B.);

c) der zur Zeit des Erbfalles mit dem Erblasser in häuslicher Gemeinschaft gestandene Dritte, auch der Miterbe (Seuffert Bd. 57 Nr. 155, Entsch. Bd. II S. 79) die ihm obliegende Auskunft über von ihm geführte erbschaftliche Geschäfte und über den Verbleib der Erbschaftsgegenstände nicht mit der erforderlichen Sorgfalt erteilt hat (§ 2028 B.G.B., Sammlg. Bd. I S. 404);

d) der Miterbe die den übrigen Erben zu gebende Auskunft über die von ihm zur Ausgleichung zu bringenden Zuwendungen nicht mit der erforderlichen Sorgfalt erteilt hat (§ 2057 B.G.B.).

Oertlich zuständig zur Eidesabnahme ist das Amtsgericht des Ortes, an welchem die Verpflichtung zu der Handlung, auf welche sich die Eidesleistung bezieht, zu erfüllen ist. Hat der Verpflichtete seinen Wohnsitz oder seinen Aufenthalt im Inlande, so kann er jedoch den Eid auch vor dem Amtsgericht des Wohnsitzes oder Aufenthaltes leisten (§ 261 Abs. 1, §§ 2028 Abs. 3, 2057 Satz 2 B.G.B.); im Falle des § 2028 B.G.B. ist nicht auch das Nachlaßgericht zuständig (Sammlg. Bd. I S. 404, Rechtspr. Bd. II S. 190, Bl. f. R.A. Bd. 66 S. 97, Seuffert Bd. 56 Nr. 281).

II. Verfahren (§ 163 mit § 79 G.F.G.):

1. Die Eidesabnahme bedarf eines Antrages, zu welchem der Berechtigte und der Verpflichtete legitimiert ist; wird der Antrag von dem Berechtigten gestellt, so muß er Umstände nachweisen, welche die Annahme gerechtfertigt erscheinen lassen, daß die in der Rechnung gemachten Angaben über die Einnahmen bezw. daß das Verzeichnis oder die Auskunft der erforderlichen Sorgfalt entbehren; der Schuldner kann den Antrag nur stellen, wenn der Gläubiger die Eidesleistung verlangt hat.

2. Auf den Antrag hin hat das Gericht die Beteiligten von Amts wegen zu einem zur Eidesleistung zu bestimmenden Termine

unter Mitteilung des Antrages an den Gegner des Antragstellers nach den für die Zustellung von Amts wegen geltenden Vorschriften der Civilprozeßordnung zu laden; Einhaltung einer Ladungsfrist ist nicht vorgeschrieben. Ist der Schwurpflichtige nicht erschienen, so ist auf weiteren Antrag Anberaumung eines neuen Termines nicht ausgeschlossen, sofern Grund zu der Annahme besteht, daß der Schwurpflichtige zur Eidesleistung bereit ist; ein Zwang findet gegen denselben nicht statt. Verweigert er den Eid, so ist der Gegner davon zu verständigen. Der vor das Amtsgericht des Erfüllungsortes Geladene kann sich zur Eidesleistung vor dem Amtsgericht seines Wohnsitzes oder Aufenthaltsortes erbieten; in diesem Falle hat das erstere Gericht die Sache an das letztere abzugeben.

3. Eidesabnahme: der Eid ist im Falle 1 dahin zu leisten:

daß er nach bestem Wissen die Einnahmen so vollständig angegeben habe, als er dazu im stande sei (§ 259 Abs. 2 B.G.B.),

im Falle 2 und 4 dahin,

daß er nach bestem Wissen den Bestand so vollständig angegeben habe, als er dazu im stande sei (§§ 260, 2057 B.G.B.),

im Falle 3 dahin,

daß er seine Angaben nach bestem Wissen so vollständig gemacht habe, als er dazu im stande sei (§ 2028 Abs. 2 B.G.B.).

Das Gericht kann eine den Umständen des Falles entsprechende Aenderung der Eidesnorm beschließen (§ 261 Abs. 2, § 2028 Abs. 2, § 2057 B.G.B.).

Im übrigen finden auf die Eidesleistung die Vorschriften der §§ 478—484 C.P.O. Anwendung (§ 15 G.F.G.).

Die Eidesabnahme erfolgt auch, wenn der Berechtigte nicht erschienen ist (§ 79 Satz 3 mit § 163 G.F.G.).

Ueber die Eidesleistung wie über die Verweigerung derselben ist ein Protokoll aufzunehmen.

4. Gegen die Verweigerung der Terminsanberaumung findet die Beschwerde nach allgemeinen Grundsätzen statt.

III. Die Kosten der Abnahme des Eides hat derjenige zu tragen, welcher die Leistung des Eides verlangt, auch wenn nicht er, sondern der Schwurpflichtige den Antrag auf Eidesabnahme gestellt hat (§ 261 Abs. 3, § 2028 Abs. 2, § 2057 B.G.B.).

Für die Verhandlung im Eidesleistungstermin — auch wenn die Abnahme des Eides nicht erfolgen kann — werden zwei Zehnteile der Gebühr nach dem Werte des Streitgegenstandes erhoben (Art. 133 Geb.G. mit §§ 8, 43 G.K.G.).

§ 91.

Untersuchung von Sachen.

I. In einer Anzahl von Fällen gibt das Bürgerliche Recht jemanden die Befugnis, auch außerhalb eines Prozesses den Zustand oder den Wert einer Sache durch Sachverständige feststellen zu lassen. Die wesentlichsten Fälle sind:

1. Feststellung des Zustandes, bei verbrauchbaren Sachen des Wertes der mit einem Nießbrauch belasteten Sache auf Antrag des Nießbrauchers oder des Eigentümers (§§ 1034, 1067, 1075 B.G.B.);
2. Feststellung des Zustandes der zum eingebrachten Gute eines Ehegatten gehörenden oder der vom Gesamtgut ausgeschlossenen Sachen auf Antrag eines Ehegatten (§ 1372 Abs. 2, §§ 1439, 1528 Abs. 2, § 1550 B.G.B.);
3. Feststellung des Zustandes der zur Erbschaft gehörenden Sachen auf Antrag des Vorerben oder des Nacherben (§ 2122 B.G.B.);
4. Feststellung einer bei der Annahme äußerlich nicht erkennbaren Beschädigung oder Minderung des Frachtgutes auf Antrag des Empfangsberechtigten (§ 438 Abs. 3, § 464 Abs. 1, §§ 608, 609 B.G.B., § 61 B.Sch.G.).

II. In diesen Fällen obliegt die Ernennung, Beeidigung und Vernehmung der Sachverständigen dem Amtsgericht. Oertlich zuständig ist, sofern nicht die Beteiligten die Zuständigkeit eines anderen Amtsgerichts ausdrücklich vereinbart haben, das Amtsgericht, in dessen Bezirke sich die Sache befindet (§ 164 Abs. 1 G.F.G.).

Ueber Bestellung von Sachverständigen zur Grundstückschätzung siehe unten § 103.

III. Für die Beeidigung und Vernehmung des Sachverständigen sind die Vorschriften der §§ 402 ff., 478 ff. C.P.O. maßgebend (§ 15 G.F.G.). Ueber die Vernehmung ist ein Protokoll aufzunehmen.

Der Gegner des Antragstellers ist bei dem Verfahren soweit tunlich mündlich oder schriftlich zu hören (§ 164 Abs. 3 G.F.G).

IV. Gegen die Zurückweisung des Antrages findet die Beschwerde nach den allgemeinen Vorschriften der §§ 19 ff. G.F.G. statt.

Die Verfügung, durch welche dem Antrag stattgegeben wird, ist unanfechtbar (§ 164 Abs. 2 G.F.G.), unbeschadet des Rechts der Beteiligten den ernannten Sachverständigen abzulehnen und gegen die Zurückweisung des Ablehnungsgesuches sofortige Beschwerde zu ergreifen.

V. Die Kosten des Verfahrens hat nach den jeweils maßgebenden Bestimmungen des Bürgerlichen Rechts der Antragsteller zu tragen. Für die Vernehmung des Sachverständigen wird eine Gebühr von drei Zehnteilen der Sätze des § 8 G.K.G. erhoben (Art. 138 Geb.G.).

§ 92.

Verwahrung von Sachen.

I. Das Bürgerliche Recht sieht in bestimmten Fällen die Ablieferung einer Sache an einen gerichtlich zu bestellenden Verwahrer vor; diese sind:

1. Ablieferung einer zur Hinterlegung nicht geeigneten Sache bei Unteilbarkeit der Leistung und einer Mehrheit von Gläubigern, welche nicht Gesamtgläubiger sind (§ 432 B.G.B.),
2. Ablieferung des zur Hinterlegung nicht geeigneten Pfandes auf Antrag des Verpfänders im Falle der erheblichen Verletzung seiner Rechte durch den Pfandgläubiger (§ 1217 B.G.B.),
3. Ablieferung der geschuldeten Sache beim Bestehen eines Pfandrechts an einer Forderung auf Antrag des Pfandgläubigers oder des Gläubigers (§ 1281 B.G.B.),
4. Ablieferung der von einem Nachlaßschuldner zu leistenden, zur Hinterlegung nicht geeigneten Sache beim Vorhandensein mehrerer Erben des Gläubigers auf Antrag eines Miterben (§ 2039 B.G.B.).

II. In diesen Fällen obliegt dem Amtsgericht als Gericht der freiwilligen Gerichtsbarkeit
1. die Bestellung des Verwahrers,
2. die Entscheidung über eine von dem Verwahrer nach § 689 B.G.B. beanspruchte Vergütung, nicht auch über die Auslagen (§ 165 Abs. 1 und 2 B.G.B.).

Oertlich zuständig ist ausschließlich das Amtsgericht, in dessen Bezirke sich die Sache befindet.

III. Das Gericht wird nur auf Antrag tätig. Vor der Bestellung des Verwahrers und vor der Entscheidung über die Vergütung hat das Gericht die Beteiligten soweit tunlich mündlich oder schriftlich zu hören, damit sie sich über die Zulässigkeit der Bestellung und über die Person des Verwahrers sowie über die Höhe der von diesem beanspruchten Vergütung äußern können (§ 165 Abs. 3 G.F.G.).

IV. Die Beschwerde findet nach den allgemeinen Vorschriften der §§ 19ff. G.F.G. statt; es ist daher auch eine Abänderung der Entscheidung durch das Amtsgericht jederzeit zulässig.

V. Für die Bestellung des Verwahrers einschließlich der Bestimmung seiner Vergütung wird vom Antragsteller eine Gebühr von drei Zehnteilen der Sätze des § 8 G.K.G. erhoben (Art. 135 Geb.G.).

§ 93.

Pfandverkauf.

Entspricht eine von den Vorschriften der §§ 1235—1240 B.G.B. abweichende Art des Pfandverkaufs beim vertragsmäßigen oder gesetzlichen Pfandrecht (§ 1257 l. c.) nach billigem Ermessen den Interessen der Beteiligten und kommt eine Einigung unter denselben nicht zu stande, so entscheidet das Gericht (§ 1246 Abs. 2 B.G.B.).

Die Entscheidung ist Angelegenheit der freiwilligen Gerichtsbarkeit. Ausschließlich zuständig ist das Amtsgericht des Ortes, an welchem das Pfand aufbewahrt wird (§ 166 Abs. 1 G.F.G.).

Voraussetzung der richterlichen Entscheidung ist, daß nur über die Art des Pfandverkaufs Meinungsverschiedenheit besteht (C.Bl. Bd. III S. 182, 190).

Vor der Entscheidung sind die Beteiligten soweit tunlich schriftlich oder mündlich zu hören (§ 166 Abs. 2 G.F.G.).

Für die Wirksamkeit der Entscheidung und die Beschwerde gelten die allgemeinen Vorschriften (§ 16 Abs. 1, §§ 18, 32, 19ff. G.F.G.).

Für die Entscheidung werden zwei Zehnteile der Sätze des § 8 G.K.G. erhoben (Art. 134 Geb.G.).

§ 94.

Ermächtigung zur Berufung einer Versammlung der Besitzer von Schuldverschreibungen.

I. Die gemeinsamen Rechte der Besitzer von Schuldverschreibungen, welche von Jemand, der im Inlande seinen Wohnsitz oder seine gewerbliche Niederlassung hat, im Inlande mit im voraus bestimmten Nennwerten ausgestellt sind, werden, sofern die Nennwerte der ausgegebenen Schuldverschreibungen zusammen mindestens dreihunderttausend Mark betragen und die Zahl der ausgegebenen Stücke mindestens dreihundert ist, durch eine Versammlung der Gläubiger aus diesen Schuldverschreibungen vertreten (§ 1 des R.G. betr. die gemeinsamen Rechte der Besitzer von Schuldverschreibungen vom 4. Dezember 1899, R.G.Bl. S. 691).

Die Versammlung ist vom Schuldner zu berufen, wenn Gläubiger, deren Schuldverschreibungen zusammen den zwanzigsten Teil des Gesamtbetrags der im Umlaufe befindlichen Schuldverschreibungen erreichen, oder ein von der Gläubigerversammlung nach § 1 Abs. 2 l. c. bestellter Vertreter der Gläubiger die Berufung schriftlich unter Angabe des Zweckes und der Gründe verlangen (§ 3 Abs. 2 l. c.).

II. Wird einem solchen Verlangen nach Berufung der Versammlung vom Schuldner nicht entsprochen, so kann das **Amtsgericht** die Antragsteller zur Berufung der Versammlung ermächtigen.

Zuständig ist das Amtsgericht, in dessen Bezirke der Schuldner seinen Wohnsitz oder seine gewerbliche Niederlassung hat, und wenn in dem Zeitpunkt, in welchem der Antrag gestellt werden soll, der Schuldner im Inlande weder einen Wohnsitz noch eine gewerbliche Niederlassung hat, das Amtsgericht, in dessen Bezirk er zuletzt seinen Wohnsitz oder seine gewerbliche Niederlassung gehabt hat (§ 4 Abs. 1 l. c.).

Die Erteilung der Ermächtigung hängt, wenn Gläubiger den Antrag stellen, davon ab, daß dieselben ihre Schuldverschreibungen bei der Reichsbank, bei einem Notar oder bei der k. Bank (§ 10 der Zuständigkeitsverordnung vom 24. Dezember 1899) hinterlegen (§ 4 Abs. 2 l. c.).

Wird die Ermächtigung erteilt, so kann das Gericht zugleich über den Vorsitz in der Versammlung Bestimmung treffen. Das Gericht entscheidet auch darüber, ob die durch den Antrag sowie die durch die Berufung und Abhaltung der Versammlung entstehenden Kosten von den Antragstellern oder von dem Schuldner zu tragen sind (§ 4 Abs. 3 l. c.).

Vor der Verfügung, durch welche über den Antrag auf Ermächtigung zur Berufung der Gläubigerversammlung oder über die Tragung der Kosten entschieden wird, ist soweit tunlich der Schuldner und, wenn ein Vertreter der Gläubiger bestellt ist, auch dieser zu hören (§ 4 Abs. 4 Satz 1 l. c.).

Gegen die Verfügung findet die sofortige Beschwerde statt (§ 4 Abs. 4 Satz 2 l. c.)[1].

Für die Verfügung wird eine Gebühr von drei Zehnteilen der Sätze des § 8 G.K.G. erhoben (Art. 139 Geb.G.).

---

[1]) Zur Beurkundung der Versammlungsbeschlüsse nach § 9 des G. vom 4. Dezember 1899 sind in Bayern ausschließlich die Notare zuständig (Art. 15 Abs. 2 A.G. z. G.V.G., Art. 1 Not.G.).

VII. Abschnitt.

Landesrechtliche Angelegenheiten der freiwilligen Gerichtsbarkeit.

§ 95.

Konstatierung dinglicher Gewerbsrechte.

In Bayern sind auf Grund Art. 74 E.G. z. B.G.B. durch Art. 1 A.G. z. B.G.B. die landesgesetzlichen Vorschriften über Realgewerbeberechtigungen aufrecht erhalten.

Durch Art. 7 des bayerischen Gewerbegesetzes vom 30. Januar 1868 (G.Bl. 1866/69 S. 309, Weber G. u. V.-Sammlg. Bd. VII S. 178) sind die realen Gewerbeberechtigungen als fortbestehend erklärt; vergl. über letztere Gesetz vom 11. September 1825, die Grundbestimmungen des Gewerbswesen betr., G.Bl. S. 869, Weber Bd. II S. 244.

Den Amtsgerichten obliegt als Gerichten der freiwilligen Gerichtsbarkeit die Konstatierung der Eigenschaft eines Rechts auf einen bestimmten Gewerbebetrieb als realer Gewerbeberechtigung; vergl. über die Zuständigkeit des Amtsgerichts hauptsächlich § 10 Ziff. 3 des Gesetzes vom 11. September 1825, Ministerial-Entschließung vom 30. Oktober 1835, den Vollzug dieses Gesetzes betr. (Weber Bd. III S. 42, Döllinger Bd. XIV S. 1522), Art. 15 A.G. z. G.V.G.; siehe ferner Wagner S. 246, Becher S. 1085 Note 11.

Die Zuständigkeit des Amtsgerichts ist nur begründet, wenn die reale Gewerbsberechtigung als ein selbständiges radiziertes oder reales Gewerbsrecht, nicht als Ausfluß eines anderen Rechts in Anspruch genommen wird.

Der Antragsteller hat für die behauptete Realeigenschaft die Beweismittel namhaft zu machen.

Das Gericht hat von Amts wegen die vorgelegten Nachweise zu prüfen, die erforderlichen Beweise zu erheben, Ermittelungen anzustellen, den Polizeibehörden von dem Antrage Kenntnis und zur Abgabe von Erklärungen Gelegenheit zu geben.

Auf Grund der gepflogenen Erhebungen hat das Amtsgericht durch Beschluß auszusprechen, ob dem in Frage stehenden Gewerbe reale Eigenschaft zukommt oder nicht (über das Verfahren siehe auch Ministerialentschließung vom 31. August 1854, Weber Bd. IV S. 646, ferner die Zitate bei Becher S. 1086 Note 13).

Gegen den Beschluß, durch welchen die Realgewerbsberechtigung festgestellt wird, findet eine Beschwerde nicht statt; ein etwaiger Streit mit Gewerbskonkurrenten ist im Civilrechtswege auszutragen (Art. 129 A.G. z. B.G.B., M.E. vom 31. August 1854).

Gegen einen den Antrag ablehnenden Beschluß findet die Beschwerde nur für den Antragsteller statt (§§ 19ff., insbesondere § 20 Abs. 2 G.F.G., Art. 129 A.G. z. B.G.B.).

§ 96.

Verrichtungen in Bezug auf landwirtschaftliche Erbgüter.

Für die durch das Gesetz vom 22. Februar 1855, die Errichtung landwirtschaftlicher Erbgüter betr. (i. d. F. des Art. 152 A.G. z. B.G.B.) den Gerichten übertragenen Verrichtungen sind die Amtsgerichte als Gerichte der freiwilligen Gerichtsbarkeit zuständig (Art. 3 Nr. 2 l. c. mit Art. 15 Abs. 1 A.G. z. G.V.G. i. d. F. des Art. 167 Nr. I A.G. z. B.G.B., Art. 6 Abs. 3 und 4 l. c.).

Die gerichtlichen Verrichtungen sind teils solche, welche sich

I. auf Errichtung von landwirtschaftlichen Erbgütern, teils solche,

II. welche sich auf bestehende Erbgüter beziehen.

ad I. Die Verrichtungen dieser Art, welche einen Antrag auf Errichtung eines Erbgutes voraussetzen, sind:

1. Die Prüfung der gesetzlichen Voraussetzungen der Errichtung (Art. 3 Nr. 2). Diese sind,

a) daß der Stifter befugt ist, über sein Vermögen frei zu verfügen,

b) daß das in Bayern liegende Grundvermögen mit einem Simplum der Grundsteuer von wenigstens 6 fl. = 10 Mk. 29 Pf. belegt und bis zu dem diesem Steuerbetrage entsprechenden Grundwerte schuldenfrei ist, wobei angenommen wird, daß ein Gulden Steuersimplum einen Grundwert von 800 fl. = 1371 Mk. 43 Pf. vertritt (Art. 1),

c) daß die Willenserklärung des Stifters in einer öffentlichen, das ist notariellen (Art. 1 Not.G.), Urkunde oder in einem schriftlich errichteten Privattestament (§ 2231 Nr. 2 B.G.B.) niedergelegt ist;

2. die Erholung beglaubigter Auszüge aus den betreffenden Hypothekenbüchern (Art. 4 Abs. 1);

3. die Ediktalladung der unbekannten Gläubiger; diese hat zu enthalten

die Aufforderung zur Geltendmachung etwaiger Einsprüche gegen die Erbgutserrichtung binnen einer Frist von 3 Monaten, die Androhung des Rechtsnachteiles, daß nach fruchtlosem Ablauf der Frist ohne weitere Rücksicht auf solche Einsprüche mit der Beurkundung und Eintragung der Erbgutserrichtung vorgeschritten werden würde (Art. 4 Abs. 1);

4. die Vorladung der von den Gerichten und Hypothekenämtern angezeigten sowie der vom Stifter des Erbguts benannten Gläubiger; dieselbe hat die Androhung des Rechtsnachteils zu enthalten, daß ihre Forderungen dergestalt, wie sie angezeigt sind, und für Forderungen, für die eine dingliche Haftung besteht, Sicherheitshypotheken auf das Erbgut eingetragen werden sollen (Art. 4 Abs. 2 n. F.);

5. die Entgegennahme und Protokollierung etwaiger Einsprüche. Ergeben sich sofort bei Prüfung der Voraussetzungen der Errichtung oder später infolge von Einsprüchen Hindernisse für die Errichtung, so ist der Antrag als unbegründet zurückzuweisen.

Die Beurkundung der Errichtung, wenn sich Hindernisse für dieselbe nicht ergeben haben, gehört zur Zuständigkeit der Notare (Art. 1 Not.G., welcher Art. 3 Nr. 2 des Erbg.G. derogiert). Der Vollzug der notariellen Urkunde gehört zur Zuständigkeit des (Hypotheken- bezw.) Grundbuchamts (Art. 3 Nr. 3).

ad II. Die Verrichtungen in Bezug auf bestehende Erbgüter sind:

1. Die Ergänzung der Zustimmung des oder der Erben zu einer über die Schranken des Art. 6 Abs. 1 hinausgehenden Verpfändung oder Veräußerung der Substanz des Erbguts, Beschwerung desselben mit ständigen Lasten, Austausch von Grundstücken und Hingabe im Vergleichswege oder an Zahlungsstatt; dieselbe darf nur erfolgen, wenn nach dem Ermessen des Gerichts das fragliche Rechtsgeschäft zur Erhaltung des Erbguts notwendig oder mit überwiegenden Gründen nützlich und im Interesse der Anerben liegend befunden wird (Art. 6 Abs. 2 und 3);

2. die Bestätigung des ohne Zustimmung des Anerben vorgenommenen Austausches von Grundstücken zum Zwecke der Arrondierung; Voraussetzung ist, daß durch den Austausch der Grundbesitz nicht in dem Maße verringert wird, daß derselbe nicht mehr mit einem Simplum der Grundsteuer von wenigstens 6 fl. = 10 Mk. 29 Pf. belegt ist (Art. 6 Abs. 4 n. F.);

3. die Aufforderung an die Anerben, sich binnen einer Frist von drei Monaten zu erklären, ob sie zur Uebernahme des Erbguts bereit sind, vor der Uebergabe an einen Anerben oder der Veräußerung bei Lebzeiten des Eigentümers; dieselbe erfolgt unter Androhung des Nachteils, daß sie nach fruchtlosem Ablauf der Frist als auf die Uebernahme verzichtend angesehen würden (Art. 10 Abs. 4);

4. die Bestätigung der notariell verlautbarten Gutsübergabe unter Lebenden (Art. 10 Abs. 5 n. F.);

5. die Entscheidung darüber, ob die Hinauszahlung der Ab-

findungssumme an einen weder ansässigen noch verehelichten Anerben vor Ablauf der in Art. 21 Abs. 1 Satz 2 bestimmten Frist zum Zwecke der Erziehung oder Ausbildung des Anerben für seinen künftigen Beruf oder zur Begründung eines gesetzlich erlaubten Nahrungsstandes erforderlich ist, sofern der frühere Gutseigentümer noch lebt und der betreffende Anerbe schon volljährig ist (Art. 21 Abs. 3);

6. die Prüfung, ob die Voraussetzungen der Art. 28 für die Erlöschung der Erbgutseigenschaft vorliegen (Art. 29);

7. die Erhebung des Erbgutswertes in den Fällen des Art. 14, 15 und 17 (Sukzession in das Erbgut) in Ermangelung einer Uebereinkunft durch Vernehmung von Sachverständigen.

Zahl und Person der Sachverständigen wird in erster Linie durch Uebereinkunft der sämtlichen Beteiligten binnen einer ihnen hiezu vorzustreckenden Frist bestimmt; wenn eine Einigung nicht zu stande kommt, hat das Gericht drei Sachverständige zu ernennen, die getroffene Wahl den Beteiligten behufs Erhebung etwaiger Einreden gegen die Person der Gewählten unter Vorsetzung einer ausschließlichen Frist von 14 Tagen bekannt zu geben und nach Fristablauf über rechtzeitig vorgebrachte Einreden Beschluß zu fassen (Art. 31 Abs. 1—4);

8. die Aufstellung eines gemeinschaftlichen Kurators für Anerben, welche im Lande nicht anwesend sind oder deren Aufenthalt nicht ausgemittelt werden kann und welche auch keinen rechtsförmlich bevollmächtigten Vertreter im Lande haben, sofern eine Erklärungsabgabe derselben notwendig ist (Art. 32).

Die sämtlichen Verrichtungen setzen einen Antrag eines Beteiligten voraus.

Die Beschwerde gegen Verfügungen und Entscheidungen des Amtsgerichts findet nach Aufhebung des Art. 33, welcher bisher das Beschwerdeverfahren ordnete, nach Maßgabe der Vorschriften der §§ 19 ff. G.F.G. statt (Art. 129 A.G. z. B.G.B.).

Die gerichtlichen Verrichtungen, welche die Errichtung des Erbguts selbst zum Zweck haben, sind gebührenfrei, für alle übrigen vorausgehenden und nachfolgenden Verhandlungen sind dagegen die Tax- und Stempelgebühren zu entrichten (Art. 34 l. c.; vergl. Art. 249 ff. Geb.G.).

§ 97.

Registrierte Gesellschaften.

Durch Reichsgesetz vom 23. Juni 1873 ist das Bundesgesetz über die privatrechtliche Stellung der Erwerbs- und Wirtschaftsgenossenschaften vom 4. Juni 1869 mit Wirksamkeit vom 1. August 1873 ab in Bayern eingeführt und das bayer. Gesetz vom 29. April 1868 gleichen Betreffs außer Kraft gesetzt. Letzteres Gesetz blieb jedoch für die rechtliche Stellung vor dem 1. August 1873 registrierter Gesellschaften maßgebend und Art. 165 E.G. z. B.G.B. hat neuerdings den gleichen Vorbehalt zu Gunsten der zur Zeit des Inkrafttretens des B.G.B. noch bestehenden Gesellschaften gemacht.

Für die Führung des Registers für die registrierten Gesellschaften ist seit 1. Januar 1900 das Gericht, dem die Führung des Handelsregisters obliegt, d. i. das Amtsgericht, zuständig (Art. 74 Abs. 1 Ges. v. 29. April 1869 i. d. F. des Art. 161 Nr. II A.G. z. B.G.B., § 125 G.F.G., § 211 Nr. 3 der Bek. vom 24. Dezember 1899, Registerführung betr., J.M.Bl. S. 907). Das mit der Führung des Handelsregisters betraute Amtsgericht führt das Register für sämtliche Amtsgerichte des Registerbezirks (§ 21 der Bek. vom 14. Dezember 1899, Führung des Genossenschaftsregisters betr., J.M.Bl. S. 963).

Für die Registerführung bleiben die bisherigen Vorschriften maßgebend, deren nähere Darstellung bei der geringen praktischen Bedeutung derselben hier unterbleibt. Vergl. Art. 70—81 des Ges. vom 29. April 1869, Begründung eines Gesetzes, die durch Einführung des B.G.B. veranlaßten Aenderungen der seit 1818 erlassenen Gesetze betr., S. 42, 318 (Becher, Mat. IV, V Bd. 2 S. 81, 246, 247), J.M.Bek. vom 14. Dezember 1899 § 21, J.M.Bl. S. 963.

§ 98.

Feststellung des Datums einer Privaturkunde.

Zur Feststellung des Datums einer Privaturkunde ist außer den Notaren der Gerichtsschreiber jedes Amtsgerichts zuständig.

Nach Art. 33 A.G. z. C.P.O. in der Fassung der Bek. vom 26. Juni 1899 (G.V.Bl. 1899 S. 401) kann der Inhaber einer Privaturkunde dieselbe sowohl bei dem Gerichtsschreiber als bei einem Notar in Vorlage bringen, um durch denselben bezeugen zu lassen, daß die Urkunde zu der Zeit, in welcher sie vorgelegt wurde, vorhanden war.

Zu diesem Zwecke ist bei jedem Amtsgericht ein Buch zu führen, welches von dem Amtsrichter, welchem die Dienstaufsicht zusteht, mit Seitenzahl und Handzug zu versehen ist.

In dieses Buch hat der Gerichtsschreiber die ihm vorgelegten Urkunden ihrem wesentlichen Inhalte nach einzutragen. Bei der Eintragung sind zugleich alle Auffälligkeiten, welche die Urkunde darbietet, kurz vorzumerken, insbesondere Ausstreichungen, Radierungen, Ueberschreibungen, Korrekturen, Nachträge und Randbemerkungen, welche nicht durch die sämtlichen auf der Urkunde befindlichen Unterschriften besonders genehmigt sind.

Ueber die Vorlage ist eine den Tag derselben bezeichnende Bescheinigung auf der vorgelegten Urkunde auszustellen. Sind bei dem

Eintrag Auffälligkeiten vorgemerkt worden, so hat die Bescheinigung auch hievon Erwähnung zu tun.

Jedem Beteiligten ist auf Verlangen Abschrift der Einträge zu erteilen.

Die Gebühr für die Feststellung des Datums, einschließlich der über die Vorlage auszustellenden Bescheinigung, beträgt zwei Mark (Art. 129 Geb.G.).

§ 99.

Aufforderung in Landeskulturrentenangelegenheiten.

1. Zuständig für die Aufforderung ist das Amtsgericht, bei welchem das Grundbuch geführt wird (Art. 12 Ziff. 2 des Ges. vom 21. April 1884, die Landeskulturrentenanstalt betr. i. d. F. des Art. 170 Nr. V A.G. z. B.G.B.), und bis zu der Zeit, zu welcher das Grundbuch als angelegt anzusehen ist, das Amtsgericht, bei welchem das Hypothekenbuch für das Grundstück geführt wird (Art. 170 Abs. 2 A.G. z. B.G.B.).

2. Die Aufforderung setzt voraus:

a) in materieller Beziehung, daß als Sicherheit für ein von der Landeskulturrentenanstalt zu gewährendes Darlehen und die Kulturrente eine Hypothek oder eine Reallast an dem Grundstück bestellt wird, zu dessen Verbesserung das Darlehen gewährt wird,

b) in formeller Beziehung einen Antrag des Gesuchstellers, welcher mit dem Darlehensgesuch an die Distriktsverwaltungsbehörde zu richten ist; nach Zusicherung des Darlehens läßt die Rentenkommission ihren Bescheid und das Darlehensgesuch mit den Beilagen durch die Distriktsverwaltungsbehörde dem Amtsgericht mitteilen und dieselbe um die Erlassung der Aufforderung ersuchen (Art. 12 Ziff. 2 n. F.).

3. Die Aufforderung ergeht an die Hypotheken-, Grundschuld- und Rentenschuldgläubiger und, wenn das Recht eines der Gläubiger mit einem Rechte eines Dritten belastet ist, auch an den Dritten, zur Erklärung darüber, ob sie dem Vorrang der zu bestellenden Hypothek oder Reallast widersprechen. Sie hat zu enthalten:

a) die Bezeichnung des Unternehmers, die Angabe des Betrages des zugesicherten Darlehens und die Dauer der Kulturrente;

b) die Bezeichnung der Hypotheken, Grundschulden und Rentenschulden, welche der als Sicherheit für das Darlehen und die Kulturrente zur bestellenden Hypothek oder Reallast im Range ausweichen sollen;

c) die Mitteilung, daß die Beschreibung des Unternehmens mit den Plänen und Kostenvoranschlägen und der Bescheid der Kommission auf der Gerichtsschreiberei eingesehen werden können;

d) die Eröffnung, daß die Zustimmung des Hypotheken-, Grundschuld- oder Rentenschuldgläubigers und, sofern dessen Recht mit dem Rechte eines Dritten belastet ist, auch die Zustimmung des Dritten zu der Rangausweichung angenommen werde, wenn nicht innerhalb eines Monats beim Amtsgericht schriftlich oder zum Protokoll des Gerichtsschreibers Widerspruch erhoben werde.

Die Zustellung der Aufforderung erfolgt von Amts wegen nach den Vorschriften der Civilprozeßordnung. Die öffentliche Zustellung erfolgt durch Anheftung an die Gerichtstafel und einmalige Einrückung in das für Bekanntmachungen des Amtsgerichts bestimmte Blatt; das Amtsgericht kann anordnen, daß die Veröffentlichung auch noch in einem anderen Blatte erfolgen soll. Die Erinnerungsfrist beginnt mit dem Ablaufe von zwei Wochen seit der Einrückung, im Falle mehrfacher Einrückung seit der letzten Einrückung.

Berechtigte, welche nicht im Grundbuch bezw. Hypothekenbuch (Art. 170 Abs. 2 A.G. z. B.G.B.) eingetragen sind, werden nur berücksichtigt, wenn sie Erben eines eingetragenen Berechtigten sind, oder wenn ihre Rechte angemeldet und auf Verlangen des Amtsgerichts glaubhaft gemacht sind (Art. 12 Ziff. 3 n. F.).

Soweit innerhalb der Frist Widerspruch nicht erhoben ist, hat das Amtsgericht auszusprechen, daß die Rangausweichung als von den aufgeforderten Berechtigten bewilligt zu erachten ist; die Berechtigten sind in dem Beschlusse zu bezeichnen (Art. 12 Ziff. 4 n. F.).

Für die Beschwerde gelten die allgemeinen Vorschriften. Eine Zustellung des Beschlusses an den Antragsteller ist mit Rücksicht auf Art. 12 Ziff. 5 nicht erforderlich. Von dem Ergebnis der Aufforderung ist der Distriktsverwaltungsbehörde unter Rückgabe der übersendeten Aktenstücke Mitteilung zu machen; die Distriktsverwaltungsbehörde setzt den Gesuchsteller davon in Kenntnis (Art. 12 Ziff. 5).

4. Die gerichtlichen Handlungen und Bescheide sind gebührenfrei (Art. 23 Abs. 1 Satz 1).

5. Bis zu der Zeit, zu welcher das Grundbuch als angelegt anzusehen ist, bleibt die Geltung vorstehender Vorschriften auf die Landesteile rechts des Rheins beschränkt (Art. 170 Abs. 2 A.G. z. B.G.B.).

§ 100.

Flurbereinigung.

Das Gesetz betr. die Flurbereinigung vom $\frac{\text{29. Mai 1886}}{\text{9. Juni 1899}}$ überträgt einzelne Verrichtungen den Amtsgerichten als Gerichten der freiwilligen Gerichtsbarkeit.

I. Zuständig ist bis zu der Zeit, zu welcher das Grundbuch

als angelegt anzusehen ist, in den Landesteilen rechts des Rheins das Amtsgericht, bei welchem das Hypothekenbuch für die auszutauschenden Grundstücke geführt wird, in der Pfalz das Amtsgericht, in dessen Bezirke die Grundstücke gelegen sind (Art. 171 Ziff. XX A.G. z. B.G.B.), nach dem genannten Zeitpunkt des Amtsgericht, bei welchem das Grundbuch für die Grundstücke geführt wird (Art. 30 Abs. 1 Flur.G.).

II. Die Verrichtungen sind:

1. Die öffentliche Aufforderung der Hypotheken-, Grundschuld- und Rentenschuldgläubiger und der sonstigen in Ansehung der beteiligten Grundstücke dinglich oder persönlich berechtigten und deshalb widerspruchsfähigen (Art. 8 Abs. 2 l. c.) Personen.

Die Aufforderung setzt einen darauf gerichteten Antrag des Flurbereinigungsausschusses (Art. 24 Abs. 2 l. c.) oder des beauftragten Geometers (Art. 24 Abs. 1 l. c.) voraus.

Form: Die Aufforderung geschieht lediglich durch Anheftung an die Gerichtstafel und durch einmalige Einrückung in das für die Bekanntmachungen des Amtsgerichts bestimmte Blatt. Das Amtsgericht kann anordnen, daß die Veröffentlichung noch in einem anderen Blatte erfolgen soll (Art. 30 Abs. 2 Satz 1 u. 2 l. c.).

Inhalt: Die öffentliche Aufforderung muß enthalten:

a) die Aufforderung der einzelnen Berechtigten, ihre Erinnerungen gegen die sich aus der bevorstehenden Flurbereinigung ergebenden Aenderungen des Gegenstands ihrer Rechte innerhalb einer Frist von einem Monat entweder bei dem Flurbereinigungsausschusse beziehungsweise dem beauftragten Geometer oder schriftlich oder zum Protokolle des Gerichtsschreibers bei dem Amtsgerichte geltend zu machen;

die Erinnerungsfrist beginnt mit dem Ablaufe von zwei Wochen seit der Einrückung, im Falle der Einrückung in ein zweites Blatt seit der letzten Einrückung (Art. 30 Abs. 2 Satz 3 l. c.);

b) die Mitteilung, daß der genaue Ausweis des gegenwärtig den Gegenstand ihrer Rechte bildenden und des bei Durchführung der Untersuchung an dessen Stelle tretenden Grundbesitzes, der Schätzung beider und der etwaigen Geldentschädigungen auf der Gerichtsschreiberei eingesehen werden kann;

der Ausweis ist von dem Flurbereinigungsausschusse beziehungsweise von dem beauftragten Geometer zu liefern (Art. 30 Abs. 3 l. c.);

c) den Hinweis, daß ein Widerspruchsrecht nur insoweit besteht, als der Grundbesitz, auf welchen die Rechte übergehen sollen, nicht mindestens den gleichen Wert hat wie der gegenwärtig den Gegenstand der Rechte bildende Grundbesitz;

d) die Androhung des Rechtsnachteiles, daß das Widerspruchsrecht verloren geht, wenn es nicht vor dem Ablaufe der Frist geltend gemacht wird (Art. 30 Abs. 1 l. c.);

e) wenn zum Zwecke der Ausgleichung eine Geldentschädigung geleistet wird (Art. 6 Abs. 5 l. c.), den Hinweis hierauf (§ 58 Abs. 3, § 60 Abs. 3 der Vollzugsvorschriften zum Flur.G., Anlage zu Nr. X des J.M.Bl. 1900).

2. Die Mitteilung des Ergebnisses der Aufforderung an den Flurbereinigungsausschuß beziehungsweise den beauftragten Geometer (Art. 31 l. c.). Die Mitteilung erfolgt nach Ablauf der unter Ziff. I bezeichneten Frist; mitzuteilen sind die eventuell beim Amtsgericht eingelangten Erklärungen und eine Bestätigung, daß im übrigen Erinnerungen nicht geltend gemacht sind.

Die Handlungen des Gerichts sind gebührenfrei (Art. 34 l. c.).

§ 101.

Erteilung des Unschädlichkeitszeugnisses.

Nach dem Gesetze vom 15. Juni 1898, das Unschädlichkeitszeugnis betr., wird bei Veräußerung einer Teilfläche eines Grundstücks, das mit Hypotheken, Grundschulden, Rentenschulden oder Reallasten belastet ist, das Trennstück ohne Einwilligung der Berechtigten von den Belastungen frei, wenn festgestellt wird, daß die Veräußerung für die Berechtigten unschädlich ist; in gleicher Weise kann die Aufhebung eines dem jeweiligen Eigentümer eines Grundstücks an einem anderen Grundstück zustehenden Rechtes erfolgen (Art. 15 U.G.).

I. Sachlich zuständig zu der Feststellung ist das Amtsgericht (Art. 1), bei Familienfideikommissen das Fideikommißgericht (Art. 14 Abs. 4).

Oertlich zuständig ist bis zu dem Zeitpunkt, in welchem das Grundbuch als angelegt anzusehen ist, in den Landesteilen rechts des Rheines das Amtsgericht, bei welchem das Hypothekenbuch für das Grundstück geführt wird, in der Pfalz das Amtsgericht, in dessen Bezirk das Grundstück gelegen ist (Art. 19 Abs. 1 U.G.), nach Anlegung des Grundbuches das Amtsgericht, bei welchem das Grundbuch für das Grundstück geführt wird (Art. 1).

Wenn im Falle des Tausches von Grundstücken das Unschädlichkeitszeugnis bei jedem der beiden Grundstücke erforderlich ist, so bestimmt sich die Zuständigkeit für jedes Grundstück nach dem Bezirke, in dessen Hypotheken- bezw. Grundbuch es eingetragen ist (Becher, Mat. Bd. II S. 11).

II. Zu dem Antrag auf Feststellung der Unschädlichkeit ist der Eigentümer berechtigt.

Der Antragsteller hat:

1. das Grundstück zu bezeichnen und einen von der Messungsbehörde angefertigten Plan, in welchem das Trennstück ersichtlich gemacht ist, sowie den amtlichen Nachweis der Größe des Grundstücks und des Trennstücks vorzulegen;

2. den Betrag der durch die Veräußerung des Trennstücks entstehenden Wertminderung unter Vorlage der vorhandenen Belege anzugeben;

3. zu erklären, in welcher Weise die Wertminderung, soweit erforderlich, ausgeglichen werden soll, und im Falle der Ausgleichung durch ein anderes Grundstück dieses zu bezeichnen und dessen Belastung anzugeben.

Wird das Trennstück zu einem öffentlichen Zwecke unentgeltlich abgetreten, so ist die auf die Wertminderung anzurechnende Werterhöhung, die sich aus der dem öffentlichen Zwecke dienenden Anlage ergibt (Art. 2 Abs. 2 U. G.), unter Vorlage der vorhandenen Belege anzugeben und glaubhaft zu machen, daß mit der Ausführung der Anlage begonnen ist (Art. 4 U. G.).

III. Verfahren: Ist der Antrag mangelhaft, so wird das Gericht zunächst dessen Ergänzung veranlassen. Ist der Antrag genügend belegt und sind nach Ansicht des Gerichts die materiellen Erfordernisse vorhanden, so ist über den Antrag sofort Beschluß zu fassen.

Hat das Gericht in Bezug auf den Betrag der Wertminderung noch Zweifel oder bestehen sonstige Unklarheiten, so hat das Gericht von Amts wegen die erforderlichen Ermittelungen zu pflegen und eventuell Sachverständige zu vernehmen; eine das Gericht allgemein zur Zuziehung von Sachverständigen verpflichtende Bestimmung besteht nicht (Art. 5 Abs. 1 U.G., Becher, Mat. Bd. II S. 10).

1. Der dem Antrag stattgebende Beschluß ist das Unschädlichkeitszeugnis; dieses hat, soweit die Ausgleichung der Wertminderung in Geld erfolgen soll, die Angabe des zu hinterlegenden Betrages, soweit sie durch ein Grundstück erfolgen soll, die Bezeichnung des Grundstücks und die Angabe der Belastungen zu enthalten, welche den auf das Grundstück zu erstreckenden Rechten im Range vorgehen dürfen. Die Angabe von Grunddienstbarkeiten, die nach Art. 187 E.G. z. B.G.B. der Eintragung nicht bedürfen[1]), ist nicht erforderlich (Art. 5 Abs. 2 U.G.).

---

[1]) Art. 187 E.G. z. B.G.B. lautet:

„Eine Grunddienstbarkeit, die zu der Zeit besteht, zu welcher das Grundbuch als angelegt anzusehen ist, bedarf zur Erhaltung der Wirksamkeit gegenüber dem öffentlichen Glauben des Grundbuchs nicht der Eintragung. Die Eintragung hat jedoch zu erfolgen, wenn sie von dem Berechtigten oder von dem Eigentümer des belasteten Grundstücks verlangt wird; die Kosten sind von demjenigen zu tragen und vorzuschießen, welcher die Eintragung verlangt.

Durch Landesgesetz kann bestimmt werden, daß die bestehenden Grunddienstbarkeiten oder einzelne Arten zur Erhaltung der Wirksamkeit gegenüber dem öffentlichen Glauben des Grundbuchs bei der Anlegung des Grundbuchs oder später in das Grundbuch eingetragen werden müssen. Die Bestimmung kann auf einzelne Grundbuchbezirke beschränkt werden."

Hiezu Art. 10 Abs. 1 Ueberg.G.:

„Grunddienstbarkeiten, die zu der Zeit bestehen, zu welcher das Grundbuch als angelegt anzusehen ist, müssen zur Erhaltung der Wirksamkeit gegenüber dem

Das Unschädlichkeitszeugnis lautet also beispielsweise: „Es wird festgestellt, daß die Veräußerung der im Plane bezeichneten Fläche von dem Grundstück z den Berechtigten unschädlich ist, sofern der Betrag von x Mark hinterlegt wird.“ (Becher, Mat. Bd. II S. 155).

Ueber die materielle Wirksamkeit des Unschädlichkeitszeugnisses in diesen Fällen siehe Art. 9 Abs. 1 U.G.

2. Im Falle der unentgeltlichen Abtretung zu einem öffentlichen Zwecke ist in dem Unschädlichkeitszeugnis anzugeben, daß mit der Ausführung der werterhöhenden Anlage begonnen ist (Art 5 Abs. 3 U.G.).

3. Auf Antrag des Eigentümers sind vor der Feststellung der Unschädlichkeit die Berechtigten vom Amtsgericht aufzufordern, innerhalb einer Frist von einem Monate zu erklären, ob sie auf Ausgleichung der Wertminderung bestehen. Dabei werden Berechtigte, die nicht im Grundbuch eingetragen sind, nur berücksichtigt, wenn sie Erben eines eingetragenen Berechtigten sind oder wenn ihre Rechte angemeldet und auf Verlangen des Amtsgerichts glaubhaft gemacht sind.

Die Aufforderung muß enthalten:

1. die Mitteilung, daß die Feststellung der Unschädlichkeit bevorsteht, die Angabe der Größe des Trennstückes und des Betrages der Wertminderung;

2. die Androhung des Rechtsnachteiles, daß die Unschädlichkeit ihnen gegenüber ohne Ausgleichung der Wertminderung festgestellt werden würde.

Die Aufforderung ist dem Berechtigten nach den für die Zustellung von Amts wegen geltenden Vorschriften der C.P.O. zuzustellen (siehe oben § 17 III B). Ist die Mitteilung an einen Berechtigten auf diesem Wege nicht tunlich, so ist die an ihn zu richtende Aufforderung an die Gerichtstafel anzuheften und einmal in das für die Bekanntmachungen des Amtsgerichts bestimmte Blatt einzurücken. Das Gleiche gilt, wenn ein Berechtigter gestorben und der Erbe dem Amtsgerichte nicht bekannt ist. Die Erklärungsfrist beginnt mit dem Ablaufe von zwei Wochen seit der Einrückung.

Haben Berechtigte nicht vor dem Ablaufe der Frist erklärt, daß sie die Ausgleichung verlangen, so ist das Unschädlichkeitszeugnis ihnen gegenüber unbedingt, d. h. ohne Ausgleichung der Wertminderung zu erteilen. In demselben sind die Berechtigten zu bezeichnen, denen gegenüber die Ausgleichung der Wertminderung nicht erforderlich ist (Art. 6, 7 U.G.).

öffentlichen Glauben des Grundbuchs in das Grundbuch eingetragen werden. Der Eintragung sind Grunddienstbarkeiten, mit denen das Halten einer dauernden Anlage verbunden ist, solange nicht unterworfen, als die Anlage besteht.“

Vergl. auch Art. 44 Ueberg.G. für die Landesteile rechts des Rheins, Art. 27 A.G. z. G.B.O. u. Zw.V.G., Art. 26 pfälz. Liegenschaftsgesetz.

Ueber materielle Wirksamkeit des Zeugnisses siehe Art. 9 Abs. 2 U.G.).

IV. Beschwerde: Gegen die Ablehnung des Antrages auf Feststellung der Unschädlichkeit steht dem Eigentümer die Beschwerde zu (§ 20 Abs. 2 G.F.G.). Das Gleiche gilt, wenn die Feststellung nur unter Bestimmung einer anderen oder einer höheren Wertausgleichung als der vom Antragsteller angebotenen bewilligt wird.

Die Feststellung der Unschädlichkeit ist unanfechtbar (Art. 8 U.G.).

V. Verteilungsverfahren: Ist ein Geldbetrag zur Verteilung unter die Berechtigten hinterlegt, so hat das Amtsgericht diesen, die Hinterlegung mitzuteilen; die Mitteilung muß enthalten:

1. die Aufforderung, innerhalb einer Frist von einem Monate zu erklären, ob sie auf der Verteilung des hinterlegten Betrags bestehen;

2. die Androhung des Rechtsnachteils, daß die Unterlassung der Erklärung als Verzicht auf die Rechte an dem hinterlegten Betrag angesehen werden würde.

Berechtigte, die nicht im Grundbuch eingetragen sind, werden nur berücksichtigt, wenn sie Erben des eingetragenen Berechtigten sind oder wenn ihre Rechte angemeldet und auf Verlangen des Amtsgerichts glaubhaft gemacht sind (Art. 11 Abs. 1 U.G.).

Für die Zustellung der Mitteilung gelten die nämlichen Vorschriften wie für die Zustellung der Aufforderung nach Art. 6 U.G. (Art. 11 Abs. 1 mit 7 Abs. 3 U.G.; siehe oben Ziff. III).

Wird die Verteilung nicht vor Fristablauf verlangt, so ist von Amts wegen der Eigentümer zur Rücknahme des hinterlegten Betrages zu ermächtigen (Art. 11 Abs. 2 l. c.).

Ist die Aufforderung nach Art. 6 U.G. vorausgegangen, die Unschädlichkeit aber vor dem Ablauf der Erklärungsfrist — also unter der Bedingung der Ausgleichung — festgestellt, so gilt der Ablauf der Erklärungsfrist als Verzicht auf die Rechte an dem hinterlegten Betrage, wenn nicht vorher der Berechtigte erklärt, daß er auf der Ausgleichung der Wertminderung bestehe; die Mitteilung nach Art. 11 Abs. 1 U.G. unterbleibt also in diesem Falle (Art. 11 Abs. 3 l. c.).

Wird die Verteilung des hinterlegten Betrages verlangt, so finden auf das Verfahren die für die Verteilung des Erlöses im Falle der Zwangsversteigerung von Grundstücken geltenden Vorschriften entsprechende Anwendung. Bis zur Anlegung des Grundbuches gelten die Vorschriften der Subhastationsordnung für das Königreich Bayern vom 23. Februar 1879 (Art. 95 ff.) mit Novelle vom 29. Mai 1886 (Art. 32 f.), nach dem genannten Zeitpunkt die Vorschriften des R.G. vom 24. März 1897 über die Zwangsversteigerung und die Zwangsverwaltung (§§ 104 ff.). Nach den Bestimmungen beider Gesetze (Art. 96, § 143) kann das gerichtliche Verteilungsverfahren dadurch ersetzt werden, daß die Beteiligten sich über die Verteilung einigen.

VI. Feststellung der Unschädlichkeit des Wiederaufbaues eines abgebrannten Gebäudes auf einem anderen Grundstücke für die Gläubiger. Zu dieser ist das Gericht, bei welchem das Grundbuch für das belastete Grundstück, bezw. im diesseitigen Bayern bis zur Anlage des Grundbuchs das Hypothekenbuch geführt wird, zuständig; maßgebend ist, wenn etwa die beiden Baustellen in verschiedenen Amtsgerichtsbezirken liegen, die Lage des abgebrannten Gebäudes (Art. 17 Abs. 1, 19 Abs. 1 U.G.). In der Pfalz findet die Vorschrift des Art. 17 vor Anlegung des Grundbuchs nicht Anwendung (Art. 19 Abs. 3 l. c.).

Für das Verfahren finden die Vorschriften des Art. 4 Abs. 1, 2 (Antrag), des Art. 5 Abs. 1, 2 (Verfahren und Inhalt des Beschlusses) und des Art. 8 (Beschwerde) entsprechende Anwendung (Art. 17 Abs. 3 U.G.).

Ueber materielle Voraussetzung der Feststellung s. Art. 17 Abs. 2 U.G.

VII. Für die Feststellung, daß die Befreiung des Anspruchs auf die Entschädigung für die im öffentlichen Interesse erfolgende Entziehung, Beschädigung oder Benützung eines Grundstücks, der Teilfläche eines solchen oder eines Zubehörstücks, Beschränkung des Eigentums oder Entziehung oder Beschränkung eines dem jeweiligen Eigentümer eines Grundstücks an einem anderen Grundstück zustehenden Rechtes von den Rechten Dritter für die Berechtigten unschädlich ist, ist das oben in Ziff. I bezeichnete Gericht zuständig (Art. 18 U.G.).

VIII. Gebühren: Für die Entscheidung, einschließlich des Verfahrens, über Anträge auf Feststellung der Unschädlichkeit werden drei Zehnteile der Sätze des § 8 G.K.G. bis zum Meistbetrage von zwanzig Mark erhoben. Diese Gebühr kommt nicht in Ansatz, wenn die Veräußerung oder die Aufhebung eines Rechtes unentgeltlich zu einem öffentlichen Zwecke erfolgt (Art. 21 Abs. 1, 2 U.G.).

Das Verteilungsverfahren ist ein selbständiges Geschäft und daher gesondert gebührenpflichtig; es finden die Vorschriften Anwendung, welche für das Verteilungsverfahren im Falle der Zwangsenteignung gelten (Art. 21 Abs. 3 Ueberg.G. mit Art. 24 Geb.G.); über Anwaltsgebühren im Verteilungsverfahren siehe Art. 17 V.O. vom 26. März 1902, die Gebühren der Rechtsanwälte in den Angelegenheiten der Rechtspflege betr., J.M.Bl. S. 427.

§ 102.

Zwangserziehung.

(Gesetz vom 10. Mai 1902, die Zwangserziehung betr.; Ministerialbekanntmachung vom 28. Juni 1902, Ausführungsbestimmungen zum Zwangserziehungsgesetz betr., J.M.Bl. S. 629.)[1]

I. Begriff: Zwangserziehung ist die Unterbringung eines Minderjährigen in einer Familie oder in einer Erziehungs- oder

[1]) Durch Art. 135 E.G. z. B.G.B. ist die Regelung der Zwangserziehung

Besserungsanstalt auf öffentliche Kosten zum Zwecke der Erziehung (§ 1 Bek.).

II. Zuständigkeit zur Anordnung: Die Zwangserziehung kann nur vom Vormundschaftsgericht angeordnet werden (Art. 1, 12 Abs. 1 G., § 7 Bek., § 35 G.F.G.).

Oertlich zuständig ist:

1. wenn für den Minderjährigen eine Vormundschaft oder eine Pflegschaft anhängig ist oder dessen Mutter ein Beistand bestellt ist, das Gericht, bei welchem die Vormundschaft, Pflegschaft oder Beistandschaft anhängig ist,

2. andernfalls das Gericht, in dessen Bezirk der Minderjährige seinen Wohnsitz oder in Ermangelung eines inländischen Wohnsitzes seinen Aufenthalt hat,

3. wenn weder Wohnsitz noch Aufenthalt im Inlande vorhanden ist, das Gericht, in dessen Bezirk der Minderjährige seinen letzten Wohnsitz hatte, und wenn auch ein solcher nicht zu ermitteln ist, das von der Landesjustizverwaltung zu bestimmende Gericht,

4. wenn der Familienstand des Minderjährigen nicht zu ermitteln ist, das Gericht, in dessen Bezirk der Minderjährige aufgefunden wurde.

Unter mehreren hienach zuständigen Gerichten gebührt demjenigen der Vorzug, welches zuerst in der Sache tätig war.

Für die Zuständigkeit ist der Zeitpunkt maßgebend, in welchem das Gericht mit der Angelegenheit befaßt wird; durch eine Veränderung in den Verhältnissen wird die einmal begründete Zuständigkeit nicht mehr berührt. (Art. 12 Abs. 1 G. mit §§ 4, 36, 43 G.F.G.)

III. Verfahren:

1. Die Anordnung der Zwangserziehung hat von Amts wegen zu erfolgen, wenn dem Gerichte das Vorhandensein der materiellen Voraussetzungen für die Anordnung bekannt geworden sind [2]).

Von den Tatsachen, welche die Zulässigkeit der Zwangserziehung begründen, kann das Vormundschaftsgericht Kenntnis erhalten

> durch eigene Wahrnehmungen,
>
> durch Mitteilungen der Staatsanwaltschaften, Polizei- und Schulbehörden (Art. 2 G., § 8 Abs. 1 Bek.), die Amtsärzte (§ 8 Abs. 3 Bek.) oder der Gemeindewaisenräte (§§ 1675, 1686, 1850 B.G.B.),

---

der Landesgesetzgebung vorbehalten mit der Einschränkung, daß sie, unbeschadet der Vorschriften der §§ 55, 56 Str.G.B. nur zulässig sein solle, wenn sie von dem Vormundschaftsgericht angeordnet werde. Von dem Vorbehalt ist durch das oben zitierte Gesetz Gebrauch gemacht. Gegenstand des Gesetzes ist nur die vom Vormundschaftsgerichte auf öffentliche Kosten angeordnete Erziehung; die in den Fällen der §§ 1666 und 1838 B.G.B. eintretende Zwangserziehung ist ausschließlich reichsrechtlich geregelt.

[2]) Ueber die materiellen Voraussetzungen der Zwangserziehung vergl. Art. 1 G., §§ 1—6 Bek.

durch Mitteilungen dritter Personen, so durch einen Antrag des Erziehungsberechtigten nach § 1631 Abs. 2 Satz 2, 1686, 1800 B.G.B.

Ein formelles Antragsrecht besteht für niemanden.

Auf das weitere Verfahren finden, soweit sich nicht aus dem Nachstehenden Abweichendes ergibt, die allgemeinen für Vormundschaftssachen geltenden gesetzlichen Vorschriften Anwendung (Art. 12 Abs. 1 G.).

Das Vormundschaftsgericht hat von Amts wegen die zur Feststellung der Tatsachen erforderlichen Ermittelungen zu veranstalten und die geeignet erscheinenden Beweise aufzunehmen (§ 12 G.F.G., § 9 Bek.).

2. Vor der Anordnung **sind** zu hören:

a) die Eltern des Minderjährigen und zwar die Mutter auch dann, wenn sie die elterliche Gewalt nicht hat, der gesetzliche Vertreter, dem die Sorge für die Person zusteht, der Minderjährige selbst, sofern er das 14. Lebensjahr vollendet hat, vorausgesetzt, daß die Anhörung ohne erhebliche Verzögerung und ohne unverhältnismäßige Kosten geschehen kann,

b) das Pfarramt und, wenn der Minderjährige einer privaten Religionsgesellschaft angehört, der zuständige Geistliche,

c) sofern der Minderjährige noch eine Schule besucht und zweckmäßig auch dann, wenn er eine Schule erst kurz vorher verlassen hat, die Schulbehörde (Lokal- und städtische Bezirks-Schulinspektionen, in der Pfalz die Ortsschulkommissionen, bei höheren Lehranstalten die Vorsteher (Art. 3 Abs. 1 G., §§ 10, 11 Bek.).

Außer den Eltern **sollen** auch sonstige Verwandte und Verschwägerte des Minderjährigen gehört werden (Art. 12 G. mit § 1673 B.G.B.). Ist der Mutter ein Beistand bestellt oder ist ein Gegenvormund bestellt, so empfiehlt es sich, auch diesen zu hören (§ 10 Abs. 2 Bek.). Auch die Gemeindewaisenräte können gehört werden. Je nach Umständen wird es geboten sein, auch den Amtsarzt zu hören.

Die Anhörung von Privatpersonen kann mündlich oder schriftlich erfolgen; die Abgabe einer Aeußerung kann durch Ordnungsstrafen erzwungen werden (§ 33 G.F.G.).

3. Nach Anhörung der genannten Behörden und Personen sind die Akten der Distriktsverwaltungsbehörde des Ortes, wo der Minderjährige beheimatet ist und, wenn derselbe in Bayern eine Heimat nicht besitzt oder die Heimat nicht feststeht, der Distriktsverwaltungsbehörde des Ortes, an welchem die Zuständigkeit des Vormundschaftsgerichts begründet ist, in München der kgl. Polizeidirektion zur Aeußerung mitzuteilen (Art. 3 Abs. 2, Art. 12 Abs. 2 G., § 12 Bek.).

IV. **Entscheidung:**

1. Ueber die **Anordnung** der Zwangserziehung ist ein mit

Gründen versehener förmlicher Beschluß zu fassen. Derselbe hat zu enthalten:

a) Die Bezeichnung des Minderjährigen nach Namen, Religion, Beruf, Geburtsort, Geburtszeit und Wohnort;
b) die Bezeichnung der Eltern nach Namen, Beruf und Wohnort; wenn ein Elternteil gestorben ist, ist dies anzugeben;
c) die Bezeichnung des gesetzlichen Vertreters, dem die Sorge für die Person zusteht, nach Namen, Beruf und Wohnort;
d) die Feststellung des Eintritts der gesetzlichen Voraussetzungen unter Bezeichnung der für erwiesen erachteten Tatsachen, insbesondere die Angabe, auf welche der unter Ziff. 1—3 des Art. 1 aufgestellten Voraussetzungen die Entscheidung sich gründet (Art. 4 Abs. 1 G. § 13 Bek.).

Der Inhalt des Beschlusses ist so zu fassen, daß er ein klares Bild von den persönlichen Verhältnissen des Minderjährigen und von den Tatsachen, die zu seiner Unterbringung führten, gibt.

2. Für die Ablehnung der Anordnung ist ein begründeter Beschluß nicht vorgeschrieben. Das Vormundschaftsgericht verfügt auf eine Anzeige, die ihm zum Einschreiten keinen Anlaß gibt, daß derselben keine Folge zu geben sei, und stellt das Verfahren ein, wenn gepflogene Erhebungen die Voraussetzungen für die Anordnung der Zwangserziehung nicht ergeben.

V. Zustellung: Die Bekanntgabe der Beschlüsse erfolgt durch Zustellung.

1. Der Beschluß, durch welchen die Zwangserziehung angeordnet wird, ist zuzustellen

dem ehelichen Vater, der ehelichen oder unehelichen Mutter,
dem gesetzlichen Vertreter, dem die Sorge für die Person zusteht,
dem Minderjährigen selbst, wenn er das 14. Lebensjahr vollendet hat,
der Distriktsverwaltungsbehörde, und zwar in zwei Ausfertigungen oder Abschriften,
der Heimatgemeinde,
außerdem allen weiteren Personen, welchen nach den allgemeinen in Vormundschaftsachen geltenden Regeln zuzustellen ist (vergl. oben § 17).

Ob noch weiteren Behörden, insbesondere dem Pfarramt und der Schulbehörde aus Rücksichten des dienstlichen Verkehrs eine Mitteilung gemacht werden soll, steht im Ermessen des Vormundschaftsgerichts (Art. 4 Abs. 3, Art. 12 Abs. 1 G., §§ 14, 18, 19 Bek.).

2. Der die Zwangserziehung ablehnende Bescheid ist der Distriktsverwaltungsbehörde zuzustellen, wenn dieser die Akten zur Aeußerung schon mitgeteilt waren; außerdem ist der Beschluß nur der Person oder Behörde, welche die Anordnung der Zwangserziehung angeregt hat und zugleich beschwerdeberechtigt erscheint, zuzustellen (§ 16 Bek.).

VI. **Beschwerde:**

1. Gegen die Anordnung der Zwangserziehung ist nur die sofortige Beschwerde zulässig.

Sie steht außer den nach § 57 Nr. 9 G.F.G. Beschwerdeberechtigten jedenfalls zu

den Eltern und dem gesetzlichen Vertreter, dem die Sorge für die Person des Minderjährigen obliegt,

dem Minderjährigen selbst, sofern er das 14. Lebensjahr vollendet hat,

der Distriktsverwaltungsbehörde und der Heimatgemeinde (Art. 4 Abs. 3 G.).

Die Beschwerde hat aufschiebende Wirkung. Das Beschwerdeverfahren richtet sich nach den §§ 20—27, 29 G.F.G. (Art. 12 Abs. 1 G.).

Gegen die Entscheidung des Beschwerdegerichts findet, wenn sie auf einer Gesetzesverletzung beruht, die sofortige weitere Beschwerde zum Obersten Landesgericht statt.

Das Vormundschaftsgericht hat der Distriktsverwaltungsbehörde auch den die Zwangserziehung anordnenden Beschluß einer Beschwerdeinstanz, sofern nicht schon diese ihren Beschluß zugestellt hat, in zweifacher Ausfertigung oder Abschrift mitzuteilen.

2. Gegen einen ablehnenden Bescheid ist die einfache Beschwerde zulässig. Die Beschwerdeberechtigung ergibt sich aus § 57 Nr. 9 G.F.G.

VII. **Vorläufige Unterbringung.** Wenn mit dem Aufschub Gefahr verbunden ist, kann das Vormundschaftsgericht jederzeit auch vor Abschluß des Verfahrens, also insbesondere auch noch nach definitiver Anordnung der Zwangserziehung, aber vor Rechtskraft des Beschlusses die vorläufige Unterbringung des Minderjährigen anordnen.

Der die Anordnung enthaltende Beschluß ist mit Gründen zu versehen und hat die gleichen Angaben wie der die Zwangserziehung anordnende Beschluß sowie die Feststellung zu enthalten, daß mit dem Aufschub Gefahr verbunden ist. Für die Zustellung gelten die Vorschriften unter V Nr. 1 (Art. 4 Abs. 2 G., § 20 Bek.).

VIII. **Der Vollzug** der gerichtlichen Anordnung, insbesondere die Entscheidung darüber, ob der Minderjährige in einer Familie oder in einer Erziehungs- oder Besserungsanstalt unterzubringen ist, obliegt der Distriktsverwaltungsbehörde. Deshalb hat das Vormundschaftsgericht derselben von dem Eintritt der Vollstreckbarkeit des die Zwangserziehung anordnenden Beschlusses Mitteilung zu machen, sobald derselbe rechtskräftig ist (Art. 5 G., § 15 Bek.).

IX. Eine Ueberwachung der Zwangserziehung steht dem Vormundschaftsgericht nicht zu. Erhält es jedoch Kenntnis von Mängeln in der Erziehung oder der körperlichen Pflege eines in Zwangserziehung genommenen Minderjährigen, so hat es hievon der Distriktsverwaltungsbehörde Mitteilung zu machen. Während der Dauer der Zwangserziehung entfällt die in § 26 der Vormundschaftsordnung dem Vormundschaftsgerichte auferlegte Verpflichtung, sich von Zeit zu Zeit über das persönliche Ergehen und das Verhalten des Mündels oder Pfleglings zu erkundigen (§ 42 Bek.).

X. Aufhebung der Zwangserziehung (Art. 6 Abs. 1 u. 2 G., § 45 Bek.).

1. Die Zwangserziehung endet außer mit der Minderjährigkeit durch Aufhebung; diese erfolgt durch Beschluß des Vormundschaftsgerichts von Amts wegen oder auf Antrag, wenn die Voraussetzungen der Anordnung weggefallen sind, und zwar entweder unbedingt oder unter Vorbehalt des Widerrufs.

Vor der Entscheidung ist die Distriktsverwaltungsbehörde zu hören.

2. Der die Zwangserziehung aufhebende Beschluß ist zuzustellen
den Eltern des Minderjährigen, dem gesetzlichen Vertreter, dem die Sorge für die Person zusteht,
dem Minderjährigen, sofern er das 14. Lebensjahr vollendet hat,
der Distriktsverwaltungsbehörde.

3. Letzterer steht die sofortige Beschwerde mit aufschiebender Wirkung zu, den übrigen Beschwerdeberechtigten die einfache Beschwerde. Von dem Eintritte der Rechtskraft ist der Distriktsverwaltungsbehörde Mitteilung zu machen.

Die Abweisung des Aufhebungsantrages ist gleichfalls mit einfacher Beschwerde anfechtbar.

4. Im Falle der Aufhebung unter Vorbehalt des Widerrufs hat sich das Vormundschaftsgericht nach Ablauf einer angemessenen Zeit davon zu überzeugen, ob nicht von dem Widerrufe Gebrauch zu machen ist. Die Erhebungen sind regelmäßig durch den Gemeindewaisenrat pflegen zu lassen; die Mitwirkung polizeilicher Organe darf nicht hiezu in Anspruch genommen werden.

5. Da die Zwangserziehung regelmäßig nicht über das 18. Lebensjahr des Minderjährigen fortgesetzt werden soll, hat das Vormundschaftsgericht durch Eintrag in den Terminskalender (siehe oben § 30 Nr. VII) dafür zu sorgen, daß die Prüfung der Frage, ob die Zwangserziehung nach dem 18. Lebensjahre noch fortgesetzt werden soll, sowie die Beendigung der Zwangserziehung nicht übersehen werden (§ 49 Bek.).

XI. Kosten des Verfahrens.

Für die Verhandlung in Angelegenheiten der Zwangserziehung kommen Gebühren und Porti (vergl. hiezu § 59 Bek.) nicht in Ansatz. Die baren Auslagen werden aus der Staatskasse bestritten. Die durch unbegründete Anträge und Einwendungen verursachten Kosten können den Beteiligten überbürdet werden (Art. 12 Abs. 3 Gesetz).

§ 103.
Bestellung von Grundstücksschätzern.

Der Eigentümer eines Grundstücks kann den Wert des Grundstücks mit Rücksicht auf die Sicherheit von Hypotheken, Grundschulden oder Rentenschulden durch Sachverständige amtlich feststellen lassen.

Für die Ernennung und Beeidigung der Sachverständigen zu diesem Zwecke ist das Amtsgericht zuständig, in dessen Bezirke das Grundstück liegt. Zur Vernehmung der Sachverständigen ist das Amtsgericht neben dem Notar zuständig (Art. 87 Abs. 1 A.G. z. B.G.B.; vergl. auch § 164 G.F.G. und § 90 oben).

Für die Beeidigung und Vernehmung sind die Vorschriften der §§ 402 ff. C.P.O. maßgebend (§ 15 G.F.G., Art. 129 A.G. z. B.G.B.).

Für die Vernehmung der Sachverständigen wird eine Gebühr von einer Mark erhoben (Art. 132 Nr. 1b Geb.G.).

§ 104.
Beweisaufnahme zum Gebrauch im Auslande.

Nach der Gesetzgebung mehrerer außerdeutscher Staaten, insbesondere Englands und der Vereinigten Staaten von Amerika, ist die Erledigung von Rechtsangelegenheiten, welche vor den dortigen Behörden anhängig sind oder anhängig gemacht werden sollen, vielfach durch die Beibringung eidlicher Erklärungen oder sonstiger Beweiserhebungen bedingt, welche die Parteien — ohne vorgängigen Beweisbeschluß oder entsprechendes Ersuchen der Behörde — zu beschaffen haben.

Zuständig, auf Antrag eines Reichsangehörigen, Eidesabnahmen und Beweiserhebungen in solchen Fällen vorzunehmen, sind die Amtsgerichte und zwar als Behörden der freiwilligen Gerichtsbarkeit (J.M.Bek. vom 7. April 1885, Anträge auf Beweisaufnahmen, von welchen im Auslande Gebrauch gemacht werden soll, betr., J.M.Bl. S. 87).

Auf das Verfahren finden nach § 15 G.F.G., Art. 129 A.G. z. B.G.B. die Vorschriften der Civilprozeßordnung Anwendung.

Ueber einen hieher gehörigen Fall der Eidesabnahme zum Gebrauch vor russischen Behörden siehe J.M.Bl. 1885 S. 95.

§ 105.
Befreiung von Ehehindernissen.

I. Zuständigkeit: Die Befreiung von der Vorschrift, daß eine Frau nicht vor der Vollendung des sechzehnten Lebensjahres eine Ehe eingehen darf (§ 1303 B.G.B.), sowie von dem Verbote der Eheschließung zwischen einem wegen Ehebruchs geschiedenen Ehegatten und demjenigen, mit welchem der geschiedene Ehegatte den Ehebruch begangen hat (§ 1312 B.G.B.), ist Königlicher Entschließung nach Vernehmung des Staatsministeriums der Justiz vorbehalten, die Befreiung von der Vorschrift, daß eine Frau erst zehn Monate nach der Auflösung oder Nichtigkeitserklärung ihrer früheren Ehe eine neue Ehe eingehen darf (Ehehindernis der Wartezeit § 1313 B.G.B.), wird von dem Staatsministerium der Justiz erteilt (§§ 12, 13 der Zuständigkeitsverordnung vom 24. Dezember 1899, G.V.Bl. S. 1229, J.M.Bl. 1900 S. 97; § 1322 Abs. 3 B.G.B.).

Dem Amtsgerichte obliegt die Entgegennahme und Instruktion der Gesuche[1]).

Oertlich zuständig zur Bewilligung einer nach den §§ 1303, 1313 zulässigen Befreiung ist der Bundesstaat, dem die Frau, zur Bewilligung einer nach § 1312 zulässigen Befreiung der Bundesstaat, dem der geschiedene Ehegatte angehört (§ 1322 Abs. 1 B.G.B.).

Die Gesuche sind bei dem Amtsgerichte zu stellen, in dessen Bezirke der Gesuchsteller den Wohnsitz oder in Ermangelung eines Wohnsitzes den Aufenthalt hat. Hat der Gesuchsteller in Bayern weder Wohnsitz noch Aufenthalt, so ist das Gesuch bei dem Amtsgerichte zu stellen, in dessen Bezirke seine Heimatgemeinde gelegen ist.

II. Verfahren: Das Gesuch kann schriftlich oder zum Protokolle des Gerichtsschreibers erklärt werden. In demselben sind die Tatsachen zu bezeichnen, durch die das Gesuch begründet werden soll.

Das Amtsgericht hat die für das Gesuch erheblichen Tatsachen festzustellen und die persönlichen Verhältnisse, insbesondere die Staatsangehörigkeit des Gesuchstellers, zu ermitteln.

Bei dem Gesuch um die Bewilligung der Befreiung von der Vorschrift des § 1303 B.G.B. ist insbesondere der Tag der Geburt der Eheunmündigen durch einen Auszug aus dem Geburtsregister und der Besitz der zur Eingehung einer Ehe erforderlichen körperlichen und geistigen Reife durch ein amtsärztliches Zeugnis nachzuweisen.

Ueber ein Gesuch um die Bewilligung der Befreiung von der Vorschrift des § 1312 B.G.B. ist der frühere Ehegatte zu hören. Dem Gesuche sind die Akten über das Scheidungsverfahren beizulegen.

Bei dem Gesuch um die Bewilligung der Befreiung von der Vorschrift des § 1313 B.G.B. ist der Zeitpunkt, in dem die frühere Ehe aufgelöst oder für nichtig erklärt worden ist, durch einen Auszug aus dem Sterberegister oder durch eine Ausfertigung des

---

[1]) J.M.Bek. vom 24. Dezember 1899, die Bewilligung der Befreiung von Ehehindernissen betr. (J.M.Bl. 1900 S. 105).

Urteils und die Tatsache, daß die Frau von dem früheren Ehemanne nicht schwanger ist, durch ein amtsärztliches Zeugnis nachzuweisen.

Das Gesuch ist mit den Ermittelungen von dem Amtsgerichte dem Staatsanwalte bei dem Landgericht und von diesem durch die Vermittelung des Oberstaatsanwalts dem Staatsministerium der Justiz vorzulegen.

Die genannten Behörden haben sich über das Gesuch gutachtlich zu äußern; das Gutachten hat sich auch darauf zu erstrecken, welche Gebühr für die Entscheidung über das Gesuch nach den Vermögensverhältnissen des Gesuchstellers angemessen erscheint.

III. Gebühr: Für die Entscheidung einschließlich des vorangegangenen Verfahrens werden 20—200 Mark für die Bewilligung einer nach §§ 1303, 1313 B.G.B. zulässigen, 50—500 Mark für die Bewilligung einer nach § 1312 B.G.B. zulässigen Befreiung erhoben. Die Gebühr ermäßigt sich auf die Hälfte im Falle der Abweisung, auf zwei Zehnteile im Falle der Zurücknahme des Gesuchs (Art. 220 Geb.G.).

§ 106.

Ehelichkeitserklärung.

I. Zuständigkeit: Die Ehelichkeitserklärung steht dem Bundesstaate zu, dem der Vater des für ehelich zu erklärenden Kindes angehört (§ 1723 Abs. 2 B.G.B.); sie ist Königlicher Entschließung nach Vernehmung des Staatsministeriums der Justiz vorbehalten (§ 20 Abs. 1 der Zuständigkeitsverordnung vom 24. Dezember 1899, G.V.Bl. S. 1229, J.M.Bl. 1900 S. 97)[1]).

Dem Amtsgericht obliegt nur die Instruktion der Gesuche. Der Antrag ist bei dem Amtsgericht einzureichen, in dessen Bezirke der Vater seinen Wohnsitz oder in Ermangelung eines im Deutschen Reiche gelegenen Wohnsitzes seinen Aufenthalt hat. Hat der Vater in Bayern seinen Wohnsitz oder Aufenthalt nicht, so ist der Antrag bei dem Amtsgericht einzureichen, in dessen Bezirke die Heimatgemeinde des Vaters gelegen ist (§ 20 Abs. 2 l. c.).

II. Verfahren[2]): Der Antrag muß die Erklärung des Vaters, daß er das Kind als das seinige anerkenne, enthalten (§ 1725 B.G.B.) und die Tatsachen bezeichnen, durch die der Antrag begründet werden soll. Er bedarf der notariellen Beurkundung (§ 1730 B.G.B., Art. 1 Not.G.).

Das Amtsgericht hat zu ermitteln, ob die Voraussetzungen der Ehelichkeitserklärung (§§ 1723—1733 B.G.B.) vorhanden sind[3]).

---

[1]) Ist der Vater ein Deutscher, der keinem Bundesstaate angehört, so steht die Ehelichkeitserklärung dem Reichskanzler zu (§ 1723 B.G.B.).

[2]) J.M.Bek. vom 24. Dezember 1899, die Ehelichkeitserklärung betr. (J.M.Bl. 1900 S. 107).

[3]) Hiebei ist zu beachten:

1. Der Antrag kann nur von dem Vater, nicht durch einen Vertreter gestellt werden (§ 1723 Abs. 1, § 1728 Abs. 1 B.G.B.). Ist der Vater in der

Außerdem sind die Staatsangehörigkeit des Antragstellers und seine Leumunds- und Vermögensverhältnisse festzustellen.

Der Antrag ist mit den Ermittelungen und den Vormundschaftsakten von dem Amtsgerichte dem Staatsanwalte bei dem Landgericht und von diesem durch die Vermittelung des Oberstaatsanwalts dem Staatsministerium der Justiz vorzulegen.

Die genannten Behörden haben sich über den Antrag gutachtlich zu äußern; das Gutachten hat sich auch darauf zu erstrecken, welche Gebühr für die Entscheidung über den Antrag nach den Vermögensverhältnissen des Antragstellers angemessen erscheint.

III. Gebühr: Für die Entscheidung einschließlich des vorangegangenen Verfahrens werden 20—200 Mark erhoben. Die Gebühr ermäßigt sich auf die Hälfte im Falle der Abweisung, auf zwei Zehnteile im Falle der Zurücknahme des Antrags (Art. 220 Geb.G.).

§ 107.

Volljährigkeitserklärung.

I. Zuständigkeit: Für die Volljährigkeitserklärung ist das Staatsministerium der Justiz zuständig (Art. 2 A.G. z. B.G.B.)[1].

Geschäftsfähigkeit beschränkt, so bedarf er zu dem Antrag, außer der Zustimmung seines gesetzlichen Vertreters, der Zustimmung des Vormundschaftsgerichts (§ 1729 Abs. 1 B.G.B.).

2. Beizubringen ist die Einwilligung
   a) des Kindes,
   b) der Mutter, wenn das Kind das einundzwanzigste Lebensjahr nicht vollendet hat (über Ersetzung durch das Vormundschaftsgericht siehe oben § 58 I D),
   c) der Frau des Vaters, wenn dieser verheiratet ist.

Die Einwilligung der beiden Letztgenannten ist nicht erforderlich, wenn sie zur Abgabe einer Erklärung dauernd außer stande oder ihr Aufenthalt dauernd unbekannt ist (§ 1726 Abs. 1 und 3 B.G.B.).

Die Einwilligung kann nicht durch einen Vertreter erfolgen.

Ist das Kind geschäftsunfähig oder hat es nicht das vierzehnte Lebensjahr vollendet, so kann sein gesetzlicher Vertreter die Einwilligung mit Genehmigung des Vormundschaftsgerichts erteilen (§ 1728 B.G.B.); ist es in der Geschäftsfähigkeit beschränkt, so bedarf es zu der Einwilligung, außer der Zustimmung des gesetzlichen Vertreters, der Genehmigung des Vormundschaftsgerichts (§ 1729 Abs. 2 B.G.B.).

Ist die Mutter des Kindes oder die Frau des Vaters in der Geschäftsfähigkeit beschränkt, so ist die Zustimmung des gesetzlichen Vertreters zur Erteilung ihrer Einwilligung nicht erforderlich (§ 1729 Abs. 3 B.G.B.).

Die Einwilligung hat dem Vater oder dem Amtsgericht gegenüber zu erfolgen, bei welchem der Antrag einzureichen ist (§ 1726 Abs. 2 B.G.B.); im ersteren Falle bedarf sie der notariellen Beurkundung (§ 1730 B.G.B., Art. 1 Not.G.).

Das Amtsgericht hat also Sorge zu tragen, daß die Einwilligungserklärungen in entsprechender Form beigebracht werden.

[1]) Damit ist die Zuständigkeit des Vormundschaftsgerichts (§ 3 B.G.B.) auf Grund Art. 147 A.G. z. B.G.B. ausgeschlossen. Dem Zwecke der Zuständigkeits-

Die Instruktion der Gesuche um Volljährigkeitserklärung obliegt dem **Vormundschaftsgerichte**[2]), über dessen örtliche Zuständigkeit vergl. oben § 36.

II. **Verfahren:** Die Volljährigkeitserklärung setzt einen **Antrag** des Minderjährigen oder desjenigen gesetzlichen Vertreters des Minderjährigen voraus, welchem die Sorge für die Person zusteht[3]) § 56 Abs. 1 G.F.G.). Der Antrag ist bei dem Vormundschaftsgerichte zu stellen. In demselben sind die Tatsachen zu bezeichnen, durch die der Antrag begründet werden soll.

Das Vormundschaftsgericht hat zu ermitteln, ob die Voraussetzungen der Volljährigkeitserklärung (§§ 3—5 B.G.B.) gegeben sind[4]). Insbesondere soll es die Verwandten und Verschwägerten des Mündels nach § 1847 B.G.B. hören, die Leumunds- und Vermögensverhältnisse des Minderjährigen feststellen und ermitteln, ob der Minderjährige die Reife besitzt, die verbürgt, daß er seine Angelegenheiten mit genügender Umsicht selbständig besorgen werde.

Auf das Verfahren finden die Vorschriften des ersten Abschnitts des G.F.G. keine Anwendung (§ 196 Abs. 1 G.F.G.).

Die Vorlage des Antrags mit den Ermittelungen und den etwaigen Vormundschaftsakten erfolgt in der nämlichen Weise, wie bei der Ehelichkeitserklärung (siehe § 106 Nr. II a. E.).

Die Verfügung, durch welche der Minderjährige für volljährig erklärt wird, tritt mit der Bekanntmachung an den Minderjährigen in Wirksamkeit (§ 196 Abs. 2 G.F.G.).

III. Die **Gebühr** ist die nämliche wie für die Ehelichkeitserklärung (Art. 220 Geb.G., siehe oben § 106 Nr. III.).

---

bestimmung, eine einheitliche Behandlung der Volljährigkeitsgesuche herbeizuführen entspricht es, auch die Zuständigkeit des Familienrats, wo ein solcher eingesetzt ist, auszuschließen. Mit dem Wortlaut der maßgebenden Bestimmungen läßt sich diese Auffassung wohl vereinigen. Wenn Art. 147 gestattet, Verrichtungen des Vormundschaftsgerichts anderen Behörden zu übertragen, so gilt dies, gleichviel ob im einzelnen Falle das Vormundschaftsgericht selbst oder nach § 1872 B.G.B. der Familienrat an Stelle des Vormundschaftsgerichts die Verrichtung vorzunehmen. Mit „Verrichtungen des Vormundschaftsgerichts" bezeichnet Art. 147 die **Klasse** von gerichtlichen Verrichtungen, hinsichtlich deren eine abweichende landesgesetzliche Regelung zulässig sein soll, bringt aber in keiner Weise zum Ausdruck, daß eine Abweichung nur für den Fall bestimmt werden darf, daß im einzelnen Fall der Vormundschafts**richter** zur Entscheidung berufen wäre. a. M. **Dorner** Note 2 zu § 196.

[2]) J.M.Bek. vom 24. Dezember 1899, die Volljährigkeitserklärung betr. (J.M.Bl. 1900 S. 108).

[3]) Vater, Mutter oder Vormund nach §§ 1627, 1630, 1635, 1637, 1676 bis 1678, 1684, 1685, 1696—1698, 1707, 1773, 1793, 1800 B.G.B.

[4]) Festzustellen ist hienach:

1. ob der Minderjährige das 18. Lebensjahr vollendet hat (§ 3 B.G.B.),
2. die Einwilligung des Minderjährigen und, soweit erforderlich, seines Gewalthabers (§ 4 B.G.B.).

§ 108.
Befreiung von dem für die Annahme an Kindesstatt erforderlichen Alter des Annehmenden.

I. Zuständigkeit: Die Befreiung von dem für die Annahme an Kindesstatt erforderlichen Alter des Annehmenden steht dem Bundesstaate zu, dem der Annehmende angehört. Sie ist in Bayern Königlicher Entschließung nach Vernehmung des Staatsministeriums der Justiz vorbehalten [1]).

Die Entgegennahme und Instruktion der Gesuche obliegt dem Amtsgericht, das für die Bestätigung des Annahmevertrags zuständig ist (vergl. oben § 61). Ist hiezu ein bayerisches Gericht nicht zuständig, so ist das Gesuch bei dem Amtsgericht anzubringen, in dessen Bezirke die Heimatgemeinde des Annehmenden gelegen ist (§§ 1744, 1745 B.G.B., § 21 der Zuständigkeitsverordnung vom 24. Dezember 1899, G.V.Bl. S. 1229, J.M.Bl. 1900 S. 97).

II. Verfahren [2]): In dem Gesuch sind die Tatsachen zu bezeichnen, durch die das Gesuch begründet werden soll.

Das Amtsgericht hat die für das Gesuch erheblichen Tatsachen, insbesondere das Alter, die Staatsangehörigkeit und die Leumunds- und Vermögensverhältnisse des Annehmenden, sowie das Alter des Kindes festzustellen.

Das Amtsgericht hat die Aeußerung des für das Kind zuständigen Vormundschaftsgerichts über das Gesuch zu erholen.

Die Vorlage des Gesuchs mit den Ermittelungen und den etwaigen Vormundschaftsakten erfolgt in der nämlichen Weise wie bei der Ehelichkeitserklärung (siehe § 106 Nr. II a. E.; J.M.Bek. vom 24. Dezember 1899 J.M.Bl. S. 106).

III. Die Gebühr ist die nämliche wie bei der Ehelichkeitserklärung (Art. 220 Geb.G., siehe oben § 106 Nr. III).

§ 109.
Namensänderung.

Soweit die Aenderung des Familiennamens nicht kraft Gesetzes (§§ 1355, 1719 mit 1616, 1736, 1758, 1772, 1575, 1577 1587) oder auf Grund gesetzlicher Vorschrift durch Erklärung gegenüber der zuständigen Behörde (§ 1577 Abs. 2, 3, 1575, 1706 Abs. 2 B.G.B.) eintrit, ist sie königliche Bewilligung vorbehalten (Art. 3 Abs. 1 A.G. z. B.G.B.).

---

[1]) Ist der Annehmende ein Deutscher, der keinem Bundesstaate angehört, so steht die Bewilligung dem Reichskanzler zu (§ 1745 Abs. 2 B.G.B.).

[2]) J.M.Bek. vom 24. Dezember 1899, die Befreiung von den Erfordernissen des § 1744 des B.G.B. betr. (J.M.Bl. 1900 S. 106).

Die Aenderung des **Vornamens** gehört zur Zuständigkeit der Distriktsverwaltungsbehörde, in München der Polizeidirektion (Art. 3 Abs. 2 A.G. z. B.G.B., § 2 der Zuständigkeitsverordnung vom 24. Dezember 1899, G. u. V.Bl. S. 1229, J.M.Bl. 1900 S. 97).

Den Gerichten obliegen hinsichtlich der Namensänderung nur folgende Geschäfte:

1. Das Vormundschaftsgericht hat sich über Gesuche um Aenderung des Familiennamens oder Vornamens eines Minderjährigen oder Bevormundeten zu äußern; zu diesem Zwecke erhält es die von der Distriktsverwaltungsbehörde gepflogenen Verhandlungen übersendet (§§ 10, 18 der Bek. vom 27. Dezember 1899, Namensänderungen betr., J.M.Bl. 1900 S. 853).

Von der über das Gesuch getroffenen Entscheidung erhält das Vormundschaftsgericht durch die Distriktsverwaltungsbehörde Kenntnis (§ 13 Abs. 2, § 20 Abs. 2 l. c.).

2. Jedes Gesuch um Aenderung des Familiennamens oder Vornamens erhält das Amtsgericht zur gutachtlichen Aeußerung durch Vermittelung des Staatsanwalts beim Landgericht (§§ 12, 19 l. c.)

VIII. Abschnitt.

§ 110.

Gerichtliche Urkunden.

I. Zuständigkeit zur Beurkundung.

Zur Vornahme öffentlicher Beurkundungen sind in Bayern regelmäßig die Notare zuständig[1]). Gerichtliche Beurkundung tritt nur in den besonders bestimmten Fällen ein.

Für die gerichtliche Beurkundung eines Rechtsgeschäftes sind die Amtsgerichte zuständig (§ 167 Abs. 1 G.F.G.)[2]).

Die Amtsgerichte sind hienach in Bayern sachlich zuständig:

1. für die Aufnahme der öffentlichen Urkunde über die Anerkennung der Vaterschaft seitens des außerehelichen Erzeugers und die nach der Geburt des Kindes erfolgende Anerkennung der Vaterschaft seitens eines Ehemannes (§ 167 Abs. 2 G.F.G. mit § 1718, § 1720 Abs. 2 B.G.B.);

2. für die Beurkundung von Vereinbarungen zwischen dem Vater eines unehelichen Kindes und diesem über den Unterhalt für die Zukunft oder über eine an Stelle des Unterhaltes zu gewährende Abfindung sowie für die Beurkundung einer Vereinbarung zwischen dem Vater eines unehelichen Kindes und der Mutter über die der Mutter aus der Beiwohnung und der Entbindung entstandenen Ansprüche, sofern diese Vereinbarung mit der Vereinbarung über den Unterhalt des Kindes in derselben Urkunde verbunden wird (Art. 15

---

[1]) Art. 1 Not.G. „Die Notare sind zuständig, öffentliche Beurkundungen ... zu bewirken ..., soweit nicht nach besonderen Vorschriften andere Beamte oder Behörden ausschließlich zuständig sind“.

Art. 15 Abs. 2 Satz 2 A.G. z. G.V.G. „Die Amtsgerichte sind nicht zuständig, für die Beurkundungen die nach den Vorschriften der Reichsgesetze durch ein Gericht oder einen Notar zu bewirken sind“.

[2]) Zur Vornahme von öffentlichen Beglaubigungen von Unterschriften und Handzeichen sind in Bayern ausschließlich die Notare zuständig (Art. 1 Not.Ges., Art. 15 Abs. 2 Satz 2 A.G. z. G.V.G.). Ueber das Verfahren, wenn Schreibensunkundige bei einer gerichtlichen Beurkundung beteiligt sind, siehe § 177 Abs. 2 G.F.G. und hier Nr. IV B 4.

Abs. 2 Satz 1 A.G. z. G.V.G.)[3]); vergl. zu 1 und 2 auch § 37 Nr. IV oben;

3. als Nachlaßgericht für die Beurkundung der Vereinbarung über vorbereitende Maßregeln und der Auseinandersetzung (§§ 72, 86, 91 und 93 G.F.G.) sowie für die Beurkundung der Auseinandersetzung einer Gütergemeinschaft (§ 99 G.F.G., siehe oben §§ 77 f.;

4. für die Beurkundung der Abänderung der Dispache (§ 155 G.F.G.); siehe oben § 85.

II. Die bei der Beurkundung in Betracht kommenden Personen.

Das Gesetz über die freiwillige Gerichtbarkeit unterscheidet in seinem X. Abschnitt:

1. Die Beteiligten. Darunter sind diejenigen Personen zu verstehen, deren vor der beurkundenden Person mündlich und unmittelbar abgegebene Erklärung, nicht diejenigen, deren Wille beurkundet wird. Wenn also bei dem zu beurkundenden Rechtsgeschäft eine Person durch einen gesetzlichen oder bevollmächtigten Vertreter vertreten ist, so ist nicht der Vertretene, in dessen Angelegenheit oder Namen die Erklärung abgegeben wird, sondern der Vertreter Beteiligter im Sinne des Gesetzes (§ 168 Satz 2 G.F.G.).

2. Die mitwirkenden Personen. Hieher zählen bei der gerichtlichen Beurkundung:

a) der Richter, welcher die Beurkundung vornimmt,
b) der Gerichtsschreiber, soweit dessen Zuziehung gesetzlich vorgeschrieben ist (§ 169 mit § 178 Abs. 3 G.F.G.), dagegen nicht die Person, welche der Richter nur als Schreibkraft verwendet,
c) die nach gesetzlicher Vorschrift zuzuziehenden Zeugen (§ 169 mit § 178 Abs. 3, § 177 Abs. 2 G.F.G.),
d) der Dolmetscher (§§ 178—180 G.F.G.).

III. Ausschließung von der Mitwirkung bei der Beurkundung.

Gründe, aus welchen eine der in Nr. II sub Ziff. 2 benannten Personen von der Mitwirkung bei der Beurkundung ausgeschlossen ist, kennt das Gesetz über die freiwillige Gerichtsbarkeit nach der Wirkung einer Verletzung der bezüglichen Vorschriften zweierlei:

1. solche, bei deren Vorliegen eine Person nicht mitwirken kann; wirkt sie gleichwohl mit, so ist die Beurkundung ganz oder soweit die Verletzung reicht (siehe § 171 Abs. 2 G.F.G.), nichtig;

2. solche, bei deren Vorliegen eine Person nicht mitwirken soll; auf die Gültigkeit der Beurkundung ist die Verletzung dieser Vorschriften ohne Einfluß.

---

[3]) In beiden Fällen sind wahlweise die Notare zuständig, im ersten Falle nach § 167 Abs. 2 G.F.G.; hinsichtlich des zweiten Falles vergl. Mot. S. 342, Becher, Mat. V S. 289.

1. Nicht mitwirken können:
 a) als Richter:
  1. wer selbst Beteiligter ist sowie derjenige, für welchen ein Beteiligter als Vertreter handelt,
  2. der Ehegatte eines Beteiligten, auch wenn die Ehe nicht mehr besteht,
  3. wer mit einem Beteiligten in gerader Linie oder im zweiten Grade der Seitenlinie verwandt oder verschwägert ist,
  4. wer zu demjenigen, für welchen ein Beteiligter als Vertreter handelt, in einem Verhältnisse der unter Nr. 2, 3 bezeichneten Art steht (§ 170 G.F.G.),
  5. derjenige, zu dessen Gunsten in der Urkunde eine Verfügung getroffen wird,
  6. wer zu demjenigen, zu dessen Gunsten in der Urkunde eine Verfügung getroffen wird, in einem Verhältnisse der in Nr. 2, 3 bezeichneten Art steht (§ 171 Abs. 1 G.F.G.),
 b) als Gerichtsschreiber, Zeuge oder Dolmetscher:
  1. wer in einem der sub lit. a bezeichneten Verhältnisse steht (§§ 170, 171, 180 G.F.G.),
  2. wer zu dem Richter in einem Verhältnisse der sub lit. a Nr. 2, 3 bezeichneten Art steht (§§ 172, 180 G.F.G.).
2. Nicht mitwirken soll als Zeuge oder Dolmetscher:
  1. ein Minderjähriger,
  2. wer der bürgerlichen Ehrenrechte für verlustig erklärt ist, während der Zeit, für welche die Aberkennung der Ehrenrechte erfolgt ist (siehe § 34 Nr. 5 St.G.B.);
  3. wer nach den Vorschriften der Strafgesetze unfähig ist, als Zeuge eidlich vernommen zu werden (siehe § 161 St.G.B.);
  4. wer als Gesinde oder Gehilfe im Dienste des Richters steht (§§ 173, 180 G.F.G.).

Für Richter und Gerichtsschreiber kommen diese Gründe ihrer Natur nach nicht in Betracht.

IV. Verfahren bei der Beurkundung.

A. Form der Beurkundung:

1. Ueber die Beurkundung muß ein Protokoll errichtet werden, welches also die zu beurkundenden Erklärungen selbst enthalten muß.

2. Das Protokoll muß in deutscher Sprache aufgenommen werden (§ 175 G.F.G.).

B. Verfahren bei Aufnahme des Protokolls:

1. Regelfall.

a) Feststellung der Persönlichkeit der Beteiligten: Der Richter hat sich, wenn und soweit er die Beteiligten nicht persönlich kennt, über deren Identität nach Möglichkeit Gewißheit zu verschaffen. In der Wahl der Mittel, durch welche sich der Richter die Ueber=

zeugung von der Identität der Beteiligten verschafft, ist keine Schranke gezogen; das Ermessen desselben entscheidet, ob er einen versuchten Identitätsnachweis für genügend erachten will; zur Anstellung von Ermittelungen gemäß § 12 G.F.G. ist der Richter jedenfalls nicht verpflichtet, um die Identität festzustellen.

Kann der Nachweis nicht in einer den Richter überzeugenden Weise erbracht werden, so darf jedoch die Beurkundung nicht aus diesem Grunde abgelehnt werden, wenn die Beteiligten auf der Aufnahme der Verhandlung bestehen (§ 176 Abs. 3 G.F.G.).

b) Anwesenheit der Beteiligten: Daß das Protokoll in Gegenwart der Beteiligten niedergeschrieben wird, ist nicht erforderlich; es kann auf Grund einer Vorbesprechung mit den Beteiligten schon vor dem Beurkundungstermine vorbereitet werden.

Gleichzeitige Anwesenheit der Beteiligten bei der Beurkundung ist, sofern nicht besondere Vorschriften sie verlangen, nicht erforderlich. Es genügt, wenn zunächst der Antrag und sodann die Annahme des Antrages beurkundet wird (§ 128 B.G.B.). Für die Beurkundungen seitens des Nachlaßgerichtes ergibt sich dies aus § 91 Abs. 1, 2 und § 93 G.F.G.

c) Kenntnisnahme von dem Protokoll, Genehmigung: Das Protokoll muß bei Meidung der Nichtigkeit der Beurkundung vorgelesen und von den Beteiligten genehmigt werden; der Vermerk, daß das Protokoll verlesen wurde, braucht nicht vorgelesen zu werden (C.Bl. Bd. II S. 612). Auf Verlangen soll das Protokoll den Beteiligten außerdem zur Durchsicht vorgelegt werden; Tauben ist das Protokoll stets zur Durchsicht vorzulegen. Die Einsichtnahme von dem Protokolle ersetzt jedoch nicht dessen Vorlesung (§ 177 Abs. 1 Satz 1 und 3 G.F.G.).

Für die Genehmigung ist eine Form nicht vorgeschrieben; zeitlich muß sie der Vorlesung folgen.

d) Unterschrift des Protokolls: Das Protokoll muß regelmäßig (Ausnahme siehe unten Nr. 3) von den Beteiligten eigenhändig unterschrieben werden; Verwendung von Stempel oder Schreibmaschine ist ausgeschlossen (§ 177 Abs. 1 Satz 1 G.F.G.); es muß ferner von sämtlichen mitwirkenden Personen unterschrieben werden (§ 177 Abs. 3 G.F.G.); auch hier ist eigenhändige Unterschrift zu fordern.

Zeitlich folgen die Unterschriften der Genehmigung des Protokolls. Die Unterschriften der Beteiligten müssen denen der mitwirkenden Personen räumlich vorangehen.

e) Anwesenheit der mitwirkenden Personen: Daß der beurkundende Richter dem ganzen Beurkundungsakte beiwohnen muß, ergibt sich aus der Natur der Sache; seine Entfernung unterbricht die Verhandlung. Die übrigen bei der Beurkundung mitwirkenden Personen müssen nur bei der Vorlesung, Genehmigung und Unterzeichnung der Urkunde zugegen sein (§ 174 G.F.G.); Feststellung im Protokoll, daß diese Vorschrift befolgt wurde, ist nicht vorgeschrieben.

2. Verfahren bei Beteiligung mit Gebrechen behafteter Personen: Ist ein Beteiligter nach der Ueberzeugung des Richters taub, blind, stumm oder sonst am Sprechen verhindert (infolge einer krankhaften Erscheinung z. B. Lähmung), so muß der Richter einen Gerichtsschreiber oder zwei Zeugen zuziehen (§ 169 G.F.G.), welche das Protokoll mit zu unterschreiben haben (vergl. Nr. 1 lit. d). Ob der Mangel tatsächlich vorlag, ist gleichgültig, sofern nur der Richter der Ueberzeugung war, daß er vorliege; anderenteils schadet es auch nicht, daß ein solcher Mangel vorlag, ohne daß sich der Richter davon zu überzeugen vermochte.

Eine Feststellung im Protokoll, daß oder wie der Richter die Ueberzeugung von dem Vorliegen des Mangels gewann, ist nicht vorgeschrieben.

Hinsichtlich stummer oder sonst am Sprechen verhinderter Personen findet die Vorschrift jedoch nur Anwendung, wenn eine schriftliche Verständigung mit ihnen möglich ist; andernfalls ist ein Dolmetscher zuzuziehen (vergl. unten Nr. 4 und § 178 G.F.G.).

3. Verfahren bei Beteiligung von Personen, welche nicht schreiben können. Erklärt ein Beteiligter, daß er nicht schreiben könne, — gleichgültig ob wegen Schreibensunkundigkeit oder wegen vorübergehender Verhinderung im Schreiben —, so muß

a) diese Erklärung im Protokoll festgestellt werden,
b) bei der Vorlesung oder Genehmigung — nicht während der ganzen Beurkundung — ein Zeuge zugezogen werden.

Ob die Erklärung auf Wahrheit beruht, braucht nicht untersucht zu werden.

Der Zuziehung eines Zeugen bedarf es nicht,

a) wenn ein Fall des § 169 G.F.G. (siehe Nr. 2) vorliegt und deswegen schon ein Gerichtsschreiber oder zwei Zeugen zugezogen sind,
b) wenn in anderen Fällen ein Gerichtsschreiber zugezogen wird (§ 177 Abs. 2 G.F.G.).

4. Zuziehung eines Dolmetschers. Diese muß regelmäßig erfolgen,

a) wenn nach der Ueberzeugung des Richters (siehe hierüber auch oben Nr. 2) ein Beteiligter stumm oder sonst am Sprechen verhindert und eine schriftliche Verständigung mit ihm nicht möglich ist (§ 178 Abs. 1 G.F.G.);
b) wenn ein Beteiligter erklärt, daß er der deutschen Sprache nicht mächtig sei (§ 179 Abs. 1 G.F.G.).

Das Verfahren in beiden Fällen ist ein verschiedenes.

ad a) Ist der Dolmetscher nicht im allgemeinen beeidigt, so muß er beeidigt werden; Verzicht auf die Beeidigung ist ausgeschlossen. Der Eid ist gemäß § 9 G.F.G. mit § 191 G.V.G. dahin zu leisten, daß der Dolmetscher treu und gewissenhaft übertragen werde.

Im Protokoll muß festgestellt werden, daß der Beteiligte am Sprechen verhindert und eine schriftliche Verständigung mit ihm nicht möglich ist (§ 178 Abs. 2 Satz 1 G.F.G.).

Der Dolmetscher muß als mitwirkende Person im Protokoll aufgeführt werden.

Das Protokoll muß von dem Dolmetscher genehmigt und unterschrieben werden (§ 178 Abs. 2 Satz 2 G.F.G.). Eine Konstatierung über die Form der Verständigung des Dolmetschers mit dem Stummen entfällt.

Der Zuziehung eines Zeugen oder eines Gerichtsschreibers bedarf es nicht (§ 178 Abs. 3 G.F.G.).

ad b) Der Dolmetscher muß beeidigt werden, sofern nicht der der deutschen Sprache nicht mächtige Beteiligte auf die Beeidigung verzichtet (§ 179 Abs. 1 Satz 2 G.F.G.).

Der Zuziehung des Dolmetschers bedarf es nicht, wenn der Richter der Sprache, in welcher sich der Beteiligte erklärt, mächtig ist (§ 179 Abs. 1 Satz 2 G.F.G.).

Ein Verstoß gegen die Vorschrift des § 179 Abs. 1 macht die Beurkundung nicht unwirksam (Abs. 4 daselbst).

Im Protokoll muß festgestellt werden, daß der Beteiligte der deutschen Sprache nicht mächtig ist (§ 179 Abs. 3 G.F.G.).

Das Protokoll muß dem der deutschen Sprache nicht mächtigen Beteiligten durch den Dolmetscher oder, wenn ein Dolmetscher nicht zugezogen worden ist, durch den Richter in der fremden Sprache vorgetragen werden und die Feststellung enthalten, daß dies geschehen ist (§ 179 Abs. 2).

Der Dolmetscher muß das Protokoll unterschreiben (§ 179 Abs. 4); seiner Genehmigung bedarf es nicht.

C. Inhalt des Protokolls.

Das über die Beurkundung aufzunehmende Protokoll muß enthalten:

1. Ort und Tag der Verhandlung;

2. die Bezeichnung der bei der Verhandlung mitwirkenden Personen im Text der Urkunde; Bezugnahme auf die Unterschriften genügt nicht (Rechtspr. Bd. II S. 139, Bd. IV S. 94);

3. die Bezeichnung der Beteiligten, sowie eine Angabe darüber, ob der Richter dieselben kennt oder, sofern dies nicht der Fall ist, in welcher Weise er sich Gewißheit über ihre Persönlichkeit verschafft hat, eventuell, wenn letzteres nicht möglich war, die Angabe, daß die Beteiligten gleichwohl die Aufnahme der Verhandlung verlangten, sowie dasjenige, was zur Feststellung der Persönlichkeit beigebracht ist;

4. die Erklärung der Beteiligten in Bezug auf das Rechtsgeschäft;

Die Erklärung kann auch in der Weise geschehen, daß sich der Beteiligte zu dem Inhalte einer von ihm überreichten oder ihm vorgelegten Urkunde bekannt (D. S. 88, 89). Wird in der Erklärung auf eine solche Schrift, welche irgend welcher Form nicht bedarf, Bezug genommen und diese dem Protokoll als Anlage beigefügt, so bildet sie einen Teil des Protokolls (§ 176 G.F.G);

Ueber die Behandlung von Protokoll-Beilagen siehe Bl. f. R.A. Bd. 66, S. 433.

5. die Unterschrift der Beteiligten;

6. Die Feststellung, daß das Protokoll vorgelesen, von den Beteiligten genehmigt und von ihnen eigenhändig unterschrieben worden ist (§ 177 Abs. 1 G.F.G.); über die Form dieser Feststellung siehe auch C.Bl. Bd. II S. 606;

Ueber weitere Feststellungen im Protokoll in besonderen Fällen vergl. oben sub II Nr. 3 und 4 und § 177 Abs. 2, § 178 Abs. 2, § 179 Abs. 2 und 3 G.F.G.;

7. die Unterschrift der mitwirkenden Personen (§ 177 Abs. 3 G.F.G.; über Unterschrift des Dolmetschers siehe besonders § 178 Abs. 2 Satz 2, § 179 Abs. 4 G.F.G.

V. Ausfertigungen.

Von dem Protokoll über die gerichtliche Beurkundung können vollständige oder auszugsweise Ausfertigungen erteilt werden.

Die Ausfertigung ist von dem Gerichtsschreiber zu unterschreiben und mit dem Gerichtssiegel zu versehen (§ 182 G.F.G.); über den Unterschied zwischen Siegel und Stempel siehe Seuffert Archiv 1901 Nr. 68, Zeitschrift für das Notariat 1900 S. 149.

Ueber die vollstreckbaren Ausfertigungen von Beurkundungen des Vormundschaftsgerichts siehe oben § 30 Nr. III, § 47 Nr. IV, von Beurkundungen des Nachlaßgerichts § 77, § 78, von der Dispache § 85.

Sachregister.

(Die Zahlen bedeuten die Seiten.)

A.

D.

E.

F.

G.

H.

J.

K.

L.

M.

N.

O.

P.

Q.

R.

S.

T.

U.

V.

W.

Kolibri 360 GmbH
Ferdinand-Jühlke-Straße 7
99095 Erfurt, Deutschland
produktsicherheit@kolibri360.de